QUELLEN UND SCHRIFTTUM DES STRAFRECHTS I

MAX-PLANCK-INSTITUT
FÜR AUSLÄNDISCHES UND INTERNATIONALES STRAFRECHT
FREIBURG IM BREISGAU
DIREKTOR: PROFESSOR DR. HANS-HEINRICH JESCHECK

QUELLEN UND SCHRIFTTUM DES STRAFRECHTS

Herausgegeben von

Dr. HANS-HEINRICH JESCHECK
Professor an der Universität
Freiburg im Breisgau

Dr. KLAUS H. A. LÖFFLER
Bibliotheksoberrat an der
Universitätsbibliothek Saarbrücken

Band I

Europa

VERLAG C. H. BECK MÜNCHEN MCMLXXII

Stand: 1.1.1972

ISBN 3 406 02226 X

© 1972 C. H. Beck'sche Verlagsbuchhandlung (Oscar Beck), München
Druck der C. H. Beck'schen Buchdruckerei Nördlingen

VORWORT

Das vorliegende Werk ist aus der Übersicht „Ausländisches Strafrecht" hervorgegangen, die ADOLF SCHÖNKE schon in der frühen Zeit seiner rechtsvergleichenden Forschungen in der Zeitschrift „Deutsches Strafrecht" veröffentlicht hat. Bereits die dritte Bearbeitung erschien als selbständige Veröffentlichung. Die vierte und letzte Auflage konnte SCHÖNKE selbst nicht mehr vollenden; sie wurde nach seinem Tode 1953 von GERHARD KIELWEIN besorgt.*

Eine Neuauflage war seit langem erforderlich. In den letzten Jahren sind zwar mehrere rechtsvergleichende Bibliographien erschienen, aber keine, die eigens dem Strafrecht gewidmet gewesen wäre. Der als Quellennachweis nützliche „Catalogue des sources de documentation juridique dans le monde" der UNESCO, 2. Auflage 1953, ist ebenfalls überholt.

Die vorliegende Neuauflage überschreitet wesentlich den Rahmen der bisherigen Bearbeitung, die nur eine erste Information liefern sollte. Inzwischen hat sich die Strafgesetzgebung in vielen Ländern, besonders auf dem Gebiet des Nebenstrafrechts, stark ausgedehnt. Die Kenntnis des ausländischen Strafrechts hat sich verfeinert, die rasche Entwicklung der Kriminalpolitik hat zu internationaler Zusammenarbeit geführt. Das Interesse an der Rechtsvergleichung hat erheblich zugenommen. Dem Wunsch nach gründlicher Information entsprechen heute ungleich bessere Möglichkeiten zur Ermittlung des ausländischen Strafrechts und der Literatur. So ist nach Anlage und Umfang ein ganz neues Werk entstanden. Um die Verwendungsmöglichkeit besonders im Ausland zu erweitern, wurde auch das deutsche Strafrecht aufgenommen.

Der Zweck des Werkes ist es, für die deutsche und internationale Forschung auf dem Gebiet des Straf- und Strafprozeßrechts und der Strafrechtsvergleichung das notwendige Rüstzeug durch den Nachweis der wichtigsten Quellen und des bedeutendsten Schrifttums zu liefern. Dadurch sollen nicht nur auslandsrechtliche und rechtsvergleichende Arbeiten im engeren Sinne, sondern auch der Gelehrte unterstützt werden, der das Strafrecht als Teil eines internationalen Kulturzusammenhangs versteht und die Darstellung des einheimischen Rechts deshalb durch Hinweise auf ausländisches Recht bereichern, vertiefen und kontrastieren möchte. Weiter wird die neue Sammlung auch dem Gesetzgeber zugute kommen, der immer stärker rechtsvergleichende Vorarbeiten bei seinen Entwürfen heranziehen muß. Endlich soll der täglichen Praxis der Strafrechtspflege gedient werden, die durch die sich ausbreitende internationale Verflechtung der Menschen und Verhältnisse auch außerhalb der Auslieferung und der internationalen Rechtshilfe häufig ausländisches Strafrecht zu berücksichtigen hat.

Die Bearbeitung der einzelnen Länder lag überwiegend in der Hand der Referenten des Freiburger Max-Planck-Instituts für ausländisches und internationales Strafrecht. Dieser Kreis wurde erweitert durch in- und ausländische Mitarbeiter, deren unschätzbare Mitwirkung das Gesamtwerk erst möglich gemacht hat. Bei zahlreichen Ländern, insbesondere im außereuropäischen Bereich, haben die deutschen diplomatischen Vertretungen auf unsere Bitte großzügige Hilfe geleistet. Besonderen Dank für zahlreiche Auskünfte schulden die Herausgeber Herrn W. A. STEINER, Bibliotheksdirektor des Institute of Advanced Legal Studies der Universität London und Herrn Dr. phil. R. BÖHM, LL. M. Freiburg i. Br. Auf bibliothekarischem Sektor und bei der technischen Betreuung des Manuskripts gebührt Frau Dipl. Bibl. G. SCHLEIDT besondere Anerkennung und großer Dank.

Um abgeschlossene Manuskripte nicht unnötig veralten zu lassen, wurde das gesamte Material in zwei Bände aufgeteilt. Der vorliegende erste Band enthält eine auch den Bereich des zweiten Bandes einschließende rechtsvergleichende Gesamteinleitung und umfaßt Europa mit 39 Staaten und Territorien. Der zweite Band wird voraussichtlich 104 außereuropäische Staaten und Territorien darstellen (35 aus Asien und Nordafrika, 6 aus Nordamerika und Australien, 25 aus Lateinamerika, 38 aus Afrika südlich der Sahara). Die Untergruppen des zweiten Bandes entsprechen teils der geographischen Lage, teils berücksichtigen sie auch die Zugehörigkeit der Länder zu bestimmten Rechtskreisen. Das Material wird in Lieferungen veröffentlicht werden, die sich dem ersten Band in rascher Folge anschließen und zum Schluß durch eine Einbanddecke für den zweiten Band zusammengefaßt werden sollen. Ein kumulierendes Gesamtabkürzungsverzeichnis wird der letzten Lieferung beigegeben.

Hinsichtlich der europäischen Staaten konnten die Bearbeiter sich meist auf die Bestände der Institutsbibliothek stützen; zur Ergänzung wurden zusätzliche Informationen aus dem Ausland eingeholt. Bei den außereuropäischen Staaten ist die Bibliothek jedoch nicht immer in gleichem Maße ausgestattet; die Bearbeiter waren daher in stärkerem Umfang

---

*) 1. Bearbeitung in: Deutsches Strafrecht, 1937, Heft 12. *Sonderdruck* Berlin: v. Decker 1937. 2. Bearbeitung in: Deutsches Strafrecht, 1942, Heft 9ff. *Sonderdruck* Berlin: v. Decker 1942. 3. Bearbeitung: München, Berlin: Biederstein 1948. 4. Bearbeitung, besorgt von G. Kielwein. München, Berlin: Beck 1953.

Vorwort

auf Auskünfte aus zweiter Hand angewiesen, die nur teilweise überprüft werden konnten. Immerhin ist auf Grund der im Institut angesammelten Erfahrungen auch für diese Angaben ein hoher Grad an Verläßlichkeit gegeben.

Die Bearbeitung richtete sich für alle Länder nach einem einheitlichen Schema. Der Umfang ist im einzelnen recht verschieden und spiegelt nicht immer die Bedeutung des betreffenden Landes und den Rang seiner Rechtsquellen und seines Schrifttums wieder. Er erklärt sich vielmehr häufig aus der größeren oder geringeren Zugänglichkeit des Materials und beruht auch auf der verschiedenen Auffassung der Bearbeiter, denen insoweit freie Hand gelassen wurde. Ebenso lag es in ihrem Ermessen, Gesetze und Literatur mit kurzen Erläuterungen zu versehen (Kursivdruck).

Der Stand der Bearbeitung ist grundsätzlich auf den 1. 1. 1972 fixiert worden. Bei einzelnen Ländern sind jedoch spätere Gesetze und Neuerscheinungen von besonderer Wichtigkeit nachgetragen, bei anderen wird möglicherweise mangels ausreichender aktueller Informationen nicht einmal dieser Zeitpunkt ganz erreicht sein.

Auch wenn bei diesem Werk Lücken oder andere Mängel und Unvollkommenheiten nicht ausgeschlossen werden konnten, so hoffen wir doch, der deutschen und ausländischen Rechtswissenschaft und Rechtspraxis auf unserem Fachgebiet einen Dienst zu erweisen und insbesondere die Strafrechtsvergleichung anzuregen und zu fördern.

Freiburg i. Br. und Saarbrücken, Juli 1972

Hans-Heinrich Jescheck
Klaus H. A. Löffler

BENUTZUNGSHINWEISE

Zur Gliederung der Länderberichte

Die Länderberichte wurden nach einem einheitlichen Schema erstellt[1], wodurch sich ein das Gesamtwerk erschließendes Register erübrigte. An der Spitze stehen jeweils die Gesetzesnachweise in der Reihenfolge: materielles Strafrecht (einschließlich Nebenstrafrecht), Strafverfahrensrecht (einschließlich Gerichtsverfassung), Strafvollstreckungsrecht (einschließlich Strafvollzug). Es folgen Entscheidungssammlungen und Zeitschriften. Den Abschluß bildet die Literatur.

Ist ein Gliederungspunkt in einem Landesbericht nicht aufgeführt, so bedeutet das nicht unbedingt, daß Rechtsnormen oder Literatur fehlen, es kann auch heißen, daß der Bearbeiter darüber nichts in Erfahrung bringen konnte.

Zum Gesetzesteil

Gesetze und Verordnungen wurden grundsätzlich mit dem Erlaßdatum unter Einbeziehung der letzten Änderungen aufgeführt.

Verfassungsbestimmungen von strafrechtlicher Bedeutung sind in der Regel nicht aufgenommen worden.

Das Auslieferungsrecht wurde im Hinblick auf das ausführliche Werk von Heinrich GRÜTZNER[2] nur kurz berücksichtigt. Das gilt sowohl für Auslieferungsgesetze und -verträge, als auch für die Literatur auf diesem Rechtsgebiet.

Für die Angabe der Rechtsquellen war ein Mittelweg zu finden zwischen der unveränderten Übernahme der nationalen Angaben und einer Vereinheitlichung der Zitierweise. Sind Rechtsquellen doppelt datiert mit einem zweiten Datum in Klammern, so bezieht sich die erste Angabe auf die Verkündung, die zweite auf das Inkrafttreten.

Gesamtausgaben sind den Einzelnachweisen der Rechtsquellen in den Gesetzesblättern jeweils vorangestellt. Spezielle Textausgaben werden unmittelbar nach den entsprechenden Rechtsquellen angeführt.

Kommentare sind in den Abschnitt Schrifttum aufgenommen worden, auch wenn sie die Gesetzestexte enthalten

Zum Literaturteil

Bei der Auswahl der Literatur lag der Schwerpunkt auf den allgemeinen Darstellungen und Standardwerken. Zum materiellen Strafrecht und Strafverfahrensrecht wurde auf eine Rubrik „Monographien" verzichtet, weil davon ausgegangen wird, daß die Monographien in diesen verzeichnet sind. Fehlen solche allgemeinen Darstellungen, was häufig im Bereich des Nebenstrafrechts der Fall ist, so konnte auf Monographien und ergänzend auch auf Aufsätze zurückgegriffen werden.

Die Literaturauswahl aus dem Bereich der Kriminologie dient lediglich zur Ergänzung des juristischen Schrifttums. Es sind keine Zeitschriften aufgenommen worden, die ihr Erscheinen eingestellt haben.

Zu den Literaturzitaten ist folgendes anzumerken: Bis zu drei Verfasser bzw. Herausgeber werden angeführt. Verfasserlose Schriften oder Schriften mit mehr als drei Verfassern stehen unter dem Sachtitel. Die Literatur ist innerhalb der einzelnen Abschnitte alphabetisch geordnet (nach Verfassern bzw. dem ersten Wort des Sachtitels, bei Übergehung des Artikels).

Im Kapitel „Rechtsvergleichung" sind internationale Kongresse nach der veranstaltenden Organisation – bei deren Fehlen nach der Kongreßbezeichnung – geordnet, und zwar in der Originalsprache; bei Mehrsprachigkeit vorzugsweise unter der englischen Bezeichnung.

Bibliographisch-technische Ausdrücke (Volume, Editor etc.) wurden in deutscher Sprache wiedergegeben, nicht jedoch bei der übersetzten Literatur.

Fehlt dem Auflagenvermerk der ausdrückliche Hinweis „unverändert", so handelt es sich immer um eine überarbeitete Auflage.

Im Literaturzitat wird der Erscheinungsvermerk vollständig angegeben mit Ort, Verlag oder Drucker und Jahr. Reihen und Serien sind aufgeführt, wenn sie gezählt und nicht reine Verlegersammlungen sind.

Titelübersetzungen stehen – sofern es angezeigt ist – unmittelbar nach der Originalbezeichnung in eckigen Klammern. Anmerkungen der Bearbeiter sind dagegen durch Kursivdruck hervorgehoben.

Periodika sind unter ihrem derzeitigen Titel aufgeführt. Auf ein volles Impressum wurde verzichtet. Es ist lediglich das Jahr der Ersterscheinung angeführt und der Verlagsort nur, wenn die Publikation nicht in dem beschriebenen Land selbst erfolgt.

---

[1] Siehe S. XI.
[2] GRÜTZNER, H.: Internationaler Rechtshilfeverkehr in Strafsachen. Zusammengestellt und teilweise mit Anmerkungen versehen. Hamburg [usw.]: v. Decker 1955 ff. [Losebl.-Ausg. in (1971) 5 Ordnern.]

STAATENVERZEICHNIS

Basileion tes Hellados s. Griechenland . . . . S. 94
Bundesrepublik Deutschland s. Deutschland (BRD) . . . . S. 49

Československá Socialistická Republika s. Tschechoslowakei . . . . S. 269
Confédération Suisse s. Schweiz . . . . S. 212
Confederazione Svizzera s. Schweiz . . . . S. 212
Cyprus s. Zypern . . . . S. 286

Deutsche Demokratische Republik s. Deutschland (DDR) . . . . S. 72

Estado Español s. Spanien . . . . S. 243

Fürstentum Liechtenstein s. Liechtenstein . . . . S. 129

Gibraltar . . . . S. 93
Great Britain s. Großbritannien . . . . S. 100
Grønland s. unter Dänemark . . . . S. 48

Kongeriget Danmark s. Dänemark . . . . S. 43
Kongeriket Norge s. Norwegen . . . . S. 150
Koninkrijk België s. Belgien . . . . S. 32
Koninkrijk der Nederlanden s. Niederlande . . . . S. 144
Konungariket Sverige s. Schweden . . . . S. 203
Kypros s. Zypern . . . . S. 286

Luxembourg s. Luxemburg . . . . S. 137
Lýđveldiđ Ísland s. Island . . . . S. 116

Magyar Népköztársaság s. Ungarn . . . . S. 280
Malta . . . . S. 140
Monaco . . . . S. 142

Narodna Republika Bulgarija s. Bulgarien . . . . S. 39
Northern Ireland s. unter Großbritannien . . . . S. 109

Poblacht na h'Éireann s. Irland . . . . S. 114
Polska Rzeczpospolita Ludowa s. Polen . . . . S. 178

Royaume de Belgique s. Belgien . . . . S. 32
Repubblica di San Marino s. San Marino . . . . S. 202
Repubblica Italiana s. Italien . . . . S. 118
Republic of Ireland s. Irland . . . . S. 114
Republica Populară Romînă s. Rumänien . . . . S. 198
República Portuguesa s. Portugal . . . . S. 188
Republik Österreich s. Österreich . . . . S. 155
Republika Popullorë e Shqipërisië s. Albanien . . . . S. 28
République Française s. Frankreich . . . . S. 82

Schweizerische Eidgenossenschaft s. Schweiz . . . . S. 212
Scotland s. unter Großbritannien . . . . S. 112
Socijalistička Federativna Republika Jugoslavija s. Jugoslawien . . . . S. 126
Sojuz Sovetskich Socialističeskich Respublik s. Sowjetunion . . . . S. 232
Stato della Città del Vaticano s. Vatikanstadt . . . . S. 285
Suomen Tasavalta s. Finnland . . . . S. 78

Türkiye Cümhuriyeti s. Türkei . . . . S. 274

United Kingdom of Great Britain and Northern Ireland s. Großbritannien . . . . S. 100

Les Vallées d'Andorre s. Andorra . . . . S. 31

INHALTSVERZEICHNIS

Vorwort	S. V
Benutzungshinweise	S. VII
Staatenverzeichnis	S. VIII
Inhaltsverzeichnis	S. IX
Gliederungsschema	S. XI
Abkürzungsverzeichnis	S. XII

RECHTSVERGLEICHUNG . . . . S. 1
Dr. Klaus H. A. Löffler, Saarbrücken

EUROPA

Albanien . . . . S. 28
Dr. Robert Schwanke, Wien

Andorra . . . . S. 31
Dr. Klaus H. A. Löffler, Saarbrücken

Belgien . . . . S. 32
Dr. Elisabeth Simon-Kreuzer, Freiburg

Bulgarien . . . . S. 39
Dr. Thea Lyon, Freiburg

Dänemark und Grönland . . . . S. 43
Dr. Rudolf Leibinger, Freiburg

Deutschland
    Bundesrepublik Deutschland . . . . S. 49
    Dr. Klaus Letzgus, Freiburg

    Deutsche Demokratische Republik . . . . S. 72
    Dr. Thea Lyon, Freiburg

Finnland . . . . S. 78
Dr. Olavi Heinonen, Helsinki

Frankreich . . . . S. 82
Klaus Sessar und Gerhardt Grebing, Freiburg

Gibraltar . . . . S. 93
Dr. Klaus H. A. Löffler, Saarbrücken

Griechenland . . . . S. 94
Dr. Anna Benakis, Athen

Großbritannien
    England und Wales . . . . S. 100
    Dr. Barbara Huber, Freiburg

    Nordirland und Schottland . . . . S. 109
    Dr. Barbara Huber, Freiburg und Dr. Klaus H. A. Löffler, Saarbrücken

Irland . . . . S. 114
Dr. Barbara Huber, Freiburg

Island . . . . S. 116
Gústaf A. Sveinsson † und Prof. Jonatan Thormundsson, Reykjavík

Inhaltsverzeichnis

Italien . . . . S. 118
    Johanna Bosch, Freiburg

Jugoslawien . . . . S. 126
    Dr. Zvonimir Šeparović, Zagreb

Liechtenstein . . . . S. 129
    Dr. Herbert Wille und Dr. Hanspeter Jehle, Vaduz und Prof. Reinhard Moos, Graz

Luxemburg . . . . S. 137
    Dr. Elisabeth Simon-Kreuzer, Freiburg

Malta . . . . S. 140
    Dr. Klaus H. A. Löffler, Saarbrücken und Dr. Jürgen Meyer, Freiburg

Monaco . . . . S. 142
    Dr. Klaus H. A. Löffler, Saarbrücken

Niederlande . . . . S. 144
    Dieter Schaffmeister, Freiburg

Norwegen . . . . S. 150
    Dr. Rudolf Leibinger, Freiburg

Österreich . . . . S. 155
    Prof. Reinhard Moos, Graz

Polen . . . . S. 178
    Prof. Georg Geilke, Hamburg

Portugal . . . . S. 188
    Dr. Peter Hünerfeld, Freiburg

Rumänien . . . . S. 198
    Dr. Ernst-Uwe Barten, Kiel

San Marino . . . . S. 202
    Johanna Bosch, Freiburg

Schweden . . . . S. 203
    Dr. Rudolf Leibinger, Freiburg

Schweiz . . . . S. 212
    Prof. Justus Krümpelmann, Mainz

Sowjetunion . . . . S. 232
    Dr. Thea Lyon, Freiburg

Spanien . . . . S. 243
    Heinz Mattes, Freiburg

Tschechoslowakei . . . . S. 269
    Dr. Thea Lyon, Freiburg

Türkei . . . . S. 274
    Johanna Bosch, Freiburg und Dr. Erdener Yurtcan, Istanbul

Ungarn . . . . S. 280
    Dr. László Viski, Budapest

Vatikanstadt . . . . S. 285
    Johanna Bosch, Freiburg

Zypern . . . . S. 286
    Dr. Klaus H. A. Löffler, Saarbrücken

GLIEDERUNGSSCHEMA

I. Materielles Strafrecht – Texte –

1. Strafgesetzbuch
2. Wichtige Nebengesetze
   a) Das StGB ergänzende Gesetze
   b) Jugendstrafrecht
   c) Militärstrafrecht
   d) Verwaltungsstrafrecht, allgemeines
   e) Wirtschaftsstrafrecht
   f) Straßenverkehrsstrafrecht
   g) *ff.* Sonstiges Nebenstrafrecht
      nach Ländern verschieden

II. Strafverfahrensrecht – Texte –

1. Gerichtsverfassungsrecht
2. Strafprozeßrecht
3. Wichtige Nebengesetze
   a) Jugendstrafverfahren
   b) Militärstrafverfahren
   c) Sonstige Verfahrensvorschriften

III. Strafvollstreckungsrecht – Texte –

IV. Entscheidungssammlungen

1. Strafrechtliche
2. Wichtige allgemeine

V. Zeitschriften

1. Strafrechtliche und kriminologische
2. Wichtige allgemeine

VI. Literatur

1. Allgemeines
2. Strafrechtsgeschichte
3. Materielles Strafrecht
4. Nebenstrafrecht
   a) Das StGB ergänzende Gesetze
   b) Jugendstrafrecht
   c) Militärstrafrecht
   d) Verwaltungsstrafrecht, allgemeines
   e) Wirtschaftsstrafrecht
   f) Straßenverkehrsstrafrecht
   g) *ff.* Sonstiges Nebenstrafrecht
      nach Ländern verschieden
5. Gerichtsverfassungsrecht
6. Strafprozeßrecht
7. Strafvollstreckungsrecht
8. Kriminologie und Statistik
9. Literatur in fremden Sprachen
   soweit nicht in VI. 1–8

ABKÜRZUNGSVERZEICHNIS

A.	Aranzadi. Repertorio cronológico de legislación. Pamplona
a. a. O.	am angegebenen Ort
AAS	Acta Apostolicae Sedis. Supplemento per le leggi e disposizioni dello Stato. Romae
Abh.	Abhandlung(en)
ABl. Bln.	Amtsblatt für Berlin. Berlin
ABl. Saar	Amtsblatt des Saarlandes. Saarbrükken
ABl. SchlH	Amtsblatt für Schleswig-Holstein. Kiel
ABl. ZH	Amtsblatt des Kantons Zürich – Textteil. Zürich
Abs.	Absatz
Abt.	Abteilung
Acta juridica	Acta juridica Academiae scientiarium Hungaricae. Budapest
ADAC	Allgemeiner Deutscher Automobil Club
adm.	administratif (ve)
AGS GR	Amtliche Gesetzessammlung des Kantons Graubünden. Chur
ÁJI	(A Magyar Tudományos Akadémia.) Állam – és Jogtudományi Intézet [(Ungarische Akademie der Wissenschaften.) Institut für Staats- und Rechtswissenschaften]
Akad.	Akademie
Allg. Teil	Allgemeiner Teil
Am. Ser. For. Pen. Codes	The American Series of Foreign Penal Codes
Amtl. Anz. Hmb	Amtlicher Anzeiger, Teil II des Hamburgischen GVBl. Hamburg
Anl.	Anlage
Anm.	Anmerkung(en)
Annales Budapest.	Annales Universitatis scientiarium Budapestinensis de Rolando Eötvös nominatae. Sectio iuridica. Budapest
AN SSSR	Akademija Nauk SSSR [Akademie der Wissenschaften der UdSSR]
AnwBl.	Österreichisches Anwaltsblatt. Wien
Art.	Artikel
AS/AS Bund	Amtliche Sammlung der Bundesgesetze und Verordnungen der schweizerischen Eidgenossenschaft (*Forts. als:* Eidgenössische Gesetzsammlung *und* Sammlung der eidgenössischen Gesetze). Bern. *Die Slg. erscheint in den drei Amtssprachen deutsch, französisch u. italienisch*
AS FR	Amtliche Sammlung der Gesetze, Dekrete, Beschlüsse und anderer öffentlicher Akten des Großen Rates und des Staatsrates des Kantons Freiburg. Freiburg
A. Slg.	Amtliche Sammlung wiederverlautbarter österreichischer Rechtsvorschriften. Wien
Ass.	Association
AS ZG	Amtliche Sammlung der Gesetze und Verordnungen des Kantons Zug. Zug
Aufl.	Auflage
Ausg.	Ausgabe(n)
Ausl. Strafr. Ggw.	Das ausländische Strafrecht der Gegenwart. Hrsg. von E. Mezger, A. Schönke, H.-H. Jescheck. Bd. 1–4. Berlin: Duncker & Humblot 1955 bis 1962.
AV	Allgemeine Verfügung
BAnz.	Bundesanzeiger. Köln
Bd., Bde	Band, Bände
Bearb., bearb.	Bearbeiter, bearbeitet
begr.	begründet
Beih.	Beiheft
Beil.	Beilage
Beitr.	Beitrag, Beiträge
Ber.	Berichtigung
Bes. Teil	Besonderer Teil
betr.	betreffend, betrifft
BGBl.	Bundesgesetzblatt für die Republik Österreich. Wien
BGBl. I, II	Bundesgesetzblatt. Teil I, Teil II. Köln
B. L.	[Boletín Legislativo.] Boletín (Bd. 1. 1854–6. 1856: semanal) de la Revista general de legislación y jurisprudencia. Bd. 1–258. Madrid 1854–1937. (*Zugl.:* Revista general de legislación y jurisprudencia. Sección II.)
BMfI	Bundesminister(ium) für Inneres
BMfJ	Bundesminister(ium) für Justiz
B. O.	Boletín Oficial del Estado. Madrid
Bol. adm. pen.	Boletim da administração penitenciária e dos Institutos de Criminologia. Lisboa
Bol. Min. Justiça	Boletim do Ministério da Justiça. Lisboa
BRD	Bundesrepublik Deutschland
BS	Bereinigte Sammlung der Bundesgesetze und Verordnungen 1848 bis 1947. Bd. 1–15. Bern 1949–1955.
BS Bay	Bereinigte Sammlung des Bayerischen Landesrechts 1802–1956. Bd. 1–5. München: Bayerische Staatskanzlei 1957.
Buchst.	Buchstabe
Bull.	Bulletin des lois de l'Empire français. Paris
Bul. Of.	Buletinul oficial al Republicii Socialiste România [Amtsblatt der Sozialistischen Republik Rumänien]. București
B-VG	Bundes-Verfassungsgestez i. d. F. von 1929
bzw.	beziehungsweise

Abkürzungsverzeichnis

c.	chapter
č.	článek [Artikel]
ca.	circa
Cap.	chapter
C.L./C.L., 1. Ser.	Colección Legislativa de España/Primera Serie. Madrid. *Mit wechselndem Titel.*
Codes pén. eur.	Les Codes pénaux européens... Hrsg. von M. Ancel unter Mitarb. von Y. Marx. Bd. 1–3. Paris: Centre français de droit comparé 1957–1958.
Col.	Colección
Coll.	Collection
Col. Of.	Col(l)ecção Oficial de Legislação Portuguesa. Lisboa
ČSSR	Československá Socialistická Republika
D.	Décret (s)
D.	Recueil Dalloz. Paris
DDR	Deutsche Demokratische Republik
Dept.	Department
d. h.	das heißt
d. i.	das ist
DJ	Deutsche Justiz. Rechtspflege und Rechtspolitik. Berlin
Diário Gov.	Diário do Governo. Lisboa
Diss.	Dissertation
D. P.	[Dalloz.] Recueil périodique et critique de jurisprudence, de législation et de doctrine. Paris
[D] RGBl.	[Deutsches] Reichsgesetzblatt. Berlin
Dr.	Druckerei
dt.	deutsch
DV	Narodna Republika Bŭlgarija. Dŭržaven Vestnik [Staatsanzeiger]. Sofija
DzU	Dziennik Ustaw [Gesetzblatt]. Warszawa
Ed., ed.	Ediciones, Édition(s), edited; Editorial
EG	Einführungsgesetz
EGOWiG	Einführungsgesetz zum Gesetz über Ordnungswidrigkeiten
EGVG	Einführungsgesetz zu den Verwaltungsverfahrensgesetzen von 1950
Einf.	Einführung
eingel.	eingeleitet
Einl.	Einleitung
einschl.	einschließlich
engl.	englisch
E. N. P.	Empresa nacional de publicidade
enth.	enthält
Erg., erg.	Ergänzung(s-), ergänzend, ergänzt
Erl., erl.	Erläuterung(en), erläuternd, erläutert
ersch.	erschien(en), erscheint
E. T. S.	Council of Europe, Strasbourg. European Treaty Series. Série des traités et conventions européens
f., ff.	folgende
Fac.	Facultad
Fak.	Fakultät
forl.	forlaget
fortgef.	fortgeführt
fortges.	fortgesetzt
Forts.	Fortsetzung
franz.	französisch
FU	Freie Universität
G.	Gaceta de Madrid. Madrid
GBl.	Gesetzblatt der Deutschen Demokratischen Republik. Berlin
GBl. Br	Gesetzblatt der Freien Hansestadt Bremen. Bremen
GBl. BW	Gesetzblatt für Baden-Württemberg. Stuttgart
GBlÖ	Gesetzblatt für das Land Österreich. Wien
Geo	Geschäftsordnung für die Gerichte I. u. II. Instanz
Ges. BE	Gesetze, Dekrete und Verordnungen des Kantons Bern. Bern
ggf.	gegebenenfalls
GGG	Gesetz über die gesellschaftlichen Gerichte der DDR
Gosjurizdat/ Gos. izd. jur. lit.	Gosudarstvennoe izdatel'stvo juridičeskoj literatury
Gov. Print. Off.	Government Printing Office
Gr.	Gruppe
GS LU	Gesetzessammlung des Kantons Luzern. Teil I: Gesetze und Dekrete. Luzern
GS NRhW	Sammlung des bereinigten Landesrechts Nordrhein-Westfalen 1945 bis 1956. [Mit] Anschlußverzeichnis 1957. Düsseldorf: Landesregierung Nordrhein-Westfalen 1958.
GS Pr	Gesetzsammlung für die Königlichen Preußischen Staaten (*1907 ff.*: Preußische Gesetzsammlung). Berlin
GVBl. Bad	Badisches Gesetz- und Verordnungsblatt. Karlsruhe
GVBl. Bay	Bayerisches Gesetz- und Verordnungsblatt. München
GVBl. Bln	Gesetz- und Verordnungsblatt für Berlin. Berlin
GVBl. He	Gesetz- und Verordnungsblatt für das Land Hessen. Bad Homburg v. d. H.
GVBl. Hmb	Hamburgisches Gesetz- und Verordnungsblatt, Teil I. Hamburg
GVBl. Nds	Niedersächsisches Gesetz- und Verordnungsblatt. Hannover
GVBl. NRhW	Gesetz- und Verordnungsblatt für das Land Nordrhein-Westfalen. Düsseldorf
GVBl. RhPf	Gesetz- und Verordnungsblatt für das Land Rheinland-Pfalz. Koblenz
GVBl. SchlH	Gesetz- und Verordnungsblatt für Schleswig-Holstein. Kiel
GVG	Gerichtsverfassungsgesetz
GZ	Gazeta Zyrtare e Republikës Popullore të Shqipërisë [Amtliche Zeitung der VR Albanien]. Tiranë

Abkürzungsverzeichnis

H.	Heft
Halsbury's S. I.	Halsbury's Statutory Instruments. Bd. 1–24. London: Butterworth 1954 ff. *Laufende Neuaufl.*
Halsbury's Statutes	Halsbury's Statutes of England. 3. Aufl. Bd. 1 ff. London: Butterworth 1968 ff.
Hinw.	Hinweis(e)
h. M.	herrschende Meinung
HMSO	Her (His) Majesty's Stationery Office
Hrsg., hrsg.	Herausgeber, herausgegeben
Huk. Fak. Yay.	Hukuk Fakültesi Yayınları [Veröffentlichung der juristischen Fakultät]
JABl.	Amtsblatt der Österreichischen Justizverwaltung. Wien
JBl.	Juristische Blätter. Wien
JBl. RhPf	Justizblatt Rheinland-Pfalz. Neuwied
i. d. F.	in der Fassung
i. e. S.	im engeren Sinne
Jg	Jahrgang
JGG	Jugendgerichtsgesetz
I. M.	Igazságügyi Miniszter [Justizminister]
im.	imeni [namens]
JMBl. He	Justiz-Ministerial-Blatt für Hessen. Wiesbaden
JMBl. NRhW	Justizministerialblatt für das Land Nordrhein-Westfalen. Düsseldorf
Impr.	Imprimerie, Imprensa, Imprenta
Ind.	Index, Indice
insbes.	insbesondere
Inst.	Institut(e)
J. O.	Journal Officiel de la République Française. Lois et décrets. Paris
JOR	Jahrbuch für Ostrecht. Tübingen
i. S.	im Sinne
Ist.	Istituto
ital.	italienisch
Jurid. lit.	Juridičeskaja literatura
i. V. (m.)	in Verbindung (mit)
i. Vorb.	in Vorbereitung
JZ	Juristenzeitung. Tübingen
Izd.	Izdatel'stvo [Verlag]
Izd. inostr. lit.	Izdatel'stvo inostrannoj literatury
Izd. Mosk. un-ta	Izdatel'stvo Moskovskogo Universiteta
Izd. Univ.	Izdatel'stvo Universiteta
Izv.	Izvestija na Prezidiuma na Narodnoto Sŭbranie [Nachrichten des Präsidiums der Volksversammlung]. Sofija
kgl.	königlich
Komm., komm.	Kommission; Kommentar, kommentiert
lfd.	laufend(e)
Lfg.	Lieferung(en)
LGBl.	Liechtensteinisches Landesgesetzblatt. Vaduz
L. G. D. J.	Librairie Générale de Droit et de Jurisprudence
LGU	Leningradskij Gosudarstvennyj Universitet im. A. A. Ždanova [Leningrader Staatsuniversität]
lit.	litera [Buchstabe]
Losebl.-Ausg.	Loseblattausgabe
Manzsche Gr. Ausg.	Manzsche Ausgabe der österreichischen Gesetze. ⟨Große Ausgabe⟩
Manzsche Handkomm.	Manzsche Handkommentare zum österreichischen Recht
Manzsche Sonderausg.	Manzsche Gesetzausgaben – Sonderausgabe
Manzsche Taschenausg.	Manzsche Taschenausgabe der österreichischen Gesetze
masch. verv.	maschinenschriftlich vervielfältigt
M. E.	Miniszterelnök [Ministerpräsident]
Mém.	Mémorial – Journal officiel du Grand Duché de Luxembourg. Luxembourg
MGU	Moskovskij Gosudarstvennyj Universitet im. M. V. Lomonosova [Moskauer Staatsuniversität]
MilStGB	Militärstrafgesetzbuch
Min.	Ministerio, Ministerium
Mitarb.	Mitarbeit(er)
Mitw.	Mitwirkung
MOOP	Ministerstvo ochrany obščestvennogo porjadka [Ministerium zum Schutz der öffentlichen Ordnung]
MSchKrim	Monatsschrift für Kriminologie und Strafrechtsreform. Köln
Nachdr.	Nachdruck
Nachtr.	Nachtrag
Nds Rpfl.	Niedersächsische Rechtspflege. Celle
Nebent.	Nebentitel
Neuaufl.	Neuauflage
N. F.	Neue Folge
NJW	Neue Juristische Wochenschrift. München
Nr.	Nummer
N. R.	Neue Reihe
N. S.	Neue Serie
ny.	nyomda [Druckerei]
NZ	Österreichische Notariats-Zeitung. Wien
O.	Ordonnance
ÖAMTC	Österreichischer Automobil-, Motorrad- und Touring-Club
ÖJZ	Österreichische Juristen-Zeitung. Wien
ÖRiZ	Österreichische Richterzeitung. Wien
Österr. RGBl.	Allgemeines Reichs-Gesetz- und Regierungsblatt für das Kaiserthum Österreich. Wien
ÖStZ	Österreichische Steuer-Zeitung. Wien
Off.	offices
OGH	Oberster Gerichtshof
o. J.	ohne Jahr
o. O.	ohne Ort
O-R	Osteuropa-Recht. Stuttgart
OS ZH	Offizielle Sammlung der seit 1. März 1831 erlassenen Gesetze, Beschlüsse und Verordnungen des Eid-

Abkürzungsverzeichnis

	genössischen Standes Zürich. Zürich
OWiG	Ordnungswidrigkeitengesetz
Państw. wydawn. nauk.	Państwowe wydawnictwo naukowe
PiP	Państwo i Prawo. Warszawa
Pos.	Position
Pr. (univ.)	Press(es) (Universitaires)
pubbl., publ.	Pubblicazione, Publications, publicaciones, publié, published
PVR	Polnische Volksrepublik
Rec. VD	Recueil des lois, décrets, arrêtés et autres actes du Gouvernement du Canton du Vaud. Lausanne
Red.	Redaktion, Redakteur
Reg.	Register
Reg. Bl. Bad	Großherzoglich Badisches Regierungsblatt. Karlsruhe
Reg. Bl. W	Regierungsblatt für (bis 1917 das Königreich) Württemberg. Stuttgart
Rev.; rev.	Review, Revista, Revue; revidiert
Rev. droit pén.	Revue de droit pénal et de criminologie. Bruxelles
Rev. int. droit comp.	Revue internationale de droit comparé. Paris
Rev. int. droit pén.	Revue internationale de droit pénal. Paris
Rev. sc. crim.	Revue de science criminelle et de droit pénal comparé. Paris
RGBl.	Allgemeines Reichs-, Gesetz- und Regierungsblatt für das Kaiserthum Österreich. Wien
RGBl.	Reichsgesetzblatt. Berlin
Riv.	Rivista
ROW	Recht in Ost und West. Berlin
RPR	Republica Populară Romînă [Rumänische Volksrepublik]
RPSH	Republikës Popullore të Shqipërisë [Volksrepublik Albanien]
RRD	Revista romănă de drept [Rumänische Rundschau des Rechts]. București
RSFSR	Rossijskaja Sovetskaja Federativnaja Socialističeskaja Respublika/Russische Sozialistische Föderative Sowjetrepublik
russ.	russisch
RZ	Österreichische Richterzeitung. Wien
S.	Seite
s. (a.)	siehe (auch)
SaBremR	Sammlung des Bremischen Rechts. Bremen
Sachverz.	Sachverzeichnis
Sb.	Sbírka zákonů ČSSR [Gesetzessammlung der Tschechoslowakischen Sozialistischen Republik]. Praha
SchlHAnz.	Schleswig-holsteinische Anzeigen. Schleswig
SchwZSt	Schweizerische Zeitschrift für Strafrecht. Bern
sect.	section
Ser.	Serie, série, series
SFRJ	Socialistička Federativna Republika Jugoslavija/Sozialistische Föderative Republik Jugoslawien
SFS	Svensk författningssamling [Gesetzblatt]. Stockholm
S. I.	Statutory Instruments
Sistem. sobranie	Sistematičeskoe sobranie zakonov RSFSR, ukazov prezidiuma Verchovnogo Soveta RSFSR i rešenij pravitel'stva RSFSR [Systematische Sammlung der Gesetze der RSFSR, der Erlasse des Präsidiums des Obersten Sowjets der RSFSR und der Beschlüsse der Regierung der RSFSR]. Moskva
Slg.	Sammlung
Slg. außerdt. StGB	Sammlung außerdeutscher Strafgesetzbücher in deutscher Übersetzung
Sl. l.	Službeni list SFRJ (vor 1963: FNRJ) [Amtsblatt der Sozialistischen Föderativen Republik Jugoslawien]. Beograd
Soc.	Société, Società, Society
sog.	sogenannt(e)
SOU	Statens offentliga utredningar
SozSi	Soziale Sicherheit. Zeitschrift für Sozialversicherung. Wien
span.	spanisch
SR	Sozialistische Republik
SRR	Sozialistische Republik Rumänien
ss.	sections
SSR	Sovetskaja Socialističeskaja Respublika [Sowjetische Sozialistische Republik]
SSSR	Sojuz Sovetskich Socialističeskich Respublik [Union der Sozialistischen Sowjetrepubliken]
StÄG	Strafrechtsänderungsgesetz
StBl.	Staatsblad van het Koninkrijk der Nederlanden. s'-Gravenhage
Sten. Prot. NR...GP.	Stenographisches Protokoll des Nationalrates ... Gesetzgebungsperiode. Wien
StG	Strafgesetz
StGB	Strafgesetzbuch
StGBl.	Staatsgesetzblatt für die Republik Österreich. Wien
StK	Strafkodex
StK/Geilke	Der polnische Strafkodex (kodeks karny). Gesetz vom 19. April 1969. Übers. u. mit einer Einl. versehen von G. Geilke. Berlin: de Gruyter 1970. (Slg. außerdt. StGB. 92.)
StPG	Strafprozeßgesetzbuch
Strafr. Staatsschutzbest.	Die strafrechtlichen Staatsschutzbestimmungen des Auslandes. 2. Aufl. des ursprünglich von A. Schönke hrsg. Werkes. Hrsg. von H.-H. Jescheck u. H. Mattes. Bonn: Röhrscheid 1968. (Rechtsvergleichende Untersuchungen zur gesamten Strafrechtswissenschaft. N. F. 10.)
StrRG	Strafrechtsreformgesetz
StV(Z)O	Straßenverkehrs(zulassungs)ordnung
Suppl.	Supplement

Abkürzungsverzeichnis

Syst. pénit.	Les grands systèmes pénitentiaires actuels. Hrsg. von L. Hugueney, H. Donnedieu de Vabres, M. Ancel. Bd. 1. 2. Paris: Sirey (2: et Centre français de droit comparé) 1950–55. (Travaux et recherches de l'Inst. de droit comparé de l'Univ. de Paris. 6. 10.)
sz.	szám [Nummer]
T. C.	Türkiye Cumhuriyeti [Türkische Republik]
T. C. K.	Türk Ceza Kanunu [Türkisches Strafgesetz]
T(h).	T(h)eil
Tip.	Tipografía, tipográfica, Tipografia
u.	und
u. a.	und andere; unter anderem
UdSSR	Union der Sozialistischen Sowjetrepubliken
u. d. T.:	unter dem Titel:
Übers., übers.	Übersetzung, übersetzt
Übertr., übertr.	Übertragung, übertragen
Ünv.	Üniversite(si)
Ünv. Huk. Fak. Yay.	Üniversite(si) Hukuk Fakültesi Yayınları [Veröffentlichung der Juristischen Fakultät der Universität]
Ünv. Yay.	Üniversite(si) Yayınları [Veröffentlichung der Universität]
Univ., univ.	Universität, Université, University, Universitet(a), universitaire
Untersuchungshaft	Max-Planck-Institut für ausländisches und internationales Strafrecht. Die Untersuchungshaft im deutschen, ausländischen und internationalen Recht. Hrsg. von H.-H. Jescheck u. J. Krümpelmann. Bonn: Röhrscheid 1971. (Rechtsvergleichende Untersuchungen zur gesamten Strafrechtswissenschaft. N. F. 45.)
unveränd.	unverändert
USHT	Universiteti Shtetëror të Tiranës
verb.	verbessert
Verl.	Verlag
Verl. Anst.	Verlagsanstalt
Verl. Ges.	Verlagsgesellschaft
verm.	vermehrt
Veröff.	Veröffentlichung(en)
Verw.	Verweisung(en)
Verz.	Verzeichnis
vgl.	vergleiche
VIJUN	Vsesojuznyj institut juridičeskich nauk [Allunionsinstitut für Rechtswissenschaft]
VJUZI	Vsesojuznyj juridičeskij zaočnyj institut [Allunionsinstitut für juristischen Fernunterricht]
VO	Verordnung
Vorw.	Vorwort
VR	Volksrepublik
VStG	Verwaltungsstrafgesetz 1950
VVS RSFSR	Vedomosti Verchovnogo Soveta RSFSR [Anzeiger des Obersten Sowjets der RSFSR]. Moskva
VVS SSSR	Vedomosti Verchovnogo Soveta SSSR [Anzeiger des Obersten Sowjets der UdSSR]. Moskva
WGO	WGO-Monatshefte für Osteuropäisches Recht (*vor 1967:* Die wichtigsten Gesetzgebungsakte in den Ländern Ost-, Südosteuropa und in den ostasiatischen Volksdemokratien). Hamburg
Wydawn. Min. Obrony Narod.	Wydawnictwo Ministerstwa Obrony Narodowej
Wydawn. prawn.	Wydawnictwo prawnicze
z. B.	zum Beispiel
Ziff.	Ziffer
Z Schw R	Zeitschrift für Schweizerisches Recht. Basel
Zsfassung	Zusammenfassung
zsgest.	zusammengestellt
ZStW	Zeitschrift für die gesamte Strafrechtswissenschaft. Berlin
z. T.	zum Teil
zugl.	zugleich
ZVglRWiss.	Zeitschrift für vergleichende Rechtswissenschaft, einschließlich der ethnologischen Rechtsforschung. Stuttgart
ZVR	Zeitschrift für Verkehrsrecht. Wien

RECHTSVERGLEICHUNG

RECHTSVERGLEICHUNG

Bearbeitet von Bibliotheksoberrat Dr. Klaus H. A. Löffler, Saarbrücken

I. Bibliographien

1. Bibliographien der Bibliographien
2. Juristische Bibliographien
3. Strafrechtliche Bibliographien
4. Kriminologische Bibliographien

II. Rechtsvergleichung

1. Allgemeine Werke
2. Zeitschriften
3. Internationale Kongresse
4. Strafrecht im materiellen Sinne, allgemein
5. Strafrecht im materiellen Sinne, einzelne Probleme
6. Strafprozeß, Gerichtsverfassung, Strafvollzug

III. Rechtsvergleichung einzelner Weltregionen

1. Afrika
2. Asien
3. Benelux
4. Europa (Staaten des Europarates)
5. Lateinamerika
6. Naher Osten (Islam)
7. Osteuropa (Sozialistische Rechtssysteme)

IV. Internationales Strafrecht

1. Quellensammlungen
2. Bibliographien

I. Bibliographien

1. Bibliographien der Bibliographien

HANDBUCH DER BIBLIOGRAPHISCHEN NACHSCHLAGEWERKE. Hrsg. von W. Totok, K.-H. Weimann, R. Weitzel. 4. Aufl. Frankfurt a. M.: Klostermann 1972.

Winchell, C. M.: Guide to reference books. 8. Aufl. Chicago: American Library Ass. 1967.

2. Juristische Bibliographien

a) periodische

Harvard Law School Library. Annual legal bibliography. Cambridge, Mass. 1. 1961 ff. *Verzeichnet systematisch Bücher und Aufsätze, ohne alphabetisches Register. Laufende Information vor Erscheinen der Jahresbände in:* Current legal bibliography. Cambridge, Mass. 1960 ff.

Istituto di studi legislativi, Roma. Bibliografia giuridica internazionale (volumi ed articoli). 1. 1932 – 6. 1937. Roma: 1935–1941 [Bd. 2 und 3 nicht erschienen]. *Verzeichnete Bücher und Aufsätze.*

Cahiers de bibliographie juridique. Ser. A: Europe occidentale. ... Publiés sous les auspices de l'Association internationale des sciences juridiques par l'Institut de droit comparé du C. S. R. S. de l'Espagne. Nr. 1–3. Neuilly – sur – Seine 1962–1964. *Erscheinen eingestellt. Verzeichnete nur Bücher.*

American Association of Law Libraries. Index to foreign legal periodicals. London 1. 1960 ff. *Pendant zum* Index to legal periodicals. *Verzeichnet ab 1962 auch den Inhalt juristischer Festschriften und ähnlicher Sammelwerke.*

Index to legal periodicals. Published for the American Association of Law Libraries. 1908 ff. New York 1909 ff. *Berücksichtigt Zeitschriften des englischen Sprachgebiets.*

Karlsruher juristische Bibliographie. München [usw.] 1. 1965 ff. *Verzeichnet in systematischer Ordnung deutschsprachige Bücher und Aufsätze, ausländische Bücher und Aufsätze in Auswahl. Alphabetisches Register.*

b) abgeschlossene

Besterman, T.: Law and international law: a bibliography of bibliographies. Totowa, N. J.: Rowmann & Littlefield 1971.

Catalogue des sources de documentation juridique dans le monde. A register of legal documentation in the world. 2. Aufl. Paris: UNESCO 1957. *1. Aufl. 1953. Bei jedem Land wurden nach Möglichkeit folgende Daten aufge-*

führt: Verfassung – Gesetzbücher und wichtigste Gesetze – Gesetzessammlungen – Entscheidungssammlungen – juristische Forschungseinrichtungen (Studieneinrichtungen, Fachbibliotheken, gelehrte Gesellschaften) – juristische Zeitschriften – Bibliographien.

DICTIONARY CATALOG OF THE COLUMBIA UNIVERSITY LAW LIBRARY, NEW YORK. Bd. 1–28. Boston: Hall 1968. *Ein Kreuzkatalog. Soll ergänzt werden.*

FUCHS, W.: Juristische Bücherkunde. Bd. 1. 2. Göttingen: Schönhütte 1948–1953.
1. Darstellender Teil. 5. Aufl. 1953. *Darin: Kriminalrecht, S. 147–150.* 2. Handbibliothek. 4. Aufl. 1948.

HARTMANN, J.: Bibliographie der Übersetzungen von Gesetzestexten. Deutsch-Englisch-Französisch-Spanisch. Bibliography of translations of laws and regulations. Bibliographie des traductions de textes législatifs. Karlsruhe: Bibliothek des Bundesgerichtshofs 1971. (Arbeitsgemeinschaft der Parlaments- u. Behördenbibliotheken. Arbeitshefte. 24.) *Betrifft Gesetze der BRD, des Deutschen Reiches, Frankreichs, Großbritanniens und der USA.*

INTRODUCTION BIBLIOGRAPHIQUE À L'HISTOIRE DU DROIT ET À L'ÉTHNOLOGIE JURIDIQUE. Bibliographical introduction to legal history and ethnology. Hrsg. von J. GILISSEN. Bruxelles: Inst. de Sociologie 1963 ff. [Losebl. Ausg.].

Bd. A: Antiquité
Bd. B: Europe médiévale et moderne (partie générale)
Bd. C: Europe médiévale et moderne (occidentale)
Bd. D: Europe médiévale et moderne (centrale et orientale)
Bd. E': Asie
Bd. E": Afrique
Bd. F: Amérique et Océanie

Association of American Law Schools. LAW BOOKS RECOMMENDED FOR LIBRARIES. Nr. 1–47. South Hackensack, N. J.: Rothmann 1967 ff. [Losebl. Ausg. in 6 Ordnern].
Darin insbesondere: Nr. 15: Criminal law and procedure, von J. GOLDSTEIN; Nr. 17: Evidence; Nr. 46: Interntional law (mit einem Kapitel „International criminal law"), von K. SCHWERIN und W. L. GOULD.

PÅLSSON, L. - O. LANDO: Bibliografisk introduktion til fremmed og komparativ ret. Bibliografisk introduktion till utlänsk och komparativ rätt [Bibliographische Einführung in das ausländische u. vergleichende Recht]. København: Harcks [in Komm.] 1968. (Handelshøjskolen i København. Skriftraekke R. Marketsretlige skrifter. 1.)
Eine ausgezeichnete Auswahl, annotiert teils in dänischer, teils in schwedischer Sprache. Öffentliches Recht und Strafrecht sind nicht berücksichtigt.

STOLLREITHER, K.: Internationale Bibliographie der juristischen Nachschlagewerke. Frankfurt a. M.: Klostermann 1955. *Darin: Strafrecht und Strafprozeßrecht, S. 327–344.*

Institute of Advanced Legal Studies, London. A SURVEY OF LEGAL PERIODICALS HELD. Union catalogue of holdings in British libraries. 2. Aufl. London: The Institute 1957.

SZLADITS, C.: A bibliography on foreign and comparative law. Books and articles in English. New York [usw.]: Parker School of Foreign and Comparative Law 1955.

Suppl. 1953–1959. 1962.
1960–1965. 1968.
1966–1967. 1970.

Vgl. auch Prof. SZLADITS' *bibliographische Rubrik im American Journal of Comparative Law hinsichtlich der neuesten Veröffentlichungen.*

Institute of Advanced Legal Studies, London. UNION LIST OF COMMONWEALTH LAW LITERATURE IN LIBRARIES IN OXFORD, CAMBRIDGE AND LONDON. London: The Institute 1952. *Ein Bestandsverzeichnis juristischen Quellenmaterials.*

ZEITSCHRIFTENVERZEICHNIS DER JURISTISCHEN MAX-PLANCK INSTITUTE (ZVJM). Stand 15. 1. 1969. München: Max-Planck-Gesellschaft zur Förderung der Wissenschaften 1969.

3. Strafrechtliche Bibliographien

AMOR Y NEVEIRO, C.: Bibliografía de los estudios penales por orden alfabético de autores. Madrid: Reus 1918. *Nachweis von Werken in romanischen Sprachen u. Deutsch.*

ARAGONESES ALONSO, P.: Proceso y derecho procesal. (Introducción.) Vorw. von W. GOLDSCHMIDT. Madrid: Aguilar 1960. *Darin (S. 570–783) eine internationale Bibliographie der Quellen u. der Literatur des Prozeßrechts, d. h. des Zivil- u. Strafprozesses.*

BÖHMER, G. W.: Handbuch der Litteratur des Criminalrechts in seinen allgemeinen Beziehungen. Göttingen: Dieterich 1816. Nachdr. Amsterdam: Rodopi 1970.

CULVER, D. C. [späterer Name: TOMPKINS]: Bibliography of crime and criminal justice. 1927–1931. 1932–1937. Berkeley, Cal.: Univ. 1934–1939. Verb. Nachdr.: Montclair, N. J.: Patterson Smith 1969. (Patterson Smith Reprint Series in criminology, law enforcement, and social problems. 99. 100.)

1927–1931: *Ist international in geographischer und sprachlicher Beziehung. Fortsetzung zu:* A. F. KUHLMANN: Guide to material on crime and criminal justice. 1929.

1932–1937: *Ist international in geographischer Beziehung, enthält aber nur englischsprachige Arbeiten, betrifft daher hauptsächlich die USA und Großbritannien.*

ENTWURF DER LITTERATUR DES CRIMINALRECHTS IN SYSTEMATISCHER ORDNUNG [Verf.: BLÜMNER, H.]. Leipzig: Grieshammer 1794.

KAPPLER, F.: Handbuch der Literatur des Criminalrechts ... Stuttgart: Scheible 1838. Nachdr.: Glashütten i. T.: Sauer & Auvermann *in Vorbereitung. Nur deutschsprachige Literatur.*

NYPELS, J. S. G.: Bibliothèque choisie du droit criminel (droit pénal et procédure criminelle) ... Bruxelles: Bruylant-Christophe 1864. *(Auch erschienen in:* NYPELS, J. S. G.: *Le Droit pénal français.* Paris: Durand 1864, S. III–CLXX.)

RANK, R.: Criminal law and criminology: a bibliography of periodicals. *In:* LAW LIBRARY JOURNAL 60 *(1967),* S. 249–270.
T. 1.: alphabetical list. T. 2.: periodicals listed by country. Verzeichnet „lebende" und „tote" Periodika.

SCHÖNKE, A.: Ausländisches Strafrecht. Übersicht über die wichtigsten Quellen und über das wichtigste Schrifttum. 4. Aufl. Bearb. von G. KIELWEIN. München: Beck 1953. *1. Aufl. 1937 in der Zeitschrift* DEUTSCHES STRAFRECHT. N. F. 4. *1937, S. 398–432 und als Sonderabdruck, Berlin: von Decker.*

WIGMORE, J. H.: A preliminary bibliography of modern criminal law and criminology. Chicago: Northwestern Univ. 1909. (Gary Library of Law. Northwestern Univ. Law School Bulletin. 1.) *Internationale Bibliographie, gegliedert in „treatises and essays", „serials", „governments, congresses, societies and institutions", letztere zwei geographisch unterteilt.*

4. Kriminologische Bibliographien

a) periodische

ABSTRACTS ON CRIMINOLOGY (1. 1961–8. 1968 *u. d. T.:* Excerpta criminologica). Amsterdam 1. 1961 ff.

National Clearinghouse for Mental Health Information. CRIME AND DELINQUENCY ABSTRACTS (1. 1963–3. 1965/66 *u. d. T.:* International Bibliography on Crime and Delinquency). Chevy Chase, Md., 1. 1963 ff.

Organisation internationale de police criminelle. International Criminal Police Organization. Interpol. LISTE SÉMESTRIELLE D'ARTICLES SÉLECTIONNÉS. Semi-annual list of selected articles. Saint Cloud 1. 1949 ff. (Rev. internationale de police criminelle. Suppl.) (International Criminal Police Rev. Suppl.)

b) abgeschlossene

National Clearinghouse for Mental Health Information. BIBLIOGRAPHY ON DRUG DEPENDENCE AND ABUSE, 1928–1966. Washington, D. C.: U. S. Department of Health, Public Health Service 1969.

CABOT, P. S. DE [Q]: Juvenile delinquency; a critical annotated bibliography. Westport, Conn.: Greenwood Pr. 1971. *Unveränd. Nachdr. der Ausg. New York: Wilson 1946.*

CUMMING, Sir J. G.: A contribution towards a bibliography dealing with crime and cognate subjects. 3. Aufl. London 1935: Receiver for the Metropolitan Police District. Verbesserter Nachdr. Montclair, N. J.: Patterson Smith 1970. (Patterson Smith reprint series in criminology, law enforcement, and social problems. 103.)

International Society of Criminology. ÉLÉMENTS D'UNE DOCUMENTATION EN CRIMINOLOGIE. Selected documentation on criminology. Paris: UNESCO 1961. (Rapports et documents de sciences sociales. Reports and papers in the social sciences. 14.)

FARBEROW, N. L.: Bibliography on suicide and suicide prevention, 1897–1957, 1958–1967. Washington, D. C.: U. S. National Clearinghouse for Mental Health Information 1969. (Public Health Service. Publications. 1979.)

FERRACUTI, F.: Intelligenza e criminalità. Intelligenz und Kriminalität. Milano: Giuffrè 1966. (Scritti di criminologia e diritto criminale. 2.)

GERNET, M. N.: Ukazatel' russkoj i inostrannoj literatury po statistike prestuplenij, nakazanij i samoubijstv [Verzeichnis der russischen und ausländischen Literatur zur Kriminalitäts-, Vollzugs- und Selbstmordstatistik]. Moskva: Izd. Central'nogo statističeskogo upravlenija 1924.

HESS, A. - F. FERRACUTI - J. KEH-FANG KAO HESS: The young adult offender. Der heranwachsende Kriminelle. Bibliography. Milano: Giuffrè 1967. (Scritti di criminologia e diritto criminale. 5.)

INTERNATIONAL BIBLIOGRAPHY OF SELECTED POLICE LITERATURE. Internationale Bibliographie ausgewählten Polizei-Fachschrifttums. Hrsg. von F. ANDREOTTI, H. V. D. HALLETT [u. a.]. Nottingham: International Police Ass. 1968.

KATALOG DER BÜCHEREI DES BUNDESKRIMINALAMTES. Stand vom 1. 5. 1964. [Wiesbaden: Bundeskriminalamt ca. 1964.] Nachtrag 1: Stand vom 1. 1. 1970. [ca. 1970]. *Literatur vorwiegend in deutscher Sprache.*

University of Cambridge. Institute of Criminology. LIST OF ANNUAL PUBLICATIONS. Cambridge: The Institute 1969. [Masch. verv.]

United Nations. Bureau of Social Affairs. Research and Publications Section. LIST OF DOCUMENTS AND PUBLICATIONS OF THE UNITED NATIONS AND THE SPECIALIZED AGENCIES ON THE PREVENTION OF CRIME AND THE TREATMENT OF OFFENDERS. [New York?] 1965. ([Research and Publications Section.] List 5.)

Rechtsvergleichung II 1

University of Cambridge. Institute of Criminology. LIST OF PERIODICALS, 1965. Cambridge: The Institute 1965. [Masch. verv.] *Nachträge enthalten in der „Accessions list" des Instituts.*

MC DADE, T. M.: The annals of murder; a bibliography. Norman: Univ. of Oklahoma Pr. 1961.

NEMEC, J.: International bibliography of medicolegal serials, 1736–1967. Washington, D. C.: National Library of Medicine, Reference Division; Gov. Print. Off. [in Komm.] 1969.

NORMANDEAU, A.: International bibliography on criminal statistics: 1945–1968. *In:* CANADIAN JOURNAL OF CORRECTIONS *11 (1969), S. 108–120.*

RANK, R.: Criminal law ... *(s. I. 3).*

ROESNER, E.: Bibliographie der Strafvollzugsstatistik des In- und Auslandes. *In:* BLÄTTER FÜR GEFÄNGNISKUNDE (Heidelberg), *68 (1937), S. 53–61.*

ROESNER, E.: Bibliographie zum Problem des Mordes. *In:* ZSTW *56 (1937), S. 346–360.*

ROST, H.: Bibliographie des Selbstmords. Augsburg: Haas & Grabherr 1927.

SMEDT, M. DE: Essai de bibliographie médico-légale et criminologique. Contribution to a bibliography of legal medicine and criminology. Liège 1953: Vaillant-Carmanne.

Social Sciences Documentation, London. SURVEY OF CRIMINOLOGICAL JOURNALS. A handlist of periodicals ... in certain London libraries. [Zsgest. von C. KENNEDY]. London: The Institute for the Study and Treatment of Delinquency 1958. *T. 1: periodicals. T. 2: official serials.*

TOMPKINS, D. C.: White collar crime; a bibliography- Berkeley, Cal.: Univ. of California, Inst. of Governmental Studies 1967.

II. Rechtsvergleichung

1. Allgemeine Werke

Da die allgemeinen Werke zur Rechtsvergleichung das Strafrecht in der Regel nur wenig berücksichtigen, ist die nachfolgende Auswahl absichtlich klein gehalten.

ANCEL, M.: Utilité et méthodes du droit comparé. Éléments d'introduction générale à l'étude comparative des droits. Neuchâtel: Ides et Calendes 1971.

CONSTANTINESCO, L.-J.: Rechtsvergleichung. Bd. 1 ff. Köln: Heymann 1971 ff. *Auf 3 Bde. berechnet.* Bd. 1: 1971. Band 2: 1972. (Schriftenreihe Annales Universitatis Saraviensis. Rechts- u. wirtschaftswissenschaftliche Abt. 62. 69.)

DAVID, R.: Les grands systèmes de droit contemporains. 3. Aufl. Paris: Dalloz 1969.

Übersetzung
DAVID, R.: Einführung in die großen Rechtssysteme der Gegenwart. Übers. u. bearb. von G. GRASMANN. München [usw.]: Beck 1966.

International Association of Legal Science. INTERNATIONAL ENCYCLOPEDIA OF COMPARATIVE LAW. Hrsg. von K. ZWEIGERT. Bd. 1 ff. Tübingen: Mohr [usw.] 1971 ff. [in Lieferungen]. *Soll 16 Bände, davon Bd. 8 in 2 Halbbänden, umfassen. Bde. 1 und 2 sollen „the legal systems of the world" beinhalten, Hrsg. V. KNAPP bzw. R. DAVID.*

2. Zeitschriften

a) Periodika, die über die Gesetzgebung berichten

ANNUAIRE DE LÉGISLATION FRANÇAISE ET ÉTRANGÈRE (1. 1872 – N. S. 4. 1955 *u. d. T.:* Annuaire de législation étrangère.) Paris 1. 1872 ff.

BULLETIN OF LEGAL DEVELOPMENTS. London 1967 ff. *Enthält Pressemeldungen.*

EXCHANGE OF INFORMATION BETWEEN THE MEMBER STATES ON THEIR LEGISLATIVE ACTIVITY AND REGULATIONS. N. S. 1. 1967 ff. Strasbourg: Council of Europe 1968 ff. *Vorher u. d. T.:* Exchange of Informations between the Member States of the Council of Europe on Legislative Activities in Certain Legal Fields. 1964–1965. Strasbourg 1966.

Franz. Ausg.: ÉCHANGE D'INFORMATIONS ENTRE LES ÉTATS MEMBRES SUR LEUR ACTIVITÉ LÉGISLATIVE ET RÉGLEMENTAIRE. N. S. *Vorher:* Échange d'informations entre les États membres du Conseil de l'Europe sur leur activité législative dans certains domaines du droit.

INTERNATIONAL EXCHANGE OF INFORMATION ON BILLS AND DRAFT REGULATIONS ON PENAL MATTERS. 1. 1964 – 4. 1966. Strasbourg: Council of Europe 1964–1967.
4. *u. d. T.:* Exchange of Informations between Member States on Bills and Draft Regulations. Teil 2: Criminal Law and Procedure, Treatment of Offenders. [Mehr nicht erschienen?]

Franz. Ausg.: ÉCHANGE INTERNATIONAL D'INFORMATIONS SUR LES PROJETS DE LOIS ET DE RÈGLEMENTATIONS EN MATIÈRE PÉNALE ET PÉNITENTIAIRE. *Die franz. Fassung von 4 ist nicht bekannt.*

LEGISLAZIONE INTERNAZIONALE. 1. 1932 – 8. 1939. Roma 1936–1940.

REPERTORIO ANUAL DE LEGISLACIÓN NACIONAL Y EXTRANJERA. México, D. F. 1. 1958. 1960 ff.

b) allgemeine, rechtsvergleichende Zeitschriften

THE AMERICAN JOURNAL OF COMPARATIVE LAW. Ann Arbor 1. 1952 ff.

ANNUARIO DI DIRITTO COMPARATO E DI STUDI LEGISLATIVI. Yearbook of Comparative Law and Legislative Studies. Jahrbuch für Rechtsvergleichung und Gesetzgebungsstudien. Roma 1. 1927 ff.

BOLETÍN MEXICANO DE DERECHO COMPARADO (1948–1967 u. d. T.: Boletín del Instituto de derecho comparado de México). México, D. F. 1948 ff.

THE INTERNATIONAL AND COMPARATIVE LAW QUARTERLY. Ser. 4. London 1. 1952 ff. [Hervorgegangen aus: Journal of the Society of Comparative Legislation and International Law. London 1. 1896–33. 1951 und aus: International Law Quarterly. London 1. 1947–4. 1951].

KRITISCHE VIERTELJAHRSSCHRIFT FÜR GESETZGEBUNG UND RECHTSWISSENSCHAFT. München 1. 1859–68. 1944.

KRITISCHE ZEITSCHRIFT FÜR RECHTSWISSENSCHAFT UND GESETZGEBUNG DES AUSLANDES. Heidelberg 1. 1829 bis 28. 1856. *Älteste rechtsvergleichende Zeitschrift der Welt mit zahlreichen strafrechtlichen Beiträgen.*

REVUE DE DROIT INTERNATIONAL ET DE DROIT COMPARÉ (1. 1908 – 7. 1914 u. d. T.: Revue de l'Institut de droit comparé; 8. 1922 – 10. 1924 u. d. T.: Bulletin trimestriel; 11. 1925 – 25. 1939 u. d. T.: Revue trimestrielle. Institut belge de droit comparé). Bruxelles 1. 1908 ff. [1940–1948 nicht ersch.]

REVUE INTERNATIONALE DE DROIT COMPARÉ. Paris. 1 (72). 1949 ff. [*Hervorgegangen aus:* Bulletin de la Société de législation comparée. Paris 1872–1939 u. 1946–1949.]

ZEITSCHRIFT FÜR INTERNATIONALES PRIVAT- UND STRAFRECHT (12. 1903 ff. u. d. T.: Zeitschrift für internationales Privat- und Öffentliches Recht; 20. 1910 ff. u. d. T.: Zeitschrift für internationales Recht; 25. 1915 ff. u. d. T.: Niemeyers Zeitschrift für internationales Recht). Erlangen [usw.] 1. 1891–52. 1938.

ZEITSCHRIFT FÜR RECHTSVERGLEICHUNG. Wien 1. 1960 ff.

ZEITSCHRIFT FÜR VERGLEICHENDE RECHTSWISSENSCHAFT. Stuttgart 1. 1878 ff.

c) Rechtsvergleichende Zeitschriften auf dem Gebiet des Strafrechts

ANUARIO DE DERECHO PENAL Y CIENCIAS PENALES. Madrid 1. 1948 ff.

BULLETIN. Commission pénitentiaire internationale (1929: Commission internationale pénale et pénitentiaire). Berne 1880–1910 [in 6 Serien]. N. S. [= série 7] Nr. 1. 1925–Nr. 5. 1929.

BULLETIN DE LA SOCIÉTÉ INTERNATIONALE DE DÉFENSE SOCIALE. Paris 1. 1955 ff. (1. 1955–3. 1956/57 als Beilage der „Revue internationale de défense sociale".)

INTERNATIONAL REVIEW OF CRIMINAL POLICY. New York: United Nations 1. 1952 ff. *5–20 mehrsprachig in Engl., Franz. und Span.; vorher und nachher in 3 getrennten Ausgaben.*

Franz. Ausg.: REVUE INTERNATIONALE DE POLITIQUE CRIMINELLE.

MITTEILUNGEN DER INTERNATIONALEN KRIMINALISTISCHEN VEREINIGUNG. Bulletin de l'Union internationale de droit pénal. Berlin 1. 1889 – 21. 1914. N. F. 1. 1926 – 6. 1933.

PROCÈS – VERBAUX. Commission pénitentiaire internationale (1929: Commission internationale pénale et pénitentiaire). Session 1907–1951. Berne 1908–1951. *Dazu erschien:* [Liste des] Procès – verbaux, 1874–1949. Berne: Staempfli 1950.

RECUEIL DE DOCUMENTS EN MATIÈRE PÉNALE ET PÉNITENTIAIRE (14. 15: Select papers on penal and penitentiary affairs). Berne 1. 1931–15. 1951). *Eine Veröffentlichung der „Commission internationale pénale et pénitentiaire".*

REVUE DE DROIT PÉNAL ET DE CRIMINOLOGIE. Bruxelles 1. 1907 ff.

REVUE DE DROIT PÉNAL MILITAIRE ET DE DROIT DE LA GUERRE. Bruxelles 1. 1962 ff.

REVUE DE SCIENCE CRIMINELLE ET DE DROIT PÉNAL COMPARÉ. Paris 1. 1936 ff.

REVUE INTERNATIONALE DE DROIT PÉNAL. Paris 1. 1924 ff.

RIVISTA DI DIFESA SOCIALE (6. 1952 – 11. 1957 u. d. T.: Revue internationale de défense sociale). Genova 1. 1947–11. 1957.

ZEITSCHRIFT FÜR DIE GESAMTE STRAFRECHTSWISSENSCHAFT. Berlin 1. 1881 ff. *Darin enthalten als nicht selbständig im Handel erscheinender Teil in 65. 1953–78. 1966 „Mitteilungsblatt der Fachgruppe Strafrecht in der Gesellschaft für Rechtsvergleichung, zugleich Auslandsrundschau", in 79. 1967 ff. „Auslandsteil, zugleich Mitteilungsblatt …", hervorgegangen aus „Mitteilungsblatt der Fachgruppe für Strafrechtsvergleichung in der Gesellschaft für Rechtsvergleichung". Freiburg/Br., 1. 1950–2. 1951/52, Masch. verv.*

d) Periodika über Menschenrechte

REVUE DES DROITS DE L'HOMME. Human Rights Journal. Paris 1. 1968 ff.

YEARBOOK ON HUMAN RIGHTS. New York: United Nations 1946 ff.

Franz. Ausg.: ANNUAIRE DES DROITS DE L'HOMME.

DIE ZEITSCHRIFT DER INTERNATIONALEN JURISTEN-KOMMISSION. Genf 1969 ff. [*Hervorgegangen aus:* Bulletin der Internationalen Juristen-Kommission. Den Haag (8 ff.: Genf) 1. 1954–11. 1968 *und aus:* Journal der Internationalen Juristen-Kommission. Den Haag (2 ff.: Genf) 1. 1957–9. 1968].

Engl. Ausg.: THE REVIEW. International Commission of Jurists. *Auch Ausgaben in franz. und span. Sprache.*

REVIEW OF CONTEMPORARY LAW. Brussels: International Association of Democratic Lawyers. N. S. 1. 1954 ff. [*Hervorgegangen aus:* LAW IN THE SERVICE OF PEACE.]

Franz. Ausg.: REVUE DE DROIT CONTEMPORAIN. [*Hervorgegangen aus:* Droit au service de la paix.]

Unentbehrlich für denjenigen, der auf dem Gebiet der Strafrechtsvergleichung arbeitet, sind auch

e) die völkerrechtlichen Zeitschriften

Es sollen hier nur genannt werden:

THE AMERICAN JOURNAL OF INTERNATIONAL LAW. New York 1. 1907 ff.

ZEITSCHRIFT FÜR AUSLÄNDISCHES ÖFFENTLICHES RECHT UND VÖLKERRECHT. Berlin 1. 1929 ff.

3. Internationale Kongresse

a) Allgemeine rechtsvergleichende Kongresse (Auswahl)

ACADÉMIE INTERNATIONALE DE DROIT COMPARÉ. Congrès international de droit comparé.

1. Den Haag	1932.	Bd. 1–4. Paris: Sirey 1934–1935.
2. Den Haag	1937.	Voeux et résolutions. Resolutions and recommendations. Liège: Thone 1937.
3. London	1950.	Roma: Istituto di studi legislativi 1953. (Acta Academiae universalis jurisprudentiae comparativae. 3.)
4. Paris	1954.	*Nur Landesreferate erschienen.*
5. Brüssel	1958.	Rapports généraux. Bd. 1. 2. Bruxelles: Bruylant 1960.
6. Hamburg	1962.	Rapports généraux. Bruxelles: Bruylant 1964.
7. Uppsala	1966.	Stockholm: Almqvist & Wiksell 1968. (Acta instituti Upsaliensis jurisprudentiae comparativae. 9.)
8. Pescara	1970.	*Verhandlungen des Kongresses noch nicht veröffentlicht. Erstmals erschien zum 8. Kongreß ein speziell strafrechtlicher Landesbericht, u. zwar:* DEUTSCHE STRAFRECHTLICHE LANDESREFERATE ZUM 8. INTERNATIONALEN KONGRESS FÜR RECHTSVERGLEICHUNG. Hrsg. von H.-H. JESCHECK. Berlin [usw.]: de Gruyter 1971. (ZStW 83 [1971], Beih.)

COLLOQUE INTERNATIONAL DE DROIT COMPARÉ. Travaux.

1. Ottawa	1963.	Montréal: Wilson & Lafleur [o. J.] (Collection des travaux de la Faculté de droit d'Ottawa. 2.)
2. Ottawa	1964.	Montréal: Wilson & Lafleur [o. J.] (Travaux de la Faculté de droit d'Ottawa. 4.)
3. Ottawa	1965.	Montréal: Wilson & Lafleur 1965. (Collection des travaux de la Faculté de droit d'Ottawa. 6.)
4. Ottawa	1966.	Ottawa: Ed. de l'Univ. d'Ottawa 1966.
5. Ottawa	1967.	Ottawa: Ed. de l'Univ. d'Ottawa 1968.
6. Ottawa	1968.	Ottawa: Ed. de l'Univ. d'Ottawa 1969.
7. Ottawa	1969.	Ottawa: Ed. de l'Univ. d'Ottawa 1970.
8. Ottawa	1970.	Ottawa: Ed. de l'Univ. d'Ottawa 1971.
9. Ottawa	1971.	

INTERNATIONAL BAR ASSOCIATION. International Conference of the Legal Profession. Summary of proceedings and resolutions adopted by the Conference.

1. New York	1947,	New York 1948.
2. Den Haag	1948,	The Hague 1949.
3. London	1950,	The Hague: Nijhoff 1952.
4. Madrid	1952,	The Hague: Nijhoff 1954.
5. Monte Carlo	1954,	The Hague: Nijhoff 1956.
6. Oslo	1956,	The Hague: Nijhoff 1957.
7. Köln	1958,	The Hague: Nijhoff 1958.
8. Salzburg	1960,	The Hague: Nijhoff 1960.
9. Edinburgh	1962,	The Hague: Nijhoff 1962.
10. Mexico	1964,	The Hague: Nijhoff 1964.
11. Lausanne	1966,	The Hague: Nijhoff 1966.
12. Dublin	1968,	The Hague: Nijhoff 1968.
13. Tokio	1970.	*Nicht als Buch erschienen.*

INTERNATIONAL COMMISSION OF JURISTS. Internationaler Kongreß der Internationalen Juristenkommission. Den Haag (später Genf): Selbstverl. der I.J.K. (I. C. J.)

1952 Berlin: Berichte. Bd. 1. 2. Den Haag 1952–1955. *Engl. Ausg.:* Complete report.

1955 Athen: RECHT IN FESSELN. Den Haag 1955. *Engl. Ausg.:* JUSTICE ENSLAVED.

1959 New Delhi: THE RULE OF LAW IN MODERN SOCIETY. [Geneva 1960]. *Andere Ausg. u. d. T.:* THE RULE OF LAW IN A FREE SOCIETY.

1961 Lagos. African Conference on the rule of law: A report on the proceedings of the conference. Geneva 1961.

1962 Rio de Janeiro: EXECUTIVE ACTION AND THE RULE OF LAW. Geneva [1963?]

1965 Bangkok. South-East Asian and Pacific conference of jurists: THE DYNAMIC ASPECTS OF THE RULE OF LAW. Geneva 1965.

1967 Dakar. Congrès de juristes africains francophones: LA FONCTION DU DROIT DANS L'ÉVOLUTION DES COMMUNAUTÉS HUMAINES. La Haye 1967.

Alle Kongreßberichte, die in engl. Sprache erschienen sind, gibt es auch in einer franz. Ausg.

b) Strafrechtliche Kongresse

ASSOCIATION INTERNATIONALE DE DROIT PÉNAL. Congrès international de droit pénal. Actes.

1. Brüssel	1926.	Paris: Juris-classeurs 1927.
2. Bukarest	1929.	Paris: Juris-classeurs 1930.
3. Palermo	1933.	Roma: Istituto poligrafico dello Stato 1935.

4. Paris	1937.	Paris: Marchal & Billard 1939.
5. Genf	1947.	Paris: Sirey 1952.
6. Rom	1953.	Comptes rendus des discussions. Milano: Giuffrè 1957.
7. Athen	1957.	Athènes: Impr. nationale 1961.
8. Lissabon	1961.	Paris: Sirey 1965.
9. Den Haag	1964.	Actes; Travaux préparatoires et rapports généraux, sections 1–4. La Haye: Min. de la Justice 1964.
10. Rom	1969.	*Als Sonderdr. noch nicht erschienen*
Colloque régional		
Varna	1967.	Symposium international sur des problèmes de droit pénal socialiste: Rapports et interventions. Sofia: Ass. bulgare de droit pénal 1967. *Russ. Ausg.*: Meždunarodnyj simpozium po problemam socialističeskogo ugolovnogo prava. Doklady i vystuplenija.

ASSOCIATION INTERNATIONALE DE DROIT PÉNAL (*mit:* International Society of Criminology, International Penal and Penitary Foundation, International Society of Social Defense).

[1.] Bellagio	1963.	COLLOQUE SUR LES „DÉLINQUANTS ANORMAUX MENTAUX". Seminar on „mentally abnormal offenders". Paris: Cujas 1963.
[2.] Bellagio	1968.	Transactions/Actes: THE SENTENCING/ÉLABORATION DE LA SENTENCE PÉNALE. Milano: Centro nazionale di prevenzione e difesa sociale 1971. (Serie di diritto comparato. 2.)

ASSOCIATION INTERNATIONALE DE DROIT PÉNAL. Bureau international pour l'unification du droit pénal. Conférence internationale d'unification (3ff.: pour l'unification) du droit pénal. Actes.

1. Warschau	1927.	Paris: Sirey 1929. *Andere Ausg. u. d. T.:* Konferencja Warszawska ... Conférence de Varsovie. Warszawa 1928: Drukarnia policyjna.
2. Rom	1928.	Rome: Istituto poligrafico dello Stato 1931.
3. Brüssel	1930.	Bruxelles: Lebègue 1931.
4. Paris:	1931.	Paris: Sirey 1933.
5. Madrid	1933.	Paris: Pedone 1935.
6. Kopenhagen	1935.	Paris. Pedone 1938.
7. Kairo	1939.	Paris: Pedone 1939.
8. Brüssel	1947.	Paris: Pedone 1949.

TZOCOFF, P.: Les conférences internationales du droit pénal. Diss., Nancy 1936.

COLÓQUIO INTERNACIONAL COMEMORATIVO DO CENTENÁRIO DA ABOLIÇÃO DA PENA DE MORTE EM PORTUGAL (*s. II. 5:* PENA DE MORTE).

COMMISSION PÉNITENTIAIRE INTERNATIONALE (1929 ff.: Commission internationale pénale et pénitentiaire). Congrès pénitentiaire international (10 ff.: Congrès pénal et pénitentiaire international). Actes. Veröffentlicht durch das „Bureau de la Commission".

1. London	1872.	PRISONS AND REFORMATORIES AT HOME AND ABROAD BEING THE TRANSACTIONS. London: Longmans 1872.
2. Stockholm	1878.	Bd. 1. 2. Stockholm 1879. Bd. 1: Comptes rendus des séances. Bd. 2: MÉMOIRES ET RAPPORTS SUR L'ÉTAT ACTUEL DES PRISONS ET DU RÉGIME PÉNITENTIAIRE.
3. Rom	1885.	Bd. 1. 2, 1. 2; 3, 1. 2. Rome 1887–1888.
4. St. Petersburg	1890.	Bd. 1–5. Saint Pétersbourg 1890–1892.
5. Paris	1895.	Bd. 1, a. b. 2–5. Paris 1896.
6. Brüssel	1900.	Bd. 1–5. Berne 1901.
7. Budapest	1905.	Bd. 1–5. Berne 1906.
8. Washington	1910.	Bd. 1–5. Groningen 1912–1913.
9. London	1925.	Bd. 1, a. b. 2–4. Berne (2ff.: Groningen) 1925–1927. *Engl. Ausg.:* Proceedings. International Penal and Penitentiary Congress. Berne 1927.
10. Prag	1930.	Bd. 1, a. b. 2–5. Berne 1930–1931.
11. Berlin	1935.	Bd. 1, a. b. 2–5. Berne 1935–1936. *Engl. Ausg.:* Proceedings. Bern 1937.
12. Den Haag	1950.	Bd. 1–6. Berne 1951. Index. *Engl. Ausg.:* Proceedings.

Index analytique et des noms. Congrès 1–12. Analytical and name index. Von V. DEGOUMOIS. Berne [nach 1950].

RUGGLES-BRISE, E.: Prison reform at home and abroad. A short history of the international movement since the London Congress, 1872. London: Macmillan 1924.

TEETERS, N. K.: Deliberations of the international penal and penitentiary congresses; questions and answers, 1872–1935. Philadelphia [usw.]: Temple University Book Store 1949.

CONGRÈS INTERNATIONAL D'ANTHROPOLOGIE CRIMINELLE.

1. Rom	1885.	Actes. Turin 1886–1887.
2. Paris	1889.	Actes. Lyon: Storck 1890.
3. Brüssel	1892.	Actes. Bruxelles 1893: Hayez.
4. Genf	1896.	Compte rendu. Genève: Georg 1897.
5. Amsterdam	1901.	Compte rendu des travaux. Amsterdam 1901: de Bussy.
6. Turin	1906.	Comptes-rendus. Turin 1908.
7. Köln	1911.	Bericht. Internationaler Kongreß für Kriminalanthropologie. Heidelberg: Winter 1912.

CONGRÈS INTERNATIONAL DE DROIT MÉDICAL (1: DE MORALE MÉDICALE).

1. Paris	1955.	Premier Congrès international de morale médicale. Bd. 1: Rapports. [Bd. 2:] Compte rendu. Communications. Paris: Ordre national des médecins. [o. J.]
2. Washington	1970.	

Rechtsvergleichung II 3

Congrès pénitentiaire.
1. Frankfurt a. M. 1846. Débats du Congrès. Paris: Marc-Aurel 1847.
2. Brüssel 1847. Débats du Congrès. Bruxelles: Deltombe 1847.

Convegno internazionale su Cesare Beccaria, Turin 1964. Atti. Torino: Accademia delle scienze 1966. (Memorie dell'Accademia delle scienze di Torino, classe di scienze morali . . . 4, 9.)

Giornate italo-francesi di difesa sociale. 1. Vicenza 1969. *Bisher anscheinend nur ein Résumé der Verhandlungen erschienen in* L'Indice pénale *3. 1969, S. 464–465.*

Institut international de droit d'expression française.
[4.] Congrès, sur l'organisation judiciaire, Montreal, Quebec, Ottawa 1969. *In:* Revue juridique et politique, indépendance et coopération 23 (1969), Nr. 4.
Enthält die Referate des Kongresses in extenso.

International Association of Youth Magistrates (vor 1950: International Association of Childrens' Court Judges.) Association internationale des magistrats de la jeunesse (vor 1950: Association internationale des juges des enfants). Congrès de l'Association.
1. Brüssel 1930.
2. Brüssel 1935.
3. Lüttich 1950. Nivelles 1952: Impr. adm.
4. Brüssel 1954. Actes. Nivelles 1954: Impr. adm.
5. Brüssel 1958. Actes. Nivelles 1960: Impr. adm.
6. Neapel 1962. Actes. Roma 1965. (Rassegna di studi penitenziari. 15. 1965, 4/5, Suppl.)
7. Paris 1966. La protection judiciaire de l'enfance dans le monde par les magistrats de la jeunesse. Melun 1967: Impr. adm.
8. Genf 1970.

International Penal and Penitentiary Foundation. Fondation internationale pénale et pénitentiaire. *(Nachfolger der Commission internationale pénale et pénitentiaire.)* Proceedings of the Symposium. Actes du Colloque international.
1. Brüssel 1962. New psychological methods of treatment of prisoners. Nivelles 1963: Impr. adm.
   Franz. Ausg.: Les nouvelles méthodes psychologiques de traitement des détenus.
2. Ulm 1967. New methods of restricting freedom in the penitentiary system. Nivelles 1967: Impr. adm.
   Franz. Ausg.: Les nouvelles méthodes de restriction de liberté dans le système pénitentiaire.
3. *geplant für 1972.*

International Penal and Penitentiary Foundation. Proceedings of the meeting of heads of prison administrations. Nivelles: Impr. adm.
1. Rom 1964. 1965.
2. Paris 1967. 1969.
3. Lissabon 1969. 1970.

Franz. Ausg.: Actes de la réunion des chefs des administrations pénitentiaires.

International Penal and Penitentiary Foundation. Cycle d'études de Strasbourg, 1959: Trois aspects de l'action pénitentiaire. Three aspects of penal treatment. Bd. 1. 2. Berne: Stämpfli 1960–1961. (Travaux de la Fondation internationale pénale et pénitentiaire . . . 2. 3.)
Bd. 1: Rapports, Reports.
Bd. 2: *Franz. Ausg.:* Synthèse des travaux.
   Engl. Ausg.: A synthetic report of the proceedings.

International Society of Criminology. International Congress on Criminology. Congrès international de criminologie.
1. Rom 1938. Atti del Congresso internazionale di criminologia. Bd. 1–5. Roma: Tip. delle Mantellate.
2. Paris 1950. Actes. Bd. 1–6. Paris: Pr. universitaires 1951–1955.
3. London 1955. Summary of proceedings. London: The Society 1957.
4. Den Haag 1960. Actes. La Haye: Impr. de la Prison [um 1960].
5. Montreal 1967. Actes du colloque de recherche sur la délinquance et la criminalité. Montréal: Centre de psychologie et de pédagogie 1967.
6. Madrid 1970.
7. Brüssel 1972.

International Society of Criminology. International Course in Criminology.
Zahlreiche Kurse, die nur teilweise veröffentlicht sind. Der erste Kursus fand 1951 in Paris statt, der derzeit (Anfang 1971) letzte (der 19.) fand 1969 in Mendoza statt. Zum Teil wurden derartige Kurse im selben Jahr in verschiedenen Städten abgehalten.

International Society for Social Defence. Société Internationale de Défense Sociale. Congrès international de défense sociale. Actes.
1. San Remo 1947. *Bericht in:* Centro internazionale di studi di difesa sociale. Atti. 1947. (Rivista di difesa sociale. 1. 1947, Beilage), S. 43–69.
2. Lüttich 1949. *Bericht in:* Atti dell'Istituto (internazionale per gli studi di difesa sociale). 1949. (Rivista di difesa sociale. 3. 1949, Beilage), S. 29–49.
3. Antwerpen 1954. Anvers: De Vlijt 1955.
4. Mailand 1956. Atti del Congresso internazionale sulla prevenzione dei

II 3 Rechtsvergleichung

		REATI CONTRA LA VITA UMANA E L'INCOLUMITÀ INDIVIDUALE. Actes du Congrès international sur la prévention des infractions contre la vie humaine et l'intégrité corporelle. Hrsg. vom Centro nazionale di prevenzione e difesa sociale. Bd. 1. 2. Milano: Giuffrè 1957.
5. Stockholm	1958.	Stockholm 1963: Marcus.
6. Belgrad	1961.	LE STATUT LÉGAL ET LE TRAITEMENT DES JEUNES ADULTES DÉLIQUANTS. Belgrade 1962: Servis Saveza udruženja pravnika Jugoslavije.
7. Lecce	1966.	LES INTERDICTIONS PROFESSIONNELLES ET LES INTERDICTIONS D'EXERCER CERTAINES ACTIVITÉS. Paris: Cujas 1966.
8. Paris	1971.	LES TECHNIQUES DE L'INDIVIDUALISATION JUDICIAIRE. Roma 1971.

INTERNATIONAL SYMPOSIUM ON THE DRUNKENNESS OFFENCE. London 1968. Proceedings. Hrsg. von T. COOK, D. GATH u. C. HENSMAN. Oxford: Pergamon Pr. 1969.

INTERNATIONALE KRIMINALISTISCHE VEREINIGUNG. *Die Berichte über ihre Kongresse erschienen in ihren* MITTEILUNGEN *(s. II. 2 c).*

INTERNATIONALES COLLOQUIUM ÜBER KRIMINOLOGIE UND STRAFRECHTSREFORM. Freiburg i. Br. 1957. Hrsg. von H.-H. JESCHECK u. T. WÜRTENBERGER. Freiburg i. Br.: Schulz 1958. (Die Albert-Ludwigs-Universität Freiburg 1457–1957. Sonderband.)

JOURNÉE[S] D'ÉTUDES JURIDIQUES JEAN DABIN. Travaux.

3. Löwen	1967.	LE JURY FACE AU DROIT PÉNAL MODERNE. Bruxelles: Bruylant 1967. (Bibliothèque de la Faculté de droit de l'Université catholique de Louvain. 4.)

SEMAINE INTERNATIONALE DE STRASBOURG 1954. Travaux u. d. T. LES ORIENTATIONS NOUVELLES DES SCIENCES CRIMINELLES ET PÉNITENTIAIRES. Paris: Dalloz 1955. (Annales de la Faculté de droit et des sciences politiques de Strasbourg. 2.)

SOCIÉTÉ INTERNATIONALE DE DROIT PÉNAL MILITAIRE ET DE DROIT DE LA GUERRE. Congrès international de droit pénal militaire.

1. Brüssel	1959.	ACTION PÉNALE ET ACTION DISCIPLINAIRE. Strasbourg: Société 1960.
2. Florenz	1961.	L'AÉRONEF MILITAIRE ET LE DROIT DES GENS; SUBORDINATION ET COOPÉRATION MILITAIRE INTERNATIONALE. Strasbourg 1963.
3. Straßburg	1964.	LES GARANTIES DES DROITS INDIVIDUELS DANS LA RÉPRESSION DISCIPLINAIRE ET PÉNALE MILITAIRE. Strasbourg 1966.
4. Madrid	1967.	Bd. 1: LES DÉLITS MILITAIRES. Bd. 2: L'EXTRADITION POUR DÉLITS MILITAIRES. Strasbourg 1969.
5. Dublin	1970.	Bd. 1: L'obéissance militaire au regard des droits pénaux internes et du droit de la guerre. Bd. 2: La notion de guerre et de combattant dans les conflits modernes. *In:* REV. DE DROIT PÉNAL MILITAIRE ET DE DROIT DE LA GUERRE *10 (1971), 1.2.*

UNITED NATIONS. CONGRESS ON THE PREVENTION OF CRIME AND THE TREATMENT OF OFFENDERS. Congrès pour la prévention du crime et le traitement des délinquants. New York: United Nations.

1. Genf	1955.	Report. 1956. (Sales nr. 56. IV. 4.)
2. London	1960.	Report. 1961. (Sales nr. 61. IV. 3.)
3. Stockholm	1965.	Report. 1967. (Sales nr. 67. IV. 1.)
4. Kyoto	1970.	Report. 1971. (Sales nr. 71. IV. 8.)

Alle Ausg. auch französisch.

Regionale Kongresse:

ASIA AND FAR EAST SEMINAR.

1. Rangoon	1954.	1955 (Sales nr. 55. IV. 14).
2. Tokio	1957.	1958 (Document nr. ST/TAA/SER. C/34).

LATIN AMERICAN SEMINAR.

1. Rio de Janeiro	1953.	1954 (Sales nr. 54. IV. 3.)
2. La Guaira	1963	(Document nr. ST/TAO/SER. C/68).
3. Buenos Aires	1969	[noch nicht veröffentlicht?]

MIDDLE EAST SEMINAR.

Kairo	1953.	1954 (Sales nr. 54. IV. 17).

SEMINAR FOR (THE) ARAB STATES.

1. Kopenhagen	1959	(Document nr. ST/TAO/SER. C/42).
2. Damaskus	1964	(Document nr. ST/TAO/SER. C/18).

UNITED NATIONS. AD HOC ADVISORY COMMITTEE OF EXPERTS ON THE PREVENTION OF CRIME AND THE TREATMENT OF OFFENDERS.

New York	1953.	Doc. nr. E/CN. 5/AC 7.
Genf	1955.	Doc. nr. E/CN. 5/AC 8.
New York	1958.	Doc. nr. E/CN. 5/AC 9.
London	1960.	Doc. nr. E/CN. 5/AC 10.
Genf	1963.	Doc. nr. E/CN. 5/AC 11.
Rom	1969.	Doc. nr. E/CN. 5/433.

UNITED NATIONS. EUROPEAN CONSULTATIVE GROUP ON PREVENTION OF CRIME AND TREATMENT OF OFFENDERS.

1. Genf	1952.	Report. 1953. (UN Document nr. ST/SOA/SD/GEN/1).
2. Genf	1954.	Report. Melun 1955: Prison Printing Shop (basiert auf UN Document nr. ST/SOA/SD/EUR/SR 2/1–14.)

Rechtsvergleichung II 4

3. Genf		1956. 1956. (UN Document nr. ST/SOA/SD/EUR/5).
4. Genf		1958. 1959. (UN Document nr. ST/SOA/SD/EUR/6).
	Straßburg	1957. [Documents]. Strasbourg 1957. *Masch. verv.*
	Straßburg	1959. Documents de travail. Working papers 1–17. [o. O.] 1959.

UNITED NATIONS. EUROPEAN SEMINAR ON PROBATION, London 1952. „European Seminar on probation". New York: UN 1954. (Sales nr. 54. IV. 13).

UNITED NATIONS. INTERREGIONAL MEETING ON RESEARCH IN CRIMINOLOGY. Krogerup 1965. (UN Document nr. ST/TAO/SER/C/87).

WÜRTENBERGER, T.: Organisationen und Institute. *In:* HANDWÖRTERBUCH DER KRIMINOLOGIE. 2. Aufl. *Bd. 2.* Hrsg. von R. SIEVERTS. Berlin: de Gruyter 1968, *S. 259 bis 279. Das Gesamtwerk erscheint in Lieferungen.*

4. Strafrecht im materiellen Sinne, allgemein

DAS AUSLÄNDISCHE STRAFRECHT DER GEGENWART. Hrsg von E. MEZGER, A. SCHÖNKE, H.-H. JESCHECK. Bd. 1 ff. Berlin: Duncker & Humblot 1955 ff.

1: Argentinien. Dänemark. Japan. Jugoslawien. 1955.
2: Finnland. Schweiz. Tschechoslowakei. 1957.
3: Chile. England. Griechenland. Österreich. 1959.
4: Amerika *(d. i. USA).* Norwegen. Türkei. 1962.
Bd. 5 in Vorbereitung.

CINQUANTE ANS DE DROIT PÉNAL ET DE CRIMINOLOGIE. Publication jubilaire (1907–1957). Bruxelles: La Revue de droit pénal et de criminologie 1957.

LES CODES PÉNAUX EUROPÉENS PRÉSENTÉS DANS LEUR TEXTE ACTUEL. Eingel. von M. ANCEL. Bd. 1–3. Paris: Centre français de droit comparé 1957–1958.

1. Introduction comparative. Allemagne, Autriche, Belgique, Bulgarie, Danemark et loi criminelle groenlandaise. 1957.
2. Espagne, Finlande, France, Grèce, Hongrie, Islande, Italie. 1957.
3. Liechtenstein, Luxembourg, Principauté de Monaco, Norvège, Pays-Bas, Pologne, Portugal. 1958.

COMMÉMORATION DU CENTENAIRE DU CODE PÉNAL BELGE. Liege: Univ. 1968. (Les Congrès et colloques de l'Université de Liège. 47.)

ESSAYS IN CRIMINAL SCIENCE. Hrsg. v. G. O. W. MUELLER. South Hackensack, N. J.: Rothman 1961. (Publications of the Comparative Criminal Law Project, New York University. 1.) *Darin S. 379 ff.: „Comparative criminal law: law reform abroad", mit Beiträgen über Frankreich, BRD, UdSSR, Japan.*

League of Nations. Secretariat. Legal Section. GRADUAL UNIFICATION OF CRIMINAL LAW AND CO-OPERATION OF STATES IN THE PREVENTION AND SUPPRESSION OF CRIME. Teil 1–3. Geneva: League of Nations 1933. (League of Nations Publications. 1933 V 3.)
Franz. Ausg.: UNIFICATION PROGRESSIVE DU DROIT PÉNAL.

JESCHECK, H.-H: Entwicklung, Aufgaben und Methoden der Strafrechtsvergleichung. Tübingen: Mohr 1955. (Recht und Staat in Geschichte und Gegenwart. 181/182).

JESCHECK, H.-H.: Lehrbuch des Strafrechts. Allg. Teil. 2. Aufl. Berlin: Duncker & Humblot 1972. *Reiche bibliographische Angaben auch zur ausländischen Literatur.*

JIMÉNEZ DE ASÚA, L.: Tratado de derecho penal. 3. Aufl. Bd. 1 ff. Buenos Aires: Losada 1964 ff. *Reiche bibliographische Angaben in Bd. 1, S. 235 ff.: Historia del derecho penal y legislación penal comparada; S. 911–1395: Iberoamérica.*

Bundesministerium der Justiz. MATERIALIEN ZUR STRAFRECHTSREFORM. Bd. 1–15. Bonn: Heger in Komm. 1954–1960.

2, 1. 2:	Rechtsvergleichende Arbeiten. 1954–1955.
4, Anlage 1:	Die Behandlung wichtiger Fragen der Strafrechtsreform in der ausländischen Gesetzgebung. 1927, Nachdr. 1954.
8, 1–3:	Reform des Strafvollzugsrechts. Rechtsvergleichende Arbeiten. 1959–1960.
9:	Reform des Strafvollzugsrechts. Ausländische Vollzugsvorschriften. 1960.
10, 1:	Das Strafregisterwesen im Ausland. Darstellender Teil. Von G. ECKLEBEN 1959. [10, 2 nicht erschienen]

MUELLER, G. O. W.: Comparative criminal law in the United States. Unter Mithilfe von S. A. TEITLER u. M. KUKULKA. New York: Criminal Law Education and Research Center, New York University School of Law; South Hackensack, N. J.: Rothman [in Komm.] 1970. (Monograph series. 4.)

ORTOLAN, J. L. E.: Cours de législation pénale comparée. Bd. 1. 2. Paris: Joubert 1839–1841.

SAINT-EDME, B.: Dictionnaire de la pénalité dans toutes les parties du monde connu. Bd. 1–5. Paris: Rousselon 1824–1828.

SALMONOWICZ, S.: Prawo karne oświeconego absolutyzmu. Toruń: Państw. wydawn. nauk. 1966. (Roczniki towarzystwa naukowego w Toruniu. 71, 2.) (Franz. Zsfassung.: Législation pénale de l'absolutisme éclairé.)

DIE STRAFGESETZGEBUNG DER GEGENWART IN RECHTSVERGLEICHENDER DARSTELLUNG. Bd. 1. 2. Hrsg. von F. VON LISZT (2: und G. CRUSEN). Berlin: Liebmann 1894–1899.

1: Das Strafrecht der Staaten Europas. 1894.
2: Das Strafrecht der außereuropäischen Staaten. 1899.

SWINDEREN, O. Q. VAN: Esquisse du droit pénal actuel dans les Pays-Bas et à l'étranger. Bd. 1–13. Groningue: Noordhoff [usw.] 1891–[ca. 1927].

VERGLEICHENDE DARSTELLUNG DES DEUTSCHEN UND AUSLÄNDISCHEN STRAFRECHTS. Hrsg. von K. BIRKMEYER [u. a.] Allg. Teil Bd. 1–6; Bes. Teil Bd. 1–9; Reg. Berlin: Liebmann 1905–1909.

Erg. zu Bes. Teil Bd. 1 *u. d. T.:* MAYER, M. E.: Die Befreiung von Gefangenen. Leipzig: Hirschfeld 1906.

WASSERMANN, R.: Rechtsvergleichung und Strafrechtsreform. Leipzig: Engelmann 1909.

ZUSAMMENSTELLUNG DER STRAFGESETZE AUSWÄRTIGER STAATEN nach der Ordnung des revidierten Entwurfs des Strafgesetzbuchs für die Königlich-Preußischen Staaten. Teil 1–5. Berlin: 1838–1841.

Serien

AMERICAN SERIES OF FOREIGN PENAL CODES. South Hackensack, N. J.: Rothman [usw.] 1960 ff. *Zuletzt erschien: Bd. 16. 1970*

1. *Frankreich*	9. *Türkei*
2. *Südkorea*	10. *BRD: StPO*
3. *Norwegen*	11. *BRD: Entwurf StGB 1962*
4. *BRD*	12. *Österreich*
5. *Türkei: StPO*	13. *Israel: StPO*
6. *Argentinien*	14. *Kolumbien*
7. *Frankreich: StPO*	15. *Schweden: StPO*
8. *Japan: Entwurf StGB*	16. *Grönland*

Association internationale de droit pénal. COLLECTION DES LOIS PÉNALES ÉTRANGÈRES. Bd. 1. 2. [Mehr nicht erschienen?]

1. Code pénal polonais. Paris: Juris Classeurs [um 1933].
2. Code pénal danois. Paris: Marchal & Billard 1935.

Institut de droit comparé de l'Université de Paris. LES GRANDS SYSTÈMES DE DROIT PÉNAL CONTEMPORAIN. Bd. 1 ff. Paris: Ed. de l'Epargne 1959 ff.

1. INTRODUCTION AU DROIT CRIMINEL DE L'ANGLETERRE. 1959.
2. LE DROIT PÉNAL NOUVEAU DE LA YOUGOSLAVIE. 1962.
3. LE SYSTÈME PÉNAL DES ETATS-UNIS D'AMÉRIQUE. 1964.
4. LE DROIT PÉNAL DES PAYS SCANDINAVES. 1969.

RECHTSVERGLEICHENDE UNTERSUCHUNGEN ZUR GESAMTEN STRAFRECHTSWISSENSCHAFT. Heft 1–14. N. F. Heft 1 ff. Bonn: Röhrscheid 1934–1940. N. F. 1950 ff. *Zuletzt erschien Bd. 45. 1971.*

SAMMLUNG AUSSERDEUTSCHER STRAFGESETZBÜCHER IN DEUTSCHER ÜBERSETZUNG. Berlin: de Gruyter 1881 ff. *Zuletzt erschien Bd. 92. 1970.*

5. Strafrecht im materiellen Sinne, einzelne Probleme

ABORTION LAWS. A survey of current world legislation. *In:* INTERNATIONAL DIGEST OF HEALTH LEGISLATION *(WHO) 21 (1970), S. 437–512.*

Franz. Ausg.: LA LÉGISLATION DE L'AVORTEMENT DANS LE MONDE. Aperçu des lois règlements en vigueur. *In:* RECUEIL INTERNATIONAL DE LA LÉGISLATION SANITAIRE (OMS) *21 (1970), S. 463–542.*

ANAŠKIN, G. Z.: Smertnaja kazn' v kapitalističeskich gosudarstvach (istoriko-pravovoj očerk) [Die Todesstrafe in den kapitalistischen Staaten (eine rechtshistorische Skizze)]. Moskva: Jurid. literatura 1971.

ATTENTATS CONTRE LA NAVIGATION AÉRIENNE. *In:* REV. DROIT PÉN. *52 (1971/72), Nr. 3/4. Betrifft: Belgien, BRD, Europarat, Frankreich, Israel, Italien, Japan, Jugoslawien, Österreich, Polen, Schweden, Schweiz, Tschechoslowakei.*

DIE BEHANDLUNG DER TRUNKENHEIT IM STRAFRECHT. Frankfurt a. M. [usw.]: Metzner 1960. (Arbeiten zur Rechtsvergleichung. 8.)

CALLAHAN, D.: Abortion: law, choice and morality. London: Macmillan 1970.

United Nations. CAPITAL PUNISHMENT. New York: United Nations 1962. (United Nations Publications. Sales Nr. 62. IV. 2.) 2. Aufl. Teil 1. 2. New York: United Nations 1967. (67. IV. 15).

United Nations. COMPARATIVE SURVEY OF JUVENILE DELINQUENCY. Teil 1–5. New York: United Nations 1952–1965.

1. North America. Von P. W. TAPPAN. 2. Aufl. (Sales Nr. 58. IV, 2).
2. Europe. Von J.-L. COSTA *u. d. T.:* ETUDE COMPARÉ SUR LA DÉLINQUANCE JUVÉNILE. (52. IV. 14).
3. América Latina. Von S. CAJARDO *u. d. T.:* ESTUDIO COMPARADO SOBRE DELINCUENCIA JUVENIL (58. IV. 5).
4. Asia and the Far East. Von K. H. CAMA (53. IV. 27).
5. Moyen – Orient. Von M. MUSTAFA EL AOUJI *u. d. T.:* Etude comparé ... (65. IV. 6).

Max-Planck-Institut für ausländisches öffentliches Recht und Völkerrecht. DEMONSTRATION UND STRASSENVERKEHR. Landesberichte und Rechtsvergleichung. Bearb. von A. BLECKMANN [u. a.] Köln [usw.]: Heymann 1970. (Beiträge zum ausländischen öffentlichen Recht und Völkerrecht. 54.)

DIETZ, W.: Täterschaft und Teilnahme im ausländischen Strafrecht. Bonn: Röhrscheid 1957. (Rechtsvergleichende Untersuchungen zur gesamten Strafrechtswissenschaft. N. F. 19.)

Centro internazionale magistrati „Luigi Severini". DISCIPLINA GIURIDICA DEI TRAPIANTI E DEGLI ATTI DI DISPOSIZIONE DEL CORPO UMANO. XVI° corso di studi (3–13 settembre 1969). Perugia: Accademia giuridica umbra 1970. *Enthält Beiträge über das Recht der Organtransplantation in folgenden Ländern: Belgien, Brasilien, Frankreich, Griechenland, Großbritannien, Italien, Japan, Libanon, Luxemburg, Österreich, Polen, Rumänien, Schweden, Schweiz, Spanien, Syrien, Tschechoslowakei.*

FLETCHER, G. P.: The theory of criminal negligence: a comparative analysis. *In:* UNIV. OF PENNSYLVANIA LAW REVIEW *119 (1970/71), S. 401–438. Vergleich Common Law/BRD/UdSSR.*

GENDREL, M. – P. LAFARGE: Éléments d'une bibliographie mondiale du droit pénal militaire ... *(s. IV. 2).*

Centro de direito comparado da Faculdade de direito de Coimbra. GERSÃO, E.: Tratamento criminal de jovens delinquentes. Coimbra 1968. (Estudos e monografias. Secção de ciências criminais. 2.)

KIRCHHEIMER, O.: Political justice. Princeton, N.J.: Princeton Univ. Pr. 1961.

Übersetzung
KIRCHHEIMER, O.: Politische Justiz. Neuwied [usw.]: Luchterhand 1965. (Politica. 17.)

LANG-HINRICHSEN, D.: Das Strafensystem im ausländischen Strafrecht. Bonn: Röhrscheid 1955. (Rechtsvergleichende Untersuchungen zur gesamten Strafrechtswissenschaft. N. F. 16.)

LERNER, N.: The crime of incitement to group hatred. A survey of international and national legislation. New York: World Jewish Congress 1965.

MANNHEIM, H.: Comparative sentencing practice. *In:* LAW AND CONTEMPORARY PROBLEMS *23 (1958), S. 558–582.*

MANNHEIM, H.: Sentencing re-visited. *In:* CRIME AND CULTURE. New York: Wiley 1968, *S. 349–374.*

Royal Commission on Capital Punishment. MEMORANDA AND REPLIES TO A QUESTIONNAIRE. 1–3. London: H. M. S.O. 1951–1953.

MEULEN, J. D. VAN DER: De belediging van hoofden van bevriende staten. Deventer: Kluwer 1970. (Geschriften van de Nederlandse vereniging voor rechtsvergelijking.4.)

MUELLER-RAPPARD, E.: L'ordre supérieur militaire et la responsabilité pénale du subordonné. Paris: Pedone 1965.

PAPADATOS, P. A.: Le délit politique. Genève: Droz 1954.

Faculdade de direito da Universidade de Coimbra. PENA DE MORTE. Colóquio internacional comemorativo do centenário da abolição da pena de morte em Portugal. Bd. 1. 2. Coimbra [1970]. *Zahlreiche rechtsvergleichende Aufsätze über die Todesstrafe.*

POPULATION AND LAW. A study of the relations between population problems and law. Hrsg. von L. T. LEE u. A. LARSON. Leiden: Sijthoff [usw.] 1971. *Betr. Geburtenregelung, Abtreibung, Sterilisation und familienrechtliche Fragen in mehreren Ländern Asiens und Europas.*

ROO, E. J. DE: Godslastering. Rechtsvergelijkende studie over blasfemie en andere religiedelicten. Deventer: Kluwer 1970. *Betr. Belgien, Deutschland, England, Niederlande, Schweiz; Zusammenfassungen in deutscher, englischer u. französischer Sprache.*

SANTOS, B. DE SOUSA: Crimes cometidos em estado de embriaguez. Bd. 1. Coimbra: Centro de direito comparado da Faculdade de direito de Coimbra 1968. (Estudos e monografias. Secção de ciências criminais. 1.)

SCHAFER, S.: Compensation and restitution to victims of crime. 2. Aufl. Montclair, N.J.: Patterson Smith 1970. (Patterson Smith reprint series in criminology, law enforcement, and social problems. 120.) *1. Aufl. London: Stevens 1960.*

SCHMIDT, L.: Die Strafzumessung in rechtsvergleichender Darstellung. Berlin: Duncker & Humblot 1961. (Schriften zum Strafrecht. 1.)

SCHROEDER, F.-C.: Der Schutz von Staat und Verfassung im Strafrecht. Eine systematische Darstellung, entwickelt aus Rechtsgeschichte und Rechtsvergleichung. München: Beck 1970. (Münchener Universitätsschriften. Reihe der Juristischen Fakultät. 9.)

SIMSON, G. – F. GEERDS: Straftaten gegen die Person und Sittlichkeitsdelikte in rechtsvergleichender Sicht. München: Beck 1969.

DIE STRAFRECHTLICHEN STAATSSCHUTZBESTIMMUNGEN DES AUSLANDES. Hrsg. von H.-H. JESCHECK, H. MATTES. 2., völlig neu bearb. Aufl. des ursprünglich von A. SCHÖNKE hrsg. Werkes. Bonn: Röhrscheid 1968. (Rechtsvergleichende Untersuchungen zur gesamten Strafrechtswissenschaft. N. F. 10.) *1. Aufl. 1953.*

TIMASHEFF, N. S.: One hundred years of probation. 1841–1941. Teil 1. 2. New York: Fordham Univ. Pr. 1941–1943. (Fordham University Studies. Social Sciences Series 1. 2.)

*Neben den obengenannten Veröffentlichungen der Vereinten Nationen (*UNITED NATIONS*) zur Strafrechtsvergleichung im weiteren Sinne gab diese Institution insbesondere Untersuchungen zu den folgenden Themen heraus:*

Gefangenenarbeit (Sales Nr. 55. IV. 7).
Kriminalität des jungen Erwachsenen (65. IV. 5).
Mädchenhandel und Prostitution (59. IV. 5).
Strafaussetzung zur Bewährung (51. IV. 2; 54. IV. 13; 54. IV. 14; 54. IV. 16; 59. IV. 4).
Unbestimmte Verurteilung (53. IV. 28).
Verhütung der Jugendkriminalität (55. IV. 12; 55. IV. 13).

6. Strafprozeß, Gerichtsverfassung, Strafvollzug

THE ACCUSED. A comparative study. Hrsg. von J. A. COUTTS. London: Stevens 1966. (British Institute Studies in international and comparative law. 3.)

II 6 Rechtsvergleichung

ALCALÁ-ZAMORA Y CASTILLO, N.: Veinticinco años de evolución del derecho procesal 1940–1965. México, D.F: U. N. A. M., Instituto de investigaciones jurídicas 1968.

AMELUNXEN, C.: Inselfahrten eines Richters. Hamburg: Kriminalistik-Verl. 1969. *Betr. u. a. Gibraltar, Island, Malta.*

AMELUNXEN, C.: Die Kleinstaaten Europas. Rechtsleben und Polizei der kleinsten Länder Europas. Hamburg: Kriminalistik-Verl. 1964.

International Penal and Penitentiary Commission. Commission internationale pénale et pénitentiaire. Commission spéciale d'études. LES MESURES DE SÛRETÉ EN MATIÈRE CRIMINELLE. Bericht von M. ANCEL. Melun 1950: Impr. adm.

BEDFORD, S.: The faces of justice. London: Collins 1961. *Übersetzung:* BEDFORD, S.: Die fünf Gesichter der Gerechtigkeit. Gütersloh: Mohn 1961.

BEWEISVERBOTE IM STRAFPROZESS. Gutachten. München [usw.] Beck 1966. (Verhandlungen des 46. Deutschen Juristentages. Essen 1966. Bd. 1, Teil 3 A). *Enthält:* J. ANDENÆS: *Skandinavien,* G. O. W. MUELLER: *USA,* P. NUVOLONE: *romanischer Rechtskreis,* K. PETERS *und* H. H. RUPP: *BRD.*

DAWSON, J. P.: A history of lay judges. Cambridge, Mass: Harvard Univ. Pr. 1960.

DELAQUIS, E. - J. POLEC: Materialien zur Lehre von der Rehabilitation. Im Auftrage der Internationalen Kriminalistischen Vereinigung gesammelt u. hrsg. Berlin: Guttentag 1905. (Mitteilungen der Internationalen Kriminalistischen Vereinigung. Bd. 12, Beil. 3. Bulletin de l'Union internationale de droit pénal. 12, 3.)

DELAQUIS, E.: Materialien zur Lehre von der Rehabilitation. La réhabilitation des condamnés et des faillis. Législation. Littérature. Im Auftrage der Internationalen Kriminalistischen Vereinigung gesammelt u. hrsg. Berlin: Guttentag 1906. *Nachtrag zum vorhergehenden Titel.*

DELAQUIS, E.: Die Rehabilitation im Strafrecht. Berlin: Guttentag 1907.

DENZ, R.: Zulässigkeit und Umfang des Strafverfahrens gegen Abwesende. Bonn: Röhrscheid 1969. (Rechtsvergleichende Untersuchungen zur gesamten Strafrechtswissenschaft. N. F. 40.)

International Legal Aid Association. DIRECTORY OF LEGAL AID AND ADVICE FACILITIES AVAILABLE THROUGHOUT THE WORLD. 1. 2. London: The Association 1966 ff. [Losebl.-Ausg.]

THE DISCRETION OF THE PROSECUTOR IN CRIMINAL PROCEDURE. *In:* THE AMERICAN JOURNAL OF COMPARATIVE LAW 18 (1970), S. 483–548. *Enthält:* R. VOUIN: *Frankreich,* B. A. GROSMAN: *Kanada,* H.-H. JESCHECK: *BRD,* S. DANDO: *Japan,* W. LA FAVE: *USA.*

GARDE À VUE, EXPERTISE, ACTION CIVILE. Journée de procédure pénale (9–10 mai 1958). Hrsg. von J. LÉAUTÉ. Paris: Dalloz 1960. (Annales de la Faculté de droit et des sciences politiques et économiques de Strasbourg. 7.)

LES GRANDS SYSTÈMES PÉNITENTIAIRES ACTUELS. Exposé systématique du régime appliqué. Hrsg. von L. HUGUENEY, H. DONNEDIEU DE VABRES, M. ANCEL Bd. 1. 2. Paris: Sirey 1950–1955. (Travaux et recherches de l'Institut de droit comparé de l'Univ. de Paris. 6. 10.)

INFORME RELATIVO A LAS PRISIONES EUROPEAS. Presentado por la Comision Penitenciaria Espanola. *In:* REVISTA DE ESTUDIOS PENITENCIARIOS *(Madrid) 25 (1969), 1/2 = Nr. 184/185, S. 1–280.* Betrifft: Großbritannien, Schweden, Dänemark, BRD, Frankreich, Belgien.

International Prisoners' Aid Association. INTERNATIONAL DIRECTORY OF PRISONERS' AID AGENCIES. Milwaukee: The Association 1968.

JESCHECK, H.-H.: Beweisverbote im Strafprozeß. München [usw.]: Beck 1966. (Verhandlungen des 46. Deutschen Juristentages. Essen 1966. Bd. 1, Teil 3 B.)

KARLEN, D. - G. SAWER - E. M. WISE: Anglo-American criminal justice. Oxford: Clarendon Pr. 1967.

United Nations Social Defence Research Institute. KASME, B.: Activities of the United Nations in the field of human rights of detained persons. Rome: UNSDRI 1971. (Doc. / UNSDRI / 1971 / 9.)

KRATTINGER, P. G.: Die Strafverteidigung im Vorverfahren im deutschen, französischen und englischen Strafprozeß und ihre Reform. Bonn: Röhrscheid 1964. (Rechtsvergleichende Untersuchungen zur gesamten Strafrechtswissenschaft. N. F. 34.)

LAW AND JUDICIAL SYSTEMS OF NATIONS. Washington, D.C.: World Peace through Law Center 1968 ff. [Losebl.-Ausg.] *Knappe Orientierungen über Gerichtsverfassung, Anwaltschaft und Juristenausbildung der meisten Länder der Welt.*

LE POITTEVIN, G.: Le casier judiciaire. Étude critique sur le casier judiciaire en France et dans les pays étrangers. Paris: Rousseau 1907.

MAC LEAN ESTENÓS, P.: El proceso penal en el derecho comparado. Buenos Aires: Libr. jurídica 1946.

MITTERMEIER, C. J.: Die Gesetzgebung und Rechtsübung über Strafverfahren ... Erlangen: Enke 1856.

MITTERMEIER, C. J.: Die Mündlichkeit, das Anklageprinzip, die Öffentlichkeit und das Geschworenengericht in ihrer Durchführung in den verschiedenen Gesetzgebungen. Stuttgart [usw.]: Cotta 1845.

International Penal and Penitentiary Foundation. MODERN METHODS OF PENAL TREATMENT. Bern: Stämpfli 1955.

Rechtsvergleichung III 1

NYQUIST, O.: Juvenile justice. London: Macmillan [usw.] 1960. (Cambridge studies in criminology. 12.)

International Prisoners' Aid Association. PANORAMA ACTUAL DE LA ASISTENCIA A LIBERADOS. Übers. aus dem Engl. In: CRIMINALIA (México) 36 (1970), S. 3–48. Enthält die Anschriften der nationalen Vereinigungen.

POLICE POWER AND INDIVIDUAL FREEDOM. Hrsg. von C. R. SOWLE. Chicago: Aldine 1962.

LA PROTECTION DES DROITS DES PERSONNES SUSPECTÉES, INCULPÉES OU ACCUSÉES D'INFRACTION À LA LOI PÉNALE. In: REVUE INTERNATIONALE DE DROIT PÉNAL 37 (1966), S. 31–318.

SLIWOWSKI, G. L.: [d. i. J. SLIWOWSKI]: Les pouvoirs du juge dans l'exécution des peines et des mesures de sûreté privative de liberté. Paris: Sirey 1939.

SLIWOWSKI, J.: Sadowy nadzór penitencjarny. Warszawa: Wydawn. prawn. 1965. (Franz. Zsfassung u. d. T.: La surveillance judiciaire de l'exécution des peines.)

International Penitentiary Commission. STANDARD MINIMUM RULES FOR THE TREATMENT OF PRISONERS. Ensemble des règles pour le traitement des prisonniers. In: BULLETIN OF THE INTERNATIONAL PENITENTIARY COMMISSION. N. S. 5 = Oct. 1929.

Vgl. CHANDLER, M. O.: The international charter for prisoners. In: Transactions of the Grotius Society 16 (1931), S. 107–118.

United Nations. Dept. of Economic and Social Affairs. STANDARD MINIMUM RULES FOR THE TREATMENT OF PRISONERS. New York: UN 1958. Sonderdr. aus: REPORT OF THE 1ST UNITED NATIONS CONGRESS ON PREVENTION OF CRIME AND TREATMENT OF OFFENDERS, 1955. New York: UN 1956. (Sales nr. 56. IV. 4.)

International Penal and Penitentiary Foundation. STUDIES IN PENOLOGY. Dedicated to the memory of Sir Lionel Fox. Études pénologiques. Hrsg. von M. LOPEZ-REY und C. GERMAIN. The Hague: Nijhoff 1964.

International Penal and Penitentiary Foundation. THE TREATMENT OF UNTRIED PRISONERS. The Hague [?] 1961.

Max-Planck-Institut für ausländisches und internationales Strafrecht. DIE UNTERSUCHUNGSHAFT IM DEUTSCHEN, AUSLÄNDISCHEN UND INTERNATIONALEN RECHT. Hrsg. von H.-H. JESCHECK u. J. KRÜMPELMANN. Bonn: Röhrscheid 1971. (Rechtsvergleichende Untersuchungen zur gesamten Strafrechtswissenschaft. N. F. 45.) Enth. u. a. die folgenden Länderberichte: Belgien, BRD, DDR, England, Frankreich, Italien, Jugoslawien, Niederlande, Österreich, Schweden, Schweiz, Spanien, Tschechoslowakei, UdSSR, Ungarn.

VEILLARD, M.-H. VEILLARD-CYBULSKY: Les jeunes délinquants dans le monde. Neuchâtel: Delachaux & Niestlé 1963.

III. Rechtsvergleichung einzelner Weltregionen

1. Afrika

Für das französischsprachige Afrika gibt es eine gemeinsame Sammlung der Gesetzestexte, die leider ihr Erscheinen eingestellt hat:

JURIS-CLASSEUR D'OUTRE-MER. Textes antérieurs au 4 octobre 1958. 1–15. Paris: Éd. techniques [um 1965]. Textes postérieurs au 4 oct. 1958. 1–8. Paris: Éd. techniques 1958 bis 1969. [Losebl.-Ausg., Erscheinen eingestellt.]

a) Zeitschriften

AFRICAN LAW DIGEST. Hrsg.: African Law Center, Columbia Univ. New York 1. 1966 ff.

AFRICAN LAW STUDIES. Hrsg.: African Law Center, Columbia Univ. New York 1. 1969 ff.

AFRIKA SPECTRUM. Hrsg.: Deutsches Institut für Afrika-Forschung, Hamburg. Pfaffenhofen, Ilm 1. 1966/67 ff. *Darin: Dokumentation aus afrikanischen Gesetzblättern.*

ANNUAL SURVEY OF AFRICAN LAW. London 1. 1967 ff.

THE COMPARATIVE AND INTERNATIONAL LAW JOURNAL OF SOUTHERN AFRICA. Pretoria 1. 1968 ff.

DOCUMENTATION LÉGISLATIVE ET ADMINISTRATIVE AFRICAINE. Hrsg.: Université de Dakar. Centre de recherches, d'études et de documentation sur les institutions et la législation africaine. Dakar 1961 ff.

JOURNAL OF AFRICAN LAW. London 1. 1957 ff.

PÉNANT. Revue de droit des pays d'Afrique (1891–1899 *u. d. T.:* Tribune des colonies et des protectorats. 1899–1933 *u. d. T.:* Recueil général de jurisprudence, de doctrine et de législation coloniales et maritimes. 1934–1950 *u. d. T.:* Pénant. Recueil général de jurisprudence, de doctrine et de législation coloniales et maritimes. 1951–1957 *u. d. T.:* Pénant. Recueil général de doctrine et de législation d'outre-mer. 1958–1960 *u. d. T.:* Recueil Pénant: doctrine, jurisprudence, législation d'outre-mer). 1. 1891 ff.

REPORT OF THE SESSION. Asian African Legal Consultative Committee. New Delhi 1. 1957 ff.

b) Bücher und Aufsätze

VANDERLINDEN, J.: African law bibliography. Bibliographie de droit africain. 1947–1966. Bruxelles: Pr. univ. de Bruxelles 1972.

AFRICAN PENAL SYSTEMS. Hrsg. von A. MILNER. London: Routledge & Kegan Paul 1969.

ALLOTT, A.: Evidence in African customary law. In: RECUEILS DE LA SOCIÉTÉ JEAN BODIN 18 (1963), Partie 3, S. 59–80.

ANDREJEW, I.: Wprowadzenie do prawa karnego Afryki czarnej [Einführung in das Strafrecht des Schwarzen Afrikas]. Warszawa: Państw. wydawn. nauk. 1965. *Mit russ., franz. und engl. Zsfassung.*

Max-Planck-Institut für ausländisches öffentliches Recht und Völkerrecht. BLECKMANN, A.: Das französische Kolonialreich und die Gründung neuer Staaten. Die Rechtsentwicklung ... Köln [usw.]: Heymann 1969. (Beiträge zum ausländischen öffentlichen Recht und Völkerrecht. 50.) *Darin: Schwarzafrika, S. 231–514. Beschreibt u. a. die Entwicklung der Gerichtsverfassung bis 1968.*

CARTWRIGHT, H. A. - J. S. READ: Penal codes of East and Central Africa and the Gambia. Synoptic tables and index to reported cases. London: British Inst. of International and Comparative Law 1963. *Betr.: „Kenya, Uganda, Tanganyika, Zanzibar, Northern Rhodesia, Njasaland, The Gambia".*

CLIFFORD, W.: Crime and criminology in Central Africa. In: CRIMINOLOGY IN TRANSITION. Essays in honor of Hermann Mannheim. London: Tavistock 1965, S. 210–232.

COLLINGWOOD, J. J. R.: Criminal law of East and Central Africa. London: Sweet & Maxwell [usw.] 1967. (Law in Africa. 23.)

COSTA, J.: Quelques aspects nouveaux du droit des pays africains d'expression française. In: PÉNANT 77 (1967), S. 167 ff.

ÉTUDES DE DROIT AFRICAIN ET DE DROIT MALGACHE. Hrsg. von J. POIRIER. Paris: Cujas 1965. (Études malgaches. 16.) *Enthält u. a. A. RAMANGASOAVINA: Le code de procédure pénale malgache (S. 7–17); P. DAVID: Aspects humains de la justice, et principalement de la justice pénale au Nigeria (S. 503–521).*

GONIDEC, P.-F.: Les droits africains. Évolution et sources. Paris: L. G. D. J. 1968. (Bibliothèque africaine et malgache. 1.) *Eine allgemeine Orientierung.*

GRAVEN, J.: Apport européen en matière de droit pénal aux pays africains en voie de développement. In: REVUE DE DROIT PÉNAL ET DE CRIMINOLOGIE 44 (1964), S. 909 ff.

GUILLOT, E. J.: Code pénal analytique pour la Communauté, le Cameroun et le Togo. Paris: Librairies Techniques 1959.

HARRISON, J. T.: Cases and materials on the law of evidence from African and other common law jurisdictions. San Francisco 1966.

III 2 Rechtsvergleichung

JEAREY, J. H.: The structure, composition and jurisdiction of courts and authorities enforcing the criminal law in British African territories. In: INTERNATIONAL AND COMPARATIVE LAW QUARTERLY 9 (1960), 396–414.

JUDICIAL AND LEGAL SYSTEMS IN AFRICA. Hrsg. von A. N. ALLOTT. 2. Aufl. London: Butterworth 1970. (Butterworth's African Law Series. 4.) *Betr. nur Länder des Common Law; 1. Aufl. 1962.*

KNOX-MAWER, A.: The jury system in British Colonial Africa. In: JOURNAL OF AFRICAN LAW 2 (1958), S. 160–163.

MANGIN, G.: Droit pénal de la famille dans les Etats africains d'expression française. In: REVUE JURIDIQUE ET POLITIQUE, INDÉPENDANCE ET COOPÉRATION 21 (1967), S. 589 ff.

MASSERON, J.-P.: Le pouvoir et la justice en Afrique noire francophone et à Madagascar. Paris: Pedone 1966.

L'ORGANISATION JUDICIAIRE EN AFRIQUE NOIRE. Colloque ... Hrsg. von J. GILISSEN. Bruxelles: Institut de sociologie 1969. (Études d'histoire et d'éthnologie juridiques. 10.)

Akademija nauk SSSR. Institut gosudarstva i prava. PRAVO V NEZAVISIMYCH STRANACH AFRIKI (Stanovlenie i razvitie) [Das Recht in den unabhängigen Ländern Afrikas]. Hrsg. von R. A. UL'JANOVSKIJ. Moskva: Nauka 1969. *Darin S. 183–247: Ugolovnoe pravo [Strafrecht] von V. A. LICHAČEV. (Dt. Inhaltszusammenfassung in: STAAT UND RECHT 19 (1970), S. 1348–1358 (1355 f.)*

READ, J. S.: Criminal law in the Africa of today and tomorrow. In: JOURNAL OF AFRICAN LAW 7 (1963), S. 5 ff.

READINGS IN AFRICAN LAW. Hrsg. von E. COTRAN u. N. N. RUBIN. Bd. 1. 2. London: Cass 1970.

ROBERT, J.: Former French territories in Africa. In: THE ACCUSED. Hrsg. von J. A. COUTTS. London: Stevens 1966, S. 223 ff.

ROBERTS, T. L.: Judicial organization and institutions of contemporary West Africa: a profile. New York: Inst. of Public Administration 1966.

SALACUSE, J. W.: An introduction to law in French-speaking Africa. Bd. 1 ff. Charlottesville, Va: Michie 1969 ff.
Bd. 1: Africa south of the Sahara. 1969. (The legal systems of Africa series. 2.)

SEIDMAN, R. B.: A sourcebook of the criminal law of Africa. London: Sweet & Maxwell [usw.] 1966. (Law in Africa. 21.) *„Casebook" für englischsprachige Länder.*

2. Asien

ASIAN JUDICIAL CONFERENCE.
1. Baguio City, Philippinen 1963.
2. Tokio 1965.

Rechtsvergleichung III 3

3. Bangkok 1967: Record of the 3rd Asian Judicial Conference. Bangkok: The Supreme Court 1969.
4. Canberra 1970.

REPORT OF THE SESSION (Asian African Legal Consultative Committee) ... *(s. III. 1 a)*.

United Nations Asia and the Far East Institute for the Prevention of Crime and Treatment of Offenders (UNAFEI). RESOURCE MATERIAL SERIES. Tokyo 1. 1971 ff. *Diese zeitschriftenartige Serie enthält nationale Beiträge der UNAFEI-Seminarteilnehmer aus den Ländern Asiens zu wechselnden strafrechtlichen Themen. Nr. 4 ersch. Oktober 1972; Nr. 1 u. 3 i. V. m.* REPORT FOR 1970 *bzw.* 1971.

3. Benelux

BENELUX-VERDRAG AANGAANDE DE UITLEVERING EN DE RECHTSHULP IN STRAFZAKEN. Traité Bénélux d'extradition et d'entraide judiciaire en matière pénale. Vom 27. Juni 1962 (11. Dezember 1967). *In:* BULLETIN BÉNÉLUX. Benelux-Publikatieblad *1967, Nr. 7.*

JOURNÉES FRANCO-BELGO-LUXEMBOURGEOISES DE DROIT PÉNAL *(später:* DE SCIENCE PÉNALE*).*

1. Paris 1951:   1. L'OMISSION DE PORTER SECOURS.
                    2. LE RÔLE DU MAGISTRAT DANS L'EXÉCUTION DES PEINES.
                    Paris: Sirey 1952.

Brüssel 1953.
Luxemburg 1954.
Paris 1955.
Lüttich 1957.
Paris 1958.
Luxemburg 1960.
Paris 1961.
Brüssel 1964.
Paris 1965.
Poitiers 1970.

Zusammenfassende Berichte der Kongresse finden sich in: REVUE DE DROIT PÉNAL ET DE CRIMINOLOGIE.

UNION BELGE ET LUXEMBOURGEOISE DE DROIT PÉNAL. *Berichte über die Kongresse in:* REVUE DE DROIT PÉNAL ET DE CRIMINOLOGIE.

VERENIGING VOOR DE VERGELIJKENDE STUDIE VAN HET RECHT VAN BELGIE EN NEDERLAND. *Kongresse jährlich seit 1947. Verhandlungen abgedruckt in:* VERENIGING ... JAARBOEK. Zwolle [usw.] *1. 1947 ff.*

4. Europa (Staaten des Europarates)

a) Die Tätigkeit des Europarates im allgemeinen und der Kontrollinstitutionen zum Schutz der Menschenrechte

Der Europarat hat von Anfang an auf rechtlichem Gebiet eine bemerkenswerte Tätigkeit entfaltet.
Von besonderer Bedeutung und nicht ohne praktisches Interesse für das Strafrecht ist hierbei die (Europäische) Konvention zum Schutze der Menschenrechte und Grundfreiheiten. Da es sich hierbei jedoch um ein Gebiet handelt, das nicht in erster Linie zum Strafrecht gehört und da ferner die hierauf bezügliche Literatur bereits überaus umfangreich geworden ist, seien nachfolgend nur eine Auswahl amtlicher Quellen und eine weiterführende Bibliographie genannt.

CONVENTION FOR THE PROTECTION OF HUMAN RIGHTS AND FUNDAMENTAL FREEDOMS. Convention de sauvegarde des droits de l'homme et des liberté fondamentales vom 4. November 1950 (E. T. S. 5), *mit 5 Zusatzprotokollen:*
1. vom 20. 3. 1952 (E. T. S. 9),
2. vom 6. 5. 1963 (E. T. S. 44),
3. vom 6. 5. 1963 (E. T. S. 45),
4. vom 16. 9. 1963 (E. T. S. 46),
5. vom 20. 1. 1966 (E. T. S. 55).

ANNUAIRE EUROPÉEN. European Yearbook. Hrsg.: Conseil de l'Europe. La Haye 1. 1955 ff.

COLLECTION OF DECISIONS OF THE EUROPEAN COMMISSION OF HUMAN RIGHTS. Recueil des décisions de la Commission européenne des droits de l'homme. Strasbourg. 1. 1960 ff. *Provisorische Sammlung der Entscheidungen in der jeweiligen Verhandlungssprache. Später sind diese Entscheidungen im* YEARBOOK OF THE EUROPEAN CONVENTION ON HUMAN RIGHTS *nachzulesen.*

European Commission of Human Rights. STOCK-TAKING ON THE EUROPEAN CONVENTION ON HUMAN RIGHTS. A note on the concrete results achieved under the convention. Von A. B. MC NULTY. Strasbourg: Council of Europe 1971 ff. *Eine periodisch erscheinende Studie.*
Dt. Ausg.: DIE EUROPÄISCHE MENSCHENRECHTSKONVENTION. Eine Bestandsaufnahme.
Franz. Ausg.: BILAN DE LA CONVENTION EUROPÉENNE DES DROITS DE L'HOMME. Note périodique sur les résultats concrets obtenus dans le cadre de la convention.
Bisher ersch.: 1971: DH (71) 9; 1972 DH (72) 2 u. 7. *Die Document nr. ist für die 3 Ausgaben jeweils die gleiche.*

Forward in Europe. LEGAL COOPERATION IN EUROPE. Information Bulletin of the Directorate of Legal Affairs. Strasbourg: Council of Europe 1. 1969 ff.
Dt. Ausg.: EUROPÄISCHE ZUSAMMENARBEIT IM RECHTSBEREICH. Nr. 4. 1971 ff.
Franz. Ausg.: Ici l'Europe. COOPÉRATION JURIDIQUE EN EUROPE.
Derzeit das beste Informationsorgan über den Geltungsstand der europäischen Abkommen usw.

PUBLICATIONS DE LA COUR EUROPÉENNE DES DROITS DE L'HOMME. Publications of The European Court of Human Rights. Strasbourg: Conseil de l'Europe 1961 ff. *Leider ungezählte Serien.*
Série A: Arrêts et décisions.
Série B: Mémoires, plaidoiries et documents.
Dt. Übers. von Sér. A: ENTSCHEIDUNGEN DES EUROPÄISCHEN GERICHTSHOFES FÜR MENSCHENRECHTE. Köln. 1. 1970 ff.

YEARBOOK OF THE EUROPEAN CONVENTION ON HUMAN RIGHTS. The European Commission and European Court of Human Rights. Annuaire de la convention européenne des droits de l'homme. 1955/57 ff. The Hague 1959 ff.

BIBLIOGRAPHIE CONCERNANT LA CONVENTION EUROPÉENNE DES DROITS DE L'HOMME. Bibliography relating to the European convention on human rights. 2. Aufl. Strasbourg: Conseil de l'Europe, Direction des droits de l'homme 1969; Suppl. 1970.

b) Die Tätigkeit des Europarates auf dem Gebiet des Strafrechts und der Verbrechensbekämpfung

BIBLIOGRAPHIE DU DROIT PÉNAL EUROPÉEN. Zsgest. von G. GREBING. *In:* REV. INT. DROIT PÉN. *Jg. 42 (1971), S. 116–123.*

EUROPEAN CONVENTION ON EXTRADITION. Convention européenne d'extradition vom 13. Dezember 1957 (E.T.S. 24).

EUROPEAN CONVENTION ON MUTUAL ASSISTANCE IN CRIMINAL MATTERS. Convention européenne d'entraide judiciaire en matière pénale vom 20. April 1959 (E.T.S. 30).

EUROPEAN CONVENTION ON THE SUPERVISION OF CONDITIONALLY SENTENCED OR CONDITIONALLY RELEASED OFFENDERS. Convention européenne pour la surveillance des personnes condamnées ou libérées sous condition vom 30. November 1964 (E.T.S. 51).

EUROPEAN CONVENTION ON THE PUNISHMENT OF ROAD TRAFFIC OFFENCES. Convention européenne pour la répression des infractions routières vom 30. November 1964 (E. T. S. 52).

EUROPEAN CONVENTION ON THE INTERNATIONAL VALIDITY OF CRIMINAL JUDGMENTS. Convention européenne sur la valeur internationale des jugements répressifs vom 28. Mai 1970 (E. T. S. 70).

EUROPEAN CONVENTION ON THE REPATRIATION OF MINORS. Convention européenne sur le rapatriement des mineurs vom 28. Mai 1970 (E. T. S. 71).

European Committee on Crime Problems. ... CONFERENCE OF EUROPEAN MINISTERS OF JUSTICE. Strasbourg: Council of Europe 1. 1961 ff.
1. Paris   1961. 1961.
2. Rom   1962. 1963.
3. Dublin   1964. 1965.
4. Berlin   1966. 1966.
5. London   1968. 1968.
6. Den Haag   1970. 1970.
7. Basel   1972.

Franz. Ausg.: Comité européen pour les problèmes criminels. ... CONFÉRENCE DES MINISTRES EUROPÉENS DE LA JUSTICE.

Centre d'études européennes de l'Université catholique de Louvain. L'AMÉLIORATION DE LA JUSTICE REPRESSIVE PAR LE DROIT EUROPÉEN. Louvain: Vander 1970. *Der Kongreß fand im November 1969 in Löwen statt.*

CHIAVARIO, M.: La convenzione europea dei diritti dell'uomo nel sistema delle fonti normative in materia penale. Milano: Giuffrè 1969.

European Committee on Crime Problems. THE DEATH PENALTY IN EUROPEAN COUNTRIES. Von M. ANCEL. Strasbourg: Council of Europe 1962.

Franz. Ausg.: LA PEINE DE MORT DANS LES PAYS EUROPÉENS.

Institut d'études européennes, Université libre de Bruxelles. DROIT PÉNAL EUROPÉEN. Europees strafrecht. Congrès organisé les 7, 8 et 9 novembre 1968 par l'Institut ... Présidence d'honneur: H. ROLIN. Bruxelles: Pr. Univ. de Bruxelles 1970.

Teil 1: La protection des droits de l'homme dans le droit pénal européen. Teil 2: L'application des lois pénales dans les rapports intraeuropéens. Teil 3: La détermination, entre les pays européens, de principes communs dans le domaine du droit pénal, de la procédure pénale et du traitement des délinquants. Teil 4: Collaboration en matière pénale et tentatives d'harmonisation du droit pénal dans certains groupes d'Etats (Benelux, nordische Staaten).

EXPLANATORY REPORT ON THE EUROPEAN CONVENTION ON EXTRADITION. Strasbourg: Council of Europe 1969.

Franz. Ausg.: RAPPORT EXPLICATIF SUR LA CONVENTION EUROPÉENNE D'EXTRADITION.

EXPLANATORY REPORT ON THE EUROPEAN CONVENTION ON MUTUAL ASSISTANCE IN CRIMINAL MATTERS. Strasbourg: Council of Europe 1969.

Franz. Ausg.: RAPPORT EXPLICATIF SUR LA CONVENTION EUROPÉENNE D'ENTRAIDE JUDICIAIRE EN MATIÈRE PÉNALE.

EXPLANATORY REPORT ON THE EUROPEAN CONVENTION ON THE PUNISHMENT OF ROAD TRAFFIC OFFENCES. Strasbourg: Council of Europe 1970.

Franz. Ausg.: RAPPORT EXPLICATIF SUR LA CONVENTION EUROPÉENNE POUR LA RÉPRESSION DES INFRACTIONS ROUTIÈRES.

EXPLANATORY REPORT ON THE EUROPEAN CONVENTION ON THE REPATRIATION OF MINORS. Strasbourg: Council of Europe 1971.

Franz. Ausg.: RAPPORT EXPLICATIF CONCERNANT LA CONVENTION EUROPÉENNE SUR LE RAPATRIEMENT DES MINEURS.

EXPLANATORY REPORT ON THE EUROPEAN CONVENTION ON THE SUPERVISION OF CONDITIONALLY SENTENCED AND CONDITIONALLY RELEASED OFFENDERS. Strasbourg: Council of Europe 1970.

Franz. Ausg.: RAPPORT EXPLICATIF SUR LA CONVENTION EUROPÉENNE POUR LA SURVEILLANCE DES PERSONNES ...

Comité d'experts en matière d'extradition. EXTRADITION POUR DÉLITS POLITIQUES. Extradition for political offences. Strasbourg: Council of Europe 1955.

GLASER, S.: Quelques aspects d'une procédure pénale européenne. In: REV. INT. DROIT COMP. 22 (1970), S. 689–702. *Rechtsvergleichend im Hinblick auf eine spätere Harmonisierung.*

European Committee on Crime Problems. PRACTICAL ORGANISATION OF MEASURES FOR THE SUPERVISION and after-care of conditionally sentenced or conditionally released offenders. Strasbourg: Council of Europe 1970.
Franz. Ausg.: ORGANISATION PRATIQUE DES MESURES DE SURVEILLANCE ET D'AIDE POST-PÉNITENTIAIRE POUR LES PERSONNES CONDAMNÉES OU LIBERÉES SOUS CONDITION.

European Committee on Crime Problems. PROBATION AND AFTER-CARE IN CERTAIN EUROPEAN COUNTRIES. Von P. ELTON-MAYO. Strasbourg: Council of Europe 1964.
Franz. Ausg.: PROBATION ET ASSISTANCE POST-PÉNITENTIAIRE DANS CERTAINS PAYS D'EUROPE.

PROSPETTIVE PER UN DIRITTO PENALE EUROPEO. IV. Convegno di diritto penale, Bressanone 1967. Padova: Cedam 1968.

European Committee on Crime Problems. REPORT ON PENAL PROVISIONS IN THE MEMBER STATES OF THE COUNCIL OF EUROPE RELATING TO INCITEMENT TO RACIAL, NATIONAL AND RELIGIOUS HATRED. Von H.-H. JESCHECK. Strasbourg: Council of Europe 1968.
Franz. Ausg.: DISPOSITIONS PÉNALES DES ÉTATS MEMBRES ...

European Committee on Crime Problems. SHORT-TERM METHODS OF TREATMENT FOR YOUNG OFFENDERS. Strasbourg: Council of Europe 1967.
Franz. Ausg.: MÉTHODES DE TRAITEMENT DE COURTE DURÉE DES JEUNES DÉLINQUANTS.

European Committee on Crime Problems. SUSPENDED SENTENCE, PROBATION AND OTHER ALTERNATIVES TO PRISON SENTENCES ... Strasbourg: Council of Europe 1966.
Franz. Ausg.: LE SURSIS, LA PROBATION ET LES AUTRES MESURES ...

JESCHECK, H.-H.: L'influence du droit européen sur le développement du droit pénal allemand. In: EN HOMMAGE À JEAN CONSTANT. Liège: Faculté de Droit 1971, S. 119–146.

VELU, J. – D. LANDY: Chronique de droit européen. Action accomplie en 1969–1970 par le Conseil de l'Europe dans le domaine du droit. In: REVUE DE DROIT INTERNATIONAL ET DE DROIT COMPARÉ 48 (1971), S. 189–300 (245 ff.: *Action accomplie dans le domaine du droit pénal*).
Frühere Jahre in REVUE DE DROIT INTERNATIONAL ET DE DROIT COMPARÉ:
1962 in: 40 (1963), S. 34 ff.
1963 in: 41 (1964), S. 125 ff.
1964 in: 42 (1965) S. 189 ff. (GOLSONG, H.)
1965 u. 1966 in: 44 (1967), S. 77 ff.
1967 u. 1968 in: 46 (1969), S. 101 ff.

VOGLER, T.: Die Spruchpraxis der Europäischen Kommission und des Europäischen Gerichtshofs für Menschenrechte und ihre Bedeutung für das deutsche Straf- und Verfahrensrecht. In: ZStW 82 (1970), S. 743–781.

VOGLER, T.: Die Untersuchungshaft in der Spruchpraxis des Europäischen Gerichtshofes und der Europäischen Kommission für Menschenrechte. In: UNTERSUCHUNGSHAFT ..., S. 873–884.

Ass. Internationale de Droit Pénal ... VOIES ET POSSIBILITÉS D'UNE JUSTICE PÉNALE EUROPÉENNE. Actes du Colloque ... Mannheim, 22.–24. September 1971. In: REV. INT. DROIT PÉN. Jg. 42 (1971), S. 21 ff.

c) Das Strafrecht der Europäischen Wirtschaftsgemeinschaft

JOHANNES, H.: Le droit pénal et son harmonisation dans les Communautés Européennes. In: REVUE TRIMESTRIELLE DE DROIT EUROPÉEN 7 (1971), S. 315–352.

JOHANNES, H.: Das Strafrecht im Bereich der Europäischen Gemeinschaften. In: EUROPARECHT 3 (1968), S. 63–126.

JOHANNES, H.: Zur Angleichung des Straf- und Strafprozeßrechtes in der Europäischen Wirtschaftsgemeinschaft. In: ZStW 83 (1971) S. 531–575.

Facoltà di giurisprudenza dell'Università di Padova. PROSPETTIVE PER UN DIRITTO PENALE EUROPEO. Von G. BETTIOL [u. a.] Padova: Cedam 1968. (Convegno di diritto penale. 4.)

5. Lateinamerika

a) Bibliographien

American Foreign Law Association. BIBLIOGRAPHIES OF FOREIGN LAW SERIES. New York: The Association.
1. Colombia. 1926.
3. Bolivia. 1926.
5. Porto Rico. 1928.
7./8. Dominican Republic, Haiti. Bearb. von G. H. LIPPITT. 1933.
9. Uruguay. Bearb. von F. D. RIVES. 1933.
10. Curaçao. Bearb. von T. W. PALMER. 1934.
11. Central American Republics. Bearb. von E. SCHUSTER. 1937.

BISHOP, C. M.: Legal codes of the Latin American republics. Washington: Library of Congress 1942. (Latin American series. 1.)

CAHIERS DE LÉGISLATION ET DE BIBLIOGRAPHIE JURIDIQUE DE L'AMÉRIQUE LATINE. Neuilly-sur-Seine, Paris 1. 1947/48–7. 1956 (= Nr. 1–28). [Erscheinen eingestellt.]

Library of Congress. GUIDE[S] TO THE LAW AND LEGAL LITERATURE of ... Washington: Library of Congress.
Argentina, Brazil, Chile. Bearb. von E. M. BORCHARD. 1917.
Cuba, Dominican Republic, Haiti. Bearb. von C. M. BISHOP. 1944.
Mexico. Bearb. von J. T. VANCE. 1945.

III 5 Rechtsvergleichung

Bolivia. Bearb. von H. L. Clagett. 1947.
Chile. Bearb. von H. L. Clagett. 1947.
Ecuador. Bearb. von H. L. Clagett. 1947.
Mexican States. Bearb. von H. L. Clagett. 1947.
Paraguay. Bearb. von H. L. Clagett. 1947.
Peru. Bearb. von H. L. Clagett. 1947.
Uruguay. Bearb. von H. L. Clagett. 1947.
Venezuela. Bearb. von H. L. Clagett. 1947.
Argentina. Bearb. von H. L. Clagett. 1948.

Handbook of Latin American Studies. Gainesville, Fla. [usw.] 1. 1935 ff. *Jahrbuch. Die Rubrik „law" wird bearbeitet von H. L. Clagett in der Hispanic Division der Law Library of Congress, Washington. Auswählend und zuverlässig. Autorenregister.*

Porte Petit Candaudap, C.: Programa de la parte general del derecho penal. 2. Aufl. México: Univ. nacional autónoma 1968.

American Ass. of Law Libraries. Union list of basic Latin American legal materials. Hrsg. von K. Wallach. South Hackensack, N.J.: Rothman 1971. (A. A. L. L. publications series. 10.)

Villalón-Galdames, A.: Bibliografía jurídica de América Latina (1810–1965). Bd. 1 ff. Santiago de Chile: Ed. jurídica de Chile 1969 ff. *Monumentales Werk, wenngleich noch unvollständig.*

Villalón-Galdames, A.: Una introducción a la bibliografía jurídica latíno-americana. Diss., Michigan University 1959 [maschinenschriftlich].

b) Zeitschriften

Anuario jurídico interamericano. Inter-American Juridical Yearbook. Washington, D. C.: Pan American Union 1948 ff.

Boletín del Instituto centroamericano de derecho comparado. Tegucigalpa 1/2. 1962/63 ff.

Boletín mexicano de derecho comparado *(s. II. 2 b).*

Comparative Juridical Review. Coral Gables, Fla. 1. 1964 ff.

Inter-American Law Review. Revista jurídica interamericana. New Orleans [usw.] 1. 1959 ff.

Lawyer of the Americas. Coral Gables, Fla. 1. 1969 ff.

Revista de derecho espanol y americano. Madrid 1. 1956 ff.

Revista (1965–1968: iberoamericana) de derecho procesal (1969 ff.: iberoamericana). Buenos Aires 1. 1945–11. 1955, Epoca 2: 1956 ff.

c) Internationale Kongresse

Código penal tipo para Latinoamérica.
1. Santiago de Chile 1963. *Zsfassung in:* Revista brasileira de criminologia e direito penal. *N.F. 1 (1963/64) = Nr. 4, S. 145–152.*
2. Mexiko 1965. Código penal tipo para Latinoamérica. México: Procuraduria general de justicia de la República, Academia mexicana de ciencias penales 1967.
3. Lima 1967. *Zsfassung in:* Revista brasileira de criminologia e direito penal. *N. F. 4 (1966/67) = Nr. 16, S. 55–73.*
4. Caracas 1969.
5. Bogotá 1970. *Zsfassung in:* Criminalia (México) *26 (1970), S. 649–665.*

Código penal tipo para Latinoamérica. Textos aprobados hasta la fecha. *In:* Información jurídica (Madrid) *Nr. 304 = 1970, Januar/März, S. 83–95.*

Proyecto de Código penal tipo para Latinoamérica. Texto aprobado. *In:* Anuario de derecho penal y ciencias penales (Madrid) *24 (1971), S. 449–463.*

Allgemeine Informationen über das Vorhaben in: Revista de ciencias penales *(Santiago de Chile). Ser 3, 22 (1963), S. 276–293, und in:* Revista brasileira de criminologia e direito penal. *N. F. 1 (1963/64) = Nr. 3, S. 113–120 sowie N. F. 4 (1966/67) = Nr. 15, S. 69–86.*

Congresso interamericano do ministério público.
1. São Paulo 1954: Anais. Bd. 1. 2. São Paulo: Secretaria da Segurança Pública 1956.

Congresso penal y penitenciario iberoamericano *(früher:* hispano luso americano) y filipino.
1. Madrid und Salamanca 1952: Resúmenes de las ponencias. Madrid: Escuela de Estudios Penitenciarios 1952; *Andere Ausg.:* Libro del Congreso. Hrsg. von F. Castejón. Bd. 1–8. Madrid o. J.
2. São Paulo 1955: Estudio juridico penal y penitenciario del indio. 2. Aufl. Madrid: Ed. cultura hispanica 1956.
3. *Lissabon 1959 fand nicht statt.*
4. Bogotá 1962. *Bericht in:* Anuario. Instituto hispano-lusoamericano de derecho internacional (Madrid) *4 (1963), S. 373–420.*
5. La Coruña 1969. *Resolutionen des Kongresses in:* Revista de derecho procesal iberoamericana *1970, S. 459–466.*

Inter-American Bar Association. Conference Proceedings. Orford, N. H. 1. 1941 ff.

Organization of American States. Inter-American Council of Jurists. Conferences.
1. Rio de Janeiro 1950.
2. Buenos Aires 1953.
3. Mexiko 1955.
4. Santiago de Chile 1959.
5. San Salvador 1965.

Verhandlungen anscheinend nicht in extenso veröffentlicht.

Jornadas de derecho penal. Buenos Aires, 22–27 agosto de 1960. Actas. Hrsg. von L. Jiménez de Asúa. Buenos Aires 1962: Chiesino.

Jornadas latinoamericanas de derecho procesal.
1. Montevideo 1957.
2. Mexiko 1960.

3. São Paulo 1962.
4. Guatemala 1967.
5. Bogotá 1970.

Bibliographische Hinweise in: REVISTA DE DERECHO PROCESAL IBEROAMERICANA *1970, S. 709–724.*

MOVIMIENTO PENITENCIARIO LATÍNO-AMERICANO. Congreso penitenciario Latíno-americano.

1. [?] Buenos Aires 1967. *In:* REVISTA DE CIENCIAS PENALES *1967, S. 229–234.*
2. [?] Maracaibo 1970.

d) Bücher

BELLONI, G. A.: Riforme penali dell'America Latina. Roma: Signorelli 1938. (Quaderni di „Criminalia". 2.)

BLAU, G.: Gefährlichkeitsbegriff und sichernde Maßregeln im iberoamerikanischen Strafrecht. Bonn: Röhrscheid 1951. (Rechtsvergleichende Untersuchungen zur gesamten Strafrechtswissenschaft. N. F. 4.)

BONIFAZ, M.: Derecho indiano. Derecho castellano, derecho precolombiano, derecho colonial. 2. Aufl. Sucre 1960: Impr. Universitaria. *Darin S. 341–348: Derecho penal colonial.*

CASTEJÓN Y MARTINEZ DE ARIZALA, F.: Unificación legislativa iberoamericána. Madrid: Escelicer 1950. (Cuadernos de monografías. 10.)

CASTRO PALOMINO, E. T.: Legal principles with respect to conditional release in the Americas. *In:* INTER-AMERICAN BAR ASSOCIATION. CONFERENCE PROCEEDINGS. Buenos Aires *10. 1958, S. 332–338.*

CASTRO RAMÍREZ, M. (HIJO): Breve estudio comparativo de la legislación penal centro-americana. *In:* ESTUDIOS JURÍDICOS EN HOMENAJE AL PROFESSOR LUIS JIMÉNEZ DE ASÚA. Buenos Aires: Abeledo-Perrot *1964, S. 802 ff.*

CÓDIGOS PENALES IBEROAMERICANOS SEGUN LOS TEXTOS OFICIALES. Estudio de legislación comparada, von L. JIMÉNEZ DE ASÚA. Ordenación de los textos ... F. CARSI ZACCARÉS. Bd. 1. 2. Caracas: Bello 1946.

HERZOG, J.-B.: Justice pénale et répression en Amérique latine. *In:* REVUE PÉNITENTIAIRE ET DE DROIT PÉNAL *74 (1950), S. 342–358.*

HERZOG, J.-B.: Panorama des codifications pénales ibero-américaines. *In:* CAHIERS DE LÉGISLATION ET DE BIBLIOGRAPHIE DE L'AMÉRIQUE LATINE *4 (1953), 1 = Nr. 13/14, S. 7–18.*

Library of Congress, Law Library, Hispanic Law Division. INDEX TO LATIN AMERICAN LEGISLATION. 1950–1960. Bd. 1. 2. Boston, Mass.: Hall 1961; Suppl. 1. 1961–1965. Boston 1970.

JESCHECK, H.-H.: Strafen und Maßregeln des Musterstrafgesetzbuchs für Latein-Amerika im Vergleich mit dem deutschen Recht. *In:* FESTSCHRIFT FÜR ERNST HEINITZ. Berlin: de Gruyter *1972 in Vorb.*

JIMÉNEZ DE ASÚA, L.: Tratado de derecho penal *(s. II. 4).*

LATEINAMERIKA-SYMPOSIUM 1968. (Rigi-Kaltbad, 11.–14. September.) Recht und Politik in Lateinamerika. St. Gallen: Hochschule, Lateinamerikanisches Inst. 1968.

MAC LEAN ESTENÓS, P.: El proceso penal en el derecho comparado. Buenos Aires: Librería Jurídica 1946.

Comité jurídico interamericano. EL MINISTERIO PÚBLICO EN LOS PAISES AMERICANOS; documento de antecedentes preparado por la División de codificación e integración jurídica, Departamento de asuntos jurídicos, conteniendo textos y referencias sobre las principales normas legales vigentes. Washington, D. C.: Unión Panamericana 1967. (OEA/Ser. I/VI, CIJ-88.)

OTS Y CAPDEQUI, J. M.: Historia del derecho español en América y del derecho indiano. Madrid: Aguilar 1967.

QUINTANO RIPOLLÉS, A.: La influencia del derecho penal español en las legislaciones hispanoamericanas. Madrid: Ed. cultura hispánica 1953. (Cuadernos de monografias. 14.)

RONNING, C. N.: Diplomatic asylum. Legal norms and political reality in Latin American relations. The Hague: Nijhoff 1965. *Dieses Buch steht nur beispielhaft für eine Reihe von Studien über das regionale Asylrecht.*

SCHWENK, E. H.: Criminal codification and general principles of criminal law in Argentina, Mexico, Chile and the United States. *In:* LOUISIANA LAW REVIEW *4 (1942), S. 351–377.*

TEETERS, N. K.: Penology. From Panama to Cape Horn. Philadelphia: Univ. of Pennsylvania Pr. 1946.

VALDIVIESO, J.: La reforma de la legislación penal en América latina. Cochabamba: Imprenta Universitaria 1940.

VÉLEZ MARICONDE, A.–J. A. CLARIA OLMEDO: Uniformidad fundamental de la legislación procesal penal de América latina. *In:* ESTUDIOS DE DERECHO (Medellín, Kol.) *29 (1970), S. 361 ff.*

6. Naher Osten (Islam)

BERCHER, L.: Les délits et les peines de droit commun prévus par le Coran. Tunis 1926: Impr. rapide.

BERGER-VACHON, O.: Panorama del derecho penal musulmán clásico. *In:* REVISTA DE CIENCIAS PENALES, *Epoca 3, 26 (1967), S. 11–25.*

CHELHOD, J.: Le droit dans la société bédouine. Recherches ethnologiques sur le 'orf ou droit coutumier des Bédouins. Paris: Rivière 1971. (Petite bibliothèque sociologique internationale. A, 12.) *Enthält u. a. „L'organisation judiciaire", „les crimes et les peines", „la diya ou prix du sang".*

ELWAN, O.: Das Problem der Empfängnisregelung und Abtreibung... in islamischen Ländern. *In:* ZVGLRWISS. *70 (1968), S. 25–80.*

ǦAMÎL, H.: Muḥâḍarât fî naḥwa qânûn 'iqâbî muwaḥḥad li-l-bilâd al 'arabîya. Dirâsa wa naqd. Al – Kâhir: Ma'had ad-dirâsât al-'arabîyat al-'âlîya 1965. [Vorlesungen über den Weg zu einem Einheits-Strafgesetzbuch für die arabischen Länder. Studie und Kritik. Kairo: Institut für höhere arabische Studien 1965.]

GRÄF, E.: Gerichtsbarkeit im islamischen Recht. *In:* ZVGLRWISS. *58 (1956), S. 48–78.*

GRÄF, E.: Probleme der Todesstrafe im Islam. *In:* ZVGLRWISS. *59 (1957), S. 83–122.*

HARDY, M. J. L.: Blood feuds and the payment of blood money in the Middle East. Beirut: Catholic Pr. 1963.

HOSNI, N.: La législation pénale dans le monde arabe. *In:* REVUE DE SCIENCE CRIMINELLE ET DE DROIT PÉNAL COMPARÉ. *N. S. 22 (1967), S. 795–814.*

IBN DŪYĀN, IBRĀHĪM IBN MUHAMMAD: Crime and punishment under Hanbali law, being a translation from Manār al-sabīl in explanation of the text of al-Dalīl... Übers. u. Komm. von G. M. BAROODY. Diss. (M. A.), Kairo, American Univ. 1961.

MOUSTAFA, M.: Quelques aspects de la procédure pénale en droit musulman. *In:* REVUE DE SCIENCE CRIMINELLE ET DE DROIT PÉNAL COMPARÉ. *N. S. 25 (1970), S. 29–34.*

ORIENTALISCHES RECHT. Mit Beiträgen von E. SEIDL [u. a.] Leiden [usw.]: Brill 1964. (Handbuch der Orientalistik. Abt. 1, Erg.-Bd. 3.) *Darin insbes. O.* SPIES *-E.* PRITSCH: *Klassisches islamisches Recht, S. 220–343 (S. 234–235: Strafrecht, S. 270 ff.: Bibliographie, S. 324–325: Bibliographie des Strafrechts), ferner Kapitel über die modernen Rechtsordnungen von Libanon, Syrien, Ägypten, Tunesien, Algerien, Marokko, Türkei.*

RACHED, A. A.: De l'évolution du droit pénal dans les pays arabes. *In:* L'EGYPTE CONTEMPORAINE *40 (1969) = Nr. 336, S. 113–160.*

7. Osteuropa (Sozialistische Rechtssysteme)

a) Bibliographien

BUSSMANN, C. – W. DURCHLAUB: Bibliographie des deutschsprachigen Schrifttums zum Ostrecht (1945–1964). Trittau/Holst.: Scherbarth 1969. (Hilfsmittel zum Ostrecht. 2.)

GUMPERT, U.: Useful translations of East European statutes in French and German. A bibliography. Chicago 1969. (The University of Chicago Law School Library Publications. Bibliographies and guides to research. 6.)

Deutsche Akademie für Staats- und Rechtswissenschaft „Walter Ulbricht". RECHTSWISSENSCHAFTLICHE DOKUMENTATION. Referatzeitschrift für die Staats- und Rechtswissenschaft. Potsdam 1. 1963–9. 1971. (*Forts. von: Bibliographischer Dienst Staat und Recht. Berlin 1. 1955–9. 1963.*)

Deutsche Akademie für Staats- und Rechtswissenschaft. RUTSCH, E. – H. STEINERT: Stellung und Aufgaben der Staatsanwaltschaft bei der Kriminalitätsvorbeugung und -bekämpfung. Potsdam-Babelsberg: Dt. Akademie... 1969. (Spezialbibliographien zu Fragen des Staates und des Rechts. 9.)

b) Zeitschriften

BULLETIN ZUR OSTRECHTSFORSCHUNG IN DEN LÄNDERN DES EUROPARATES. Hrsg. von der Deutschen Gesellschaft für Osteuropakunde. Stuttgart 1. 1968 ff.

JAHRBUCH FÜR OSTRECHT. Hrsg. vom Institut für Ostrecht, München. Herrenalb/Schwarzwald 1. 1960 ff.

LAW IN EASTERN EUROPE. Leyden 1. 1958 ff. *1. 1958. 2. 1958. 7. 1963 u. 14. 1967 sind vermischten Inhalts, weitere Bände haben jeweils spezifische Titel. Letzter Band (Stand 1972): 17. 1970.*

MONATSHEFTE FÜR OSTEUROPÄISCHES RECHT (1. 1959–8. 1966 *u. d. T.:* WGO. Die wichtigsten Gesetzgebungsakte in den Ländern Ost-, Südosteuropas und in den ostasiatischen Volksdemokratien). Hamburg 1. 1959 ff.

OSTEUROPA-RECHT. Hrsg. von der Deutschen Gesellschaft für Osteuropakunde. Stuttgart 1. 1955 ff. *Die Zeitschrift bringt häufig wertvolle bibliographische Beiträge, so z. B. über juristische Zeitschriften einzelner Länder, Rechtswörterbücher, westliches und japanisches Schrifttum zum Ostrecht usw. Siehe insbesondere S. 16–18 in dem von H.* BAHRO *zusammengestellten „Register 1955–1964". Stuttgart: Deutsche Verlagsanstalt 1970.*

RECHT IN OST UND WEST. Zeitschrift für Rechtsvergleichung und interzonale Rechtsprobleme. Berlin [West] 1. 1957 ff.

WIENER QUELLENHEFTE ZUR OSTKUNDE. Reihe Recht. Wien: Österreichisches Ost- u. Südosteuropa-Institut 1. 1958–10. 1967. [Erscheinen eingestellt.]

ZEITSCHRIFT FÜR OSTEUROPÄISCHES RECHT. Berlin. N. F. 1. 1934–10. 1943. [1. Folge: 1. 1927–8. 1934 *u. d. T.:* Zeitschrift für Ostrecht, *hervorgegangen aus* Zeitschrift für osteuropäisches Recht 1. 1925–3. 1927 *und aus* Ostrecht 1. 1925–3. 1927.]

Rechtsvergleichung III 7

c) Internationale Kongresse

ASSOCIATION INTERNATIONALE DE DROIT PÉNAL. Symposium international sur des problèmes de droit pénal socialiste ... (s. II. 3b: A. I. D. P., Colloque régional 1967).

COUNCIL OF EUROPE. SYMPOSIUM ON THE LEGAL SYSTEMS OF THE COUNTRIES OF CENTRAL AND EASTERN EUROPE.
1. Straßburg 1967. *Bericht in:* WGO, *1967, S. 250ff.*
2. Straßburg 1971.

INTERNATIONAL ASSOCIATION OF LEGAL SCIENCE. [Kolloquium Warschau 1958 *u. d. T.:*] LE CONCEPT DE LA LÉGALITÉ DANS LES PAYS SOCIALISTES. Warszawa [usw.]: Polska Akad. nauk 1961. (Polska Akad. nauk. Zeszyty problemowe nauki polskiej. 21.)

Országos Ügyvédi Tanács [Landesrat der Rechtsanwälte]. NEMZETKÖZI BŰNÜGYI VÉDŐI SZIMPÓZION [Internationales Symposion der Verteidiger in Strafsachen]. Budapest, 1968, október 9-11. [Budapest:] Országos Ügyvédi Tanács [1969]. *Mit dt. u. russ. Zsfassung.*

d) Bücher

ABTREIBUNG UND SCHWANGERSCHAFTSUNTERBRECHUNG IN DEN OSTEUROPÄISCHEN LÄNDERN. Mit Beiträgen von A. BILINSKY [u. a.] Herrenalb/Schwarzwald: Verl. für Internationalen Kulturaustausch 1962. (Studien des Instituts für Ostrecht, München. 14.)

CIESLAK, M.: La participation des citoyens à l'administration de la justice dans les pays socialistes. *In:* RECUEILS DE LA SOCIÉTÉ JEAN BODIN *27 (1966), S. 46-100.*

DOKUMENTATION DER GESETZE UND VERORDNUNGEN OSTEUROPAS 1953 ff. Wien: Arbeitsgemeinschaft Ost 1955 ff. [Losebl.-Ausg.] *Versuch eines vollständigen Fundstellenregisters der osteuropäischen Gesetzgebung. Die ersten Berichtsjahre umfassen nicht alle Länder. Nicht sehr übersichtlich.*

GOVERNMENT, LAW AND COURTS IN THE SOVIET UNION AND EASTERN EUROPE. Hrsg. von V. GSOVSKI u. K. GRZYBOWSKI. Bd. 1. 2. London: Stevens [usw.] 1959.

GROBOVENKO, J. V.: Osnovnye čerty ugolovnogo processa stran narodnoj demokratii [Grundzüge des Strafprozesses der volksdemokratischen Länder]. Moskva: Izd. Mosk. Un-ta 1964.

HAZARD, J. N.: Communists and their law. A search for the common core of the legal systems of the Marxian socialist states. Chicago [usw.]: Univ. of Chicago Pr. 1969.

KAREV, D. S. – V. P. RADKOV: Sudoustrojstvo i ugolovnyj process stran narodnoj demokratii [Gerichtsverfassung und Strafverfahren der volksdemokratischen Länder]. Moskva: Gos. izd. jur. lit. 1959.

Wojskowy instytut prawniczy. MUSZYŃSKI, J.: Prawo karne wojskowe państw socjalistycznych [Das Wehrstrafrecht der sozialistischen Staaten]. Warszawa: Wydawn. min. obrony narod. 1967.

OBŠČESTVENNYE SUDY V EVROPEJSKICH SOCIALISTIČESKICH STRANACH [Kameradschaftsgerichte in den sozialistischen Staaten Europas]. Moskva: Izd. Mosk. Un-ta 1968.

PRZEPISY O USTROJU PROKURATURY W SOCJALISTYCZNYCH KRAJACH EUROPY [Vorschriften über die Struktur der Staatsanwaltschaft in den sozialistischen Ländern Europas]. Warszawa: Inst. Nauk. Prawn. 1968.

RÉVÉSZ, L.: Justiz im Ostblock. Richter und Strafrecht. Köln: Verl. Wissenschaft und Politik 1967. (Abhandlungen des Bundesinstituts für ostwissenschaftliche und internationale Studien. 15.)

Centre national pour l'étude des Etats de l'Est. SCREVENS, R.: Les infractions dans les codes pénaux des Etats socialistes. Bruxelles: Inst. de sociologie [um 1965].

DER STRAFRECHTLICHE STAATSSCHUTZ IN DER SOWJETUNION, DER TSCHECHOSLOWAKEI, UNGARN UND POLEN. Mit Beiträgen von R. MAURACH [u. a.] Herrenalb/Schwarzwald: Verl. für Internationalen Kulturaustausch 1963. (Studien des Instituts fürs Ostrecht, München. 15.)

VOPROSY UGOLOVNOGO PRAVA STRAN NARODNOJ DEMOKRATII [Strafrechtliche Fragen der volksdemokratischen Länder]. Sbornik statej. Hrsg.: A. A. PIONTKOVSKIJ u. M. A. GEL'FER. Moskva: Izd. inostr. lit. 1963.

UGOLOVNOE ZAKONODATEL'STVO ZARUBEŽNYCH SOCIALISTIČESKICH GOSUDARSTV [Die Strafgesetzgebung der sozialistischen Staaten des Auslandes, *d. h. außerhalb der UdSSR*]. Hrsg. von M. A. GEL'FER. Moskva: Gos. izd. jur. lit. 1956–1962.
Albanien, Bulgarien, DDR 1956. Jugoslawien. 1957. Tschechoslowakei. 1957 (2. Aufl. 1961). VR China, Nordkorea, Mongolei, Nordvietnam. 1957. Rumänien. 1962. Weiteres nicht bekannt.

UGOLOVNO – PROCESSUAL'NOE ZAKONODATEL'STVO ZARUBEŽNYCH SOCIALISTIČESKICH GOSUDARSTV [Die Strafprozeßgesetzgebung des sozialistischen Auslandes]. Hrsg. von D. S. KAREV. Moskva: Gos. izd. jur. lit. 1956.

UGOLOVNO – PROCESSUAL'NOE ZAKONODATEL'STVO ZARUBEŽNYCH SOCIALISTIČESKICH GOSUDARSTV [Die Strafprozeßgesetzgebung des sozialistischen Auslandes]. Moskva: Gos. izd. jur. lit. 1964–1968.
Polen. 1964. Tschechoslowakei. 1966. Ungarn. 1968. Weiteres nicht bekannt.

UGOLOVNYJ PROCESS ZARUBEŽNYCH SOCIALISTIČESKICH GOSUDARSTV EVROPY [Der Strafprozeß der ausländischen sozialistischen Staaten Europas]. Hrsg. von V. E. CUGUNOV Moskva: Gos. izd. jur. lit. 1967.

ZAKONODATEL'STVO SOCIALISTIČESKICH STRAN O PROKURORSKOM NADZORE [Die Gesetzgebung der sozialistischen Länder über die staatsanwaltschaftliche Aufsicht]. Dušanbe: Irfon 1968.

IV. Internationales Strafrecht

„*Internationales Strafrecht*" *ist hier im weitesten Sinne verstanden wie das englische* „*International Criminal Law*". *Angesichts der sehr umfangreichen Literatur zu diesen Fragen sind im folgenden Abschnitt nur Bibliographien und zwei Quellensammlungen aufgeführt.*

1. Quellensammlungen

GLASER, S.: Droit international pénal conventionnel. Bruxelles: Bruylant 1970. *Enthält den vollen Wortlaut oder Auszüge der universellen Verträge zum internationalen Strafrecht in französischer Sprache.*

INTERNATIONAL CRIMINAL LAW. Hrsg. von G. O. W. MUELLER u. E. M. WISE. South Hackensack N. J.: Rothman [usw.] 1965. (Publications of the Comparative Criminal Law Project, New York University. 2.) *Enthält Abhandlungen und Auszüge von Verträgen zum internationalen Strafrecht im weiteren Sinne.*

2. Bibliographien

[Bibliographie zum Eichmann-Fall.] *In:* INTERNATIONAL LAW REPORTS *(London) 36 (1968), S. 342–344.*

BIBLIOGRAPHY ON JURISDICTION WITH RESPECT TO CRIME. In: AMERICAN JOURNAL OF INTERNATIONAL LAW 29 (1935), Suppl., S. 447–465.

BRAHAM, R. L.: The Eichmann case: a source book. New York: World Federation of Hungarian Jews 1969. *Über 1000 Literaturnachweise.*

GARSSE, Y. VAN: A bibliography of genocide, crimes against humanity and war crimes. Bd. 1 ff., St. Niklaas Waas: Studiecentrum voor Kriminologie en Gerechtelijke Geneeskunde 1970 ff. „*This bibliography is concerned with genocide, war crimes and related matters*" *(Vorwort). Es sind 3 Bände geplant.*

GENDREL, M. – P. LAFARGE: Éléments d'une bibliographie mondiale du droit pénal militaire. Des crimes et délits contre la sûreté de l'État et du droit pénal international. Paris: L. G. D. J. 1956. (Bibliothèque de sciences criminelles. 2.)

HINZ, J. – B. HARTWIG – H. REINHOLD: Kriegsvölkerrecht. Bibliographie des deutschsprachigen Schrifttums. 1945–1962. *In:* REVUE DE DROIT PÉNAL MILITAIRE ET DE DROIT DE LA GUERRE *2 (1963), S. 404–439.*
1963–1966. *In:* REVUE DE DROIT PÉNAL MILITAIRE ET DE DROIT DE LA GUERRE *7 (1968), S. 347–362. In beiden Bibliographien jeweils ein Kapitel* „*Kriegsverbrechen, Völkerstrafrecht*".

HÖFNER, K.: Kriegsverbrechen, internationale Strafgerichtsbarkeit, Völkermord. War crimes, international criminal jurisdiction, genocide. In: HÖFNER, K.: Zwanzig Jahre Vereinte Nationen. Internationale Bibliographie, 1945–1965. Berlin: de Gruyter 1968, S. 83–86.

INTERNATIONAL CRIMINAL LAW. Hrsg. von M. C. BASSIOUNI. Springfield, Ill.: Thomas [1971 in Vorb.]. *Das Buch soll eine umfangreiche* „*bibliography on international criminal law*" *von H. E. WELSH enthalten.*

NEUMANN, J. S.: European war crime trials. A bibliography. New York: Carnegie Endowment for International Peace 1951.

SCHUTTER, B. DE: Bibliography on international criminal law. Unter Mitarb. von C. ELIAERTS, mit einem Vorw. von H.-H. JESCHECK. Leiden: Sijthoff 1972.

EUROPA

ALBANIEN

Bearbeitet von DDr. Robert Schwanke, Wien

I. Materielles Strafrecht – Texte –

1. Strafgesetzbuch

Kodi Penal i Republikës Popullore të Shqipërisë [Strafgesetzbuch der VR Albanien]. Gesetz der Volksversammlung Nr. 1470 vom 23. 5. 1952 (GZ 1952, Nr. 15). *Neuverlautbarung:* Dekret des Präsidiums der Volksversammlung Nr. 2868 vom 16. 3. 1959 (GZ 1959, Nr. 3). *Letzte Novellierung durch* Dekret des Präsidiums der Volksversammlung Nr. 4309 vom 8. 9. 1967 (GZ 1967 Nr. 10).

Textausgaben

Kodi Penal. *In:* Çevi, K. – V. Meksi – Dh. Dhima: Kodifikimi i Përgjithëshëm i legjislacionit në fuqi të Republikës Popullore të Shqipërisë [Allgemeine Kodifikation der Gesetzgebung, die in der VR Albanien in Kraft steht]. *Bd. 1.* Tirana: Botim i Kryeministrisë 1961, S. 479–559.

Kodi Penal i Republikës Popullore të Shqipërisë [Strafgesetzbuch der VR Albanien]. Tiranë: Botim i Ministrisë së Drejtësisë 1959.

Übersetzungen

Gelfer, M. A.: Ugolovnyj kodeks Narodnoj Respubliki Albanii [Strafgesetzbuch der VR Albanien]. *In:* Narodnaja Respublika Albanija. Moskva: Gosjurizdat 1961. (Ugolovnoe zakonodatel'stvo zarubežnych socialističeskich gosudarstv [Strafgesetzgebung fremder sozialistischer Staaten].)

Ugolovnyj i ugolovno-processual'nye kodeksi Narodnoj Respubliki Albanii [Strafgesetzbuch und Strafprozeßordnung der VR Albanien]. Hrsg. von F. Kiričenko. Moskva: Izd. inostrannoj literatury 1954.

Quellenausgabe

Gjeçov, S. C.: Codice di Lek Dukagjini ossia diretto consuetudinario delle montagne d'Albania. Roma 1941.

Das immer noch geltende Gewohnheitsrecht, namentlich hinsichtlich Doppelheirat, Kinderheirat usw. wurde in den letzten Jahren u. a. durch Gerichtsverhandlungen vor der breiten Masse wirksam bekämpft.

2. Wichtige Nebengesetze

b) Jugendstrafrecht

Vereinzelte Bestimmungen im Strafgesetzbuch z. B.:
Art. 6 (Fehlen der strafrechtlichen Verantwortlichkeit unter 14 Jahren), Art. 20 (Verbüßung der Freiheitsstrafe der Jugendlichen), Art. 39 (Heil- und Erziehungsmaßnahmen), Art. 46 (Strafvollzug bei Jugendlichen).

c) Militärstrafrecht

Ist eingebaut in das Strafgesetzbuch Kapitel 12, Art. 301–341.

f) Straßenverkehrsstrafrecht

Nur einige Bestimmungen im Strafgesetzbuch, *vor allem* Art. 106–109.

g) Sonstiges Nebenstrafrecht

Mbi aprovimin e listës së informateve që përbejnë sekret shtetëror [Über die Approbierung der Liste der Staatsgeheimnisse]. Beschluß des Ministerrates Nr. 765 vom 11. 12. 1952 (GZ 1952, Nr. 24).

Mbi pasurinë që nuk mund të konfiskohet [Über das Vermögen, welches nicht beschlagnahmt werden darf]. Beschluß des Ministerrates Nr. 315 vom 25. 10. 1954 (GZ 1954, Nr. 16).

II. Strafverfahrensrecht – Texte –

1. Gerichtsverfassungsrecht

Mbi organizimim gjyqësor të RPSH [Über die Gerichtsorganisation der VR Albanien]. Gesetz der Volksversammlung Nr. 4406 vom 24. 6. 1968 (GZ 1968, Nr. 7).

2. Strafprozeßrecht

Kodi i procedurës penale i RPSH [Strafprozeßordnung der VR Albanien]. Gesetz der Volksversammlung Nr. 1650 vom 30. 3. 1953 (GZ 1953, Nr. 7). *Neuverlautbarung:*

Dekret Nr. 2869 vom 16. 3. 1959 (GZ 1959, Nr. 4). *Letzte Novellierung durch* Dekret 4308 vom 8. 9. 1967 (GZ 1967, Nr. 10).

Textausgaben
KODI I PROCEDURËS PENALE I RPSH. Tirana 1959.
KODI I PROCEDURËS PENALE. *In:* ÇEVI, K. – V. MEKSI – DH. DHIMA: Kodifikimi ... *(s. I. 1), Bd. 1, S. 563–646.*

Übersetzungen
s. I. 1; veraltet.

3. Wichtige Nebengesetze

c) Sonstige Verfahrensvorschriften

Mbi shpenzimet dhe shpërblimet e dëshmitarëve [Über die Auslagen und Diäten der Zeugen]. Beschluß des Ministerrats Nr. 308 vom 2. 8. 1958 (GZ 1958, Nr. 9).

III. Strafvollstreckungsrecht – Texte –

Mbi ekzekutimin e dënimeve [Über die Vollstreckung der Strafe], Dekret des Präsidiums der Volksversammlung Nr. 390 vom 20. 1. 1947 (GZ 1947, Nr. 5).

Mbi ekzekutimin e dënimeve penale dhe administrative me punë korektonjëse. Udhëzim i Këshillit të Ministrave [Zur Vollstreckung der Straf- und Administrativurteile mit Besserungsarbeit. Anordnung des Ministerrats] Nr. 9 vom 25. 4. 1957 (GZ 1957, Nr. 14).

Mbi ekzekutimin e vendimeve penale kundër atyre që thirren për të kryer shërbimin ushtarak [Über die Vollstreckung der Strafurteile gegen jene, welche zur Leistung des Militärdienstes einberufen wurden. Anordnung des Ministerrats] Nr. 15 vom 21. 5. 1955 (GZ 1955, Nr. 6).

Mbi faljen e dënimeve [Über den Strafnachlaß], Dekret des Präsidiums der Volksversammlung Nr. 1316 vom 19. 7. 1951 (GZ 1951, Nr. 21).

Mbi konfiskimet [Über Konfiskationen], Dekret des Präsidiums der Volksversammlung Nr. 1836 vom 22. 3. 1954 (GZ 1954, Nr. 5).

IV. Entscheidungssammlungen

1. Strafrechtliche

NA PRAKTIKA E GJYKATËS SË LARTË [Aus der Praxis des Obersten Gerichtes.] A: LËNDË PENALE [Strafrecht]. *Ständige Beilage der Zeitschrift* DREJTËSIA POPULLORE. *1. 1948 ff., im Umfange von 3–4 Druckseiten.*
Teilweise Wiedergabe in dt. Übers. in:
WIENER QUELLENHEFTE ZUR OSTKUNDE, *Reihe Recht, 1960, Heft 3.*

sowie in: WGO *Jg. 3 (1961), S. 180; Jg. 5 (1963), S. 192; Jg. 6 (1964), S. 353; Jg. 8 (1966), S. 230; Jg. 8 (1966), S. 314; Jg. 9 (1967), S. 224.*

2. Wichtige allgemeine

UDHËZIME DHE VENDIME TË GJYKATËS SË LARTË TË RPSH [Anordnungen und Beschlüsse des Obersten Gerichtes der VR Albanien]. Tirana 1965.

V. Zeitschriften

2. Wichtige allgemeine

DREJTËSIA POPULLORE. Organ i gjykatës së lartë dhe prokurorisë së përgjithëshme [Volksjustiz. Organ des Obersten Gerichtes und der Generalprokuratur]. 1. 1948 ff. *Zweimonatlich, einzige Rechtszeitschrift Albaniens.*

VI. Literatur

1. Allgemeines

Eine Gesamtdarstellung des nationalen Rechts als Einführung in die Rechtswissenschaft ist nicht bekannt, obwohl sie sicherlich als Skriptum für die Rechtsfakultät existiert. Auch die meisten Lehrbücher und Kommentare sind bloße Skripten für die Studenten.

3. Materielles Strafrecht

ÇËSHTJE TË SË DREJTËS PENALE [Fragen des Strafrechtes]. Tirana 1960.

E DREJTA PENALE E RPSH. Pjesa e përgjithëshem. Dispensa [Das Strafrecht der VR Albanien. Allg. Teil]. 2. Aufl. Tirana: Botim i USHT 1966.

Albanien

ELEZI, I.: Pjesa e posaçme e Kodit Penal dhe detyrat aktuale [Der allgemeine Teil des Strafgesetzes und die aktuellen Aufgaben]. *In:* DREJTËSIA POPULLORE, *19 (1966), S. 9–24. Enthält ein Programm für das neue Strafgesetzbuch.*

GJIKA, G.: E drejta penale e RPSH. Pjesa e posaçme [Das Strafrecht der VR Albanien. Bes. Teil]. Tirana 1968.

KOMENTAR I KODIT PENAL TË RPSH [Kommentar des Strafgesetzbuches der VR Albanien]. Pjesa e posaçme [Bes. Teil]. Bd. 1. Unter der Redaktion von R. TAUSHANI, N. PAPULI u. K. NOVA. Tiranë: Botim i Ministrisë së Drejtësisë 1964.

KOMENTAR I KODIT PENAL. Pjesa e posaçme. Maket, Dispensa e dytë [Kommentar des Strafrechts. Bes. Teil. Skizze, 2. Skriptum]. Tirana: Botim i USHT 1960.

Zum Gewohnheitsrecht

ELEZI, I.: Normat e së drejtës penale zakonore të mbledhura në kanunin e Lekë Dukadjinit dhe kanune (vendime) të veçanta [Normen des Gewohnheitsstrafrechts, gesammelt im Kanun des Lek Dukadjini, und besondere Rechtsvorschriften]. *In:* REFERATE E KUMTESA. 1. Tirana: Universiteti Shtetëror të Tiranës. Fakulteti i Drejtësisë 1965, S. 3–44.

VALENTINI, G.: La legge delle montagne albanesi nelle relazioni della missione volante 1880–1932. Firenze: Olschki 1969. (Studi Albanesi, studi e testi. 3.)

5. Gerichtsverfassungsrecht

MBI ORGANIZIMIN DHE KOMPETENCAT E GJYKATAVE TË FSHATRAVE, TË QYTËTEVE DHE TË LAGJEVE TË QYTËTEVE (Material për ndihmës gjyqtarët) [Über die Organisierung u. die Kompetenzen der Gerichte der Dörfer, der Städte u. der Stadtviertel (Material für Hilfsrichter)]. 2. Aufl. Tirana: Frashëri 1970.

6. Strafprozeßrecht

GJIKA, G.: Procedura penale e RPSH. Pjesë e posaçme [Strafverfahren der VR Albanien. Bes. Teil]. Tirana: Botim i USHT 1970.

GJIKA, G. – K. NOVA: Mbi gjykimin në shkalle të dyte në procesin penal [Über das Gerichtsverfahren 2. Instanz im Strafprozeß]. Tirana: Botim i Ministrisë së Drejtësisë 1961.

GJILANI, E.: Parashkrimi i padise sipas legjislacionit të RPSH [Verjährung der Klage nach der Rechtsprechung der VR Albanien]. Tirana 1966.

NOVA, K.: Procedura penale e RPSH. Dispensa 1 [Strafverfahren der VR Albanien. Allg. Teil. 1. Skriptum]. Tirana: Botim i USHT 1970.

9. Literatur in fremden Sprachen

Keine zeitgemäßen Zusammenfassungen; allgemeine Übersichten:

SCHWANKE, R.: Das geltende Recht Albaniens. *In:* ÖSTERREICHISCHE OSTHEFTE *2 (1960), S. 126–33, S. 210–217.*

SCHWANKE, R.: Staat und Recht in Albanien seit 1945. *In:* JOR *Bd. 2 (1961), S. 187–202.*

SCHWANKE, R.: Gerichtsorganisation Albaniens. *In:* OSTEUROPA RECHT, *Jg. 8 (1962), S. 60–68.*

SCHWANKE, R.: Albanien. *In.:* ZSTW *Bd. 17 (1967), S. 171–187.*

VOKOPOLA, K. A.: Albania (A new substantive criminal law). *In:* GOVERNMENT, LAW AND COURTS IN THE SOVIET UNION AND EASTERN EUROPE. Hrsg. von V. GSOVSKI u. K. GRZYBOWSKI. *Bd. 2.* London: Stevens 1959, S. 970–982. *Berücksichtigt u. a. noch nicht den Text des StGB vom 16. 3. 1959.*

VOKOPOLA, K. A.: Albania: The present system of justice. *In:* GOVERNMENT, LAW AND COURTS . . ., *Bd. 1.* London: Stevens 1959, S. 639–652.

Bibliographie

BUSSMANN, C. – W. DURCHLAUB: Bibliographie des deutschsprachigen Schrifttums zum Ostrecht (1945–1964). Trittau/Holst.: Scherbarth 1969. (Hilfsmittel zum Ostrecht. 2.) *Darin S. 20–25: Albanien.*

ANDORRA

Bearbeitet von Bibliotheksoberrat Dr. Klaus H. A. Löffler, Saarbrücken

Strafrecht, Strafprozeßrecht und Gerichtsverfassung sind in Andorra gewohnheitsrechtlich geregelt; zum materiellen Strafrecht gibt es fast keine gedruckten Quellen. Neuerdings soll sich der Einfluß des spanischen Código penal bemerkbar machen (s. Angelo unter VI). Es existiert kein Gesetzblatt.

Bei minder schweren Delikten fungieren die zwei bayles *als Einzelrichter. Ansonsten gibt es als einziges Gericht das* Tribunal de Corts, *dessen Urteile von zwei Landvögten (*vegueres*) und einem auf Lebenszeit bestellten Richter gefällt werden, assistiert u. a. von zwei Vertretern des nicht-souveränen Parlaments (*Concell general des Valls*) als (en)rahonadors. Die Verhandlungen sind nicht öffentlich. Rechtsanwälte sind nicht zugelassen. Gnade können der Bischof von Seo de Urgel und das französische Staatsoberhaupt ausüben. Rechtshilfe- und Auslieferungsersuchen sind an Frankreich zu richten, das die auswärtigen Interessen vertritt (s. Amelunxen unter VI).*

I. Materielles Strafrecht – Texte –

2. Wichtige Nebengesetze

f) Straßenverkehrsstrafrecht

Codi de circulació d'Andorra. Decret [VO] des Conseil general vom 11. 4. 1960. *Entspricht weitgehend dem französischen Code de la route.*

Textausgabe

Codi de circulació d'Andorra. Andorra la Vella: Automobil Club d'Andorra 1960.

IV. Entscheidungssammlungen

Während 1969 eine Sammlung privatrechtlicher Entscheidungen von Obiols i Taberner erschien, fehlt eine entsprechende Sammlung strafrechtlichen Inhalts. Derartige Entscheidungen existieren nur handschriftlich und werden im Archiv in der Casa de La Vall *aufbewahrt; sie sind nicht öffentlich zugänglich.*

VI. Literatur

Amelunxen, C.: Die Kleinstaaten Europas. Rechtsleben und Polizei ... Hamburg: Verl. Kriminalistik 1964. *Darin: Andorra, S. 61–77.*

Angelo, A. H.: Andorra: Introduction to a customary legal system. In: The American Journal of Legal History, *14 (1970), S. 95–111. Betrifft Gerichtsverfassung u. Strafverfahren.*

Bélinguier, B.: La condition juridique des Vallées d'Andorre. Paris: Pedone 1970.

Brutails, J.-A.: La coutume d'Andorre. 2. Aufl. Andorra la Vella: Casal i Vall 1965. (Monumenta Andorrana. 1). *Nur wenig veränd. gegenüber der 1. Aufl. von 1904. Fundamentales Werk, mit Abdruck einer Auswahl gewohnheitsrechtlicher Quellen im katalanischen Orginaltext, S. XVII–CLXIII.*

Goldschmidt, W.: Extraterritorialidad de sentencias penales. In: Revista de derecho procesal (Madrid), *1962, S. 221–251. Betrifft die Wirksamkeit eines spanischen Urteils bezüglich Konkubinats in Andorra.*

Obiols [i] Taberner, C.: La justicia penal en Andorra. *In:* Revista de estudios penitenciarios, *1 (1945), Nr. 8, S. 4–13.*

Vidal y Guitart, J. M.: Instituciones políticas y sociales de Andorra. Madrid: Instituto Francisco de Vitoria 1949. *Darin: Poder judicial, S. 194–203.*

BELGIEN

Bearbeitet von Dr. Elisabeth Simon-Kreuzer,
Referentin am Max-Planck-Institut für ausländisches und internationales Strafrecht,
Freiburg i. Br.

Gesamtausgaben der Gesetze

Les Codes Larcier (Codes Edmond Picard) en 5 tomes contenant toutes les dispositions législatives d'intérêt général et les lois spéciales les plus usuelles en vigueur en Belgique ..., begründet von L. Hennebicq, hrsg. von J. Guissart, P. Schetter [u. a.] Aufl. 1970. Bd. 1–5. Bruxelles: Larcier 1970; Erg. 1971.

Les Codes et les lois spéciales les plus usuelles en vigueur en Belgique ... [Von] J. Servais u. E. Mechelynck. 32. Aufl. von J. Blondiaux u. J. Masquelin, unter Mitarb. von G. Delrée, J. Giet. Bd. 1–5. Bruxelles: Bruylant 1969.

Zitiertitel: Servais et Mechelynck.

Pasinomie ou collection complète des lois, décrets, arrêtés et règlements généraux qui peuvent être invoqués en Belgique. Sér. 1 ff. Bruxelles 1833 ff. *Chronologische Sammlung aller bedeutsamen Rechtsvorschriften mit Materialien.*

I. Materielles Strafrecht – Texte –

1. Strafgesetzbuch

Code pénal vom 8. Juni 1867 (15. Oktober 1867) (Moniteur belge vom 9. Juni 1867). *Von den zahlreichen seither ergangenen Gesetzesänderungen sind die bedeutendsten aus jüngster Zeit im* Code judiciaire vom 10. Oktober 1967 *enthalten, der am 1. November 1970 vollständig in Kraft getreten ist.*

Niederländische Fassung

Niederländische Fassung des Strafgesetzbuchs von 1867 („Strafwetboek"), *amtlich festgestellt durch* Gesetz vom 10. Juli 1964 (Belgisch Staatsblad vom 2. Dezember 1964).

Textausgabe

Matthijs, J. – T. Versée: Strafwetboek en wetboek van strafvordering met bijzondere wetten en besluiten. Gent: Story-Scientia 1968 ff. [Losebl.-Ausg.] *Diese Sammlung enthält die mit Anmerkungen versehene zweisprachige Ausgabe des Strafgesetzbuchs und der Strafprozeßordnung. Die besonderen Gesetze und Verordnungen sind bislang noch nicht erschienen.*

Übersetzung

Das belgische Strafgesetzbuch. Übers. von H. Grützner unter Mitwirkung von G. von Kieckebusch und mit einer Einl. von J. Marchal. Berlin: de Gruyter 1958. (Slg. außerdt. StGB. 75.)

2. Wichtige Nebengesetze

a) Das Strafgesetzbuch ergänzende Gesetze

Loi relative aux décimes additionnels sur les amendes pénales vom 5. März 1952 (Moniteur belge vom 3. April 1952) i. d. F. vom 22. Dezember 1969.

Loi contenant des dispositions pénales contre les offres ou propositions de commettre certains crimes vom 7. Juli 1875 (Moniteur belge vom 9. Juli 1875).

Loi portant répression de la provocation à commettre des crimes ou des délits vom 25. März 1891 (Moniteur belge vom 26. März 1891).

Loi établissant la libération conditionnelle dans le système pénal vom 3. Mai 1888 (Moniteur belge vom 3. Juni 1888). *Änderungen zuletzt durch* Gesetz vom 2. Juli 1962 *und durch* Gesetz vom 29. Juni 1964.

Convention européenne du 30 novembre 1964 pour la surveillance des personnes condamnées ou libérées sous condition et de l'annexe, faites à Strasbourg, *ratifiziert durch* Gesetz vom 15. Juli 1970 (Moniteur belge vom 31. Oktober 1970).

Loi concernant la suspension, le sursis et la probation vom 29. Juni 1964 (Moniteur belge vom 17. Juli 1964).

Loi de défense sociale à l'égard des anormaux et des délinquants d'habitude vom 1. Juli 1964 (Moniteur belge vom 17. Juli 1964).

Loi portant revision du second livre du Code pénal en ce qui concerne les crimes et les délits qui portent atteinte aux relations internationales vom 12. März 1858 (Moniteur belge vom 14. März 1858), *geändert durch* Art. 31 des Gesetzes vom 9. April 1930.

Loi relative à la répression des offenses envers les chefs des gouvernements étrangers vom 20. Dezember 1852 (Moniteur belge vom 21. Dezember 1852).

Diese beiden Gesetze stellen Handlungen gegen ausländische Staaten unter Strafe.

Loi prolongeant la durée de la prescription des peines de mort prononcées pour infractions contre la sûreté extérieure de l'État, commises entre le 9 mai 1940 et le 8 mai 1945 et modifiant l'article 4 de la loi du 30 décembre 1953 relative à la déchéance de la nationalité belge vom 3. Dezember 1964 (Moniteur belge vom 4. Dezember 1964).

Loi pour la répression du vagabondage et de la mendicité vom 27. November 1891 (Moniteur belge vom 3. Dezember 1891). *Dieses Gesetz zur Unterdrückung der Landstreicherei und des Bettelns führte die Zweispurigkeit von Strafen und Maßnahmen in das belgische Strafrecht ein.*

b) Jugendstrafrecht

Loi relative à la protection de la jeunesse vom 8. April 1965 (Moniteur belge vom 15. April 1965), *in Kraft getreten am* 1. September 1966 (arrêté royal vom 30. 6. 1966), *geändert durch den* Code judiciaire vom 10. Oktober 1967 *in Kraft getreten am* 1. November 1970.

Ausführungsverordnungen

Arrêté royal relatif au fonctionnement des Comités de protection de la jeunesse vom 25. Juli 1966.

Arrêté royal déterminant les conditions dans lesquelles les Comités de protection de la jeunesse peuvent engager dans l'intérêt de mineurs des dépenses à charge du budget du ministère de la justice vom 25. Juli 1966.

Arrêté royal relatif au fonctionnement du Conseil national de protection de la jeunesse vom 25. Juli 1966.

Arrêté royal déterminant la procédure de la communication des renseignements énumérés à l'article 63 de la loi du 8 avril 1965 relative à la protection de la jeunesse vom 25. Juli 1966.

Das Rechtsgebiet ist schon seit 1912 aus dem Rahmen des Strafrechts herausgenommen und als reines Maßregelrecht ausgestaltet. Das Gesetz vom 8. April 1965 hat das Strafmündigkeitsalter von 16 auf 18 Jahre heraufgesetzt; bei Jugendlichen über 16 Jahren kann jedoch der Jugendrichter, wenn die Maßnahmen des Jugendrechts nicht angezeigt erscheinen, die Sache an das ordentliche Gericht verweisen. Das Gesetz regelt darüber hinaus die Rechtsgebiete des Jugendschutzes und der Jugendwohlfahrt. Die Jugendgerichte sind zugleich Vormundschaftsgerichte.

c) Militärstrafrecht

Code pénal militaire vom 27. Mai 1870 (Moniteur belge vom 4. Juni 1870).

Lois sur la milice, *bereinigte Fassung vom* 30. April 1962.

Loi portant le statut des objecteurs de conscience vom 3. Juni 1964.

Loi établissant des peines contre ceux qui, n'étant pas soumis à la juridiction militaire, favorisent la désertion d'individus appartenant aux armées de terre ou de mer vom 12. Dezember 1817.

Eine Zusammenfassung aller Staatsschutzbestimmungen auch außerhalb des Code pénal und des Code pénal militaire ist enthalten in: STRAFR. STAATSSCHUTZBEST., *S. 47 ff.*

d) Verwaltungsstrafrecht, allgemeines

Einzelnen Verwaltungsbehörden ist die Erhebung von Geldbußen auf Grund besonderer Gesetze gestattet. Das belgische Recht kennt jedoch nicht ein allgemeines Verwaltungsstrafrecht oder Ordnungswidrigkeitenrecht.

e) Wirtschaftsstrafrecht

Ein allgemeines Wirtschaftsstrafgesetz besteht in Belgien nicht. Kartellverstöße unterliegen folgendem Gesetz:

Loi sur la protection contre l'abus de puissance économique vom 27. Mai 1960 (Moniteur belge vom 22. Juni 1960).

f) Straßenverkehrsstrafrecht

Arrêté royal portant coordination des lois relatives à la police de la circulation routière vom 16. März 1968 (Moniteur belge vom 27. März 1968), *geändert durch den* Code judiciaire vom 10. Oktober 1967, *in Kraft getreten am* 1. November 1970. *Diese Verordnung faßt die noch geltenden Bestimmungen folgender Gesetze zusammen:*

Loi portant revision de la législation et des règlements sur la police du roulage vom 1. August 1899.

Loi modifiant le Code d'instruction criminelle, la loi du 1er août 1899 portant revision de la législation et des règlements sur la police du roulage et l'arrêté-loi du 14 novembre 1939 relatif à la répression de l'ivresse vom 15. April 1958 (Kapitel 2).

Loi relative au permis de conduire des conducteurs de véhicules automoteurs et modifiant la loi du 1er août 1899 portant revision de la législation et des règlements sur la police du roulage, l'arrêté-loi du 14 novembre 1939 relatif à la répression de l'ivresse et la loi du 1er juillet 1956 relative à l'assurance obligatoire de la responsabilité civile en matière de véhicules automoteurs vom 1. August 1963 (Art. 1–8, 11 u. 12).

Loi modifiant la loi du 1er août 1899 portant revision de la législation et des règlements sur la police du roulage vom 15. April 1964.

Belgien II 2 g

Loi modifiant la loi du 1er août 1899 portant revision de la législation et des règlements sur la police du roulage vom 11. Juli 1967.

Arrêté royal relatif à la perception immédiate d'une somme lors de la constatation de certaines infractions au règlement général sur la police de la circulation routière vom 25. November 1966 (Moniteur belge vom 2. Dezember 1966).

Straßenverkehrsordnung

Arrêté royal portant réglementation générale sur la police de la circulation routière vom 14. März 1968. *Diese Verordnung enthält die Straßenverkehrsvorschriften. Sämtliche Strafandrohungen sind demgegenüber in dem* Arrêté royal portant coordination ... vom 16. März 1968 *zusammengestellt.*

g) Fiskalstrafrecht

Code des impôts sur les revenus vom 26. Februar 1964.

h) Pressestrafrecht

Décret sur la presse vom 20. Juli 1831.

Loi apportant des modifications au décret du 20 juillet 1831 et au Code d'instruction criminelle vom 6. April 1847 (Moniteur belge vom 8. April 1847).

Loi relative au droit de réponse vom 23. Juni 1961 (Moniteur belge vom 8. Juli 1961).

i) Feld- und Forststrafrecht

Code rural vom 7. Oktober 1886 (Moniteur belge vom 14. Oktober 1886). *Letzte Änderungen:* Gesetz vom 8. April 1969 *und* Gesetz vom 10. Oktober 1967, *in Kraft getreten am* 1. November 1970.

Code forestier vom 19. Dezember 1854 (Moniteur belge vom 22. Dezember 1854). *Letzte Änderungen:* Gesetz vom 8. April 1969 *und* Gesetz vom 10. Oktober 1967, *in Kraft getreten am* 1. November 1970.

k) Alkoholmißbrauch

Arrêté-loi relatif à la répression de l'ivresse vom 14. November 1939 (Moniteur belge vom 18. November 1939).

II. Strafverfahrensrecht – Texte –

1. Gerichtsverfassungsrecht

Code judiciaire vom 10. Oktober 1967 (Moniteur belge vom 31. Oktober 1967), *in Kraft getreten am* 1. November 1970, *geändert durch* Gesetz vom 15. Juli 1970. *Der Code judiciaire hat eine Vielzahl von Gesetzen aus allen Bereichen des Strafrechts und Straf-Verfahrensrechts aufgehoben bzw. geändert.*

Loi relative à la protection de la jeunesse vom 8. April 1965 (Moniteur belge vom 15. April 1965).

Code de procédure pénale militaire vom 15. Juni 1899 (Moniteur belge vom 30. Juni 1899). *Enthält vorwiegend Gerichtsverfassungsrecht (s. auch II. 3 b).*

2. Strafprozeßrecht

Code d'instruction criminelle vom 17. November 1808. *Art. 1–7 sind ersetzt durch* Gesetz vom 17. April 1878 „contenant le titre préliminaire du Code de procédure pénale".

Änderungen zuletzt durch den Code judiciaire vom 10. Oktober 1967, *in Kraft getreten am* 1. November 1970.

Niederländische Fassung

Niederländische Fassung der Strafprozeßordnung von 1808 („Wetboek van strafvordering"), *amtlich festgestellt durch* Gesetz vom 10. Juli 1967 (Belgisch Staatsblad vom 6. September 1967). *Dieses Gesetz bereinigte zugleich die französische Terminologie.*

Textausgabe

MATTHIJS, J. - T. VERSÉE: Strafwetboek ... *(s. I. 1).*

Reform

Reformarbeiten für eine neue Strafprozeßordnung sind in Belgien schon seit einigen Jahren im Gange (vgl. Arrêté royal vom 12. Juli 1962).

3. Wichtige Nebengesetze

a) Jugendstrafverfahren

Loi relative à la protection de la jeunesse vom 8. April 1965 *(s. II. 1).*

b) Militärstrafverfahren

Code de procédure pénale militaire vom 15. Juni 1899 *(s. II. 1). Nach Art. 133 richtet sich das Verfahren vor den Militärgerichten grundsätzlich nach den Vorschriften des* Code d'instruction criminelle.

Arrêté-loi relatif à la faculté d'appeler des jugements rendus par les conseils de guerre en campagne vom 28. Dezember 1915.

Arrêté-loi réglant la procédure d'appel des jugements rendus par les conseils de guerre vom 27. Januar 1916.

Loi réglant l'exercice du recours en cassation contre les arrêts et jugements de la juridiction militaire vom 9. März 1954.

c) Sonstige Verfahrensvorschriften

Loi sur les circonstances atténuantes vom 4. Oktober 1867, réimprimée en vertu de l'arrêté royal vom 22. Februar 1892.

Loi relative à la détention préventive vom 20. April 1874 (Moniteur belge vom 22. April 1874). *Durch dieses Gesetz sind die Vorschriften des Code d'instruction criminelle über die Untersuchungshaft überwiegend außer Kraft gesetzt worden.*

Für die Verhängung von Sicherungsmaßnahmen sowie für die Strafaussetzung zur Bewährung und die Aussetzung des Strafurteils sind ergänzende Verfahrensvorschriften enthalten in:

Loi de défense sociale à l'égard des anormaux et des délinquants d'habitude vom 1. Juli 1964 (Moniteur belge vom 17. Juli 1964).

Loi concernant la suspension, le sursis et la probation vom 29. Juni 1964 (Moniteur belge vom 17. Juli 1964).

III. Strafvollstreckungsrecht – Texte –

Arrêté royal portant règlement général des établissements pénitentiaires vom 21. Mai 1965 (Moniteur belge vom 25. Mai 1965), *geändert durch* Arrêté royal vom 28. April 1970. *Eine deutsche Übersetzung dieser Verordnung wurde gedruckt im Bundesministerium der Justiz, Bonn 1967.*

Loi de défense sociale à l'égard des anormaux et des délinquants d'habitude vom 1. Juli 1964 *(s. II. 3c).*

Loi concernant la suspension, le sursis et la probation vom 29. Juni 1964 *(s. II. 3c).*

Loi pour la répression du vagabondage et de la mendicité vom 27. November 1891.

IV. Entscheidungssammlungen

1. Strafrechtliche

Eine spezifisch strafrechtliche Sammlung gibt es nicht. Von besonderer Bedeutung auch im Hinblick auf strafrechtliche Entscheidungen sind jedoch:

2. Wichtige allgemeine

PASICRISIE BELGE. Recueil général de la jurisprudence des cours et tribunaux et du conseil d'Etat de Belgique (bis 1865 *u. d. T.:* Pasicrisie ou recueil général de la jurisprudence des cours de France et de Belgique). Ser. 1–3. 1838 ff.

Ser. 1: 1791–1814. 1838–1841.
Ser. 2: 1814–1840. 1840–1853.
Ser. 3: 1841 ff.

RÉPERTOIRE GÉNÉRAL (*ggf.* DÉCENNAL) DE LA JURISPRUDENCE BELGE, contenant l'analyse de toutes les décisions rendues en Belgique. 1814–1880 ff. 1882 ff.

1814–1880. 1880–1890. 1890–1900. Hrsg. von L. JAMAR. 1900–1910. Fortgef. von G. MARCOTTY u. F. WALEFFE. 1910–1925. 1926–1935. 1936–1946. Von F. WALEFFE. 1947–1955. 1956–1965. Fortgef. von P. DELAHAYE.

Diese Sammlung enthält zugleich eine Bibliographie der in den belgischen Periodika erschienenen Aufsätze.

RECUEIL ANNUEL DE JURISPRUDENCE BELGE, contenant les sommaires de toute la jurisprudence et de tous les articles de doctrine parus en Belgique. Hrsg. von C. VAN REEPINGHEN ... 1949. 1950 ff.

V. Zeitschriften

1. Strafrechtliche und kriminologische

BULLETIN DE L'ADMINISTRATION PÉNITENTIAIRE (1. 1947–9. 1955 *u. d. T.:* Bulletin de l'administration des prisons). 1. 1947 ff.

REVUE DE DROIT PÉNAL ET DE CRIMINOLOGIE (N. S. 1. 1921–26. 1940/46: et archives internationales de médecine légale). 1. 1907–8. 1914. N. S. 1. 1921 ff.

2. Wichtige allgemeine

JOURNAL DES TRIBUNAUX. 1881 ff. *In der Zeit von 1940–1944 nicht erschienen. Enthält auch Aufsätze, Berichte usw. zum Straf- und Strafprozeßrecht.*

RECHTSKUNDIG WEEKBLAD. Antwerpen 1931 ff. *In der Zeit von 1941–1945 nicht erschienen. Enthält ebenfalls für das Strafrecht wichtige Aufsätze, Urteile usw.*

VI. Literatur

1. Allgemeines

Bibliographien

GRANDIN, A.: Bibliographie générale des sciences juridiques, politiques, économiques et sociales, de 1800 à 1926. 2. Aufl. T. 1–3. Paris: Sirey 1926; Suppl. 1–19 *(Berichtszeit: 1926–1950)*. 1928-1951.

RÉPERTOIRE BIBLIOGRAPHIQUE DU DROIT BELGE. Hrsg. von H. BOSLY [u. a.] [Bd. 1. 2]; Suppl. Liège: Presses universitaires de Liège (Suppl.: Faculté de droit) 1947–62.
[1:] 1919–1945. 1947. [2:] 1946–1955. 1957. Suppl. 1956–1960. 1962.

Enzyklopädien

BELTJENS, G.: Encyclopédie du droit criminel belge. Abt. 1. 2. Bruxelles: Bruylant 1901–1903.
Abt. 1. Le Code pénal et les lois pénales spéciales. 1901. Abt. 2, 1.2. Le Code d'instruction criminelle belge et les lois spéciales. 1903.

MARCHAL, A. – J. P. JASPAR: Droit criminel. Traité théorique et pratique. 2. Aufl. Bd. 1. 2. Bruxelles: Larcier 1965.

LES NOVELLES. Corpus iuris Belgici. Begr. u. hrsg. von L. HENNEBICQ u. J. WATHELET. Bruxelles: Larcier 1931–1967.
Procédure pénale, Bd. 1, 1.2. 1946. Bd. 2, 1.2. 1948–1949. Bd. 3. 1951.
Droit pénal, Bd. 1, 1.2: TROUSSE, P. E.: Les principes généraux du droit pénal positif belge. 1956–1962. Bd. 2: Les infractions. (Code pénal, livre 2, titres 1–3, art. 101 à 232). Hrsg. von R. SCREVENS. 1967.

LES PANDECTES BELGES. Répertoire général de législation' de doctrine et de jurisprudence belges, begr. von E. PICARD. Bd. 1 ff. Bruxelles: Larcier 1878 ff.

RÉPERTOIRE PRATIQUE DU DROIT BELGE. Législation, doctrine et jurisprudence. Hrsg. von E. BRUNET, J. SERVAIS, C. RESTEAU. 2., unveränd. Aufl. Bd. 1–17. Bruxelles: Bruylant 1949–1967; Erg. Bd. 1–3. 1964–1969.

SCHUIND, G.: Traité pratique de droit criminel. Code pénal, lois particulières, procédure pénale. 3. Aufl., bearb. von R. GAILLY. Bd. 1. 2. Bruxelles: Bruylant 1942.

2. Strafrechtsgeschichte

BRAAS, A.: A propos du Code de 1867. État du droit répressif en Belgique. *In:* COMMÉMORATION DU CENTENAIRE DU CODE PÉNAL BELGE. Liège: Université 1968. (Les congrès et colloques de l'Université de Liège. 47.) *S. 23 ff.*

CAENEGEM, R. C. VAN: Geschiedenis van het strafrecht in Vlaanderen van de XIe tot de XIVe eeuw. (Avec résumé français.) Brussel: Koninkl. Vlaamse Acad. voor Wetensch. 1954. (Verhandelingen von de Koninklijke Vlaamse Academie voor Wetenschappen, Letteren en Schone Kunsten van België. Kl. der letteren. 19.)

CONSTANT, J.: A propos d'un centenaire. *In:* REV. DROIT PÉN., *1967–1968, S. 87 ff.*

CROOS, P. DE: Ancien droit belgique. Histoire du droit criminel et pénal dans le Comté de Flandre depuis les temps les plus reculés jusqu'à la fin du XVIIe siècle. Bruxelles: Larcier 1878.

Im übrigen geben die meisten Lehrbücher des Allgemeinen Teils einen zusammenfassenden historischen Überblick; es sei hier vor allem auf den unter VI. 3: Lehrbücher, Allg. T. aufgeführten Traité élémentaire de droit pénal von J. CONSTANT verwiesen (vgl. dort die Einleitung).

3. Materielles Strafrecht

Kommentare

GOEDSEELS, J.: Commentaire du Code pénal belge. 2. Aufl. Bd. 1.2. Bruxelles: Bruylant 1948.

NYPELS, J. S. G.: Le Code pénal belge interprété principalement au point de vue de la pratique... Bd. 1–3. Bruxelles: Bruylant-Christophe 1867–1884.
2. Aufl. bearb. von J. SERVAIS. Bd. 1–4. 1896–1899.
3. Aufl. Mise au courant de la doctrine et de la jurisprudence par J. SERVAIS. Bd. 1. Droit pénal général (art. premier à 100 bis). 1938.

Lehrbücher

Allgemeiner und Besonderer Teil

CONSTANT, J.: Manuel de droit pénal. T. 1. 2. Liège 1953–1960 (T. 1: Impr. nationales; T. 2: Impr. des Invalides).
T. 1. Principes généraux du droit pénal positif belge. 7. Aufl. Bd. 1.2. 1959–1960. T. 2. Les infractions. Bd. 1.2. 1953–1954.

Allgemeiner Teil

BEKAERT, H.: Handboek voor studie en praktijk van het Belgisch strafrecht. Antwerpen: Ontwikkeling 1965.

BRAAS, A.: Précis de droit pénal. 3. Aufl. Bruxelles: Bruylant [usw.] 1946.

CONSTANT, J.: Traité élémentaire de droit pénal. Principes généraux du droit pénal positif belge. Bd. 1.2. Liège: Impr. nationales 1965.

SIMON, J.: Handboek van het Belgisch strafrecht. 2. Aufl. Brussel: Bruylant 1948.

VANHOUDT, C. J. – W. CALEWAERT: Belgisch strafrecht. T. 1–3. Gent: Story-Scientia 1968.

Besonderer Teil

Rigaux, M. – P. E. Trousse: Encyclopédie – formulaire des infractions. T. 1. 2. Bruxelles: Bruylant 1938–1968.

T. 1. Les Codes de police. Bd. 1.2. 1938.
T. 2. Les crimes et les délits du Code pénal. Bd. 1–5. 1950–1968.

Der Teil 2 des Werkes ist noch nicht abgeschlossen. Es sollen noch zwei weitere Bände erscheinen.

4. Nebenstrafrecht

a) Das StGB ergänzende Gesetze

Die wichtigsten Nebengesetze werden in der unter VI. 1 und 3 angegebenen Literatur mitbehandelt.

Darüber hinaus ist von Interesse:

Recht der Sicherungsmaßnahmen
gegen Geisteskranke und gegen Sozialgefährliche

Bossche, J. van den – A. Fettweis: L'évolution récente de la législation belge de défense sociale. *In:* Rev. droit pén., *1967–1968, S. 133 ff.*

Da das Gesetz vom 1. Juli 1964 über die défense sociale an den Grundprinzipien des von ihm abgelösten Gesetzes von 1930 festgehalten hat, kann man auch noch folgenden zum Gesetz von 1930 erschienenen Kommentar mit Nutzen verwenden:

Collignon, T. – R. van der Made: La loi belge de défense sociale à l'égard des anormaux et des délinquants d'habitude (loi du 9 avril 1930). Bruxelles: Larcier 1943.

Dierckx de Casterle, J.-L.: La loi de défense sociale du 1er juillet 1964. *In:* Rev. droit pén., *1965–1966, S. 3 ff.*

Matthijs, J.: La loi de défense sociale à l'égard des anormaux. *In:* Rev. droit pén., *1964–1965, S. 399 ff.*

Probation

Charles, R.: L'application de la loi du 29 juin 1964 concernant la suspension, le sursis et la probation, depuis son entrée en vigueur fixée au 1er septembre 1964. *In:* Rev. droit pén., *1967–1968, S. 159 ff.*

Cornil, P.: Déclin ou renouveau de la répression pénale. *In:* Rev. droit pén., *1964–1965, S. 715 ff.*

Drooghenbroeck, P. van: Commentaire de la loi du 29 juin 1964 concernant la suspension, le sursis et la probation. *In:* Rev. droit pén., *1964–1965, S. 731 ff.*

b) Jugendstrafrecht

Constant, J.: La protection sociale et judiciaire de la jeunesse. *In:* Rev. droit pén., *1965–1966, S. 375 ff.*

Huynen, S.: De nouveaux horizons pour la protection de la jeunesse. *In:* Rev. droit pén., *1967–1968, S. 183 ff.*

c) Militärstrafrecht

Gilissen, J.: Droit pénal et procédure pénale militaire. *In:* Cinquante ans de droit pénal et de criminologie. Publication jubilaire (1907–1957). Bruxelles: Revue de droit pénal et de criminologie 1957, *S. 343 ff.*

Goedseels, J.: Manuel de droit pénal militaire. La Panne: Daele 1917; Erg. [um 1937].

e) Wirtschaftsstrafrecht

Evrard, P.: Procédure de répression des ententes en droit français, belge et communautaire. Nancy [usw.] 1964: Idoux.

Janssens, E.: Le droit pénal économique. *In:* Rev. droit pén., *1967–1968, S. 229 ff.*

f) Verkehrsstrafrecht

Bogaert, R.: Jurisprudence de la route. Bd. 1. 2. Tournai: „Jurisprudence de la route" 1956 ff. [Losebl. Ausg.]

Cornil, P. – J. M. Wery: Un chapitre de politique criminel en matière de roulage. *In:* Rev. droit pén., *1967–1968, S. 293 ff.*

Dembour, P.: Le Code de la route (précédé de la loi du 1er août 1899) et la Cour de cassation. Bruxelles: Bruylant 1966.

Le Court, E. de: Les accidents de la circulation et le permis de conduire. *In:* Rev. droit pén., *1965–1966, S. 283 ff.*

Roye, R. van: Le Code de la circulation. Commentaire juridique et pratique des lois et règlements relatifs à la circulation routière. Bruxelles: Larcier 1956.

g) Fiskalstrafrecht

Trousse, P. E.: Les sanctions pénales du droit fiscal. *In:* Rev. droit pén., *1962–1963, S. 279 ff.*

h) Pressestrafrecht

Laurent, C.: Études sur les délits de presse. Bruxelles: Bruylant – Christophe 1871.

Poirier, P.: Code de la presse et de l'imprimerie. Bruxelles: Larcier 1945.

Schuermans, H.: Code de la presse ou commentaire du décret du 20 juillet 1831 et des lois complétives de ce décret. 2. Aufl. Bd. 1. 2. Bruxelles: Larcier 1881–1882.

i) Feld- und Forststrafrecht

Bissot, F.: Répertoire pratique des préventions en matière rurale et forestière. Bruxelles: Larcier 1959.

Houillet, V.: Le manuel de police moderne en matière rurale. Les principes élémentaires de droit et de procédure pénale ... Genval: Lannoy 1942.

Es sei hier auf das bereits unter VI. 3: Lehrbücher, Bes. T. angegebene Werk verwiesen:

RIGAUX, M. – P. E. TROUSSE: Encyclopédie ... T. 1. Les Codes de police, Bd. 2: Les infractions du Code rural et du Code forestier. Les infractions en matière de pêche fluviale. 1938.

5. Gerichtsverfassungsrecht

LE CODE JUDICIAIRE. Vorwort von P. WIGNY. *In:* ANNALES DE DROIT. Revue trimestrielle de droit belge, *Bd. 28. (1968), S. 252 ff.*

LE CODE JUDICIAIRE. Leçons données à la Faculté de Droit par E. KRINGS [u. a.]. Vorwort von P. WIGNY. Namur: Société d'études morales, sociales et juridiques [usw.] 1969. (Travaux de la Faculté de Droit de Namur. 2.)
Vgl. im übrigen die unter VI. 1: Enzyklopädien und VI. 6 angegebene Literatur.

6. Strafprozeßrecht

BRAAS, A.: Précis de procédure pénale. 3. Aufl. Bd. 1. 2. Bruxelles: Bruylant 1950–1951.

GOEDSEELS, J.: Manuel de procédure pénale militaire ... *(s. VI. 4 c).*

SIMON, J.: Strafvordering. Handboek van het Belgisch strafprocesrecht. Bd. 1. 2. Brussel: Bruylant 1949.
Siehe auch VI. 1: Enzyklopädien.

7. Strafvollstreckungsrecht

L'ACTIVITÉ DE L'ADMINISTRATION DES ÉTABLISSEMENTS PÉNITENTIAIRES. Vorw. von J. DUPRÉEL. Rapport décennal 1945–1955 (1955 ff.: quinquennal). Nivelles 1955 ff.: Impr. pénitentiaire (1960 ff.: Impr. adm.).

DUPRÉEL, J.: Évolution législative et réglementaire du traitement pénitentiaire (1957–1967). *In:* REV. DROIT PÉN., *1967–1968, S. 203 ff.*

8. Kriminologie und Statistik

Kriminologie

AUTOUR DE L'ŒUVRE DU DR. ÉTIENNE DE GREEFF. Bd. 1. 2. Louvain: Nauwelaerts [usw.] 1956.
Bd. 1. L'homme criminel. Bd. 2. L'homme devant l'humain.

CONSTANT, J.: Éléments de criminologie. Liège 1949: Impr. des Invalides.

LA CRIMINOLOGIE CLINIQUE. [Von] C. DEBUYST [u. a.]. Orientations actuelles. Colloque organisé par l'Institut Dr. É. de Greeff avec la collaboration du Séminaire de criminologie de l'Université catholique de Louvain. Bruxelles: Dessart 1968. (Dossiers de psychologie et de sciences humaines. 3.)

DUPRÉEL, J.: Études et perspectives pénitentiaires. Nivelles 1960: Impr. pénitentiaire.

GREEFF, É. de: Introduction à la criminologie. Louvain: Éd. de „L'Écrou" 1937. (Collection des controverses criminologiques de l'École des sciences criminelles de l'Université de Louvain. Vol. hors série. 1.)

LECHAT, R.: La technique de l'enquête criminelle. 2. Aufl. Bd. 1. 2. Bruxelles: Éd. Moderna 1959–1960.

LOUWAGE, F. E.: Psychologie et criminalité. Ninove (Belgique): Anneessens 1945.
Dieses Werk wurde ins Deutsche übertragen von K. STERNELLE: Psychologie und Kriminalität. 2. Aufl. Hamburg: Verl. Kriminalistik 1968.

SZABO, D.: Crimes et villes. Étude statistique de la criminalité urbaine et rurale en France et en Belgique. [Paris]: Cujas 1960. (Univ. catholique de Louvain. Coll. de l'École des sciences politiques et sociales. 163).

YAMARELLOS, E. – G. KELLENS: Le crime et la criminologie. 1. 2. Verviers: Gérard 1970.

Statistik

Ministère des affaires économiques et des classes moyennes. Inst. national de statistique. STATISTIQUE CRIMINELLE DE LA BELGIQUE. 1944/45. 1948 ff.

9. Literatur in fremden Sprachen

GUIDE TO FOREIGN LEGAL MATERIALS. Belgium-Luxembourg-Netherlands. Hrsg. von P. GRAULICH [u. a.]. Dobbs Ferry, N. Y.: Oceana Publ. 1968.

JESCHECK, H. H.: Die Entwicklung der Kriminalpolitik in Deutschland und in Belgien während der letzten hundert Jahre. *In:* ZSTW *Bd. 80 (1968), S. 425 (163) ff.*

SIMON-KREUZER, E.: Literaturbericht Belgien. *In:* ZSTW *Bd. 78 (1966), S. 772 (272) ff.*

BULGARIEN*

Bearbeitet von Dr. Thea Lyon,
Referentin am Max-Planck-Institut für ausländisches und internationales Strafrecht,
Freiburg i. Br.

I. Materielles Strafrecht – Texte –

1. Strafgesetzbuch

Nakazatelen kodeks [Strafgesetzbuch]. Vom 16. März 1968 (DV Nr. 26 vom 2. April 1968; *Berichtigung* Nr. 29 vom 12. April 1968). *In Kraft getreten am* 1. Mai 1968. *Geändert durch* Gesetz vom 20. November 1969 (DV Nr. 92 vom 28. November 1969).

Textausgaben

Nakazatelen kodeks [Strafgesetzbuch]. Sofija: „Nauka i izkustvo" 1968.

Nakazatelen kodeks. Zakon za izpŭlnenie na nakazanijata i drugi normativni aktove. [Strafgesetzbuch. Gesetz über den Strafvollzug und andere Normativakte.] Bearb. von I. Nenov. Sofija: „Nauka i izkustvo" 1969.

Übersetzungen

Das bulgarische Strafgesetzbuch. Übers. von T. Lyon u. A. Lipowschek, Einf. von A. Lipowschek. Berlin: de Gruyter. (Slg. außerdt. StGB. 93.) *Im Druck.*

Ugolovnyj kodeks Narodnoj Respubliki Bolgarii [Das Strafgesetzbuch der VR Bulgarien]. Übers.: M. A. Gel'fer, Š. S. Raškovskaja. Moskva.: „Jurid. Lit." 1970.

2. Wichtige Nebengesetze

b) Jugendstrafrecht

Im StGB geregelt. Daneben:

Zakon za borba sreštu protivoobštestvenite projavi na maloletnite i nepŭlnoletnite [Gesetz über die Bekämpfung von gesellschaftswidrigen Erscheinungen von Minderjährigen und Nichtvolljährigen].** Vom 6. Februar 1958 (Izv. Nr. 13 vom 14. Februar 1958). *Geändert u. ergänzt, zuletzt durch* Gesetz vom 5. April 1969 (DV Nr. 30 vom 15. April 1969).

Textausgabe

Nakazatelen kodeks. Zakon za izpŭlnenie ... (*s. I. 1*).

---

* Zur Transliteration s. Duden: Rechtschreibung (16. Aufl. Mannheim 1968), S. 799. Davon abweichend wurde das Zeichen ъ mit ŭ wiedergegeben.
** Ursprüngliche Bezeichnung: Gesetz über die Bekämpfung der Jugendkriminalität. Umbenannt durch Änderungsgesetz vom 3. Februar 1961 (Izv. Nr. 11 vom 7. Februar 1961).

Übersetzung

In: WGO Jg. 3 (1961), S. 51.

Pravilnik za detskite pedagogičeski stai [Ordnung der Jugenderziehungsheime]. (DV Nr. 4 vom 15. Januar 1971).

c) Militärstrafrecht

Im StGB geregelt.

d) Verwaltungsstrafrecht, allgemeines

Zakon za administrativnite narušenija i nakazanija [Gesetz über administrative Übertretungen und Strafen]. Vom 20. November 1969 (DV Nr. 92 vom 28. November 1969).

Textausgabe

In: Zakon za motornite prevozni sredstva. Pravilnik za dviženieto po ulicite i pŭtištata i drugi [Gesetz über Motortransportmittel. Straßenverkehrsordnung und anderes]. Sofija: „Nauka i izkustvo" 1970.

Enthält außer weiteren Gesetzen zum Straßenverkehrsrecht und einem Auszug der einschlägigen Bestimmungen des StGB das Gesetz über Verwaltungsverstöße und Verwaltungsstrafen.

Übersetzung

Auszug in: Das Bulgarische Strafgesetzbuch ... (*s. I. 1*).

Wichtiges besonderes Gesetz

Ukaz za borba s drebnoto chuliganstvo [Erlaß über die Bekämpfung des geringfügigen Hooliganismus]. Vom 29. Dezember 1963 (DV Nr. 102 vom 31. Dezember 1963).

f) Straßenverkehrsstrafrecht

Zakon za motornite prevozni sredstva [Gesetz über Motortransportmittel]. Vom 13. Juni 1964 (DV Nr. 48 vom 19. Juni 1964). *Geändert und ergänzt durch* DV 1968 Nr. 22 vom 19. März 1968.

Pravilata za dviženie po ulicite i pŭtištata [Straßenverkehrsordnung]. Vom 7. Juli 1964 (DV Nr. 53 vom 7. Juli 1964. *Geändert u. ergänzt durch* DV 1966 Nr. 38 vom

Bulgarien I 2g

13. Mai 1966; DV 1967 Nr. 28 vom 7. April 1967; DV 1970 Nr. 75 vom 22. September 1970).

Textausgabe
ZAKON ZA MOTORNITE PREVOZNI SREDSTVA. Pravilnik za dviženieto po ulicite i pŭtištata i drugi [Gesetz über Motortransportmittel. Straßenverkehrsordnung und anderes]. Sofija: „Nauka i izkustvo" 1970.

g) **Sonstiges Nebenstrafrecht**

Bekämpfung des Alkoholismus

Ukaz za prinuditelno lečenie na lica, stradašti ot alkocholna ili druga narkomanna bolest [Erlaß über die Zwangsheilung von Personen, die an Alkoholismus oder einer anderen Narkomanie leiden]. Vom 23. Juli 1970 (DV Nr. 60 vom 31. Juli 1970).

II. Strafverfahrensrecht – Texte –

1. Gerichtsverfassungsrecht

Zakon za ustrojstvoto na sŭdilištata [Gerichtsverfassungsgesetz]. Vom 6. November 1952 (Izv. Nr. 92 vom 7. November 1952). *Mehrfach geändert u. ergänzt, zuletzt durch* Gesetz vom 26. Dezember 1962 (Izv. Nr. 105 vom 28. Dezember 1962).

Übersetzung
In: UGOLOVNO-PROCESSUAL'NOE ZAKONODATEL'STVO ZARUBEŽNYCH SOCIALISTIČESKICH GOSUDARSTV. Sbornik [Die Strafprozeßgesetzgebung der ausländischen sozialistischen Staaten. Sammelband]. Hrsg.: D. S. KAREV. Moskva: Gosjurizdat 1956. *S. 83 ff.*

Naredba za podsŭdnostta na nakazatelnite dela pred okrŭzite sŭdilišta [Verfügung über die Zuständigkeit der Kreisgerichte in Strafsachen]. Vom 27. April 1968 (DV Nr. 34 vom 30. April 1968). *Betr. Verbrechen gegen den Staat.*

Pravilnik za organizacija na rabotata na sŭdebnite učreždenija [Ordnung der Organisation der Arbeit der Justizeinrichtungen]. Vom 22. April 1958 (DV Nr. 50 vom 24. Juni 1958).

Zakon za prokuraturata na Narodna Republika Bŭlgarija [Gesetz über die Staatsanwaltschaft der VR Bulgarien]. Vom 3. Februar 1960 (Izv. Nr. 11 vom 5. Februar 1960).

Textausgabe
ZAKON ZA PROKURATURATA NA NARODNA REPUBLIKA BŬLGARIJA [Gesetz über die Staatsanwaltschaft der VR Bulgarien]. Sofija: „Nauka i izkustvo" 1960.

Übersetzung
In: WGO *Jg. 2 (1960), S. 22.*

Gesellschaftsgerichtsbarkeit

Zakon za drŭgarskite sŭdilišta [Gesetz über die Kameradengerichte]. Vom 22. Juni 1961 (Izv. Nr. 50 vom 23. Juni 1961). *Geändert u. ergänzt durch* Gesetz vom 19. Dezember 1966 (DV Nr. 101 vom 27. Dezember 1966).

Übersetzungen
In: WGO *Jg. 3 (1961), S. 101.*

In: DAS BULGARISCHE STRAFGESETZBUCH . . . *(s. I. 1).*

2. Strafprozeßrecht

Nakazatelen-procesualen kodeks [Strafprozeßordnung]. Vom 4. 2. 1952 (Izv. Nr. 11 vom 5. Februar 1952). *Mehrfach geändert u. ergänzt, umfänglich durch* Gesetz vom 6. November 1956 (Izv. Nr. 90 vom 9. November 1956) *u.* Gesetz vom 4. November 1961 (Izv. Nr. 90 vom 10. November 1961), *zuletzt durch* Gesetz vom 20. November 1969 (DV 1969 Nr. 92 vom 28. November 1969).

Textausgabe
NAKAZATELEN-PROCESUALEN KODEKS [Strafprozeßordnung]. Sofija: „Nauka i izkustvo" 1962.

Übersetzung
UGOLOVNO-PROCESSUAL'NOE ZAKONODATEL'STVO . . . *(s. II. 1).*

3. Wichtige Nebengesetze

a) **Jugendstrafverfahren**
Siehe die unter I. 2b aufgeführten Gesetze.

c) **Verwaltungsstrafverfahren**
Siehe das unter I. 2d aufgeführte Gesetz über administrative Übertretungen und Strafen.

III. Strafvollstreckungsrecht – Texte –

Zakon za izpŭlnenie na nakazanijata [Gesetz über den Strafvollzug]. Vom 5. April 1969 (DV Nr. 30 vom 15. April 1969).

Textausgabe
NAKAZATELEN KODEKS. Zakon za izpŭlnenie . . . *(s. I. 1).*

Übersetzung
UGOLOVNYJ KODEKS NARODNOJ RESPUBLIKI BOLGARII . . . *(s. I. 1).*

Pravilnik za trudovo-vŭspitatelnite učilišta [Ordnung der Arbeitserziehungsschulen]. Vom 5. November 1958 (Izv.

Nr. 97 vom 5. Dezember 1958). *2 Änderungen:* Izv. Nr. 69 vom 29. August 1961 *und* DV Nr. 77 vom 29. September 1967.

Textausgabe

NAKAZATELEN KODEKS. Zakon za izpŭlnenie ... *(s. I. 1).*

Jugendstrafvollzug *s. unter I. 2b.*

IV. Entscheidungssammlungen

SBORNIK. POSTANOVLENIJA I TŬLKUVATELNI REŠENIJA NA VŬRCHOVNIJA SŬD NA NR BŬLGARIJA 1953–1963 [Sammlung von Anordnungen und Entscheidungen des Obersten Gerichts der VR Bulgarien 1953–1963]. Sofija: „Nauka i izkustvo" 1965.

SŬDEBNA PRAKTIKA NA VŬRCHOVNIJA SŬD NA N[ARODNA] R[EPUBLIKA] B[ŬLGARIJA]. Nakazatelna kolegija (1955 [1956]–1962 [1963]: Nakazatelni otdelenija). [Die Gerichtspraxis des Obersten Gerichts der VR Bulgarien. Kollegium für Strafrecht (1955 [1956]–1962 [1963]: Abt. Strafrecht)]. 1955 (1956) ff. *Bis 1954 (1955):* Sŭdebna praktika na Vŭrchovnija Sŭd na NRB *ohne Unterteilung in Zivil- u. Strafrecht.*

V. Zeitschriften (und Reihen)

Es gibt keine strafrechtliche Zeitschrift. Wichtigste allgemeine Zeitschriften und Reihen:

PRAVNA MISŬL [Rechtsidee]. Organ na instituta za pravni nauki pri bŭlgarskata akademija na naukite. 1. 1957 ff.

Ministerstvo na pravosŭdieto, glavna prokuratura (1955 ff.: Vŭrchoven Sŭd). SOCIALISTIČESKO PRAVO [Sozialistisches Recht]. 1952 ff.

Bŭlgarska Akademija na naukite. Otdelenie za (11. 1960 ff.: filosofiski) ikonomičeski i pravni nauki. IZVESTIJA NA INSTITUTA ZA PRAVNI NAUKI ([1.] 1950–[4.] 1953 *u. d. T.* Izvestija na ikonomičeskija i pravnija instituti; [3.] 1952 –[4.] 1953: Serija pravni nauki; [5.] 1954–[6.] 1955 *u. d. T.:* Izvestija na pravnija institut; [7.] 1956 (1957)–[8.] 1957; 9. 1958 ff. *mit Zählung.* [1.] 1950 ff. *Zsfassungen in anderen Sprachen.*

Union des Juristes de Bulgarie. DROIT BULGARE. Doctrine. Jurisprudence. Législation. 1. 1968 ff.

VI. Literatur

1. Allgemeines

DIMITROV, L.: Spravočnik po zakonodatelstvoto na Narodna Republika Bŭlgarija [Nachschlagewerk für die Gesetzgebung der VR Bulgarien]. Sofija: „Nauka i izkustvo" 1969. *Enthält Materialien bis zum 30. 6. 1967.*

2. Strafrechtsgeschichte

Allgemeine Rechtsgeschichte

ANDREEV, M. – D. ANGELOV: Istorija na bŭlgarskata dŭrzhaven i pravo [Geschichte des bulgarischen Staats und des Rechts]. 2. Aufl. Sofija: „Nauka i izkustvo" 1959.

Übersetzung

ANDREEV, M. – D. ANGELOV: Istorija bolgarskogo gosudarstva i prava. Moskva: Izd. inostr. lit. 1962.

3. Materielles Strafrecht

Kommentar

NAKAZATELEN KODEKS. Tekst, literatura, sŭdebna praktika. [Strafgesetzbuch. Text, Literatur, Gerichtspraxis.] Sofija: „Nauka i izkustvo" 1961.

Lehrbuch

NENOV, I.: Nakazatelno pravo na Narodna Republika Bŭlgarija [Das Strafrecht der VR Bulgarien]. [Bd. 1. 2, 1. 2.] Sofija: „Nauka i izkustvo" 1956–1963.
[1.] Obšta čast [Allg. Teil]. 1963. [2.] 1. 2. Osobena čast [Bes. Teil]. 1956–1959.

Allgemein

KRASNOPOLINA, M. A.: Osnovnye voprosy ugolovnogo prava Narodnoj Respubliki Bolgarii [Grundfragen des Strafrechts der VR Bulgarien]. Moskva: Gosjurizdat 1960.

MANKOVSKI, B.: Osnovni principi i sistema na socialističeskoto nakazatelno zakonodatelstvo [Die Grundprinzipien und das System der sozialistischen Strafgesetzgebung]. Sofija: Bulg. Akad. na Naukite 1958.

4. Nebenstrafrecht

c) Militärstrafrecht

KUNČEV, S. – B. JOTOV: Voenni prestuplenija po nakazatelnoto pravo na NR Bŭlgarija [Die Militärstraftaten nach dem Strafrecht der VR Bulgarien]. Sofija: „Nauka i izkustvo" 1962.

d) Verwaltungsstrafrecht, allgemeines

DERMENDŽIEV, I. S.: Osnovni problemi na administrativnoto nakazvane v Narodna Republika Bŭlgarija [Grundprobleme der Verwaltungsstrafe in der VR Bulgarien]. Sofija: „Nauka i izkustvo" 1960.

f) Straßenverkehrsstrafrecht

DERMENDŽIEV, I. S.: Pravila, aktove na kontrol i sankcii v oblastta na dviženieto po ulicite i putištata [Vorschriften, Kontrollmaßnahmen und Sanktionen auf dem Gebiet des Straßenverkehrs]. Sofija: „Nauka i izkustvo" 1965.

MARKOV, J. – S. NEJKOV: Pravila za dviženie po ulicite i putištata [Die Straßenverkehrsordnung]. Sofija: „Nauka i izkustvo" 1968.

5. Gerichtsverfassungsrecht

OBŠČESTVENNYE SUDY V EVROPEJSKICH SOCIALISTIČESKICH STRANACH [Die Gesellschaftsgerichte in den europäischen sozialistischen Ländern]. Moskva: Izd. MGU 1968. *Darin:* ANASOVA, S. V.: Tovariščeskie sudy v Narodnoj Respublike Bolgarii [Die Kameradengerichte in Bulgarien], *S. 10 ff.*

6. Strafprozeßrecht

Kommentar

NAKAZATELNO-PROCESUALEN KODEKS. Tekst, literatura, sŭdebna praktika [Strafprozeßordnung. Text, Literatur, Gerichtspraxis]. Mitarb.: N. RUSČEV [u. a.]. Sofija: „Nauka i izkustvo" 1957.

Lehrbuch

PAVLOV, S.: Nakazatelen proces na Narodna Republika Bŭlgarija [Der Strafprozeß der VR Bulgarien]. Sofija: „Nauka i izkustvo" 1959.

Allgemein

PAVLOV, S.: Osnovni načala na nakazatelnija proces na Narodna Republika Bŭlgarija [Die Grundlagen des Strafprozesses der VR Bulgarien]. Sofija: „Nauka i izkustvo" 1956.

7. Strafvollstreckungsrecht

Bŭlgarska Akademija na Naukite. Institut za pravni nauki. LJUTOV, K.: Osnovni vŭprosi na nakazanieto lišavane ot svoboda. Sofija: Bulg. Akad. na Naukite 1967. *Nebent.:* Hauptprobleme der Freiheitsstrafe. *Mit russ. u. dt. Zsfassung.*

9. Literatur in fremden Sprachen

(Literatur außerhalb des Ostblocks zum bulgarischen Recht.)

BUSSMANN, C. – W. DURCHLAUB: Bibliographie des deutschsprachigen Schrifttums zum Ostrecht (1945–1964). Trittau/Holst.: Scherbarth 1969. (Hilfsmittel zum Ostrecht. 2.) *Darin:* S. 26–40: Bulgarien.

GOVERNMENT, LAW AND COURTS IN THE SOVIET UNION AND EASTERN EUROPE. Hrsg.: V. GSOVSKI u. K. GRZYBOWSKI. Bd. 1. 2. London: Stevens [usw.] 1959.

LIPOWSCHEK, A.: Einführung in das bulgarische Strafrecht. *In:* DAS BULGARISCHE STRAFGESETZBUCH ... *(s. I. 1).*

DÄNEMARK und GRÖNLAND

Bearbeitet von Erster Staatsanwalt Dr. Rudolf Leibinger,
Freiburg i. Br.

DÄNEMARK

Gesamtausgabe der Gesetze

Eine umfassende Gesetzessammlung mit Kommentar und jährlichen Ergänzungen ist:

Karnov's lovsamling. Mit Komm. Red.: S. Hurwitz u. W. E. von Eyben. Bd. 1. 2. 7. Aufl. København: Karnov 1967.

Juristforbundets lovsamling. København: Juristforbundet 1970.

Fundstellennachweis

Topsøe-Jensen, V.: Dansk lovregister 1971. 43. Jg. von H. u. N. Topsøe-Jensen. København: Gad 1971.

I. Materielles Strafrecht – Texte –

1. Strafgesetzbuch

Borgerlig straffelov [Strafgesetzbuch] vom 15. April 1930, *in Kraft seit 1. Januar 1933, in der Bekanntmachung vom 15. August 1967, Nr. 347, zuletzt geändert durch* Gesetz vom 9. Juni 1971, Nr. 296.

Lov om ikrafttræden af borgerlig straffelov [Einführungsgesetz zum Strafgesetzbuch] vom 15. April 1930, Nr. 127, *in der Bekanntmachung vom 30. Juni 1965, Nr. 277, zuletzt geändert durch* Gesetz vom 4. Juni 1969, Nr. 225.

Textausgaben

Straffeloven af 15. April 1930 som optrykt ved lovbekendtgørelse Nr. 347 af 15. August 1967. 5. Aufl. Mit Hinw. u. Sachreg. von S. Hurwitz u. K. Waaben. København: Gad 1970.

Bekendtgørelse af borgerlig straffelov. Justitsministeriets lovbekendtgørelse Nr. 347 af 15. August 1967. København: Juristforbundet 1971.

Übersetzungen

Das dänische Strafgesetzbuch. Übers., eingel. u. mit Anm. versehen von F. Marcus. Berlin: de Gruyter 1964. (Slg. außerdt. StGB. 84.)

The Danish criminal code. Mit einer Einl. von K. Waaben. Copenhagen: Gad 1958.

Code pénal danois. Übers. von Richaume-Lambert unter Mitw. von N. V. Boeg. *In:* Codes pén. eur., *Bd. 1, S. 327 ff.*

2. Wichtige Nebengesetze

a) Das StGB ergänzende Gesetze

Lov om straf for folkedrab [Gesetz über die Bestrafung von Völkermord] vom 29. April 1955, Nr. 132.

Lov om dødsstraf for visse handlinger begået under krig eller fjendtlig besættelse [Gesetz über die Verhängung der Todesstrafe für gewisse, während eines Krieges oder einer feindlichen Besatzung begangene strafbare Handlungen] vom 7. Juni 1952, Nr. 227.

Lov om svangerskabsafbrydelse m. v. [Gesetz über Schwangerschaftsunterbrechung u. a.] vom 24. März 1970, Nr. 120.

Lov om sterilisation og kastration [Gesetz über Sterilisation und Kastration] vom 3. Juni 1967, Nr. 234.

Zahlreiche Strafbestimmungen sind in Polizeiverordnungen enthalten, u. a.:

Politivedtægt for København [Polizeiverordnung für Kopenhagen] vom 21. November 1967, Nr. 430.

b) Jugendstrafrecht

Ein besonderes Jugendstrafgesetz gibt es nicht. Die Deliktsfolgen ergeben sich aus dem Strafgesetzbuch. Ergänzend:

Lov om børne- og ungdomsforsorg [Jugendfürsorgegesetz] vom 4. Juni 1964, Nr. 193, *zuletzt bekanntgemacht durch* Gesetz vom 28. August 1970, Nr. 413.

c) Militärstrafrecht

Militær straffelov [Militärstrafgesetzbuch] vom 7. Mai 1937, Nr. 114, *in der Bekanntmachung vom 21. Juni 1954, Nr. 262, zuletzt geändert durch* Gesetz vom 9. Juni 1967, Nr. 247.

d) Verwaltungsstrafrecht, allgemeines

Ein allgemeines Verwaltungsstrafrecht gibt es nicht.

e) Wirtschaftsstrafrecht

Lov om uretsmæssig konkurrence og varebetegnelse [Gesetz über unlautere Konkurrenz und Warenbezeich-

Dänemark I 2 f

nung] vom 29. März 1924, Nr. 98, *neu bekanntgemacht durch* Gesetz vom 1. Mai 1959, Nr. 145.

Lov om tilsyn med monopoler og konkurrencebegrænsninger [Monopolgesetz] vom 31. März 1955, Nr. 102, *neu bekanntgemacht* 10. Juni 1960, Nr. 231, *zuletzt geändert durch* Gesetz vom 2. April 1971, Nr. 115.

f) Straßenverkehrsstrafrecht

Færdselsloven [Verkehrsgesetz] vom 24. Mai 1955, Nr. 153, *in der Bekanntmachung vom* 27. Juni 1961, Nr. 231, *zuletzt geändert durch* Gesetz vom 19. Juni 1971, Nr. 261.

g) Sonstiges Nebenstrafrecht

Lov om selvangivelsen af indkomst og formue, om foranstaltninger til kontrol med selvangivelsen og om straffen for skattesvig m. v. [Steuerkontrollgesetz] vom 12. Juli 1946, Nr. 392, *in der Bekanntmachung vom* 14. August 1967, Nr. 350, *zuletzt geändert durch* Gesetz vom 13. November 1968, Nr. 372. *Ein neues Steuerkontrollgesetz tritt am 1. Januar 1972 in Kraft.*

Lov angående sprængstoffer [Sprengstoffgesetz] vom 7. April 1899, Nr. 74, *zuletzt geändert durch* Gesetz vom 4. Juni 1965, Nr. 213.

Lov om euforiserende stoffer [Gesetz über euphorisierende Stoffe] vom 24. Mai 1955, Nr. 169, *in der Bekanntmachung vom* 9. Juni 1971, Nr. 296. *Vgl. auch § 191 StGB.*

Lov om pressens brug [Pressegesetz] vom 13. April 1938, Nr. 147, *zuletzt geändert durch* Gesetz vom 28. November 1969, Nr. 524.

Lov om forskelsbehandling på grund af race m. v. [Gesetz über Rassendiskriminierung u. a.] vom 9. Juni 1971, Nr. 289.

Lov om offentlig forsorg [Gesetz über die öffentliche Fürsorge] vom 31. Mai 1961, Nr. 169, *in der Bekanntmachung vom* 10. November 1969, Nr. 539, *zuletzt geändert durch* Gesetz vom 24. März 1970, Nr. 119.

Toldlov [Zollgesetz] vom 18. Dezember 1970, Nr. 524, *zuletzt geändert durch* Gesetz vom 19. Mai 1971, Nr. 226.

Lov om ferskvandsfiskeri [Süßwasserfischereigesetz] vom 23. März 1965, Nr. 66.

Lov om saltvandsfiskeri [Salzwasserfischereigesetz] vom 26. Mai 1965, Nr. 195, *zuletzt geändert durch* Gesetz vom 19. Dezember 1969, Nr. 579.

Lov om jagt [Jagdgesetz] vom 3. Juni 1967, Nr. 221, *geändert durch* Gesetz vom 30. April 1969, Nr. 175.

II. Strafverfahrensrecht – Texte –

1./2. Gerichtsverfassungsrecht/Strafprozeßrecht

Lov om rettens pleje [Rechtspflegegesetz] vom 11. April 1916, Nr. 90, *in der Bekanntmachung vom* 19. Dezember 1969, Nr. 609, *zuletzt geändert durch* Gesetz vom 16. April 1971, Nr. 153.

Textausgaben

BEKENDTGØRELSE AF LOV OM RETTENS PLEJE. Justitsministeriets lovbekendtgørelse Nr. 609 af 19. December 1969. København: Schultz 1969.

GOMARD, B.: Lov om rettens pleje nr. 90 af 11. april 1916 som bekendtgjort ved lovbekendtgørelse nr. 609 af 19. december 1969 og ændret senest ved lov nr. 203 af 27. maj 1970. København: Gad 1971. *Mit Hinw. u. Sachreg.*

RETSPLEJELOV, STRAFFELOV. Bekendtgørelse af borgerlig straffelov, Bekendtgørelse af lov om rettens pleje. København: Juristforbundet 1970.

3. Wichtige Nebengesetze

a) Jugendstrafverfahren

Ein Jugendgerichtsgesetz gibt es nicht.

b) Militärstrafverfahren

Militær retsplejelov [Gesetz über die Militärrechtspflege] vom 4. Oktober 1919, Nr. 542, *in der Bekanntmachung vom* 21. Juli 1954, Nr. 261, *zuletzt geändert durch* Gesetz vom 12. April 1957, Nr. 123.

c) Sonstige Verfahrensvorschriften

Lov om udlevering af lovovertrædere [Auslieferungsgesetz] vom 9. Juni 1967, Nr. 249.

Lov om udlevering af lovovertrædere til Finland, Island, Norge og Sverige [Nordisches Auslieferungsgesetz] vom 3. Februar 1960, Nr. 27.

Lov om fuldbyrdelse af europæiske straffedomme [Gesetz über Vollstreckung europäischer Strafurteile] vom 23. Dezember 1970, Nr. 522.

III. Strafvollstreckungsrecht – Texte –

Vorschriften über die prozessualen Voraussetzungen des Strafvollzuges im Rechtspflegegesetz und über die Grundlagen des Strafvollzuges im StGB.

Kgl. Anordning om fuldbyrdelse i statsfængsel [Kgl. Anordnung über den Vollzug im Staatsgefängnis] vom 3. Juli 1962, Nr. 249, *geändert durch* Anordnung vom 30. Juni 1965, Nr. 286; 2. Februar 1970, Nr. 25.

Kgl. Anordning om fuldbyrdelse i særfængsel [Kgl. Anordnung über den Vollzug im Sondergefängnis] vom 30. September 1966, Nr. 349, *geändert durch* Anordnung vom 27. November 1967, Nr. 433.

Kgl. Anordning angaaende fuldbyrdelse for mænd i ungdomfængsel [Kgl. Anordnung über den Vollzug von Jugendgefängnis] vom 27. November 1951, Nr. 464, *zuletzt geändert durch* Anordnung vom 30. Juni 1965, Nr. 288; 2. Februar 1970, Nr. 25.

Weitere Vollzugsvorschriften enthalten die Anordnungen vom 3. September 1948, Nr. 388 [Haftstrafen], 21. Juli 1958, Nr. 245 [Arbeitshaus], 9. Dezember 1969, Nr. 542 [Sicherungsverwahranstalt]. *Alle z. T. mehrfach geändert.*

Cirkulære [VO] vom 5. Dezember 1962, Nr. 273 über Strafregister und Kriminalstatistik, *zuletzt geändert durch* VO vom 20. Dezember 1968, Nr. 268.

Das Gnadenrecht ergibt sich aus § 24 der Verfassung. Zum Verfahren: Cirkulære [VO] vom 23. September 1970, Nr. 235.

IV. Entscheidungssammlungen

Strafrechtliche Entscheidungen werden in den allgemeinen Entscheidungssammlungen veröffentlicht.

UGESKRIFT FOR RETSVÆSEN. 1. 1867 ff. Abt. A: Dansk Domssamling.

Ein Fundstellennachweis für strafrechtliche Entscheidungen ist:
SYSTEMATISK OVERSIGT OVER DOMME I KRIMINELLE SAGER. 1895–1914 ff. København: Gad 1916 ff.

1895–1914. Hrsg. von E. OLRIK u. C. D. RUMP. 1916.
1915–1924. Hrsg. von E. OLRIK u. C. D. RUMP. 1925.
1925–1932. Hrsg. von J. FAURHOLT. 1934.
1933–1942. Hrsg. von O. SCHLEGEL u. J. FAURHOLT. [1949?].
1943–1952. Hrsg. von A. BACH. 1954.
1953–1962. Hrsg. von K. WAABEN. 1965.
1963–1967. Hrsg. von B. FRANDSEN. 1968.

V. Zeitschriften

JURISTEN. 1. 1919 ff.

NORDISK KRIMINALISTISK ÅRSBOK (1936–1951/52 *u. d. T.:* De nordiska kriminalistföreningarnas årsbok). Stockholm 1936 ff.

NORDISK TIDSSKRIFT FOR KRIMINALVIDENSKAB (1. 1913–36. 1948 *u. d. T.:* Nordisk tidsskrift for strafferet). 1. 1913 ff.

TIDSSKRIFT FOR RETTSVITENSKAP. Oslo 1. 1888 ff.

UGESKRIFT FOR RETSVÆSEN. 1. 1867 ff.

VI. Literatur

1. Allgemeines

JURA. Fortegnelse over juridisk litteratur [Verzeichnis über juristische Literatur]. Red. von J. SØNDERGAARD. København: Gad 1966; Erg. (1966–1970). 1970.

JURIDISK GRUNDBOG [Juristisches Grundbuch]. Affattelse af love, domme, forvaltningsakter og kontrakter. Red.: W. E. v. EYBEN. 2. Aufl. København: Juristforbundet 1967. *Enthält Hinweise auf Gesetzes- und Entscheidungssammlungen sowie Literatur.*

IUUL, S. – Å. MALMSTRÖM – J. SØNDERGAARD: Scandinavian legal bibliography. Stockholm: Almqvist & Wiksell 1961. (Acta Instituti Upsaliensis Jurisprudentiae Comparativae. 4.)

LUND, T.: Juridiske litteraturhenvisninger [Juristische Literaturhinweise]. København: Busck 1950.
Forts.:
LUND, T.: Den danske retslitteratur [Die dänische juristische Literatur]. 1950–1955. København: Busck 1956.

SØNDERGAARD, J.: Danish legal publications in English, French and German. *In:* SCANDINAVIAN STUDIES IN LAW, Bd. 7. Stockholm: Almqvist & Wiksell 1963, *S. 167 ff.*

2. Strafrechtsgeschichte

JØRGENSEN, P. J.: Manddrab Forbrydelsen i den skånske ret fra Valdemarstiden [Totschlag im Recht von Skåne in der Zeit von Waldemar]. København 1922.

JØRGENSEN, T. G.: De Ørstedske straffelove [Das Strafgesetzbuch von Ørsted]. Copenhagen: Gyldendal 1948.

IUUL, S.: Den danske strafferets udvikling i tiden efter ca 1800 [Die Entwicklung des dänischen Strafrechts in der Zeit nach 1800]. *In:* KAMPEN MOD FORBRYDELSEN *(s. VI. 8)*, *Bd. 2, S. 9–52.*

IUUL, S.: Den gamle danske strafferet og dens udvikling indtil slutningen af det 18. århundrede [Das alte dänische Strafrecht und dessen Entwicklung bis zum Ende des 18. Jahrhunderts]. *In:* KAMPEN MOD FORBRYDELSEN *(s. VI. 8), Bd. 1, S. 237–294.*

Tamm, H.: Ideer og personer bag retsplejereformen [Ideen und Personen in der Reform der Rechtspflege]. In: Retsplejeloven gennem 50 år. København: Juristforbundet 1969, S. 9ff.

Thygesen, F.: Tysk strafferets indtrængen i Sønderjylland mellem 1550 og 1800 [Das Eindringen des deutschen Strafrechts in Südjütland zwischen 1550 und 1800]. København: Juristforbundet 1968.

3. Materielles Strafrecht

Kommentar

Krabbe, O. H.: Borgerlig straffelov af 15. April 1930 [Das bürgerliche Strafgesetzbuch vom 15. April 1930]. 4. Aufl. København: Gad 1947.

Lehrbücher

Greve, V. - S. G. Jensen: Forbrydelse og straf [Verbrechen und Strafe]. En orientering om dansk strafferet. København: Ejlers 1969.

Hurwitz, S.: Den danske kriminalret. Almindelig Del [Das dänische Strafrecht. Allgemeiner Teil]. 3. Aufl. København: Gad 1964.

Hurwitz, S.: Den danske kriminalret. Almindelig Del [Das dänische Strafrecht. Allgemeiner Teil]. 4. Aufl. von K. Waaben. København: Gad 1969ff. *Bisher erschienen H. 1. 2. 1969; H. 3. 1971.*

Hurwitz, S.: Den danske kriminalret. Speciel Del [Das dänische Strafrecht. Besonderer Teil]. 5. Aufl. København: Gad 1970.

Ältere Literatur

Torp, C.: Den danske Strafferets almindelige Del [Der allgemeine Teil des dänischen Strafrechts]. København: Gad 1905.

Einzelschriften

zum Allgemeinen und Besonderen Teil

Eyben, W. E. von: Strafudmåling [Strafzumessung]. København: Gad 1950.

Festskrift til Stephan Hurwitz. København: Juristforbundet 1971.

Hurwitz, S.: Bidrag til læren om kollektive enheders pønale ansvar [Beiträge zur strafrechtlichen Verantwortlichkeit juristischer Personen]. København: Gad 1933.

Jacobsen, J.: Dokumentforbrydelserne [Urkundendelikte]. København: Busck 1927.

Krabbe, O. H.: Betragtninger over forbrydelser og straf [Betrachtungen zu Verbrechen und Strafe]. København: Gad 1939.

Le Maire, L.: Legal kastration i strafferetlig belysning [Legale Kastration im Lichte des Strafrechts]. København: Munksgaard 1946.

Ross, A.: Skyld, ansvar og straf [Schuld, Verantwortlichkeit und Strafe]. København: Berlingske Forl. 1970.

Waaben, K.: Betingede straffedomme [Bedingte Strafurteile]. København: Gyldendal 1948.

Waaben, K.: Det kriminelle forsæt [Der strafrechtliche Vorsatz]. København: Gyldendal 1957.

Waaben, K.: Utilregnelighed og særbehandling [Unzurechnungsfähigkeit und Sonderbehandlung]. København: Københavns Universitets Fond til tilvejebringelse af læremidler 1968. (*Sonderdr. aus* Københavns universitets festskrift, November 1968).

4. Nebenstrafrecht

c) Militärstrafrecht

Militær straffelov og militær retsplejelov [Militärstrafgesetz und Militärstrafprozeßgesetz]. Hrsg. von V. u. G. B. Pürschel. 5. Aufl. København: Lunos 1963.

e) Wirtschaftsstrafrecht

Gomard, B.: Auslegung und Analogie bei der Anwendung dänischer Wirtschaftsstrafgesetze. In: ZStW Bd. 83 (1971), S. 332–367.

Jensen, F. - U. Schlichtkrull - J. Thomsen: Monopolloven [Monopolgesetz]. København: Juristforbundet 1968.

f) Straßenverkehrsstrafrecht

Frandsen, B.: Håndbog i færdselslovgivningen [Handbuch der Verkehrsgesetzgebung]. 7. Aufl. København: Gad 1970.

g) Presserecht

Frøbert, K. A.: Anonymitet og ansvar i presseretten [Anonymität und Verantwortung im Presserecht]. København: Berlingske Forl. 1968. (Berlingske pressebibliotek. 26.)

Frøbert, K. A.: Pressen og retsplejen [Presse und Rechtspflege]. 2. Aufl. København: Inst. for Presseforskning og Samtidshistorie 1969.

Krabbe, O. H.: Dansk Presseret [Dänisches Presserecht]. København: Gad 1939.

Rasting, C.: Presseretten [Das Presserecht]. København: Berlingske Forl. 1951.

h) Jagdrecht

Sand, R.: Jagtloven i kasteskud [Jagdgesetz]. København: Dansk Jagtforening 1970.

5./6. Gerichtsverfassungsrecht/Strafprozeßrecht

Kommentare

Gomard, B. - V. Hansen - S. Hurwitz: Kommenteret retsplejelov [Kommentar zum Prozeßgesetz]. Lovbekendtgørelse Nr. 286 af 1. Juli 1963 af lov om rettens pleje

Nr. 90 af 11. April 1916. Bd. 1. 2. 2. Aufl. København: Juristforbundet 1964.

Lehrbücher und systematische Darstellungen

HURWITZ, S.: Den danske strafferetspleje [Das dänische Strafprozeßrecht]. 3. Aufl. København: Gad 1959.

KOKTVEDGAARD, M.: Lærebog i den danske strafferetspleje [Lehrbuch des dänischen Strafprozeßrechtes]. København: Juristforbundet 1968.

MUNCH-PETERSEN, H. – E. MUNCH-PETERSEN: Den danske retspleje [Das dänische Prozeßrecht]. Bd. 1-4. 2-4. Aufl. København: Gad 1926-1956.

Einzelschriften

GOMARD, B.: Adhæsionsproces [Der Adhäsionsprozeß]. København: Juristforbundet 1969. (Skrifter fra det retsvidenskabelige Inst. ved Københavns Univ. 5.)

GOMARD, B.: Straffeproces i praksis [Strafprozeß in der Praxis]. København: Juristforbundet 1970.

HANSEN, V.: Retsplejen ved Højesteret [Die Rechtspflege beim Obersten Gerichtshof]. København: Juristforbundet 1959.

JESPERSEN, H. K.: Proceskumulation [Prozeßhäufung]. København: Juristforbundet 1970. *Behandelt insbes. das Adhäsionsverfahren.*

PROCEDUREN. Forberedelse og gennemførelse [Der Prozeß. Vorbereitung und Durchführung]. Red.: W. E. VON EYBEN. København: Juristforbundet 1969.

TROLLE, J.: Procedure i straffesager [Verfahren in Strafsachen]. København: Busck 1951.

Weitere prozeßrechtliche Beiträge in: FESTSKRIFT TIL STEPHAN HURWITZ ... *(s. VI. 3).*

7. Strafvollstreckungsrecht

AUDE, C.: Fra fængsel til frihed [Vom Gefängnis in die Freiheit]. 4. Aufl. Albertslund: Danske Forl. 1969.

STUCKENBERG, F.: Fængselsvæsenet i Danmark [Das Gefängniswesen in Dänemark]. En historisk skildring. Bd. 1. 2. København: Gad 1893-1896.

8. Kriminologie und Statistik

Kriminologie

CHRISTENSEN, E.: Unge lovovertrædere [Junge Rechtsbrecher]. København: Munksgaard 1957.

CHRISTIANSEN, K. O.: Forbrydelse og straf [Verbrechen und Strafe]. København: Munksgaard 1969.

DALGAARD, J. B.: Retsmedicin. København: Munksgaard 1970.

GREVE, V.: Kriminalitet som normalitet [Kriminalität als Normalität]. København: Kriminalistisk Institut 1971.

HURWITZ, S.: Kriminologi. 2. Aufl. København: Gad 1951. 3. Aufl. von K. O. CHRISTIANSEN. Bd. 1. København: Gyldendal 1968.

KAMPEN MOD FORBRYDELSEN [Der Kampf gegen das Verbrechen]. Red.: L. BECKMANN u. H. PETERSEN. Bd. 1-3. København: Wiene 1951-1952.

SCANDINAVIAN STUDIES IN CRIMINOLOGY. Hrsg. von K. O. CHRISTIANSEN (2.3: N. CHRISTIE). Bd. 1-3. Oslo: Univ. Forl. 1965-1971.
1: 1965. 2: Aspects of social control in welfare states. 1968. 3: 1971.

WOLF, P. – E. HØGH: Kriminalitet i velfærdssamfundet [Kriminalität und Wohlstandsgesellschaft]. København: Paludan 1966.

Weitere kriminologische Beiträge in: FESTSKRIFT TIL STEPHAN HURWITZ ... *(s. VI. 3).*

Statistiken

BERETNING OM FÆNGSELVÆSENET I DANMARK. 1849 ff. *In wechselnden Abständen und unter verschiedenen Titeln.*

Danmarks Statistik. KRIMINALSTATISTIK. 1832/40 ff. (Statistiske meddelser. Reihe 4.)

POLITIETS ÅRSBERETNING [Polizeistatistik]. 1962. 1963 ff.

9. Weitere Literatur in fremden Sprachen

Ältere Literatur bis 1963 ist in der Bibliographie von SØNDERGAARD *nachgewiesen (s. VI. 1).*

LE DROIT PÉNAL DES PAYS SCANDINAVES. Hrsg. von M. ANCEL u. I. STRAHL unter Mitarb. von J. ANDENÆS u. K. WAABEN. Paris: Ed. de L'Épargne 1969. (Les grands systèmes de droit pénal contemporains. 4.)

MARCUS, F.: Abermals eine Novelle zum dänischen Strafgesetzbuch. *In:* ZSTW *Bd. 78 (1966), S. 537 ff.*

MARCUS, F.: Bericht über die Entwicklung des Strafrechts in Dänemark 1957-1961. (Neue Bestimmungen über bedingte Urteile, jugendliche Rechtsbrecher, Prostitution.) *In.:* ZSTW *Bd. 74 (1962), S. 359 ff.*

MARCUS, F.: Die Freigabe unzüchtiger Schriften in Dänemark. Zugleich ein Bericht über weitere Änderungen bei Sittlichkeitsdelikten und falscher Anschuldigung sowie über die Neuregelung der Verjährung. *In:* ZSTW *Bd. 80 (1968), S. 751 ff.*

MARCUS, F.: Das Strafrecht Dänemarks. *In:* AUSL. STRAFR. GGW., *Bd. 1, S. 67 ff.*

STÜRUP. G. K.: Treating the „untreatable". Chronic criminals at Herstedvester. Baltimore: Johns Hopkins Pr. 1968.

STÜRUP, G. K.: Treatment of sexual offenders in Herstedvester, Denmark. The rapists. Copenhagen: Munksgaard 1968. (Isaac Ray Lecture. 3.)

Dänemark (Grönland)

GRÖNLAND

I. Materielles Strafrecht – Texte –

1. Strafgesetzbuch

Kriminallov for Grønland [Strafgesetzbuch für Grönland] vom 5. März 1954 in der Bekanntmachung vom 27. März 1963, Nr. 288.

Übersetzungen
DAS DÄNISCHE KRIMINALGESETZBUCH FÜR GRÖNLAND vom 5. März 1954. Übers. u. mit einer Einl. versehen von F. MARCUS. Berlin: de Gruyter 1955. (Slg. außerdt. StGB. 68.)

THE GREENLAND CRIMINAL CODE. Übers., mit einer Einl. von V. GOLDSCHMIDT. South Hackensack, N.J.: Rothman [usw.] 1970. (Am. Ser. For. Pen. Codes. 16.)

II. Strafverfahrensrecht – Texte –

Lov om rettens pleje i Grønland [Gesetz über die Rechtspflege in Grönland] vom 14. Juni 1951, Nr. 271.

GRØNLANDS LANDSRETS CIRKULÆRESAMLING I. Kommentar til den grønlandske rettsplejelov af 14. Juni 1951 [Cirkularsammlung des grönländischen Landrechts I. Kommentar zum grönländischen Rechtspflegegesetz vom 14. Juni 1951]. Godthåb 1955.

V. Zeitschrift

TIDSSKRIFT FOR GRØNLANDS RETSVÆSEN. København 1. 1965 ff.

VI. Literatur

3. Materielles Strafrecht

BETÆNKNING OM DET KRIMINALRETLIGE SANKTIONSSYSTEM M. V. I GRØNLAND [Gutachten über das strafrechtliche Sanktionssystem u. a. in Grönland]. [København:] Statens Trykningskontor 1968. (Betænkning. 500.)

BRØNDSTED, H.: Kriminallovsudvalgets forslag om ændringer i kriminalloven [Der Vorschlag des Strafrechtsausschusses über Änderungen des Strafgesetzbuchs]. In: TIDSSKRIFT FOR GRØNLANDS RETSVÆSEN 5 (1969), S. 1 ff.

LINDEGAARD, P.: Kriminallovens foranstaltningsregler efter ændringerne i 1963 [Die Sanktionsregeln des Strafgesetzbuchs und die Änderungen 1963]. In: TIDSSKRIFT FOR GRØNLANDS RETSVÆSEN 2 (1966), S. 225 ff.

MARCUS, F.: Das dänische Kriminalgesetzbuch für Grönland. In: ZStW Bd. 67 (1955), S. 67 ff.

KRIMINALLOVEN OG DE VESTGRØNLANDSKE SAMFUND [Das Strafgesetzbuch und die westgrönländische Gesellschaft]. 1.2. København: Udvalget for samfundsforskning i Grønland 1962.

1. Samfundsvidenskabelige undersøgelser [Gesellschaftswissenschaftliche Untersuchungen]. 2. Kriminallov for Grønland af 5. marts 1954 med kommentarer [Strafgesetzbuch für Grönland vom 5. März 1954 mit Kommentar].

5./6. Gerichtsverfassungs-/Strafprozeßrecht

GOLDSCHMIDT, V.: Retlig adfærd. En analyse af retsmyndighedernes adfærd med eksempler særlig fra den kriminelle retspleje i Grønland. Bd. 1.2. København: Reitzel 1957.

WEIS BENTZON, A.: Artikler om retsplejens vilkår og virke i de grønlandske samfund [Beiträge über die Bedingungen und Wirkungen der Rechtspflege in der Grönländischen Gesellschaft]. Unter Mitarb. von T. AGERSNAP u. G. CHEMNITZ. Tølløse [1968]: Midtsjællands Bogtryk. (Nyt fra samfundsvidenskaberne. 15.)

8. Kriminologie

KRIMINALLOVEN OG DE VESTGRØNLANDSKE SAMFUND ... (s. VI. 3).

DEUTSCHLAND

BUNDESREPUBLIK DEUTSCHLAND
A. Bundesrecht – B. Recht der Bundesländer

Bearbeitet von Dr. Klaus Letzgus,
Referent am Max-Planck-Institut für ausländisches und internationales Strafrecht,
Freiburg i. Br.

A. Bundesrecht

Gesamtausgaben der Gesetze

Amtliche Gesetzblätter
BUNDESGESETZBLATT (BGBl.). Teil I. II. 1949 ff. *Seit 1951 erscheinen beide Teile getrennt. Teil III erscheint seit 1958 als Losebl.-Ausg. u. d. T.:*
SAMMLUNG DES BUNDESRECHTS.

BUNDESANZEIGER (BAnz.) (1. 1949–2, 167. 1950 *u. d. T.:* Bundesanzeiger und öffentlicher Anzeiger für das Vereinigte Wirtschaftsgebiet). 1. 1949 ff.

Private Gesetzessammlungen
DAS DEUTSCHE BUNDESRECHT. Systematische Sammlung der Gesetze und Verordnungen mit Erläuterungen. Baden-Baden: Nomos 1949 ff. [Losebl.-Ausg., *1971 in 27 Ordnern*].

SCHÖNFELDER, H.: Deutsche Gesetze. Sammlung des Zivil-, Straf- und Verfahrensrechts. 47. Aufl. München: Beck 1972 ff. [Losebl.-Ausg.]

VERFASSUNGS- UND VERWALTUNGSGESETZE DER BUNDESREPUBLIK (SARTORIUS I). Textausg. Begr. von C. SARTORIUS. 34. Aufl. München: Beck 1972 ff. [Losebl.-Ausg.]

DALCKE, A.: Strafrecht und Strafverfahren. Eine Sammlung der wichtigsten Gesetze des Straf- und Ordnungsrechts und des Straf- und Bußgeldverfahrens mit Erläuterungen. 37. Aufl. von E. FUHRMANN u. K. SCHÄFER. Berlin: Schweitzer 1961.

SCHLEGELBERGER, F.: Das Recht der Gegenwart. Ein Führer durch das in der Bundesrepublik Deutschland und im Land Berlin geltende Recht. 4. Aufl. Berlin: Vahlen 1971 ff. [Losebl.-Ausg. *in 3 Ordnern*].

SOMMER K. – W. OEHMANN: Gesetz-Weiser. Fundstellen-ABC. 1. Allgemeiner Teil. 2. Arbeits- und Sozialversicherungsrecht. 6. Aufl. Stuttgart: Forkel 1970 ff. [Losebl.-Ausg. *in 1 Ordner*.]

I. Materielles Strafrecht – Texte –

1. Strafgesetzbuch

Strafgesetzbuch (StGB) vom 15. 5. 1871 (RGBl. S. 127) *mit zahlreichen Abänderungen und Ergänzungen in der ab 1. 4. 1970 gültigen Fassung der* Neubekanntmachung vom 1. 9. 1969 (BGBl. I S. 1445); *zuletzt geändert durch das* 12. StÄG vom 16. 12. 1971 (BGBl. I S. 1979). *Am 1. 10. 1973 tritt der Allgemeine Teil des Strafgesetzbuches (§ 1–79b) i. d. F. des 2. Gesetzes zur Reform des Strafrechts (2. StrRG) vom 4. Juli 1969 (BGBl. I S. 717) in Kraft.*

Erstes Gesetz zur Reform des Strafrechts (1. StrRG) vom 25. 6. 1969 (BGBl. I S. 645). *Selbständige Bedeutung haben noch die „Überleitung von Strafdrohungen" im 2. Abschnitt sowie die „Schlußvorschriften" im 5. Abschnitt.*

Textausgaben
STRAFGESETZBUCH MIT 77 NEBENGESETZEN. Textausg. mit Verw. u. Sachverz. 43. Aufl. Stand: 1. 10. 1972. München: Beck 1972.

STRAFGESETZBUCH MIT DEM EINFÜHRUNGSGESETZ, WIRTSCHAFTSGESETZ ... UND ANDEREN VORSCHRIFTEN DES NEBENSTRAFRECHTS. Im Anhang: Zweites Strafrechtsreformgesetz. Textausg. mit ausführlichem Sachregister u. einer Einf. von H. SCHRÖDER. 13. Aufl. München: Dt. Taschenbuch Verl. 1972. (dtv/Beck-Texte. 5007.)

STRAFGESETZBUCH. Einführungsgesetz, Strafrechtsänderungsgesetz, Wirtschaftsstrafgesetze, Jugendgerichtsgesetz, Ordnungswidrigkeitengesetz u. a. Gesetze. München: Goldmann 1970.

Übersetzungen
THE GERMAN PENAL CODE OF 1871. Translated by G. O. W. MUELLER and T. BUERGENTHAL, with an introduction by H. SCHRÖDER. South Hackensack, N. J.: Rothman [usw.] 1961. (Am. Ser. For. Pen. Codes. 4.)

CODE PÉNAL ALLEMAND. *In:* CODES PÉN. EUR., *Bd. 1, S. 3 ff.*

CODICE PENALE TEDESCO VIGENTE NELLA REPUBLICA FEDERALE TEDESCA. Tradotto e annotato da V. PAGANO. Milano: Giuffrè 1967.

Deutschland (BRD) A. I 2

2. Wichtige Nebengesetze

Gesamtausgaben

GÖHLER, E. – H. BUDDENDIEK – K. LENZEN: Lexikon des Nebenstrafrechts. Gesamtübersicht über die Straftatbestände außerhalb des StGB und über das Ordnungswidrigkeitenrecht. 2. Aufl. München: Beck 1971 ff. [Losebl.-Ausg.]

STRAFGESETZBUCH MIT 77 NEBENGESETZEN ... (s. I. 1).

DALCKE, A.: Strafrecht und Strafverfahren ... (s. unter Gesamtausgaben der Gesetze vor I. 1).

STRAFRECHTLICHE NEBENGESETZE. 65 Gesetze und Gesetzesauszüge mit strafrechtlichen Bestimmungen. Hrsg. von H.-E. EGNER. München: Goldmann 1968.

Übersetzung

Zahlreiche Nebengesetze sind in französischer Sprache erschienen in:

RECUEILS PRATIQUES DU DROIT DES AFFAIRES DANS LES PAYS DU MARCHÉ COMMUN. Bd. 1–41. Paris: Jupiter 1958 ff. [Losebl.-Ausg.] (Collection Jupiter. 1.)

a) Das StGB ergänzende Gesetze

Viertes Strafrechtsänderungsgesetz vom 11. 6. 1957 (BGBl. I S. 597); *zuletzt geändert durch* 3. StrRG vom 20. 5. 1970 (BGBl. I S. 505). *Art. 7 dehnt den Schutzbereich zahlreicher deutscher Strafvorschriften auf die NATO-Mächte und ihre in der Bundesrepublik stationierten Streitkräfte aus.*

Konkursordnung vom 10. 2. 1877 (RGBl. S. 351) *i. d. F. der Bekanntmachung vom* 20. 5. 1898 (RGBl. S. 612); *zuletzt geändert durch Gesetz vom* 21. 6. 1972 (BGBl. I S. 953). *Strafvorschriften: §§ 239–243. (Sog. Konkursdelikte.)*

Gesetz über das Auswanderungswesen vom 9. 6. 1897 (RGBl. S. 463); *zuletzt geändert durch Gesetz vom* 25. 6. 1969 (BGBl. I S. 645, 667). *Strafvorschriften: §§ 43–48. § 48 stellt den Mädchenhandel unter Strafe, auf welchen das StGB selbst zweimal Bezug nimmt.*

Verordnung gegen Bestechung und Geheimnisverrat nichtbeamteter Personen vom 3. 5. 1917 (RGBl. S. 393) *i. d. F. der Bekanntmachung vom* 22. 5. 1943 (RGBl. I S. 351); *zuletzt geändert durch* 1. StrRG vom 25. 6. 1969 (BGBl. I S. 645). *Ergänzt die §§ 331 ff. StGB bezüglich Nichtbeamter, die im öffentlichen Dienst stehen. In ca. 25 weiteren Gesetzen wird diese Verordnung ausdrücklich für anwendbar erklärt.*

Gesetz über die freiwillige Kastration und andere Behandlungsmethoden vom 15. 8. 1969 (BGBl. I S. 1143).

b) Jugendstrafrecht

Jugendgerichtsgesetz (JGG) vom 4. 8. 1953 (BGBl. I S. 751), *zahlreiche und wichtige Änderungen durch das* 1. StrRG vom 25. 6. 1969 (BGBl. I S. 645); *zuletzt geändert durch Gesetz vom* 21. 8. 1972 (BGBl. I S. 1481). *Enthält sowohl materielles als auch formelles Jugendstrafrecht.*

c) Militärstrafrecht

Wehrstrafgesetz (WStG) vom 30. 3. 1957 (BGBl. I S. 298) *in der ab* 1. 4. 1970 *gültigen Fassung der Neubekanntmachung vom* 1. 9. 1969 (BGBl. I S. 1502). *Enthält ausschließlich materielle Strafnormen.*

Der 5. Abschnitt des StGB (§§ 109–190 k; eingeführt durch das 4. Strafrechtsänderungsgesetz vom 11. 6. 1957, BGBl. I S. 597) ergänzt das WStG durch Strafvorschriften gegen Nichtsoldaten, die gegen die Landesverteidigung verstoßen.

Wehrpflichtgesetz vom 21. 7. 1956 (BGBl. I S. 391) *i. d. F. der Bekanntmachung vom* 28. 9. 1969 (BGBl. I S. 1773); *zuletzt geändert durch Gesetz vom* 29. 7. 1972 (BGBl. I S. 1321). *Bußgeldvorschriften: § 45.*

Gesetz über den zivilen Ersatzdienst vom 13. 1. 1960 *i. d. F. vom* 16. 7. 1965 (BGBl. I S. 984); *zuletzt geändert durch Gesetz vom* 21. 8. 1972 (BGBl. I S. 1321). *Straf- und Bußgeldvorschriften: §§ 52–57.*

Textausgaben

WEHRSTRAFRECHT MIT WEHRDISZIPLINAR- UND WEHRBESCHWERDEORDNUNG, STRAFGESETZBUCH UND ANDEREN VORSCHRIFTEN. Textausg. mit Verw. u. Sachverz. 10. Aufl. Stand: 1. Juni 1970. München: Beck 1970.

WEHRPFLICHT- UND SOLDATENRECHT. Textausg. mit ausführlichem Sachverz. 6. Aufl. Stand: 1. 6. 1971. München: Dt. Taschenbuch Verl. 1971. (dtv/Beck-Texte. 5012.)

Übersetzung

JANN, E. C.: New German Military Criminal Code of 1957. Washington, D. C.: U. S. Library of Congress – Law Library 1968.

d) Verwaltungsstrafrecht, allgemeines

Gesetz über Ordnungswidrigkeiten (OWiG) vom 24. 5. 1968 (BGBl. I S. 481); *zuletzt geändert durch Gesetz vom* 8. 3. 1971 (BGBl. I S. 157). *Enthält allgemeine materiellrechtliche Vorschriften über die Ordnungswidrigkeiten und regelt das Bußgeldverfahren. Die eigentlichen Bußgeldtatbestände befinden sich jedoch in zahlreichen anderen Bundes- und Landesgesetzen. So gibt es heute schon allein weit über 100 Bundesgesetze, wie z. B. Straßenverkehrsgesetz, Aktiengesetz, Gesetz gegen Wettbewerbsbeschränkungen, die derartige Bußgeldtatbestände enthalten.*

Textausgaben

GESETZ ÜBER ORDNUNGSWIDRIGKEITEN (OWiG), mit Einführungsgesetz, Verwarnungsgeld- u. Bußgeldkatalog, Auszügen aus der Strafprozeßordnung, Jugendgerichtsgesetz, Zivilprozeßordnung u. Straßenverkehrsgesetz.

Wirtschaftsstrafgesetz 1954. Textausg. mit Verw. u. Sachverz. 3. Aufl. München: Beck 1971.

ORDNUNGSWIDRIGKEITENGESETZ MIT EINFÜHRUNGSGESETZ, Auszügen aus Strafprozeßordnung, Jugendgerichtsgesetz, Zivilprozeßordnung, Straßenverkehrsgesetz mit Verwarnungs- und Bußgeldkatalogen. München: Dt. Taschenbuch Verl. 1969. (dtv/Beck-Texte. 5022.)

e) Wirtschaftsstrafrecht (Handel, Gewerbe, Wettbewerb)

Gesetz zur weiteren Vereinfachung des Wirtschaftsstrafrechts (Wirtschaftsstrafgesetz – WiStG) vom 9. 7. 1954 (BGBl. I S. 175); *zuletzt geändert durch Gesetz vom 4. 11. 1971 (BGBl. I S. 1745).*

Textausgabe
GESETZ ÜBER ORDNUNGSWIDRIGKEITEN ... *(s. I. 2d).*

Übersetzung
LOI SUR LES SANCTIONS ÉCONOMIQUES. In: RECUEILS PRATIQUES ..., *Bd. 3 (s. I. 2).*

Gesetz gegen unlauteren Wettbewerb vom 7. 7. 1909 (RGBl. S. 499); *zuletzt geändert durch Gesetz vom 23. 6. 1970 (BGBl. I S. 805). Das Gesetz enthält zahlreiche Vergehens- und Übertretungstatbestände.*

Gesetz gegen Wettbewerbsbeschränkungen vom 27. 7. 1957. *i. d. F. der* Neubekanntmachung vom 3. 1. 1966 (BGBl. I S. 37); *zuletzt geändert durch Gesetz vom 22. 7. 1969 (BGBl. I S. 901). Straf- und Bußgeldvorschriften: §§ 38, 39, 47. Die §§ 81–85 enthalten besondere Bestimmungen über das Bußgeldverfahren.*

Textausgabe
WETTBEWERBSRECHT UND KARTELLRECHT. Gesetz gegen den unlauteren Wettbewerb, Zugabeverordnung, Rabattgesetz mit Durchführungsverordnung, Warenzeichengesetz [u. a.]. Textausg. mit ausführlichem Sachverz. u. einer Einl. von W. HEFERMEHL. 4. Aufl. München: Dt. Taschenbuch Verl. 1971. (dtv/Beck-Texte. 5009.)

Gesetz über den Verkehr mit Edelmetallen, Edelsteinen und Perlen vom 11. 6. 1923 (RGBl. I S. 369); *zuletzt geändert durch Gesetz vom 25. 6. 1969 (BGBl. I S. 645). Stellt u. a. die im StGB straflose fahrlässige Hehlerei unter Strafe.*

Gesetz über den Verkehr mit unedlen Metallen vom 23. 7. 1926 (RGBl. I S. 415); *zuletzt geändert durch Gesetz vom 25. 6. 1969 (BGBl. I S. 645). Strafvorschriften: §§ 16, 18. Zweck des Gesetzes ist die Bekämpfung von Diebstählen und Hehlerei an unedlen Metallen.*

Gesetz zur Bekämpfung der Schwarzarbeit vom 30. 3. 1957 (BGBl. I S. 315).

Gewerbeordnung für das Deutsche Reich i. d. F. vom 26. 7. 1900 (RGBl. S. 871); *zuletzt geändert durch Gesetz* vom 16. 8. 1972 (BGBl. I S. 1465). *Strafbestimmungen: §§ 143–150a.*

Gesetz über den Ladenschluß vom 28. 11. 1956 (BGBl. I S. 875); *zuletzt geändert durch Gesetz vom 23. 7. 1969 (BGBl. I S. 945). Straftaten und Ordnungswidrigkeiten: §§ 24, 25.*

Gesetz zur Ordnung des Handwerks (Handwerksordnung) i. d. F. vom 28. 12. 1965 (BGBl. 1966 I S. 1); *zuletzt geändert durch Gesetz vom 28. 8. 1969 (BGBl. I S. 1513). Straf- und Bußgeldvorschriften: §§ 116–118.*

Textausgabe
GEWERBEORDNUNG. Mit Gaststättengesetz, Handwerksordnung, [u. a.]. Textausg. mit Sachverz. u. einer Einf. von E. EYERMANN. 6. Aufl. München: Dt. Taschenbuch Verl. 1971. (dtv/Beck-Texte. 5004.)

Börsengesetz vom 22. 6. 1896 (RGBl. S. 157); *zuletzt geändert durch 1. StrRG vom 25. 6. 1969 (BGBl. I S. 645). Strafvorschriften: §§ 88–95.*

Gesetz über die Verwahrung und Anschaffung von Wertpapieren vom 4. 2. 1937 (RGBl. I S. 171) (sog. Depotgesetz); *zuletzt geändert durch Gesetz vom 24. 5. 1972 (BGBl. I S. 801). Strafvorschriften: §§ 34–40.*

Außenwirtschaftsgesetz vom 28. 4. 1961 (BGBl. I S. 481); *zuletzt geändert durch Gesetz vom 19. 9. 1972 (BGBl. I S. 1797). Straf- und Bußgeldvorschriften: §§ 33, 34, 39, 45.*

f) Straßenverkehrsstrafrecht

Straßenverkehrsgesetz vom 19. 12. 1952 (BGBl. I S. 837); *zuletzt geändert durch Gesetz vom 28. 6. 1972 (BGBl. I S. 1001). Straf- und Bußgeldvorschriften: §§ 21–30. § 24 enthält die Blankettnorm für alle Straßenverkehrsordnungswidrigkeiten, deren Verbotsinhalt vor allem in den folgenden beiden Verordnungen konkretisiert wird:*

Straßenverkehrsordnung (StVO) vom 16. 11. 1970 (BGBl. I S. 1565). *§ 49 enthält eine Vielzahl von Bußgeldtatbeständen.*

Straßenverkehrszulassungsordnung (StVZO) vom 13. 11. 1937 (RGBl. I S. 1215) i. d. F. der Neubekanntmachung vom 6. 12. 1960 (BGBl. I S. 898), *mit überaus zahlreichen Änderungen durch VO zur Änderung der StVZO vom 21. 7. 1969 (BGBl. I S. 845); zuletzt geändert durch Verordnung vom 14. 7. 1972 (BGBl. I S. 1209). In § 69a sind alle Ordnungswidrigkeiten aufgezählt.*

Gesetz über die Pflichtversicherung für Kraftfahrzeughalter (Pflichtversicherungsgesetz) vom 5. 4. 1965 (BGBl. I S. 213); *zuletzt geändert durch Gesetz vom 23. 7. 1971 (BGBl. I S. 1109). Strafvorschriften: § 6.*

Personenbeförderungsgesetz vom 21. 3. 1961 (BGBl. I S. 241); *zuletzt geändert durch Gesetz vom 27. 6. 1970 (BGBl. I S. 911). Straf- und Bußgeldvorschriften: §§ 60–61.*

Deutschland (BRD) A. I 2 g

Textausgaben

STRASSENVERKEHRSRECHT. Textsammlung mit Verw., Sachverz. u. Mustern. 12. Aufl. StVO u. StVZO in der ab 1. März 1971 geltenden Fassung. München: Beck 1971 ff. [Losebl.-Ausg.]

STRASSENVERKEHRSRECHT. Textausg. mit Verw., Sachverz. ... 673.–684. Tausend. München: Beck 1971.

STRASSENVERKEHRSRECHT. Textausg. mit ausführlichem Sachreg. u. einer Einf. von P. BOCKELMANN. 5. Aufl. München: Dt. Taschenbuch Verl. [1971]. (dtv/Beck-Texte. 5015.)

STOLL, W.–W. BOUSKA: Ordnungswidrigkeiten im Straßenverkehr. Sammlung bundes- u. landesrechtlicher Vorschriften über die Ahndung von Verkehrsverstößen sowie anderer einschlägiger Bestimmungen. München: Jehle 1969 ff. [Losebl.-Ausg.]

g) Fiskalstrafrecht

Reichsabgabenordnung vom 22. 5. 1931 (RGBl. I S. 161); *zuletzt geändert durch* Gesetz vom 30. 8. 1971 (BGBl. I S. 1426). *Straf- und Bußgeldvorschriften: §§ 391–409. Zur Bußgeldvorschrift des § 407 gibt es zahlreiche ausfüllende Gesetze.*

Textausgabe

REICHSABGABENORDNUNG MIT STEUERANPASSUNGSGESETZ [u. a.]. Textausg. mit ausführlichem Sachverz. u. einer Einf. von K. TIPKE. 6. Aufl. Stand: 1. Mai 1971. München: Dt. Taschenbuch Verl. 1971. (dtv/Beck-Texte. 5017.)

Renn-, Wett- und Lotteriegesetz vom 8. 4. 1922 (RGBl. I S. 393); *zuletzt geändert durch* 1. StrRG vom 25. 6. 1969 (BGBl. I S. 645). *Strafvorschriften: §§ 5–9.*

Gesetz über das Branntweinmonopol vom 8. 4. 1922 (RGBl. I S. 405); *zuletzt geändert durch* Gesetz vom 23. 12. 1971 (BGBl. I S. 2137). *Straf- und Bußgeldvorschriften: §§ 119–131; mit mehreren Rechtsverordnungen zu der Bußgeldvorschrift des § 126.*

Tabaksteuergesetz vom 6. 5. 1953 (BGBl. I S. 169) i. d. F. vom 1. 9. 1972 (BGBl. I S. 1633). *Straf- und Bußgeldvorschriften: §§ 32–34.*

Biersteuergesetz vom 14. 3. 1952 (BGBl. I S. 149); *zuletzt geändert durch* Gesetz vom 12. 8. 1968 (BGBl. I S. 953). *Bußgeldvorschriften: §§ 18, 19.*

Zollgesetz vom 14. 6. 1961 (BGBl. I S. 737); *zuletzt geändert durch* Gesetz vom 8. 3. 1971 (BGBl. I S. 165). *Bußgeldvorschriften: §§ 79a, 80.*

Textausgabe

STEUERGESETZE. Textsammlung mit Verw. u. Sachverz. 22. Aufl. München: Beck 1970 ff. [Losebl.-Ausg.]

h) Pressestrafrecht

Das Presserecht ist in der Bundesrepublik Deutschland landesrechtlich geregelt. Abgesehen von Bayern und Hessen haben alle Bundesländer in den letzten Jahren eigene Landespressegesetze erlassen, die in Anlehnung an einen Modellentwurf der Innenministerkonferenz im Wortlaut weitgehend übereinstimmen. Die Strafvorschriften dieser Gesetze befinden sich innerhalb der §§ 19–25.

BADEN-WÜRTTEMBERG: Gesetz über die Presse vom 14. 1. 1964 (GBl. BW S. 11); *zuletzt geändert durch* Gesetz vom 7. 4. 1970 (GBl. BW S. 124).

BERLIN: Berliner Pressegesetz vom 15. 6. 1965 (GVBl. Bln. S. 744); *zuletzt geändert durch* Gesetz vom 6. 3. 1970 (GVBl. Bln. S. 474).

BREMEN: Pressegesetz vom 16. 3. 1965 (GBl. Br S. 63); *zuletzt geändert durch* Gesetz vom 8. 9. 1970 (GBl. Br S. 94).

HAMBURG: Hamburger Pressegesetz vom 29. 1. 1965 (GVBl. Hmb S. 15); *zuletzt geändert durch* Gesetz vom 2. 3. 1970 (GVBl. Hmb S. 90).

NIEDERSACHSEN: Niedersächsisches Pressegesetz vom 22. 3. 1965 (GVBl. Nds S. 9); *zuletzt geändert durch* Gesetz vom 24. 6. 1970 (GVBl. Nds S. 237).

NORDRHEIN-WESTFALEN: Landespressegesetz Nordrhein-Westfalen vom 24. 5. 1966 (GVBl. NRhW S. 340); *zuletzt geändert durch* Gesetz vom 16. 12. 1969 (GVBl. NRhW 1970 S. 22).

RHEINLAND-PFALZ: Landespressegesetz vom 14. 6. 1965 (GVBl. RhPf S. 107); *zuletzt geändert durch* Gesetz vom 5. 3. 1970 (GVBl. RhPf S. 96).

SAARLAND: Saarländisches Pressegesetz vom 12. 5. 1965 (ABl. Saar S. 409); *zuletzt geändert durch* Gesetz vom 13. 3. 1970 (ABl. Saar S. 267).

SCHLESWIG-HOLSTEIN: Landespressegesetz vom 19. 6. 1964 (GVBl. SchlH S. 71); *zuletzt geändert durch* Gesetz vom 24. 3. 1970 (GVBl. SchlH S. 66).

Bayern und Hessen hatten schon zuvor eigene Pressegesetze erlassen:

BAYERN: Gesetz über die Presse vom 3. 10. 1949 (BS Bay I, S. 310); *zuletzt geändert durch* Gesetz vom 27. 10. 1970 (GS Bay I, S. 469).

HESSEN: Gesetz über die Freiheit und Rechte der Presse vom 20. 11. 1958 (GVBl. He S. 183); *zuletzt geändert durch* Gesetz vom 5. 10. 1970 (GVBl. He S. 598).

Textausgabe

PRESSERECHT. Die Pressegesetze der Länder mit Durchführungsverordnungen, die presserechtlichen Vorschriften im Grundgesetz und in den Länderverfassungen. Textausg. 4. Aufl. München: Beck 1972.

i) Schutz der öffentlichen Sicherheit und Ordnung

Gaststättengesetz vom 5. 5. 1970 (BGBl. I S. 465). *Straf- und Bußgeldvorschriften: §§ 27, 28. Wird durch mehrere Verordnungen ergänzt und ausgefüllt; vgl. vor allem die landesrechtlichen Polizeiverordnungen über die Polizeistunde.*

Gesetz über Personalausweise vom 19. 12. 1950 (BGBl. I S. 807); *zuletzt geändert durch Gesetz vom 11. 6. 1971 (BGBl. I S. 817). Strafvorschrift: § 3. Wird ergänzt durch die Meldegesetze der Länder.*

Gesetz über das Paßwesen vom 4. 3. 1952 (BGBl. I S. 290); *zuletzt geändert durch Gesetz vom 23. 6. 1970 (BGBl. I S. 805). Straf- und Bußgeldvorschriften: §§ 11, 12.*

Gesetz über Versammlungen und Aufzüge (Versammlungsgesetz) vom 24. 7. 1953 (BGBl. I S. 684); *zuletzt geändert durch Gesetz vom 20. 5. 1970 (BGBl. I S. 505). Strafvorschriften: §§ 21–29a. Wird ergänzt durch die Bannmeilengesetze des Bundes und der Länder.*

Gesetz über die friedliche Verwendung der Kernenergie und den Schutz gegen ihre Gefahren (Atomgesetz) vom 23. 12. 1959 (BGBl. I S. 814); *zuletzt geändert durch Gesetz vom 23. 6. 1970 (BGBl. I S. 805). Straf- und Bußgeldvorschriften: §§ 40–52. Das Gesetz enthält Verbrechen, Vergehen und Ordnungswidrigkeiten. Bei Verbrechen wird die ausschließliche Zuständigkeit des Schwurgerichts begründet. Wird durch die 1. und 2. Strahlenschutzverordnung ergänzt.*

Gesetz zur Regelung des öffentlichen Vereinsrechts (Vereinsgesetz) vom 5. 8. 1964 (BGBl. I S. 593); *zuletzt geändert durch 8. StÄG vom 25. 6. 1968 (BGBl. I S. 741). Straf- und Bußgeldvorschriften: §§ 20, 21.*

Ausländergesetz vom 28. 4. 1965 (BGBl. I S. 353); *zuletzt geändert durch Gesetz vom 23. 6. 1970 (BGBl. I S. 805). Straf- und Bußgeldvorschriften: §§ 47, 48.*

Waffengesetz vom 19. 9. 1972 (BGBl. I S. 1797). *Straf- und Bußgeldvorschriften: §§ 53–56.*

Textausgabe
WAFFENRECHT. Waffengesetz, Sprengstoffgesetz, Kriegswaffengesetz und Durchführungsvorschriften. Mit einer Einf. von G. POTRYKUS. München: Dt. Taschenbuch Verl. *Ersch. 1973.* (dtv/Beck-Texte. 5032.)

Für Kriegswaffen gilt das Kriegswaffengesetz vom 20. 4. 1961 (BGBl. I S. 444); zuletzt geändert durch Gesetz vom 24. 5. 1968 (BGBl. I S. 503). Straf- und Bußgeldbestimmungen: §§ 16–24.

Gesetz über explosionsgefährliche Stoffe (Sprengstoffgesetz) vom 25. 8. 1969 (BGBl. I S. 1358); *zuletzt geändert durch Gesetz vom 19. 9. 1972 (BGBl. I S. 1797). Straf- und Bußgeldbestimmungen: §§ 30–34.*

k) Jugendschutz

Gesetz für Jugendwohlfahrt vom 9. 7. 1922 (RGBl. I S. 633) i. d. F. der Neubekanntmachung vom 6. 8. 1970 (BGBl. I S.1197). *Straf- und Bußgeldvorschriften: §§ 86–88.*

Gesetz über die Verbreitung jugendgefährdender Schriften vom 9. 6. 1953 (BGBl. I S. 377) i. d. F. der Neubekanntmachung vom 29. 4. 1961 (BGBl. I S. 497); *zuletzt geändert durch EGOWiG vom 24. 5. 1968 (BGBl. I S. 503). Strafvorschrift: § 21.*

Gesetz zum Schutz der Jugend in der Öffentlichkeit (Jugendschutzgesetz) vom 27. 7. 1957 (BGBl. I S. 1058); *zuletzt geändert durch Gesetz vom 24. 5. 1968 (BGBl. I S. 503). Straf- und Bußgeldvorschriften: §§ 13, 14.*

Gesetz zum Schutz der arbeitenden Jugend (Jugendarbeitsschutzgesetz) vom 9. 8. 1960 (BGBl. I S. 665); *zuletzt geändert durch Gesetz vom 25. 7. 1969 (BGBl. I S. 645). Straf- und Bußgeldvorschriften: §§ 66–68.*

Textausgaben
JUGENDRECHT. Textausg. mit ausführlichem Sachverz. u. einer Einf. von A. DEISENHOFER. 4. Aufl. München: Dt. Taschenbuch Verl. 1970. (dtv/Beck-Texte. 5008.)

JUGENDGESETZE. Mit einer Einf. von H. MIESBACH. Stand: 1. 1. 1971. München: Goldmann 1971.

l) Gesundheitsschutz

Gesetz über den Verkehr mit Lebensmitteln und Bedarfsgegenständen (Lebensmittelgesetz) vom 5. 7. 1927 (RGBl. I S. 134) i. d. F. der Bekanntmachung vom 17. 1. 1936 (RGBl. I S. 17); *zuletzt geändert durch Gesetz vom 8. 9. 1969 (BGBl. I S. 1590). Strafvorschriften: §§ 11–18. Zu den §§ 11 und 12 sind über 50 Rechtsverordnungen ergangen, die sich jeweils auf einzelne Nahrungsmittel beziehen.*

Textausgaben
LEBENSMITTELRECHT. Bundesgesetze und Verordnungen über Lebensmittel und Bedarfsgegenstände. 7. Aufl. München: Beck 1971 ff. [Losebl. Textausg.]

LEBENSMITTELGESETZE. [Bd.] 1–3. Hrsg. von H. KEMPFLER. München: Goldmann 1967.

Gesetz über den Verkehr mit Betäubungsmitteln (Betäubungsmittelgesetz) vom 10. 12. 1929 (RGBl. I S. 215), i. d. F. der Neubekanntmachung vom 10. 1. 1972 (BGBl. I S. 2). *Straf- und Bußgeldvorschriften: §§ 11–13, die durch mehrere Rechtsverordnungen ausgefüllt und ergänzt werden.*

Gesetz zur Bekämpfung der Geschlechtskrankheiten vom 23. 7. 1953 (BGBl. I S. 700); *zuletzt geändert durch Gesetz vom 25. 8. 1969 (BGBl. I S. 1351).*

Deutschland (BRD) A. I 2 m

Wasserhaushaltsgesetz vom 27. 7. 1957 (BGBl. I S. 1110); *zuletzt geändert durch* Gesetz vom 23. 6. 1970 (BGBl. I S. 805). *Straf- und Bußgeldbestimmungen: §§ 38–41.*

Außerdem enthalten die folgenden Wassergesetze der Bundesländer eigene Straf- und Bußgeldvorschriften:

Wassergesetz für Baden-Württemberg vom 25. 2. 1960 (GBl. BW S. 17) – *§§ 119, 120.*

Bayerisches Wassergesetz vom 26. 7. 1962 (GVBl. Bay S. 143) – *Art. 95.*

Berliner Wassergesetz vom 23. 2. 1960 (GVBl. Bln S. 133) – *§§ 103, 104.*

Bremisches Wassergesetz vom 13. 3. 1962 (GBl. Br S. 59) – *§§ 135–139.*

Hamburgisches Wassergesetz vom 20. 6. 1960 (GVBl. Hmb S. 335) – *§§ 101, 102.*

Hessisches Wassergesetz vom 6. 7. 1960 (GVBl. He I. S. 69) – *§§ 115, 116.*

Niedersächsisches Wassergesetz vom 7. 7. 1960 (GVBl. Nds S. 105), *i. d. F. der Neubekanntmachung vom 1. 12. 1970 (GVBl. Nds S. 457)* – *§§ 137–140.*

Wassergesetz für das Land Nordrhein-Westfalen vom 22. 5. 1962 (GVBl. NRhW S. 235) – *§§ 122–125.*

Landeswassergesetz für Rheinland-Pfalz vom 1. 8. 1960 (GVBl. RhPf S. 153) – *§§ 133, 134.*

Saarländisches Wassergesetz vom 28. 6. 1960 (ABl. Saar S. 511) – *§§ 123, 124.*

Wassergesetz des Landes Schleswig-Holstein vom 25. 2. 1960 (GVBl. SchlH S. 39) – *§§ 102–105.*

Gesetz zur Verhütung und Bekämpfung übertragbarer Krankheiten bei Menschen (Bundesseuchengesetz) vom 18. 7. 1961 (BGBl. I S. 1012); *zuletzt geändert durch* Gesetz vom 24. 7. 1972 (BGBl. I S. 1284). *Straf- und Bußgeldvorschriften: §§ 63–71.*

Viehseuchengesetz vom 26. 6. 1909 (BGBl. S. 519) *i. d. F. der Bekanntmachung vom 27. 2. 1969 (BGBl. I S. 158); zuletzt geändert durch* Gesetz vom 7. 8. 1972 (BGBl. I S. 1361). *Straf- und Bußgeldvorschriften: §§ 74–77.*

Gesetz über den Verkehr mit Arzneimitteln (Arzneimittelgesetz) vom 16. 5. 1961 (BGBl. I S. 533); *zuletzt geändert durch* Gesetz vom 23. 6. 1970 (BGBl. I S. 805). *Straf- und Bußgeldvorschriften: §§ 44–50. Wird durch mehrere Verordnungen ausgefüllt und ergänzt.*

Weingesetz vom 16. 7. 1969 (BGBl. I S. 781); *zuletzt geändert durch* Gesetz vom 19. 7. 1972 (BGBl. I S. 1249). *Straf- und Bußgeldvorschriften: §§ 89–92.*

Abfallbeseitigungsgesetz vom 7. 6. 1972 (BGBl. I S. 873). *Straf- und Bußgeldvorschriften: §§ 16–18.*

m) Sonstiges Nebenstrafrecht

Reichsversicherungsordnung vom 19. 7. 1911 (RGBl. S. 509) *i. d. F. der Bekanntmachung vom 22. 2. 1957* (BGBl. I S. 45); *zuletzt geändert durch* Gesetz vom 25. 1. 1971 (BGBl. I S. 65). *Strafbestimmungen: §§ 139–144 (gemeinsame Vorschriften), §§ 532–536 (Krankenversicherung), §§ 772–775 (Allgemeine Unfallversicherung), §§ 834, 895 (landwirtschaftliche Unfallversicherung, Seeunfallversicherung), §§ 1430, 1432 (Arbeiterrentenversicherung). Die Reichsversicherungsordnung enthält außerdem zahlreiche Ordnungsvorschriften, die zwar der Sache nach Bußgeldvorschriften sind, für die jedoch nicht das OWiG, sondern ein eigenständiges Verfahren gilt. Der Rechtsweg führt nicht zu den ordentlichen, sondern zu den Sozialgerichten.*

Angestelltenversicherungsgesetz vom 20. 12. 1911 *i. d. F. der Bekanntmachung vom 28. 5. 1924 (RGBl. I S. 563); zuletzt geändert durch* Gesetz vom 25. 1. 1971 (BGBl. I S. 65). *Straf- und Ordnungsstrafvorschriften: §§ 150–154.*

Gesetz über Fernmeldeanlagen vom 14. 1. 1928 (RGBl. I S. 8); *zuletzt geändert durch* Art. 134 EGOWiG vom 24. 5. 1968 (BGBl. I S. 503). *Strafvorschriften: §§ 12–21. Das Gesetz enthält auch besondere prozessuale Regelungen.*

Tierschutzgesetz vom 24. 7. 1972 (BGBl. I S. 1277). *Straf- und Bußgeldvorschriften: §§ 17–20.*

Luftverkehrsgesetz vom 1. 8. 1922 (RGBl. I S. 681) *i. d. F. der Neubekanntmachung vom 4. 11. 1968 (BGBl. I S. 1113); zuletzt geändert durch* Gesetz vom 23. 6. 1970 (BGBl. I S. 805). *Straf- und Bußgeldvorschriften: §§ 58–63.*

Seemannsgesetz vom 26. 7. 1957 (BGBl. II S. 713); *zuletzt geändert durch* Gesetz vom 23. 6. 1970 (BGBl. I S. 805). *Straf- und Bußgeldvorschriften: §§ 114–135.*

Reichsnaturschutzgesetz vom 26. 6. 1935 (RGBl. I S. 821); *zuletzt geändert durch* Gesetz vom 20. 1. 1938 (RGBl. I S. 36). *Gilt nach einer Entscheidung des Bundesverfassungsgerichts nicht als Bundesrecht fort (BGBl. 1959 I S. 23). Strafvorschriften: §§ 20, 21. Wird durch zahlreiche andere landesrechtliche Vorschriften ausgefüllt und ergänzt.*

Bundesjagdgesetz vom 29. 11. 1952 (BGBl. I S. 780) *i. d. F. der Bekanntmachung vom 30. 3. 1961 (BGBl. I S. 304); zuletzt geändert durch* 3. StrRG vom 20. 5. 1970 (BGBl. I S. 505). *Straf- und Bußgeldvorschriften: §§ 38–42.*

Dieses Bundesgesetz wird ergänzt durch die folgenden Jagdgesetze der Länder, die auf Grund der Ermächtigung des § 42 Bundesjagdgesetz weitgehend eigene Straf- oder Bußgeldvorschriften enthalten:

BADEN-WÜRTTEMBERG: Landesjagdgesetz vom 25. 7. 1969 (GBl. BW S. 175).

BAYERN: Jagdgesetz vom 18. 7. 1962 (GVBl. Bay S.131).

BREMEN: Jagdgesetz vom 14. 7. 1953 (GBl. Br S. 73).

HAMBURG: Landesjagdgesetz vom 21. 6. 1966 (GVBl. Hmb S. 159).

HESSEN: Ausführungsgesetz zum Bundesjagdgesetz vom 6. 11. 1969 (GVBl. He S. 247).

NIEDERSACHSEN: Landesjagdgesetz i. d. F. vom 10. 6. 1963 (GVBl. Nds S. 289).

NORDRHEIN-WESTFALEN: Landesjagdgesetz vom 26. 5. 1964 (GVBl. NRhW S. 177).

RHEINLAND-PFALZ: Landesgesetz zur Ausführung des Bundesjagdgesetzes vom 16. 11. 1954 (GVBl. RhPf S. 143).

SAARLAND: Jagdgesetz vom 10. 12. 1969 (ABl. Saar S. 867).

SCHLESWIG-HOLSTEIN: Jagdgesetz vom 13. 7. 1953 (GVBl. SchlH S. 77).

II. Strafverfahrensrecht – Texte –

Gesamtausgabe
STRAFPROZESSORDNUNG. Jugendgerichtsgesetz, Gerichtsverfassung, Gesetz über Ordnungswidrigkeiten, Kostengesetze, Gebührenordnungen u. a. Nebenvorschriften. Textausg. mit Verw. u. Sachverz. 29. Aufl. Stand vom 15. 10. 1971. München: Beck 1971.

1. Gerichtsverfassungsrecht

Grundgesetz für die Bundesrepublik Deutschland vom 23. 5. 1949 (BGBl. I S. 1); *zuletzt geändert durch* Gesetz vom 28. 7. 1972 (BGBl. I S. 1305). *Neben den Grundrechten sind für die Gerichtsverfassung und das Strafverfahren vor allem die Art. 92–104 von Bedeutung.*

Gerichtsverfassungsgesetz vom 27. 1. 1877 (RGBl. S. 41) *i. d. F. der* Neubekanntmachung vom 12. 9. 1950 (BGBl. I S. 513); *zuletzt geändert durch* Gesetz vom 26. 5. 1972 (BGBl. I S. 841).

Einführungsgesetz zum Gerichtsverfassungsgesetz vom 27. 1. 1877 *i. d. F. der* Neubekanntmachung vom 12. 9. 1950 (BGBl. I S. 455); *zuletzt geändert durch* Gesetz vom 26. 5. 1972 (BGBl. I S. 841).

Gesetz zur Wahrung der Einheitlichkeit der Rechtsprechung der Obersten Gerichtshöfe des Bundes vom 19. 6. 1968 (BGBl. I S. 661).

Gesetz über die Zuständigkeit der Gerichte bei Änderung der Gerichtseinteilung vom 6. 12. 1933 (RGBl. I S. 1037).

Gesetz zur Ergänzung von Zuständigkeiten auf den Gebieten des Bürgerlichen Rechts, des Handelsrechts und des Strafrechts (Zuständigkeitsergänzungsgesetz) vom 7. 8. 1952 (BGBl. I S. 407).

Deutsches Richtergesetz vom 8. 9. 1961 (BGBl. I S. 1665) *i. d. F. der* Neubekanntmachung vom 19. 4. 1972 (BGBl. I S. 713); *zuletzt geändert durch* Gesetz vom 28. 7. 1972 (BGBl. I S. 1288).

Verordnung über die Errichtung von Truppendienstgerichten vom 29. 4. 1957 (BGBl. I S. 401); *zuletzt geändert durch* VO vom 18. 9. 1970 (BGBl. I S. 1333).

2. Strafprozeßrecht

Strafprozeßordnung vom 1. 2. 1877 (RGBl. S. 253) *i. d. F. der* Neubekanntmachung vom 17. 9. 1965 (BGBl. I S. 1374); *zuletzt geändert durch* Gesetz vom 19. 9. 1972 (BGBl. I S. 1797).

Textausgaben
STRAFPROZESSORDNUNG, mit Einführungsgesetz, Gerichtsverfassungsvorschriften und Auszug aus dem 1. Strafrechtsreformgesetz. Textausg. mit Sachreg. u. einer Einf. von C. ROXIN. 9. Aufl. München: Dt. Taschenbuch Verl. 1970. (dtv/Beck-Texte. 5011.)

STRAFPROZESSORDNUNG. Mit Stichwortverz. u. Kurzerl. von W. ULLRICH. Neuwied [usw.]: Luchterhand 1968. (Strafverfahren 1./Luchterhand Texte 7.)

STRAFPROZESSORDNUNG. Gerichtsverfassungsgesetz, Einführungsgesetze und andere Bestimmungen. Mit einer Einf. von M. KOHLHAAS. Stand: 1. August 1969. München: Goldmann [um 1969].

Übersetzungen
THE GERMAN CODE OF CRIMINAL PROCEDURE. With an introduction by E. SCHMIDT. Translated by H. NIEBLER. South Hackensack, N. J.: Rothman [usw.] 1965. (Am. Ser. For. Pen. Codes. 10.)

Yü, Shu-p'ing [*auch:* Jü, Schobern]: Hsing-shih-su-sung-fa-hsüeh [Die Strafprozeßrechtswissenschaft]. 3. Aufl. Taipei, Taiwan: Chung-kuo-fa-hsüeh-pien-i-she [Verlag für die Herausgabe u. Übersetzung der chinesischen Rechtswissenschaft] 1961. *Ein Lehrbuch des Strafprozeßrechts, das Teile der deutschen StPO in chinesischer Übersetzung enthält.*

Ergänzende prozessuale Vorschriften

Einführungsgesetz zur Strafprozeßordnung vom 1. 2. 1877 (RGBl. S. 346); *zuletzt geändert durch* Gesetz vom 12. 9. 1950 (BGBl. I S. 455).

Richtlinien für das Strafverfahren und das Bußgeldverfahren (RiStBV) vom 1. 12. 1970. *Diese Richtlinien besitzen keine Gesetzeskraft, sondern wurden als Verwaltungsvorschrift zwischen dem Bundesminister der Justiz und den Landesjustizverwaltungen vereinbart.*

Deutschland (BRD) A. II 3 a

Textausgabe
RICHTLINIEN FÜR DAS STRAFVERFAHREN vom 1. Dezember 1970. Bochum: Justizvollzugsanstalt Bochum 1971.

Gesetz zur Beschränkung des Brief-, Post- und Fernmeldegeheimnisses (Gesetz zu Art. 10 Grundgesetz) vom 13. 8. 1968 (BGBl. I S. 949).

Gesetz über die Einrichtung eines Bundeskriminalpolizeiamtes (Bundeskriminalamtes) vom 8. 3. 1951; *zuletzt geändert durch* Gesetz vom 19. 9. 1969 (BGBl. I S. 1717). *Dem Bund wird hier in bestimmten Fällen die polizeiliche Ermächtigung zur Strafverfolgung erteilt.*

Vertrag zur Regelung aus Krieg und Besatzung entstandener Fragen vom 26. 5. 1952 *i. d. F. der* Bekanntmachung vom 30. 3. 1955 (BGBl. II. S. 405). (Sog. Überleitungsvertrag.) *Strafprozessual bedeutsam sind vor allem die Art. 3 und 7.*

Abkommen zwischen den Parteien des Nordatlantikvertrages über die Rechtsstellung ihrer Truppen (NATO-Truppenstatut) vom 19. 6. 1951 (BGBl. 1961 II S. 1190). *Art. VII regelt die Straf- und Disziplinargerichtsbarkeit.*

Zusatzabkommen zu dem Abkommen zwischen den Parteien des Nordatlantikvertrages vom 19. 6. 1951 über die Rechtsstellung ihrer Truppen hinsichtlich der in der Bundesrepublik Deutschland stationierten ausländischen Truppen vom 3. 8. 1959 (BGBl. 1961 II S. 1218). *Die Art. 17–30, 37–40, 75 regeln die Strafgerichtsbarkeit über die in der Bundesrepublik Deutschland stationierten Mitglieder der NATO-Streitkräfte.*

Gesetz zum NATO-Truppenstatut und zu den Zusatzvereinbarungen vom 18. 8. 1961 (BGBl. II S. 1183); *zuletzt geändert durch* Gesetz vom 29. 11. 1966 (BGBl. I S. 653). *Art. 3 ist die Ausführungsvorschrift zu Art. 19, Abs. 3 des Zusatzabkommens zum Truppenstatut, der die Rücknahme des Verzichts der deutschen Strafverfolgungsbehörden vorsieht.*

Viertes Strafrechtsänderungsgesetz vom 11. 6. 1957 (BGBl. I S. 597); *zuletzt geändert durch* 3. StrRG vom 20. 5. 1970 (BGBl. I S. 505). *Art. 9 modifiziert einige Vorschriften der Strafprozeßordnung bei Straftaten gegen die Vertragsstaaten des Nordatlantikpaktes.*

Deutsches Auslieferungsgesetz vom 23. 12. 1929 (RGBl. I S. 329); *zuletzt geändert durch* Gesetz vom 19. 12. 1964 (BGBl. I S. 1067).

Gerichtskostengesetz vom 18. 6. 1878 (RGBl. S. 141) *i. d. F. der* Neubekanntmachung vom 26. 7. 1957 (BGBl. I S. 941); *zuletzt geändert durch* Gesetz vom 27. 6. 1970 (BGBl. I S. 911). *Der 5. Abschnitt (§§ 67–87) regelt die Gebühren in Strafsachen, § 113 den Kostenvorschuß in Strafsachen.*

Bundesgebührenordnung für Rechtsanwälte vom 26. 7. 1957 (BGBl. I S. 907); *zuletzt geändert durch* Gesetz vom 27. 6. 1970. *Im 6. Abschnitt (§§ 83–104) sind die Rechtsanwaltsgebühren in Strafsachen geregelt.*

Gesetz über die Entschädigung von Zeugen und Sachverständigen vom 26. 7. 1957 (BGBl. I S. 902) *i. d. F. der* Neubekanntmachung vom 1. 10. 1969 (BGBl. I S. 1757).

Gesetz über die Entschädigung der ehrenamtlichen Richter vom 26. 7. 1957 (BGBl. I S. 900) *i. d. F. der* Neubekanntmachung vom 1. 10. 1969 (BGBl. I S. 1753).

Gesetz über die innerdeutsche Rechts- und Amtshilfe in Strafsachen vom 2. 5. 1953; *zuletzt geändert durch* Gesetz vom 19. 12. 1964 (BGBl. I S. 1067). *Regelt den Rechtshilfeverkehr mit der DDR.*

Anordnung über Mitteilungen in Strafsachen (MiStra) vom 15. 1. 1958 in der ab 1. 1. 1966 geltenden Fassung (BAnz. Nr. 12). *Es handelt sich hierbei um eine Vereinbarung zwischen den Landesjustizverwaltungen und dem Bundesminister der Justiz.*

3. Wichtige Nebengesetze

a) Jugendstrafverfahren

Jugendgerichtsgesetz vom 4. 8. 1953 (BGBl. I S. 751); *zuletzt geändert durch* Gesetz vom 21. 8. 1972 (BGBl. I S. 1481). *Die Jugendgerichtsverfassung und das Jugendstrafverfahren sind in den §§ 33–81 geregelt.*

Richtlinien zum Jugendgerichtsgesetz vom 15. 2. 1958 in der seit 1. 3. 1965 geltenden bundeseinheitlichen Fassung. *Sie ergänzen und modifizieren die Richtlinien für das Strafverfahren i. d. F. vom 1. 12. 1970 (s. unter II. 2).*

b) Militärstrafverfahren

Ein besonderes Militärstrafverfahren gibt es in der Bundesrepublik Deutschland nicht. Große Bedeutung hat dagegen in der Praxis das Wehrdisziplinarverfahren:

Wehrdisziplinarordnung (WDO) vom 15. 3. 1957 (BGBl. I S. 189) *i. d. F. der* Neubekanntmachung vom 4. 9. 1972 (BGBl. I S. 1665).

Wehrbeschwerdeordnung vom 23. 12. 1956 (BGBl. I S. 1066) *i. d. F. der* Neubekanntmachung vom 11. 9. 1972 (BGBl. I S. 1737). *Dieses Gesetz hat zwar weder strafrechtliche noch disziplinarrechtliche Normen im engeren Sinne zum Inhalt, steht jedoch mit dem Disziplinarverfahren insofern in engem Zusammenhang, als es dem Soldaten bestimmte „Verteidigungsmittel" gibt und hierfür eine besondere Zuständigkeit der Truppendienstgerichte begründet.*

Gesetz über die Anwendung unmittelbaren Zwanges und die Ausübung besonderer Befugnisse durch Soldaten der

Bundeswehr und zivile Wachpersonen (UZwGBw) vom 12. 8. 1965 (BGBl. I S. 796).

c) Sonstige Verfahrensvorschriften

Bußgeldverfahren

Gesetz über Ordnungswidrigkeiten (OWiG) vom 24. 5. 1968 (BGBl. I S. 481); zuletzt geändert durch Gesetz vom 8. 3. 1971 (BGBl. I S. 157). *Das Bußgeldverfahren ist in den §§ 35–109 geregelt.*

Steuerstrafverfahren

Reichsabgabenordnung vom 22. 5. 1931 (RGBl. I S. 161); zuletzt geändert durch 1. StrRG vom 25. 6. 1969 (BGBl. I S. 645). *Die §§ 420–445 regeln das Steuerstrafverfahren, die §§ 446–449 das Bußgeldverfahren bei Steuerordnungswidrigkeiten.*

Außenwirtschaftsgesetz vom 28. 4. 1961 (BGBl. I S. 481); zuletzt geändert durch Gesetz vom 30. 7. 1968 (BGBl. I S. 874). *Die §§ 42, 43 enthalten besondere Zuständigkeiten und Verfahrensvorschriften.*

III. Strafvollstreckungsrecht – Texte –

Gesamtausgaben

STRAFVOLLSTRECKUNG. Strafvollzug, Strafregister, Gnadenwesen. Textausg. mit Verw. u. Sachverz. 5. Aufl. Stand: 1. 9. 1966. München: Beck 1966.

STRAFVOLLZUGSGESETZ. Mit sachkundiger Einf., zahlreichen Anm. u. ausführlichem Register. Hrsg. von H.-E. EGNER. München: Goldmann 1967.

STRAFVOLLZUG. Mit Kurzerl. Von W. ULLRICH. Stand: 15. 5. 1969. Neuwied [usw.]: Luchterhand 1969. (Strafverfahren 2./Luchterhand Texte 13.)

Strafvollstreckung

Strafprozeßordnung vom 1. 2. 1877 *(s. II. 2). Die §§ 449–463b behandeln die Strafvollstreckung.*

Strafvollstreckungsordnung (StVollstrO) vom 15. 2. 1956 i. d. F. vom 1. 6. 1965 (BAnz. Nr. 112). *Es handelt sich um eine Vereinbarung zwischen den Landesjustizverwaltungen und dem Bundesminister der Justiz.*

Ländervereinbarung zur Vereinfachung und zur Beschleunigung der Strafvollstreckung. *Seit 1. 7. 1965 in Kraft.*

Richtlinien für die Bewilligung und Durchführung des Wochenendvollzuges (§ 32 StVollstrO) vom 1. 6. 1965. *Die Richtlinien wurden in bundeseinheitlicher Fassung von den Ländern eingeführt.*

Anordnung über die Einforderung und Beitreibung von Vermögensstrafen und Verfahrenskosten vom 15. 2. 1956 in der ab 1. 1. 1959 geltenden bundeseinheitlichen Fassung (BAnz. 1958 Nr. 240). *Vereinbarung zwischen den Landesjustizverwaltungen und dem Bundesminister der Justiz.*

Geschäftsanweisung für Gerichtsvollzieher in der ab 1. 10. 1963 geltenden bundeseinheitlichen Fassung. *§§ 197–212 regeln die Vollstreckung von Vermögensstrafen und anderen Entscheidungen im Strafverfahren.*

Jugendgerichtsgesetz vom 4. 8. 1953 *(s. I. 2b). Die §§ 82–89 regeln die Vollstreckung von Jugendstrafen und Jugendarrest. Vgl. hierzu auch die* Richtlinien zum Jugendgerichtsgesetz vom 15. 2. 1958 in der seit 1. 3. 1965 geltenden bundeseinheitlichen Fassung *(s. II. 3a).*

Einführungsgesetz zum Wehrstrafgesetz vom 30. 3. 1957 (BGBl. I S. 306); zuletzt geändert durch Gesetz vom 21. 8. 1972 (BGBl. I S. 1481). *Die Art. 4–7 enthalten Bestimmungen über Vollstreckung und Vollzug von Strafen gegen Soldaten.*

Gesetz über die Entschädigung für Strafverfolgungsmaßnahmen (StrEG) vom 8. 3. 1971 (BGBl. I S. 157).

Strafvollzug und Vollzug der Untersuchungshaft

Untersuchungshaftvollzugsordnung vom 12. 2. 1953 in der ab 1. 1. 1966 geltenden bundeseinheitlichen Fassung. *Es handelt sich um eine Vereinbarung der Landesjustizverwaltungen.*

Dienst- und Vollzugsordnung vom 1. 12. 1961 (DVollzO) in der ab 1. 1. 1966 geltenden bundeseinheitlichen Fassung. *Es handelt sich um eine Vereinbarung der Landesjustizverwaltungen, die keine Gesetzeskraft besitzt. Ein Bundesstrafvollzugsgesetz ist in Vorbereitung und soll in naher Zukunft verabschiedet werden; vgl. hierzu:*

ENTWURF EINES GESETZES ÜBER DEN VOLLZUG DER FREIHEITSSTRAFEN und freiheitsentziehenden Maßregeln der Besserung und Sicherung. – Strafvollzugsgesetz –. Bonn: Bundesministerium der Justiz 1971.

Jugendgerichtsgesetz *(s. I. 2b). Die §§ 90–93 enthalten Vorschriften über den Vollzug von Jugendarrest, Jugendstrafe und Untersuchungshaft an Jugendlichen.*

Verordnung über den Vollzug des Jugendarrestes (Jugendarrestvollzugsordnung – JAVollzO –) vom 12. 8. 1966 (BGBl. I S. 505).

Rechtsverordnung über den Vollzug des Strafarrestes vom 25. 8. 1958 (BGBl. I S. 647). *Die VO ist ergangen auf Grund* Art. 7 des Einführungsgesetzes zum Wehrstrafgesetz vom 30. 3. 1957 (BGBl. I S. 306).

Deutschland (BRD) A. III

Bekanntmachung über die Vollstreckung und den Vollzug von Freiheitsstrafen und Jugendarrest an Soldaten vom 2. 12. 1958 (BAnz. Nr. 234). *Die Bekanntmachung wurde vom Bundesminister für Verteidigung im Einvernehmen mit den Landesjustizverwaltungen und dem Bundesminister der Justiz erlassen.*

Registerrecht

Gesetz über das Zentralregister und das Erziehungsregister (Bundeszentralregistergesetz – BZRG) vom 18. 3. 1971 (BGBl. I S. 243); *zuletzt geändert durch* Gesetz vom 19. 9. 1972 (BGBl. I S. 1797).

Straßenverkehrsgesetz vom 19. 12. 1952 (BGBl. I S. 837) *(s. I. 2f). Die §§ 28–30 behandeln das Verkehrszentralregister.*

Straßenverkehrszulassungsordnung vom 6. 12. 1960 (BGBl. I S. 898) *(s. I. 2f). Die §§ 13–13d enthalten zusätzliche Ausführungsvorschriften zum Verkehrszentralregister. Vgl. hierzu auch die allgemeinen Verwaltungsvorschriften zu den §§ 13–13d der Straßenverkehrszulassungsordnung vom 19. 12. 1968 (Beilage zum BAnz. Nr. 242).*

Amnestie, Gnadenwesen

Gesetz über den Erlaß von Strafen und Geldbußen und die Niederschlagung von Strafverfahren und Bußgeldverfahren (Straffreiheitsgesetz 1954) vom 17. 7. 1954 (BGBl. I S. 203).

Gesetz über Straffreiheit (Straffreiheitsgesetz 1968) vom 9. 7. 1968 (BGBl. I S. 773).

Gesetz über Straffreiheit (Straffreiheitsgesetz 1970) vom 20. 5. 1970 (BGBl. I S. 509).

Verordnung über das Verfahren in Gnadensachen (Gnadenordnung) vom 6. 2. 1935 (DJ S. 203). *Diese Gnadenordnung gilt nur noch in einigen Ländern der Bundesrepublik weiter.*

Anordnung des Bundespräsidenten über die Ausübung des Begnadigungsrechtes des Bundes vom 5. 10. 1965 (BGBl. I S. 1573).

In den Bundesländern sind folgende Bestimmungen zum Gnadenrecht ergangen.

BADEN-WÜRTTEMBERG: Anordnung des Ministerpräsidenten über die Ausübung des Gnadenrechts vom 8. 12. 1970 (GBl. BW S. 518).

Anordnung über das Verfahren der Justizbehörden des Landes Baden-Württemberg in Gnadensachen (Gnadenordnung). AV des Justizministeriums vom 23. 3. 1971 (Die Justiz, 1971, S. 130).

BAYERN: Bayerische Gnadenordnung vom 11. 11. 1954 (BS Bay III, S. 190) *und* Bekanntmachung des Ministerpräsidenten über die Ausübung des Begnadigungsrechts vom 14. 6. 1971 (GVBl. Bay S. 205).

BERLIN: Gesetz über den Ausschuß für Gnadensachen vom 19. 12. 1968 (GVBl. Bln S. 1767) *mit Änderung durch* Gesetz vom 6. 3. 1970 (GVBl. Bln S. 474); AV über das Verfahren in Gnadensachen (Gnadenordnung) i. d. F. vom 19. 3. 1969 (ABl. Bln S. 418).

BREMEN: Anordnung des Senats über die Ausübung des Begnadigungsrechts vom 4. 11. 1958 (SaBremR 313a/1) *mit Änderung durch* Anordnung vom 29. 6. 1971 (GBl. Br 175).

HAMBURG: Anordnung über Gnadenangelegenheit vom 11. 12. 1962 (Amtl. Anz. Hmb S. 1231) *und* Anordnung vom 27. 12. 1966 (Amtl. Anz. Hmb 1967, S. 21) *mit Änderung durch* Anordnung vom 4. 12. 1967 (Amtl. Anz. Hmb S. 1543).

HESSEN: Gnadenordnung vom 27. 11. 1968 (JMBl. He S. 595) *mit Änderung durch* Erlaß vom 19. 12. 1969 (JMBl. He 1970 S. 19).

NIEDERSACHSEN: Erlaß über die Ausübung des Gnadenrechts vom 2. 9. 1952 (Nds Rpfl. S. 180) *mit Änderung durch* Erlaß vom 31. 1. 1969 (Nds Rpfl. S. 82) *und vom* 23. 4. 1971 (Nds Rpfl. S. 156).

Gnadenordnung vom 4. 2. 1963 (Nds Rpfl. S. 54) *mit Änderung durch* AV vom 18. 6. 1969 (Nds Rpfl. S. 150) *und* vom 29. 4. 1970 (Nds Rpfl. S. 129).

NORDRHEIN-WESTFALEN: Erlaß des Ministerpräsidenten über die Ausübung des Rechts der Begnadigung vom 12. 11. 1951 (GS NRhW S. 569) *mit Änderung durch* Erlaß vom 2. 5. 1969 (GVBl. NRhW S. 208).

Gnadenordnung vom 15. 2. 1965 (Sonderveröffentlichung des JMBl. NRhW) *mit* AV vom 15. 2. 1965 (JMBl. NRhW S. 133) *und* AV vom 4. 6. 1969 (JMBl. NRhW S. 148) *und Änderung durch* AV vom 2. 8. 1971 (JMBl. NRhW S. 193).

RHEINLAND-PFALZ: Landesgesetz über die Neuregelung des Gnadenrechts vom 15. 4. 1948 *i. d. F. der* Bekanntmachung vom 30. 8. 1957 (GVBl. RhPf S. 185) *mit Änderung durch* Gesetz vom 5. 3. 1970 (GVBl. RhPf S. 96).

Gnadenordnung vom 31. 8. 1967 (JBl. RhPf S. 163).

SAARLAND: Verordnung über die Ausübung des Gnadenrechts vom 2. 3. 1948 (ABl. Saar S. 447).

SCHLESWIG-HOLSTEIN: Erlaß über die Ausübung des Begnadigungsrechts vom 5. 5. 1952 (ABl. SchlH S. 182).

Gnadenordnung vom 1. 9. 1962 (SchlHAnz. S. 233) *mit Änderung durch* AV vom 27. 3. 1969 (SchlHAnz. S. 78) *und* vom 17. 11. 1970 (SchlHAnz. S. 10).

IV. Entscheidungssammlungen

1. Strafrechtliche

ENTSCHEIDUNGEN DES REICHSGERICHTS IN STRAFSACHEN. 1. 1880–77. 1944. *Mit* Generalreg. für Bd. 1–75. *Fortges. als:*

ENTSCHEIDUNGEN DES BUNDESGERICHTSHOFES IN STRAFSACHEN. 1. 1951 ff. *Mit* Generalreg. zu Bd. 1–10 mit Einschluß der Bde. 76 u. 77 der Entscheidungen des Reichsgerichts in Strafsachen u. Bd. 1–3 der Entscheidungen des Obersten Gerichtshofes für die Britische Zone in Strafsachen; Generalreg. zu Bd. 11–20.

ENTSCHEIDUNGEN DES OBERSTEN GERICHTSHOFES FÜR DIE BRITISCHE ZONE IN STRAFSACHEN. 1. 1948–3. 1950.

HÖCHSTRICHTERLICHE ENTSCHEIDUNGEN. Sammlung von Entscheidungen der Oberlandesgerichte und der Obersten Gerichte in Strafsachen. 1. [1948]–3,1. [1950].

ENTSCHEIDUNGEN DES BAYERISCHEN OBERSTEN LANDESGERICHTS IN STRAFSACHEN (1. 1902–34. 1934/35 *u. d. T.:* Sammlung von Entscheidungen . . .). N. F. 1: 1949–1951. 1951 ff.

ENTSCHEIDUNGEN DER OBERLANDESGERICHTE ZUM STRAF- UND STRAFVERFAHRENSRECHT. Berlin [usw.]: Luchterhand 1964 ff. [Losebl.-Ausg. *in 4 Ordnern.*]

RECHTSPRECHUNG IN WEHRSTRAFSACHEN. Entscheidungssammlung in Strafsachen gegen Soldaten, mit Gesetzestexten, Anm. u. Literaturhinweisen. Hrsg. von M. KOHLHAAS u. H.-G. SCHWENCK unter Mitarb. von R. WEIDINGER. Köln [usw.]: Heymann 1967 ff. [Losebl.-Ausg.]

JUSTIZ UND NS-VERBRECHEN. Sammlung Deutscher Strafurteile wegen nationalsozialistischer Tötungsverbrechen 1945–1966. Bearb. von A. L. RÜTER-EHLERMANN u. C. F. RÜTER (Bd. 6 ff.: u. H. H. FUCHS). Red.: F. BAUER [u. a.] Bd. 1 ff. Amsterdam: Univ. Pr. 1968 ff. *Bisher ersch.: Bd. 1–7. Die vom 8. 5. 1945 bis 13. 12. 1950 ergangenen Strafurteile.*

2. Wichtige allgemeine

DEUTSCHE RECHTSPRECHUNG. Entscheidungsauszüge u. Aufsatzhinweise für die juristische Praxis. Bd. 1–6. Hannover: Deutsche Rechtsprechung 1948 ff. [Losebl.-Ausg. *in 17 Ordnern.*] *Bd. 3 enth. Strafrecht.*

NACHSCHLAGEWERK DES BUNDESGERICHTSHOFS. Leitsätze u. Entscheidungen mit erl. Anm. Begr. von F. LINDENMAIER u. P. MÖHRING. Fortgef. u. hrsg. in Zivilsachen von P. MÖHRING, R. FISCHER u. R. NIRK, in Strafsachen von L. MARTIN, C. F. FRHR. VON STACHELBERG u. P. H. BALDUS. [Bd. 1 ff.] München [usw.]: Beck 1951 ff. [Losebl.-Ausg.]

STRASSENVERKEHRSRECHT. StVO. Entscheidungssammlung zur Zeitschrift für Verkehrs- und Ordnungswidrigkeitenrecht ›VOR‹. Hrsg. von P. CRAMER. Bd. 1.2. Frankfurt a. M.: Athenäum Verl. 1972 ff. [Losebl.-Ausg. *in 2 Ordnern.*]

VERKEHRSRECHTSSAMMLUNG. Entscheidungen aus allen Gebieten des Verkehrsrechts. 1. 1949 ff.

FUNDHEFTE (1950–1959 *u. d. T.:* NJW-Fundhefte). Systematischer Nachweis der deutschen Rechtsprechung, Zeitschriftenaufsätze u. selbständigen Schriften. Abt. 1–6. München: Beck 1950 ff.

Abt. 1: Strafrecht. 1. 1950–5. 1959. [Mehr nicht erschienen.]

HÖCHSTRICHTERLICHE RECHTSPRECHUNG (1–3: auf dem Gebiete des Strafrechts). 1. 1925–18. 1942. [Bd. 1–3 ersch. als Sonderbeilage zu Bd. 46–48 der ZSTW.]

V. Zeitschriften

1. Strafrechtliche und kriminologische

ARCHIV FÜR KRIMINOLOGIE (1. 1898 – 65. 1916 *u. d. T.:* Archiv für Kriminalanthropologie und Kriminalistik). 1. 1898 ff. [1945–1954 nicht erschienen.]

BEWÄHRUNGSHILFE. 1. 1954/55 ff.

BLUTALKOHOL. Wissenschaftliche Zeitschrift für die medizinische und juristische Praxis. 1. 1961/62 ff.

GOLTDAMMER'S ARCHIV FÜR STRAFRECHT. 1953 ff. (*Hervorgegangen aus:* Archiv für preußisches Strafrecht [19. 1871 – 27. 1879 *u. d. T.:* Archiv für gemeines deutsches und für preußisches Strafrecht; 28. 1880–46. 1898 *u. d. T.:* Archiv für Strafrecht; 47. 1900–77. 1933 *u. d. T.:* Archiv für Strafrecht und Strafprozess]. 1. 1853–77. 1933. N. F. *u. d. T.:* Deutsches Strafrecht. 1. 1934–11. 1944.)

KRIMINALISTIK (1. 1947–2. 1948 *u. d. T.:* Kriminalistische Rundschau). 1. 1947 ff.

KRIMINOLOGISCHES JOURNAL. 1. 1969 ff.

MONATSSCHRIFT FÜR KRIMINOLOGIE UND STRAFRECHTSREFORM (1. 1904/05–35. 1944 *u. d. T.:* Monatsschrift für Kriminalpsychologie und Strafrechtsreform). 1. 1904/05 ff. [1945–1952 nicht erschienen.]

ZEITSCHRIFT FÜR RECHTSMEDIZIN (1. 1852 – 25. 1864; 2. Serie: 1. 1864 – 63. 1890; 3. Serie: 1. 1891 – 62. 1921 *u. d. T.:* Vierteljahresschrift für gerichtliche Medizin und öffentliches Sanitätswesen; 1. 1922–66. 1969 *u. d. T.:* Deutsche Zeitschrift für die gesamte gerichtliche Medizin). 1. 1852 ff. [1945–1947 nicht erschienen.]

ZEITSCHRIFT FÜR DIE GESAMTE STRAFRECHTSWISSENSCHAFT. 1. 1881 ff.

Deutschland (BRD) A. V 2

Zeitschrift für Strafvollzug. 3. 1952/53 ff. [Jg. 1. 2. nicht ermittelt.]

2. Wichtige allgemeine (mit strafrechtlichem Inhalt)

Anwaltsblatt. 1. 1950/51 ff.

Deutsche Richterzeitung (28. 1950 – 30. 1952 *vereinigt mit:* Justiz und Verwaltung). 1. 1909 ff.

Deutsches Autorecht *(1956 ff. vereinigt mit* Das Recht des Kraftfahrers). 1. 1926 ff.

Juristen-Jahrbuch. 1. 1960 ff.

Juristenzeitung. 1950 ff. (*Hervorgegangen aus:* Süddeutsche Juristenzeitung 1. 1946 – 5. 1950.)

Juristische Arbeitsblätter. 1. 1969 ff.

Juristische Rundschau. 1. 1947 ff.

Juristische Schulung. 1. 1961 ff.

Kritische Justiz. 1. 1968 ff.

Monatsschrift für deutsches Recht. 1. 1947 ff.

Neue Juristische Wochenschrift. 1. 1947/48 ff.

Neue Zeitschrift für Wehrrecht. 1. 1959 ff.

Niedersächsische Rechtspflege. 1. 1947 ff.

Schleswig-Holsteinische Anzeigen. 1. 1837 ff. [1942–1945 nicht erschienen.]

Verhandlungen des Deutschen Juristentages. 1. 1860 ff.

Zeitschrift für Rechtspolitik. 1. 1968 ff. (*Beilage der Neuen Juristischen Wochenschrift.*)

VI. Literatur

1. Allgemeines

Bibliographien, Nachschlagewerke

Bibliographie des deutschen Rechts in englischer und deutscher Sprache. Bibliography of German law in English and German. Eine Auswahl. Stand: 31. Dezember 1963. Karlsruhe: C. F. Müller 1964; Erg. Bd. 1964–1968. Stand: 1. Dezember 1968. 1969.

Briessmann, E.: Strafrecht und Strafprozeß. Stand: 1. Februar 1970. München: Deutscher Taschenbuch Verl. 1970. (Beck-Rechtslexika, dtv 5047.)

Creifelds, C.: Rechtswörterbuch. 2. Aufl. München: Beck 1970.

Fundhefte *(s. IV. 2).*

Göhler, E. – H. Buddendiek – K. Lenzen: Lexikon des Nebenstrafrechts. Gesamtübersicht über die Straftatbestände außerhalb des StGB und über das Ordnungswidrigkeitenrecht. 2. Aufl. München: Beck 1971 ff. [Losebl.-Ausg.] *Zugleich Reg. Bd. zu* Erbs-Kohlhaas: Strafrechtliche Nebengesetze ... *(s. VI. 4).*

Handwörterbuch der Kriminologie. Begr. von A. Elster u. H. Lingemann. 2. Aufl. hrsg. von R. Sieverts. Bd. 1 ff. Berlin: de Gruyter 1966 ff. [In Lfg.]

Handwörterbuch der Rechtswissenschaft. Hrsg. von F. Stier-Somlo u. A. Elster. Bd. 1–8. Berlin [usw.]: de Gruyter 1926–1937.

Karlsruher Juristische Bibliographie (KJB). Systematischer Titelnachweis neuer Bücher und Aufsätze in monatlicher Folge. (Zugleich Bücher- und Zeitschriftenschau der Neuen Juristischen Wochenschrift.) 1. 1965 ff.

Katalog der Bücherei des Bundeskriminalamtes. Stand vom 1. 5. 1964. [Wiesbaden: Bundeskriminalamt 1964.] Nachtr. 1: Stand vom 1. 1. 1970. [1970].

Keysers Rechtslexikon. Von K. u. H. Curtius. 4. Aufl. Heidelberg: Keyser 1959.

Kirchner, H.: Abkürzungsverzeichnis der Rechtssprache. 2. Aufl. Berlin: de Gruyter 1968.

Köst, E.: Juristisches Wörterbuch. 6. Aufl. Bremen: Schünemann 1967. (Slg. Dieterich. 9.)

Lexikon des Rechts. Hrsg. von A. Reifferscheid, E. Böckel u. F. Benseler. [Bd.] 1–4. Neuwied a. Rh. [usw.]: Luchterhand 1968.

Allgemeine Werke

Beling, E.: Methodik der Gesetzgebung, insbesondere der Strafgesetzgebung. Zugl. ein Beitr. zur Würdigung des Strafgesetzbuchentwurfs von 1919. Berlin-Grunewald: Rothschild 1922.

Berolzheimer, F.: Strafrechtsphilosophie und Strafrechtsreform. München: Beck 1907. (Berolzheimer: System der Rechts- und Wirtschaftsphilosophie. 5.)

Drost, H.: Das Ermessen des Strafrichters. Zugl. ein Beitr. zu dem allgemeinen Problem Gesetz und Richteramt. Berlin: Heymann 1930.

Engisch, K.: Die Lehre von der Willensfreiheit in der strafrechtsphilosophischen Doktrin der Gegenwart. Vortrag ... 4. Mai 1962. 2., unveränd. Aufl. Berlin: de Gruyter 1965. (Schriftenreihe der Juristischen Gesellschaft Berlin. 10.)

Liszt, F. von: Der Zweckgedanke im Strafrecht. 2. Aufl. Frankfurt a. M.: Klostermann 1948. (Deutsches Rechtsdenken. 11.)

Übersetzung
Liszt, F. von: La teoria dello scopo nel diritto penale. A cura di A. A. Calvi. Milano: Giuffrè 1962. (Civiltà del diritto. 4.)

Makarewicz, J.: Einführung in die Philosophie des Strafrechts auf entwicklungsgeschichtlicher Grundlage. Stuttgart: Enke 1906.

Materialien zur Strafrechtsreform. Bd. 1–15. Bonn 1954–1962. (Alleinvertrieb: Dr. H. Heger, Bad Godesberg.)
1. Gutachten der Strafrechtslehrer. 1954.
2. Rechtsvergleichende Arbeiten. 1.2.
   1. Allg. Teil. 1954. 2. Bes. Teil. 1955.

Schmidhäuser, E.: Vom Sinn der Strafe. Göttingen: Vandenhoeck & Ruprecht 1963. (Kleine Vandenhoeck-Reihe. 143/143a.)

Welzel, H.: Naturrecht und materiale Gerechtigkeit. Prolegomena zu einer Rechtsphilosophie. 4. Aufl. Göttingen: Vandenhoeck & Ruprecht 1962. (Jurisprudenz in Einzeldarstellungen. 4.)

Übersetzungen
Welzel, H.: Diritto naturale e giustizia materiale. A cura di G. De Stefano. Milano: Giuffrè 1965. (Civiltà del diritto. 13.)

Welzel, H.: Derecho natural y justicia material. Preliminares para una filosofía del derecho. Madrid: Aguilar 1957.

Würtenberger, T.: Die geistige Situation der deutschen Strafrechtswissenschaft. 2. Aufl. Karlsruhe: C. F. Müller 1959. (Freiburger rechts- u. staatswissenschaftliche Abh. 7.)

Würtenberger, T.: Kriminalpolitik im sozialen Rechtsstaat. Ausgewählte Aufsätze und Vorträge (1948–1969). Stuttgart: Enke 1970.

2. Strafrechtsgeschichte

Bar, L. von: Geschichte des deutschen Strafrechts und der Strafrechtstheorien. Berlin: Weidmann 1882. (Bar: Handbuch des deutschen Strafrechts. 1.)

Boldt, G.: Johann Samuel Friedrich von Böhmer und die gemeinrechtliche Strafrechtswissenschaft. Berlin [usw.]: de Gruyter 1936.

Hall, K. A.: Die Lehre vom corpus delicti. Dogmatische Quellenexegese zur Theorie des gemeinen deutschen Inquisitionsprozesses. Stuttgart: Kohlhammer 1933.

His, R.: Geschichte des deutschen Strafrechts bis zur Karolina. München [usw.]: Oldenbourg 1928. (Handbuch der mittelalterlichen u. neueren Geschichte. Abt. 3.)

His, R.: Das Strafrecht des deutschen Mittelalters. T. 1. 2. Leipzig: Weicher (2: Weimar: Böhlau) 1920–1935.
1. Die Verbrechen u. ihre Folgen im allgemeinen. 1920.
2. Die einzelnen Verbrechen. 1935.

Kern, E.: Geschichte des Gerichtsverfassungsrechts. München [usw.]: Beck 1954.

Oehler, D.: Wurzel, Wandel und Wert der strafrechtlichen Legalordnung. Berlin: de Gruyter 1950. (Münstersche Beitr. zur Rechts- u. Staatswissenschaft. 1.)

Radbruch, G. – H. Gwinner: Geschichte des Verbrechens. Versuch einer historischen Kriminologie. Stuttgart: Koehler 1951.

Schaffstein, F.: Die allgemeinen Lehren vom Verbrechen in ihrer Entwicklung durch die Wissenschaft des gemeinen Strafrechts. Berlin: Springer 1930.

Schmidt, E.: Einführung in die Geschichte der deutschen Strafrechtspflege. 3. Aufl. Göttingen: Vandenhoeck & Ruprecht 1965. (Jurisprudenz in Einzeldarstellungen. 1.)

Wilda, W. E.: Das Strafrecht der Germanen. Halle: Schwetschke 1842. (Wilda: Geschichte des deutschen Strafrechts. 1.)

3. Materielles Strafrecht

Kommentare

Dalcke, A.: Strafrecht und Strafverfahren ... *(s. unter Gesamtausgaben der Gesetze vor I).*

Dreher, E.: Strafgesetzbuch mit Nebengesetzen und Verordnungen. 33. Aufl. des von O. Schwarz begr. Werkes. München: Beck 1972. (Beck'sche Kurz-Kommentare. 10.)

Frank, R.: Das Strafgesetzbuch für das Deutsche Reich 18. Aufl. Tübingen: Mohr 1931.

Nachtr. u. d. T.:
Schäfer, E. – H. v. Dohnanyi: Die Strafgesetzgebung der Jahre 1931 bis 1935. 1936.

Kohlrausch, E. – R. Lange: Strafgesetzbuch. 43. Aufl. Berlin: de Gruyter 1961. (Slg. Guttentag. 2.)

Lackner, K. – H. Maassen: Strafgesetzbuch mit Erläuterungen. 7. Aufl. München [usw.]: Beck 1972.

Nivera, W.: Strafgesetzbuch nebst Auszügen aus der Strafprozeßordnung, dem Jugendgerichtsgesetz, Versammlungsgesetz und anderen Nebengesetzen. 6. Aufl. Köln [usw.]: Heymann 1968.

Deutschland (BRD) A. VI 3

OLSHAUSEN, J. VON: Kommentar zum Strafgesetzbuch für das Deutsche Reich. 11. Aufl. von K. LORENZ, H. FREIESLEBEN, E. NIETHAMMER. Bd. 1. 2. Berlin: Vahlen 1927.

Erg. Bd. u. d. T.:

FREIESLEBEN, H.–C. KIRCHNER–E. NIETHAMMER: Strafgesetzbuch für das Deutsche Reich ... 1936.

12. Aufl. u. d. T.: JUSTUS VON OLSHAUSEN'S KOMMENTAR ZUM STRAFGESETZBUCH FÜR DAS DEUTSCHE REICH. Bearb. von H. FREIESLEBEN [u. a.] Lfg. 1–3, §§ 1–247, S. 1–1232. 1942–1943. [Mehr nicht erschienen.]

PETTERS, W.–H. PREISENDANZ: Strafgesetzbuch. 26. Aufl. Berlin: Schweitzer 1970.

Nachtr. u. d. T.:

PREISENDANZ, H.: Drittes Gesetz zur Reform des Strafrechts (3. Str. RG) und Straffreiheitsgesetz 1970. 1970.

PFEIFFER, G.–H. MAUL–B. SCHULTE: Strafgesetzbuch. Kommentar an Hand der Rechtsprechung des Bundesgerichtshofes. Essen: Ellinghaus 1969.

SCHÖNKE, A.–H. SCHRÖDER: Strafgesetzbuch. Kommentar. 16. Aufl. München: Beck 1972.

STRAFGESETZBUCH. Leipziger Kommentar. Begr. von L. EBERMAYER, A. LOBE, W. ROSENBERG. 9. Aufl. hrsg. von P. BALDUS u. G. WILLMS. Lfg. 1 ff. Berlin: de Gruyter 1970 ff. *Bisher 16 Lfg.*

Lehrbücher

BAUMANN, J.: Grundbegriffe und System des Strafrechts. Eine Einf. in die Systematik an Hand von Fällen. 4. Aufl. Gesetzesstand 1. 1. 1974. Stuttgart [usw.]: Kohlhammer 1972.

BAUMANN, J.: Strafrecht. Allg. Teil. Ein Lehrbuch. 5. Aufl. Bielefeld: Gieseking 1968.

Erg. u. d. T.: Strafrechtsreformgesetz. 1970.

BELING, E.: Grundzüge des Strafrechts. Mit einer Anleitung zur Bearbeitung von Strafrechtsfällen. 11. Aufl. Tübingen: Mohr 1930.

BELING, E.: Die Lehre vom Verbrechen. Tübingen: Mohr 1906.

BINDING, K.: Grundriß des deutschen Strafrechts. Allg. Teil. 8. Aufl. Leipzig: Meiner 1913.

BINDING, K.: Handbuch des Strafrechts. Bd. 1. Leipzig: Duncker & Humblot 1885. (Systematisches Handbuch der deutschen Rechtswissenschaft. Abt. 7, T. 1, 1.)

BINDING, K.: Lehrbuch des gemeinen deutschen Strafrechts. Bes. Teil. Bd. 1. 2, 1. 2. Leipzig: Engelmann 1902–1905.

1: 2. Aufl. 1902. 2, 1: 2. Aufl. 1904. 2, 2: 1905.

1. Aufl. als Bd. 2 u. 3 des „Grundriß" ersch.

DOHNA, A. GRAF ZU: Der Aufbau der Verbrechenslehre. 4. Aufl. Bonn: Röhrscheid 1950.

ESER, A.: Strafrecht. H. 1.2. Frankfurt a. M.: Athenäum Verl. 1971.

HIPPEL, R. VON: Deutsches Strafrecht. Bd. 1. 2. Berlin: Springer 1925–1930.

1. Allg. Grundlagen. 1925.
2. Das Verbrechen. Allg. Lehren. 1930.

HIPPEL, R. VON: Lehrbuch des Strafrechts. Berlin: Springer 1932.

JESCHECK, H.-H.: Lehrbuch des Strafrechts. Allg. Teil. 2. Aufl. Berlin: Duncker & Humblot 1972.

LISZT, F. VON: Lehrbuch des deutschen Strafrechts. 26. Aufl. völlig neu bearb. von E. SCHMIDT. Bd. 1: Einl. u. allg. Teil. Berlin: de Gruyter 1932. [Mehr nicht erschienen?] *1. Aufl. 1881 mit dem Titel: Das deutsche Reichsstrafrecht.*

Übersetzungen

LISZT, F. VON: Traité de droit pénal allemand. Traduit sur la 17e édition allemande (1908) avec l'autorisation de l'auteur ... par R. LOBSTEIN avec une préface de E. GARÇON. Bd. 1. 2. Paris: Giard & Brière 1911–1913.

LISZT, F. VON: Tratado de direito penal. [Übers. von] J. H. DUARTE PEREIRA. Rio de Janeiro: Briguiet 1899.

LISZT, F. von: Tratado de derecho penal. Bd. 1–3. Traducido de la 18ª (Bd. 2. 3: 20ª) ed. alemana ... y adicionado con la „Historia del derecho penal en España" (Bd. 2. 3: con el Derecho penal español). Madrid: Reus [um 1926–1929]. 1. 2: 3. Aufl. o. J. [1926–1927?] 3: 2. Aufl. 1929. (Biblioteca jurídica de autores españoles y extranjeros. 11. 26. 27.)

MAURACH, R.: Deutsches Strafrecht. Ein Lehrbuch. [Bd. 1. 2.] Karlsruhe: C. F. Müller 1969–1971.

1. Allg. Teil. 4. Aufl. 1971.
2. Bes. Teil. 5. Aufl. 1969; Nachtr. 1970, Nachtr. II 1971.

Übersetzung

MAURACH, R.: Tratado de derecho penal. Traducción y notas de derecho español por J. CÓRDOBA RODA. Bd. 1. 2. Barcelona: Ariel 1962.

MAYER, H.: Strafrecht. Allg. Teil. *[Grundriß.]* Stuttgart [usw.]: Kohlhammer 1967.

MAYER, H.: Strafrecht. Allg. Teil. *[Lehrbuch.]* Stuttgart [usw.]: Kohlhammer 1953.

MAYER, M. E.: Der Allgemeine Teil des deutschen Strafrechts – Lehrbuch. 2., unveränd. Aufl. Heidelberg: Winter 1923. (Bibliothek der Kriminalistik. 2.)

A. VI 3 Deutschland (BRD)

MEZGER, E.: Strafrecht. Ein Lehrbuch. 3., unveränd. Aufl. Berlin [usw.]: Duncker & Humblot 1949.

Erg. u. d. T.:

MEZGER, E.: Moderne Wege der Strafrechtsdogmatik. Eine ergänzende Betrachtung zum Lehrbuch des Strafrechts in seiner 3. Aufl. (1949). Berlin [usw.]: Duncker & Humblot 1950.

Übersetzungen

MEZGER, E.: Diritto penale (Strafrecht). Traduzione italiana di F. MANDALARI. Effettuata sulla 2ª ed. tedesca con aggiunte dell'autore e note del traduttore in riferimento al diritto italiano. Prefazione di G. BATTAGLINI. Padova: Cedam 1935.

MEZGER, E.: Tratado de derecho penal. T. 1. 2. Madrid: Rev. de derecho privado 1955–1957. (Grandes tratados generales de derecho privado y público. C. 12. 13.)

1. Neuaufl., von J. A. RODRÍGUEZ MUÑOZ. 1955.
2. Traducción de la 2ª ed. alemana (1933) y notas de derecho español por J. A. RODRÍGUEZ MUÑOZ. 3. Aufl. von A. QUINTANO RIPOLLÉS. 1957.

MEZGER, E. – H. BLEI: Strafrecht. 1. 2. München [usw.]: Beck 1966–1970.

1. Allg. Teil. 14. Aufl. 1970.
2. Bes. Teil. 9. Aufl. 1966.

SAUER, W.: Allgemeine Strafrechtslehre. Eine lehrbuchmäßige Darstellung. 3. Aufl. der „Grundlagen des Strafrechts". Berlin: de Gruyter 1955.

SAUER, W.: System des Strafrechts. Bes. Teil. Köln [usw.]: Heymann 1954.

SCHMIDHÄUSER, E.: Strafrecht. Allg. Teil. Lehrbuch. Tübingen: Mohr 1970.

STRATENWERTH, G.: Strafrecht, Allgemeiner Teil. I: Die Straftat. Köln [usw.]: Heymann 1971.

WEBER, H. VON: Grundriß des deutschen Strafrechts. 2. Aufl. Bonn: Dümmler 1948.

WEGNER, A.: Strafrecht. Allg. Teil. Göttingen: Vandenhoeck & Ruprecht 1951. (Jurisprudenz in Einzeldarstellungen. 6.)

WELZEL, H.: Das deutsche Strafrecht. Eine systematische Darstellung. 11. Aufl. (Der 1. Teil des Buches ist zugl. die 14. Aufl. von „Der Allgemeine Teil des deutschen Strafrechts in seinen Grundzügen".) Berlin: de Gruyter 1969.

Übersetzung

WELZEL, H.: Derecho penal. Parte general. Buenos Aires: Depalma 1956.

WESSELS, J.: Strafrecht. Allg. Teil. 2. Aufl. Karlsruhe: C. F. Müller 1972. (Schwerpunkte. 7.)

Grundlegende Werke

ALTERNATIV-ENTWURF EINES STRAFGESETZBUCHES. Vorgelegt von J. BAUMANN [u. a.] Allg. und Bes. Teil. Tübingen: Mohr 1968–1970.

Allg. T.: 2. Aufl. 1969.
Bes. T.: Politisches Strafrecht. 1968.
Sexualdelikte. Straftaten gegen Ehe, Familie u. Personenstand. Straftaten gegen den religiösen Frieden und die Totenruhe. 1968.
Straftaten gegen die Person. 1. 1970. 2. 1971.

BAR, L. VON: Gesetz und Schuld im Strafrecht. Fragen des geltenden deutschen Strafrechts und seiner Reform. Bd. 1–3. Berlin: Guttentag 1906–1909.

1. Das Strafgesetz. 1906.
2. Die Schuld nach dem Strafgesetze. 1907.
3. Die Befreiung von Schuld u. Strafe durch das Strafgesetz. 1909.

BOCKELMANN, P.: Strafrechtliche Untersuchungen. Göttingen: Schwartz 1957. (Göttinger rechtswissenschaftliche Studien. 21.)

BRUNS, H.-J.: Strafzumessungsrecht. Allg. Teil. Köln [usw.]: Heymann 1967.

ENGISCH, K.: Untersuchungen über Vorsatz und Fahrlässigkeit im Strafrecht. Berlin: Liebmann 1930; Neudr. Aalen: Scientia 1964.

ENTWURF EINES STRAFGESETZBUCHES (StGB) E 1962 mit Begründung. Bundestagsvorlage. Bonn 1962. (Deutscher Bundestag. 4. Wahlperiode. Drucksache IV/650.)

GALLAS, W.: Beiträge zur Verbrechenslehre. Berlin: de Gruyter 1968.

HENTIG, H. VON: Die Strafe. 1. 2. Berlin [usw.]: Springer 1954–1955.

1. Frühformen u. kulturgeschichtliche Zusammenhänge. 1954.
2. Die modernen Erscheinungsformen. 1955.

KAUFMANN, Armin: Die Dogmatik der Unterlassungsdelikte. Göttingen: Schwartz 1959.

KAUFMANN, Arthur: Das Schuldprinzip. Heidelberg: Winter 1961. (Heidelberger rechtswissenschaftliche Abh. N. F. 9.)

NAGLER, J.: Die Strafe: Eine juristisch-empirische Untersuchung. 1. Hälfte. Leipzig: [Meiner] 1918; Neudr. Aalen: Scientia 1970. *[Mehr nicht erschienen.]*

NIEDERSCHRIFTEN ÜBER DIE SITZUNGEN DER GROSSEN STRAFRECHTSKOMMISSION. Bd. 1–14. Bonn 1956–1960: Bundesdr. (2 ff.: Bundesmin. der Justiz).

ROXIN, C.: Täterschaft und Tatherrschaft. 2. Aufl. Hamburg: Cram [usw.] 1967. (Hamburger Rechtsstudien. 50.)

SAX, W.: Grundsätze der Strafrechtspflege. *In*: DIE GRUNDRECHTE. Hrsg. von K. A. BETTERMANN, H. C. NIPPERDEY, U. SCHEUNER. *Bd. 3, 2.* Berlin: Duncker & Humblot 1959, S. *909 ff.*

WEBER, H. VON: Zum Aufbau des Strafrechtssystems. Jena: Frommann 1935.

WELZEL, H.: Das neue Bild des Strafrechtssystems. Eine Einf. in die finale Handlungslehre. 4. Aufl. Göttingen: Schwartz 1961. (Göttinger rechtswissenschaftliche Studien. 1.)

Übersetzungen

WELZEL, H.: E nea eikon tu poiniku systematos. 4. Aufl. (1961) übers. ins Griechische von A. BENAKIS. Athen: Sakkoulas 1963.

WELZEL, H.: El nuevo sistema del derecho penal. Una introducción a la doctrina de la acción finalista. Barcelona: Ariel 1964.

4. Nebenstrafrecht

Es sind hier nur Werke mit vorwiegend strafrechtlichem Inhalt aufgenommen. Zu den zahlreichen nebenstrafrechtlichen Vorschriften im Verwaltungsrecht vgl. deshalb die entsprechenden verwaltungsrechtlichen Kommentare.

Zum gesamten Nebenstrafrecht

ERBS, G. – M. KOHLHAAS: Strafrechtliche Nebengesetze. Bd. 1–3; Reg. Bd. München [usw.]: Beck 1967 ff. [Losebl. Ausg.] (Beck'sche Kurzkommentare. 17.)
Reg. Bd. u. d. T.: GÖHLER, E. – H. BUDDENDIEK – K. LENZEN: Lexikon des Nebenstrafrechts ... *(s. VI. 1)*.

STENGLEIN, M. – Melchior Stengleins Kommentar zu den strafrechtlichen Nebengesetzen des Deutschen Reiches. 5. Aufl. bearb. von L. EBERMAYER [u. a.] Bd. 1. 2. Berlin: Liebmann 1928–1931; Erg. Bd. 1933.

TIEDEMANN, K.: Tatbestandsfunktionen im Nebenstrafrecht. Untersuchungen zu einem rechtsstaatlichen Tatbestandsbegriff, entwickelt am Problem des Wirtschaftsstrafrechts. Tübingen: Mohr 1969. (Tübinger rechtswissenschaftliche Abh. 27.)

a) Das StGB ergänzende Gesetze

Die Konkursdelikte (früher 24. Abschnitt des StGB) sind in den Kommentaren von SCHÖNKE-SCHRÖDER, DREHER *(s. VI. 3) nach § 281 StGB kommentiert sowie in den Lehrbüchern von* MAURACH, *Bes. Teil, S. 274 ff. (§ 35) und* WELZEL, *S. 365 (s. VI. 3) dargestellt (vgl. außerdem die speziellen Kommentare zur Konkursordnung).*

b) Jugendstrafrecht (und Jugendwohlfahrtsrecht)

BENDER, W.: Jugendgerichtsgesetz, mit den erg. bundeseinheitlichen Gesetzen, Verordnungen u. Verwaltungsvorschriften. Loseblatt-Erläuterungsbuch für die Praxis. Berlin [usw.]: Vahlen 1965 ff. [Losebl. Ausg.]

DALLINGER, W. – K. LACKNER: Jugendgerichtsgesetz mit den ergänzenden Vorschriften. 2. Aufl. München [usw.]: Beck 1965.

GRETHLEIN. G. – R. BRUNNER: Jugendgerichtsgesetz. Kommentar. 3. Aufl. Gesetzesstand: 1. 4. 1970. Berlin: de Gruyter 1969. (Slg. Guttentag. 249.)

HINRICHSEN, K.: Einführung in das Jugendkriminalrecht. Berlin-Frohnau [usw.]: Luchterhand 1957.

POTRYKUS, G.: Jugendwohlfahrtsgesetz nebst den Ausführungsgesetzen und Ausführungsvorschriften der deutschen Länder. Kommentar. 2. Aufl. München [usw.]: Beck 1972.

POTRYKUS, G.: Kommentar zum Jugendgerichtsgesetz, mit erg. Gesetzen, Verordnungen u. Verwaltungsvorschriften auf dem Gebiete des Jugendstrafrechts, der Jugendhilfe u. des strafrechtlichen Jugendschutzes. 4. Aufl. Darmstadt [usw.]: Stoytscheff 1955; Nachtr. 1959.

RIEDEL, H.: Jugendgerichtsgesetz. Kommentar. München: R. S. Schulz 1965 ff. [Losebl. Ausg.]

RIEDEL, H.: Jugendwohlfahrtsrecht. Eine Auswahl von Gesetzen. Textausg. mit Erl. u. Sachreg. 7. Aufl. München: Beck 1971.

SCHAFFSTEIN, F.: Jugendstrafrecht. Eine systematische Darstellung. 4. Aufl. Stuttgart [usw.]: Kohlhammer 1972.

c) Militärstrafrecht

ABSOLON, R.: Das Wehrmachtstrafrecht im 2. Weltkrieg. Slg. der grundlegenden Gesetze, Verordnungen u. Erlasse. Kornelimünster: Bundesarchiv, Abt. Zentralnachweisstelle 1958.

ARNDT, H.: Grundriß des Wehrstrafrechts. 2. Aufl. München [usw.]: Beck 1966.

BADEN, M. – H. J. V. MITZLAFF: Wehrdisziplinarordnung (WDO) und wichtige einschlägige Bestimmungen anderer Gesetze, Verordnungen und Erlasse mit Musterbeispielen für die Praxis. 6. Aufl. Frankfurt a. M.: Bernard & Graefe 1965.

BUES, H.: Kommentar zum Gesetz über den zivilen Ersatzdienst. Neuwied: Luchterhand 1960.

DREHER, E. – K. LACKNER – G. SCHWALM: Wehrstrafgesetz. Kommentar. München [usw.]: Beck 1958.

HODES, F.: Wehrdisziplinarordnung mit Durchführungsvorschriften. Kommentar. 3. Aufl. Köln [usw.]:

A. VI 4 g Deutschland (BRD)

Heymann 1966. (BRANDSTETTER: Handbuch des Wehrrechts. Einzelausg.)

JESS, E. – S. MANN: Gesetz über die Anwendung unmittelbaren Zwanges durch die Bundeswehr – UZwGBw –. Erläuterungsbuch. Berlin [usw.]: Vahlen 1966.

KOHLHAAS, M.: Kommentar zum Wehrstrafrecht. Wiesbaden-Dotzheim: Dt. Fachschriften-Verl. 1969 ff. [Losebl. Ausg.]

RITTAU, M.: Wehrstrafgesetz vom 30. März 1957 mit Einführungsgesetz. Berlin: de Gruyter 1958; Nachtr. 1961. (Slg. Guttentag. 196. 196a.)

SCHREIBER, J.: Wehrbeschwerdeordnung (WBO). Lehr- und Erläuterungsbuch. 3. Aufl. Frankfurt a. M.: Bernard & Graefe 1971.

d) Verwaltungsstrafrecht, allgemeines

BODE, H. J.: Recht der Ordnungswidrigkeiten. Systematische Darstellung. München: Beck 1969.

GESETZ ÜBER ORDNUNGSWIDRIGKEITEN – OWIG –. Erl. Textausg. mit Vollzugsbestimmungen u. sonstigen einschlägigen Vorschriften unter besonderer Berücksichtigung des Straßenverkehrsrechts von E. HANIEL. München: Rehm 1969 ff. [Losebl. Ausg.]

GÖHLER, E.: Gesetz über Ordnungswidrigkeiten. 2. Aufl. München: Beck 1970. (Beck'sche Kurz-Kommentare. 18.)

HANDBUCH ZUM ORDNUNGSWIDRIGKEITENRECHT. Hrsg. von R. GROSS u. E. TRAPP. Wiesbaden: Dt. Fachschriften Verl. 1968 ff. [Losebl. Ausg.]

MEIER, H.: Gesetz über Ordnungswidrigkeiten mit Einführungsgesetz. Kommentar. Frankfurt a. M.: Verl. Kommentator 1968 ff. [Losebl. Ausg.] (Der Wirtschafts-Kommentator. T. C. 4/3.) (Die WK-Reihe. 81.)

REBMANN, K. – W. ROTH – S. HERRMANN: Gesetz über Ordnungswidrigkeiten (OWiG) vom 24. Mai 1968 (BGBl. I S. 481). Kommentar. Stuttgart: Kohlhammer [usw.] 1968 ff. [Losebl. Ausg.]

ROTBERG, H. E.: Kommentar zum Gesetz über Ordnungswidrigkeiten. 4. Aufl. bearb. von H. KLEINEWEFERS, K. BOUJONG, W. WILTS. Berlin [usw.]: Vahlen 1969.

e) Wirtschaftsstrafrecht

EBISCH, H.: Wirtschaftsstrafrecht. Köln [usw.]: Heymann o. J. [um 1962]. *Sonderdr. aus:* M. VON BRAUCHITSCH: Verwaltungsgesetze des Bundes und der Länder. Bd. 8, 2. Abschnitt 12.

SCHMITT, R.: Ordnungswidrigkeitenrecht, dargestellt für den Bereich der Wirtschaft. Köln [usw.]: Heymann 1970.

f) Straßenverkehrsstrafrecht

BOOSS, H.: Straßenverkehrsordnung. Kommentar. Köln: Heymann 1971.

CRAMER, P.: Straßenverkehrsrecht. StVO – StGB. Kommentar. Frankfurt a. M.: Athenäum 1971.

HEISE, G.: Ordnungswidrigkeitenrecht im Straßenverkehr. Handbuch zum Verfahren für die Verfolgung u. Ahndung von Verkehrsverstößen. Köln: Dt. Gemeindeverl. [usw.] 1970. (Neue Kommunale Schriften. 12.)

JAGUSCH, H.: Straßenverkehrsrecht. 19. Aufl. des von J. FLOEGEL begr. u. in 8.–16. Aufl. von F. HARTUNG fortgeführten Werkes. München: Beck 1971. (Beck'sche Kurz-Kommentare. 5.)

KRUMME, E. – T. SANDERS – C. MAYR: Straßenverkehrsrecht. Kommentar. Stuttgart [usw.]: Kohlhammer 1970 ff. [Losebl. Ausg.]

LÜTKES, H.: Straßenverkehr. Kommentar. Teil 1–4. Frankfurt a. M.: Verl. Kommentator 1962 ff. [Losebl. Ausg. *in 9 Bdn.*]

LÜTKES, H.: Straßenverkehrsordnung (StVO). Kommentar. Frankfurt a. M.: Verl. Kommentator 1971.

MÜHLHAUS, H.: Straßenverkehrsordnung nebst dem Straßenverkehrsgesetz... Mit systematischer Einf. u. Erl. 2. Aufl. München: Beck 1971.

MÜLLER, F.: Straßenverkehrsrecht. 22. Aufl. Von W. MÖHL, W. FULL, K. RÜTH. Bd. 1. 2 *mit* Nachtr. zu Bd. 1. Berlin: de Gruyter 1969.

g) Fiskalstrafrecht

BENDER, P.: Das Zoll- und Verbrauchsteuerstrafrecht mit Verfahrensrecht. Regensburg: Walhalla & Praetoria 1968. (Bücherei für Zoll- u. Verbrauchsteuern. 1.) Nachtr.: Steuerordnungswidrigkeiten und Bußgeldverfahren. o. J.

BUSCHMANN, W. – W. LUTHMANN: Das neue Steuerstrafrecht. Neuwied [usw.]: Luchterhand 1969.

EHLERS, H. – H. LOHMEYER: Steuerstraf- und Steuerordnungswidrigkeitenrecht einschließlich Verfahrensrecht. 4. Aufl. Stuttgart: Schäffer 1969. (Buchreihe Finanz u. Steuern. 8.)

FRANZEN, K. – B. GAST: Steuerstrafrecht mit Ordnungswidrigkeiten. Kommentar. München: Beck 1969.

HARTUNG, F.: Steuerstrafrecht. Kommentar zu den Bestimmungen des Dritten Teiles (Abschnitt 1) der Reichsabgabenordnung. 3. Aufl. Berlin [usw.]: Vahlen 1962; Nachtr. 1969.

LEISE, H.: Steuerverfehlungen. Kommentar zum materiellen Strafrecht u. Strafverfahren sowie zu Bußgeldvorschriften u. Bußgeldverfahren in Steuersachen. Frankfurt a. M.: Verl. Kommentator 1969 ff. [Losebl. Ausg.] (Der Wirtschafts-Kommentator. T. A.: Steuerrecht 1/1c.) (Die WK-Reihe. 1c.)

Deutschland (BRD) A. VI 4 h

STUDIEN ZUM WIRTSCHAFTSSTRAFRECHT. Hrsg. von J. BAUMANN u. G. DÄHN. Tübingen: Mohr 1972. (Juristische Studien. 36.)

DIE VERBRECHEN IN DER WIRTSCHAFT. Neue Aufgaben für Strafjustiz und Strafrechtsreform. Hrsg. von K. TIEDEMANN. 2. Aufl. Karlsruhe: C. F. Müller 1972.

h) Pressestrafrecht

GROSS, R.: Grundzüge des deutschen Presserechts. Göttingen: Schwartz 1969.

LÖFFLER, M.: Presserecht. Kommentar. 2. Aufl. Bd. 1. 2. München: Beck 1968–1969.
1. Allg. Grundlagen, Verfassungs- u. Bundesrecht. 1969.
2. Die Landespressegesetze der Bundesrepublik Deutschland, mit Textanhang. 1968.

5. Gerichtsverfassungsrecht

Kommentare s. VI. 6.

KERN, E.: Gerichtsverfassungsrecht. Ein Studienbuch. 4. Aufl. München [usw.]: Beck 1965.

KERN, E.: Der gesetzliche Richter. Berlin: Liebmann 1927. (Öffentlich-rechtliche Abh. 8.)

SCHMIDT-RÄNTSCH, G.: Deutsches Richtergesetz. Kommentar. München [usw.]: Beck 1962.

6. Strafprozeßrecht

Kommentare und Gesamtdarstellungen

BAUMANN, J.: Grundbegriffe und Verfahrensprinzipien des Strafprozeßrechts. Eine Einf. an Hand von Fällen. 2. Aufl. Stuttgart [usw.]: Kohlhammer 1972.

HENKEL, H.: Strafverfahrensrecht. Ein Lehrbuch. 2. Aufl. Stuttgart [usw.]: Kohlhammer 1968.

KERN, E. – C. ROXIN: Strafverfahrensrecht. Ein Studienbuch. 11. Aufl. München: Beck 1972.

KLEINKNECHT, T.: Strafprozeßordnung. Gerichtsverfassungsgesetz, Nebengesetze u. erg. Bestimmungen. 30. Aufl. des von O. SCHWARZ begr. Werkes. München: Beck 1971. (Beck'sche Kurz-Kommentare. 6.)

KLEINKNECHT, T. – H. MÜLLER – L. REITBERGER (KMR): Kommentar zur Strafprozeßordnung und zum Gerichtsverfassungs- und Ordnungswidrigkeitengesetz. 6. Aufl. hrsg. von H. MÜLLER u. W. SAX. Bd. 1. 2. Darmstadt: Stoytscheff 1966.
1. Strafprozeßordnung.
2. Gerichtsverfassungsgesetz, Ordnungswidrigkeitengesetz, verschiedene Nebengesetze u. Kostenanhang.

LÖWE, E. – W. ROSENBERG: Die Strafprozeßordnung und das Gerichtsverfassungsgesetz mit Nebengesetzen. 21. Aufl. Hrsg. von H. DÜNNEBIER [u. a.] Bd. 1. 2., Erg. Bd. Berlin: de Gruyter 1963–1965.
22. Aufl. Bd. 1, 1. 1971 ff.

LOUVEN, K.: Strafprozeßrecht unter Berücksichtigung des Gerichtsverfassungs- und Jugendgerichtsgesetzes. Berlin [usw.]: Vahlen 1969.

MARQUARDT, K.: Strafprozeß. 2. Aufl. München: Beck 1970. (Handbuch der Rechtspraxis. 8.)

METTGENBERG, W.: Deutsches Auslieferungsgesetz. (Kommentar.) 2. Aufl. von K. DOERNER. Berlin [usw.]: Vahlen 1953.

PETERS, K.: Strafprozeß. Ein Lehrbuch. 2. Aufl. Karlsruhe: C. F. Müller 1966.
Nachtr. u. d. T.: PETERS: Der Strafprozeß in der Fortentwicklung. 1970.

SAUER, W.: Grundlagen des Prozeßrechts. 2. Aufl. Mit einem Nachtrag über ‚Die neuere Entwicklung der allg. Prozeßrechtslehre'. Stuttgart: Enke 1929; Neudr. Aalen: Scientia 1970.

SCHMIDT, E.: Deutsches Strafprozeßrecht. Ein Kolleg. Göttingen: Vandenhoeck & Ruprecht 1967; Nachtr. 1968.

SCHMIDT, E.: Lehrkommentar zur Strafprozeßordnung und zum Gerichtsverfassungsgesetz. T. 1–3. Göttingen: Vandenhoeck & Ruprecht 1957–1970. (Jurisprudenz in Einzeldarstellungen. 8, 1–3.)
1. Die rechtstheoretischen u. die rechtspolitischen Grundlagen des Strafverfahrensrechts. 2. Aufl. 1964.
2. Erl. zur Strafprozeßordnung u. zum Einführungsgesetz zur Strafprozeßordnung. 1957. Nachtr. 1. 1967; 2. 1970.
3. Erl. zum Gerichtsverfassungsgesetz u. zum Einführungsgesetz zum Gerichtsverfassungsgesetz. 1960.

Grundlegende Werke

ALSBERG, M. – K. H. NÜSE: Der Beweisantrag im Strafprozeß. 4., unveränd. Aufl. Köln [usw.]: Heymann 1969.

DAHS, H.: Handbuch des Strafverteidigers. In Zusammenarbeit mit R. GÜLDENPFENNIG. 3. Aufl. Köln-Marienburg: O. Schmidt 1971.

GRÜNWALD, G.: Die Teilrechtskraft im Strafverfahren. Göttingen: Schwartz 1964. (Göttinger rechtswissenschaftliche Studien. 54.)

MEYER, H.: Die Einlieferung. Eine rechtsvergleichende Abh. unter Berücksichtigung des materiellen Auslieferungsrechts der dt. Rechtsprechung in Auslieferungssachen bis zum Jahre 1953 mit Übersicht der neuesten Abkommensentwürfe. Bonn: Röhrscheid 1953. (Rechtsvergleichende Untersuchungen zur gesamten Strafrechtswissenschaft. N. F. 11.)

PETERS, K.: Fehlerquellen im Strafprozeß. Eine Untersuchung der Wiederaufnahmeverfahren in der BRD.

A. VI 8 **Deutschland (BRD)**

Bd. 1. 2. Karlsruhe: C. F. Müller 1970–72.
1. Einführung und Dokumentation. 1970. 2. Systematische Untersuchungen und Folgerungen 1972.

SARSTEDT, W.: Die Revision in Strafsachen. 4. Aufl. des von K. GAGE begonnenen Werkes. Essen: Ellinghaus 1962.

SCHWINGE, E.: Grundlagen des Revisionsrechts. 2. Aufl. Bonn: Semmel 1960.

VOGLER, T.: Auslieferungsrecht und Grundgesetz. Berlin: Duncker & Humblot 1970. (Schriften zum Strafrecht. 11.)

7. Strafvollstreckungsrecht

BURCHARDI, K.: Strafregister, Führungszeugnis und Karteien. Unter Mitw. von G. KLEMPAHN. 3. Aufl. Münster: Aschendorff 1960.

CORVES, E. – J. Herzog: Verordnung über den Vollzug des Jugendarrestes (Jugendarrestvollzugsordnung – JAVollzO –) vom 12. August 1966. Textausg. mit Anm., Begründungen u. Richtlinien. Berlin [usw.]: Vahlen 1966.

DEUTSCHES GEFÄNGNISWESEN. Ein Handbuch. Hrsg. von E. BUMKE. Berlin: Vahlen 1928.

DREWS, R.: Das deutsche Gnadenrecht. Gesamtdarstellung. Köln [usw.]: Heymann 1971.

GÖTZ, A.: Bundeszentralregistergesetz. Kommentar. Stuttgart: Kohlhammer 1972.

GRUNAU, T.: Kommentar zur Untersuchungshaftvollzugsordnung (UVollzO). Köln [usw.]: Heymann 1966. (GRUNAU: Vollzug von Freiheitsentziehung. 1.)

HARBORDT, S.: Die Subkultur des Gefängnisses. Eine soziologische Studie zur Resozialisierung. Stuttgart: Enke 1967. (Beitr. zur Vollzugswissenschaft. 1.)

HARTUNG, F.: Das Strafregister. Gesetz über beschränkte Auskunft aus dem Strafregister u. die Tilgung von Strafvermerken, Strafregisterverordnung .... 2. Aufl. München [usw.]: Beck 1963.

MITTERMAIER, W.: Gefängniskunde. Ein Lehrbuch für Studium u. Praxis. Berlin [usw.]: Vahlen 1954.

MÜLLER-DIETZ, H.: Mit welchem Hauptinhalt empfiehlt es sich, ein Strafvollzugsgesetz zu erlassen? Gutachten für den 48. Deutschen Juristentag. München: Beck 1970. (Verhandlungen des 48. Deutschen Juristentages. 1, T. C.)

MÜLLER-DIETZ, H.: Strafvollzugskunde als Lehrfach und wissenschaftliche Disziplin. Bad Homburg v. d. H. [usw.]: Gehlen 1969.

NASS, G.: Bewährungshilfe. Strukturmodelle, Regelkreis, Methode. Untersuchung zur Resozialisierung junger Straftäter. Berlin: de Gruyter 1968. (Forschungsberichte zur forensischen Psychologie. 4.)

PETERS, K.: Grundprobleme der Kriminalpädagogik. Berlin: de Gruyter 1960.

POHLMANN, H.: Strafvollstreckungsordnung (StVollstrO). Kommentar. 5. Aufl. Bielefeld: Gieseking 1971.

SCHÄTZLER, J.-G.: Gesetz über die Entschädigung für Strafverfolgungsmaßnahmen (StrEG). Kommentar. Stuttgart: Kohlhammer 1972.

SCHÜLER-SPRINGORUM, H.: Strafvollzug im Übergang. Studien zum Stand der Vollzugsrechtslehre. Göttingen: Schwartz 1969. (Göttinger rechtswissenschaftliche Studien. 72.)

DIE STRAFVOLLZUGSREFORM. Hrsg. von Arthur KAUFMANN. Karlsruhe: C. F. Müller 1971. (Recht, Justiz, Zeitgeschehen. 11.)

TAGUNGSBERICHTE DER STRAFVOLLZUGSKOMMISSION. 1.–13. Bonn: Bundesmin. der Justiz 1968–1971.

VORLÄUFIGER REFERENTENENTWURF eines Gesetzes über den Vollzug der Freiheitsstrafe und der freiheitsentziehenden Maßregeln der Besserung und Sicherung. Bonn: Bundesmin. der Justiz 1971.

WALDMANN, P.: Zielkonflikte in einer Strafanstalt. Stuttgart: Enke 1968. (Beitr. zur Strafvollzugswissenschaft. 2.)

8. Kriminologie u. Statistik

Kriminologie

ASCHAFFENBURG, G.: Das Verbrechen und seine Bekämpfung. Einleitung in die Kriminalpsychologie für Mediziner, Juristen u. Soziologen. 3. Aufl. Heidelberg: Winter 1923. (Bibliothek der Kriminalistik. 3.)

BAUER, F.: Das Verbrechen und die Gesellschaft. München [usw.]: Reinhardt 1957.

BRAUNECK, A.-E.: Allgemeine Kriminologie. Hamburg: Kriminologisches Journal 1970.

EXNER, F.: Kriminologie. 3. Aufl. von „Kriminalbiologie in ihren Grundzügen". Berlin [usw.]: Springer 1949.

GÖPPINGER, H.: Kriminologie. Eine Einführung. München: Beck 1971.

HANDWÖRTERBUCH DER KRIMINOLOGIE ... (s. VI. 1).

HENTIG, H. VON: Das Verbrechen. 1–3. Berlin [usw.]: Springer 1961–1963.
1. Der kriminelle Mensch im Kräftespiel von Zeit u. Raum. 1961.
2. Der Delinquent im Griff der Umweltkräfte. 1962.
3. Anlage-Komponenten im Getriebe des Delikts. 1963.

HERING, K.-H.: Der Weg der Kriminologie zur selbständigen Wissenschaft. Ein Materialbeitr. zur Geschichte der Kriminologie. Hamburg: Kriminalistik-Verl. 1966. (Kriminologische Schriftenreihe. 23.)

KAISER, G.: Kriminologie. Einführung in ihre Grundlagen. Karlsruhe: C. F. Müller 1971.

KAUFMANN, H.: Kriminologie. 1: Entstehungszusammenhänge des Verbrechens. Stuttgart [usw.]: Kohlhammer 1971.

KERN, E.: Vom Seelenleben des Verbrechers. Hamburg: Verl. Kriminalistik 1964.

KRIMINALSOZIOLOGIE. Hrsg. von F. SACK u. R. KÖNIG. Frankfurt a. M.: Akademische Verl. Ges. 1968.

KRIMINOLOGIE UND VOLLZUG DER FREIHEITSSTRAFE. 10. Internationaler Lehrgang in Freiburg/Br. 2.–8. Oktober 1960. Hrsg. von T. WÜRTENBERGER. Stuttgart: Enke 1961.

MERGEN, A.: Die Kriminologie. Eine systematische Darstellung. Berlin [usw.]: Vahlen 1967.

MERGEN, A.: Die Wissenschaft vom Verbrechen. Eine Einf. in die Kriminologie. Hamburg: Kriminalistik-Verl. 1961.

MEZGER, E.: Kriminologie. Ein Studienbuch. München [usw.]: Beck 1951.

MIDDENDORFF, W.: Jugendkriminologie. Studien u. Erfahrungen. Ratingen bei Düsseldorf: Henn 1956.

Übersetzung
  MIDDENDORFF, W.: Criminología de la juventud. Estudios y experiencias. Traducción castellana, prólogo y notas de J.-M. RODRÍGUEZ DEVESA. Barcelona: Ariel 1964.

MIDDENDORFF, W.: Soziologie des Verbrechens. Düsseldorf [usw.]: Diederichs 1959.

MOSER, T.: Jugendkriminalität und Gesellschaftsstruktur. Zum Verhältnis von soziologischen, psychologischen und psychoanalytischen Theorien des Verbrechens. Frankfurt a. M.: Suhrkamp 1970.

NASS, G.: Der Mensch und die Kriminalität. Bd. 1–3. Köln [usw.]: Heymann 1959–1961.
1. Kriminalpsychologie. Die Strukturgesetze der Täterpersönlichkeit. 1959.
2. Grundlagenforschung zur forensischen Psychologie. 1961.
3. Kriminalpädagogik. Behandlung u. Resozialisierung des Rechtsbrechers. 1959.

NIGGEMEYER, B.–H. GALLUS–H. J. HOEVELER: Kriminologie. Leitfaden für Kriminalbeamte. Hrsg.: Bundeskriminalamt Wiesbaden. Frankfurt a. M. 1967: Bundesdr. (Schriftenreihe des Bundeskriminalamtes. 1/3.)

RÖSSMANN, E.: Taschenlexikon der Kriminologie. Hamburg: Kriminalistik-Verl. 1970.

SAUER, W.: Kriminologie als reine und angewandte Wissenschaft. Berlin: de Gruyter 1950.

SEELIG, E.: Lehrbuch der Kriminologie. 3. Aufl., neubearb. u. erg. von H. BELLAVIĆ. Darmstadt: Stoytscheff 1963.

Übersetzungen
  SEELIG, E.: Traité de criminologie. Paris: Pr. Univ. de France 1956.

  SEELIG, E.: Manual de criminologia. Tradução de G. DE OLIVEIRA. Revisão des E. CORREIA. Bd. 1. 2. Coimbra: Amado 1957–1959. (Colecção studium. 74. 75.)

ZIRPINS, W. – O. TERSTEGEN: Wirtschaftskriminalität. Erscheinungsformen u. ihre Bekämpfung. Lübeck: Schmidt-Römhild 1963.

Statistik

Für die einzelnen Bundesländer s. unter B. Recht der Bundesländer.

Statistisches Bundesamt Wiesbaden. BEVÖLKERUNG UND KULTUR. Reihe 9: RECHTSPFLEGE. 1959 ff. *Früher ersch. in der Sammelreihe* Statistik der Bundesrepublik Deutschland.

Bundeskriminalamt. POLIZEILICHE KRIMINALSTATISTIK DER BUNDESREPUBLIK DEUTSCHLAND. [1:] 1953 ff.

9. Literatur in fremden Sprachen

Englisch

THE GERMAN DRAFT PENAL CODE, E 1962. With an introduction by E. DREHER, translated by N. ROSS. South Hackensack, N. J.: Rothman [usw.] 1966. (Am. Ser. For. Pen. Codes. 11.)

JESCHECK, H.-H.: German criminal law reform. *In:* ESSAYS IN CRIMINAL SCIENCE. Ed. by G. O. W. MUELLER. South Hackensack, N. J.: Rothman [usw.] 1961. (Publ. of the Comparative Criminal Law Project of New York Univ. 1.) *S. 393 ff.*

Französisch

DAHS, H.: La détention préventive en Allemagne. *In:* REV. DROIT PÉN., *Jg. 46 (1965–1966), S. 821 ff.*

JESCHECK, H.-H.: Politique criminelle moderne en Allemagne et en France. *In:* REV. SC. CRIM., *N. S. Bd. 23 (1968), S. 519 ff.*

JESCHECK, H.-H.: Les principes de politique criminelle du projet d'un Code pénal allemand en comparaison avec l'évolution du droit pénal en Belgique. *In:* REV. DROIT PÉN., *Jg. 45 (1964–1965), S. 205 ff.*

LEIBINGER, R.: La protection des droits de l'accusé dans la procédure pénale allemande. *In:* REV. INT. DROIT PÉN., *Bd. 37 (1966), S. 11 ff.*

B Deutschland (BRD)

Liszt, F. von: Traité de droit pénal allemand ... *(s. VI. 3: Lehrbücher).*

Mayer, H.: Les fondements du droit pénal allemand actuel. *In:* Rev. int. droit pén., *Bd. 38 (1967), S. 61 ff.*

Mayer, H.: Les transformations de la morale en Allemagne et leur influence sur le droit pénal. *In:* Rev. int. droit pén., *Bd. 38 (1967), S. 483 ff.*

Schultz, H.: Un tournant nouveau de la réforme du droit pénal allemand. *In:* Rev. int. droit comp., *Jg. 20 (1968), S. 493 ff.*

Seelig, E.: Traité de criminologie ... *(s. VI. 8).*

Griechisch

Jescheck, H.-H.: E kosmotheoretike wasis tu germaniku schediu poiniku kodikos en syngrisi pros tas wasis tu elliniku poiniku kodikos [Die weltanschaulichen Grundlagen des Entwurfs des deutschen Strafgesetzbuches im Vergleich zu den Grundlagen des griechischen Strafgesetzbuchs]. *In:* Poinika Chronika, *Bd. 13 (1963), S. 257 ff.*

Welzel, H.: E nea eikon tu poiniku systematos ... *(s. VI. 3.: Grundlegende Werke).*

Welzel, H.: E theoria peri tes praxeos os skopimu draseos ke e metharythmisis tu poiniku dikeu en Elladi ke Germania [Die finale Handlungslehre und die Strafrechtsreform in Griechenland und Deutschland]. *In:* Poinika Chronika, *Bd. 5 (1955), S. 265 ff.*

Italienisch

Barosio, V.: Il processo penale tedesco dopo la riforma del 1965. Milano: Giuffrè 1967. (Studi di diritto processuale penale. 16.)

Jescheck, H.-H.: I fondamenti filosofici del progetto tedesco di Codice penale in paragone con quelli della riforma penalistica italiana. *In:* Studi in onore di Francesco Antolisei, *Bd. 2. Milano: Giuffrè 1965, S. 135 ff.*

Liszt, F. von: La teoria dello scopo nel diritto penale ... *(s. VI. 1).*

Mezger, E.: Diritto penale ... *(s. VI. 3: Lehrbücher).*

Welzel, H.: Diritto naturale e giustizia materiale ... *(s. VI. 1).*

Niederländisch

Bemmelen, J. M. van: Het Duitse strafrecht en de Duitse strafrechtswetenschap. *In:* Tijdschrift voor strafrecht, *Bd. 59 (1950), S. 19 ff.*

Jescheck, H.-H.: Grondslagen van de herziening van het strafrecht in Duitsland. *In:* Tijdschrift voor Strafrecht, *Bd. 66 (1957), S. 179 ff.*

Portugiesisch

Jescheck, H.-H.: O projecto do novo Código penal alemão. *In:* Bol. Min. Justiça *1963, Nr. 131, S. 5 ff.*

Liszt, F. von: Tratado de direito penal ... *(s. VI. 3: Lehrbücher).*

Seelig, E.: Manual de criminologia ... *(s. VI. 8).*

Schwedisch

Leijon, C.: Reform av den tyska strafflagstiftningen. *In:* Svensk juristtidning, *Jg. 54 (1969), S. 813 ff.*

Lithner, K.: Rättegångsförfarandet i brottmål i Förbundsrepubliken Tyskland. *In:* Svensk juristtidning, *Jg. 54 (1969), S. 674 ff.*

Simson, G.: Om 1969 års västtyska straffrättsreformer. *In:* Festskrift till Ivar Agge. Stockholm: Norstedt 1970, *S. 256 ff.*

Spanisch

Jescheck, H.-H.: El projecto del nuevo Código penal aleman. *In:* Anuario de Derecho penal y ciencias penales, *Bd. 15 (1962) S. 253 ff.*

Liszt, F. von: Tratado de derecho penal ... *(s. VI. 3: Lehrbücher).*

Maurach, R.: Tratado de derecho penal ... *(s. VI. 3: Lehrbücher).*

Mezger, E.: La culpabilidad en el moderno derecho penal. Prólogo y notas por J. Del Rosal. Valladolid 1956: Impr. provincial. (Publ. de los seminarios de la Facultad de derecho. de la Univ. de Valladolid. 14.)

Mezger, E.: Tratado de derecho penal ... *(s. VI. 3: Lehrbücher).*

Middendorff, W.: Criminología de la juventud ... *(s. VI. 8).*

Welzel, H.: Derecho natural y justicia material ... *(s. VI. 1).*

Welzel, H.: Derecho penal. Parte general ... *(s. VI. 3: Lehrbücher).*

Welzel, H.: El nuevo sistema del derecho penal .. *(s. VI. 3: Grundlegende Werke).*

B. Recht der Bundesländer

§ 2 des Einführungsgesetzes zum Strafgesetzbuch für den Norddeutschen Bund vom 31. 5. 1870 (RGBl. S. 195), *durch Gesetz vom 16. 4. 1871 (RGBl. S. 63) zum Reichsgesetz erklärt, zuletzt geändert durch Gesetz vom 28. 7. 1969* (BGBl. I S. 1006), *regelt das Verhältnis von Bundes- und Landesstrafrecht. Die Rangfolge der Strafrechtsquellen ergibt sich freilich schon aus der Verfassung (Art. 31 GG).*

Deutschland (BRD) B

Zu den Pressegesetzen *der Länder s. I. 2h,*
zu den Wassergesetzen *der Länder s. I. 2l,*
zu den Jagdgesetzen *der Länder s. I. 2m,*

zum Forststrafrecht *im allgemeinen:*

MANTEL, K.: Forstliche Rechtslehre. Melsungen: Neumann-Neudamm 1964. *Darin: Forststrafrecht, S. 317–409.*

BADEN-WÜRTTEMBERG

Polizeistrafgesetzbuch für Baden vom 31. 10. 1863 (Reg. Bl. Bad S. 439) *i. d. F. der* Bekanntmachung vom 25. 7. 1923 (GVBl. Bad S. 216); *zuletzt geändert durch* Gesetz vom 7. 4. 1970 (GBl. BW S. 124, 129).

SCHLUSSER, G.: Das badische Polizeistrafrecht ... nach dem Stande vom 1. April 1908 u. Erl. 3. Aufl. Bearb. von E. MÜLLER. Karlsruhe: Lang 1908.

Württembergisches Polizeistrafgesetzbuch vom 27. 12. 1871 (Reg. Bl. W S. 391) *i. d. F. des* Gesetzes vom 4. 7. 1898 (Reg. Bl. W S. 149); *zuletzt geändert durch* Gesetz vom 7. 4. 1970 (GBl. BW S. 124, 129).

Württembergisches Polizeistrafverfügungsgesetz vom 12. 8. 1879 (Reg. Bl. W S. 153); *zuletzt geändert durch* baden-württembergisches Polizeigesetz vom 21. 11. 1955 (GBl. BW S. 249).

DAS WÜRTTEMBERGISCHE POLIZEISTRAFGESETZ und die weiteren Vorschriften zur Handhabung der Polizeigewalt in Württemberg. Textausg. mit Anm. nach dem Stand vom 1. Oktober 1952. Hrsg. von R. NEBINGER. 3. Aufl. Stuttgart: Kohlhammer 1952.

Badisches Gesetz über das Forststrafrecht und das Forststrafverfahren vom 25. 2. 1879 *i. d. F. vom* 28. 8. 1924 (GVBl. Bad S. 251); *zuletzt geändert durch* Gesetz vom 7. 4. 1970 (GBl. BW S. 124, 127).

Württembergisches Forststrafgesetz vom 2. 9. 1879 (Reg. Bl. W S. 277); *zuletzt geändert durch* Gesetz vom 7. 4. 1970 (GBl. BW S. 124, 127).

Württembergisches Forstpolizeigesetz vom 8. 9. 1879 *i. d. F. vom* 19. 2. 1902 (Reg. Bl. W S. 51); *zuletzt geändert durch* Gesetz vom 4. 7. 1961 (GBl. BW S. 201).

Landesbauordnung für Baden-Württemberg vom 6. 4. 1964 (GBl. BW S. 151) *i. d. F. der* Neubekanntmachung vom 20. 6. 1972 (GBl. BW S. 351).

Landeskriminalamt Baden-Württemberg. POLIZEILICHE KRIMINALSTATISTIK DES LANDES BADEN-WÜRTTEMBERG *(Anfänge u. d. T.:* Polizeistatistik Württemberg-Baden). 1948 ff.

BAYERN

Landesstraf- und Verordnungsgesetz (LStVG) vom 17. 11. 1956 (GVBl. Bay S. 261) *i. d. F. der* Bekanntmachung vom 19. 11. 1970 (GVBl. Bay S. 261).

Polizeistrafgesetzbuch vom 29. 12. 1871 (BS Bay I S. 341). *Aus diesem Gesetz sind noch die Art. 43, 60, 61, 72a in Kraft.*

BENGL, K. – G. BERNER – E. EMMERIG: Bayerisches Landesstraf- und Verordnungsgesetz mit den aufrecht erhaltenen Bestimmungen des Polizeistrafgesetzbuches sowie Art. 5 AGStPO und weiteren einschlägigen Vorschriften u. Hinweisen. 3. Aufl. München: Boorberg 1970 ff. [Losebl. Ausg.].

KÄÄB, A. – W. RÖSCH: Bayerisches Landesstraf- und Verordnungsgesetz. 2. Aufl. München: Beck 1967.

SCHIEDERMAIR, R. – H. G. KÖNIG: Gesetz über das Landesstrafrecht und das Verordnungsrecht auf dem Gebiet der öffentlichen Sicherheit und Ordnung (Landesstraf- und Verordnungsgesetz – LStVG) i. d. F. der Bekanntmachung vom 3. Januar 1967 (GVBl. S. 243). Kommentar. 3. Aufl. München: Verl. Bavaria 1969. (Sonderdr. aus: Praxis der Gemeindeverwaltung.)

Forststrafgesetz vom 9. 7. 1965 (GVBl. Bay S. 117), *i. d. F. der* Bekanntmachung vom 14. 9. 1970 (GVBl. Bay S. 460).

RÖSCH, W. – F. MEISER: Bayerisches Forststrafgesetz. Kommentar. München: Beck 1966.

Bayerische Bauordnung vom 1. 8. 1962 *i. d. F. vom* 21. 8. 1969 (GVBl. Bay S. 263), *zuletzt geändert durch* Gesetz vom 31. 7. 1970 (GVBl. Bay S. 345). *Vgl. Art. 105.*

Bayerisches Landeskriminalamt. POLIZEILICHE KRIMINALSTATISTIK DES FREISTAATES BAYERN *(Anfänge u. d. T.:* Die Kriminalstatistik in Bayern). 1947 ff.

BERLIN

Feld- und Forstschutzgesetz vom 6. 3. 1970 (GVBl. Bln S. 474, 478).

Bauordnung für Berlin vom 29. 7. 1966 (GVBl. Bln S. 1175); *zuletzt geändert durch* Gesetz vom 29. 1. 1971 (GVBl. Bln S. 318). *Vgl. § 106.*

Polizeipräsident in Berlin. KRIMINALITÄT IN BERLIN (1954–1965 *u. d. T.:* Landesberichte des Landeskriminalamtes Berlin). 1954 ff.

BREMEN

Feldordnungsgesetz vom 13. 4. 1965 (GBl. Br S. 71).

Landeskriminalamt Bremen. KRIMINALSTATISTIK. 1946 ff.

HAMBURG

Gesetz zum Schutz von Flur und Forst vom 3. 10. 1961 (GVBl. Hmb S. 313); *zuletzt geändert durch* Gesetz vom 2. 3. 1970 (GVBl. Hmb S. 90, 931).

Preußisches Gesetz betreffend den Forstdiebstahl vom 15. 4. 1878 (GS Pr S. 222).

Hamburgische Bauordnung vom 10. 12. 1969 (GVBl. Hmb S. 294). *Vgl. § 115.*

Polizei-Kriminalamt Hamburg. Polizeiliche Kriminalstatistik ... Freie und Hansestadt Hamburg. 1922 ff. *Seit 1960 als Jahresberichte.*

HESSEN

Feld- und Forststrafgesetz vom 30. 3. 1954 (GVBl. He S. 39); *zuletzt geändert durch* Gesetz vom 5. 10. 1970 (GVBl. He S. 598).

Gottwaldt, W.: Das hessische Feld- und Forststrafgesetz vom 30. März 1954. Mainz-Gonsenheim: Dt. Fachschriftenverl. 1954.

Ziegler, E.: Feld-, Forst-, Natur- und Pflanzenschutz. Das hessische Feld- und Forststrafgesetz vom 30. 3. 1954. Wiesbaden: Zimmerschied 1954.

Hessische Bauordnung vom 6. 7. 1957 (GVBl. He S. 101) *i. d. F. vom* 4. 7. 1966 (GVBl. He S. 171); *zuletzt geändert durch* Gesetz vom 5. 10. 1970 (GVBl. He S. 598). *Vgl. § 84a.*

Statistischer Jahresbericht für das Land Hessen. [Auszug]: Polizeiliche Kriminalstatistik *(Anfänge u. d. T.: Die Kriminalität in Hessen).* 1946-48. 1950 ff.

NIEDERSACHSEN

Gesetz über die Ordnung in Feld und Forst (Feld- u. Forstordnungsgesetz) vom 23. 12. 1958 (GVBl. Nds S. 250); *zuletzt geändert durch* Gesetz vom 24. 6. 1970 (GVBl. Nds S. 237, 246).

Gesetz über den Feld- und Forstdiebstahl (Feld- u. Forstdiebstahlsgesetz) vom 23. 12. 1958 (GVBl. Nds S. 250); *zuletzt geändert durch* Gesetz vom 24. 6. 1970 (GVBl. Nds S. 237, 246).

Scheer, B.: Niedersächsisches Feld- und Forstrecht. Feld- u. Forstordnungsgestz u. Feld- u. Forstdiebstahlgesetz mit Nebengesetzen, Verordnungen u. Erlassen. Hamburg: Verl. Deutsche Polizei 1960.

Landeskriminalpolizeiamt Niedersachsen. Jahresbericht der Landeskriminalpolizei Niedersachsen *(Anfänge u. T.: Die Kriminalität in Niedersachsen).* 1948-50. 1952 ff.

NORDRHEIN-WESTFALEN

Feld- und Forstschutzgesetz für Nordrhein-Westfalen vom 25. 6. 1962 (GVBl. NRhW S. 357), *i. d. F. der Bekanntmachung vom* 24. 3. 1970 (GVBl. NRhW S. 302).

Löns, H.: Feld- und Forstschutzgesetz für Nordrhein-Westfalen vom 25. 6. 1962 (GVBl. NW S. 357). Kommentar. Siegburg: Reckinger 1964.

Bauordnung für das Land Nordrhein-Westfalen vom 25. 6. 1962 (GVBl. NRhW S. 373), *i. d. F. der* Bekanntmachung vom 27. 1. 1970 (GVBl. NRhW S. 96). *Vgl. § 101.*

Landeskriminalamt Nordrhein-Westfalen. Polizeiliche Kriminalstatistik Nordrhein-Westfalen *(Anfänge u. d. T.: Die Kriminalität in Nordrhein-Westfalen).* 1953 ff.

RHEINLAND-PFALZ

Feld- und Forststrafgesetz von Rheinland-Pfalz vom 17. 2. 1959 i. d. F. vom 15. 12. 1969 (GVBl. RhPf 1970, S. 31); *zuletzt geändert durch* Gesetz vom 5. 3. 1970 (GVBl. RhPf S. 96).

Wagner, S. – F. Diehl: Feld- und Forststrafgesetz von Rheinland-Pfalz vom 17. 2. 1959. Kommentar. 2. Aufl. Mainz-Gonsenheim: Dt. Fachschriftenverl. 1962.

Landesbauordnung für Rheinland-Pfalz vom 15. 11. 1961 (GVBl. RhPf S. 229); *zuletzt geändert durch* Gesetz vom 20. 11. 1969 (GVBl. RhPf S. 179). *Vgl. § 95.*

Landeskriminalamt Koblenz. Polizeiliche Kriminalstatistik des Landes Rheinland-Pfalz *(Anfänge u. d. T.: Die Kriminalität in Rheinland-Pfalz).* 1947-49. 1950 ff.

SAARLAND

Preußisches Feld- und Forstpolizeigesetz vom 1. 4. 1880 *i. d. F. der* Bekanntmachung vom 21. 1. 1926 (GS Pr S. 83); *zuletzt geändert durch* Gesetz vom 11. 3. 1970 (ABl. Saar S. 267, 272).

Preußisches Gesetz betreffend den Forstdiebstahl vom 15. 4. 1878 (GS Pr S. 222); *zuletzt geändert durch* Gesetz vom 11. 3. 1970 (ABl. Saar S. 267, 272).

Bauordnung für das Saarland vom 12. 5. 1965 (ABl. Saar S. 529); *zuletzt geändert durch* Gesetz vom 13. 3. 1970 (ABl. Saar S. 267). *Vgl. § 111.*

Landeskriminalamt Saarland. Polizeiliche Kriminalstatistik des Saarlandes. 1960 ff.

SCHLESWIG-HOLSTEIN

Preußisches Feld- und Forstpolizeigesetz *(s. unter* SAARLAND).

Preußisches Gesetz betreffend den Forstdiebstahl vom 15. 4. 1878 (GS Pr S. 222).

Landesbauordnung für das Land Schleswig-Holstein vom 9. 2. 1967 (GVBl. SchlH S. 51). *Vgl. § 109.*

Kriminalpolizeiamt. Polizeiliche Kriminalstatistik für das Land Schleswig-Holstein *(Anfänge u. d. T.: Bericht des Landeskriminal[polizei]amtes Schleswig-Holstein über seine Tätigkeit).* 1947/48. 1949 ff.

DEUTSCHLAND

DEUTSCHE DEMOKRATISCHE REPUBLIK

Bearbeitet von Dr. Thea Lyon,
Referentin am Max-Planck-Institut für ausländisches und internationales Strafrecht,
Freiburg i. Br.

I. Materielles Strafrecht – Texte –

1. Strafgesetzbuch

Strafgesetzbuch der Deutschen Demokratischen Republik – StGB – vom 12. Januar 1968 (GBl. I, S. 1). *In Kraft getreten am 1. Juli 1968.*

Textausgabe
STRAFGESETZBUCH DER DEUTSCHEN DEMOKRATISCHEN REPUBLIK – StGB – und angrenzende Gesetze und Bestimmungen. Textausg. mit Anm. u. Sachreg. Hrsg. vom Ministerium der Justiz. 2. Aufl. Berlin: Staatsverl. der DDR 1969.

Übersetzung
PENAL CODE OF THE GDR OF JANUARY 12, 1968. Introductory law to the Penal Code and the Code of Criminal Procedure of the GDR of January 12, 1968. [Introd. and transl. by] H. TOEPLITZ. Berlin: Ass. of German Democratic Lawyers 1968. (Law and legislation in the German Democratic Republic. 1968, 2.)

2. Wichtige Nebengesetze

a) Das StGB ergänzende Gesetze

Staatsschutzdelikte, Kriegsverbrechen usw. sind im StGB geregelt. Daneben gelten weiter (vgl. Einführungsgesetz zum StGB und zur StPO der DDR vom 12. Januar 1968, GBl. I, S. 97):

Gesetz zum Schutz des Friedens. Vom 15. Dezember 1950 (GBl. S. 1199).

Gesetz über die Nichtverjährung von Nazi- und Kriegsverbrechen. Vom 1. September 1964 (GBl. I, S. 127).

Gesetz zum Schutz der Staatsbürger- und Menschenrechte der Bürger der Deutschen Demokratischen Republik. Vom 13. Oktober 1966 (GBl. I, S. 81).

Verbrechen gegen den Frieden, die Menschlichkeit und Kriegsverbrechen, die vor dem Inkrafttreten des Strafgesetzbuchs begangen wurden, werden auf der Grundlage der von der DDR anerkannten völkerrechtlichen Vorschriften verfolgt; die Strafen sind den entsprechenden Tatbeständen des Strafgesetzbuchs zu entnehmen (§ 1 Abs. 6 EG).

Verordnung über Aufenthaltsbeschränkung vom 24. August 1961 (GBl. II S. 343), i. d. F. des EG zum StGB und zur StPO der DDR vom 12. Januar 1968 (GBl. I S. 97).

Textausgaben
STRAFGESETZBUCH DER DEUTSCHEN DEMOKRATISCHEN REPUBLIK – StGB – und angrenzende Gesetze und Bestimmungen . . . *(s. I. 1)*.

STRAFBESTIMMUNGEN AUSSERHALB DES STRAFGESETZBUCHS DER DDR. Textsammlung mit Anm. u. Sachreg. Hrsg. vom Ministerium der Justiz. Berlin: Staatsverl. der DDR 1970.

b) Jugendstrafrecht

Im StGB geregelt. Daneben:

Verordnung über die Aufgaben und die Arbeitsweise der Organe der Jugendhilfe (Jugendhilfeverordnung). Vom 3. März 1966 (GBl. II, S. 215).

c) Militärstrafrecht

Im StGB geregelt.

d) Verwaltungsstrafrecht, allgemeines

Verfehlungen

Erste Durchführungsverordnung zum Einführungsgesetz des StGB – Verfolgung von Verfehlungen – vom 1. Februar 1968 (GBl. II, S. 89).

Textausgabe
STRAFGESETZBUCH DER DEUTSCHEN DEMOKRATISCHEN REPUBLIK – StGB . . . *(s. I. 1)*.

Ordnungswidrigkeiten

Gesetz zur Bekämpfung von Ordnungswidrigkeiten – OWG – vom 12. Januar 1968 (GBl. I, S. 101).

Gesetz zur Anpassung von Strafbestimmungen und Ordnungsstrafbestimmungen – Anpassungsgesetz – vom 11. Juni 1968 (GBl. I, S. 242; Ber. II, S. 827).

Verordnung zur Anpassung der geltenden Ordnungsstraf- und Übertretungsstrafbestimmungen und von Strafhinweisen – Anpassungsverordnung – vom 13. Juni 1968 (GBl. II, S. 363; Ber. S. 827).

Verordnung über Ordnungswidrigkeiten. Vom 16. Mai 1968 (GBl. II, S. 359; Ber. S. 827).

Anordnung zur Anpassung der geltenden Straf- und Ordnungsstrafhinweise – Anpassungsanordnung – vom 12. Juni 1968 (GBl. II, S. 400; Ber. S. 827).

Bekanntmachung über die am 1. Juli 1970 geltenden Ordnungsstrafbestimmungen vom 1. Juli 1970 (GBl. II, S. 461).

Textausgaben

GESETZ ZUR BEKÄMPFUNG VON ORDNUNGSWIDRIGKEITEN – OWG – und ergänzende gesetzliche Bestimmungen. Textausg. mit Anm. u. Sachreg. Hrsg. vom Ministerium der Justiz. 2. Aufl. Stand: 31. Dezember 1969. Berlin: Staatsverl. der DDR 1970.

STRAFGESETZBUCH DER DEUTSCHEN DEMOKRATISCHEN REPUBLIK – StGB ... *(s. I. 1).*

f) Straßenverkehrsstrafrecht

Verordnung über das Verhalten im Straßenverkehr. (Straßenverkehrs-Ordnung – StVO –). Vom 30. Januar 1964. (GBl. II, S. 357), i. d. F. der VO vom 20. Mai 1971 (GBl. II, S. 409). Bekanntmachung der Neufassung der StVO vom 20. Mai 1971 (GBl. II, S. 418).

Textausgabe

STRASSENVERKEHRS-ORDNUNG UND STRASSENVERKEHRS-ZULASSUNGS-ORDNUNG, sowie damit im Zusammenhang stehende weitere gesetzliche Bestimmungen. Textausg. mit Anm. u. Sachreg. Zusammenstellung u. Bearbeitung von H. WEGNER. 3. Aufl. Berlin: Staatsverl. der DDR 1971.

g) Sonstiges Nebenstrafrecht

Nach der Bekanntmachung über die ab 1. Juli 1968 geltenden Straftatbestände außerhalb des Strafgesetzbuchs vom 21. Juni 1968 (GBl. II, S. 405) gelten die im Anpassungsgesetz vom 11. Juni 1968 (GBl. I, S. 242) enthaltenen Straftatbestände.

Textausgabe

STRAFBESTIMMUNGEN AUSSERHALB DES STRAFGESETZBUCHS DER DDR ... *(s. I. 2).*

II. Strafverfahrensrecht – Texte –

1. Gerichtsverfassungsrecht

Erlaß des Staatsrates der Deutschen Demokratischen Republik über die grundsätzlichen Aufgaben und die Arbeitsweise der Organe der Rechtspflege vom 4. April 1963 (GBl. I, S. 21). *Rechtspflegeerlaß.*

Gesetz über die Verfassung der Gerichte der Deutschen Demokratischen Republik (Gerichtsverfassungsgesetz) vom 17. April 1963 (GBl. I, S. 45), i.d.F. des EG zum StGB und zur StPO der DDR vom 12. Januar 1968 (GBl. I, S. 97) und des GGG vom 11. Juni 1968 (GBl. I, S. 229).

Erlaß des Staatsrates der Deutschen Demokratischen Republik über die Stellung und die Aufgaben der Gerichte für Militärstrafsachen (Militärgerichtsordnung) vom 4. April 1963 (GBl. I, S. 71), i.d.F. des EG zum StGB und zur StPO der DDR vom 12. Januar 1968 (GBl. I, S. 97).

Gesetz über die Staatsanwaltschaft der Deutschen Demokratischen Republik vom 17. April 1963 (GBl. I, S. 57).

Gesellschaftsgerichtsbarkeit

Gesetz über die gesellschaftlichen Gerichte der Deutschen Demokratischen Republik – GGG – vom 11. Juni 1968 (GBl. I, S. 229).

Erlaß des Staatsrates der Deutschen Demokratischen Republik über die Wahl und Tätigkeit der Konfliktkommissionen – Konfliktkommissionsordnung – vom 4. Oktober 1968 (GBl. I, S. 287).

Erlaß des Staatsrates der Deutschen Demokratischen Republik über die Wahl und Tätigkeit der Schiedskommissionen – Schiedskommissionsordnung – vom 4. Oktober 1968 (GBl. I, S. 299).

Textausgaben

GESELLSCHAFTLICHE GERICHTE. Gesetzessammlung für Konfliktkommissionen u. Schiedskommissionen mit Anm. u. Sachreg. Hrsg. vom Ministerium der Justiz. Berlin: Staatsverl. der DDR 1971.

GERICHTSVERFASSUNGSGESETZ (GVG). Gesetz über die gesellschaftlichen Gerichte (GGG) und angrenzende Gesetze und Bestimmungen. Textausg. mit Anm. u. Sachreg. Hrsg. vom Ministerium der Justiz. Berlin: Staatsverl. der DDR 1969.

2. Strafprozeßrecht

Strafprozeßordnung der Deutschen Demokratischen Republik – StPO – vom 12. Januar 1968 (GBl. I, S. 49). *In Kraft getreten am 1. Juli 1968.*

Textausgabe

STRAFPROZESSORDNUNG DER DEUTSCHEN DEMOKRATISCHEN REPUBLIK – StPO – und angrenzende Gesetze und Bestimmungen. Textausg. mit Anm. u. Sachreg. Hrsg.

Deutschland (DDR) II 3 a

vom Ministerium der Justiz. 2. Aufl. Berlin: Staatsverl. der DDR 1969.

3. Wichtige Nebengesetze

a) Jugendstrafverfahren

In der StPO geregelt.

b) Militärstrafverfahren

Keine Sonderregelung – Militärgerichte s. II. 1.

c) Verwaltungsstrafverfahren

Gesetz zur Bekämpfung von Ordnungswidrigkeiten (s. I. 2 d).

III. Strafvollstreckungsrecht – Texte –

Gesetz über den Vollzug der Strafen mit Freiheitsentzug und über die Wiedereingliederung Strafentlassener in das gesellschaftliche Leben (Strafvollzugs- und Wiedereingliederungsgesetz) – SVWG – vom 12. Januar 1968 (GBl. I, S. 109).

Textausgabe
STRAFPROZESSORDNUNG DER DEUTSCHEN DEMOKRATISCHEN REPUBLIK ... *(s. II. 2)*.

Erste Durchführungsbestimmung zur Strafprozeßordnung der Deutschen Demokratischen Republik vom 5. Juni 1968 (GBl. II, S. 392). *Betr. Verwirklichung der Strafen ohne Freiheitsentzug, Zusatzstrafen, gerichtliche Maßnahmen u. Verpflichtungen.*

Textausgabe
STRAFPROZESSORDNUNG DER DEUTSCHEN DEMOKRATISCHEN REPUBLIK ... *(s. II. 2)*.

Verordnung über die Aufgaben der örtlichen Räte und der Betriebe bei der Erziehung kriminell gefährdeter Bürger vom 15. August 1968 (GBl. II, S. 751).

Strafregister

Gesetz über die Eintragung und Tilgung im Strafregister der Deutschen Demokratischen Republik (Strafregistergesetz) vom 11. Juni 1968 (GBl. I, S. 237).

Textausgabe
STRAFPROZESSORDNUNG DER DEUTSCHEN DEMOKRATISCHEN REPUBLIK ... *(s. II. 2)*.

Gnadenrecht

Beschluß des Staatsrates der Deutschen Demokratischen Republik über die Gewährung von Straferlaß durch Gnadenerweis. Vom 1. Oktober 1960 (GBl. I, S. 533).

IV. Entscheidungssammlungen

KLOCKMANN, K.: Aus der Rechtsprechung des Kammergerichts in Strafsachen. Seit dem 8. Mai 1945. Die wichtigsten Entscheidungen, bearb. u. geordnet. Berlin: Dt. Zentralverl. 1950.

ENTSCHEIDUNGEN DES OBERSTEN GERICHTS DER DEUTSCHEN DEMOKRATISCHEN REPUBLIK IN STRAFSACHEN. 1. 1951 ff.

V. Zeitschriften

Es gibt keine in der BRD zugängliche strafrechtliche Zeitschrift. Wichtigste allgemeine Zeitschriften:

NEUE JUSTIZ. Zeitschrift für Recht und Rechtswissenschaft. Hrsg.: Oberstes Gericht der DDR. 1. 1947 ff.

STAAT UND RECHT. Hrsg.: Deutsche Akademie für Staats- und Rechtswissenschaft „Walter Ulbricht". 1. 1952 ff.

LAW AND LEGISLATION IN THE GERMAN DEMOCRATIC REPUBLIC. 1. 1959 ff.

Zeitschriften, die nicht in die BRD ausgeliefert werden:

FORUM DER KRIMINALISTIK. 1. 1965 ff.

DIE VOLKSPOLIZEI. 1. 1948 ff.

VI. Literatur

1. Allgemeines

HANEY, G. – J. WAGNER: Grundlagen der Theorie des sozialistischen Staates und Rechts. 3. Aufl. T. 1. 2. Leipzig: Inst. für Theorie des Staates und des Rechts 1967.

Hilfsmittel, Bibliographien

DAS GELTENDE RECHT. Ausg. 1971. Chronol. u. syst. Teil. Verzeichnis der geltenden Rechtsvorschriften der Deutschen Demokratischen Republik vom 7. 10. 1949 bis

31. 12. 1970. Hrsg. vom Büro des Ministerrats der DDR. Berlin: Staatsverl. der DDR 1971.

Deutsche Akademie für Staats- und Rechtswissenschaft „Walter Ulbricht". BIBLIOGRAPHIE „STAAT UND RECHT DER DEUTSCHEN DEMOKRATISCHEN REPUBLIK". (Bibliography „State and law of the German Democratic Republic".) Bibliografija „Gosudarstvo i pravo Germanskoj Demokratičeskoj Respubliki". 1962 ff. Potsdam-Babelsberg 1963 ff.

Deutsche Akademie für Staats- und Rechtswissenschaft „Walter Ulbricht". BIBLIOGRAPHIE. PUBLIKATIONEN DER WISSENSCHAFTLER DER DEUTSCHEN AKADEMIE FÜR STAATS- UND RECHTSWISSENSCHAFT „WALTER ULBRICHT". 1948–1967. Bd. 1. 2. Potsdam-Babelsberg: Selbstverl. 1968.

Deutsche Akademie für Staats- und Rechtswissenschaft „Walter Ulbricht". RUTSCH, E. – H. STEINERT: Sozialistische Rechtspflege. Potsdam-Babelsberg: Selbstverl. 1970. (Spezialbibliographien zu Fragen des Staates u. des Rechts. 12.)

3. Materielles Strafrecht

Lehrbuch

Deutsches Institut für Rechtswissenschaft. LEHRBUCH DES STRAFRECHTS DER DEUTSCHEN DEMOKRATISCHEN REPUBLIK. Allgemeiner Teil. Gesamtbearb. u. Red.: H. GERATS, J. LEKSCHAS, J. RENNEBERG. Berlin: Deutscher Zentralverl. 1957. *Einziges bisher erschienenes Lehrbuch, stark veraltet.*

Kommentar

STRAFRECHT DER DEUTSCHEN DEMOKRATISCHEN REPUBLIK. Lehrkommentar zum Strafgesetzbuch. Hrsg.: Ministerium der Justiz, Dt. Akademie für Staats- und Rechtswissenschaft „Walter Ulbricht". 2. Aufl. Bd. 1. 2. Berlin: Staatsverl. der DDR 1970.

Monographien

GRUNDFRAGEN DES NEUEN STRAFGESETZBUCHES DER DEUTSCHEN DEMOKRATISCHEN REPUBLIK. Berlin: Staatsverl. der DDR (um 1964).

LEKSCHAS, J. – W. LOOSE – J. RENNEBERG: Verantwortung und Schuld im neuen Strafgesetzbuch. Berlin: Staatsverl. der DDR 1964.

WEBER, H.: Vergehen im Strafrecht. Ein Beitrag zum neuen Strafgesetzbuch der DDR. Berlin: Staatsverl. der DDR 1967.

4. Nebenstrafrecht

b) Jugend(straf)recht

LEITFADEN FÜR JUGENDHILFEKOMMISSIONEN. Hrsg. vom Ministerium für Volksbildung. Red.: G. GESEMANN. Berlin: Staatsverl. der DDR 1968.

c) Militärstrafrecht

HARTMANN, A.: Die Abgabe von Straftaten an den Kommandeur zur Behandlung nach der Disziplinarvorschrift der Nationalen Volksarmee DV-10/6. Die Behandlung im militärischen Kollektiv. Berlin: Deutscher Militärverl. 1968.

d) Verwaltungsstrafrecht, allgemeines

KOMMENTAR ZUM ORDNUNGSWIDRIGKEITENRECHT DER DDR. Hrsg. vom Ministerium der Justiz. Verf. u. Red.: R. HARTWIG (u. a.) Bd. 1 ff. Berlin: Staatsverl. der DDR 1969 ff.

f) Straßenverkehrsstrafrecht

BLUHM, H.: Verkehrsstraftaten und ihre Bekämpfung. Berlin: Deutscher Zentralverl. 1959.

5. Gerichtsverfassungsrecht

GRUNDFRAGEN DER DURCHFÜHRUNG DES RECHTSPFLEGEERLASSES. Eine Gemeinschaftsarbeit von Wissenschaftlern und Praktikern. Hrsg.: Deutsche Akademie für Staats- und Rechtswissenschaft „Walter Ulbricht". Berlin: Staatsverl. der DDR 1964.

RECHTSPFLEGE – SACHE DES GANZEN VOLKES. Leitfaden zum Rechtspflegeerlaß. Hrsg.: H.-J. SEMLER, H. KERN. 2. Aufl. Berlin: Staatsverl. der DDR 1964.

Gesellschaftsgerichtsbarkeit

BENJAMIN, M.: Konfliktkommissionen, Strafrecht, Demokratie. Eine theoretische Untersuchung zur Stellung und zu den Aufgaben der Konfliktkommissionen nach der neuen Strafgesetzgebung der DDR. Berlin: Staatsverl. der DDR 1968.

DIE KONFLIKTKOMMISSION. Erl. der Konfliktkommissionsordnung u. eine Ausw. von gesetzlichen Bestimmungen, Richtlinien u. Beschlüssen . . . 3. Aufl. Berlin: Verl. Tribüne 1971.

LEITFADEN FÜR SCHIEDSKOMMISSIONEN. Von K. GÖRNER [u. a.]. Hrsg. vom Ministerium der Justiz. 3. Aufl. Berlin: Staatsverl. der DDR 1971.

DIE ÜBERGABE VON STRAFSACHEN AN DIE KONFLIKT- UND SCHIEDSKOMMISSIONEN. Gemeinschaftsarbeit eines Kollektivs unter der Leitung von M. BENJAMIN u. H. CREUZBURG. 2. Aufl. Berlin: Staatsverl. der DDR 1966.

6. Strafprozeßrecht

BEYER, K. H.: Das Strafverfahren in der DDR. Berlin: Staatsverl. der DDR 1967.

Deutschland (DDR) VI 7

LEITFADEN DES STRAFPROZESSRECHTS DER DEUTSCHEN DEMOKRATISCHEN REPUBLIK. Von einem Autorenkollektiv. Gesamtred.: R. SCHINDLER. Berlin: Dt. Zentralverl. 1959.

Kommentar

STRAFPROZESSRECHT DER DDR. Lehrkommentar zur Strafprozeßordnung der Deutschen Demokratischen Republik vom 12. Januar 1968. Hrsg. vom Ministerium der Justiz. Verf.: K. H. BEYER [u. a.] Berlin: Staatsverl. der DDR 1968.

7. Strafvollstreckungsrecht

MEYER, A. – H. MEHNER: Wiedereingliederung aus der Strafhaft entlassener Personen in das gesellschaftliche Leben. Berlin: Staatsverl. der DDR 1965.

SZKIBIK, H.: Sozialistischer Strafvollzug. Erziehung durch Arbeit. Berlin: Staatsverl. der DDR 1969.

8. Kriminologie

SOZIALISTISCHE KRIMINOLOGIE. Ihre theoretische u. methodologische Grundlegung. Von E. BUCHHOLZ (u. a.). 2. Aufl. Berlin: Staatsverl. der DDR 1971.

STILLER, G.: Zur Technik und Methodologie der kriminologischen Forschung. Berlin: Staatsverl. der DDR 1967.

9. Literatur aus der BRD

Gesamtausgabe der Gesetze

MÜLLER-RÖMER, [D.]: DDR-Gesetze. Textausg. Köln: Verl. Wissenschaft u. Politik 1970 ff. [Losebl. Ausg.]

Bibliographien

Institut für Recht, Politik und Gesellschaft der sozialistischen Staaten. RAWENGEL, L.: Westdeutsche Dissertationen über das Recht der DDR aus der Zeit von 1949–1969. Bibliographie. Kiel 1969. [Masch. verv.]

SCHMIDT, H. T.: Bibliographie. Straf- und Strafverfahrensrecht. In: DEUTSCHLAND-ARCHIV Jg. 2 (1969), S. 729 ff.

Gesamtdarstellung

DIE LAGE DES RECHTS IN MITTELDEUTSCHLAND. Ringvorlesung der Rechts- und Staatswiss. Fakultät der Albert-Ludwigs-Universität Freiburg i. Br., Sommersemester 1964. Karlsruhe: C. F. Müller 1965. Darin [u. a.]: JESCHECK, H.-H.: Die neuere Entwicklung des Strafrechts und des Strafverfahrensrechts in der SBZ.

STRAFRECHT UND KRIMINALITÄT. In: MATERIALIEN ZUM BERICHT ZUR LAGE DER NATION 1972. Bonn 1972. (Deutscher Bundestag. Drucksache VI/3080), S. 203–258.

Zum Strafgesetzbuch von 1968

GRÜNWALD, G.: Die Strafrechtsreform in der Bundesrepublik Deutschland und in der Deutschen Demokratischen Republik. In: ZStW Bd. 82 (1970), S. 250 (52) ff.

LYON, T.: Kriminalpolitische Tendenzen und die „Maßnahmen strafrechtlicher Verantwortlichkeit" nach dem neuen StGB der DDR. In: JOR Bd. 9, 2 (1968), S. 81 ff.

MAURACH, R.: Das neue Strafgesetzbuch der DDR, 1. Teil. Das Verbrechen. In: NJW Jg. 21 (1968), S. 913 ff.; 2. Teil. Die Strafe. In: NJW Jg. 21 (1968), S. 1068 ff.

ROGGEMANN, H.: Das Strafgesetzbuch der DDR von 1968, Allg. Teil (I). In: ROW Jg. 13 (1969), S. 97 ff.; (II). In: ROW Jg. 13 (1969), S. 145 ff.

WOESNER, H.: Das neue Strafrecht der DDR. Besonderer Teil. In: NJW Jg. 22 (1969), S. 257 ff.

Nebenstrafrecht

MAURACH, R.: Das neue Jugendstraf- und Strafverfahrensrecht der DDR. In: JOR Bd. 10, 1 (1969), S. 7 ff.

PILTZ, B.: Das Wirtschaftsstrafrecht in der sowjetischen Besatzungszone Deutschlands. Diss., Köln 1967.

SCHMIDTHALS, B.: Die Neugestaltung des strafrechtlichen Staatsschutzes in der Sowjetischen Besatzungszone. Berlin: de Gruyter 1962.

WECK, J.: Wehrverfassung und Wehrrecht der DDR. Köln: Verl. Wissenschaft und Politik 1970. (Abhandlungen zum Ostrecht. 8.)

Gerichtsverfassungsrecht

ROSENTHAL, W.: Die Justiz in der Sowjetzone. Aufgaben, Methoden u. Aufbau. Hrsg. vom Bundesministerium für gesamdt. Fragen. Bonn: Dt. Bundesverl. [in Komm.] 1962.

SCHATTENBERG, D.: Prinzipien der Gerichtsverfassung in der „DDR". Diss., Köln 1969.

Gesellschaftsgerichtsbarkeit

ESER, A.: Gesellschaftsgerichte in der Strafrechtspflege. Neue Wege zur Bewältigung der Kleinkriminalität in der DDR. Tübingen: Mohr 1970. (Recht u. Staat in Geschichte u. Gegenwart. 388/389.)

REILAND, W.: Die gesellschaftlichen Gerichte der DDR. Tübingen [usw.:] Erdmann 1971. (Studien des Inst. für Ostrecht, München. 23.)

SCHMIDT, H. T.: Wesen und Entwicklung der Konflikt- und Schiedskommissionen in der DDR. (1952–1969.) In: JOR Bd. 10, 2 (1969), S. 57 ff.

Strafprozeßrecht

BECHTHOLD, I.: Die Prozeßprinzipien im Strafverfahren der DDR. Bonn: Röhrscheid 1967. (Rechtsvergleichende Untersuchungen zur gesamten Strafrechtswissenschaft. N. F. 37.)

Zur Strafprozeßordnung von 1968

BECHTHOLD, I.: Gerechtigkeit und sozialistische Gesetzlichkeit im neuen Strafverfahren der DDR – Untersuchungen zur StPO vom 12. 1. 1968. In: ZSTW Bd. 81 (1969), S. 277 ff.

BECHTHOLD, I.: Das neue sozialistische Strafverfahrensrecht in der DDR. In: JOR Bd. 9, 1 (1968), S. 19 ff.

Strafvollstreckungsrecht

BRUHN, H.-H.: Das Strafvollzugs- und Wiedereingliederungsgesetz der DDR unter vergleichender Berücksichtigung der Reformtendenzen in der BRD. In: ROW Jg. 15 (1971), S. 14 ff.

FINNLAND

Bearbeitet von Dr. Olavi Heinonen, Richter am Obersten Gerichtshof, Helsinki

Gesamtausgabe der Gesetze

Suomen laki. 1. 2. Helsinki: Suomen Lakimiesliitto [Finn. Juristenvereinigung] 1971. *Offiziöse Sammlung aller gebräuchlichen Gesetze, die alle zwei Jahre erscheint. Straf- und Prozeßrecht in Bd. 1.*

Eine schwedische Parallelausgabe erscheint seltener, zuletzt:

Finlands lag. Helsingfors: Finlands Juristförbund 1969.

Das finnische Gesetzblatt erscheint in zwei Ausgaben.

Finnische Ausg.: Suomen Asetuskokoelma.

Schwedische Ausg.: Finlands Författningssamling.

I. Materielles Strafrecht – Texte –

1. Strafgesetzbuch

Rikoslaki (strafflagen) vom 19. Dezember 1889. *Zahlreiche Änderungen; die letzten bedeutenden:* Gesetz vom 10. Januar 1969, *das die Aberkennung der bürgerlichen Ehrenrechte und andere solche Zusatzstrafen beseitigt*, Gesetz vom 14. Juli 1969, *das die Bestimmungen (Kap. 21 des Strafgesetzbuches) über die Verbrechen wider das Leben und die Gesundheit*, Gesetz vom 23. Dezember 1970, *das die Bestimmungen über Straftaten gegen die Religion (Kap. 10 des StGB) und* Gesetz vom 15. Januar 1971, *das die Bestimmungen über Straftaten gegen die Sittlichkeit (Kap. 20 des StGB) ändert. Das StGB wird durch Teilnovellen ganz erneuert.*

Textausgabe

Rikosoikeus. Sonderdr. aus Suomen laki, Bd. 1 . . . *(s. vor I).*

Übersetzungen

Das Strafgesetz für das Grossfürstentum Finnland vom 19. Dezember 1889. Berlin: Guttentag 1891. (Slg. außerdt. StGB. 7.)

Das finnische Strafgesetzbuch vom 19. Dezember 1889. Übers. von B. Honkasalo. Berlin: de Gruyter 1954. (Slg. außerdt. StGB. 66.)

Code pénal de Finlande du 19 décembre 1889. Übers. aus dem Schwedischen von L. Beauchet. Nancy 1890: Coop. de l'Est.

Code pénal finlandais. Übers. nach dem dt. Text von C. Bourthoumieux. *In:* Codes pén. eur., Bd. 2, S. 533-627.

2. Wichtige Nebengesetze

a) Das StGB ergänzende Gesetze

Gesetz vom 9. Juli 1953 über die gefährlichen Rückfallverbrecher. *Das Gesetz vom 23. April 1971 hat teilweise, aber bedeutend das Gesetz vom 9. Juli 1953 geändert.*

Gesetz vom 20. Juni 1918 über das bedingte Strafurteil.

Das Gesetz vom 5. Mai 1972 hat die Todesstrafe ganz beseitigt.

Gesetz über die Unterbrechung der Schwangerschaft vom 24. März 1970.

b) Jugendstrafrecht

Gesetz vom 31. Mai 1940 über die jugendlichen Rechtsbrecher *(Altersklassen 15–20).*

Gesetz vom 17. Januar 1936 über Jugendschutz *(Altersklassen unter 15 und teilweise auch 15–17).*

De lege ferenda: s. Bericht des Ausschusses für Jugendkriminalität: Komiteanmietintö. 1966: A 2 = *Grundsatzbericht und Bericht der Kommission für Jugendstrafrecht:* Komiteanmietintö 1970: A 9 = *konkrete Vorschläge.*

c) Militärstrafrecht

Militärstrafgesetz vom 30. Mai 1919. *Der Reichstag hat beschlossen, das Gesetz in das allgemeine StGB einzufügen. Die Reform ist im Justizministerium im Gange.*

e) Wirtschaftsstrafrecht

Viele wirtschaftsrechtliche Gesetze enthalten auch strafrechtliche Bestimmungen, z. B. das Buchführungsgesetz vom 6. Juli 1945 *und das* Gesetz über unlauteren Wettbewerb vom 31. März 1930.

f) Straßenverkehrsstrafrecht

Straßenverkehrsgesetz vom 29. März 1957.

g) Pressestrafrecht

Gesetz über die Druckfreiheit vom 4. Januar 1919.

III Finnland

h) **Fiskalstrafrecht**

Besteuerungsgesetz vom 12. Dezember 1958.

Zollgesetz vom 8. September 1939.

i) **Rauschgifte**

Narkotikagesetz vom 21. Januar 1972.

Alkoholgesetz vom 26. Juli 1968.

k) **Sonstiges Nebenstrafrecht**

Seegesetz vom 9. Juni 1939.

Arbeitssicherheitsgesetz vom 28. Juni 1958.

Baugesetz vom 16. August 1958.

Brandschutzgesetz vom 2. Dezember 1960.

Gesetz über Gesundheitspflege vom 27. August 1965.

Gesetz über öffentliche Lustbarkeiten vom 9. August 1968.

Schiffsverkehrsgesetz vom 28. Februar 1969.

II. Strafverfahrensrecht – Texte –

1. Gerichtsverfassungsrecht

Grundlage ist noch die schwedische Prozeßordnung von 1734 (oikeudenkäymiskaari, rättegångsbalk) *und die* Verfassung Finnlands vom 17. Juli 1919.

Besondere Gesetze existieren für den Obersten Gerichtshof und für den Obersten Verwaltungsgerichtshof vom 22. Juli 1918. Militärgerichte sind zuständig für alle schadenersatzrechtlichen Fragen wegen militärischer Verbrechen. Außer Militärgerichten gibt es Sondergerichte in Strafsachen für Amtsverbrechen der höchsten Beamten (Gesetz über den Staatsgerichtshof vom 25. November 1922) und für wasserstrafrechtliche Fragen (Wassergesetz vom 19. Mai 1961).

2. Strafprozeßrecht

Grundlage ist noch die schwedische Kodifikation von 1734 (oikeudenkäymiskaari, rättegångsbalk), *die ein einheitliches Prozeßrecht enthält. Zahlreiche Änderungen, viele auch in den sechziger Jahren dieses Jahrhunderts. Neue, separate StPO in Vorbereitung im Justizministerium.*

3. Wichtige Nebengesetze

a) **Jugendstrafverfahren**

Das Gesetz vom 31. Mai 1940 über die jugendlichen Rechtsbrecher *enthält auch strafverfahrensrechtliche Bestimmungen. Es existieren keine besonderen Jugendgerichte.*

b) **Militärstrafverfahren**

Militärgerichts- und -verfahrensgesetz vom 16. April 1920. *Neues Gesetz in Vorbereitung.*

c) **Sonstige Verfahrensvorschriften**

Gesetz über kostenfreien Prozeß vom 6. Mai 1955.

Gesetz über Beschlagnahme und Durchsuchung in Strafsachen vom 12. Juni 1959.

Polizeigesetz vom 18. Februar 1966.

Gesetz über Strafbefehlsverfahren vom 27. Februar 1970.

Gesetz über Parkbußen vom 3. April 1970.

Auslieferungsgesetz vom 7. Juli 1970.

Gesetz über Auslieferung zwischen den nordischen Ländern vom 3. Juni 1960.

III. Strafvollstreckungsrecht – Texte –

Strafvollzugsgesetz vom 19. Dezember 1889, *zahlreiche Änderungen, die letzten:* Gesetz vom 17. Januar 1969, *ändert Kap. 6 (Geldstrafe und ihre Ersatzfreiheitsstrafe) und* Gesetz vom 23. April 1971, *ändert Kap. 2 (Allgemeine Bestimmungen über Freiheitsstrafen).*

Verordnungen über Vollstreckung der Freiheitsstrafe in Arbeits- und Gefangenenkolonien vom 30. Dezember 1954. – *Wegen Reformplänen betreffend die Vollstreckung von Freiheitsstrafen: s. Bericht der Kommission für Freiheitsstrafe:* Komiteanmietintö 1969: A 4.

Diesen Bericht gibt es auch auf Schwedisch (schwedischer Serientitel: Kommittébetänkanden).

Die Kastration als strafrechtliche Folge ist mit dem Kastrationsgesetz vom 24. April 1970 *aufgehoben worden.*

Strafregisterverordnung vom 19. Dezember 1940, *geändert zuletzt mit Verordnung vom 14. Juli 1969. Neues Gesetz in Vorbereitung.*

Wegen Todesstrafe s. I. 2a.

IV. Entscheidungssammlungen

1. Strafrechtliche

Keine.

2. Wichtige allgemeine

SELOSTUKSIA JA TIEDONANTOJA KORKEIMMAN OIKEUDEN RATKAISUISTA. 1926 ff.

Das ist die allg. Entscheidungssammlung (Jahrbuch des Obersten Gerichtshofs). Text der Entscheidungen meistens Finnisch, ausnahmsweise Schwedisch. Hierzu: Generalregister 1926–1968 von M. MIETTINEN. Helsinki: Suomen Lakimiesliiton Kustannus Oy 1969.

V. Zeitschriften

1. Strafrechtliche und kriminologische

In Finnland gibt es keine speziellen strafrechtlichen Zeitschriften. Gemeinnordische sind:

NORDISK KRIMINALISTISK ÅRSBOK (1936–1951/52 u. d. T.: De nordiska kriminalistföreningarnas årsbok). Stockholm 1936 ff.

NORDISK TIDSSKRIFT FOR KRIMINALVIDENSKAB (1. 1913–36. 1948 u. d. T.: Nordisk tidsskrift for strafferet). København 1. 1913 ff.

2. Wichtige allgemeine

Viele strafrechtliche Aufsätze werden in den allgemein-juristischen Zeitschriften publiziert:

LAKIMIES. 1. 1903 ff.

DEFENSOR LEGIS. 1. 1920 ff.
Beide auf Finnisch.

TIDSKRIFT UTGIVEN AV JURIDISKA FÖRENINGEN I FINLAND. 1. 1864 ff. *Vorwiegend auf Schwedisch.*

VI. Literatur

1. Allgemeines

THE FINNISH LEGAL SYSTEM. Hrsg. von J. UOTILA. Helsinki: The Union of Finnish Lawyers Publ. Co. 1966. (Publications of the Union of Finnish Lawyers. 26)

SUOMEN LAINOPILLINEN KIRJALLISUUS. Finlands juridiska litteratur. Bd. 1. 2. Helsinki: Suomalainen Lakimiesyhdistys 1951–1959. (Suomalaisen Lakimiesyhdistyksen julkaisuja. Ser. 3. 5.)
Bd. 1: 1809–1948. Bearb. von V. REINIKAINEN. Bd. 2: 1949–1958. Bearb. von M. u. E. SEPPÄLÄ. Bd. 3 i. Vorb.
[Rückent.:] Bibliographia Iuridica Fennica.

REINIKAINEN, V.: Littérature sur le droit finlandais publiée entre 1860 et 1956 en langues française, allemande et anglaise. Helsinki 1957: Valtioneuvoston kirjapaino. (Eduskunnan Kirjaston Julkaisuja. 2.)

2. Strafrechtsgeschichte

KIVIVUORI, A.: Suomen vahingonkorvauslainsäädännön kehitys. I. Rikoslainsäädäntö 1809–1875 [Entwicklung der finnischen Schadenersatzgesetzgebung. I. Strafrechtliche Gesetzgebung 1809–1875]. Joensuu: Pohjois-Karjalan Kirjapaino Oy 1969.

3. Materielles Strafrecht

ANTTILA, I. – O. HEINONEN: Rikos ja seuraamus. Rikosoikeuden perusteet [Straftat und Folge. Die Grundzüge des Strafrechts]. Helsinki: Kustannusosakeyhtiö Tammi 1971.

ANTTILA, I. – O. HEINONEN: Rikosten lajit. Rikosoikeuden erityisen osan perusteet [Besondere Straftaten. Die Grundzüge des Bes. Teils des Strafrechts]. Helsinki: Kustannusosakeyhtiö Tammi 1972.

FORSMAN, J.: Anteckningar enligt föreläsningar öfver straffrättens allmänna läror [Vorlesungen über die allgemeinen Lehren des Strafrechts]. 2. Aufl. Helsingfors 1900.

HONKASALO, B: Erinäiset rikokset [Besonderes Strafrecht]. 4. Aufl. Hämeenlinna 1964: Karisto. (Suomalaisen Lakimiesyhdistyksen julkaisuja. Ser. B. 35).

HONKASALO, B.: Das finnische Strafrecht. *In:* AUSL. STRAFR. GGW., *Bd. 2, S. 7 ff.*

HONKASALO, B.: Suomen rikosoikeus. Yleiset opit [Finnisches Strafrecht. Allg. Teil]. 2. Aufl. Bd. 1–3 (Bd. 2 u. 3 bearb. von R. ELLILÄ). Helsinki 1965–1969: Karisto. (Suomalaisen Lakimiesyhdistyksen julkaisuja. Ser. B. 28. 34. 58.)

HONKASALO, B.: Suomen rikosoikeus. Erityinen osa [Bes. Teil]. Bd. 1, 1.2; 2. 3. (Bd. 1 u. 3 bearb. von R.

ELLILÄ.) Helsinki 1960–1970: Karisto (Suomalaisen Lakimiesyhdistyksen julkaisuja. Ser. B. 104. 107. 114. 120.)

HONKASALO, B. – R. ELLILÄ: Rikosoikeuden yleiset opit pääpiirteittäin [Die allgemeinen Lehren des Strafrechts in den Hauptzügen]. Helsinki 1966; Hämeenlinna: Karisto.

SERLACHIUS, A.: Suomen rikosoikeuden oppikirja [Lehrbuch des finnischen Strafrechts]. Bd. 1. 2, 1. 2. Hämeenlinna: Karisto (Bd. 2: Helsingissä: Otava) 1924–1951. Bd. 1. (Allg. Teil). 6. Aufl. Bearb. von B. HONKASALO u. B. A. SALMIALA. 1951. Bd. 2, 1. 2. (Bes. Teil). 2. Aufl. 1924–1926.

4. Nebenstrafrecht

a) Das StGB ergänzende Gesetze

ANTTILA, I.: Laki ehdollisesta rangaistustuomiosta selityksin [Kommentar des Gesetzes über das bedingte Strafurteil]. Vammala: Suomalainen Lakimiesyhdistys 1960.

b) Jugendstrafrecht

ANTTILA, I.: Nuori lainrikkoja [Junge Rechtsbrecher]. Porvoo [usw.]: Söderström 1952. (Suomalaisen Lakimiesyhdistyksen julkaisuja. Ser. B. 53.)

e) Wirtschaftsstrafrecht

HEINONEN, O.: Velallisen konkurssirikoksista [Über Bankrottdelikte des Schuldners]. Vammala: Suomen Lakimiesliiton Kustannus Oy 1966. (Suomalaisen Lakimiesyhdistyksen julkaisuja. Ser. B. 130.)

f) Straßenverkehrsstrafrecht

ELLILÄ, R.: Liikennerikosten tutkintaopin perusteet [Die Grundzüge der Untersuchung von Verkehrsverbrechen]. Vammala: Suomen Lakimiesliiton Kustannus Oy 1960. (Suomalaisen Lakimiesyhdistyksen julkaisuja. Ser. B. 101.)

ELLILÄ, R.: Uusittu liikennerikosoikeus [Das neue Straßenverkehrsstrafrecht]. Porvoo [usw.]: Söderström 1968. (Suomalaisen Lakimiesyhdistyksen julkaisuja. Ser. B. 140.)

6. Strafprozeßrecht

TIRKKONEN, T.: Suomen prosessioikeus pääpiirteittäin [Finnisches Prozeßrecht in den Hauptzügen]. 3. Aufl. Porvoo [usw.]: Söderström 1969.

Schwedische Ausgabe:

TIRKKONEN, T.: Grunddragen av Finlands processrätt. Helsingfors: Finlands Juristförbunds Förl. 1966. (Finlands Juristförbunds skriftserie. 25.)

TIRKKONEN, T.: Suomen rikosprosessioikeus [Finnisches Strafprozeßrecht]. Bd. 1. 2. Porvoo [usw.]: Söderström 1953–1969.
Bd. 1: 2. Aufl. 1969; Bd. 2: 1953.

7. Strafvollstreckungsrecht

UUSITALO, P.: Vankila ja työsiirtola rangaistuksena [Gefängnis und Arbeitskolonie als Strafe]. Helsinki: Kustannusosakeyhtiö Tammi 1968.

8. Kriminologie und Statistik

Kriminologie

ANTTILA, I. – P. TÖRNUDD: Kriminologia [Kriminologie]. Porvoo [usw.]: Söderström 1970. (Suomalaisen Lakimiesyhdistyksen julkaisuja. Ser. B. 154.)

SCANDINAVIAN STUDIES IN CRIMINOLOGY. Bd. 1–3. Hrsg.: The Scandinavian Research Council for Criminology. Oslo: Universitetsforlaget 1965–1971.

TÖRNUDD, P.: Crime in Finland. A statistical survey. Helsinki: Inst. of Criminology 1970. (Series M. 7.)

Statistiken

SUOMEN VIRALLINEN TILASTO. Finlands officiella statistik. XXIII = Oikeustilasto [Justiz] 1. 1891 ff. Helsinki 1894 ff. *1951/52 ff. unterteilt in:* XXIII A: Poliisin tietoon tullut rikollisuus [Kriminalität, welche die Polizei registriert hat] *und* XXIII B: Tuomioistuinten rikollisuustilasto [Die von Gerichten ermittelten Verbrechen].

Oikeusministeriön vankeinhoito – osaston julkaisuja [Abteilung Gefängniswesen des Justizministeriums]. VANKEINHOIDON VUOSIKERTOMUS [Jahresbericht des Gefängniswesens]. Ser. A. Helsinki 1960 ff. *Seit 1963 gedruckt, vorher vervielfältigt.*

FRANKREICH

A. Recht des Gesamtstaates. – B. Lokales Sonderrecht (Elsaß-Lothringen).
C. Die Übersee-Departements.

Bearbeitet von Klaus Sessar und Gerhardt Grebing,
Referenten am Max-Planck-Institut für ausländisches und internationales Strafrecht,
Freiburg i. Br.

A. Recht des Gesamtstaates

I. Materielles Strafrecht – Texte –

1. Strafgesetzbuch

Code pénal, vom 12.–22. Februar 1810 (1. Januar 1811). *Letzte Neufassung vom 28. April 1832, seither über 100 Änderungen, letzte wichtige Änderung mit* Gesetz vom 17. Juli 1970 (J. O. vom 19. Juli 1970, S. 6751). *Die wichtigste Änderung des Code pénal in der letzten Zeit betraf die Neufassung des Strafensystems durch* VO (O.) vom 4. Juni 1960 *und die Einführung der* tutelle pénale *durch* Gesetz vom 17. Juli 1970.

Textausgaben
Code pénal. 69. Aufl. Paris: Dalloz 1971/72. *Erscheint jährlich.*

Code pénal. Paris: Journal Officiel de la République française 1965.

Dalloz. Codes et lois usuels. Codes d'audience. 34. Aufl. Paris: Dalloz 1971. Mise à jour zum 24. März 1972.

Übersetzungen
Der Code pénal. Textausg. mit Übers. von A. Goetz u. E. Göhler. (Stand: 1. September 1962.) Berlin: Duncker & Humblot 1963.

The French Penal Code. Hrsg.: G. O. W. Mueller. South Hackensack: Rothman [usw.] 1960. (Am. Ser.For.Pen. Codes. 1.)

2. Wichtige Nebengesetze

Gesamtausgaben
Juris-Classeur Pénal-Annexes. Dir.: H. Blin, A. Chavanne. Bd. 1–3. Paris: Éd. techniques [Losebl. Ausg.]. *Mit Kommentar. Nicht berücksichtigt ist Jugendstrafrecht; vom Militärstrafrecht nur die Strafbestimmungen.*

Code pénal. 69. Aufl. Paris: Dalloz 1971/72, S. 288–795: Appendice. *Enth. die wichtigsten Nebenstrafgesetze. Jugend- u. Militärstrafrecht sind nicht berücksichtigt.*

Dalloz. Codes et lois usuels ... *(s. I. 1). Enthält einige Nebengesetze.*

Codes français et lois usuelles. Nouveau recueil à l'usage de la gendarmerie et des diverses administrations. Neuausg. Paris [usw.]: Charles-Lavauzelle 1964; Mise à jour zum 1. Dezember 1965.

a) Das StGB ergänzende Gesetze

Beleidigungsdelikte
Loi sur la liberté de la presse, vom 29. Juli 1881 (D. P. 1881. 4, S. 65).

Störung der Religionsausübung
Loi concernant la séparation des Eglises et de l'Etat, vom 9. Dezember 1905 (Art. 32) (D. P. 1906. 4, S. 1).

Staatsschutzdelikte
Zusammenstellung in deutscher Übersetzung:
Schweikert, H.: Frankreich. In: Strafr. Staatsschutzbest., *S. 105 ff.*

b) Jugendstrafrecht

Ordonnance Nr. 45-174 relative à l'enfance délinquante, vom 2. Februar 1945 (D. 1945. Législation, S. 41). *Letzte Änderung mit* Gesetz vom 17. Juli 1970 (J. O. vom 19. Juli 1970, S. 6751).

c) Militärstrafrecht

Code de justice militaire, vom 8. Juli 1965/1. Januar 1966 (J. O. vom 9. Juli 1965, S. 5851); *letzte Änderung mit* Gesetz vom 24. Dezember 1971 (J. O. vom 25. Dezember 1971, S. 12 689).

Textausgabe
Code de procédure pénale. Code de justice militaire. 13. Aufl. Paris: Dalloz 1971/72. *Erscheint jährlich.*

e) Wirtschaftsstrafrecht

Ordonnance Nr. 45-1484 relative à la constatation, la poursuite et la répression des infractions à la législation économique (J. O. vom 8. Juli 1945, S. 4156); *geändert mit* Gesetz vom 18. November 1955; *letzte Änderung mit* Gesetz vom 9. Juli 1965 (J. O. vom 10. Juli 1965, S. 5915).

Handelsgesellschaften

Loi sur les sociétés commerciales, vom 24. Juli 1966/1. April 1967 (J. O. vom 26. Juli 1966, S. 6402). („Dispositions pénales" *in* titre II *des Gesetzes.*) *Letzte wichtige Änderung mit* Gesetz vom 6. Januar 1969 (J. O. vom 8. Januar 1969, S. 307).

f) Straßenverkehrsstrafrecht

Code de la route, VO (O.) vom 15. Dezember 1958 (Partie législative) (J. O. vom 16. Dezember 1958, S. 11280) *und* VO (D.) vom 15. Dezember 1958 (Partie réglementaire) (J. O. vom 16. Dezember 1958, S. 11305). *Letzte Änderung durch* Gesetz vom 9. Juli 1970 (J. O. vom 10. Juli 1970, S. 6463) *betr. Festsetzung eines Alkoholgrenzwertes. Laufende Änderungen und Ergänzungen, insbes. der Partie réglementaire.*

Textausgabe

CODE DE LA ROUTE. Bd. 1–3 *mit* Index alphabétique. Paris: Journal Officiel de la République française 1969.

1. Ed. mise à jour zum 8. Februar 1969. Parties législative et réglementaire. 1969.
2. Ed. mise à jour zum 1. November 1969. Textes d'application. Erg. 1.2. 1969.
3. Ed. mise à jour zum 17. Mai 1969. Cahiers des charges. Suppl. 1.2. 1969.

g) Lebensmittelrecht

Loi sur la répression des fraudes dans la vente des marchandises et des fabrications des denrées alimentaires et des produits agricoles, vom 1. August 1905 (D. P. 1906. 4, S. 47). *Laufende Änderungen u. Ergänzungen.*

Textausgabe

RÉPRESSION DES FRAUDES. Textes généraux. Paris: Journaux Officiels 1972.

h) Pressestrafrecht

Loi sur la liberté de la presse, vom 29. Juli 1881 (D. P. 1881. 4, S. 65); *letzte Änderung mit* Gesetz vom 28. November 1969 (J. O. vom 29. November 1969, S. 11643).

Textausgabe

CODE DE LA PRESSE. Service juridique et technique de la presse. Droit de la presse. (Code de la presse). Recueil de textes mis à jour au 31 décembre 1964. Paris: Documentation française 1964 ff. [Losebl.-Ausg.]

i) Steuerstrafrecht

Code général des impôts, VO (D.) vom 6. April 1950 (J. O. vom 30. April 1950, S. 4471), *wesentlich geändert durch* VO (D.) vom 27. April 1961 (J. O. vom 29. April 1961, S. 3973). *Laufende Änderungen u. Ergänzungen.*

Textausgabe

Dalloz. CODE GÉNÉRAL DES IMPÔTS ET ANNEXES. Avec Annotations et renvois. Paris: Dalloz 1971; Mise à jour zum 1. April 1972.

k) Zollstrafrecht

Code des douanes, VO (D.) vom 8. Dezember 1948 (J. O. vom 1. Januar 1949, S. 28). *Laufende Änderungen u. Ergänzungen.*

Textausgabe

Min. de l'économie et des finances. CODE D'USAGE DES DOUANES. Ausg. 1968. [Paris:] Bulletin officiel des douanes 1968 ff. [Losebl. Ausg.]

l) Gesundheitsrecht

Code de la santé publique, VO (D.) vom 5. Oktober 1953 (J. O. vom 7. Oktober 1953, S. 8833). *Zusammenfassung der gesetzlichen Bestimmungen über das öffentliche Gesundheitsrecht; laufende Änderungen u. Ergänzungen. Enthalten ist das* Gesetz über die Unterbringung Geisteskranker vom 30. Juni 1838 *in Art. L. 326 ff., geändert durch* VO (D.) vom 10. September 1956; *das* Gesetz gegen Rauschgiftsucht *mit der Maßregel der Einweisung in eine Entziehungsanstalt, der Möglichkeit einer freiwilligen Entziehungskur zur Abwendung des Strafverfahrens sowie den Strafbestimmungen für Rauschgifthandel und -gebrauch* vom 31. Dezember 1970 *in Art. L. 627 ff.; das* Gesetz über die Behandlung gefährlicher Alkoholiker mit der Maßregel der Einweisung in eine Entziehungsanstalt vom 15. April 1954 *in Art. L. 355-1 ff., ergänzt durch* 3 Verordnungen (D.) vom 28. Juli 1955.

Textausgabe

CODE DE LA SANTÉ PUBLIQUE. *In:* CODES DE LA SÉCURITÉ SOCIALE, DE LA SANTÉ PUBLIQUE, DE LA MUTUALITÉ, DE LA FAMILLE ET DE L'AIDE SOCIALE. 7. Aufl. Paris: Dalloz 1972.

Bezüglich zahlreicher weiterer Nebengesetze wird auf den JURIS-CLASSEUR PÉNAL-ANNEXES *verwiesen (s. I. 2). Bei allen Gesetzen sind sämtliche Abänderungen und Ergänzungen in chronologischer Reihenfolge aufgenommen.*

II. Strafverfahrensrecht – Texte –

1. Gerichtsverfassungsrecht

Ordonnance Nr. 58–1273 relative à l'organisation judiciaire, vom 22. Dezember 1958 (J. O. vom 23. Dezember 1958, S. 11557); *letzte Änderung durch* Gesetze 70–613 *und* 70–614 vom 10. Juli 1970 (J. O. vom 12. Juli 1970, S. 6546).

2. Strafprozeßrecht

Code de procédure pénale, vom 31. Dezember 1957 *(einleitende Bestimmungen u. 1. Buch),* und 23. Dezember 1958 *(2.–5. Buch, Überarbeitung des Gesetzes vom 31. Dezember 1957), in Kraft getreten am 2. März 1959* – (J. O. vom

Frankreich A. II 3 a

8. Januar 1958, S. 258, *und vom* 24. Dezember 1958, S. 11711). *Seither etwa 30 Änderungen; wichtige Änderung mit* Gesetz vom 17. Juli 1970 (J. O. vom 19. Juli 1970, S. 6751). *Neufassung des Rechts der Untersuchungshaft; Modifizierungen der Strafaussetzung, der Strafaussetzung mit Bewährung, des Freigangs; Einführung der tutelle pénale. Letzte Änderung mit* Gesetz vom 3. Januar 1972 (J. O. vom 5. Januar 1972, S. 153). *Einführung des Strafbefehlsverfahrens (ordonnance pénale) für Übertretungen.*

Textausgaben

CODE DE PROCÉDURE PÉNALE. Code de justice militaire. 13. Aufl. Paris: Dalloz 1971/72. *Erscheint jährlich.*

CODE DE PROCÉDURE PÉNALE. Paris: Journal Officiel de la République française 1972. *Enth. insbes. vollständige Wiedergabe der Réglements d'administration publique, Décrets, Arrêtés u. Instruction générale.*

Dalloz. CODES ET LOIS USUELS *(s. I. 1).*

CODES FRANÇAIS ET LOIS USUELLES *(s. I. 2).*

Übersetzungen

FRANZÖSISCHE STRAFPROZESSORDNUNG (Code de procédure pénale). Bonn: Bundesjustizministerium 1959. [Rohübersetzung; masch. verv.] *Änderungen 1960.*

THE FRENCH CODE OF CRIMINAL PROCEDURE. Übers. u. eingel. von G. L. KOCK. South Hackensack, N. J.: Rothman [usw.] 1964. (Am. Ser. For. Pen. Codes. 7.)

3. Wichtige Nebengesetze

a) Jugendstrafverfahren

Die VO vom 2. Februar 1945 *enthält Jugendstrafrecht und Jugendstrafverfahrensrecht (s. I. 2b).*

b) Militärstrafverfahren

Der Code de justice militaire vom 8. Juli 1965 *enthält Militärstrafrecht u. Militärstrafverfahrensrecht (s. I. 2c). Die Militärgerichte sind für Staatsschutzdelikte in Kriegszeiten zuständig (s. II. 3c). Sie sind grundsätzlich zuständig für Zivilpersonen, die in Friedenszeiten Militärstraftaten i. S. des Code de justice militaire begangen haben (Art. 75).*

c) Sonstige Verfahrensvorschriften

Strafverfahren bei Staatsschutzdelikten

Loi Nr. 63–22 modifiant et complétant le Code de procédure pénale en vue de la répression des crimes et délits contre la sûreté de l'Etat, vom 15. Januar 1963 (J. O. vom 16. Januar 1963, S. 507).

Loi Nr. 63–23 fixant la composition, les règles de fonctionnement et la procédure de la Cour de sûreté de l'Etat instituée par l'article 698 du Code de procédure pénale, vom 15. Januar 1963 (J. O. vom 16. Januar 1963, S. 508); *letzte Änderung mit* Gesetz vom 17. Juli 1970 (J. O. vom 19. Juli 1970, S. 6751). *Die Cour de sûreté de l'Etat ist in Friedenszeiten zuständig für die in Art. 70–130 Code pénal aufgezählten Staatsschutzdelikte, für Straftaten, die mit diesen Delikten in Zusammenhang stehen, für Handlungen, die im Gesetz gegen Kampfgruppen und private Milizen vom 10. Januar 1936 unter Strafe gestellt worden sind, und für Verbrechen und Vergehen des gemeinen Rechts, wenn diese Straftaten in Beziehung stehen mit einem allein oder gemeinschaftlich begangenen Unternehmen, das darin besteht, die Staatsgewalt durch eine illegale zu ersetzen. – Katalog dieser Straftaten findet sich in Art. 698 Abs. 2 Code de procédure pénale.*

III. Strafvollstreckungsrecht – Texte –

Der Strafvollzug *ist in* Art. 707 ff. Code de procédure pénale *geregelt (5. Buch). Vollstreckung der Strafurteile, der Untersuchungshaft, der Freiheitsstrafe, allgemeine Regelungen über die Unterbringung in Haftanstalten, Vorschriften über die bedingte Entlassung, die Strafaussetzung und die Strafaussetzung mit Bewährung und die Vollstreckung der Beugehaft und Ersatzfreiheitsstrafe. Letzte Änderung mit* Gesetz vom 17. Juli 1970 (J. O. vom 19. Juli, S. 6751) *(s. II. 2). Hinzu kommen Verordnungen zur Durchführung des Gesetzes:* Art. D. 48 – D. 571, 3. Teil des Code de procédure pénale *und die Instruction générale:* Art. C. 811–C. 1015, 5. Buch des Code de procédure pénale (J. O. vom 11. März 1959, S. 2947 ff. u. 14. März 1959, S. 3091 ff.). *Zahlreiche Änderungen u. Ergänzungen.*

Das Strafregister *ist in den* Art. 768–781 Code de procédure pénale *geregelt; letzte Änderung mit* Gesetz vom 17. Juli 1970 (J. O. vom 19. Juli 1970, S. 6751). *Hinzu kommen die Verwaltungsvorschriften:* Art. R. 62–R. 90, 2. Teil des Code de procédure pénale; *letzte Änderung mit* VO (D.) vom 23. August 1967.

IV. Entscheidungssammlungen

1. Strafrechtliche

BULLETIN DES ARRÊTS DE LA COUR DE CASSATION. Chambre Criminelle (1. 1799–149. 1953 *u. d. T.:* Bulletin des jugements du Tribunal *(ggf.* de la Cour) de Cassation rendus en matière criminelle). 1. 1799 ff.

2. Wichtige allgemeine

s. die mit * bezeichneten Zeitschriften unter V. 2.

V. Zeitschriften

1. Strafrechtliche und kriminologische

ANNALES DE MÉDECINE LÉGALE ET DE CRIMINOLOGIE (1921–1939: Annales de médecine légale, de criminologie et de police scientifique; 1939–1951: Annales de médecine légale, de criminologie, police scientifique, médecine sociale et toxicologie). 1. 1921 ff.

ANNALES DE VAUCRESSON. [1.] 1963 ff.

ANNALES INTERNATIONALES DE CRIMINOLOGIE. 1962 ff.

BULLETIN DE MÉDECINE LÉGALE ET DE TOXICOLOGIE MÉDICALE. 1. 1958 ff.

ÉTUDES INTERNATIONALES DE PSYCHO-SOCIOLOGIE CRIMINELLE. 1. 1956 ff.

ÉTUDES PÉNITENTIAIRES. 1. 1958 ff.

INSTANTANÉS CRIMINOLOGIQUES. Journal du Centre français de criminologie. 1. 1967 ff.

PRISONS ET PRISONNIERS. 1949 ff.

RECUEIL DE DROIT PÉNAL. 1. 1947 ff.

RÉÉDUCATION. Revue française de l'enfance délinquante et en danger moral. 1. 1947 ff.

REVUE INTERNATIONALE DE DROIT PÉNAL. 1. 1924 ff.

REVUE INTERNATIONALE DE POLICE CRIMINELLE. 1. 1946 ff. [Interpol]

REVUE PÉNITENTIAIRE ET DE DROIT PÉNAL. 1. 1877 ff.

REVUE DE SCIENCE CRIMINELLE ET DE DROIT PÉNAL COMPARÉ. 1. 1936–6. 1941; N. S. 1. 1946 ff.

REVUE DE LA POLICE NATIONALE (1. 1957–70. 1967/68 u. d. T.: Revue de la Sûreté nationale). 1. 1946 ff.

SAUVEGARDE DE L'ENFANCE. 1. 1946 ff.

2. Wichtige allgemeine

LE BARREAU DE FRANCE. Organe de l'Ass. nationale des avocats de France. 1950 ff.

*GAZETTE DU PALAIS. 1. 1881/82 ff.

JUSTICE. Journal du Syndicat de la Magistrature. 1. 1969 ff.

LE POUVOIR JUDICIAIRE. L'action judiciaire. Organe mensuel de l'Union fédérale des magistrats. 1. 1946 ff.

RECUEIL DALLOZ (*Hervorgegangen aus:* Recueil périodique et critique, 1845–1923; 1924–1940 *aufgespalten in* Dalloz périodique *und* Dalloz hebdomadaire; 1941–1944 *u. d. T.:* Dalloz [Recueil] analytique *und* Dalloz [Recueil] critique; 1945–1955 *wieder vereinigt u. d. T.:* Recueil Dalloz; im Februar 1955 *vereinigt mit* Recueil Sirey, bis Ende 1955 *u. d. T.:* Recueil Dalloz et Sirey). 1845 ff.

*RECUEIL GÉNÉRAL DES LOIS ET DE LA JURISPRUDENCE ET RÉPERTOIRE COMMAILLE. N. S. 1. 1955 ff.

*LA SEMAINE JURIDIQUE. Juris-classeur périodique. Éd. générale. 1. 1927 ff.

*LA VIE JUDICIAIRE. Suppl. hebdomadaire des Journaux judiciaires associés. 1901 ff.

VI. Literatur

1. Allgemeines

ANCEL, M.: La défense sociale nouvelle (Un mouvement de politique criminelle humaniste). 2. Aufl. Paris: Cujas 1966. (Publications du Centre d'études de défense sociale de l'Inst. de droit comparé de l'Univ. de Paris. 1.)

Übersetzung
ANCEL, M.: Die Neue Sozialverteidigung. Eine Bewegung humanistischer Kriminalpolitik. Nach der 2. Aufl. übers. von M. MELZER. Stuttgart: Enke 1970.

LE BARREAU FACE AUX PROBLÈMES ACTUELS DE LA JUSTICE PÉNALE. Textes des travaux du 41e Congrès de l'Association nationale des avocats de France (Toulouse, 23–24 mai 1969). Paris: Dalloz 1969.

BATIGNE, J.: Un juge passe aux aveux. Paris: Laffont 1971.

CASAMAYOR: La justice, l'homme et la liberté. Paris: Arthaud 1964.

CASAMAYOR: Si j'étais juge... Paris: Arthaud 1970.

LA CHAMBRE CRIMINELLE ET SA JURISPRUDENCE. Recueil d'études en hommage à la mémoire de Maurice Patin. Paris: Cujas 1965.

CHARVIN, R.: Justice et politique (évolution de leurs rapports). Paris: L. G. D. J. 1968.

CONFRONTATION DE LA THÉORIE GÉNÉRALE DE LA RESPONSABILITÉ PÉNALE AVEC LES DONNÉES DE LA CRIMINOLOGIE. Travaux du Colloque de science criminelle, Toulouse, 30–31 janvier, 1er février 1969. Paris: Dalloz 1969.

DONNEDIEU DE VABRES, H.: La justice pénale d'aujourd'hui. 3. Aufl. Paris: Colin 1948. (Coll. Armand Colin. Section de droit. 117.)

Institut de droit comparé de l'Université de Paris. LE DROIT FRANÇAIS. Bd. 1. 2. Paris: L. G. D. J. 1960.

---

* Diese Zeitschriften enthalten je einen dogmatischen Rechtsprechungs- u. Gesetzgebungsteil.

Frankreich A. VI 2

(Les systèmes de droit contemporains. 11. 12.) *Das Werk betrifft das gesamte französische Recht.*
1. Les données fondamentales du droit français. Von R. DAVID. 2. Principes et tendances du droit français. Hrsg. von R. DAVID.

L'ÉVOLUTION DU DROIT CRIMINEL CONTEMPORAIN. Recueil d'études à la mémoire de Jean Lebret. Paris: Pr. univ. de France 1968.

GARÇON, M.: Défense de la liberté individuelle. Paris: Fayard 1957.

HAMELIN, J.: Entretiens sur la justice contemporaine. Paris: Dalloz 1970.

JESCHECK, H.-H.: Moderne Kriminalpolitik in Deutschland und Frankreich. In: ZStW *Bd. 79 (1967), S. 874 ff.*

IMBERT, J. – G. LEVASSEUR: Le Pouvoir, les juges et les bourreaux. 25 siècles de répression. Paris: Hachette 1972.

L'INDIVIDUALISATION DES MESURES PRISES À L'ÉGARD DU DÉLINQUANT. Hrsg. unter der Leitung von M. ANCEL u. der Mitarb. von J.-B. HERZOG. Paris: Cujas 1954. (Publications du Centre d'études de défense sociale de l'Inst. de droit comparé de l'Univ. de Paris. 2.)

LANG-HINRICHSEN, D.: Das Strafensystem im ausländischen Strafrecht. Bonn: Röhrscheid 1955. (Rechtsvergleichende Untersuchungen zur gesamten Strafrechtswissenschaft. N. F. 16.)

LANGLOIS, D.: Les dossiers noirs de la police française. Paris: Seuil 1971.

LAROCHE-FLAVIN, C.: La machine judiciaire. Paris: Seuil 1968. (Société. 30.)

LIVRE DU CENTENAIRE DE LA SOCIÉTÉ DE LÉGISLATION COMPARÉE. Un siècle de droit comparé en France (1869–1969). Paris: L. G. D. J. 1969. (Rev. int. droit comp. Numéro spécial.) *Darin S. 259–312:* Les apports du droit comparé au droit pénal et pénitentiaire français.

PERROD, P. A.: Justice et injustice. [Paris:] Hachette 1970.

PICCA, G.: Pour une politique du crime. Paris: Seuil 1966. (Société. 16.)

LES PRINCIPAUX ASPECTS DE LA POLITIQUE CRIMINELLE MODERNE. Recueil d'études en hommage à la mémoire de Henri Donnedieu de Vabres. Paris: Cujas 1960.

QUESTER-SEMEON, V. – M. QUESTER-SEMEON: Réquisitoire contre la justice. Lettre ouverte d'un justiciable désabusé au Ministre de la Justice. Critiques et suggestions de réformes. Paris: Nouvelles Ed. Debresse 1969.

Dalloz. RÉPERTOIRE DE DROIT PÉNAL ET DE PROCÉDURE PÉNALE. 2. Aufl. Bd. 1–3. Paris: Dalloz 1967–1969. [Losebl.-Ausg.] *Mit jährlich ersch. Mise à jour.*

RICHARD, A.: La mission méconnue de la justice pénale. Paris: Levain o. J. [um 1956].

RIEG, A.: Die modernen Tendenzen des französischen Strafrechts. In: ZStW *Bd. 81 (1969), S. 411 ff.*

SALEILLES, R.: L'individualisation de la peine. Etude de criminalité sociale. 3. Aufl. unter Mitarb. von G. MORIN. Paris: Alcan 1927.

SESSAR, K.: Die Entwicklung der Freiheitsstrafe im Strafrecht Frankreichs. Eine juristische u. kriminalpolitische Untersuchung. Bonn: Röhrscheid. (Rechtsvergleichende Untersuchungen zur gesamten Strafrechtswissenschaft. N. F. 46.) *1972 im Druck.*

SONNENBERGER, H.-J.: Einführung in das französische Recht. Darmstadt: Wissenschaftliche Buchgesellschaft 1972.

LES TECHNIQUES DE L'INDIVIDUALISATION JUDICIAIRE. Hrsg. von G. LEVASSEUR. Paris: Cujas 1971. (Publications du Centre d'études de défense sociale de l'Inst. de droit comparé de l'Univ. de Paris. 10.)

THORP, R.-W.: Vues sur la justice. Paris: Julliard 1962.

Bibliographien

DAVID, R.: Bibliographie du droit français 1945–1960. Paris [usw.]: Mouton 1964. (Maison des sciences de l'homme. Publ. Sér. A. 1.) *Allgemeine Bibliographie mit strafrechtlicher Literatur.*

Deutsch-Französisches Institut. DEUTSCHLAND-FRANKREICH. Ludwigsburger Beiträge zum Problem der deutsch-französischen Beziehungen. Bd. 4: Bibliographie 1945–1962. Hrsg. von U. DOERTENBACH, K. A. MAERZ u. F. SCHENK. Stuttgart: Deutsche Verl.-Anst. 1966. (Veröff. des Dt.-Franz. Inst. Ludwigsburg. 4.) *Allgemeine Bibliographie mit strafrechtlicher Literatur.*

GRANDIN, A.: Bibliographie générale des sciences juridiques, politiques, économiques et sociales 1800–1926. Bd. 1–3. Paris: Sirey 1926; Erg.-Bd. (1. 1926/27–19. 1950). 1928–1951.

MADLENER, K.: Literaturbericht Frankreich. In: ZStW *Bd. 79 (1967), S. 624 ff.*

2. Strafrechtsgeschichte

ALLARD, A.: Histoire de la justice criminelle au seizième siècle. Gand: Hoste [usw.] 1868; Nachdr. Aalen: Scientia 1970.

CHARLES, R.: Histoire du droit pénal. 2. Aufl. Paris: Pr. univ. de France 1963.

DU BOYS, A.: Histoire du droit criminel de la France depuis le XVIe jusqu'au XIXe siècle, comparé avec celui

A. VI 3 Frankreich

de l'Italie, de l'Allemagne et de l'Angleterre. Bd. 1. 2. Paris: Durand 1874. (Histoire du droit criminel des peuples modernes. 5. 6.)

ESMEIN, A.: Histoire de la procédure criminelle en France et spécialement de la procédure inquisitoire depuis le XIIIe siècle jusqu'à nos jours. Paris: Larose & Forcel 1882.

Übersetzung
ESMEIN, A.: A history of continental criminal procedure. With special reference to France. Boston: Little, Brown & Co. 1913; Nachdr. South Hackensack, N. J.: Rothman 1968. (The Continental Legal History Series. 5.)

ESMEIN, A.: Précis élémentaire de l'histoire du droit français de 1789 à 1814. Révolution, Consulat et Empire. Paris: Sirey 1908.

FELDHAUSEN, P.: Zur Geschichte des Strafprozeßrechtes in Frankreich von der Revolution bis zum Erlaß des „Code d'instruction criminelle" (1789–1808). Diss., Bonn 1966.

GARÇON, E.: Le droit pénal. Origines – Evolution – Etat actuel. Paris: Payot 1922.

GARÇON, M.: Histoire de la justice sous la IIIe République Bd. 1–3. Paris: Fayard 1957.

GARÇON, M.: La justice contemporaine 1870–1932. Paris: Grasset 1933.

GAUTIER, A.: Précis de l'histoire du droit français. 3. Aufl. Paris: Larose & Forcel 1887. *Enthält zum geringen Teil Strafrechtsgeschichte.*

HERTZ, E.: Voltaire und die französische Strafrechtspflege im achtzehnten Jahrhundert. Ein Beitr. zur Geschichte des Aufklärungszeitalters. Stuttgart: Enke 1887.

LAINGUI, A.: La responsabilité pénale dans l'ancien droit. (XVIe–XVIIIe siècle). Vorwort von J. IMBERT. Paris: L. G. D. J. 1970. (Bibliothèque d'histoire du droit et droit romain. 17.)

LOHMANN, F.: Jean Paul Marat und das Strafrecht in der Französischen Revolution. Bonn: Röhrscheid 1963. (Bonner rechtswissenschaftliche Abh. 59.)

Univ. de Paris. Faculté de droit. REMY, H.: Les principes généraux du Code pénal de 1791. Paris: Sirey 1910.

ROBLOT, R.: La justice criminelle en France sous la terreur. Paris: L. G. D. J. 1938.

ROUSSELET, M.: Histoire de la justice. 4. Aufl. Paris: Pr. univ. de France 1968.

STEIN, L. VON: Geschichte des französischen Strafrechts und des Prozesses. Neudr. der 2. Ausg. Basel 1875. Aalen: Scientia 1968. (WARNKÖNIG-STEIN: Französische Staats- und Rechtsgeschichte. 2. Ausg. Bd. 3.)

3. Materielles Strafrecht

Lehrbücher

BOUZAT, P.: Traité théorique et pratique de droit pénal. Paris: Dalloz 1951; Suppl. 1954.

BOUZAT, P. – J. PINATEL: Traité de droit pénal et de criminologie. 2. Aufl. Bd. 1–3. Paris: Dalloz 1970; Bd. 1. 2: Mise à jour zum 1. September 1971.
1. Bouzat: Droit pénal général.
2. Bouzat: Procédure pénale. Régime des mineurs. Domaine des lois pénales dans le temps et dans l'espace.
3. Pinatel: Criminologie.

DECOCQ, A.: Droit pénal général. Paris: Colin 1971.

DONNEDIEU DE VABRES, H.: Précis de droit criminel. 3. Aufl. Paris: Dalloz 1953.

DONNEDIEU DE VABRES, H.: Traité de droit criminel et de législation pénale comparée. 3. Aufl. Paris: Sirey 1947.

GARRAUD, R.: Précis de droit criminel. 15. Aufl. Bearb. von P. GARRAUD. Paris: Sirey 1934.

GARRAUD, R.: Traité théorique et pratique du droit pénal français. 3. Aufl. Bd. 1–6. Paris: Sirey 1913–1935.

GOYET, F.: Droit pénal spécial. 8. Aufl. Bearb. von M. ROUSSELET, P. ARPAILLANGE u. J. PATIN. Paris: Sirey 1972.

LAMBERT, L.: Traité de droit pénal spécial. Etude théorique et pratique des incriminations fondamentales. Paris: Police-Revue 1968.

LARGUIER, J.: Droit pénal général et procédure pénale. 4. Aufl. Paris: Dalloz 1972.

LEVASSEUR, G.: Cours de droit pénal général complémentaire. Paris 1960: Les cours de droit. [Masch. verv.]

LEVASSEUR, G. – A. CHAVANNE: Droit pénal et procédure pénale. 2. Aufl. Paris: Sirey 1971.

LEVASSEUR, G. – J.-P. DOUCET: Le droit pénal appliqué. Droit pénal général. Paris: Cujas 1969.

MERLE, R.: Droit pénal général complémentaire. Paris: Pr. univ. de France 1957.

MERLE, R. – A. VITU: Traité de droit criminel. Problèmes généraux de la législation criminelle. Droit pénal général. Procédure pénale. Paris: Cujas 1967.

ROUX, J.-A.: Cours de droit criminel français. 2. Aufl. Bd. 1. 2. Paris: Sirey 1927.
1. Droit pénal. 2. Procédure pénale.

STÉFANI, G. – G. LEVASSEUR: Droit pénal général et criminologie. 2. Aufl. Paris: Dalloz 1961.

Frankreich A. VI 4b

Stéfani, G. – G. Levasseur: Droit pénal général et procédure pénale. Bd. 1. 2. 6. Aufl. Paris: Dalloz 1972.
1. Droit pénal général. 2. Procédure pénale.

Vidal, G. – J. Magnol: Cours de droit criminel et de science pénitentiaire. (Droit pénal général – procédure pénale.) 9. Aufl. Bd. 1. 2. Paris: Rousseau 1947–1949.
1. Droit pénal général. 1947. 2. Procédure pénale. Domaine de la loi en matière pénale. 1949.

Vouin, R.: Droit pénal spécial. 3. Aufl. Bd. 1. Paris: Dalloz 1971.

Vouin, R. – J. Léauté: Droit pénal et procédure pénale. 3. Aufl. Paris: Pr. univ. de France 1969.

Vouin, R. – J. Léauté: Droit pénal et criminologie. Paris: Pr. univ. de France 1956.

Kommentare

Garçon, E.: Code pénal annoté. Neuausg. Bearb. von M. Rousselet, M. Patin, M. Ancel. Bd. 1–3. Paris: Sirey 1952–1959; mise à jour zum 1. 2. 1959.

Hélie, F.: Pratique criminelle des cours et tribunaux. 6. Aufl. Bearb. von J. Brouchot u. F. Brouchot. Bd. 1. 2: Droit pénal. Paris: Librairies techniques 1954.

Juris-Classeur Pénal. Bd. 1–4. Paris: Ed. techniques. [Losebl.-Ausg. *in 5 Ordnern*]

Le Poittevin, G.: Dictionnaire-Formulaire des parquets et de la police judiciaire. 7. Aufl. Bd. 1–5. Paris: Rousseau 1939–1952. 8. Aufl. Bearb. von A. Besson, R. Combaldieu u. J. Siméon. Bd. 1. 1954 ff.

Einzelschriften

Dieckmann, B.: Das fahrlässige Erfolgsdelikt im modernen französischen Strafrecht („délit d'imprudence"). Dargestellt an der fahrlässigen Tötung und der fahrlässigen Körperverletzung. Eine dogmatische Untersuchung. Diss., Freiburg i. Br. 1969.

Fischer, G.: Das unvollendete Verbrechen im deutschen und französischen Recht. Diss., Freiburg i. Br. 1970.

Geck, W.: Die Grenzen der Vorsatzhaftung im französischen Strafrecht. Eine rechtsvergleichende Untersuchung. Diss., Freiburg i. Br. 1967.

Koch, H.: Der Einfluß von Zwang und Notstand auf die Verantwortlichkeit des Täters nach französischem Strafrecht. Diss., Freiburg i. Br. 1967.

Schmidt-Küntzel, B.: Die Unterlassungsdelikte im französischen Code pénal unter besonderer Berücksichtigung der unechten Unterlassungsdelikte. Diss., Freiburg i. Br. 1971.

4. Nebenstrafrecht

b) Jugendstrafrecht

Allée, R.: Les décisions du juge des enfants. Paris: Allée 1970.

Becker, M.: Die Stellung des Verfahrensbeteiligten im französischen Jugendstrafverfahren. Diss., Hamburg 1970.

Charrier, Y. – J. Ellul: Jeunesse délinquante. Une expérience en province. Paris: Mercure de France 1971.

Les enfants et les adolescents socialement inadaptés. Problèmes juridiques et médico-psychologiques. Unter Mitarb. von G. Heuyer, G. Levasseur u. P. Ceccaldi hrsg. von A. Besson. Paris: Cujas 1958. (Publications du Centre d'études de défense sociale. 6.)

Fitzner, U.: Die Entwicklung des französischen Jugendstrafrechts und die Erziehungsmaßnahmen des französischen Jugendrichters. Diss., F. U. Berlin 1965.

Plotho, A. von: Die Praxis des Jugendrichters in Frankreich. Diss., Hamburg 1968.

Le problème de l'enfance délinquante. 1: L'enfant devant la loi et la justice pénales. Hrsg. von H. Donnedieu de Vabres u. M. Ancel. Paris: Sirey 1947. (Travaux et recherches de l'Institut de droit comparé de l'Univ. de Paris. 4.)

Robert, P.: Traité de droit des mineurs. Place et rôle dans l'évolution du droit français contemporain. Paris: Cujas 1969.

Siméon, J.: La protection judiciaire de l'enfance délinquante ou en danger en France. Paris: Ed. de l'Epargne 1957. (Institut de droit comparé de l'Université de Paris. Travaux de la Section de droit pénal et de science criminelle. 2.)

c) Militärstrafrecht

Doll, P.-J.: Analyse et commentaire du Code de justice militaire. (Loi du 8 juillet 1965.) Paris: L. G. D. J. 1966; Suppl. et mise à jour zum 1. Oktober 1967. 1968.

Hugueney, P.: Traité théorique et pratique de droit pénal et de procédure pénale militaires. Paris: Sirey 1933; Suppl. 1. 1938; Suppl. 2: Crimes et délits contre la sûreté extérieure de l'État. 1940.

Juglart, M. de: Répertoire méthodique de la jurisprudence militaire. Cour de cassation et Tribunaux militaires de cassation. Paris: Sirey 1946.

Picard, C.: Organisation et fonctionnement de la justice militaire. Transformations et adaptions du temps de guerre. Paris: Sirey 1940.

A. VI 4k Frankreich

e) Wirtschaftsstrafrecht

CONSTANTIN, L.: Droit pénal des sociétés par actions. Paris: Pr. univ. de France 1968. *Umfangreicher Kommentar.*

DELMAS-MARTY, M.: Les sociétés de construction devant la loi pénale. Paris: L. G. D. J. 1971. (Bibliothèque de sciences criminelles. 14.)

DROIT PÉNAL GÉNÉRAL ET LÉGISLATION PÉNALE APPLIQUÉE AUX AFFAIRES. 4. Aufl. von M. PATIN [u. a.] Paris: Pr. univ. de France 1969.

LARGUIER, J.: Droit pénal des affaires. Paris: Colin 1970.

PINOTEAU, C.: Législation pénale en matière économique et financière. Paris: L. G. D. J. 1959.

ROUJOU DE BOUBÉE, G.: Droit pénal de la construction et de l'urbanisme. Paris: Dalloz 1971.

SCHÜLER, A.-W.: Das französische Wirtschaftsstrafrecht nach der Ordonnance Nr. 45–1484. Diss., Köln 1965.

SOULEAU, P.: Infractions économiques. Paris: Juris-Classeurs 1951. *Aus:* JURIS-CLASSEUR PÉNAL-ANNEXES. Infractions économiques. 9, 1951.

Das Wirtschaftsstrafrecht ist in den wichtigsten Werken zum allgemeinen Strafrecht mitbehandelt.

f) Straßenverkehrsstrafrecht

BÉRAUD, R.: Code de la route commenté dans l'ordre des articles. Paris: Librairie du Journal des Notaires et des Avocats 1970.

MERCIER, M.: Les accidents de la circulation (auteurs et victimes). Paris: Ed. sociales françaises 1960.

PASCAL, G. – S. PLUMELLE: Infracode. Précis schématique de responsabilité en matière d'accidents de la circulation. Jurisprudence. 4. Aufl. Paris: L'Argus [usw.] 1968.

PERRAUD-CHARMANTIER, A.: Code de la route. Commentaire pratique article par article. Unter Mitarb. von M. PERRAUD-CHARMANTIER. 7. Aufl. Paris: L'Argus 1962.

RÉMY, J.: Code de la route. Commentaire pratique article par article. Vorw. von H. CUNY. 9. Aufl. Paris: L'Argus 1970.

TOULEMON, A.: Toutes les questions pratiques sur l'accident d'auto. 2. Aufl. Paris: Delmas 1962.

VASSAS, R.: Le droit et la route. Melun 1961: Impr. adm.

VOHL, P. G.: Code de la route portant règlement général sur la police de la circulation routière. Textes commentés et illustrés. Paris [usw.]: Charles-Lavauzelle 1960; Mise à jour zum März 1966.

g) Lebensmittelrecht

COMBES, D.: La fraude et le Code du vin. Montpellier: Causse Graille Castelnau 1957.

DEHOVE, R. A.: La réglementation des produits alimentaires et non-alimentaires. Répression des fraudes et contrôle de la qualité. 5. Aufl. Paris: Commerce – Ed. 1964.

TOUBEAU, M.: Fraudes et falsifications. Une lutte d'un demi-siècle. Paris: Berger-Levrault 1957.

TRUHAUT, R. – R. SOUVERAIN: Contrôle des substances ajoutées aux aliments en France. Rome: Organisation des Nations Unies pour l'alimentation et l'agriculture 1963. (Coll. FAO. 6.)

VIVEZ, J.: Traité des fraudes. Paris: Librairies techniques 1958.

Das Lebensmittelrecht ist in den wichtigsten Werken zum allgemeinen Strafrecht mitbehandelt.

h) Pressestrafrecht

BLIN, H. – A. CHAVANNE – R. DRAGO: Traité du droit de la presse. (Ancien Code de la presse de Barbier.) Paris: Librairies techniques 1969.

HILLER, A.: Das französische Presserecht. Ein Beitrag zur Problematik der Pressefreiheit. Diss., Würzburg 1967.

SOLAL, L.: Dictionnaire du droit de la presse. Paris: Syndicat national de la presse quotidienne régionale 1959.

TOULEMON, A. – M. GRELARD – J. PATIN: Code de la presse. Liberté de la presse. Diffamation. Droit de réponse. Injure – Outrage – Procédure. 2. Aufl. Paris: Sirey 1964.

Das Pressestrafrecht ist in den wichtigsten Werken zum allgemeinen Strafrecht mitbehandelt.

i) Steuerstrafrecht

COSSON, J.: Les industriels de la fraude fiscale. Paris: Seuil 1971.

LAUNAIS, H. – Y. DE LA VILLEGUÉRIN – L. ACCARIAS: Droit pénal financier. Traité pratique. Bd. 1. 2. Paris: Dalloz 1948.

PINOTEAU, C.: Législation pénale en matière économique et financière ... *(s. VI. 4e).*

k) Zollstrafrecht

BÉQUET, P.: La contrebande. Législation. Jurisprudence. Usages et pratique de la douane. Paris: Librairies techniques 1959.

BÉQUET, P.: Contrebande et contrebandiers. Paris: Pr. univ. de France 1959.

ETUDES DE DROIT PÉNAL DOUANIER. Hrsg. von R. GASSIN. Paris: Pr. univ. de France 1968. (Annales de la Faculté de droit et des sciences économiques d'Aix-en-Provence. 1.)

Frankreich A. VI 5

LE ROY, M.: Douanes. Paris: Dalloz 1953. *Auszug aus:* Répertoire de droit criminel et de procédure pénale. Bd. 1.

5. Gerichtsverfassungsrecht

KILL, F.: Die Stellung der Staatsanwaltschaft im französischen und deutschen Strafverfahren. Eine rechtsvergleichende Untersuchung. Diss., Bonn 1960.

KLEIN, D.: Der Aufbau und die Zuständigkeit der französischen Gerichte. Diss., Tübingen 1949.

RASSAT, M.-L.: Le ministère public entre son passé et son avenir. Paris: L. G. D. J. 1967. (Bibliothèque de sciences criminelles. 5.)

SAETTLER, A.: Die Entwicklung der französischen Staatsanwaltschaft. Diss., Mainz 1956.

SCHILL, H. J.: Die Stellung des Richters in Frankreich. Bonn: Röhrscheid 1961. (Rechtsvergleichende Untersuchungen zur gesamten Strafrechtswissenschaft. N. F. 26.)

VANEL, M.: Grundzüge der französischen Gerichtsverfassung. *In:* REFERATE ANLÄSSLICH DER TAGUNGEN DEUTSCHER UND FRANZÖSISCHER JURISTEN IN FREUDENSTADT, REIMS, PARIS. 1953–1954. Hamburg: Radloff 1959, *S. 14–21.*

6. Strafprozeßrecht

Lehrbücher

BOUZAT, P.: Traité théorique et pratique de droit pénal ... *(s. VI. 3).*

BOUZAT, P. – J. PINATEL: Traité de droit pénal et de criminologie ... *(s. VI. 3).*

BRIÈRE DE L'ISLE, G. – P. COGNIART: Procédure pénale. Bd. 1.2. Paris: Colin 1971.
1. BRIÈRE DE L'ISLE: Les juridictions et les actions. 1971.
2. COGNIART: Police, instruction, jugement. *[Im Druck].*

CHAMBON, P.: Le juge d'instruction. Paris: Dalloz 1972.

CHAPAR, F.: La Cour d'Assises. 2. Aufl. Paris: Dalloz 1970.

DONNEDIEU DE VABRES, H.: Précis de droit criminel ... *(s. VI. 3).*

DONNEDIEU DE VABRES, H.: Traité de droit criminel ... *(s. VI. 3).*

GARRAUD, R.: Précis de droit criminel ... *(s. VI. 3).*

GARRAUD, R. – P. GARRAUD: Traité théorique et pratique d'instruction criminelle et de procédure pénale. Bd. 1–6. Paris: Sirey 1907–1929.

MERLE, R. – A. VITU: Traité de droit criminel ... *(s. VI. 3).*

PARRA, C. – J. MONTREUIL: Traité de procédure pénale policière. (Étude théorique et pratique.) [Neuaufl.] Paris: Quillet 1970.

ROUX, J.-A.: Cours de droit criminel français ... *(s. VI.3).*

STÉFANI, G. – G. LEVASSEUR: Droit pénal général et procédure pénale ... *(s. VI. 3).*

VIDAL, G. – J. MAGNOL: Cours de droit criminel ... *(s. VI. 3).*

VITU, A.: Procédure pénale. Paris: Pr. univ. de France 1957; Addendum zum 2. März 1959.

VOUIN, R.: Manuel de droit criminel. Paris: L. G. D. J. 1949; Addendum zum 1. Oktober 1955.

Kommentare

BESSON, A. – R. VOUIN – P. ARPAILLANGE: Code annoté de procédure pénale. Titre préliminaire et livre I. Paris: Librairies techniques 1958.

BROUCHOT, J. – J. GAZIER – F. BROUCHOT: Analyse et commentaire du Code de procédure pénale. [Erw. Ausg.] Paris: Librairies techniques 1959/60.

CHARLES, R.: Liberté et détention. Commentaire de la loi du 17 juillet 1970. T. 1/2. Paris: Librairie du Journal des Notaires et des Avocats 1972.

JURIS-CLASSEUR DE PROCÉDURE PÉNALE. Bd. 1–4. Paris: Ed. techniques [Losebl.-Ausg.]

LE POITTEVIN, G.: Dictionnaire – Formulaire des parquets et de la police judiciaire ... *(s. VI. 3).*

MORANDIÈRE, J. – J. C. SALMON: Code de procédure pénale commenté. Art. 1–230. 3. Aufl. Paris: Police-Revue 1965.

Sonstiges

BOULOC, B.: L'acte d'instruction. Paris: L. G. D. J. 1965. (Bibliothèque de sciences criminelles. 1.)

DÉTENTION PROVISOIRE, CONTRÔLE JUDICIAIRE ET GARDE À VUE. Paris: Pr. univ. de France 1971. (Publ. de la Faculté de droit et des sciences sociales de Poitiers. 3.) (12e Journées franco-belgo-luxembourgeoises de droit pénal.)

GLATTHAAR, W.: Die Rechtsstellung der Polizei im französischen Strafverfahren. Diss., Marburg 1960.

KRATTINGER, P. G.: Die Strafverteidigung im Vorverfahren im deutschen, französischen und englischen Strafprozeß und ihre Reform. Bonn: Röhrscheid 1964. (Rechtsvergleichende Untersuchungen zur gesamten Strafrechtswissenschaft. N. F. 34.)

MELLOR, A.: Les grands problèmes contemporains de l'instruction criminelle. Paris: Domat-Montchrestien 1952.

PROBLÈMES CONTEMPORAINS DE PROCÉDURE PÉNALE. Recueil d'études en hommage à Louis Hugueney. Paris: Sirey 1964. (Travaux de la section de droit pénal et de science criminelle. 4.)

ROSKOTHEN, E.: Französisches Strafverfahrensrecht. Bonn: Röhrscheid 1951. (Rechtsvergleichende Untersuchungen zur gesamten Strafrechtswissenschaft. N. F. 3.)

ROTH, U. M.: Das französische Strafverfahrensrecht und seine Reform. Diss., Freiburg i. Br. 1962.

SCHAFFER, H.: Das strafprozessuale Vorverfahren in Frankreich und Deutschland. Diss., FU Berlin 1965.

7. Strafvollstreckungsrecht

AMOR, P.: Le système pénitentiaire de la France. In: SYST. PÉNIT., Bd. 1, S. 155–186.

GERMAIN, C.: Éléments de science pénitentiaire. Paris: Cujas 1959.

LÉAUTÉ, J.: Criminologie et science pénitentiaire. Paris: Pr. univ. de France 1972.

LÉAUTÉ, J.: Les prisons. Paris: Pr. univ. de France 1968.

MONTEIL, J.: La grace en droit français moderne. Paris: Librairies techniques 1959.

PINATEL, J.: Précis de science pénitentiaire. Législation pénitentiaire. Administration pénitentiaire. Problème de la criminalité juvénile. Paris: Sirey 1945; Mise à jour zum 1. September 1945.

PINATEL, J.: Traité élémentaire de science pénitentiaire et de défense sociale. Législation pénitentiaire. Administration pénitentiaire. Régime pénitentiaire. Problèmes de défense sociale. Paris: Sirey 1950.

SCHMELCK, R. – G. PICCA: Pénologie et droit pénitentiaire. Paris: Cujas o. J. [um 1967].

STÉFANI, G. – G. LEVASSEUR – R. JAMBU-MERLIN: Criminologie et science pénitentiaire. 3. Aufl. Paris: Dalloz 1972.

TIEDEMANN, K.: Die Rechtsstellung des Strafgefangenen nach französischem und deutschem Verfassungsrecht.

Bonn: Röhrscheid 1963. (Rechtsvergleichende Untersuchungen zur gesamten Strafrechtswissenschaft. N. F. 31.) *Der* Strafvollzug *ist grundsätzlich in den Werken zum* Code de procédure pénale *behandelt.*

8. Kriminologie und Statistik

Kriminologie

BOUZAT, P. – J. PINATEL: Traité de droit pénal et de criminologie... *(s. VI. 3).*

CONFRONTATION DE LA THÉORIE GÉNÉRALE DE LA RESPONSABILITÉ PÉNALE AVEC LES DONNÉES DE LA CRIMINOLOGIE... *(s. VI. 1).*

LÉAUTÉ, J.: Criminologie et science pénitentiaire... *(s. VI. 7).*

PINATEL, J.: La criminologie. Paris: Spes 1960.

PINATEL, J.: La société criminogène. Paris: Calmann-Lévy 1971.

STÉFANI, G. – G. LEVASSEUR: Droit pénal général et criminologie... *(s. VI. 3).*

STÉFANI, G. – G. LEVASSEUR – R. JAMBU-MERLIN: Criminologie et science pénitentiaire... *(s. VI. 7).*

VOUIN, R. – J. LÉAUTÉ: Droit pénal et criminologie... *(s. VI. 3).*

Statistiken

Ministère de la Justice. Direction de l'administration pénitentiaire. RAPPORT GÉNÉRAL (1951–1952 u. d. T.: Rapport annuel sur l'exercice; 1954–1962 u. d. T.: Exercice). 1951. 1952 ff.

Ministère de la Justice. Service (1956–1964: Direction...) de l'éducation surveillée. RAPPORT ANNUEL. *Anfang nicht ermittelt.*

COMPTE GÉNÉRAL DE L'ADMINISTRATION DE LA JUSTICE CRIMINELLE ET DE LA JUSTICE CIVILE ET COMMERCIALE EN FRANCE. Hrsg. vom Justizministerium. 1825 ff.

B. Lokales Sonderrecht (Elsaß-Lothringen)

Verordnung (D.) vom 25. November 1919 *führte das französische Straf- und Strafprozeßrecht wieder in Elsaß-Lothringen ein. Eine weitere VO (D.) desselben Tages ließ verschiedene deutsche strafrechtliche Bestimmungen in Geltung, die noch heute nach dem Stand vom 11. November 1919 in Kraft sind. Dazu gehören (nicht vollständig):* §§ 128, 129, 130a, 166, 167, 292–295, 361 Ziff. 6, 362 Ziff. 3, 368 Ziff. 10 StGB; die Strafbestimmungen im Reichsgesetz betr. die privatrechtlichen Verhältnisse der Binnenschiffahrt vom 15. Juni 1895; §§ 146–154 des Gesetzes betr.

Frankreich C

die Erwerbs- und Wirtschaftsgenossenschaften vom 20. Mai 1898; § 37 des Hypothekenbankgesetzes vom 13. Juli 1899; die §§ 30, 33-35, 41a, 41b, 42b, 55-66, 77-80, 85-105, 106, 120-132, 137-139 Gewerbeordnung vom 26. Juli 1900; die Strafbestimmungen im Gesetz über die privaten Versicherungsunternehmen vom 12. Mai 1901; *bis 1972 die Vorschriften der StPO über den Strafbefehl, nunmehr ersetzt durch eine allgemein geltende ordonnance pénale (s. A. II. 2).*

Textausgabe

LES LOIS LOCALES EN VIGUEUR DANS LE RESSORT DE LA COUR D'APPEL DE COLMAR. Hrsg. u. mit Anm. von G. STRUSS. Bd. 1 ff. Colmar: Ed. Alsatia 1954 ff. *Zuletzt erschien Band 6. 1972.*

Literatur

SPACH, J.: Alsace et Lorraine. *In:* Dalloz. RÉPERTOIRE ... Bd. 1. (s. A. VI. 1).

C. Die Übersee - Departements

(Départements d'Outre-Mer: Guadeloupe, Guyane, Martinique, Réunion)

I.-III. Materielles Strafrecht, Strafverfahrensrecht, Strafvollstreckungsrecht

In den Übersee-Departements finden seit dem Inkrafttreten der Verfassung vom 27. 10. 1946 grundsätzlich die in Frankreich erlassenen Gesetze ohne besonderen Überleitungsakt Anwendung (Art. 75: „Le régime législatif des départements d'outre-mer est le même que celui des départements métropolitains, sauf exceptions déterminées par la loi."). Die Dekrete Nr. 47-2375 vom 24. 12. 1947 (J.O. vom 24. 12., S. 12446) und Nr. 47-1573 vom 25. 8. 1947 (J.O. vom 26. 8., S. 8442) bestimmten demgemäß die Geltung der bereits vor diesem Zeitpunkt bestehenden strafrechtlichen, strafverfahrensrechtlichen und gerichtsorganisatorischen Gesetze.

Diese verfassungsrechtliche Lage wurde auch in der Verfassung vom 4. 10. 1958 aufrechterhalten (Art. 73: „Le régime législatif et l'organisation administrative des départements d'outre-mer peuvent faire l'objet de mesures d'adaption nécessitées par leur situation particulière."). Einzelheiten für die Geltung des Strafrechts enthalten die Verordnung Nr. 58-1317 vom 23. 12. 1958 (J.O. vom 26. 12., S. 11838) und das Dekret Nr. 64-118/119 vom 4. 2. 1964 (J.O. vom 9. 2., S. 1461).

Es finden daher in den Übersee-Departements der Code pénal und der Code de procédure pénale Anwendung, so daß hinsichtlich der Gesetzestexte auf den Abschnitt A. I-III zu verweisen ist. Von der Möglichkeit abweichender Regelungen ist kaum Gebrauch gemacht worden. (Vgl. etwa Art. D 573 Code de procédure pénale; ferner das Dekret Nr. 62-138 für den Aufbau der Gerichtsorganisation vom 2. 2. 1962 [J.O. vom 7. 2., S. 1356].)

IV./V. Entscheidungssammlungen/Zeitschriften

Zu verweisen ist auf den Abschnitt A. IV. und V.

VI. Literatur

GONIDEC, P. F.: Droit d'outre-mer. Bd. 1. 2. Paris: Montchrestien 1959-1960.

LAMPUÉ, P.: Droit d'outre-mer et de la coopération. 4. Aufl. Paris: Dalloz 1969.

LUCHAIRE, F.: Départements d'outre-mer. *In:* Dalloz. RÉPERTOIRE ... *Bd. 2. (s. A. VI. 1).*

LUCHAIRE, F.: Droit d'outre-mer et de la coopération. 2. Aufl. Paris: Pr. univ. 1966.

TEULIÈRES, A.: L'outre-mer français. Paris: Berger-Levrault 1970. *Ausführliche allgemeine Darstellung.*

GIBRALTAR*

Bearbeitet von Bibliotheksoberrat Dr. KLAUS H. A. LÖFFLER, Saarbrücken

In Gibraltar gilt englisches Recht, sofern nicht eine ausdrückliche, abweichende Regelung besteht (vgl. wegen der Einzelheiten: Application of English Law Ordinance [Cap. 5], *geändert Ord. 24/1970).*

Es werden keine Entscheidungssammlungen und Zeitschriften veröffentlicht.

Gesamtausgabe der Gesetze

THE LAWS OF GIBRALTAR. Rev. Aufl., 1964. Hrsg. von Sir R. RAGNAR HYNE u. C. B. O'BEIRNE. Gibraltar: Gibraltar Garrison Library Committee 1968 ff. *[Losebl.-Ausg. in 8 Ordnern, Appendices u. Index.]*

I. Materielles Strafrecht – Texte –

1. Strafgesetzbuch

Criminal Offences Ordinance (Cap. 37) vom 1. 9. 1960, i. d. F. von 1969, *geändert Ord. 9/1970, 13/1970.*

2. Wichtige Nebengesetze

a) Das StGB ergänzende Gesetze

Defamation Ordinance (Cap. 42) vom 15. 12. 1960. *Bedeutsam für Pressedelikte.*

f) Straßenverkehrsstrafrecht

Traffic Ordinance (Cap. 154) vom 1. 4. 1958, i. d. F. von 1969, *geändert Ord. 16/1970, 10/1971.*

g) Rauschgifte

Dangerous Drugs Ordinance (Cap. 40) vom 2. 12. 1966, i. d. F. von 1969.

II. Strafverfahrensrecht – Texte –

1. Gerichtsverfassungsrecht

Magistrates Court Ordinance (Cap. 95) vom 1. 1. 1962, i. d. F. von 1969.

Supreme Court Ordinance (Cap. 148) vom 1. 9. 1960, i. d. F. von 1969, *geändert Ord. 3/1970.*

Siehe auch II. 3.

2. Strafprozeßrecht

Criminal Justice Administration Ordinance (Cap. 36) vom 1. 1. 1962, i. d. F. von 1969, *geändert Ord. 2/1970.*

Coroner's Ordinance (Cap. 34) vom 8. 7. 1899.

Evidence Ordinance (Cap. 53) vom 12. 4. 1948.

3. Wichtige Nebengesetze

c) Sonstige Verfahrensvorschriften

Legal Aid and Assistance Ordinance (Cap. 86) vom 1. 1. 1961, i. d. F. von 1969.

III. Strafvollstreckungsrecht – Texte –

Prison Ordinance (Cap. 129) vom 26. 1. 1949 (4. 3. 1949).

VI. Literatur

1. Allgemeines

AMELUNXEN, C.: Inselfahrten eines Richters. Hamburg: Kriminalistik-Verl. 1964. *Darin S. 107–120: Gibraltar.*

ELIAS, T. O.: British colonial law. London: Stevens 1962.

ROBERTS-WRAY, K.: Commonwealth and colonial law. London: Stevens 1966. *Darin S. 681–682: Gibraltar.*

---

* Der Bearbeiter dankt the Right Hon. Sir R. H. HICKLING, Attorney General von Gibraltar, Q. C., für freundlichst erteilte Auskünfte.

GRIECHENLAND*

Bearbeitet von Univ.-Doz. Dr. Anna Benakis, Athen

Gesamtausgabe der Gesetze

Kōdix Nomikou Bīmatos. Hrsg. von der Rechtsanwaltkammer Athen. Athīnai 1. 1953 ff. *Chronologische Sammlung aller Gesetze und Verordnungen. Erscheint 14tägig.*

Diarkīs Kōdix Nomothesias. Hrsg. von P. Raptarchīs. Athīnai 1936 ff. [Losebl.-Ausg.]. *Zusammenstellung der geltenden Gesetze und Verordnungen.*

I. Materielles Strafrecht – Texte –

1. Strafgesetzbuch

Poinikos Kōdix [Strafgesetzbuch], *verkündet durch Gesetz Nr. 1492 vom 17. August 1950. Inkrafttreten: 1. 1. 1951.*
Änderungsgesetze sind in die Textausgaben eingearbeitet.

Textausgaben
Poinikos Kōdix [Strafgesetzbuch]. Hrsg. von G. Babaretos. Athīnai: Sakkoulas 1971.

Poinikos Kōdix [Strafgesetzbuch]. Hrsg. von I. Daskalopoulos. Athīnai: Tzakas 1966. [Mit Nachtr.]

Poinikos Kōdix [Strafgesetzbuch]. Hrsg. von I. Ntziōras. Athīnai 1970.

Übersetzungen
Das griechische Strafgesetzbuch vom 17. August 1950. Übers. von D. Karanikas. Berlin: de Gruyter 1953. (Slg. außerdt. StGB. 59.)

Code Pénal Grec. Übers. von P. Giotīs. *In:* Codes pén. eur., Bd. 2, S. 713–796.

2. Wichtige Nebengesetze

Gesamtausgaben
Eidikoi Poinikoi Nomoi [Strafrechtliche Nebengesetze]. Hrsg. von G. Babaretos. 2. Aufl. Athīnai: Sakkoulas 1969.
Zitiert: Babaretos.
Enthält die wichtigsten strafrechtlichen Bestimmungen außerhalb des Strafgesetzbuchs in der geltenden Fassung nach Stichworten alphabetisch geordnet.

Eidikoi Poinikoi Nomoi [Strafrechtliche Nebengesetze]. Hrsg. von P. Raftopoulos u. M. Karvounakīs. Athīnai 1969 ff. [In Lfg.]

a) Das StGB ergänzende Gesetze

Staatsschutzgesetze
Gesetz Nr. 375 vom 14./18. Dezember 1936 über die Bestrafung von Straftaten gegen die Sicherheit des Landes (Spionagegesetz). (Babaretos S. 609 ff.)

Gesetz Nr. 509 vom 27. Dezember 1947 über Maßnahmen für die Sicherheit des Staates, der geltenden Staats- und Gesellschaftsform und den Schutz der Grundfreiheiten. (Babaretos S. 644 ff.)

Übersetzung beider Gesetze ins Deutsche
Katsantonīs, A.: Griechenland. *In:* Strafr. Staatsschutzbest., S. 151–160.

b) Jugendstrafrecht

Besondere Vorschriften für Jugendliche befinden sich im StGB, s. auch VI. 4 b.

c) Militärstrafrecht

Stratiōtikos Poinikos Kōdix [Militärstrafgesetzbuch], *verkündet durch Gesetz Nr. 2803 vom 21. Februar 1941. Art. 1–174 materielles Strafrecht, Art. 175–434 Strafprozeßrecht. Änderungen sind in die Textausgaben eingearbeitet.*

Textausgabe
Stratiōtikos Poinikos Kōdix. Text. Hrsg. von N. Polychronopoulos. 2. Aufl. Athīnai 1960.

e) Wirtschaftsstrafrecht

Gesetz Nr. 5960 vom 23. Dezember 1933 (Scheckgesetz). (Babaretos S. 436 ff.)

Gesetz Nr. 146 vom 26. Dezember 1913/27. Januar 1914 über unlauteren Wettbewerb. (Babaretos S. 173 ff.)

Gesetz Nr. 5422 vom 26. April 1932 über Devisenkauf und -verkauf. (Babaretos S. 797 ff.)

---

* Transkriptionstabelle siehe S. 99.

Gesetz Nr. 710 vom 7. Dezember 1945 über die Bestrafung von Verstößen gegen die Währungsgesetze. (Babaretos S. 812 ff.)

f) Straßenverkehrsstrafrecht

Kōdix Odikīs Kyklophorias [Straßenverkehrsgesetz], *verkündet durch* Gesetz Nr. 4233 vom 25. Juli 1962. *Inkrafttreten: 1. 1. 1963.*

Gesetz Nr. 170 vom 30. Oktober 1967 über die Bestätigung und Ahndung von Zuwiderhandlungen gegen Parkvorschriften, Fußgängervorschriften usw. (Babaretos S. 246 ff.) *Als Sanktionen sind Geldbußen vorgesehen.*

Gesetz Nr. 2367 vom 7./10. April 1953 (Kraftfahrzeugzulassungsordnung). (Babaretos S. 242 ff.)

Gesetz Nr. 2119 vom 24. April/9. Mai 1952 (Personenbeförderungsgesetz). (Babaretos S. 257 ff.)

Gesetz Nr. 4841 vom 27./31. Juli 1930 über Kraftfahrzeuge. (Babaretos S. 225 ff.)

Textausgaben

Eidikai Poinikai Diataxeis Nomou 170/1967 [Strafrechtliche Bestimmungen des Gesetzes Nr. 170 von 1967]. Hrsg. von K. Karvelīs. Athīnai 1969.

Eidikī Poinikī Nomothesia [Nebenstrafrecht, Bd. 1: Kraftfahrzeugrecht]. Hrsg. von A. Lambrinidīs. Athīnai 1969.
Siehe auch VI. 4f.

g) Presserecht

Gesetz Nr. 346 vom 14. November 1969 über die Presse. (Kōdix Nomikou Bīmatos 1969, S. 1164 ff.)

h) Öffentliche Sicherheit und Gesundheit

Gesetz Nr. 286 vom 18. Mai/30. Juli 1914 über das Waffentragen. (Babaretos S. 877 ff.)

Gesetz Nr. 258 vom 17./20. Oktober 1936 über Glücksspiele. (Babaretos S. 886 ff.)

Gesetz Nr. 136 vom 30. September 1946 (Lebensmittelgesetz). (Babaretos S. 22 ff.)

Gesetz Nr. 743 vom 2. Dezember 1970 über die Bestrafung von Verstößen gegen die Gesetze über Rauschgift und die Behandlung von Rauschgiftsüchtigen. (Babaretos S. 759 ff.)

Gesetz Nr. 4000 vom 23./31. Oktober 1959 (Teddyboy-Gesetz). (Babaretos S. 554 ff.) *Verschärfte Strafen wegen Körper- und Ehrverletzungen.*

Gesetz Nr. 4095 vom 26./27. August 1960 über die Bekämpfung von Geschlechtskrankheiten. (Babaretos S. 276 ff.)

i) Finanzstrafrecht

Gesetz Nr. 185 vom 9./18. November 1967 über die Bestrafung von Verstößen gegen die Steuerbestimmungen (Steuerhinterziehung). (Babaretos S. 1083 ff.)

Gesetz Nr. 1165 vom 17./21. März 1918 (Zollgesetz). (Babaretos S. 655 ff.)

Monopolgesetze: Gesetz Nr. 1674 vom 30. Juli/22. August 1942 (künstliche Süßstoffe). Gesetz Nr. 1598 vom 18. Juli/7. August 1942 (Salz). Gesetz MCLXVIII vom 27. März/24. Mai 1884 (Streichhölzer). Gesetz MCLXVII vom 22. März/22. Mai 1884 (Spielkarten). Gesetz MCLXVI vom 19. März/24. Mai 1884 (Erdöl). Gesetz 5539 vom 15./23. Juni 1932 (Narkotika) *modifiziert durch* Gesetz Nr. 4 vom 1./6. Juli 1970.

k) Jagd, Forst, Fischerei

Dasikos Kōdix [Forst und Jagdgesetz], Gesetz Nr. 86 vom 8./18. Januar 1969. (Babaretos S. 344 ff.)

Gesetz Nr. 420 vom 24./31. Januar 1970 (Fischereigesetz).

l) Sonstiges Nebenstrafrecht

Gesetz Nr. 6392 (Zusammenstellung durch das Kgl. Dekret vom 11. März 1952) über Straf- und Disziplinarvorschriften für die Handelsmarine. (Babaretos S. 414 ff.)

Gesetz Nr. 2387 vom 29. Juni 1920 über Urheberrechte. (Babaretos S. 907 ff.)

Gesetz Nr. 5351 vom 9./24. August 1932 über Antiquitäten. (Babaretos S. 199 ff.)

Gesetz Nr. 86 vom 29. Juli/7. August 1967 über die Bestrafung wegen Nichtbezahlung der Pflichtbeiträge an die Arbeiterversicherungsanstalten. (Babaretos S. 574 ff.)

Gesetz Nr. 690 vom 4./5. Dezember 1945 über Arbeitslöhne (Bestrafung wegen Nicht- oder verzögerter Zahlung von Arbeitslöhnen). (Babaretos S. 449 ff.)

II. Strafverfahrensrecht – Texte –

1. Gerichtsverfassungsrecht

Organismos ton dikastīrion [Gerichtsverfassungsgesetz], *verkündet durch* Kgl. Dekret vom 16. Oktober 1834.

2. Strafprozeßrecht

Kōdix Poinikīs Dikonomias [Strafprozeßgesetz], *verkündet durch* Gesetz Nr. 1493 vom 17. August 1950. *Inkraft-*

Griechenland II 3 a

treten: 1.1.1951. Änderungen sind in die Textausgaben eingearbeitet.

Gesetz Nr. 193 vom 16./24. November 1967 über die gemischten Schwurgerichte. (Babaretos S. 4ff., 182f.)

Gesetz Nr. 5026 vom 17./18. Juni 1931 über die Schwurgerichte (Verfassung). (Babaretos S. 183ff.)

Textausgabe

Kōdix Poinikīs Dikonomias [Strafprozeßgesetz]. Hrsg. von G. Babaretos. Athīnai: Sakkoulas 1972.

3. Wichtige Nebengesetze

a) Jugendstrafverfahren

Besondere Vorschriften für das Jugendstrafverfahren befinden sich im Strafprozeßgesetz (vgl. II. 2).

b) Militärstrafverfahren

Das Militärstrafverfahren ist in den Art. 175–434 des Militärstrafgesetzbuches (s. I. 2c) geregelt.

III. Strafvollstreckungsrecht – Texte –

Art. 546–572 des Strafprozeßgesetzes regeln die Strafvollstreckung (vgl. II. 2).

Sōphronistikos Kōdix [Strafvollzugsgesetz], *verkündet durch* Gesetz Nr. 125 vom 24./29. August 1967.

In den Art. 573–580 des Strafprozeßgesetzes befinden sich die Grundlagen des Strafregisterrechts (vgl. II. 2).

IV. Entscheidungssammlungen

1. Strafrechtliche

Synopsis Poinikīs Nomologias 1951–1962 [Die in Zeitschriften veröffentlichte strafrechtliche Rechtsprechung der Jahre 1951–1962 in Leitsätzen]. Athīnai: Sakkoulas 1963.

2. Wichtige allgemeine

Genikon eyretīrion nomologias [Allg. Rechtsprechungsregister]. 1834–1936. Hrsg. von P. Thībaios. Bd. 1–6. Athīnai: Zacharopoulos 1936–1939.

Symplīroma nomologias [Ergänzung der Rechtsprechung]. 1935–1952 ff. Athīnai: Zacharopoulos 1953 ff.

Bisher erschienen: 1935–1952. Bd. 1–5. 1953–1960. Bd. 1–6. 1961–1963. Bd. 1. 2.

Nomologia Areiou Pagou [Die Rechtsprechung des Kassationsgerichtshofes]. Hrsg. von N. Mpakoulas. Athīnai 1947 ff.

V. Zeitschriften

1. Strafrechtliche und kriminologische

Poinika Chronika [Strafrechtliche Chronik]. 1. 1951 ff.

Poinikī Epitheorīsis [Strafrechtliche Rundschau]. 1970 bis 1972.

VI. Literatur

1. Allgemeines

Anagnostakīs, S.: Bibliographia tōn en Elladi egklīmatologikōn kai poinikōn epistīmōn [Bibliographie der griechischen Kriminal- und Strafrechtswissenschaften]. Athīnai 1964.

Aristoteleion Panepistimion Thessalonikīs. Epistīmonikī epetīris. Ekdidomenī ypo tīs Scholīs tōn Nomikōn kai Oikonomikōn Epistīmōn. Charmosynon D. I. Karanikas [Jahrbuch der Rechts- und Wirtschaftswissenschaftlichen Fakultät der Universität Thessalonikī. Festschrift für D. I. Karanikas]. T. 14, 1–3. Thessalonikī: Georgiadis 1966–1969.

3. Materielles Strafrecht

Kommentare

Babaretos, G.: Poinikos Kōdix [Strafgesetzbuch]. Text mit Erl. aus Rechtsprechung und Literatur. 4. Aufl. Athīnai: Sakkoulas 1970.

Mpouropoulos, A.: Ermīneia tou Poinikou Kōdikos [Kommentar zum Strafgesetzbuch]. Bd. 1–3. Athīnai: Sakkoulas 1959–1964.

NTZIŌRAS, D.: Epitomos ermīneia tou Poinikou Kōdikos [Kurzkommentar zum Strafgesetzbuch]. Athīnai: Dimitrakos 1965.

PAPADAKIS, I.: Eidikon Poinikon Dikaion [Kurzkommentar zum Bes. Teil]. Bd. 2. Chalkis: Moschos 1955.

SIFNAIOS, K. – T. CHALKIAS: O neos Poinikos Kōdix [Das neue Strafgesetzbuch]. Athīnai 1955.

TOUSSĪS, A. – A. GEORGIOU: Poinikos Kōdix. 3. Aufl. Bd. 1. 2. Athīnai: Tzakas 1967.

Lehrbücher, Grundrisse, Universitätsvorlesungen

Allgemeiner Teil

ANDROULAKĪS, N.: Poinikon Dikaion. Genikon meros [Strafrecht. Allg. Teil]. Hefte A–D. Athīnai: Sakkoulas 1970–1972. *Universitätsvorlesungen.*

CHORAFAS, N.: Poinikon Dikaion. Genikai archai [Strafrecht. Allg. Teil]. 8. Aufl. Athīnai: Sakkoulas 1966.

GEORGAKĪS, I.: Poinikon Dikaion, Didaskalia. Genikon meros [Strafrecht. Allg. Teil]. Athīnai: Setakī [um 1960].

KARANIKAS, D.: Egcheiridion Poinikou Dikaiou [Handbuch des Strafrechts]. Bd. 1: Genikon meros. [Allg. Teil]. 2. Aufl. Thessalonikī: Sakkoulas 1960.

KATSANTONĪS, A.: Poinikon Dikaion. Genikon meros [Strafrecht. Allg. Teil]. Bd. 1, 1: Ī didaskalia peri egklīmatos [Die Verbrechenslehre]. Athīnai: Parissianos 1969.

KONSTANTARAS, C.: Ellīnikon Poinikon Dikaion [Griechisches Strafrecht]. Bd. 3, Hefte A–C. [Versuch, Teilnahme, Strafen, Strafzumessung, Konkurrenz]. Athīnai 1953–1956.

Besonderer Teil

GAFOS, E.: Poinikon Dikaion. Eidikon meros [Strafrecht. Bes. Teil]. Bd. 1–7. Athīnai: Sakkoulas 1957–1969.

KARANIKAS, D.: Egcheiridion Poinikou Dikaiou [Handbuch des Strafrechts]. Bd. 2–4: Eidikon meros [Bes. Teil]. Thessalonikī: Sakkoulas 1954–1962.

MANGAKĪS, G. A.: Ta egklīmata peri tīn genetīsion kai tīn oikogeneiakīn zoīn [Die Delikte gegen das Geschlechts- und Familienleben]. Athīnai: Sakkoulas 1967.

NTZIŌRAS, D.: Egcheiridion Eidikou Poinikou Dikaiou. 1. A.: Egklīmata kata tou atomou [Handbuch des Besonderen Teils des Strafrechts. 1. A.: Delikte gegen die Person]. Athīnai: Sakkoulas 1971.

Monographien

ANDROULAKĪS, N.: Ī klopī chrīseos „metaforikou mesou" (arthr. 375a P. K.) [Der Gebrauchsdiebstahl von Kraftfahrzeugen (Art. 375a StGB)]. Athīnai 1967.

ANDROULAKĪS, N.: Peri syrroīs egklīmaton [Über die Konkurrenz von Straftaten]. Bd. 1. 2. Athīnai 1966–1968.

BENAKIS, A. *siehe* MPENAKĪ-PSAROUDA.

BOUGIOUKAS, K.: To egklīma tīs klopīs [Der Diebstahl]. Thessalonikī: E. P. A. 1952.

BOUGIOUKAS, K.: Ī sīmasia tīs planīs peri to dikaion dia tīn ennoian tou egklīmatos [Die Bedeutung des Verbotsirrtums für den Verbrechensbegriff]. Thessalonikī: E. P. A. 1961.

DEDES, C.: Ī apeitheia kat' arthr. 169 P. K. [Der Ungehorsam nach Art. 169 StGB]. Athīnai 1964.

KATSANTONĪS, A.: Ī ameleia en tō poinikō dikaiō [Die Fahrlässigkeit im Strafrecht]. Athīnai 1963.

KATSANTONĪS, A.: Ī synainesis tou pathontos en tō poinikō dikaiō [Die Einwilligung des Verletzten im Strafrecht]. Athīnai 1957.

MANGAKĪS, G. A.: O katalogismos eis to poinikon dikaion [Die Schuld im Strafrecht]. Athīnai 1961.

MANGAKĪS, G. A.: Ī sygkrousis kathīkonton en tō poinikō dikaiō [Die Pflichtenkollision im Strafrecht]. Athīnai 1955.

MANŌLEDAKĪS, I.: Ī prostasia tīs dīmosias taxeos kata ton ellīnikon Poinikon Kōdika [Der Schutz der öffentlichen Ordnung nach dem griechischen Strafgesetzbuch]. Athīnai: Sakkoulas 1970.

MANŌLEDAKĪS, I.: Ī prostasia tīs politeiakīs exousias kata ton ellīnikon Poinikon Kōdika [Der Schutz der Staatsgewalt nach dem griechischen Strafgesetzbuch]. Thessalonikī: Sakkoulas 1967.

MPENAKĪ-PSAROUDA, A.: Ta axiologika stoicheia tīs antikeimenikīs ypostaseōs tou egklīmatos [Die normativen Merkmale des Verbrechenstatbestandes]. Athīnai: Sakkoulas 1971.

PAPADATOS, P.: To problīma tīs ierarchikīs prostagīs en tō poinikō dikaiō [Das Problem des Handelns auf Befehl im Strafrecht]. Athīnai 1961.

PHILIPPIDĪS, T.: Ī prostasia dedikaiologīmenōn sympherontōn epi tōn egklīmatōn kata tīs timīs [Die Wahrnehmung berechtigter Interessen bei den Delikten gegen die Ehre]. Thessalonikī: Triantaphyllou 1965.

PHILIPPIDĪS, T.: Ī synainesis tou pathontos [Die Einwilligung des Verletzten]. Thessalonikī 1951.

ZĪSSIADĪS, I.: Ī poinikī paragraphī [Die Verjährung im Strafrecht]. Athīnai: Sakkoulas 1954.

4. Nebenstrafrecht

BOUGIOUKAS, K.: To poinikon dikaion tōn eidikōn poinikōn nomōn [Das Strafrecht der Sonderstrafgesetze]. Bd. 1. 2, 1. Athīnai: Sakkoulas (2: Thessalonikī) 1965–1969.

Griechenland VI 4 b

b) Jugendstrafrecht

BOUGIOUKAS, K.: To en Elladi ischyon epi anīlikōn ousiastikon kai dikonomikon dikaion [Das griechische materielle und prozessuale Strafrecht für Jugendliche]. Thessalonikī: E. P. A. 1956.

c) Militärstrafrecht

ANANIADĪS, E.: Stratiōtikon Poinikon Dikaion [Militärstrafrecht]. Bd. 1. 2. Athīnai 1955.
1. Ousiastikon [Materieller Teil]. 2. Dikonomikon [Prozessualer Teil].

GIANNIRĪS, S.: Ermīneia tou Stratiōtikou Poinikou Kōdikos [Kommentar zum Militärstrafgesetzbuch]. 2. Aufl. Athīnai 1959.

f) Straßenverkehrsstrafrecht

KŌDIX ODIKĪS KYKLOPHORIAS [Straßenverkehrsordnung]. Text mit Erläuterungen. Hrsg. von I. PAPAIOANNOU u. K. KARVELĪS. Athīnai 1963.

KŌDIX ODIKĪS KYKLOPHORIAS. Text mit Erläuterungen. Hrsg. von M. PAPADOGIANNĪS. Athīnai: Sakkoulas 1967.

MPENAKĪ-PSAROUDA, A.: Ī poinikī ethynī ek tōn kyklophoriakōn parabaseōn [Die strafrechtliche Verantwortung für Verkehrsübertretungen]. Athīnai: Sakkoulas 1965.

g) Presserecht

BOUGIOUKAS, K.: To poinikon dikaion tōn eidikōn poinikōn nomōn [Das Strafrecht der Sonderstrafgesetze]. Bd. 2, 1: To peri typou ousiastikon kai dikonomikon poinikon dikaion [Das materielle und prozessuale Strafrecht über die Presse]. Thessalonikī: Sakkoulas 1969.

KRIPPAS, G.: To Dikaion tou typou [Das Recht der Presse]. Bd. 1. 2. Athīnai 1970-1971.

KRIPPAS, G.: To egklīma tōn asemnōn dīmosieymatōn [Über die unzüchtigen Schriften]. Athīnai 1969.

h) Steuerstrafrecht

KYPRAIOS, M. G.: Phorologikon poinikon dikaion. Axiosis prosthetou phorou [Steuerstrafrecht. Anspruch auf Steuernachzahlung]. Athīnai: Sakkoulas 1965.

6. Strafprozeßrecht

Kommentare

BABARETOS, G.: Kōdix Poinikīs Dikonomias [Strafprozeßgesetz]. Text mit Erl. aus Rechtsprechung und Literatur. 4. Aufl. Athīnai: Sakkoulas 1969.

MPOUROPOULOS, A.: Ermīneia tou Kōdikos Poinikīs Dikonomias [Kommentar zum Strafprozeßgesetz]. Bd. 1. 2. Athīnai: Sakkoulas 1957.

SIFNAIOS, K.: Pandektīs tīs ischyousīs Poinikīs Dikonomias [Pandekten des geltenden Strafverfahrensrechts]. Bd. 1. 2. Athīnai 1957-1958.

STAÏKOS, D.: Epitomos Ermīneia Ellīnikīs Poinikīs Dikonomias [Kurzkommentar zum Strafprozeßgesetz]. Bd. 1-3. Athīnai 1952-1955

Lehrbücher, Grundrisse, Universitätsvorlesungen

DEDES, C.: Poinikī Dikonomia [Strafprozeßrecht]. Bd. 1-3. Athīnai 1969.

GAFOS, E.: Poinikī Dikonomia [Strafprozeßrecht]. 6. Aufl. Bd. 1-3. Athīnai 1966-1967. *Universitätsvorlesungen.*

KONSTANTARAS, C.: Poinikī Dikonomia [Strafprozeßrecht]. Bd. 1-3. Samos 1959-1962.

ZĪSSIADĪS, I.: Egcheiridion Poinikis Dikonomias [Handbuch des Strafprozeßrechts]. 2. Aufl. Bd. 1. 2. Thessalonikī: Sakkoulas 1964-1965.

Monographien

DEDES, C.: Ī anairesis en tī poinikī dikī [Die Revision im Strafprozeß]. Athīnai 1966.

DEDES C.: To antikeimenon tīs poinikīs dikīs [Der Gegenstand des Strafprozesses]. Athīnai 1961.

DEDES, C.: Ī egklīsis [Der Strafantrag]. Athīnai 1956.

DEDES, C.: Ī kat' apontōn kai fygodikōn diadikasia [Das Verfahren gegen Abwesende und Flüchtige]. Athīnai 1968.

PAPASPYROU, S.: To endikon meson tīs efeseos kata tōn apofaseōn tōn poinikōn dikastīriōn [Das Rechtsmittel der Berufung gegen Urteile der Strafgerichte]. Athīnai 1955.

7. Strafvollstreckungsrecht

GABRIĪLIDĪS, A.: Ī apokatastasis tou katadikou [Die Rehabilitation des Verurteilten]. Athīnai 1969.

GARDIKAS, K.: Egklīmatologia [Kriminologie]. Bd. 3 *(s. VI. 8).*

KARANIKAS, D.: Sōphronistikī [Gefängniskunde]. Bd. A.B. Thessalonikī 1948-1950.

8. Kriminologie

GARDIKAS, K.: Egklīmatologia [Kriminologie]. Bd. 1-3. Athīnai: Tzakas 1964-1968.

1. Ta genika kai ta atomika aitia tōn egklīmatōn [Die allgemeinen u. die individuellen Ursachen des Verbrechens]. 6. Aufl. 1968. 2. Astynomikī [Kriminalistik]. 6. Aufl. 1968. 3. Sōphronistikī [Gefängniskunde]. 3. Aufl. 1965.

9. Literatur in fremden Sprachen

ANDROULAKIS, N.: Literaturbericht Griechenland. *In: ZStW 83 (1971), S. 603–649.*

BENAKIS, A.: Täterschaft und Teilnahme nach deutschem und griechischem Strafrecht. Bonn: Röhrscheid 1961. (Rechtsvergleichende Untersuchungen zur gesamten Strafrechtswissenschaft. N. F. 27.)

BENAKIS, A.: Die Unrechtslehre von Nikolaos Chorafas. *In: ZStW Bd. 82 (1970), S. 523–537.*

GAFOS, E.: Das griechische Strafrecht. Bes. Teil. *In: AUSL. STRAFR. GGW., Bd. 3, S. 323–413.*

GRZYBOWSKI, K.: Some aspects of Greek criminal law and criminal procedure. Washington: Library of Congress, Law Library 1955.

KATSANTONIS, A.: Griechenland 1953–1957. *In: ZStW 70 (1958), S. 537–541.*

KATSANTONIS, A.: Die Verbrechenslehre von Chorafas in ihren Grundzügen. *In: ZStW Bd. 74 (1962), S. 149–172.*

MANGAKIS, G. A.: Das griechische Strafrecht. Allg. Teil. *In: AUSL. STRAFR. GGW., Bd. 3, S. 255–323.*

MANGAKIS, G. A.: Das Unrechtsbewußtsein in der strafrechtlichen Schuldlehre nach deutschem und griechischem Recht. Bonn: Röhrscheid 1954. (Rechtsvergleichende Untersuchungen zur gesamten Strafrechtswissenschaft. N. F. 12.)

PHILIPPIDES, T. G.: Der Einfluß der deutschen Strafrechtswissenschaft in Griechenland. *In: ZStW Bd. 70 (1958), S. 291–313.*

ZILEMENOS, C.: Droit de la presse hellénique. Paris: L. G. D. J. 1970. (Bibliothèque constitutionnelle et de science politique. 41.)

Transkriptionstabelle

Zeichen		Transkr.	Zeichen		Transkr.
A	α	a	N	ν	n
B	β	b	Ξ	ξ	x
Γ	γ	g	O	ο	o
Δ	δ	d	Π	π	p
E	ε	e	P	ρ	r
Z	ζ	z	Σ	σ, ς	s
H	η	ī	T	τ	t
Θ	ϑ	th	Υ	υ	y
I	ι	i	Φ	φ	ph
K	κ	k	X	χ	ch
Λ	λ	l	Ψ	ψ	ps
M	μ	m	Ω	ω	ō

GROSSBRITANNIEN

A. England und Wales (Gesamtstaatliche Gesetze Großbritanniens). B. Nordirland und Schottland.

Bearbeitet von Dr. Barbara Huber,
Referentin am Max-Planck-Institut für ausländisches und internationales Strafrecht, Freiburg i. Br.,
(Teil B zusammen mit Dr. Klaus H. A. Löffler, Saarbrücken)

A. England und Wales

(Gesamtstaatliche Gesetze Großbritanniens)

Wer sich als kontinentaleuropäischer Jurist mit dem Studium des englischen Strafrechts befaßt, muß sich zunächst darüber im klaren sein, daß es keine Gesamtkodifikation des englischen Strafrechts noch des Strafprozeßrechts gibt. Zwar werden seit etwa 100 Jahren immer wieder einzelne Teile des Strafrechts und auch des Strafprozeßrechts kodifiziert, wie z. B. in dem Offences against the Person Act 1861, *dem* Malicious Damage Act 1861, *den* Larceny *bzw.* Theft Acts *von* 1861, 1916 *und* 1968 *und dem* Magistrates' Courts Act 1952, *doch findet sich keine umfassende Kodifikation. Die gesetzliche Grundlage des englischen Strafrechts ist somit neben dem* common law *eine Vielzahl von Einzelgesetzen. Darüber hinaus findet sich eine Zusammenfassung des Strafrechts in den text-books und in Handbüchern. Der Benutzer dieser Literatur sollte sich jedoch davor hüten, die Begriffe des kontinentalen Strafrechts auf das englische Strafrecht zu übertragen. So fand sich z. B. bis vor kurzem auch im englischen Recht die Einteilung der Straftaten in* treason, felonies *und* misdemeanors; *diese Einteilung könnte dazu verführen, sie der deutschen Einteilung der Straftaten in Verbrechen, Vergehen und Übertretungen gleichzusetzen. Die englische Einteilung sagt jedoch nichts über die Zuständigkeit der Gerichte aus, vor denen diese Straftaten verhandelt werden. Diese ergibt sich vielmehr aus einer weiteren Einteilung in* indictable *und* non-indictable offences.

Dem kontinentalen Leser wird auffallen, daß den allgemeinen Lehren des Strafrechts kein besonders großer Raum in der Literatur eingeräumt wird. Diese Probleme werden vielmehr im Zusammenhang mit den einzelnen Delikten abgehandelt. Ebenso trennt man im englischen Recht nicht so scharf zwischen materiellem und prozessualem Recht. So finden sich in den meisten Lehrbüchern beide Materien erörtert.

Sehr hilfreich für den Anfänger sind die case-books *(Fall-sammlungen), in denen die wichtigsten Fälle aufgeführt sind. Diese* case-books *ersetzen zwar die umfangreichen Fallsammlungen nicht, sind aber für den Anfang handlich und nützlich.*

Eine weitere große Hilfe für das Auffinden der einschlägigen Gesetze und Fälle ist Halsbury's Laws of England, 3. Aufl. Bd. 10: Criminal Law (London: Butterworth 1955). *Hier findet sich unter dem Titel* Criminal Law and Procedure *eine umfassende Darstellung des materiellen und prozessualen Strafrechts mit den notwendigen Hinweisen, die immer verläßlich und weiterführend sind.*

Eine weitere Schwierigkeit des englischen Rechts bildet die Frage, ob das betreffende Gesetz oder die herangezogene Vorschrift überhaupt noch in Geltung ist. Da Gesetzesänderungen häufig durch Gesetze mit allgemeinen Titeln wie Criminal Justice Act, Criminal Justice Administration Act *oder* Criminal Law Act *herbeigeführt werden, aus deren Titel man keine Einzelheiten entnehmen kann und auch keine Rückschlüsse auf die betroffenen Gesetze ziehen kann, sollte bei der Arbeit mit englischen Gesetzen stets das jährlich erscheinende* Cumulative Supplement *in der Reihe* Halsbury's Statutes of England *herangezogen werden. Hier werden unter den einzelnen Stichworten alle einschlägigen Gesetze aufgeführt und sämtliche Änderungen mit Fundstellen angezeigt.*

Zum Schluß sei noch darauf hingewiesen, daß die hier genannten Gesetze nur eine Auswahl sind. Es ist nicht möglich, in diesem Rahmen sämtliche einschlägigen Gesetze aufzuführen. Es wurden lediglich die Titel der im wesentlichen die Materie regelnden Vorschriften aufgenommen.

Gesamtausgabe der Gesetze

Halsbury's Statutes of England. 3. Aufl. Bd. 1 ff. London: Butterworth 1968 ff.

Die meisten der angeführten Gesetze sind enthalten in Bd. 8 unter dem Titel: Criminal Law. *Die Gesetze sind in der am 1. Dezember 1968 gültigen Fassung abgedruckt.*
Die nicht in Bd. 8 enthaltenen Gesetze finden sich unter den entsprechenden Stichworten (z. B. Courts, Prison, Public Health).

A. I 1 **Großbritannien**

I. Materielles Strafrecht – Texte –

Wichtigste Einzelgesetze

Straftaten gegen das Leben
Homicide Act 1957 (5 & 6 Eliz. 2 c. 11) 21. März 1957.

Murder (Abolition of Death Penalty) Act 1965 (1965 c. 71) 8. November 1965.

Offences against the Person Act 1861 (24 & 25 Vict. c. 100) 6. August 1861.

Suicide Act 1961 (9 & 10 Eliz. 2 c. 60) 3. August 1961.

Infanticide Act 1938 (1 & 2 Geo. 6 c. 36) 23. Juni 1938.

Infant Life (Preservation) Act 1929 (19 & 20 Geo. 5 c. 34) 10. Mai 1929.

Abortion Act 1967 (1967 c. 87) 27. Oktober 1967 (27. April 1968).

Genocide Act 1969 (1969 c. 12) 27. März 1969.

Körperverletzung
Offences against the Person Act 1861 (24 & 25 Vict. c. 100) 6. August 1861.

Mental Health Act 1959 (7 & 8 Eliz. 2 c. 72) 29. Juli 1959. *Die einzelnen Teile dieses Gesetzes traten zu verschiedenen Zeitpunkten in Kraft.*

Children and Young Persons Act 1933 (23 Geo. 5 c. 12) 13. April 1933 (1. November 1933).

Siehe im übrigen auch unter Straßenverkehrsstrafrecht *(I. 2f).*

Straftaten gegen die Sittlichkeit
Sexual Offences Act 1956 (4 & 5 Eliz. 2 c. 69) 2. August 1956 (1. Januar 1957).

Indecency with Children Act 1960 (8 & 9 Eliz. 2 c. 33) 2. Juni 1960 (2. Juli 1960).

Sexual Offences Act 1967 (1967 c. 60) 27. Juli 1967.

Street Offences Act 1959 (7 & 8 Eliz. 2 c. 57) 16. Juli 1959 (16. August 1959).

Straftaten gegen Krone und Regierung (Staatsschutzdelikte)
Treason Act 1351 (25 Edw. 3, st. 5 c. 2).

Treason Act 1795 (36 Geo. 3 c. 7) 18. Dezember 1795.

Treason Act 1814 (54 Geo. 3 c. 146) 17. Juli 1814.

Treason Felony Act 1848 (11 & 12 Vict. c. 12) 22. April 1848.

Treason Act 1842 (5 & 6 Vict. c. 51) 16. Juli 1842.

Coinage Offences Act 1936 (26 Geo. 5 1 Edw. 8 c. 16) 21. Mai 1936.

Unlawful Oath Act 1797 (37 Geo. 3 c. 123) 19. Juli 1797.

Unlawful Oath Act 1812 (52 Geo. 3 c. 104) 9. Juli 1812.

Incitement to Mutiny Act 1797 (37 Geo. 3 c. 70) 6. Juni 1797.

Police Act 1964 (1964 c. 48) 10. Juni 1964. *Das Gesetz trat bis zum 1. Juni 1965 vollständig in Kraft.*

Incitement of Disaffection Act 1934 (24 & 25 Geo. 5 c. 56) 16. November 1934.

Unlawful Drilling Act 1819 (60 Geo. 3 & 1 Geo. 4 c. 1) 11. Dezember 1819.

Public Order Act 1936 (1 Edw. 8 & 1 Geo. 6 c. 6) 18. Dezember 1936.

Public Order Act 1963 (1963 c. 52) 31. Juli 1963.

Official Secrets Act 1911 (1 & 2 Geo. c. 28) 22. August 1911.

Official Secrets Act 1920 (10 & 11 Geo. 5 c. 75) 23. Dezember 1920.

Official Secrets Act 1939 (2 & 3 Geo. 6 c. 1921) 23. November 1939.

Übersetzung
In: STRAFR. STAATSSCHUTZBEST., *S. 404–426.*

Straftaten gegen den öffentlichen Frieden
Seditious Meeting Act 1817 (57 Geo. 3 c. 19) 31. März 1817.

Public Meeting Act 1908 (8 Edw. 7 c. 66) 21. Dezember 1908.

Public Order Act 1963 (1963 c. 52) 31. Juli 1963.

Race Relations Act 1965 (1965 c. 73) 8. November 1965 (8. Dezember 1965).

Theatres Act 1968 (1968 c. 54) 26. Juli 1968. *Vollständig in Kraft getreten am 27. September 1968.*

Beleidigung (auch Majestätsbeleidigung)
Criminal Libel Act 1819 (60 Geo. 3 & 1 Geo. 4 c. 8) 30. Dezember 1819.

Criminal Libel Act 1843 (6 & 7 Vict. c. 96) 24. August 1843.

Defamation Act 1952 (15 & 16 Geo. 6 & 1 Eliz. 2 c. 66) 30. Oktober 1952 (30. November 1952).

Großbritannien A. I 2 b

Straftaten gegen das Eigentum (auch Betrug, Hehlerei, Nötigung)
Theft Act 1968 (1968 c. 60) 26. Juli 1968 (1. Januar 1969).

Post Office Act 1953 (1 & 2 Eliz. 2 c. 36) 31. Juli 1953 (31. August 1953).

Fälschungsdelikte
Forgery Act 1913 (3 & 4 Geo. 5 c. 27) 15. August 1913.

Zu Spezialgesetzen s. ARCHBOLD, J. F.: Pleading, evidence and practice in criminal cases ... *(VI. 3).*

Brandstiftung
Malicious Damage Act 1861 (24 & 25 Vict. c. 97) 6. August 1861.

Criminal Damage Act 1971 (1971 c. 48) 14. Juli 1971 (14. Oktober 1971).

Dockyards, etc. Protection Act 1772 (12 Geo. 3 c. 24).

Sachbeschädigung
Malicious Damage Act 1861 (24 & 25 Vict. c. 97) 6. August 1861.

Explosive Substances Act 1883 (46 & 47 Vict. c. 3) 10. April 1883.

Firearms Act 1968 (1968 c. 27) 30. Mai 1968 (1. August 1968).

Railway Regulation Act 1842 (5 & 6 Vict. c. 55) 30. Juli 1842.

Electric Lighting Act 1882 (45 & 46 Vict. c. 56) 18. August 1882.

Zu weiteren Spezialgesetzen s. ARCHBOLD, J. F.: Pleading, evidence and practice in criminal cases ... *(VI. 3).*

Straftaten gegen die Justiz (auch Widerstand gegen die Staatsgewalt)
Prisoners of War Escape Act 1812 (52 Geo. 3 c. 156) 29. Juli 1812.

Mental Health Act 1959 (7 & 8 Eliz. 2 c. 72) 29. Juli 1959.

Prison Act 1952 (15 & 16 Geo. 6 & 1 Eliz. 2 c. 52) 1. August 1952 (1. Oktober 1952).

Criminal Justice Act 1961 (9 & 10 Eliz. 2 c. 39) 19. Juli 1961. *Vollständig in Kraft getreten am 1. Januar 1964.*

Perjury Act 1911 (1 & 2 Geo. 5 c. 6) 29. Juni 1911.

Strafen
Criminal Justice Act 1948 (11 & 12 Geo. 6 c. 58) 30. Juli 1948. *Das Gesetz trat in seinen einzelnen Teilen zu verschiedenen Zeitpunkten in Kraft.*

Siehe auch die unter Jugendstrafrecht *(I. 2b) und unter* Strafvollstreckungsrecht *(III) aufgeführten Gesetze.*

2. Wichtige Nebengesetze

b) Jugendstrafrecht
Children and Young Persons Act 1933 (23 Geo. 5 c. 12) 13. April 1933 (1. November 1933).

Children and Young Persons Act 1963 (1963 c. 37) 31. Juli 1963.

Children and Young Persons (Amendment) Act 1952 (15 & 16 Geo. 6 & 1 Eliz. 2 c. 50) (1. Oktober 1952).

Children and Young Persons Act 1969 (1969 c. 54) 22. Oktober 1969. *Das Gesetz trat in seinen einzelnen Teilen zu verschiedenen Zeitpunkten in Kraft.*

Textausgaben
In: HALSBURY'S STATUTES ... *Bd. 17 (Stichwort:* Infants; Children and young persons).

Criminal Justice Act 1948 (11 & 12 Geo. 6 c. 58) 30. Juli 1948. *Das Gesetz ist in seinen einzelnen Teilen zu verschiedenen Zeitpunkten in Kraft getreten.*

Criminal Justice Act 1961 (9 & 10 Eliz. 2 c. 39) 19. Juli 1961. *Das Gesetz ist in seinen einzelnen Teilen zu verschiedenen Zeitpunkten in Kraft getreten.*

Textausgaben
In: HALSBURY'S STATUTES ... *Bd. 8 (Stichwort:* Criminal Law).

c) Militärstrafrecht
Army Act 1955 (3 & 4 Eliz. 2 c. 18) 29. März 1955 (1. Januar 1957).

Air Force Act 1955 (3 & 4 Eliz. 2 c. 19) 29. März 1955 (1. Januar 1957).

Army and Air Force Act 1961 (9 & 10 Eliz. 2 c. 52) 27. Juli 1961 (1. Januar 1962).

Armed Forces Act 1966 (1966 c. 45) 21. Dezember 1966. *ss. 1 und 38 traten sofort, die übrigen Teile am 1. Februar 1967 bzw. 1. April 1967 in Kraft.*

Naval Discipline Act 1957 (5 & 6 Eliz. 2 c. 53) 31. Juli 1957.

Textausgaben
In: HALSBURY'S STATUTES ... *Bd. 29 (Stichwort:* Royal Forces).

f) Straßenverkehrsstrafrecht
Road Traffic Act 1930 (20 & 21 Geo. 5 c. 43) 1. August 1930. *Das Gesetz trat in seinen einzelnen Teilen zu verschiedenen Zeitpunkten in Kraft.*

Road Traffic Act 1956 (4 & 5 Eliz. 2 c. 67) 2. August 1956. *Das Gesetz trat in seinen einzelnen Teilen zu verschiedenen Zeitpunkten in Kraft.*

Road Traffic Act 1960 (8 & 9 Eliz. 2 c. 16) 22. März 1960 (1. September 1960).

Road Traffic Act 1962 (10 & 11 Eliz. 2 c. 59). *Das Gesetz trat in seinen einzelnen Teilen zu verschiedenen Zeitpunkten in Kraft.*

Road Safety Act 1967 (1967 c. 30) 10. Mai 1967.

Strafrechtliche Vorschriften zum übrigen Verkehrsstrafrecht sind enthalten im Civil Aviation Act 1949 *u.* 1960 *sowie im* Merchant Shipping Act 1894 *und* Railway Regulation Act 1842.

g) Pressestrafrecht

Children and Young Persons (Harmful Publications) Act 1955 (3 & 4 Eliz. 2 c. 28) 6. Mai 1955 (6. Juni 1955).

Obscene Publications Act 1959 (7 & 8 Eliz. 2 c. 66) 29. Juli 1959 (29. August 1959).

Obscene Publications Act 1964 (1964 c. 74) 3. Juli 1964 (3. August 1964).

Newspaper Libel and Registration Act 1881 (44 & 45 Vict. c. 60) 27. August 1881.

Law of Libel (Amendment) Act 1888 (51 & 52 Vict. c. 64) 24. Dezember 1888.

h) Waffengesetz

Firearms Act 1968 (1968 c. 27) 30. Mai 1968 (1. August 1968).

Prevention of Crime Act 1953 (1 & 2 Eliz. 2 c. 14). 6. Mai 1953 (6. Juni 1953).

i) Verwaltungs-, Steuer- und Wirtschaftsstrafrecht

Diese Materien sind nicht in einzelnen Strafgesetzen geregelt; die Steuer-, Verwaltungs- und Wirtschaftsgesetze enthalten jeweils Strafbestimmungen, deren Aufführung an dieser Stelle nicht möglich ist. Es wird verwiesen auf ARCHBOLD, J. F.: Pleading, evidence and practice in criminal cases ... *(VI. 3).*

k) Lebensmittel- und Rauschgiftrecht

Misuse of Drugs Act 1971 (1971 c. 38) 27. Mai 1971. *Das Gesetz trat in seinen einzelnen Teilen zu verschiedenen Zeitpunkten in Kraft.*

Food and Drugs Act 1955 (4 & 5 Eliz. 2 c. 16) 22. November 1955.

II. Strafverfahrensrecht – Texte –

1. Gerichtsverfassungsrecht

Administration of Justice Act 1956 (4 & 5 Eliz. 2 c. 46) 5. Juli 1956. *Die einzelnen Teile dieses Gesetzes traten zu verschiedenen Zeitpunkten in Kraft.*

Administration of Justice Act 1968 (1968 c. 5) 15. Februar 1968.

Administration of Justice Act 1970 (1970 c. 31) 29. Mai 1970. *Die einzelnen Teile des Gesetzes traten zu verschiedenen Zeitpunkten in Kraft.*

Central Criminal Court Act 1837 (7 Will. 4 & 1 Vict. c. 77) 17. Juli 1837.

Criminal Justice Administration Act 1956 (4 & 5 Eliz. 2 c. 34) 28. März 1956.

Courts Act 1971 (1971 c. 23) 12. Mai 1971. *Die einzelnen Teile dieses Gesetzes traten zu verschiedenen Zeitpunkten in Kraft.*

Magistrates' Courts Act 1952 (15 & 16 Geo. 6 & 1 Eliz. 2 c. 55) 1. August 1952 (1. Juni 1953).

Supreme Court of Judicature (Consolidation) Act 1925 (15 & 16 Geo. 5 c. 49) 31. Juli 1925.

Army Act 1955 (3 & 4 Eliz. 2 c. 18) 29. März 1955 (1. Januar 1957).

Air Force Act 1955 (3 & 4 Eliz. 2 c. 19) 29. März 1955 (1. Januar 1957).

Justices of the Peace Act 1949 (12, 13 & 14 Geo. 6 c. 101) 16. Dezember 1949. *Die einzelnen Teile dieses Gesetzes traten zu verschiedenen Zeitpunkten in Kraft.*

Justices of the Peace Act 1968 (1968 c. 69) 25. Oktober 1968.

2. Strafprozeßrecht

Administration of Justice Act 1960 (8 & 9 Eliz. 2 c. 65) 27. Oktober 1960.

Criminal Appeal Act 1966 (166 c. 31) 9. August 1966.

Criminal Appeal Act 1968 (1968 c. 19) 8. Mai 1968 (1. September 1968).

Criminal Evidence Act 1898 (61 & 62 Vict. c. 36) 12. August 1898.

Criminal Justice Act 1925 (15 & 16 Geo. 5 c. 86) 22. Dezember 1925.

Criminal Justice Act 1948 (11 & 12 Geo. 6 c. 58) 30. Juli 1948. *Die einzelnen Teile dieses Gesetzes traten zu verschiedenen Zeitpunkten in Kraft.*

Großbritannien A. II 3 a

Criminal Justice Act 1961 (9 & 10 Eliz. 2 c. 39) 19. Juli 1961. *Die einzelnen Teile dieses Gesetzes traten zu verschiedenen Zeitpunkten in Kraft.*

Criminal Justice Act 1967 (1967 c. 80) 27. Juli 1967. *Die einzelnen Teile dieses Gesetzes traten zu verschiedenen Zeitpunkten in Kraft.*

Criminal Law Act 1967 (1967 c. 58) 21. Juli 1967 (1. Januar 1968).

Criminal Procedure (Attendance of Witnesses) Act 1965 (1965 c. 69) 5. August 1965 (5. Oktober 1965).

Criminal Procedure (Insanity) Act 1964 (1964 c. 84) 31. Juli 1964 (31. August 1964).

Habeas Corpus Act 1679 (31 Car. 2 c. 2).

Magistrates' Courts Act 1957 (5 & 6 Eliz. 2 c. 29) 6. Juni 1957.

Prosecution of Offences Act 1879 (42 & 43 Vict. c. 22) 3. Juli 1879.

Prosecution of Offences Act 1908 (8 Edw. 7 c. 3) 18. Juni 1908.

Textausgaben

In: HALSBURY'S STATUTES ... *Bd. 7 (Stichwort:* Courts), *Bd. 8 (Stichwort:* Criminal Law).

3. Wichtige Nebengesetze

a) Jugendstrafverfahren

Children and Young Persons Act 1933 (23 Geo. 5 c. 12) 13. April 1933 (1. November 1933).

Children and Young Persons (Amendment) Act 1952 (15 & 16 Geo. 6 & 1 Eliz. 2 c. 50) 1. August 1952 (1. Oktober 1952).

Children and Young Persons Act 1963 (1963 c. 37) 31. Juli 1963.

Textausgaben

In: HALSBURY'S STATUTES ... *Bd. 17 (Stichwort:* Infants; Children and young persons).

b) Militärstrafverfahren

Rules of Procedure (Army) 1956 (1. Januar 1957).

Army Summary Jurisdiction Regulations 1966 (1. November 1966).

Courts-Martial (Appeals) Act 1968 (1968 c. 20) 8. Mai 1968.

Textausgaben

In: MANUAL OF MILITARY LAW. T. 1 *(s. VI. 4c).*

In: HALSBURY'S STATUTES ... *Bd. 29 (Stichwort:* Royal Forces).

c) Sonstige Verfahrensvorschriften

Costs in Criminal Cases Act 1952 (15 & 16 Geo. 6 & 1 Eliz. 2 c. 48) 1. August 1952 (1. Januar 1953).

Criminal Justice Act 1967 (1967 c. 80) 27. Juli 1967. *Die einzelnen Teile dieses Gesetzes traten zu verschiedenen Zeitpunkten in Kraft.*

Criminal Appeal Act 1968 (1968 c. 19) 8. Mai 1968 (1. September 1968).

Legal Aid and Advice Act 1949 (12 & 13 Geo. 6 c. 51) 30. Juli 1949 (1. September 1949).

Criminal Justice Act 1967 (1967 c. 80) 27. Juli 1967. *Die einzelnen Teile dieses Gesetzes traten zu verschiedenen Zeitpunkten in Kraft.*

Legal Aid in Criminal Proceedings (General) Regulations 1968.

Legal Aid in Criminal Proceedings (Fees and Expenses) Regulations 1968.

Textausgaben

In: HALSBURY'S S. I., *Bd. 6 (Stichwort:* Criminal Law).

III. Strafvollstreckungsrecht – Texte –

Criminal Justice Act 1948 (11 & 12 Geo. 6 c. 58) 30. Juli 1948. *Die einzelnen Teile dieses Gesetzes traten zu verschiedenen Zeitpunkten in Kraft.*

Mental Health Act 1959 (7 & 8 Eliz. 2 c. 72) 29. Juli 1959. *Die einzelnen Teile dieses Gesetzes traten zu verschiedenen Zeitpunkten in Kraft.*

Prison Act 1952 (15 & 16 Geo. 6 & 1 Eliz. 2 c. 52) 1. August 1952 (1. Oktober 1952).

Prison Rules 1964 (S. I. 1964 No. 388) 11. März 1964 (25. März 1964).

Borstal Rules 1964 (S. I. 1964 No. 387) 11. März 1964 (25. März 1964).

Textausgaben

In: HALSBURY'S S. I., *Bd. 18 (Stichwort:* Prisons).

A. VI 1 Großbritannien

IV. Entscheidungssammlungen

1. Strafrechtliche

THE CRIMINAL APPEAL REPORTS. 1908 ff.

COX'S REPORTS OF CASES IN CRIMINAL LAW. 1843–1948. *Zitiertitel: Cox Criminal Cases.*

2. Wichtige allgemeine

Strafrechtliche Entscheidungen sind im übrigen enthalten in:
The incorporated Council of Law Reporting for England and Wales. THE WEEKLY LAW REPORTS. 1953 ff.

THE ALL ENGLAND LAW REPORTS. 1936 ff.

The incorporated Council of Law Reporting for England and Wales. THE LAW REPORTS. 1865 ff. *Jetzt in 4 Serien:* Appeal Cases, Chancery Division, Queen's (King's) Bench, Probate Division.

JUSTICE OF THE PEACE (1. 1837–135. 1971 ... AND LOCAL GOVERNMENT REVIEW). 1. 1837 ff.

V. Zeitschriften

1. Strafrechtliche und kriminologische

BRITISH JOURNAL OF CRIMINOLOGY, DELINQUENCY AND DEVIANT SOCIAL BEHAVIOR. 1. 1960/61 ff.

THE CRIMINAL LAW REVIEW. 1. 1954 ff.

THE CRIMINOLOGIST. 1969 ff.

HOWARD JOURNAL OF PENOLOGY AND CRIME PREVENTION (1921–1968: Howard Journal). 1921 ff.

2. Wichtige allgemeine

THE CAMBRIDGE LAW JOURNAL. 1. 1921 ff.

JUSTICE OF THE PEACE ... *(s. IV)*.

THE LAW QUARTERLY REVIEW. 1. 1885 ff.

THE MODERN LAW REVIEW. 1. 1937/1938 ff.

VI. Literatur

1. Allgemeines

United Kingdom National Committee of Comparative Law. Institute of Advanced Legal Studies. A BIBLIOGRAPHICAL GUIDE TO THE LAW OF THE UNITED KINGDOM, THE CHANNEL ISLANDS AND THE ISLE OF MAN. Hrsg. von F. H. LAWSON, K. H. DRAKE [u. a.]. London: The Institute ... 1956.

John Howard Library of criminal law and penology. CATALOGUE. London 1931.

CROSS, R.: Precedent in English law. Oxford: Clarendon Pr. 1961.

THE ENGLISH AND EMPIRE DIGEST. With complete and exhaustive annotations. Bd. 14.15. London: Butterworth 1956–1957.
14. Criminal law and procedure. P. 1–15. 1956.
15. Criminal law and procedure. P. 16–21. 1957.

HOLDSWORTH, W. S.: A history of English law. 16. Aufl. von A. L. GOODHART u. H. G. HANBURY. London: Methuen [usw.] 1966.

HOLDSWORTH, W. S.: Sources and literature of English law. Oxford: Clarendon Pr. 1925. [Nachdr. 1952.]

HUBER, B.: Literaturbericht zum englischen Strafrecht *In:* ZStW *Bd. 79 (1967), S. 413 ff.*

KIRALFY, A. K. R.: The English legal system. 4. Aufl. London: Sweet & Maxwell 1967.

THE LAWS OF ENGLAND, being a complete statement of the whole law of England. Von H. S. G. HALSBURY [u. a.] 3. Aufl. Bd. 1 ff. London: Butterworth 1952 ff.

MAXWELL, P. B.: On the interpretation of statutes. 12. Aufl. von P. S. J. LANGAN. London: Sweet & Maxwell 1969.

MAXWELL, W. H. - L. F. MAXWELL: English law. 2. Aufl. Bd. 1. 2. London: Sweet & Maxwell 1955–1957.
Bd. 1: to 1800. Bd. 2: from 1801 to 1954.

POTTER, H.: An historical introduction to English law and its institutions. 4. Aufl. von A. K. R. KIRALFY. London: Sweet & Maxwell 1958.

RADBRUCH, G.: Der Geist des englischen Rechts. 2. Aufl. Heidelberg: Rausch 1947.

RADCLIFFE, G. R. Y. – G. CROSS: The English legal system. 5. Aufl. von G. CROSS u. G. J. HAND. London: Butterworth 1971.

Reynold, H.: Justiz in England. Köln [usw.]: Heymann 1968.

Simpson, A. W. B.: The ratio decidendi of a case and the doctrine of binding precedent. *In:* Oxford Essays in Jurisprudence. London [usw.]: Oxford Univ. Pr. 1961, S. 148 ff.

Stephen, H. J.: Commentaries on the laws of England. 21. Aufl. von L. C. Warmington. Bd. 1–4. London: Butterworth 1950–1958.

The United Kingdom. The development of its laws and constitutions. T. 1: England and Wales, Northern Ireland, Isle of Man. Von G. W. Keeton, D. Lloyd [u. a.] London: Stevens 1955. (The British Commonwealth. 1,1.)

Walker, R. J. – M. G. Walker: The English legal system. 2. Aufl. London: Butterworth 1970.

Williams, G.: Learning the law. 7. Aufl. London: Stevens 1963.

Yardley, D. C. M.: The future of the law. London: Cresset 1964.

2. Strafrechtsgeschichte

Goebel, J.: Felony and misdemeanor. A study in the history of English criminal procedure. Bd. 1. New York: Commonwealth Fund [usw.] 1937. [Mehr nicht erschienen]

Radzinowicz, L.: A history of English criminal law and its administration from 1750. Bd. 1–4. London: Stevens 1948–1968.

Stephen, J. F.: A history of the criminal law of England. Bd. 1–3. London: Macmillan 1883.

3. Materielles Strafrecht

Archbold, J. F.: Pleading, evidence and practice in criminal cases. 37. Aufl. von T. R. F. Butler u. M. Garsia. London: Sweet & Maxwell [usw.] 1969; Suppl. 1. 1969; *mit* Suppl. service 1 ff.

Cross, R. – P. A. Jones: An introduction to criminal law. 6. Aufl. London: Butterworth 1968.

The modern approach to criminal law. Gesammelte Aufsätze von D. S. Davies [u. a.] London 1945. [Nachdr.] Nendeln/Liechtenstein: Kraus 1968. (English studies in criminal science. 4.)

Grünhut, M.: Das englische Strafrecht. *In:* Ausl. Strafr. Ggw., *Bd. 3, S. 133 ff.*

Harris, S. F.: Criminal law. 21. Aufl. von A. Hooper. London: Sweet & Maxwell 1968; Suppl. 1. 1968.

Kenny, C. S.: Outlines of criminal law. 19. Aufl. von C. Turner. Cambridge: Univ. Pr. 1966.

Russell, W. O.: On crime. A treatise on felonies and misdemeanours. 12. Aufl. von J. W. C. Turner. Bd. 1.2. London: Stevens [usw.] 1964.

Smith, J. C. – B. Hogan: Criminal law. 2. Aufl. London: Butterworth 1969.

Stephen, H. J.: Commentaries on the laws of England. 21. Aufl. Bd. 4. Hrsg. von W. H. D. Winder. London: Butterworth 1950.

Stephen, J. F.: A digest of the criminal law. (Crimes and punishment). London: Macmillan 1877.

Stephen, J. F.: A general view of the criminal law of England. London [usw.]: Macmillan 1863.

Stewart, S. W.: A modern view of the criminal law. Oxford [usw.]: Pergamon Pr. 1969.

Williams, G. L.: Criminal law. The general part. 2. Aufl. London: Stevens 1961. *3. Aufl. in Vorbereitung.*

Fallsammlungen

Cross, R. – P. A. Jones: Cases on criminal law. 4. Aufl. London: Butterworth 1968.

Elliott, D. W. – J. C. Wood: A casebook on criminal law. 2. Aufl. London: Sweet & Maxwell 1969.

Turner, J. W. C. – A. L. Armitage: Cases on criminal law. 3. Aufl. Cambridge: Univ. Pr. 1964.

4. Nebenstrafrecht

b) Jugendstrafrecht

Das englische Jugendwohlfahrts- und Jugendgerichtsgesetz vom 13. April 1933 (Children and Young Persons Act 1933. 23. Geo. 5 c. 12). Unter Mitw. von E. Hennings übers., mit einer Einl. und Anm. versehen von R. Sieverts. Berlin: de Gruyter 1938. (Slg. außerdt. StGB. 2.)

Giles, F. T.: Children and the law. Harmondsworth, Middlesex: Penguin Books 1959.

Ikin, A. E.: Children and Young Persons Act 1933. London: Pitman 1933.

Mannheim, H. – L. Joseph – R. Sieverts: Die kriminalrechtliche Behandlung von jungen Rechtsbrechern (über 18 Jahren) in England, in Frankreich und in der Bundesrepublik Deutschland. Frankfurt a.M. [usw.]: Metzner 1958. (Arbeiten zur Rechtsvergleichung. 2.)

c) Militärstrafrecht

MANUAL OF MILITARY LAW. T. 1. 2. London: HMSO [Losebl. Ausg.]
1: 11. Aufl. 1965 ff.   2: 9. Aufl. 1969 ff.

f) Straßenverkehrsstrafrecht

DAVIES, M. R. R.: The law of road traffic. London: Shaw 1954.

ELLIOTT, D. W. – H. STREET: Road accidents. London: Allan Lane, The Penguin Pr. 1968.

ENCYCLOPEDIA OF ROAD TRAFFIC LAW AND PRACTICE. Gesamthrsg. J. BURKE. London: Sweet & Maxwell [usw.] 1960 ff. [Losebl. Ausg., *1971 in 4 Ordnern*]

WILKINSON, G. S.: Road traffic offences. 5. Aufl. London: Oyez Publ. 1965.

g) Sonstiges Nebenstrafrecht

Lebensmittelrecht

CANNABIS. Report by the Advisory Committee on Drug Dependence. London: HMSO 1968.

HINTON, C. L.: Food additive control in the United Kingdom. Rome: FAO of the United Nations 1962. (FAO food additive control series. 2.).

JONES, T.: Drugs and the police. London: Butterworth 1968.

Polizei

DEVLIN, J. D.: Police procedure, administration and organisation. London: Butterworth 1966.

MORIARTY, C. C. H.: Police law. 20. Aufl. von W. J. WILLIAMS. London: Butterworth 1970.

MORIARTY, C. C. H.: Police procedure and administration. Unter Mitarb. von W. J. WILLIAMS. 6. Aufl. London: Butterworth 1955.

5. Gerichtsverfassungsrecht

GILES, F. T.: The magistrates' courts. 2. Aufl. London: Stevens 1963.

HANBURY, H. G.: English courts of law. 4. Aufl. von D. C. M. YARDLEY. London [usw.]: Oxford Univ. Pr. 1967. (The Home University Library of modern knowledge. 194.)

JACKSON, R. M.: The machinery of justice in England. 5. Aufl. Cambridge: Univ. Pr. 1967.

JENKINS, W. J.: The courts of justice. Exeter: Wheaton 1967.

Royal Commission on Assizes and Quarter Sessions 1966–1969. REPORT. Chairman: R. BEECHING. London: HMSO 1969.

SWEET & MAXWELL'S CHART OF THE ENGLISH LEGAL SYSTEM. London: Sweet & Maxwell [um 1960].

6. Strafprozeßrecht

ARCHBOLD, J. F.: Pleading, evidence and practice in criminal cases... *(s. VI. 3)*.

ARGUILE, R.: Criminal procedure. London: Butterworth 1969.

CARVELL, I. G. – E. SWINFEN GREEN: Criminal law and procedure. London: Sweet & Maxwell 1970.

COCKLE'S CASES AND STATUTES ON EVIDENCE. 11. Aufl. von G. D. NOKES. London: Sweet & Maxwell 1970.

DEVLIN, J. D.: Criminal courts and procedure. 2. Aufl. London: Butterworth 1967.

GERLAND, H. B.: Die Einwirkung des Richters auf die Rechtsentwicklung in England. Berlin [usw.]: Rothschild 1910. (Zivilprozeßrechtliche Forschungen. 6.)

GOEBEL, J.: Felony and misdemeanour... *(s. VI. 2)*.

HARRIS, B.: The criminal jurisdiction of magistrates. London: Butterworth [usw.] 1969; Suppl. 1970.

JACKSON, R. M.: Enforcing the law. London: Macmillan [usw.] 1967.

JACKSON, R. M.: The machinery of justice... *(s. VI. 5)*.

JONES, L. R.: Magistrates' courts. Jurisdiction, procedure and appeals. London: Sweet & Maxwell 1953.

MORRISH, P. – I. MCLEAN: A practical guide to appeals in criminal courts. London: Sweet & Maxwell 1971.

MORRISON, A. C. L. – E. HUGHES: The Criminal Justice Act 1948. 2. Aufl. London: Butterworth [usw.] 1952.

NAPLEY, D.: Crime and criminal procedure. London: Oyez Publ. 1963. (The Doorstep series. 14.)

NAPLEY, D.: A guide to law and practice under the Criminal Justice Act 1967. London: Sweet & Maxwell 1967.

NOKES, G. D.: An introduction to evidence. 4. Aufl. London: Sweet & Maxwell 1967.

PAGE, L.: Justice of the peace. 3. Aufl. von R. M. JACKSON u. P. J. HALNAN. London: Faber & Faber 1967.

Home Office. REPORT OF THE INTERDEPARTMENTAL COMMITTEE ON THE BUSINESS OF CRIMINAL COURTS. Presented to Parliament... February 1961. London: HMSO 1964.

Großbritannien A. VI 7

ROMBERG, H. P.: Die Richter Ihrer Majestät. Portrait der englischen Justiz. 3. Aufl. Stuttgart [usw.]: Kohlhammer 1971.

ROSCOE, H.: Criminal evidence. The law, evidence and practice in criminal cases. 6. Aufl. von A. A. G. CLARK u. A. GARFITT. London: Stevens 1952.

ROYDHOUSE, E.: The Criminal Law and Criminal Justice Acts 1967. London: Butterworth 1968.

SHAW, W.: Evidence and procedure in magistrates' courts. 2. Aufl. London [usw.]: Butterworth 1955.

STONE'S JUSTICES' MANUAL. 103. Aufl. Hrsg. von P. D. FANNER u. C. T. LATHAM. Bd. 1.2. London: Butterworth [usw.] 1971. *Erscheint jährlich.*

THE SUPREME COURT PRACTICE 1970. Von I. H. JACOB [u. a.] Bd. 1. 2. London: Sweet & Maxwell [usw.] 1969. *Mit* Cumulative Suppl.

THOMPSON, D. R. – H. W. WOLLASTON: Court of Appeal Criminal Division. London: Knight 1969.

WILLIAMS, G.: The proof of guilt. A study of the English criminal trial. 3. Aufl. London: Stevens 1963. (The Hamlyn Lectures. Ser. 7.)

WILSHERE, A. M.: Criminal procedure. 4. Aufl. von H. A. PALMER u. H. PALMER. London: Sweet & Maxwell 1961.

WILSHERE, A. M.: The elements of criminal law and procedure. 4. Aufl. London: Sweet & Maxwell 1935.

WIMMER, A.: Einführung in das englische Strafverfahren. Bonn: Dümmler 1947.

Jugendstrafverfahren

CAVENAGH, W. E.: Juvenile courts, the child and the law. Harmondsworth [usw.]: Penguin Books 1967.

ELKIN, W. A.: English juvenile courts. London: Kegan Paul, Trench & Trubner 1938.

MUMFORD, G. H. F.: A guide to juvenile court law. 6. Aufl. London: Jordan 1968.

WATSON, J. A. F.: The child and the magistrate. London: Cape 1950.

7. Strafvollstreckungsrecht

ELKIN, W. A.: The English penal system. Harmondsworth: Penguin Books 1957.

FOX, L. W.: The English prison and borstal systems. London: Routledge & Kegan Paul 1952.

HINDE, R. S. E.: The British penal system, 1773–1950. London: Duckworth 1951.

MORRISON, A. C. – E. HUGHES: The Criminal Justice Act 1948 ... (s. VI. 5).

PENAL PRACTICE IN A CHANGING SOCIETY. Aspects of future development (England and Wales). London: HMSO 1959.

TUDOR REES, J. – E. GRAHAM: Criminal Justice Act 1948. London: Butterworth 1949.

WALKER, N.: Crime and punishment in Britain. 2. Aufl. Edinburgh: Univ. Pr. 1968.

THE WAR AGAINST CRIME IN ENGLAND AND WALES. 1959 bis 1964. London: HMSO 1964.

8. Kriminologie und Statistik

Kriminologie

BURT, C.: The young delinquent. 4. Aufl. London: Univ. of London Pr. 1965.

CHAPMAN, D.: Sociology and the stereotype of the criminal. London [usw.]: Tavistock 1968.

COWIE, J. – V. COWIE – E. SLATER: Delinquency in girls. London: Heinemann 1968. (Cambridge studies in criminology. 23.)

CRIMINOLOGY IN TRANSITION. Essays in honour of Hermann Mannheim. Hrsg. von T. GRYGIER, H. JONES u. J. C. SPENCER. London: Tavistock 1965.

CULTURAL FACTORS IN DELINQUENCY. Hrsg. von T. C. N. GIBBENS u. R. H. AHRENFELD. London: Tavistock 1966.

DOWNES, D. M.: The delinquent solution. London: Routledge & Kegan Paul 1966.

FRIEDLANDER, K.: The psycho-analytical approach to juvenile delinquency. London: Routledge & Kegan Paul 1951.

GLOVER, E.: The roots of crime. London: Imago 1960. (Selected papers on psycho-analysis. 2.)

HOOD, R. – R. SPARKS: Key issues in criminology. London: Weidenfeld & Nicolson 1970.

Übersetzungen

HOOD, R.–R. SPARKS: Kriminalität. Verbrechen, Rechtsprechung, Strafvollzug. Aus dem Engl. von P. DE MENDELSOHN. München: Kindler 1970.

HOOD, R.–R. SPARKS: La délinquance. Paris: Hachette 1970.

JONES, H.: Crime and the penal system. A textbook of criminology. 3. Aufl. London: Univ. Tutorial Pr. 1965.

MACCLINTOCK, F. H.: Crimes of violence. Unter Mitarb. von N. H. AVISON, N. C. SAVILL u. V. L. WORTHINGTON. London: Macmillan 1963. (Cambridge studies in criminology. 18.)

MACCLINTOCK, F. H. – N. H. AVISON: Crime in England and Wales. Unter Mitarb. von G. N. G. ROSE. London: Heinemann 1968. (Cambridge studies in criminology. 22.)

MacDonald, L.: Social class and delinquency. London: Faber & Faber 1969.

Mannheim, H.: Comparative criminology. Bd. 1.2. London: Routledge & Kegan Paul 1965.

Mays, J. B.: Crime and the social structure. London: Faber & Faber 1963.

Pioneers in criminology. Hrsg. v. H. Mannheim. London: Stevens 1960. (The library of criminology. 1.)

Playfair, G. – D. Sington: Crime, punishment and cure. London: Secker & Warburg 1965.

Radzinowicz, L.: Ideology and crime. London: Heinemann 1966.

Radzinowicz, L.: In search of criminology. London: Heinemann 1961.

Shoham, S.: Crime and social deviation. Chicago: Regnery 1966.

Studies in penology. Dedicated to the memory of Sir Lionel Fox. Hrsg. von M. Lopez-Rey u. C. Germain. The Hague: Nijhoff 1964.

Tobias, J. J.: Crime and industrial society in the 19th century. London: Batsford 1967.

Trasler, G.: The explanation of criminality. London: Routledge & Kegan Paul 1962.

Walker, N.: Crime and punishment in Britain ... *(s. VI. 7).*

Walker, N.: Crimes, courts and figures: an introduction to criminal statistics. Harmondsworth: Penguin Books 1971.

West, D. J.: Present conduct and future delinquency. 1st Report of the Cambridge study in delinquent development. London: Heinemann 1969. (Cambridge studies in criminology. 25.)

West, D. J.: The young offender. Harmondsworth, Middlesex [usw.]: Penguin Books 1967.

Willett, T. C.: Criminal on the road. London: Tavistock 1964. (International library of criminology, delinquency and deviant social behaviour. 12.)

Williams, G.: The sanctity of life and the criminal law. London: Faber & Faber 1958.

Wootton, B.: Social science and social pathology. London: Allen & Unwin 1959.

Statistik

Home Office. Criminal Statistics, England and Wales: Statistics relating to Crime and Criminal Proceedings. 1901 ff.

Home Office. Supplementary Statistics relating to Crime and Criminal Proceedings. 1949 ff.

Home Office. Report on the work of the Prison Department. Statistical tables. 1963 ff.

Home Office. Reports of the Council of the Central After-Care Association. 1949/50 ff.

Home Office. Report of the Commissioner of Police of the Metropolis. 1960 ff.

Home Office. Report of the Commissioners of Prisons. 1935 ff.

Home Office. Report of the Children Department. 1955 ff. (*Begonnen 1923 u. d. T.:* Report on the Work of the Childrens Branch.)

Home Office. Offences relating to Motor Vehicles. 1. 1946 ff.

Home Office. Offences of Drunkenness ... Statistics of the number of offences of drunkenness proved in England and Wales. 1. 1950 ff.

Statistics relating to approved schools, remand homes and attendance centres in England and Wales. 1961 ff.

B. Nordirland und Schottland

NORDIRLAND

Wie England besitzt Nordirland kein kodifiziertes Strafrecht; Grundlage ist das common law. *In den englischen Gesetzen wird jeweils bestimmt, ob sie bzw. Teile hiervon auch für Nordirland gelten; z. B. gilt der Abortion Act von 1967 (1967 c. 87) in Nordirland nicht. Nach dem Government of Ireland Act von 1920 (1920 c. 67) und dem Northern Ireland (Miscellaneous Provisions) Act von 1945 (1945 c. 12, § 1) ist das nordirische Parlament befugt, Gesetze im Bereich des Straf- und Strafverfahrensrechts zu erlassen, es sei denn in „ausgenommenen und vorbehaltenen" Angelegenheiten. Daneben gibt es noch wenige fortgeltende irische Gesetze und zahlreiche Gesetze des Parlaments von Westminster für Nordirland (bezeichnet als „ ... Northern Ireland Act", wogegen die nordirischen Gesetze „ ... Act (Northern Ireland)" lauten). Nachfolgend sind nur die wichtigsten Gesetze aufgeführt, die ausschließlich in Nordirland gelten. Viele Gesetze, obwohl sie nur einmal aufgeführt sind, regeln sowohl materielles als auch prozessuales Recht.*

Großbritannien B (Nordirland)

Gesamtausgabe der Gesetze

STATUTES REVISED, NORTHERN IRELAND, A. D. 1226–1954. Bd. 1–17. Belfast: HMSO 1956; Ind. 1957.
Als Ergänzung dient: THE PUBLIC GENERAL ACTS ... 1955 ff.

INDEX TO THE STATUTES IN FORCE AFFECTING NORTHERN IRELAND. 13. Aufl. Stand vom 31. 12. 1969. Belfast: HMSO 1971.

I. Materielles Strafrecht – Texte –

1./2a) Strafgesetzbuch bzw. an dessen Stelle tretende Einzelgesetze

Bankruptcy Amendment Act (Northern Ireland) 1929 c. 1.

Criminal Injuries Act (Northern Ireland) 1956 c. 19.

Criminal Injuries Act (Northern Ireland) 1957 c. 8.

Criminal Injuries (Amendment) Act (Northern Ireland) 1958 c. 11.

Criminal Injuries (Amendment) Act (Northern Ireland) 1964 c. 7.

Criminal Injuries to Persons (Compensation) Act (Northern Ireland) 1968 c. 9.

Criminal Injuries (Continuance of Temporary Provisions) Act (Northern Ireland) 1969 c. 21.

Criminal Law Act (Northern Ireland) 1967 c. 18.

Criminal Law Amendment Act (Northern Ireland) 1923 c. 8.

Criminal Law and Prevention of Crime (Amendment) Act (Northern Ireland) 1930 c. 3.

Criminal Law and Procedure (Ireland) Act 1887 c. 20.

Emergency Powers Act (Northern Ireland) 1926 c. 8.

Emergency Powers (Amendment) Act (Northern Ireland) 1964 c. 34.

Explosives Act (Northern Ireland) 1970 c. 10 (19. 5. 1970).

Firearms Act (Northern Ireland) 1969 c. 12.

Human Tissue Act (Northern Ireland) 1962 c. 19.

Intimidation Act (Northern Ireland) 1969 c. 29.

Perjury Act (Northern Ireland) 1964 c. 13.

Prevention of Incitement to Hatred Act (Northern Ireland) 1970 c. 24 (2. 7. 1970).

Public Order Act (Northern Ireland) 1951 c. 19.

Public Order (Amendment) Act (Northern Ireland) 1970 c. 4 (5. 2. 1970).

Public Order (Amendment) Act (Northern Ireland) 1971 c. 12 (1. 4. 1971).

Theft Act (Northern Ireland) 1969 c. 16.

Hinsichtlich von treason gelten mehrere englische Gesetze für Irland weiter, u. a. 25 Edw. 3 Stat. 5.

2b) Jugendstrafrecht

Children and Young Persons Act (Northern Ireland) 1950 c. 5.

Children and Young Persons Act (Northern Ireland) 1968 c. 34.

2f) Straßenverkehrsstrafrecht

Road Traffic Act (Northern Ireland) 1970 c. 2 (5. 2. 1970).

II. Strafverfahrensrecht – Texte –

1./2. Gerichtsverfassungs- und Strafprozeßrecht

Administration of Justice Act (Northern Ireland) 1954 c. 9.

Administration of Justice (Northern Ireland) Act 1962 c. 30.

Assizes (Ireland) Act 1825 c. 51.

Assizes (Ireland) Act 1835 c. 26.

Assizes (Ireland) Act 1850 c. 85.

Coroners Act (Northern Ireland) 1959 c. 15.

County Courts Act (Northern Ireland) 1959 c. 25.

County Courts (Amendment) Act (Northern Ireland) 1964 c. 30.

County Courts Appeals Act (Northern Ireland) 1964 c. 3.

Criminal Appeal (Northern Ireland) Act 1968 c. 21.

Criminal Evidence Act (Northern Ireland) 1923 c. 9.

Criminal Evidence Act (Northern Ireland) 1965 c. 15.

Criminal Justice Act (Northern Ireland) 1945 c. 15.

Criminal Justice Act (Northern Ireland) 1953 c. 14.

Criminal Justice Act (Northern Ireland) 1966 c. 20.

B (Nordirland) **Großbritannien**

Criminal Justice (Miscellaneous Provisions) Act (Northern Ireland) 1968 c. 29.

Criminal Justice (Temporary Provisions) Act (Northern Ireland) 1970 c. 22 (1. 7. 1970).

Criminal Justice (Temporary Provisions) (Amendment) Act (Northern Ireland) 1970 c. 33 (17. 12. 1970).

Criminal Procedure (Committal for Trial) Act (Northern Ireland) 1968 c. 32.

Grand Jury (Abolition) Act (Northern Ireland) 1969 c. 15.

Indictments Act (Northern Ireland) 1945 c. 16.

Legal Aid and Advice Act (Northern Ireland) 1965 c. 8.

Magistrates' Courts Act (Northern Ireland) 1964 c. 21.

Mental Health Act (Northern Ireland) 1961 c. 15.

Police Act (Northern Ireland) 1970 c. 9 (26. 3. 1970).

Probation Act (Northern Ireland) 1950 c. 7.

Summary Jurisdiction Act (Northern Ireland) 1953 c. 3.

Summary Jurisdiction and Criminal Justice Act (Northern Ireland) 1935 c. 13.

Summary Jurisdiction and Criminal Justice Act (Northern Ireland) 1958 c. 9.

Supreme Court of Judicature (Ireland) Act 1882 c. 70.

Wichtige Änderungen durch

Supreme Court of Northern Ireland Act 1920 c. 67.

Supreme Court of Judicature of Northern Ireland Act 1926 c. 44.

Zuletzt geändert durch

Administration of Justice Act [United Kingdom] 1969 c. 58.

3a) Jugendstrafverfahren

s. I. 2b.

III. Strafvollstreckungsrecht – Texte –

Prison Act (Northern Ireland) 1953 c. 18.

Treatment of Offenders Act (Northern Ireland) 1968 c. 29.

IV. Entscheidungssammlungen

NORTHERN IRELAND LAW REPORTS. 1925/26 ff.

V. Zeitschriften

NORTHERN IRELAND LEGAL QUARTERLY. 1 (1936/37) – 14 (1960/61); N. S. 1 (1964) ff.

VI. Literatur

CALVERT, H.: Constitutional law in Northern Ireland. A study in regional government. London: Stevens [usw.] 1968.

COMERTON, A.: Magistrates' Courts Act (Northern Ireland), 1964. Dobbs Ferry, N.Y.: Oceana Publ. 1968.

DONALDSON, A. G.: Application of English statutes to Ireland. Diss., Belfast 1952.

Eine spezielle Strafrechtsliteratur für Nordirland gibt es, mit Ausnahme von Aufsätzen in Zeitschriften, nicht. Wegen der letzteren vgl.:

O'HIGGINS, P.: A bibliography of periodical literature relating to Irish law. Belfast: Northern Ireland Legal Quarterly 1966.

Großbritannien B (Schottland)

SCHOTTLAND

I. Materielles Strafrecht – Texte –

1. Strafgesetzbuch

Das materielle Strafrecht Schottlands ist unkodifiziert und findet sich weitgehend in Entscheidungen und Handbüchern. Es ist stärker als das englische Recht ein common law; die Gesetze sind zweitrangige Rechtsquelle. Seit der Vereinigung mit England 1707 ist Gesetzgeber auch für Schottland das Parlament des Vereinigten Königreichs in Westminster. Grundsätzlich gelten daher die in London erlassenen Gesetze auch für Schottland. Soll ein Gesetz jedoch nur in Schottland gelten, wird heute der Zusatz (Scotland) in den Titel aufgenommen; soll eine Vorschrift oder Maßnahme nicht für Schottland gelten, muß dies ausdrücklich im Gesetz bestimmt werden.

Wichtigste Gesetzessammlungen sind:

THE STATUTES. 3. Aufl. 1235–1948. Bd. 1–33. London: HMSO 1950. [Rückentitel:] The statutes revised.

SCOTTISH CURRENT LAW STATUTES. 1948 ff. Jährlich.

Die sowohl in England wie in Schottland geltenden Strafgesetze sind auch zu finden in:

HALSBURY'S STATUTES OF ENGLAND. 3. Aufl. Bd. 8. London: Butterworth 1969.

Wichtigste Einzelgesetze, die nur in Schottland gelten:

Bankruptcy (Scotland) Act 1913 c. 20.

Children and Young Persons (Scotland) Act 1937 c. 37.

Concealment of Birth (Scotland) Act 1809 c. 14.

Criminal Law (Scotland) Act 1829 c. 38. Betrifft „murder".

II. Strafverfahrensrecht – Texte –

2. Strafprozeßrecht

Administration of Justice (Scotland) Act 1933 c. 41.

Criminal Appeal (Scotland) Act 1926 c. 15.

Criminal Appeal (Scotland) Act 1927 c. 26.

Criminal Law (Scotland) Act 1830 c. 37.

Criminal Procedure (Scotland) Act 1887 c. 35.

Criminal Procedure (Scotland) Act 1921 c. 50.

Criminal Procedure (Scotland) Act 1965 c. 39.

Criminal Justice (Scotland) Act 1949 c. 94.

Criminal Justice (Scotland) Act 1963 c. 39.

Summary Jurisdiction (Scotland) Act 1954 c. 48.

Die Rules of Court sind enthalten in dem jährlich bei Green in Edinburgh erscheinenden Parliament House Book.

3. Wichtige Nebengesetze

Mental Health (Scotland) Act 1960 c. 61.

Police (Scotland) Act 1967 c. 77.

Prisons (Scotland) Act 1952 c. 61.

IV. Entscheidungssammlungen

COURT OF SESSION CASES. N. S. (Session Cases) 1906 ff.

SCOTS LAW TIMES. 1. 1893/94 ff. Darin: S. L. T. Reports.

VI. Literatur

1. Allgemeines

GLOAG, W. M. – R. C. HENDERSON: Introduction to the law of Scotland. 7. Aufl. von A. M. JOHNSTON u. J. A. D. HOPE. Edinburgh: Green 1968.

MAXWELL, L. F. – W. H. MAXWELL: Scottish law to 1956. 2. Aufl. London: Sweet & Maxwell 1957. (A legal bibliography of the British Commonwealth of Nations. 5.)

SMITH, T. B.: Scotland. The development of its laws and constitution. London: Stevens 1962. (The British Commonwealth. 11.)

THE UNITED KINGDOM. The development of its laws and constitutions. T. 2: Scotland. Von T. B. SMITH. London: Stevens 1955. (The British Commonwealth. 1, 2.)

WALKER, D. M.: The Scottish legal system. 3. Aufl. Edinburgh: Green 1969.

3. Materielles Strafrecht

ALISON, A.: Principles and practice of the criminal law of Scotland. Edinburgh: Blackwood 1833.

BURNETT, J.: A treatise on various branches of the criminal law of Scotland. Bd. 1–4. Hrsg. von R. CRAIGIE. Edinburgh: Ramsey 1811.

GORDON, G. H.: The criminal law of Scotland. Edinburgh: Green 1967.

HUME, D.: Commentaries on the law of Scotland respecting crimes. 4. Aufl. von B. R. BELL. Bd. 1. 2. Edinburgh: Beu & Bradfute 1844.

MACDONALD, J. H. A.: A practical treatise on the criminal law of Scotland. 5. Aufl. von J. WALKER u. D. J. STEVENSON. Edinburgh: Green 1948.

6. Strafprozeßrecht

DICKSON, W. G.: A treatise on the law of evidence in Scotland. 3. Aufl. von P. J. H. GRIERSON. Bd. 1. 2. Edinburgh: Clark 1887.

DOBIE, W. J.: Law and practice of the Sheriff Courts in Scotland. Edinburgh: Hodge 1948.

MILL, J.: The Scottish police. Edinburgh: Green 1944.

MORREN, J.: Criminal procedure and law of evidence in Scotland. Edinburgh [usw.]: Hodge 1928. [Nachdr.]

RENTON, R. W. – H. H. BROWN: Criminal procedure according to the law of Scotland. 3. Aufl. von F. C. WATT. Edinburgh: Green 1956.

SMITH, T. B.: The doctrines of judicial precedent in Scots law. Edinburgh: Green 1952.

THOMSON, G. R. – J. T. MIDDLETON: Manual of court of session procedure. Edinburgh: Green 1937.

WALKER, A. G. – N. M. L. WALKER: The law of evidence in Scotland. Edinburgh [usw.]: Hodge 1964.

8. Kriminologie und Statistik

ARNOTT, A. J. E. – J. A. DUNCAN: The Scottish criminal. Edinburgh: Univ. Pr. 1970.

SHIELDS, J. V. M. – J. A. DUNCAN: The state of crime in Scotland. London: Tavistock 1964. (The international library of criminology, delinquency and deviant social behaviour. 13.)

Scottish Home and Health Department. CRIMINAL STATISTICS, SCOTLAND. 1925 ff.

IRLAND

Bearbeitet von Dr. BARBARA HUBER,
Referentin am Max-Planck-Institut für ausländisches und internationales Strafrecht,
Freiburg i. Br.

I. Materielles Strafrecht – Texte –

1. Strafgesetzbuch

Das materielle Strafrecht Irlands ist nicht kodifiziert. Es gelten weitgehend noch die englischen Gesetze wie z. B.:

Malicious Damage Act 1861
Offences against the Person Act 1861
Coinage Acts 1879–1920
Criminal Law Amendment Act 1885
Criminal Law Amendment Act 1912
Larceny Act 1916
Forgery Act 1917

Vom irischen Parlament erlassene Gesetze sind:

Criminal Law Amendment Act (Nr. 6) 1935
Offences against the State Act (Nr. 13) 1939
Offences against the State Amendment Act (Nr. 2) 1940
Treason Act (Nr. 10) 1939
Infanticide Act (Nr. 16) 1949
Defence Act (Nr. 18) 1954
Official Secrets Act 1963

Übersetzungen

HUBER, B.: Irland. *In:* STRAFR. STAATSSCHUTZBEST., S. 427ff.

2. Wichtige Nebengesetze

Adaptation of Enactments Act (Nr. 2) 1922
Interpretation Act (Nr. 46) 1923
Road Traffic Act (Nr. 11) 1933
Road Traffic Act (Nr. 24) 1961
Road Traffic Act (Nr. 25) 1968
Children Act 1908
Children Act (Nr. 12) 1941
Children Amendment Act (Nr. 6) 1949
Coroners Act (Nr. 9) 1962
Copyright Act (Nr. 10) 1963
Extradition Act (Nr. 17) 1965
Firearms Acts 1925–1964
Censorship of Publications Act (Nr. 15) 1967

II. Strafverfahrensrecht – Texte –

1. Gerichtsverfassungsrecht

Summary Jurisdiction Act 1851
Summary Jurisdiction Act 1871
Courts of Justice Act (Nr. 10) 1924
Courts of Justice Act (Nr. 48) 1936
Courts of Justice Act (Nr. 20) 1947
Courts of Justice (District Court) Act (Nr. 8) 1949
Courts of Justice Act (Nr. 2) 1951
Courts of Justice Act (Nr. 32) 1953
Courts (Establishment and Constitution) Act (Nr. 38) 1961
Courts (Supplemental Provisions) Act (Nr. 39) 1961

Courts (Supplemental Provisions Amendment) Act (Nr. 3) 1968.

2. Strafprozeßrecht

Criminal Justice (Evidence) Act (Nr. 37) 1924
Criminal Justice (Administration) Act (Nr. 44) 1924
Juries Act (Nr. 23) 1927
Criminal Justice Act (Nr. 2) 1951
Criminal Justice Act (Nr. 5) 1964
Criminal Procedure Act (Nr. 12) 1967

Irland

IV. Entscheidungssammlungen

2. Wichtige allgemeine

THE IRISH LAW TIMES REPORTS (*Beilage zu:* Irish Law Times and Solicitor's Journal). 1867 ff.

THE IRISH REPORTS. 1894 ff.

V. Zeitschriften

2. Wichtige allgemeine

Für den Praktiker bestimmt ist die

IRISH LAW TIMES AND SOLICITOR'S JOURNAL. 1. 1867 ff.

in der sich auch Artikel über strafrechtliche Themen, Veröffentlichungen irischer und englischer Entscheidungen und Buchbesprechungen finden.

Weitere Zeitschriften

DUBLIN UNIVERSITY LAW REVIEW. 1885 ff.

THE GAZETTE OF THE INCORPORATED LAW SOCIETY OF IRELAND. [Anfang nicht ermittelt.]

THE IRISH JURIST. 1. 1935 – 31. 1965. N. S. 1. 1966 ff.

VI. Literatur

1. Allgemeines

BARTHOLOMEW, P. C.: The Irish judiciary. Dublin: Inst. of Public Administration 1971.

BOLDT, H. J.: Die Grundrechte in der Verfassung Irlands vom 29. 12. 1937. Diss., Bonn 1968.

CROTTY, J. F.: Fundamental rights in the Irish law and constitution. 2. Aufl. Cork: Univ. Pr. Cork 1967.

KELLY, J. M.: Fundamental rights in the Irish law and constitution. Dublin: Figgis 1961.

MAXWELL, L. F. – W. H. MAXWELL: Irish law to 1956. 2. Aufl. London: Sweet & Maxwell 1957. (A legal bibliography of the British Commonwealth of Nations. 4.)

O'HIGGINS, P.: A bibliography of periodical literature relating to Irish law. Belfast: Northern Ireland Legal Quarterly 1966. *Betr. Republik Irland und Nordirland.*

3. Materielles Strafrecht

Speziell irische Strafrechtsliteratur gibt es nur wenig. Es werden die englischen Standardwerke herangezogen.

O'SIOCHAIN, P. A.: The criminal law of Ireland (Outlined). 3. Aufl. Dublin: Thom 1952.

SANDES, R. L.: Criminal law and procedure in the Republic of Ireland. 3. Aufl. London: Sweet & Maxwell 1951.

6. Strafprozeßrecht

CROTTY, J. F.: Practice and procedure in the District Court. Cork: Univ. Pr. Cork 1968 (?).

DELANY, V. T. H.: The administration of justice in Ireland. 3. Aufl. Dublin: Institute of Public Administration 1970.

DUFFY, G. G.: Digest of criminal and quasi-criminal law from the year 1914. Dublin 1925. *Gilt als Suppl. zu* O'CONNOR, J.: The Irish justice ... Bd. 2 *(s. unten).*

O'CONNOR, J.: The Irish justice of the peace. 2. Aufl. Bd. 1. 2. Dublin: Ponsonby 1915.

ISLAND

Bearbeitet von Rechtsanwalt GÚSTAF A. SVEINSSON†, Reykjavík,
und Professor JONATAN THORMUNDSSON, Reykjavík

Gesamtausgabe der Gesetze

LAGASAFN. Íslenzk lög 1. Apríl 1965. Bd. 1. 2. Hrsg. von
A. SNÆVARR. Reykjavík: Tilhlutan Dómsmálaráduneytisins 1965.

I. Materielles Strafrecht – Texte –

1. Strafgesetzbuch

Almenn hegningarlög [Allgemeines Strafgesetz] Nr. 19 vom 12. Februar 1940.

Änderungen durch folgende Gesetze:

Gesetz Nr. 47 vom 27. Juni 1941, Nr. 36 vom 17. Juni 1944, Nr. 101 vom 23. Dezember 1950, Nr. 100 vom 7. Dezember 1951, Nr. 22 vom 3. Mai 1955, Nr. 20 vom 1. März 1956, Nr. 21 vom 13. Mai 1957, Nr. 31 vom 24. März 1961, Nr. 8 vom 14. März 1962, Nr. 69 vom 28. Dezember 1964.

Textausgabe
ALMENN HEGNINGARLÖG. Reykjavík: Gutenberg 1961.

Übersetzungen
ALLGEMEINES ISLÄNDISCHES STRAFGESETZ. Einl. von T. EYJÓLFSSON. Berlin: de Gruyter 1961. (Slg. außerdt. StGB. 78.)

CODE PÉNAL ISLANDAIS. In: CODES PÉN. ÉUR., Bd. 2., S. 817–865.

2. Wichtige Nebengesetze

b) Jugendstrafrecht

Jugendgesetz Nr. 53 vom 13. Mai 1966.

f) Straßenverkehrsstrafrecht

Umferðarlög [Straßenverkehrsgesetz] Nr. 40 vom 23. April 1968.

g) Sonstiges Nebenstrafrecht

Áfengislög [Spirituosengesetz] Nr. 82 vom 2. Juli 1969.

II. Strafverfahrensrecht – Texte –

2. Strafprozeßrecht

Lög um meðferð opinberra mála [Strafprozeßgesetz] Nr. 82 vom 21. August 1961.

IV. Entscheidungssammlungen

1. Strafrechtliche

SNÆVARR, A.: Íslenzkar dómaskrár [Isländische Entscheidungen]. III: Refsiréttur [Strafsachen]. Reykjavík: Hladbud 1958–1961.

2. Wichtige allgemeine

HAESTARÉTTARDÓMAR [Entscheidungen des Obersten Gerichtshofs]. 1920 ff.

Island

V. Zeitschriften

2. Wichtige allgemeine

TIMARIT LÖGFRÆDINGA [Zeitschrift für Juristen]. 1951 ff.

ÚLFLJÓTUR [Zeitschrift für juristische Studenten]. 1947 ff.

VI. Literatur

1. Allgemeines

[Juristische Literatur bis 1955 einschließlich]. *In:* TIMARIT LÖGFRÆDINGA *4 (1955), S. 173–264.*

JÓHANNESSON, Ó.: Lög og réttur [Gesetz und Recht]. Reykjavík: Bókaútgáfa Menningarsjóðs 1952. *Allgemeine Einführung in das isländische Recht.*

2. Strafrechtsgeschichte

INGVARSSON, L.: Refsingar á Íslandi á thjóðveldistimanum [Strafen in Island in der Periode des Freistaates]. Reykjavík: Bókaútgáfa Menningarsjóðs 1970.

THÓRDARSON, B.: Refsivist á Íslandi 1761–1925 [Freiheitsstrafe in Island 1761–1925]. Reykjavík: Gutenberg 1926.

3. Materielles Strafrecht

THORODDSEN, G.: Æran og vernd hennar [Die Ehre und ihre Verteidigung]. Reykjavík 1943. [Masch. verv.]

THORODDSEN, G.: Fjölmaeli [Beleidigungen]. Reykjavík: Bókaútgáfa Menningarsjóðs 1967.

6. Strafprozeßrecht

ARNÓRSSON, E.: Meðferð opinberra mála [Strafverfahren]. Reykjavík: Háskóli Íslands 1919. *Veraltet.*

THORMUNDSSON, J.: Opinbert réttarfar I [Strafverfahren I]. Reykjavík 1972. [Masch. verv.]

8. Kriminologie und Statistik

HAGSKÝRSLUR ÍSLANDS: Dómsmálaskýrslur [Statistik der Justizverwaltung]. Reykjavík: Gutenberg. [Anfang nicht ermittelt.]

9. Wichtige Literatur in fremden Sprachen

AMELUNXEN, C.: Inselfahrten eines Richters. Hamburg: Kriminalistik – Verl. 1969. *Darin S. 33–48: Island.*

ITALIEN

Bearbeitet von Assessorin JOHANNA BOSCH,
Referentin am Max-Planck-Institut für ausländisches und internationales Strafrecht, Freiburg i. Br.

Gesetzessammlungen

LEX. Legislazione italiana. Raccolta cronologica con richiami alle leggi attinenti e ricchi indici semestrali ed annuali. Jg. 1 ff. Torino: UTET 1915 ff. *Chronologische Sammlung aller Gesetze und Verordnungen.*

LA LEGISLAZIONE VIGENTE. Repertorio analitico alfabetico delle disposizioni legislative vigenti. Stand: 30. 6. 1971. Torino: UTET 1971. *Register der geltenden Gesetze und Verordnungen. Erscheint in unregelmäßigen Abständen.*

Das amtliche Veröffentlichungsorgan ist die

GAZZETTA UFFICIALE DELLA REPUBBLICA ITALIANA (1. 1861–87. 1946 u. d. T.: GAZZETTA UFFICIALE DEL REGNO D'ITALIA). 1. 1861 ff. *Darin sind jedoch Strafgesetzbuch und Strafprozeßgesetz nicht im Wortlaut veröffentlicht.*

I. Materielles Strafrecht – Texte –

1. Strafgesetzbuch

Codice penale [Strafgesetzbuch], *verkündet durch* Verordnung (Regio decreto) vom 19. Oktober 1930, Nr. 1398.

Disposizioni di coordinamento del Codice penale e disposizioni transitorie [Ausführungsverordnung] vom 28. Mai 1931, Nr. 601.

Zahlreiche Änderungsgesetze, insbesondere seit 1944. Sie werden regelmäßig in die Textausgaben eingearbeitet.

Textausgaben

MANUALE PER L'UDIENZA PENALE. Hrsg. von G. LEONE u. G. DE MATTEO. 7. Aufl. Milano: Giuffrè 1967. *Die Ausgabe enthält auch die wichtigsten materiellen und verfahrensrechtlichen Nebengesetze.*

I QUATTRO CODICI. Hrsg. von D. SCARELLA. 8. Aufl. Torino: UTET 1969. *Diese Ausgabe umfaßt das Zivilgesetzbuch und das Zivilprozeßgesetz sowie das Strafgesetzbuch und das Strafprozeßgesetz einschließlich der wichtigsten Nebengesetze.*

QUATTRO CODICI. Hrsg. von F. CARNELUTTI, W. BIGIAVI u. A. CRESPI. 2. Aufl. Padova: CEDAM 1971.

CODICE DELLA LEGGE PENALE. Hrsg. von L. ZANOBINI. 3. Aufl. Milano: Giuffrè 1968. *Strafgesetzbuch, Strafprozeßgesetze und umfassende Sammlung des Nebenstrafrechts.*

Übersetzungen

IL CODICE PENALE ITALIANO / DAS ITALIENISCHE STRAFGESETZBUCH. Übers., Einf., Anm. ... von R. RIZ. Zweisprachige Ausg. Berlin: de Gruyter 1969. (Slg. außerdt. StGB. 90.)

CODE PÉNAL ITALIEN. Übers. von P. DE CASABIANCA. In: CODES PÉN. EUR., Bd. 2, S. 867 ff.

2. Wichtige Nebengesetze

Textausgaben s. unter I. 1.

a) Das StGB ergänzende Gesetze

Gesetz vom 9. Oktober 1967, Nr. 962. Prevenzione e repressione del delitto di genocidio [Verhütung und Bestrafung des Verbrechens des Völkermordes].

b) Jugendstrafrecht

s. II. 3 a.

c) Militärstrafrecht

Codice penale militare di pace [Militärstrafgesetzbuch für den Frieden] *und* Codice penale militare di guerra [Militärstrafgesetzbuch für den Krieg] vom 20. Februar 1941, Nr. 76. *Diese Gesetze enthalten auch das Militärstrafverfahrensrecht. Zur Militärgerichtsverfassung vgl. unter II. 1.*

e) Wirtschaftsstrafrecht

Verordnung (Regio decreto) vom 21. Dezember 1933, Nr. 1736. Disposizioni sull'assegno bancario e sull'assegno circolare [Scheckgesetz].

Verordnung (Regio decreto) vom 16. März 1942, Nr. 267. Disciplina del fallimento [Konkursordnung].

Gesetz vom 15. September 1964, Nr. 755. Regolamentazione della vendita a rate [Ratenkaufgesetz].

Verordnung (Decreto) vom 29. Dezember 1969, Nr. 1127. Modificazioni alle norme del Codice civile sulle società per azioni, in accomandita per azioni ed a responsabilità limitata in attuazione della direttiva 9 marzo 1968, Nr. 151, del Consiglio dei ministri delle Comunità Europee [Änderung der Vorschriften des Zivilgesetzes über die Verantwortlichkeit der Gesellschaftsorgane in Ausführung der Richtlinie des Ministerrats der europäischen Gemeinschaften vom 9. 3. 1968, Nr. 151].

f) Straßenverkehrsstrafrecht

Verordnung (Regio decreto) vom 8. Dezember 1933, Nr. 1740. Testo unico di norme per la tutela delle strade e per la circolazione [Neufassung der Vorschriften zum Schutz der Straßen und des Verkehrs].

Verordnung (Decreto legislativo) vom 22. Januar 1948, Nr. 66. Norme per assicurare la libera circolazione sulle strade ferrate ed ordinarie e la libera navigazione [Vorschriften zur Sicherung des freien Verkehrs auf Schienen und Straßen und der Schiffahrt].

Verordnung (Decreto del Presidente della Repubblica) vom 15. Juni 1959, Nr. 393. Testo unico delle norme sulla disciplina della circolazione stradale [Neufassung der Vorschriften über die Regelung des Straßenverkehrs].

Verordnung (Decreto) vom 30. Juni 1959, Nr. 420. Regolamento per l'esecuzione del Testo Unico delle norme sulla disciplina della circolazione stradale [Ausführungsverordnung].

Gesetz vom 1. Juni 1966, Nr. 416. Trasporto di persone sugli autoveicoli [Personenbeförderungsgesetz].

Gesetz vom 3. Mai 1967, Nr. 317. Modificazioni al sistema sanzionatorio delle norme in tema di circolazione stradale e delle norme dei regolamenti locali [Umwandlung des Sanktionensystems im Bereich des Straßenverkehrsrechts und der Gemeindeverordnungen].

Gesetz vom 10. Juli 1970, Nr. 579. Trasporto su strada di merci pericolose [Warenbeförderungsgesetz].

Übersetzung

DAS ITALIENISCHE STRASSENVERKEHRSGESETZ. Deutsche Übersetzung von R. WANGEMANN. Rom: Bianco 1959.

g) Staatsschutz und Gesetze gegen den Faschismus

Strafrechtliche Staatsschutzbestimmungen sind außer im Strafgesetzbuch auch in den Militärstrafgesetzen (s. I. 2c) enthalten.

Gesamtausgabe in deutscher Übersetzung

STEMMER, A. B. – J. BOSCH: Italien. *In:* STRAFR. STAATSSCHUTZBEST., *S. 161 ff.*

Gesetz vom 3. Dezember 1947, Nr. 1546. Norme per la repressione dell'attività fascista e dell'attività diretta alla restaurazione dell'istituto monarchico [Vorschriften zur Bekämpfung faschistischer Tätigkeit und von Bestrebungen zur Wiederherstellung der Monarchie].

Verordnung (Decreto legislativo) vom 14. Februar 1948, Nr. 43. Divieto delle associazioni a carattere militare [Verbot von Vereinigungen mit militärischem Charakter].

Gesetz vom 20. Juni 1952, Nr. 645. Norme di attuazione della XII disposizione transitoria e finale (comma primo) della Costituzione [Vorschriften zur Durchführung des Absatzes 1 der zwölften Übergangs- und Schlußbestimmung der Verfassung].

h) Öffentliche Sicherheit

Verordnung (Regio decreto) vom 18. Juni 1931, Nr. 773. Testo unico delle leggi di pubblica sicurezza [Neufassung der Gesetze über die öffentliche Sicherheit].

Gesetz vom 27. Dezember 1956, Nr. 1423. Misure di prevenzione nei confronti delle persone pericolose per la sicurezza e per la pubblica moralità [Vorbeugende Maßnahmen gegenüber Personen, die die öffentliche Sicherheit und Sittlichkeit gefährden].

Gesetz vom 20. Februar 1958, Nr. 75. Abolizione della regolamentazione della prostituzione e lotta contro lo sfruttamento della prostituzione altrui [Abschaffung der Regelung der gewerbsmäßigen Unzucht und Kampf gegen die Ausbeutung fremder gewerbsmäßiger Unzucht].

Gesetz vom 31. März 1965, Nr. 575. Disposizioni contro la mafia [Vorschriften gegen die Mafia].

Gesetz vom 2. Oktober 1967, Nr. 895. Disposizioni per il controllo delle armi [Waffengesetz].

i) Finanzstrafrecht

Gesetz vom 7. Januar 1929, Nr. 4. Norme generali per la repressione delle violazioni delle leggi finanziarie [Allgemeine Vorschriften über die Verfolgung von Verstößen gegen die Finanzgesetze].

Gesetz vom 25. September 1940, Nr. 1424. Legge doganale [Zollgesetz].

Gesetz vom 17. Juli 1942, Nr. 907. Legge sul monopolio dei sali e dei tabacchi [Gesetz über das Salz- und Tabakmonopol].

Verordnung (Decreto legislativo) vom 7. November 1947, Nr. 1559. Disposizioni penali in materia fiscale [Strafvorschriften zum Finanzrecht].

Gesetz vom 11. Januar 1951, Nr. 25. Norme sul rilevamento fiscale straordinario [Vorschriften über die Erhebung von Sondersteuern].

Gesetz vom 5. Januar 1956, Nr. 1. Norme integrative della legge 11 gennaio 1951, n. 25, sulla perequazione tributaria [Ergänzungsvorschriften zum Steuergesetz vom 11. 1. 1951, Nr. 25, betr. den Steuerausgleich].

Italien I 2 k

Verordnung (Decreto) vom 29. Januar 1958, Nr. 645. Approvazione del testo unico delle leggi sulle imposte dirette [Vereinheitlichung der Gesetze über die direkten Steuern].

k) Pressestrafrecht

Gesetz vom 8. Februar 1948, Nr. 47. Disposizioni sulla stampa [Vorschriften über die Presse].

Gesetz vom 2. Dezember 1960, Nr. 1591. Disposizioni concernenti l'affissione e l'esposizione al pubblico di manifesti, immagini, oggetti contrari al pudore e alla decenza [Gesetz über den Aushang und die Feilbietung von Flugblättern, Bildern und Gegenständen, die das Schamgefühl und den Anstand verletzen].

l) Rauschgift

Gesetz vom 22. Oktober 1954, Nr. 1041. Disciplina della produzione del commercio e dell'impiego degli stupefacenti [Regelung der Herstellung, des Handels und der Verwendung von Rauschgiften].

m) Jagd und Fischerei

Gesetz vom 8. Oktober 1931, Nr. 1604 i. d. F. vom 11. April 1938, Nr. 1138. Testo unico delle leggi sulla pesca [Fischereigesetz].

Gesetz vom 14. Juli 1965, Nr. 963. Disciplina della pesca marittima [Regelung der Hochseefischerei].

Verordnung (Regio decreto) vom 5. Juni 1939, Nr. 1016. Applicazioni del testo unico delle norme per la protezione della selvaggina e per l'esercizio della caccia [Vorschriften über den Schutz des Wildes und die Ausübung der Jagd].

Gesetz vom 2. August 1967, Nr. 799. Modifiche al testo unico delle norme per la protezione della selvaggina e per l'esercizio della caccia approvato con regio decreto 5 giugno 1939, n. 1016 e succesive modifiche [Änderungsgesetz zum Jagdrecht].

Gesetz vom 28. Januar 1970, Nr. 18. Disposizioni integrative della Legge 2 agosto 1967, n. 799 sull'esercizio della caccia [Ergänzungsvorschriften zum Jagdgesetz].

n) Lebensmittelstrafrecht

Gesetz vom 30. April 1962, Nr. 283. Disciplina igienica della produzione e della vendita delle sostanze alimentari e delle bevande [Vorschriften über die Herstellung und den Verkauf von Lebensmitteln und Getränken].

Gesetz vom 26. Februar 1963, Nr. 441. Modifiche ed integrazioni alla Legge 30 aprile 1962, n. 283 sulla disciplina igienica della produzione e della vendita delle sostanze alimentari e delle bevande ed al Decreto del Presidente della Repubblica 11 agosto 1959, n. 750 [Änderungs- und Ergänzungsgesetz zum Lebensmittelgesetz].

o) Umweltschutz

Gesetz vom 13. Juli 1966, Nr. 615. Provvedimenti contro l'inquinamento atmosferico [Vorschriften gegen die Luftverschmutzung].

Ausführungsverordnungen vom 22. Dezember 1970, Nr. 1391, vom 22. Februar 1971, Nr. 323 und vom 15. April 1971, Nr. 322.

p) Arbeitnehmerschutz

Gesetz vom 22. Mai 1970, Nr. 300. Norme sulla tutela della libertà e dignità dei lavoratori, della libertà sindacale e dell'attività sindacale nei luoghi di lavoro e norme sul collocamento [Vorschriften über den Schutz der Freiheit und der Würde der Arbeitnehmer, der Freiheit der Gewerkschaften und ihrer Tätigkeit in den Betrieben, nebst Übergangsvorschriften].

q) Organtransplantation

Gesetz vom 3. April 1957, Nr. 235 i. d. F. vom 2. April 1968 Nr. 519. Prelievo di parti di cadavere a scopo di trapianto terapeutico [Entnahme von Leichenteilen zum Zweck der therapeutischen Verpflanzung].

II. Strafverfahrensrecht – Texte –

Textausgaben s. auch I. 1.

1. Gerichtsverfassungsrecht

Ordinamento giudiziario [Gerichtsverfassungsgesetz], *verkündet durch* Verordnung (Regio decreto) vom 30. Januar 1941, Nr. 12.

Textausgabe

Ordinamento giudiziario con la relazione ministeriale alla Maestà del Re Imperatore. Roma: Ist. poligrafico dello Stato 1942.

Gesetz vom 10. April 1951, Nr. 287. Riordinamento dei giudizi di Assise [Neuordnung der Schwurgerichte].

Änderungsgesetze vom 24. November 1951, Nr. 1324, 5. Mai 1952, Nr. 405 *und* 27. Dezember 1956, Nr. 1441.

Ordinamento giudiziario militare [Militärgerichtsverfassung für den Krieg und den Frieden] vom 9. September 1941, Nr. 1022.

Zu den Jugendgerichten vgl. II. 3a.

2. Strafprozeßrecht

Codice di procedura penale [Strafprozeßgesetz], *verkündet durch* Verordnung (Regio decreto) vom 19. Oktober 1930, Nr. 1399.

Disposizioni regolamentari per l'esecuzione del Codice di procedura penale *und* Disposizioni regolamentari [Ausführungsverordnungen] vom 28. Mai 1931, Nr. 602 *und* Nr. 603.

Zahlreiche Änderungsgesetze. Hervorzuheben ist das Gesetz vom 18. Juni 1955, Nr. 517 *und die entsprechenden* Ausführungsverordnungen vom 8. August 1955, Nr. 666 *und* vom 25. Oktober 1955, Nr. 932; *ferner die* Verordnung vom 23. Januar 1971, Nr. 2 (Modifica dell'art. 304–bis del Codice di procedura penale); das Gesetz vom 18. März 1971, Nr. 62 (Conversione in legge, con modificazioni del decreto legge 23. 1. 1971, Nr. 2 concernente modifica dell'art. 304–bis del Codice di procedura penale e modificazioni agli articoli 124, 225, 304 quater e 317 del Codice stesso) *und zuletzt das* Gesetz vom 1. Juli 1970, Nr. 406 (Concernente la determinazione della durata della custodia preventiva nella fase del giudizio e nei vari gradi di esso).

3. Wichtige Nebengesetze

a) Jugendstrafverfahren

Gesetzesdekret (Regio decreto-legge) vom 20. Juli 1934, Nr. 1404. Istituzione e funzionamento del Tribunale per i minorenni [Einrichtung und Zuständigkeit der Jugendgerichte].

Verordnung (Regio decreto) vom 20. September 1934, Nr. 1579. Norme di attuazione e transitorie del Regio decreto-legge 20 luglio 1934, Nr. 1404 sulla istituzione e funzionamento del Tribunale per i minorenni [Ausführungsverordnung].

Übersetzung

DAS ITALIENISCHE JUGENDGERICHTSGESETZ vom 20. Juli 1934. Übers. von E. PRITSCH. Berlin: de Gruyter 1935. (Slg. außerdt. StGB. 51.)

b) Militärstrafverfahren

s. I. 2c.

c) Verfahren in Pressesachen

Gesetz vom 3. März 1947, Nr. 156. Giudizio direttissimo nei procedimenti per i delitti di diffamazione a mezzo della stampa [Beschleunigtes Verfahren bei Straftaten der Verleumdung durch die Presse].

d) Finanzstrafverfahren

s. I. 2i.

III. Strafvollstreckungsrecht – Texte –

Textausgaben s. I. 1.

Strafvollzug

Regolamento per gli istituti di prevenzione e di pena [Verordnung über die Vorbeugungs- und Strafanstalten] vom 18. Juni 1931, Nr. 787.

Übersetzung

STRAFVOLLZUG IN ITALIEN. Verordnung für die Vorbeugungs- und Strafanstalten vom 18. Juni 1931. Übers. u. eingel. von B. STEINWALLNER. Jena: Fromann 1934. (Schriften der Thüringischen Gefängnisgesellschaft. 4.)

Gesetz vom 9. Mai 1932, Nr. 547. Disposizioni sulla riforma penitenziaria [Vorschriften über die Gefängnisreform].

Strafregister

Verordnung (Regio decreto) vom 18. Juni 1931, Nr. 778. Disposizioni regolamentari per il servizio del casellario giudiziale [Vorschriften über die Handhabung des Strafregisters].

IV. Entscheidungssammlungen

Istituto italiano di studi legislativi. GIURISPRUDENZA COMPLETA DELLA CORTE SUPREMA DI CASSAZIONE. Sezioni penali. [*Bezeichnet als*] Ser. 2 (speciale). 16. 1944–36. 1955. Roma: Istituto italiano di studi legislativi 1945–1957. *Mehr nicht erschienen.*

Corte Suprema di Cassazione. Ufficio del massimario. MASSIMARIO DELLE DECISIONI PENALI. 1. 1966 ff.

CASSAZIONE PENALE. Massimario annotato. Hrsg. von G. DELITALA, G. LATTANZI [u. a.] 1. 1961 ff.

MASSIMARIO SISTEMATICO DI GIURISPRUDENZA SUL CODICE PENALE. Hrsg. von D. PALAZZO. Bd. 1–4. Piacenza: La Tribuna 1963–1967.

ESPOSIZIONE DI GIURISPRUDENZA SUL CODICE PENALE (1958–1963). Hrsg. von G. LATTANZI. Milano: Giuffrè 1964.

CODICE DI PROCEDURA PENALE (1956–1959). Hrsg. von G. LATTANZI, L. CARINCI u. G. LATTANZI. Milano: Giuffrè 1960.

Forts. u. d. T.:

ESPOSIZIONE DI GIURISPRUDENZA SUL CODICE DI PROCEDURA PENALE dal 1960. Hrsg. von G. LATTANZI. Bd. 1 ff. MILANO: Giuffrè 1969 ff.

V. Zeitschriften

1. Strafrechtliche und kriminologische

ARCHIVIO PENALE. 1. 1945 ff.

LA GIUSTIZIA PENALE. 1. 1895 ff.

L'INDICE PENALE. 1. 1967 ff.

RASSEGNA DI STUDI PENITENZIARI. 1. 1951 ff.

RIVISTA DI DIRITTO PROCESSUALE. 1. 1946 ff.

RIVISTA ITALIANA DI DIRITTO E PROCEDURA PENALE. (*Hervorgegangen aus:* Rivista italiana di diritto penale. 1. 1929–15. 1943. N. S. 1. 1948–10. 1957 *und* Rivista di diritto processuale penale. 1. 1954–4. 1957). N. S. 1. 1958 ff.

RIVISTA PENALE (1. 1874–55. 1929 *u. d. T.:* Rivista penale di dottrina, legislazione e giurisprudenza). 1. 1874–55. 1929. [56] = N. S. 1. 1930 ff.

LA SCUOLA POSITIVA (1. 1891–30. 1920 *u. d. T.:* La scuola positiva nella dottrina e nella giurisprudenza penale). 1. 1891–30. 1920 (= Ser. 1–3); 31. 1921 (= N. S. 1)–54. 1946 (= N. S. 26); [55.] 1947 (= N. S. [1])–63. 1956 (= N. S. 10); [64] 1959 (= Ser. 4, 1) ff.

1921 vereinigt mit Rivista di diritto e procedura penale.

2. Wichtige allgemeine

GIURISPRUDENZA ITALIANA. 1. [1848–1849]. 1850 ff.

VI. Literatur

1. Allgemeines

Bibliographien

DIZIONARIO BIBLIOGRAFICO DELLE RIVISTE GIURIDICHE ITALIANE SU LEGGI VIGENTI (1865–1954). Hrsg. von V. NAPOLETANO. Milano: Giuffrè 1956; Anh. 1. 1957 ff. *Jetzt jährlich. Enthält ab 1959 ein Verzeichnis der Fachliteratur.*

Allgemeine Nachschlagewerke

ENCICLOPEDIA GIURIDICA ITALIANA ... Hrsg. von P. S. MANCINI. Bd. 1–16. Milano: Vallardi [u. a.] 1884–1922.

ENCICLOPEDIA DEL DIRITTO. Hrsg. von F. CALASSO [u. a.]. [Bd.] 1 ff. [Milano:] Giuffrè 1958 ff.

NUOVO DIGESTO ITALIANO. Unter Mitarb. von A. AZARA, hrsg. von M. D. AMELIO. Bd. 1–12. Torino: UTET 1937–1940.

3. Aufl. u. d. T.:

NOVISSIMO DIGESTO ITALIANO. Hrsg. von A. AZARA u. E. EULA. [Bd.] 1 ff. Torino: UTET 1957 ff.

Gesamtdarstellung des Strafrechts
und Einführung in das italienische Recht

BETTIOL, G.: Istituzioni di diritto e procedura penale. Padova: CEDAM 1966.

FROSALI, R. A.: Sistema penale italiano. Bd. 1–4. Torino: UTET 1958.

LUTHER, G.: Einführung in das italienische Recht. Darmstadt: Wissenschaftliche Buchgesellschaft 1968.

2. Strafrechtsgeschichte

BENEVOLO, F.: La pena nel suo svolgimento storico e razionale. Torino: UTET 1894.

CALISSE, C.: Storia del diritto penale italiano dal secolo VI al XIX. Firenze: Barbera 1895.

CASSINELLI, B.: Prospetto storico del diritto penale. Milano: Dall'Oglio 1954.

GIOFFREDI, C.: I principi del diritto penale romano. Torino: Giappichelli 1970.

MEREU, I.: Storia del diritto penale nel '500. Napoli: Morano 1964.

PALMIERI, G.: Il diritto penale da Giustiniano ai nostri giorni. *In:* COGLIOLO, P.: Completo trattato teorico e pratico di diritto penale. Milano: Vallardi 1888, *Bd. 1, S. 271–613.*

PERTILE, A.: Storia del diritto italiano dalla caduta dell'Impero Romano alla codificazione. Band 5: Storia del diritto penale. Torino: UTET 1892.

SPIRITO, U.: Storia del diritto penale italiano da Cesare Beccaria ai giorni nostri. 2. Aufl. Torino: Bocca 1932. (Nuova collezione di opere giuridiche. 270.)

3. Materielles Strafrecht

Ältere grundlegende Werke

CARMIGNANI, G.: Juris criminalis elementa. 5. Aufl. Bd. 1. 2. Pisis: Nistri 1833–1834.

CARRARA, F.: Programma del corso di diritto criminale Parte generale [Bd. 1. 2.]. Parte speciale [Bd. 1–7]. Lucca 1860–1870. (9.–11. Aufl.:) Firenze 1924–1926.

PESSINA, E.: Elementi di diritto penale. 4. Aufl. Bd. 1–3. Napoli: Marghieri di Gius 1882–1885.

Literatur zum Strafgesetzbuch von 1889

ALIMENA, B.: Principii di diritto penale. Bd. 1. 2. Napoli: Pierro 1910–1912.

CIVOLI, C.: Trattato di diritto penale. Bd. 1. 2. Milano: Pirola 1912; Anh. 1918.

CRIVELLARI, G.: Il Codice penale per il Regno d'Italia. Bd. 1–8. Torino [usw.]: UTET 1890–1898.

ENCICLOPEDIA DEL DIRITTO PENALE ITALIANO. Hrsg. von E. PESSINA. Bd. 1–14, Ind. Milano: Società ed. libraria 1905–1913.

FERRI, E.: Principii di diritto criminale. Torino: UTET 1928.

IMPALLOMENI, G. B.: Istituzioni di diritto penale. Torino: UTET 1908. (3. Nachdr. 1921.)

MANZINI, V.: Trattato di diritto penale italiano. 2. Aufl. Bd. 1–9. Torino: UTET 1920–1923.

Literatur zum geltenden Recht

Allgemeiner und Besonderer Teil

Kommentare

CONTI, U.: Il Codice penale illustrato articolo per articolo. Bd. 1–3. Milano: Società ed. libraria 1934–1936.

LATTANZI, G.: I Codici penali con la Costituzione e leggi varie. 6. Aufl. Milano: Giuffrè 1970.

SALTELLI, C.–E. ROMANO-DI FALCO: Commento teorico-pratico del nuovo Codice penale. 2. Aufl. Bd. 1–4. Torino: UTET 1940.

Lehrbücher, Grundrisse, Handbücher

ANTOLISEI, F.: Manuale di diritto penale. Milano: Giuffrè 1959–1969.
[1.] Parte generale. 6. Aufl. Hrsg. von L. CONTI. 1969.
[2.] Parte speciale. Bd. 1. 2. 5. Aufl. 1966.
[3.] Leggi complementari. I reati fallimentari e societari. 1959.

MAGGIORE, G.: Diritto penale. Bd. 1. 2. Bologna: Zanichelli 1949–1953.
1. Parte generale. 5. Aufl. 1949 (Nachdr. 1951).
2. Parte speciale. 4. Aufl. 1953.

MANZINI, V.: Trattato di diritto penale italiano. Secondo il Codice del 1930. 4. Aufl. Hrsg. von P. NUVOLONE u. G. D. PISAPIA. Bd. 1–11. Torino: UTET 1961–1969.

PANNAIN, R.: Manuale di diritto penale. [Bd.] 1. 2, 1. Torino: UTET 1957–1967.
1. Parte generale. 4. Aufl. 1967. 2. Parte speciale. 1. 1957.

PISAPIA, G. D.: Istituzioni di diritto penale. 2. Aufl. Padova: CEDAM 1970.

RANIERI, S.: Manuale di diritto penale. Bd. 1–3. Padova: CEDAM 1962–1968.
1. Parte generale. 4. Aufl. 1968.
2. 3. Parte speciale. 2. Aufl. 1962–1967.

SABATINI, G.: Istituzioni di diritto penale. Catania: Casa del libro 1946–1948.
Parte generale. 4. Aufl. Bd. 1. 2. 1946–1948.
Parte speciale. 3. Aufl. Bd. 1. 2. 1946–1947.

SANTORO, A.: Manuale di diritto penale. Bd. 1–5. Torino: UTET 1958–1966.

TRATTATO DI DIRITTO PENALE. 4. Aufl. Hrsg. von E. FLORIAN. Bd. 1–12. Milano: Vallardi 1934–1939.

Allgemeiner Teil

BATTAGLINI, G.: Diritto penale. Parte generale. 3. Aufl. Padova: CEDAM 1949.

BETTIOL, G.: Diritto penale. Parte generale. 7. Aufl. Padova: CEDAM 1969. *8. Aufl. ersch. 1973.*

BOSCARELLI, M.: Compendio di diritto penale. Parte generale. Milano: Giuffrè 1968.

CAVALLO, V.: Diritto penale. Parte generale. Bd. 1–3. Napoli: Jovene 1955–1962.
1: 2. Aufl. 1962. 2: 1955. 3: 1959.

DE MARSICO, A.: Diritto penale. Parte generale. Nachdr., bearb. von M. MAZZANTI. Napoli: Jovene 1969.

GRISPIGNI, F.: Diritto penale italiano. 2. Aufl. Bd. 1. 2. Milano: Giuffrè 1952. (Nachdr.)

MUSOTTO, G.: Corso di diritto penale. 1. 2.: Parte generale. Palermo: Palumbo 1960–1967.

PIOLETTI, U.: Manuale di diritto penale. Parte generale. 2. Aufl. Napoli: Jovene 1969.

ROMANO-DI FALCO, E.: Manuale di diritto penale. Roma: Ateneo 1953. (Collezione di opere giuridiche. 18.)

SANTORO, A.: Diritto penale. Roma: Ateneo 1949.

VANNINI, O.: Manuale di diritto penale. Parte generale. Neuaufl. Firenze: Cya 1954.

Besonderer Teil

Lehrbücher

PISAPIA, G. D.: Introduzione alla parte speciale del diritto penale. 1. Milano: Giuffrè 1948.

VANNINI, O.: Manuale di diritto penale italiano. Parte speciale. I singoli delitti e le singole contravvenzioni. Neuaufl. Milano: Giuffrè 1954.

Monographien

CARNELUTTI, F.: Teoria del falso. Padova: CEDAM 1935.

CONTI, L.: Diritto penale commerciale. Bd. 1. 2. Torino: UTET 1965–1967.

CONTIERI, E.: I delitti contro l'ordine pubblico. Milano: Giuffrè 1961.

DE MARSICO, A.: Delitti contro il patrimonio. Napoli: Jovene 1940 (Nachdr. 1951).

JANNITTI-PIROMALLO, A.: Ingiuria e diffamazione. Torino: UTET 1953.

MALINVERNI, A.: Teoria del falso documentale. Milano: Giuffrè 1958.

PANNAIN, R.: Delitti contro la moralità pubblica e il buon costume. Torino: UTET 1952.

PANNAIN, R.: I delitti contro la vita e la incolumità individuale. Torino: UTET 1965.

PANNAIN, R.: I delitti dei pubblici ufficiali contro la pubblica amministrazione. Napoli: Jovene 1966.

PISAPIA, G. D.: Delitti contro la famiglia. Torino: UTET 1953.

RICCIO, ST.: I delitti contro la pubblica amministrazione. Torino: UTET 1955.

ROSSO, G.: I delitti di lenocinio e sfruttamento della prostituzione. Roma 1960: Stamperia nazionale.

4. Nebenstrafrecht

Kommentare zum Nebenstrafrecht im ganzen

CODICE DI LEGISLAZIONE PENALE SPECIALE, commentato articolo per articolo con la giurisprudenza. Hrsg. von M. ABATE, O. BONAVITACOLA u. S. VASTA. Bd. 1–4. Piacenza: La Tribuna 1966–1969.

DINI, M.: Reati e pene nelle leggi penali speciali. 4. Aufl Bd. 1–3. Milano: Giuffrè 1968.

LEGGI COMPLEMENTARI AL CODICE PENALE E COSTITUZIONE DELLA REPUBBLICA, annotate con la giurisprudenza. 1. 2. Hrsg. von G. LATTANZI u. C. ERRA. Milano: Giuffrè 1968.

c) Militärstrafrecht

CIARDI, G.: Istituzioni di diritto penale militare. 1. 2. Parte generale. Roma: Ateneo 1950–1954.

CIARDI, G.: I nuovi Codici penali militari. Milano: Giuffrè 1942.

CIARDI, G.: Trattato di diritto penale militare. Parte generale. Bd. 1. Roma: Bulzoni 1970.

LO CASCIO, M.: Diritto penale militare. Milano: Giuffrè 1958.

MALIZIA, S.: Codici penali militari di pace e di guerra. Annotato con la giurisprudenza. 3. Aufl. Milano: Giuffrè 1971.

MANASSERO, A.: I Codici penali militari. 2. Aufl. Bd. 1. 2. Milano: Giuffrè 1951.
1. Parte generale. Procedura.
2. I singoli delitti.

e) Wirtschaftsstrafrecht

AZZALI, G.: La tutela penale del marchio d'impresa. Milano: Giuffrè 1955. (Studi di diritto industriale. 6.)

MIRTO, P.: Il diritto penale delle società. Milano: Giuffrè 1954.

f) Straßenverkehrsstrafrecht

LAGOSTENA-BASSI, A. – L. RUBINI: La depenalizzazione. 2. Aufl. Milano: Giuffrè 1969. (La circolazione stradale. 15.)

MUTOLO, G.: Prontuario alfabetico del Codice della strada vecchio e nuovo ... 3. Aufl. Firenze: Ed. Ludus 1967.

PERSEO, T.: Commento teorico-pratico del Codice della strada con ampia rassegna di giurisprudenza, bibliografia e circolari ministeriali. Bd. 1. 2. Piacenza: La Tribuna 1964.

ROVELLI, R.: Le responsabilità civili e penali per gli incidenti della strada. Torino: UTET 1965.

g) Öffentliche Sicherheit

JANNITTI-PIROMALLO, A.: Manuale delle leggi di pubblica sicurezza. Milano: Giuffrè 1953.

h) Finanzstrafrecht

MALINVERNI, A.: Principi di diritto penale tributario. Padova: CEDAM 1962. (Università di Cagliari. Pubbl. della Facoltà di giurisprudenza. Ser. 1, 4.)

MERLINO, R.: Dizionario delle infrazioni e delle relative conseguenze nel campo delle imposte dirette. 3. Aufl. Milano: Giuffrè 1966.

RASSEGNA DI GIURISPRUDENZA SULLE LEGGI TRIBUTARIE PENALI. Hrsg. von M. u. F. D'ANIELLO. 2. Aufl. Milano: Giuffrè 1964.

SECHI, L.: Diritto penale e processuale finanziario. 5. Aufl. Milano: Giuffrè 1966.

VINCIGUERRA, S.: I delitti doganali. Parte generale. Milano: Giuffrè 1963.

i) **Pressestrafrecht**

JANNUZZI, A. – U. FERRANTE: I reati nella legislazione sulla stampa. Rassegna di giurisprudenza. Milano: Giuffrè 1969.

k) **Lebensmittelstrafrecht**

BERRI, M.: Le frodi alimentari. 2. Aufl. Milano: Giuffrè 1963; Anh. 1966.

PICCININO, R.: I delitti contro la salute pubblica. Milano: Angeli 1968.

RIZZATI, L.: Tutela igienica degli alimenti. Alterazione, sofisticazioni ... (Legislazione – giurisprudenza). 5. Aufl. Milano: Pirola 1963.

5./6. Gerichtsverfassungsrecht/Strafprozeßrecht

Kommentare zur Gerichtsverfassung und zum Strafverfahren

DE MATTIA, A.: Il Codice di procedura penale italiano. Bd. 1. 2. Milano: Vallardi 1960.

GRIECO, A.: Codice di procedura penale. 2. Aufl. Roma: Stamperia nazionale [1970].

LATTANZI, G.: I Codici penali ... s. unter VI. 3.

LATTANZI, G.: La legge sulle Corti di Assise. Milano: Giuffrè 1952.

PERSEO, T.: I Codici penali di procedura penale. Piacenza: La Tribuna 1961.

TRAVERSO, G. G.: Codice di procedura penale e leggi complementari ... Napoli: Jovene 1958.

Lehrbücher

BELLAVISTA, G.: Lezioni di diritto processuale penale. 3. Aufl. Milano: Giuffrè 1965; Nachdr. mit 2 Anh. 1969.

CARNELUTTI, F.: Lezioni sul processo penale. Bd. 1–4. Roma: Ateneo 1947–1949.
1: 2. Aufl. 1949. 2: 1947. 3: 1947. 4: 1949.

CONSO, G.: Istituzioni di diritto processuale penale. 3. Aufl. Milano: Giuffrè 1969.

CORDERO, F.: Procedura penale. 2. Aufl. Milano: Giuffrè 1971.

DE MARSICO, A.: Diritto processuale penale. 4. Aufl. Hrsg. v. G. D. PISAPIA. Napoli: Jovene 1966.

FOSCHINI, G.: Sistema del diritto processuale penale. 2. Aufl. Bd. 1. 2. Milano: Giuffrè 1965–1968.

LEONE, G.: Manuale di diritto processuale penale. 8. Aufl. Napoli: Jovene 1971.

LEONE, G.: Trattato di diritto processuale penale. Bd. 1–3. Napoli: Jovene 1961.

MANZINI, V.: Trattato di diritto processuale penale italiano. 6. Aufl. Bd. 1 ff. Torino: UTET 1967 ff.

RANIERI, S.: Manuale di diritto processuale penale. 5. Aufl. Padova: CEDAM 1965.

SABATINI, G.: Manuale di diritto e procedura penale. Bd. 2: Procedura penale. Roma: Ulpiano 1940.

SABATINI, G.: Trattato dei procedimenti incidentali nel processo penale. Torino: UTET 1953.

SABATINI, G.: Trattato dei procedimenti speciali e complementari nel processo penale. Torino: UTET 1956.

SANTORO, A.: Manuale di diritto processuale penale. Torino: UTET 1954.

VANNINI, O.: Manuale di diritto processuale penale italiano. 6. Aufl. Hrsg. v. G. COCCIARDI. Milano: Giuffrè 1969.

Literatur zu einzelnen besonderen Gebieten

Jugendstrafverfahren

BAVIERA, I.: Diritto minorile. La legge e il giudice per i minorenni. 2. Aufl. Milano: Giuffrè 1965.

LUTHER, G.: Das italienische Jugendstrafrecht und Jugendfürsorgerecht in rechtsvergleichender Sicht. Bonn: Röhrscheid 1958. (Rechtsvergleichende Untersuchungen zur gesamten Strafrechtswissenschaft. N. F. 20.)

Schwurgerichte

CASALINUOVO, A.: La Corte di Assise. Milano: Giuffrè 1964.

JANNITTI-PIROMALLO, A.: Il nuovo ordinamento delle Corti di Assise. 2. Aufl. Milano: Società ed. libraria 1953.

8. Kriminologie und Statistik

Centro nazionale di prevenzione e difesa sociale. FERRACUTI, F. – S. P. FRAGOLA – F. GIOGGI: Bibliografia criminologica italiana. Bibliographie criminologique italienne. (1955–1964). Milano: Giuffrè 1965.

Repubblica italiana. Istituto centrale di statistica. ANNUARIO DI STATISTICHE GIUDIZIARIE. 1. 1949 ff.

JUGOSLAWIEN

Bearbeitet von Dr. ZVONIMIR ŠEPAROVIĆ,
Professor an der Juristischen Fakultät der Universität Zagreb

I. Materielles Strafrecht – Texte –

1. Strafgesetzbuch

Krivični zakonik [Strafgesetzbuch], vom 2. März 1951 (Sl. l. 13/1951); *bereinigte Fassung:* 30. Juni 1959 (Sl. l. 30/1959), *letzte Novellierung:* 26. April 1969 (Sl. l. 20/1969).

Textausgaben

KAZENSKI ZAKONIK S POJASNILI IN SODNO PRAKSO. Bearb. von P. KOBE und L. BAVCON. Ljubljana: Uradni list SR Slovenije 1970. *Eine kommentierte Ausgabe in slowenischer Sprache.*

KRIVIČNI ZAKONIK. 4. Aufl. Zagreb: Narodne novine 1970. (Zbirka pravnih propisa. 62.)

KRIVIČNI ZAKONIK. Zakonik o krivičnom postupku. Zakon o izvršenju krivičnih sankcija. Sa uvodnim zakonima i registrima pojmova. 9. Aufl. Beograd: Savremena administracija 1971. *In lateinischer Schrift.*

Übersetzungen

CRIMINAL CODE. Beograd: Inst. za uporedno pravo 1964. (Collection of Yugoslav laws. 11.)

CODE PÉNAL. Beograd: Inst. za uporedno pravo 1964. (Recueil des lois de la RSF de Yougoslavie. 11.)

DAS JUGOSLAWISCHE STRAFGESETZBUCH vom 2. März 1951 i. d. F. vom 30. Juni 1959. In dt. Übertr. mit einer Einf. von A. MUNDA. 2. Aufl. Berlin: de Gruyter 1961. (Slg. außerdt. StGB. 56.)

2. Wichtige Nebengesetze

d) Verwaltungsstrafrecht, allgemeines

Osnovni zakon o prekršajima [Grundsatzgesetz über die Übertretungen] i. d. F. vom 14. Mai 1965 (Sl. l. 26/1965); *letzte Novellierung:* 29. März 1967 (Sl. l. 15/1967).

f) Straßenverkehrsstrafrecht

Osnovni zakon o sigurnosti saobraćaja na putovima [Grundsatzgesetz über die Sicherheit des Verkehrs auf den Wegen] i. d. F. vom 17. März 1970 (Sl. l. 15/1970).

II. Strafverfahrensrecht – Texte –

1. Gerichtsverfassungsrecht

Osnovni zakon o sudovima opće nadležnosti [Grundsatzgesetz über die Gerichte der allgemeinen Zuständigkeit], vom 6. Februar 1965 (Sl. l. 7/1965).

Zakon o privrednim sudovima [Gesetz über die Wirtschaftsgerichte], vom 6. Februar 1965 (Sl. l. 7/1965).

Zakon o vojnim sudovima [Gesetz über die Militärgerichte] i. d. F. vom 3. November 1969 (Sl. l. 51/1969).

Zakon o javnom tužilaštvu [Gesetz über die Staatsanwaltschaft], vom 6. Februar 1965 (Sl. l. 7/1965).

Zakon o vojnom tužilaštvu [Gesetz über die Militärstaatsanwaltschaft], vom 6. Februar 1965 (Sl. l. 7/1965).

Osnovni zakon o javnom pravobranilaštvu [Grundsatzgesetz über die öffentliche Rechtswahrerschaft], vom 4. April 1965 (Sl. l. 15/1965).

Opći zakon o advokaturi i drugoj pravnoj pomoći [Allgemeines Gesetz über die Advokatur und andere Rechtshilfe], vom 31. März 1970 (Sl. l. 15/1970).

Übersetzungen

In: JUGOSLAWISCHE JUSTIZGESETZE. Deutsche Übers. von R. ECKHARDT. Berlin: Osteuropa-Inst. 1967. (Berichte des Osteuropa-Inst. an der FU Berlin. Reihe: Recht u. Wirtschaft. 79. Rechtswissenschaftliche Folge der Berichte . . . 27.)

2. Strafprozeßrecht

Zakonik o krivičnom postupku [Strafprozeßgesetzbuch], vom 30. September 1953 (Sl. l. 40/1953); *bereinigte Fassung:* 9. November 1967 (Sl. l. 50/1967), *letzte Novellierung:* 26. November 1970 (Sl. l. 54/1970).

Textausgaben

ZAKONIK O KRIVIČNOM POSTUPKU [Strafprozeßgesetzbuch] – prečišćeni tekst. Uvod. Komentar. Registar. Bearb.: V. BAYER. Zagreb: Informator 1968.

Jugoslawien

ZAKONIK O KRIVIČNOM POSTUPKU [Strafprozeßgesetzbuch] (prečišćeni tekst). 2. Aufl. Zagreb: Narodne novine 1969.

KRIVIČNI ZAKONIK. Zakonik o krivičnom postupku ... *(s. I. 1).*

Übersetzung
CODE OF CRIMINAL PROCEDURE. Übers. u. Einf. von M. DAMAŠKA. Beograd: Inst. za uporedno pravo 1969. (Collection of Yugoslav laws. 19.)

III. Strafvollstreckungsrecht – Texte –

Zakon o izvršenju krivičnih sankcija [Gesetz über die Vollstreckung und den Vollzug der Strafsanktionen], vom 10. April 1961 (Sl. l. 24/1961); *bereinigte Fassung:* 24. Dezember 1969 (Sl. l. 3/1970).

Textausgabe
KRIVIČNI ZAKONIK. Zakonik o krivičnom postupku ... *(s. I. 1).*

Übersetzung
THE EXECUTION OF CRIMINAL SANCTIONS. Beograd: Inst. za uporedno pravo 1962. (Collection of Yugoslav laws. 5.)

IV. Entscheidungssammlungen

ZBIRKA SUDSKIH ODLUKA [Sammlung der Gerichtsentscheidungen]. 1. 1956 ff.

V. Zeitschriften

1. Strafrechtliche und kriminologische

JUGOSLOVENSKA REVIJA ZA KRIMINOLOGIJU I KRIVIČNO PRAVO [Jugoslawische Zeitschrift für Kriminologie und Strafrecht]. 1. 1963 ff.

2. Wichtige allgemeine

ANALI PRAVNOG FAKULTETA U BEOGRADU [Die Annalen der Juristischen Fakultät Beograd]. 1. 1953 ff.

ARHIV ZA PRAVNE I DRUŠTVENE NAUKE [Archiv für Rechts- und Gesellschaftswissenschaften]. 1. 1906 ff.

NAŠA ZAKONITOST [Unsere Gesetzlichkeit]. 1. 1947 ff.

PRAVNI ŽIVOT [Rechtsleben]. 1. 1952 ff.

PRAVNIK [Jurist]. 1. 1946 ff.

ZBORNIK PRAVNOG FAKULTETA U ZAGREBU [Sammlung der Arbeiten der Juristischen Fakultät Zagreb]. 1. 1948 ff.

VI. Literatur

1. Allgemeines

PRAVNI LEKSIKON [Juristisches Lexikon]. 2. Aufl. Beograd: Savremena administracija 1970.

ZLATARIĆ, B. – M. DAMAŠKA: Rječnik krivičnog prava i postupka [Wörterbuch des Strafrechts und Strafprozesses]. Zagreb: Informator 1966.

3. Materielles Strafrecht

FRANK, S.: Teorija krivičnog prava. Opći dio [Theorie des Strafrechts. Allg. Teil]. Zagreb: Školska knjiga 1955.

JOVANOVIĆ, L.: Krivično pravo. Opšti deo [Strafrecht. Allg. Teil]. Beograd: Naučna knjiga 1969.

RADOVANOVIĆ, M.: Krivično pravo SFRJ, opšti deo [Strafrecht der SFRJ, Allg. Teil]. 2. Aufl. Beograd: Savremena administracija 1967. *3. Aufl. ersch. 1972.*

RADOVANOVIĆ, M. – M. DJORDJEVIĆ: Krivično pravo, posebni deo [Strafrecht, Bes. Teil]. 2. Aufl. Beograd: Savremena administracija [um 1969].

SRZENTIĆ, N. – A. STAJIĆ: Krivično pravo, opšti i posebni deo [Strafrecht, Allg. Teil u. Bes. Teil]. 6. Aufl. Sarajevo: Zavod za izdavanje udžbenika 1970.

TAHOVIĆ, J. D.: Komentar krivičnog zakonika [Kommentar des StGB]. 2. Aufl. Beograd: Savremena administracija 1962.

TAHOVIĆ, J. D.: Krivično pravo [Strafrecht]. [1. 2.] Beograd: Savremena administracija 1961.
[1.] Opšti deo [Allg. Teil]. 1961. [2.] Posebni deo [Bes. Teil]. 3. Aufl. 1961.

ZLATARIĆ, B.: Krivični zakonik u praktičnoj primjeni. Kritički pregled judikature [Das Strafgesetzbuch in der

Jugoslawien

praktischen Anwendung. Kritischer Überblick über die Judikatur]. Bd. 1. 2. Zagreb: Narodne novine 1956–1958.
1. Opći dio [Allg. Teil]. 1956.
2. Posebni dio [Bes. Teil]. 1958.

ZLATARIĆ, B.: Krivično pravo [Strafrecht]. Bd. 1. Zagreb: Informator 1970.

6. Strafprozeßrecht

BAYER, V.: Jugoslavensko krivično procesno pravo [Das jugoslawische Strafprozeßrecht]. Bd. 1. 3. Aufl. Zagreb: Školska knjiga 1970. *Bd. 2 ersch. 1972.*

DAMAŠKA, M.: Okrivljenikov iskaz kao dokaz u suvremenom krivičnom procesu [Die Aussage des Beschuldigten als Beweismittel im modernen Strafprozeß]. Zagreb: Narodne novine 1962.

DIMITRIJEVIĆ, D. V.: Krivično procesno pravo [Strafprozeßrecht]. 3. Aufl. Beograd: Savremena administracija 1971.

VASILJEVIĆ, T.: Sistem krivičnog procesnog prava SFRJ [System des Strafprozeßrechts der SFRJ]. 2. Aufl. Beograd: Naučna knjiga 1970.

9. Literatur in fremden Sprachen

BUSSMANN, C. – W. DURCHLAUB: Bibliographie des deutschsprachigen Schrifttums zum Ostrecht (1945–1964). Trittau/Holst.: Scherbarth 1969. (Hilfsmittel zum Ostrecht. 2.) *Darin S. 79–102: Jugoslawien.*

LE DROIT PÉNAL NOUVEAU DE LA YOUGOSLAVIE. Publ. sous la direction de M. ANCEL et N. SRZENTIĆ. Paris: Ed. de l'Épargne 1962. (Les grands systèmes de droit pénal contemporains. 2.)

GJUPANOVICH, F. – A. ADAMOVITCH: Legal sources and bibliography of Yugoslavia. Hrsg.: V. GSOVSKI. New York: Praeger 1964. (Praeger Publications in Russian History and World Communism. 21.)

ŠEPAROVIĆ, Z.: Literaturbericht Jugoslawien. *In:* ZStW *Bd. 80 (1968), S. 529–563.*

ZLATARIĆ, B.: Die Ideen Franz von Liszts im früheren und heutigen Jugoslawien. *In:* ZStW *Bd. 81 (1969), S. 764–786.*

ZLATARIĆ, B.: Kriminalpolitische Tendenzen der neuen Strafgesetzbücher einiger sozialistischer Länder. *In:* ZStW *Bd. 82 (1970), S. 199–222.*

LIECHTENSTEIN

Bearbeitet von Dr. HERBERT WILLE, Ressortsekretär in Vaduz,
Dr. HANSPETER JEHLE, Landrichter in Vaduz und Professor Dr. REINHARD MOOS, Graz

Die Gesetze und Verordnungen des Fürstentums Liechtenstein werden in der folgenden Zusammenstellung verhältnismäßig ausführlich verzeichnet, weil das Fehlen eines systematischen Sachregisters zum Landesgesetzblatt sowie von Textausgaben und Literatur zu den meisten Gesetzen einen solchen Nachweis wünschenswert erscheinen läßt.

Gesamtausgabe der Gesetze

AMTLICHES SAMMELWERK DER LIECHTENSTEINISCHEN RECHTSVORSCHRIFTEN BIS 1863. Vaduz: Regierungskanzlei 1972. [Losebl. Ausg. in 1 Bd.] *Spätere Gesetzesänderungen werden in Fußnoten vermerkt.*

SAMMLUNG DER LIECHTENSTEINISCHEN LANDESGESETZBLÄTTER. 1863–1970. Vaduz: Regierungskanzlei 1970. *Bereinigte Sammlung in 10 Bänden.*

Dazu: VERZEICHNIS DER LIECHTENSTEINISCHEN LANDESGESETZBLÄTTER DER JAHRGÄNGE 1863 BIS 1968. *Vollständiges chronologisches Register.*

I. Materielles Strafrecht – Texte –

1. Strafgesetzbuch (StG)

Durch die Fürstliche Verordnung vom 7. November 1859 (Nr. 11746) *wurde das österreichische Strafgesetz über Verbrechen, Vergehen und Übertretungen vom 27. Mai 1852 (Österr. RGBl. 1852, Nr. 117) rezipiert. Seither wurde es verschiedentlich abgeändert und ergänzt, insbesondere durch nachstehende Gesetze und Verordnungen:*

Verordnung betreffend die Regelung der Strafgewalt der Lehrer an den Elementarschulen vom 29. Februar 1864 (LGBl. 1864, Nr. 2). *Neufassung des § 413 StG.*

Jagdgesetz vom 3. Oktober 1872 (LGBl. 1872, Nr. 3) bzw. vom 30. Oktober 1921 (LGBl. 1921, Nr. 16). *Aufhebung von § 174 II lit. f StG.*

Strafprozeßnovelle vom 24. August 1881 (LGBl. 1881, Nr. 1). *Aufhebung von Art. III der Einführungsverordnung zum Strafgesetz vom 7. November 1859.*

Gesetz vom 8. August 1898 (LGBl. 1898, Nr. 3). *Aufhebung von § 27 lit. b StG.*

Gesetz betreffend die Einführung der Kronenwährung vom 17. August 1900 (LGBl. 1900, Nr. 2). *Abänderung aller Strafbestimmungen im StG von Gulden auf Kronen.*

Gesetz betreffend die Höhe der für die strafrechtliche Beurteilung einer Tat maßgebenden Beträge vom 6. Dezember 1910 (LGBl. 1910, Nr. 5). *Neufassung der §§ 174, 184, 186 lit. b, 468 StG sowie Abänderung der Wertgrenzen in den §§ 85 lit. a, 173, 175, 176, 179, 181–183, 200, 203 StG.*

Gesetz vom 30. November 1912 (LGBl. 1912, Nr. 7). *Einschaltung der §§ 55a, 266a StG und Aufhebung von § 46 lit. k StG.*

Gesetz vom 27. August 1920 (LGBl. 1920, Nr. 8). *Umwandlung der Kronenbeträge in Schweizer Franken in den Strafbestimmungen des StG und aller strafrechtlichen Nebengesetze.*

Verfassung des Fürstentums Liechtenstein vom 5. Oktober 1921 (LGBl. 1921, Nr. 15), i.d.F. der Verfassungsgesetze LGBl. 1939, Nr. 3; 1947, Nr. 55; 1958, Nr. 1; 1959, Nr. 7; 1964, Nr. 10; 1965, Nr. 22; 1971, Nr. 22 und 1972, Nr. 8. *Aufhebung der §§ 74, 122 lit. c und d StG und Abänderung von § 410 StG.*

Gesetz vom 1. Juni 1922 betreffend die Abänderung des Strafrechtes, der Strafprozeßordnung und ihrer Nachtrags- und Nebengesetze (LGBl. 1922, Nr. 21), i.d.F. der Gesetze LGBl. 1948, Nr. 19 und 1972, Nr. 34. *Verschiedene Ergänzungen des StG (s. unter II. 2a: Strafen, Maßnahmen, Nebenstrafen), Abänderung der Strafuntergrenzen und Erhöhung des Umrechnungsschlüssels für Geld- u. Freiheitsstrafen.*

Gesetz vom 31. August 1922 betreffend die Ausübung der politischen Volksrechte in Landesangelegenheiten (LGBl. 1922, Nr. 28). *In Art. 43, 45, 47 Ergänzung des StG und Garantie der Versammlungsfreiheit. Zur Reform s. unter I. 2a: Staatsschutz.*

Liechtenstein I 2 a

Gesetz vom 17. Oktober 1922 betreffend die Straffreiheit von Mitteilungen und Berichterstattungen (LGBl. 1922, Nr. 32). *Ergänzung zu den §§ 7, 10, 309 StG.*

Rechtssicherungsordnung vom 9. Februar 1923 (LGBl. 1923, Nr. 8). *In Art. 119 Aufhebung von § 183 Abs. 2 StG.*

Gesetz betreffend den Verkehr mit Fahrzeugen vom 10. Mai 1924 (LGBl. 1924, Nr. 6), samt Vollziehungsverordnung dazu vom 4. Dezember 1924 (LGBl. 1924, Nr. 20). *Aufhebung der §§ 427, 428, 430 StG.*

Einführungsgesetz zum Zollvertrag mit der Schweiz vom 13. Mai 1924 (LGBl. 1924, Nr. 11). *Aufhebung bzw. Abänderung der §§ 377, 387, 393–408, 445, 479, 480, 481 StG.*

Gesetz betreffend die Einführung der Frankenwährung vom 26. Mai 1924 (LGBl. 1924, Nr. 8). *Mehrere Änderungen und Ergänzungen zum StG.*

Schlußabteilung des Personen- und Gesellschaftsrechts vom 20. Januar 1926 (LGBl. 1926, Nr. 4), i. d. F. des Gesetzes LGBl. 1972, Nr. 36. *Durch § 155 Ziff. 5 Aufhebung bzw. Abänderung mehrerer Bestimmungen des StG, insbes. der §§ 297, 298, 299, 339, 340, 411, 460, 461, 468, 487–496.*

Schulgesetz vom 9. November 1929 (LGBl. 1929, Nr. 13) i. V. m. Schulgesetz vom 15. Dezember 1971 (LGBl. 1972, Nr. 7). *In Art. 134 Abs. 3: Ergänzung zu den §§ 26, 242, 268 StG.*

Gesetz vom 14. März 1949 betreffend die verbotenen Spiele und Wetten (LGBl. 1949, Nr. 7). *Aufhebung von § 500 lit. d und § 522 StG.*

Staatsschutzgesetz vom 14. März 1949 (LGBl. 1949, Nr. 8). *Abänderung und Ergänzung des StG, insbes. der §§ 58, 66, 67, 92, 251, 252 StG.*

Gesetz vom 11. April 1957 betreffend die Abänderung des Strafgesetzes vom 7. November 1859 (LGBl. 1957, Nr. 8). *Neufassung der §§ 85, 173, 174, 175, 176, 179, 181, 182, 183, 184, 186, 200, 203, 468 StG (Wertgrenzen). Die Regierungsvorlage eines Änderungsgesetzes befindet sich in parlamentarischer Beratung.*

Gesetz vom 22. September 1966 über die Amtshaftung (LGBl. 1966, Nr. 24). *Abänderung von § 309 StG.*

Textausgabe
Der Text des Strafgesetzes findet sich in: AMTLICHES SAMMELWERK DER LIECHTENSTEINISCHEN RECHTSVORSCHRIFTEN BIS 1863 *(s. vor I. 1). Die Ergänzungs- und Abänderungsgesetze vom 8. August 1898 und vom 1. Juni 1922 sind als Anhang in einem Nachdruck der Strafprozeßordnung enthalten (s. II. 2). Ferner liegen von folgenden Änderungsgesetzen Textausgaben vor:*

VERFASSUNG DES FÜRSTENTUMS LIECHTENSTEIN. Hrsg. vom Präsidialbüro der Fürstlichen Regierung. Vaduz 1972.

RECHTSSICHERUNGS-ORDNUNG VOM 9. FEBRUAR 1923 (R. S. O.). [Vaduz o. J.] Nachdruck des LGBl. 1923, Nr. 8.

DAS PERSONEN- UND GESELLSCHAFTSRECHT UND DAS TREUUNTERNEHMEN. Vaduz: Regierungskanzlei 1963.

Übersetzung
CODE PÉNAL DU LIECHTENSTEIN. *In:* CODES PÉN. ÉUR. Bd. 3., S. 1021–1116.

2. Wichtige Nebengesetze

Es gibt keine Textsammlung der Nebengesetze.
Verschiedene Strafbestimmungen auf den Gebieten des Gesundheitsschutzes, Strahlenschutzes, Gewässerschutzes, Naturschutzes, Tierschutzes, Denkmalschutzes und einiger anderer Nebengebiete wurden in die nachfolgende Zusammenstellung nicht aufgenommen.
In Liechtenstein finden außer den hier verzeichneten liechtensteinischen Gesetzen und Verordnungen zahlreiche schweizerische Bundesgesetze, Vollzugsverordnungen und Bundesratsbeschlüsse Anwendung auf Grund des Übereinkommens mit der Schweiz vom 10. November 1920 betreffend die Besorgung der Post-, Telegraphen- und Telephondienste durch die schweizerische Telegraphen- und Telephonverwaltung (LGBl. 1922, Nr. 8) und insbesondere auf Grund des Vertrages zwischen der Schweiz und Liechtenstein über den Anschluß des Fürstentums Liechtenstein an das schweizerische Zollgebiet vom 29. März 1923 (LGBl. 1923, Nr. 24). Einzelne dieser schweizerischen Rechtsquellen werden im folgenden angeführt.
Die in Liechtenstein in Geltung stehenden schweizerischen Bundesgesetze, Verordnungen und Bundesratsbeschlüsse wurden in der Anlage I zum Zollanschlußvertrag vom 29. März 1923 kundgemacht. Die Anlage I sowie die Anlage II zum Zollanschlußvertrag (enthaltend die in Liechtenstein anwendbaren Staatsverträge) wurden zuletzt mit Bekanntmachung vom 25. November 1949 (LGBl. 1949, Nr. 20) neu kundgemacht und durch weitere Bekanntmachungen ergänzt (LGBl. 1950, Nr. 1, 13, 25; 1951, Nr. 14; 1952, Nr. 18; 1953, Nr. 16; 1954, Nr. 18; 1955, Nr. 20; 1956, Nr. 16; 1957, Nr. 23 und 1958, Nr. 22).
Eine umfassende Bereinigung der auf Grund des Zollanschlußvertrags im Fürstentum Liechtenstein geltenden schweizerischen Bundesgesetze, Verordnungen und Bundesratsbeschlüsse befindet sich in Vorbereitung.

a) Das StG ergänzende Gesetze

Staatsschutz

Gesetz betreffend die Ausübung der politischen Volksrechte in Landesangelegenheiten vom 31. August 1922 (LGBl. 1922, Nr. 28). *Die Regierungsvorlage vom 6. Mai 1968 und der Kommissionsbericht vom 16. März 1972 zur umfassenden Revision dieses Gesetzes befinden sich in parlamentarischer Beratung.*

Gesetz betreffend Straffreiheit von Mitteilungen und Berichterstattungen vom 17. Oktober 1922 (LGBl. 1922, Nr. 32).

Staatsschutzgesetz vom 14. März 1949 (LGBl. 1949, Nr. 8).

Gesetz vom 4. Juni 1957 betreffend Wappen und Flagge des Fürstentums Liechtenstein (LGBl. 1957, Nr. 13).

Gesetz zum Schutze des Namens des Fürstenhauses vom 4. Dezember 1962 (LGBl. 1963, Nr. 2).

Gesetz vom 23. Mai 1969 über die Kontrolle der Staatsverwaltung (LGBl. 1969, Nr. 32).

Schutz der Person

Schlußabteilung des Personen- und Gesellschaftsrechts vom 20. Januar 1926 (LGBl. 1926, Nr. 4). §§ 54 ff.: *Ehrenbeleidigungen; § 61: Antragserfordernis bei bestimmten Delikten.*

Gesetz vom 23. Mai 1969 über den strafrechtlichen Schutz des persönlichen Geheimbereichs (LGBl. 1969, Nr. 34).

Pornographie

Gesetz vom 23. Dezember 1958 über den Schutz und die Wohlfahrt der Jugend (LGBl. 1959, Nr. 8). *Art. 27.*

Vollstreckungsvereitelung

Landesverwaltungspflegegesetz vom 21. April 1922 (LGBl. 1922, Nr. 24), i. d. F. des Gesetzes LGBl. 1972, Nr. 35. *Art. 118: Vereitelung des Verwaltungszwanges.*

Textausgabe
GESETZ ÜBER DIE ALLGEMEINE LANDESVERWALTUNGSPFLEGE (L. V. G.). [Vaduz o. J.] Nachdr. des LGBl. 1922, Nr. 24. *Angebunden: Änderungsgesetze LGBl. 1925, Nr. 8; 1938, Nr. 16; 1949, Nr. 24; 1963, Nr. 18; 1972, Nr. 35.*

Rechtssicherungsordnung vom 9. Februar 1923 (LGBl. 1923, Nr. 8). *Art. 116–118: Rechts- und Vollstreckungsvereitelung, leichtsinniges Schuldenmachen.*

Textausgabe
s. I. 1.

Gesetz vom 23. Dezember 1958 über den Schutz und die Wohlfahrt der Jugend (LGBl. 1959, Nr. 8). *Art. 25: Entzug eines Minderjährigen vor einer behördlich angeordneten Erziehungsmaßnahme.*

Strafen, Maßnahmen, Nebenstrafen

Gesetz vom 1. Juni 1922 betreffend Abänderung des Strafrechtes, der Strafprozeßordnung und ihrer Nachtrags- und Nebengesetze (LGBl. 1922, Nr. 21), i. d. F. der Gesetze LGBl. 1948, Nr. 19 und LGBl. 1972 Nr. 34. *Das Gesetz regelt unter anderem den bedingten Strafnachlaß, die bedingte Entlassung, die Rehabilitation, die Wahl- und Stimmrechtseinstellung und Wiederherstellung, das Jugendstrafrecht, die Arbeitshaus-Strafe und den Strafvollzug.*

Textausgabe
s. II. 2.

Sozialhilfegesetz vom 10. Dezember 1965 (LGBl. 1966, Nr. 3). *Bewährungshilfe, Unterbringung von gemeingefährlichen Personen.*

b) **Jugendstrafrecht**

Gesetz vom 1. Juni 1922 betreffend die Abänderung des Strafrechtes, der Strafprozeßordnung und ihrer Nachtrags- und Nebengesetze (LGBl. 1922, Nr. 21), i. d. F. der Gesetze LGBl. 1948, Nr. 19 und LGBl. 1972, Nr. 34. *Art. 21 ff.: Sonderbestimmungen für Strafunmündige und Jugendliche.*

Textausgabe
s. II. 2.

Gesetz vom 23. Dezember 1958 über den Schutz und die Wohlfahrt der Jugend (LGBl. 1959, Nr. 8).

c) **Militärstrafrecht**

Das Fürstentum Liechtenstein unterhält kein Militär und hat kein Militärstrafrecht, siehe das Gesetz über die Aufhebung des Gesetzes betreffend die Errichtung einer bewaffneten Landeswehr vom 21. März 1926 (LGBl. 1926, Nr. 10). *Die* Verfassung vom 5. Oktober 1921 (LGBl. 1921, Nr. 15) *verpflichtet aber in Art. 44 für den Fall der Not jeden Waffenfähigen zur Landesverteidigung.*

Textausgabe der Verfassung
s. I. 1.

d) **Verwaltungsstrafrecht, allgemeines**

Gesetz vom 21. April 1922 über die allgemeine Landesverwaltungspflege (LGBl. 1922, Nr. 24), i. d. F. der Gesetze LGBl. 1922, Nr. 24; 1938, Nr. 16; 1925, Nr. 8; 1949, Nr. 24; 1963, Nr. 18; 1972, Nr. 35. *Verwaltungsstrafrecht in den Art. 138 ff.*

Textausgabe
s. I. 2a: Vollstreckungsvereitelung.

e) **Wirtschaftsstrafrecht**

Zins- und Wuchergesetz vom 24. November 1921 (LGBl. 1921, Nr. 24). *Strafbestimmungen in den Art. 5 ff.*

Einführungsgesetz zum Zollvertrag mit der Schweiz vom 29. März 1923 und 13. Mai 1924 (LGBl. 1924, Nr. 11), *abgeändert und ergänzt in LGBl. 1950 Nr. 11; 1964 Nr. 18, 41. Strafbestimmungen in den Art. 11 ff.*

Gesetz betreffend die Einführung der Frankenwährung vom 26. Mai 1924 (LGBl. 1924, Nr. 8). *Strafbestimmungen in den Art. 8 ff.*

Schlußabteilung des Personen- und Gesellschaftsrechts vom 20. Januar 1926 (LGBl. 1926, Nr. 4), i. d. F. des Ge-

Liechtenstein I 2 f

setzes LGBl. 1972, Nr. 36. *§§ 62, 63: Gläubigerbenachteiligung; § 66: Buchführungsmängel (Ordnungsbuße); § 67: Strafbarkeit juristischer Personen.*

Gesetz betreffend den Schutz der Fabriks- und Handelsmarken, der Herkunftsbezeichnungen von Waren und der gewerblichen Auszeichnungen vom 26. Oktober 1928 (LGBl. 1928, Nr. 13), i.d.F. der Gesetze LGBl. 1952, Nr. 21; 1964, Nr. 12. *Strafbestimmungen in den Art. 24 ff.*

Gesetz betreffend die gewerblichen Muster und Modelle vom 26. Oktober 1928 (LGBl. 1928, Nr. 14), i.d.F. des Gesetzes LGBl. 1964, Nr. 13. *Strafbestimmungen in den Art. 24 ff.*

Gesetz betreffend die Erfindungspatente vom 26. Oktober 1928 (LGBl. 1928, Nr. 11), i.d.F. des Gesetzes LGBl. 1959, Nr. 17. *Strafbestimmungen in den Art. 42 ff.*

Gesetz betreffend die Arbeit in Industrie und Gewerbe (Arbeiterschutzgesetz) vom 29. November 1945 (LGBl. 1946, Nr. 4). *Strafbestimmungen in Art. 120.*

Gesetz über den unlauteren Wettbewerb vom 22. November 1946 (LGBl. 1946, Nr. 26). *Strafbestimmungen in den Art. 12 ff.*

Gesetz betreffend die Liechtensteinische Landesbank vom 2. Juni 1955 (LGBl. 1955, Nr. 13), i.d.F. des Gesetzes LGBl. 1966, Nr. 15. *Strafbestimmung in Art. 32.*

Gesetz betreffend den Hausierhandel und die Wandergewerbe vom 4. September 1958 (LGBl. 1958, Nr. 19). *Strafbestimmungen in Art. 8.*

Gesetz über Kapitalanlagegesellschaften, Investment-Trusts und Anlagefonds vom 21. Dezember 1960 (LGBl. 1961, Nr. 1), i.d.F. der Gesetze LGBl. 1963, Nr. 1 und 1966, Nr. 30. *Strafbestimmungen in Art. 3.*

Gesetz über die Banken und Sparkassen vom 21. Dezember 1960 (LGBl. 1961, Nr. 3), i.d.F. des Gesetzes LGBl. 1964, Nr. 3. *Strafbestimmungen in den Art. 46 ff.*

Gesetz über die Arbeit in Industrie, Gewerbe und Handel (Arbeitsgesetz) vom 29. Dezember 1966 (LGBl. 1967, Nr. 6), i.d.F. des Gesetzes LGBl. 1970, Nr. 10. *Zahlreiche Ergänzungsverordnungen. Strafbestimmungen in den Art. 53 ff.*

Gewerbegesetz vom 10. Dezember 1969 (LGBl. 1970, Nr. 21). *Zahlreiche Änderungen und Ergänzungen, zuletzt durch Gesetz LGBl. 1969, Nr. 4, und VO, LGBl. 1969, Nr. 17. Strafbestimmungen in den Art. 38, 39.*

f) Straßenverkehrsstrafrecht

Gesetz über den Straßenverkehr vom 22. Dezember 1959 (LGBl. 1960, Nr. 3): Inkraftsetzung des schweizerischen Bundesgesetzes über den Straßenverkehr vom 19. Dezember 1958 (AS 1959, S. 679), *abgeändert durch Gesetz LGBl. 1963, Nr. 30, und ergänzt durch Verordnungen LGBl. 1960, Nr. 4, 7; 1961, Nr. 6; 1962, Nr. 27; 1963, Nr. 27; 1964, Nr. 22; 1965, Nr. 21, 43; 1966, Nr. 8, 18; 1967, Nr. 11, 15, 36; 1968, Nr. 8, 13; 1969, Nr. 22, 43, 45; 1970, Nr. 1; 1971, Nr. 35, 41; 1972, Nr. 21. Strafbestimmungen in Art. 12.*

Die Regierungsvorlage eines Gesetzes über das vereinfachte Verfahren bei Übertretungen von Straßenverkehrsvorschriften befindet sich in parlamentarischer Beratung.

g) Finanzstrafrecht

Gesetz über die Landes- und Gemeindesteuern (Steuergesetz) vom 30. Januar 1961 (LGBl. 1961, Nr. 7). *Zahlreiche Änderungen und Ergänzungen, zuletzt durch Gesetze LGBl. 1970, Nr. 5 und Nr. 18. Strafbestimmungen in den Art. 144 ff.*

h) Pressestrafrecht

Gesetz betreffend die Straffreiheit von Mitteilungen und Berichterstattungen vom 17. Oktober 1922 (LGBl. 1922, Nr. 32).

Vorschriften des Pressestrafrechts finden sich außerdem in Art. 40 der Verfassung vom 5. Oktober 1921 (LGBl. 1921, Nr. 15), in Art. 17–24 des Staatsschutzgesetzes vom 14. März 1949 (LGBl. 1949, Nr. 8) und in § 60 der Schlußabteilung zum Personen- u. Gesellschaftsrecht vom 20. Januar 1926 (LGBl. 1926, Nr. 4).

i) Lebensmittel, Suchtgifte und Gifte

Schweizerisches Bundesgesetz betreffend den Verkehr mit Lebensmitteln und Gebrauchsgegenständen vom 8. Dezember 1905 (BS Bd. 4, S. 459).

Schweizerisches Bundesgesetz betreffend das Absinthverbot vom 24. Juni 1910 (BS Bd. 4, S. 658) und Vollziehungsverordnung AS 1965, S. 665.

Internationales Abkommen vom 26. Juni 1936 zur Unterdrückung des unerlaubten Verkehrs mit Betäubungsmitteln (LGBl. 1961, Nr. 16), samt Protokollen vom 19. November 1948 und 23. Juni 1953 (LGBl. 1961, Nr. 16).

Verordnung vom 17. Oktober 1947 über den Verkehr mit giftigen Pflanzen- und Vorratsschutzmitteln (LGBl. 1947, Nr. 47).

Schweizerisches Bundesgesetz betreffend die Betäubungsmittel vom 3. Oktober 1951 (AS 1952, S. 241) *und* Vollziehungsverordnung AS 1952, S. 252.

k) Landstreicherei und Fremdenpolizei

Gesetz vom 1. Juni 1922 betreffend Abänderung des Strafrechtes, der Strafprozeßordnung und ihrer Nachtrags- und Nebengesetze (LGBl. 1922, Nr. 21), i.d.F. der Gesetze LGBl. 1948, Nr. 19 und 1972, Nr. 34. *Art. 27 sieht bei*

Verbrechern, die einen arbeitsscheuen und liederlichen Lebenswandel geführt haben, eine Arbeitshausstrafe vor.

Schweizerisches Bundesgesetz über Aufenthalt und Niederlassung der Ausländer vom 26. März 1931 (BS Bd. 1, S. 121), i.d.F. des Bundesgesetzes vom 8. Oktober 1948 (AS 1949, S. 221), in Kraft auf Grund des Zollvertrages mit der Schweiz. Mehrfache Ergänzungen, insbes. durch die Vollziehungsverordnung zum Bundesgesetz über Aufenthalt und Niederlassung der Ausländer vom 1. März 1949 (AS 1949, S. 228); *zuletzt durch* VO vom 26. November 1968 (LGBl. 1968, Nr. 32). *Strafbestimmungen in den Art. 23 und 24.*

Sozialhilfegesetz vom 10. Dezember 1965 (LGBl. 1966, Nr. 3). *Anstaltsbehandlung Art. 43 ff.*

l) Glücksspiele und Wetten

Gesetz vom 14. März 1949 betreffend die verbotenen Spiele und Wetten (LGBl. 1949, Nr. 7) *und* VO, LGBl. 1949, Nr. 10.

Schweizerisches Bundesgesetz betreffend die Lotterien und gewerbsmäßigen Wetten vom 8. Juni 1923 (BS Bd. 10, S. 255), *samt* Vollziehungsverordnung vom 27. Mai 1924 (BS Bd. 10, S. 267), *abgeändert durch* Bundesratsbeschlüsse vom 10. Mai 1938, 16. Juli 1942 und 6. Dezember 1948, *in Kraft gesetzt durch* Landtagsbeschluß LGBl. 1933, Nr. 13.

m) Sprengstoffe und Waffen

Waffengesetz vom 3. November 1971 (LGBl. 1971, Nr. 48). *Strafbestimmungen in Art. 20–22.*

Schweizerisches Bundesgesetz über das Pulverregal vom 30. April 1849 (BS Bd. 5, S. 686).

Verordnung vom 27. Januar 1971 über die Verhütung von Unfällen bei Sprengarbeiten (LGBl. 1971, Nr. 14). *Strafbestimmung in Art. 56.*

Bestimmungen über Kampfmittel befinden sich ferner in Art. 8, 9 des Staatsschutzgesetzes vom 14. März 1949 (LGBl. 1949, Nr. 8).

n) Post- und Fernmeldewesen, Eisenbahnwesen

Übereinkommen zwischen der Fürstlich Liechtensteinischen Regierung und dem Schweizerischen Bundesrat vom 3. November 1921 (LGBl. 1922, Nr. 8). *Strafkompetenzen in Art. 3.*

Gesetz vom 23. Mai 1969 zum Schutze der Postwertzeichen (LGBl. 1969, Nr. 33). *Strafbestimmungen in Art. 5.*

Gesetz vom 29. November 1967 über das Eisenbahnwesen (LGBl. 1968, Nr. 3), *ergänzt durch* VO, LGBl. 1968, Nr. 30. *Strafbestimmungen zum Schutz der Anlagen und des Betriebes in Art. 21.*

o) Vereins- und Versammlungsrecht

Gesetz vom 31. August 1922 betreffend die Ausübung der politischen Volksrechte in Landesangelegenheiten (LGBl. 1922, Nr. 28). *Strafbestimmungen in Art. 43, 45. Zur Reform s. unter I. 2a: Staatsschutz.*

Verordnung vom 23. März 1950 über die Erteilung von Aufführungsbewilligungen, die Polizeistunde in den Gasthäusern und die Erhaltung der öffentlichen Ruhe (LGBl. 1950, Nr. 11). *Strafbestimmungen i. V. m. dem Landesverwaltungspflegegesetz.*

p) Sozialversicherungen

Gesetz vom 28. Februar 1931 betreffend die Unfallversicherung (Betriebsunfälle) (LGBl. 1931, Nr. 2). *Zahlreiche Änderungen und Ergänzungen, zuletzt durch* Gesetz LGBl. 1970, Nr. 8 *Strafbestimmungen in Art. 31.*

Gesetz vom 21. Januar 1932 betreffend die Versicherung gegen Nichtbetriebsunfälle (LGBl. 1932, Nr. 6). *Zahlreiche Änderungen und Ergänzungen, zuletzt durch* Gesetz LGBl. 1965, Nr. 19 und VO, LGBl. 1968, Nr. 25. *Strafbestimmungen in Art. 7.*

Gesetz über die Alters- und Hinterlassenenversicherung vom 14. Dezember 1952 (LGBl. 1952, Nr. 29). *Zahlreiche Änderungen und Ergänzungen, zuletzt durch* Gesetz LGBl. 1969, Nr. 3 und VO, LGBl. 1969, Nr. 11. *Strafbestimmungen in Art. 98.*

Gesetz betreffend die Kranken- und Unfallversicherung in der Land- und Hauswirtschaft sowie die Änderung von Bestimmungen über die Versicherung gegen Nichtbetriebsunfälle vom 9. September 1960 (LGBl. 1960, Nr. 21), i.d.F. des Gesetzes LGBl. 1970, Nr. 9. *Strafbestimmungen in Art. 13.*

Gesetz vom 30. Januar 1962 betreffend die Krankenversicherungspflicht für die Arbeitnehmer in Industrie- und Gewerbebetrieben (LGBl. 1962, Nr. 7), i.d.F. des Gesetzes LGBl. 1965, Nr. 31. *Strafbestimmungen in Art. 6.*

Gesetz vom 12. Juni 1969 über die Arbeitslosenversicherung (LGBl. 1969, Nr. 41), *ergänzt durch* VO, LGBl. 1970, Nr. 4). *Strafbestimmungen in Art. 60.*

q) Jagd und Fischerei

Jagdgesetz vom 30. Januar 1962 (LGBl. 1962, Nr. 4), i.d.F. des Gesetzes LGBl. 1971, Nr. 49. *Mehrfache Ergänzungen, zuletzt durch* VO, LGBl. 1969, Nr. 35. *Strafbestimmungen in den Art. 53 ff.*

Fischereigesetz vom 16. November 1869 (LGBl. 1869, Nr. 9). *Mehrfache Ergänzungen, zuletzt durch* VO, LGBl. 1967, Nr. 14. *Strafbestimmungen in Art. 14.*

Liechtenstein II 1

II. Strafverfahrensrecht – Texte –

1. Gerichtsverfassungsrecht

Gesetz vom 12. Dezember 1915 über die Vermittlerämter (LGBl. 1916, Nr. 3), i. d. F. des Gesetzes vom 25. Juli 1950 (LGBl. 1950, Nr. 16). *Der dritte Abschnitt dieses Gesetzes (§§ 31 ff.) regelt das in Ehrenbeleidigungssachen vorgeschriebene vermittleramtliche Sühneverfahren.*

Gerichtsorganisationsgesetz vom 7. April 1922 (LGBl. 1922, Nr. 16), i. d. F. des Gesetzes vom 12. Juli 1934 (LGBl. 1934, Nr. 8), *abgeändert durch* Art. 28 *des Gesetzes vom 23. Dezember 1958 über den Schutz und die Wohlfahrt der Jugend (LGBl. 1959, Nr. 8). Jugendgericht.*

Geschäftsordnung für das fürstliche Landgericht in Vaduz vom 31. Dezember 1969 (LGBl. 1970, Nr. 3).

Vorschriften über das Gerichtsverfassungsrecht finden sich in der Verfassung des Fürstentums Liechtenstein (LGBl. 1921, Nr. 15), Art. 93, 99, 101, 102 und 103.

Textausgaben
Es gibt keine Textausgaben der genannten Gesetze mit Ausnahme der Verfassung (s. I. 1).

2. Strafprozeßrecht

Gesetz vom 31. Dezember 1913 betreffend die Einführung einer Strafprozeßordnung (LGBl. 1914, Nr. 3). *Abgeändert und ergänzt durch* Fürstliche Verordnung vom 19. Mai 1914 (LGBl. 1914, Nr. 4). *Die VO enthält die Amtsinstruktion für die Staatsanwaltschaft beim Fürstlichen Landgericht Vaduz. Die Regierungsvorlage einer Strafprozeßordnungs-Novelle befindet sich in parlamentarischer Beratung (betr. §§ 15, 133, 309 und Einführung eines vereinfachten Verfahrens).*

Verordnung vom 25. Mai 1914 betreffend die Einführung eines Strafregisterblattes für das Verfahren in einfachen Übertretungsfällen (LGBl. 1914, Nr. 5). *Ergänzung von § 307 StPO. Das „Strafregisterblatt" enthält ein in Übertretungssachen zulässiges Kurzprotokoll und -urteil. Es hat nichts mit dem Strafregister zu tun.*

Gesetz vom 12. Dezember 1916 (LGBl. 1916, Nr. 9). *Abänderung der §§ 210, 316 StPO.*

Gerichtsorganisationsgesetz vom 7. April 1922 (LGBl. 1922, Nr. 16). *Änderung insbes. der Art. 20–25, 169, 183 StPO. Die Regierungsvorlage eines Änderungsgesetzes befindet sich in parlamentarischer Beratung (betr. §§ 1, 2, 4, 6, 24).*

Gesetz vom 7. April 1922 betreffend die Abänderung der StPO (LGBl. 1922, Nr. 17). *Abänderung der §§ 13, 59, 169, 181, 182, 214–224, 232, 280–282, 286, 289, 313, 316.*

Gesetz vom 1. Juni 1922 betreffend die Abänderung des Strafrechtes, der Strafprozeßordnung und ihrer Nachtrags- und Nebengesetze (LGBl. 1922, Nr. 21), i. d. F. der Gesetze LGBl. 1948, Nr. 19 und LGBl. 1972, Nr. 34. *Das Gesetz regelt insbes. das Verfahren bei bedingtem Strafnachlaß, bedingter Entlassung und Tilgung der Verurteilung sowie das Jugendstrafverfahren und die Unterbringung in auswärtigen Strafanstalten.*

Gesetz vom 11. September 1948 (LGBl. 1948, Nr. 19). *Änderung des Art. 10 des Gesetzes vom 1. Juni 1922 betreffend die bedingte Entlassung.*

Textausgabe
STRAFPROZESSORDNUNG. [Vaduz o. J.] Nachdr. des LGBl. 1914, Nr. 3. Angebunden: Änderungsgesetze LGBl. 1916, Nr. 9; LGBl. 1922, Nr. 17 und Nr. 21 (samt 1898, Nr. 3); LGBl. 1948, Nr. 19; 1972, Nr. 34.

Amtshaftungsgesetz vom 22. September 1966 (LGBl. 1966, Nr. 24). *Abänderung von § 286 StPO.*

Strafprozessuale Grundrechte enthält die Verfassung vom 5. Oktober 1921 (LGBl. 1921, Nr. 15): *Art. 32 Abs. 2 und 3: Verhaftung, Haus- und Personendurchsuchung, Beschlagnahme von Briefen und Schriften, Ersatzanspruch bei ungerechtfertigter Haft; Art. 33: Recht auf den ordentlichen Richter, keine Ausnahmegerichte, Strafen nur nach den Gesetzen, Recht der Verteidigung in allen Strafsachen.*

3. Wichtige Nebengesetze

Gesetz vom 23. Dezember 1958 über den Schutz und die Wohlfahrt der Jugend (LGBl. 1959, Nr. 8). *Art. 28 ff.: Verfahren in Jugendstrafsachen.*

Verordnung vom 27. März 1968 über die Feststellung der Angetrunkenheit von Straßenbenützern (LGBl. 1968, Nr. 13). *Ermächtigung zur Blutentnahme.*

Europäisches Auslieferungsübereinkommen vom 13. Dezember 1957 (LGBl. 1970, Nr. 29). *Für Liechtenstein in Kraft seit 20. Januar 1970.*

Europäisches Übereinkommen über die Rechtshilfe in Strafsachen vom 20. April 1959 (LGBl. 1970, Nr. 30). *Für Liechtenstein in Kraft seit 26. Januar 1970.*

III. Strafvollstreckungsrecht – Texte –

Strafvollzug
Bestimmungen über den Strafvollzug befinden sich außer im StG auch in den §§ 224 ff. StPO und in folgenden Gesetzen:

Gesetz vom 1. Juni 1922 betreffend Abänderung des Strafrechtes, der Strafprozeßordnung und ihrer Nachtrags- und Nebengesetze (LGBl. 1922, Nr. 21), i. d. F.

der Gesetze LGBl. 1948, Nr. 19 und LGBl. 1972, Nr. 34.

Gesetz vom 24. November 1971 über das Exekutions- und Rechtssicherungsverfahren (Exekutionsordnung) (LGBl. 1972, Nr. 32). *Das Gesetz betrifft u. a. die Vollstreckung der Kostenentscheidungen in Strafsachen.*

Der Vollzug der Untersuchungshaft wird in den §§ 125 ff. StPO geregelt.

Die Überwachung der Gefängnisse und die Oberaufsicht über die Behandlung der Untersuchungshäftlinge und Strafgefangenen fällt nach Art. 93 der Verfassung in den Kompetenzbereich der Regierung.

Im Gefängnis des Landgerichts Vaduz werden lediglich Untersuchungshaft und Freiheitsstrafen bis zu sechs Monaten vollzogen. Zur Verbüßung längerer Freiheitsstrafen werden die Häftlinge in schweizerischen Strafvollzugsanstalten untergebracht, vor allem in der Strafanstalt Saxeriet, Kanton St. Gallen (als offene Strafanstalt für erstmals Verurteilte), und in der Strafanstalt Regensdorf bei Zürich. Diese Unterbringung erfolgt gemäß Art. 30 des Gesetzes vom 1. Juni 1922 (LGBl. 1922, Nr. 21) *auf Grund von (nicht veröffentlichten) entsprechenden Vereinbarungen mit den betreffenden schweizerischen Kantonen.*

Strafregister

Eine gesetzliche Regelung bezüglich der Organisation fehlt. Art. 19 der Geschäftsordnung für das Fürstliche Landgericht in Vaduz vom 31. Dezember 1969 (LGBl. 1970, Nr. 3) enthält eine Vorschrift über die Führung des Strafregisters. Bestimmungen über Eintragungen und Löschungen im Strafregister sind in der StPO und deren Ergänzungs- und Nebengesetzen enthalten. Die Eintragung von Verkehrsstrafen (SVG-Verurteilungen) wurde zuletzt neu geregelt in Art. 32 des von Liechtenstein übernommenen schweizerischen Bundesratsbeschlusses vom 27. August 1969 (AS 1969, S. 793) über administrative Ausführungsbestimmungen zum Straßenverkehrsgesetz (LGBl. 1970, Nr. 1). *Eine Vereinfachung der Registrierung von Verwaltungsstrafen im Strafregister ist in Art. 167* Landesverwaltungspflegegesetz vom 21. April 1922 (LGBl. 1922, Nr. 24) *vorgesehen, doch ist eine entsprechende Verordnung bisher nicht ergangen.*

Gnadenrecht

Nach Art. 12 der Verfassung steht dem Landesfürsten das Recht der Begnadigung, der Milderung und Umwandlung rechtskräftig zuerkannter Strafen und der Niederschlagung eingeleiteter Untersuchungen zu.

Entschädigung wegen ungerechtfertigter Haft

Nach Art. 32 Abs. 3 der Verfassung haben ungesetzlich oder erwiesenermaßen unschuldig Verurteilte Anspruch auf volle, vom Staat zu leistende, gerichtlich zu bestimmende Entschädigung. Eine nähere Regelung wurde im Gesetz vom 22. September 1966 (LGBl. 1966, Nr. 24) über die Amtshaftung *(Art. 14) getroffen.*

IV. Entscheidungssammlungen

ENTSCHEIDUNGEN DER LIECHTENSTEINISCHEN GERICHTSHÖFE ... Hrsg. von der Fürstlichen Regierung als Beilage zum Rechenschaftsbericht. [Bd. 1 ff.] Vaduz: Fürstliche Regierungskanzlei 1956 ff.

Bisher erschienen: [1:] 1947–1954. 1956. [2:] 1955–1961. 1963. [3:] 1962–1966. 1969.

In dieser Entscheidungssammlung sind auch Entscheidungen in Strafsachen, einschließlich Verkehrsstrafsachen, enthalten.

V. Zeitschriften

Es gibt keine Zeitschrift zum liechtensteinischen Recht. Die Funktion einer Zeitschrift erfüllt die Veröffentlichungsreihe:

LIECHTENSTEIN – POLITISCHE SCHRIFTEN. Vaduz: Verl. der Liechtensteinischen Akademischen Gesellschaft 1972 ff.
H. 1. Fragen an Liechtenstein. Vorträge. 1972.

VI. Literatur

1. Allgemeines

BECK, W.: Das Recht des Fürstentums Liechtenstein. Zürich: Selbstverl. 1912.

ERHARDT, D.: Der Begriff des Mikrostaates im Völkerrecht und in der internationalen Ordnung. Aalen: Scientia 1970.

GSCHNITZER, F.: Lebensrecht und Rechtsleben des Kleinstaates. In: GEDÄCHTNISSCHRIFT FÜR LUDWIG MARXER. Hrsg. von A. P. GOOP. Zürich: Schulthess 1963, *S. 19–52.*

HAIDER, R.: Österreichisches Recht in Liechtenstein. In: DER STAATSBÜRGER. Beilage der Salzburger Nachrichten, *1963,* 7. Folge, *S. 4.*

HAIDER, R.: Der Staatsgerichtshof von Liechtenstein. In: DER STAATSBÜRGER. Beilage der Salzburger Nachrichten, 1963, 8. Folge, S. 1f.

KLEINWAECHTER, F. F. G.: Die neueste Rechtsentwicklung im Fürstentum Liechtenstein. In: ZEITSCHRIFT FÜR SCHWEIZERISCHES RECHT, Bd. 64 (1923), S. 356–414.

LANFRANCONI, V.: Die Staatsverträge und Verwaltungsabkommen zwischen der Schweiz und dem Fürstentum Liechtenstein unter besonderer Berücksichtigung der daraus entstandenen völkerrechtlichen Konsequenzen. Diss., Basel 1969.

LINDT: Die Verfassung des Fürstentums Liechtenstein. In: ARCHIV DES ÖFFENTLICHEN RECHTS, Bd. 42 (1922), S. 230–240.

MINELLI, L. A.: Schweiz/Liechtenstein. Hannover: Verl. für Literatur u. Zeitgeschehen 1972. (Edition Zeitgeschehen. 12.)

PAPPERMANN, E.: Die Regierung des Fürstentums Liechtenstein. Diss., Köln 1967.

PAPPERMANN, E.: Der Amtsenthebungsantrag – parlamentarisches System oder konstitutionelle Monarchie in Liechtenstein? In: JBL. 1970, S. 607–613. *Mit vielen Literaturhinweisen.*

RATON, P.: Le Liechtenstein. Ses institutions. Paris: Sirey 1949. *Im Anhang Übersetzung der Verfassung ins Französische.*

RATON, P.: Le Liechtenstein. Histoire et institutions. 2. Aufl. Genève: Droz 1967. (Travaux de droit, d'économie, de sociologie et des sciences politiques. 54.)

RATON, P.: Liechtenstein. Staat und Geschichte. Vaduz: Liechtenstein-Verl. 1969. *Erweiterte Übersetzung der vorgenannten franz. Fassung von 1967.*

RITTER, K.: Die Ausgestaltung der Verwaltungsgerichtsbarkeit im Fürstentum Liechtenstein. Diss., Bern 1958.

SCHEIBER, C.: Das Wahlrecht von Liechtenstein als Verwirklichung der demokratischen Wahlrechtsidee. Memmingen: Selbstverl. 1967.

STEGER, G.: Fürst und Landtag nach liechtensteinischem Recht. Diss., Freiburg/Schweiz 1950.

WILLE, H.: Staat und Kirche im Fürstentum Liechtenstein. Freiburg/Schweiz: Universitätsverl. 1972. (Freiburger Veröffentlichungen aus dem Gebiet von Kirche u. Staat. 15.)

3. Strafrecht

AMELUNXEN C.: Strafjustiz und Polizei in Liechtenstein. Kriminalistischer Reisebericht aus dem Kleinstaat. In: KRIMINALISTIK, Jg. 16 (1962), S. 307–310.

AMELUNXEN, C.: Die Kleinstaaten Europas. Rechtsleben und Polizei der kleinsten Länder Europas. Hamburg: Kriminalistik-Verl. 1964. *Darin: Liechtenstein, S. 23ff. Der vorgenannte Aufsatz aus der Zeitschrift Kriminalistik ist hierin enthalten.*

AMELUNXEN, C.: Das Rechtswesen der europäischen Zwergstaaten. In: DEUTSCHE RICHTERZEITUNG, Jg. 43 (1965), S. 285–288. *Eine kurze Zusammenfassung der vorgenannten Beiträge.*

FEGER, W. F.: Die Besteuerung der Kapitalgesellschaften im Fürstentum Liechtenstein. Diss., Freiburg/Schweiz 1969. *Steuerstrafrecht S. 119ff.*

LINDT: Strafprozeßordnung für das Fürstentum Liechtenstein. In: ARCHIV FÜR STRAFRECHT UND STRAFPROZESSRECHT, Bd. 65 (1918), S. 307–309.

LINDT: Gerichtsorganisation in Liechtenstein. In: RHEINISCHE ZEITSCHRIFT FÜR ZIVIL- UND PROZESSRECHT, Jg. 12 (1922), S. 101–103.

RITTLER, T.: Das internationale Strafrecht in der deutschen Bundestagsvorlage 1962 und im österreichischen Kommissionsentwurf 1962 und die Weiterentwicklung des liechtensteinischen Strafrechts. In: GEDÄCHTNISSCHRIFT FÜR LUDWIG MARXER. Hrsg. von A. P. Goop. Zürich: Schulthess 1963, S. 102–219.

LUXEMBURG*

Bearbeitet von Dr. Elisabeth Simon-Kreuzer,
Referentin am Max-Planck-Institut für ausländisches und internationales Strafrecht,
Freiburg i. Br.

I. Materielles Strafrecht – Texte –

1. Strafgesetzbuch

Code pénal vom 16. Juni 1879 (Mém. 589); *mit zahlreichen Änderungen und Ergänzungen.*

Textausgabe
Hammes, C. L.: Code de la législation pénale en vigueur dans le Grand-Duché de Luxembourg. T. 1. 2. Luxembourg 1953 ff.: Bourg-Bourger. [Losebl. Ausg.]

Übersetzung
Der offizielle Text des Code pénal im Mémorial 1879 ist von einer amtlichen deutschen Übersetzung begleitet.

2. Wichtige Nebengesetze

a) Das StGB ergänzende Gesetze

Loi portant augmentation du taux des amendes à prononcer par les tribunaux répressifs vom 8. Februar 1921 *und* 25. Juli 1947.

Loi sur la condamnation conditionnelle vom 10. Mai 1892, *geändert durch* Gesetz vom 28. Juni 1952.

Reformarbeiten
Ein Vorentwurf „sur la condamnation conditionnelle et la mise à l'épreuve" wurde 1967 von der Commission d'études législatives unter dem Vorsitz von C. L. Hammes ausgearbeitet und dem Conseil d'État zur Begutachtung unterbreitet.

b) Jugendstrafrecht

Loi relative à la protection de la jeunesse vom 12. November 1971 (Mém. vom 26. November 1971).

Das Rechtsgebiet ist aus dem Rahmen des Strafrechts herausgenommen und als reines Maßregelrecht ausgestaltet.

c) Militärstrafrecht

Code pénal militaire vom 20. Juli 1814 (17. April 1815), *revidiert durch* Gesetz vom 1. November 1892.

f) Straßenverkehrsstrafrecht

Loi concernant la réglementation de la circulation sur toutes les voies publiques vom 14. Februar 1955. *Verkündet in beiden Sprachen, geändert durch* Gesetz vom 1. August 1971.

Arrêté grand-ducal vom 23. November 1955 (Festsetzung der gebührenpflichtigen Verwarnung auf 100.– Fr. für jede Übertretung), *zuletzt geändert durch* Großherzogliches Reglement vom 1. August 1971.

g) Sonstiges Nebenstrafrecht

Loi sur la presse et les délits commis par les divers moyens de publication vom 20. Juli 1869. *Mehrfach geändert.*

Loi concernant l'autopsie, le moulage ainsi que l'utilisation de cadavres humains dans un intérêt scientifique ou thérapeutique vom 17. November 1958.

Loi relative à la réglementation de la navigation aérienne vom 31. Januar 1948.

II. Strafverfahrensrecht – Texte –

1. Gerichtsverfassungsrecht

Loi sur l'organisation judiciaire vom 18. Februar 1885. *Mehrfach geändert.*

Loi concernant l'extension de la compétence des tribunaux de police en matière répressive vom 13. Mai 1911.

Loi sur l'organisation de la force armée vom 16. Februar 1881.

Loi concernant l'organisation militaire vom 23. Juli 1952.

Code de procédure militaire vom 20. Juli 1814. *Dieser niederländische „Code" wurde mit Arrêté vom 21. August 1814 übernommen. Er enthält auch Gerichtsverfassungsrecht.*

---

* Für zahlreiche wertvolle Hinweise ist Herrn Generalstaatsanwalt Alphonse Huss, Luxemburg, zu danken.

Luxemburg

2. Strafprozeßrecht

Code d'instruction criminelle vom 17. November 1808 (Bull. Ser. 4, Nr. 214 bis) [9. Dezember 1808]. *Mehrfach geändert und ergänzt. Reformarbeiten sind im Gange.*

Textausgabe

HAMMES, C. L.: Code de la législation pénale ... *(s. I. 1)*.

Übersetzung

Der offizielle Text im Bull. ist von einer amtlichen deutschen Übersetzung begleitet.

3. Wichtige Nebengesetze

a) Jugendstrafverfahren
s. I. 2b.

b) Militärstrafverfahren
s. II. 1.

c) Sonstige Verfahrensvorschriften

Loi sur la détention préventive des étrangers vom 18. Dezember 1855.

Loi sur la détention préventive vom 20. März 1877, *geändert durch* Gesetz vom 19. November 1929, Art. 5.

Loi portant attribution aux cours et tribunaux de l'appréciation des circonstances atténuantes vom 18. Juni 1879, *geändert durch* Gesetz vom 16. Mai 1904.

Loi concernant l'organisation des ordonnances pénales vom 31. Juli 1924.

Loi sur l'instruction contradictoire vom 19. November 1929.

Loi sur les pourvois et la procédure en cassation vom 18. Februar 1885.

Loi sur les significations judiciaires en matière répressive vom 15. Juli 1914.

III. Strafvollstreckungsrecht – Texte –

Loi portant réorganisation de l'administration des établissements pénitentiaires et des maisons d'éducation vom 21. Mai 1964.

Règlement grand-ducal concernant l'administration et le régime interne des établissements pénitentiaires vom 3. Dezember 1970 (Mém. vom 17. Dezember 1970), *geändert durch* Règlement grand-ducal vom 29. Oktober 1971 (Mém. vom 22. November 1971).

Arrêté grand-ducal concernant la réorganisation du casier judiciaire vom 21. April 1901. *Mehrfach geändert.*

Loi portant réhabilitation de droit des condamnés à des peines correctionnelles ou à des peines de police vom 5. Dezember 1911, *geändert durch* Gesetz vom 11. April 1950.

IV. Entscheidungssammlungen

1. Strafrechtliche

Es gibt keine besondere strafrechtliche Entscheidungssammlung.

2. Wichtige allgemeine

PASICRISIE LUXEMBOURGEOISE. Recueil (trimestriel) de la jurisprudence luxembourgeoise en matière civile, commerciale, criminelle, de droit public, fiscal, administratif et notarial. 1: 1867–1880. 1881 ff. *Die einzige Entscheidungssammlung von Bedeutung. Enth. gelegentlich auch Aufsätze.*

VI. Literatur

1. Allgemeines

METZLER, L.: L'humanisme juridique. Bruxelles: Bruylant [usw.] 1952.

PESCATORE, P.: Introduction à la science du droit. Luxembourg: Off. des Imprimés de l'Etat 1960.

3. Materielles Strafrecht

Da Luxemburg den belgischen Code pénal übernommen hat, können die belgischen Lehrbücher und Kommentare herangezogen werden. Hinsichtlich der Abweichungen vom belgischen Recht vgl.:

Huss, A.: La réception du Code pénal belge par le Grand-Duché de Luxembourg et sa répercussion sur la vie juridique et judiciaire. *In:* Commémoration du centenaire du Code pénal belge. Liège: Université 1968. (Les congrès et colloques de l'Université de Liège. 47.) *S. 133ff.*

Schaus, L.: Contribution à l'étude du droit pénal luxembourgeois. Luxembourg: Beffort [usw.] 1954.

Trousse, P.-E. – A. Fettweis – S.-C. Versele: Droit comparé. (Grand-Duché de Luxembourg.) *In:* Les Novelles. Corpus iuris Belgici. Droit pénal. Bd. 1, 2. Bruxelles: Larcier 1962, *S. 243–255.*

Wurth, M.: Le droit pénal luxembourgeois. Evolution historique depuis 1810 et tendances nouvelles. Discours du 7 octobre 1952. Luxembourg 1952: Linden.

4. Nebenstrafrecht

a) Das StGB ergänzende Gesetze

Huss, A.: L'idée de probation dans le droit répressif luxembourgeois. *In:* Rev. droit pén. *1969–1970, S. 665ff.*

Zu den übrigen Bereichen des Nebenstrafrechts s. die unter VI.3. angeführte Literatur.

6. Strafprozeßrecht

Thiry, R.: Précis d'instruction criminelle en droit luxembourgeois. Luxembourg: Bourcy 1971.

Die älteren Auflagen (bis 1940) französischer Lehrbücher können zum Teil mit einiger Vorsicht herangezogen werden, z. B.:

Le Poittevin, G.: Code d'instruction criminelle. Annoté. T. 1. 2, 1. Paris: Librairie de la Soc. du Recueil général des lois et des arrêts 1911–1926.

Hinsichtlich der Abweichungen vgl.:

Huss, A.: Grand-Duché de Luxembourg. *In:* Cinquante ans de droit pénal et de criminologie. Publication jubilaire (1907–1957). Bruxelles: Revue de droit pénal et de criminologie 1957, *S. 441–452.*

Dumon, F.: Droit comparé. (Le Grand-Duché de Luxembourg.) *In:* Les Novelles. Corpus iuris Belgici. Procédure pénale. Bd. 2, 2. Bruxelles: Larcier 1949, *S. 353–356.*

7. Strafvollstreckungsrecht

siehe die unter VI. 3. angeführte Literatur.

9. Literatur in fremden Sprachen

Guide to foreign legal materials. Belgium-Luxembourg-Netherlands. Hrsg. von P. Graulich [u. a.]. Dobbs Ferry, N. Y.: Oceana Publ. 1968.

MALTA

Nach Angaben des Vertrauensanwalts der Deutschen Botschaft in Malta bearbeitet von Bibliotheksoberrat Dr. KLAUS H. A. LÖFFLER, Saarbrücken, und Dr. JÜRGEN MEYER, Referent am Max-Planck-Institut für ausländisches und internationales Strafrecht, Freiburg i. Br.

Gesamtausgabe der Gesetze

(The revised edition of) The LAWS OF MALTA, in force on 31st December 1942. (L-edizzjoni riveduta tal-) Liġijiet ta' Malta ... Bd. 1–6. Valletta: Malta Gov. Print. Off. 1946. *Abkürzung:* Laws of Malta.

Als Ergänzung dienen:
LAWS MADE BY THE LEGISLATURE during the year ... Liġijiet maghmulin mil-Legislatura ... 1943ff. *1968ff. maltesischer Titel zuerst.*

I. Materielles Strafrecht – Texte –

1. Strafgesetzbuch

Das Strafrecht Maltas ist kodifiziert.

Strafgesetzbuch vom 13. Januar 1854, *ursprünglich in italienischer Sprache durch den britischen Gouverneur verkündet; die* leggi penali *wurden als parte 1ª zusammen mit der Strafprozeßordnung,* leggi di procedura penale, *als parte 2ª in einem Corpo ossia Codice di Leggi Criminali zusammengefaßt. Jetzige amtliche Bezeichnung:* Criminal Code *bzw.* Kodiċi kriminali, *neuverkündet als* Laws of Malta, Cap. 12.

Novellen, die das StGB abgeändert haben:

Ordinances VIII, XII, XXI von 1944; XXIV von 1946; III von 1947; Acts X von 1949, IX von 1950, IV von 1951, V von 1956; Emergency Ordinance XX von 1959; Ordinances XV von 1959, X von 1960, XXV von 1962; Act XII von 1951; Legal Notice 4 von 1963; Acts XVI von 1963, XXIII von 1964, XIII von 1964, Section 26; XXXII von 1965, Section 8; XIX von 1965; Legal Notice 46 von 1965; Acts XXXI von 1966; XLIII von 1966; II von 1967; XXV von 1967; XXXI von 1967, Section 4.

Es gibt keine neuere Textausgabe, welche die Änderungen seit 1942 mitberücksichtigt.

Eine Revision des StGB wird durch eine Commission to revise the Criminal Code *vorbereitet.*

2. Wichtige Nebengesetze

b) Jugendstrafrecht

Regelung der strafrechtlichen Verantwortlichkeit Jugendlicher in §§ 35–39 des Criminal Code.

c) Militärstrafrecht

Malta Armed Forces Act, XXVII von 1970 (28. 8. 1970), sections 37–75 „military offences".

d) Verwaltungsstrafrecht, allgemeines

Code of Police Laws (Laws of Malta, Cap. 13), *ursprünglich* Order-in-Council vom 30. 1. 1854 (10. 6. 1854), *zuletzt geändert durch* Acts II von 1968, XXII von 1969 und XXV von 1969.

f) Straßenverkehrsstrafrecht

Traffic Regulation Ordinance (Laws of Malta, Cap. 105), *ursprünglich* Ord. X von 1931 (31. 3. 1931), *letzte Änderung durch* Traffic Regulation (Amendment) Act 1969 (Act XVI von 1969). *Die wichtigsten „regulations" zusammengefaßt als* Government Notice 24 von 1948.

II. Strafverfahrensrecht – Texte –

1. Gerichtsverfassungsrecht

Die Materie ist im Criminal Code *und dessen Änderungsgesetzen geregelt.*

2. Strafprozeßrecht

Die Vorschriften über das Strafverfahren sind enthalten als Book II *im* Criminal Code *(s. I. 1). Sie datieren ebenfalls von* 1854. *(Wegen Novellierungen nach 1942 s. I. 1). Eine neuere Textausgabe mit Gesetzesänderungen gibt es nicht.*

3. Wichtige Nebengesetze

a) Jugendstrafverfahren

Juvenile Courts Ord., IX von 1919 (11. 7. 1919) (Laws of Malta, Cap. 71), *geändert durch* Legal Notice 4 von 1963 *und* Act XXXI von 1966.

b) Militärstrafverfahren

Malta Armed Forces Act, XXVII von 1970 (28. 8. 1970), sections 76–143 „trial and punishment of military offences".

c) Strafaussetzung zur Bewährung

Probation Law-Act XII von 1957. *Bedingte Entlassung unter Aufsicht eines Bewährungshelfers.*

III. Strafvollstreckungsrecht – Texte –

Strafvollzug

Die Materie ist grundsätzlich im Criminal Code *geregelt. Der Jugendstrafvollzug erfolgt in besonderen Anstalten, früher* „Houses of Correction" *genannt, jetzt* „Approved Schools" *gemäß* Industrial Schools and Houses of Corrections Ord., III von 1899, *vollständig in Kraft* 4. 9. 1905 (Laws of Malta, Cap. 46), *geändert durch* Legal Notice 46 von 1965.

IV. Entscheidungssammlungen

1. Strafrechtliche

CREMONA, G.: Raccolta della giurisprudenza sul Codice penale disposta articolo per articolo coll' aggiunta della bibliografia. Bd. 1. 2. Malta 1935: Tip. del „Malta".

2. Wichtige allgemeine

KOLLEZZJONI TA' DEĊIŻJONIJET TAL-QRATI SUPERJURI TA' MALTA (1. 1854–29. 1931/34 *u. d. T.:* Collezione di decisioni delle Corti Superiori dell'Isola di Malta). 1. 1854 ff.

Ältere Sammlungen beginnen mit Berichtsjahr 1843.

VI. Literatur

1. Allgemeines

AMELUNXEN, C.: Inselfahrten eines Richters. Hamburg: Verl. Kriminalistik 1969. *Darin, S. 121–149: Malta.*

AMELUNXEN, C.: Maltesisches Rechtsleben. *In:* DEUTSCHE RICHTERZEITUNG 47 *(1969), S. 180–183.*

CREMONA, J. J.: Human rights documentation in Malta. Valletta: Malta Univ. Pr. 1966.

FALZON, G.: Annotazioni alle leggi criminali per l'Isola di Malta, e sue dipendenze. Malta: Anglo Maltese Pr. 1872.

HARDING, W.: Recent criminal cases annotated. Valetta 1943.

MAXWELL, L. F.: A bibliography of the law of British colonies ... London: Sweet & Maxwell [usw.] 1949. (A legal bibliography of the British Commonwealth of Nations. 7.) *Darin S. 82–86: The Maltese Islands*

6. Strafprozeßrecht

CREMONA, J. J.: The jury system in Malta. *In:* AMERICAN JOURNAL OF COMPARATIVE LAW *3 (1964), S. 570–583.*

CREMONA, J. J.: Les procédures pénales et leur publicité dans la presse. *In:* REV. INT. DROIT PÉN. *32 (1961), S. 113–126.*

CREMONA, J. J.: Le rôle des organes de poursuite dans le procès pénal. *In:* REV. INT. DROIT PÉN. *34 (1963), S. 215–223.*

MONACO

Bearbeitet von Bibliotheksoberrat Dr. KLAUS H. A. LÖFFLER, Saarbrücken

Gesamtausgabe der Gesetze

CODES ET LOIS DE LA PRINCIPAUTÉ DE MONACO. Paris: Ed. techniques 1958 ff. [Losebl. Ausg. *mit (1971) 4 Ordnern.*]

I. Materielles Strafrecht – Texte –

1. Strafgesetzbuch

Code pénal (loi Nr. 829) vom 28. September 1967 (1. 1. 1968), *geändert durch* Gesetz (loi Nr. 893) vom 6. Juli 1970, *das die neuen Art. 294–1° und 294–2° einführte.*

Es handelt sich um eine Neubearbeitung des Strafgesetzbuches von 1874 (1875).

2. Wichtige Nebengesetze

f) Straßenverkehrsstrafrecht

Ordonnance [VO] portant réglementation de la police de la circulation routière vom 17. 12. 1957.

g) Sonstiges Nebenstrafrecht

Presse

Ordonnance [VO] sur la liberté de la presse vom 3. 6. 1910, *geändert am 28. 2. 1911.*

Rauschgifte

Loi sur l'importation, le commerce, la détention à l'usage des substances vénéneuses ... vom 14. 8. 1918, *geändert am 23. 7. 1953.*

II. Strafverfahrensrecht – Texte –

1. Gerichtsverfassungsrecht

Loi portant organisation judiciaire vom 15. Juli 1965. Ordonnance [VO] sur l'organisation judiciaire vom 18. 5. 1909, *zuletzt geändert am 2. 4. 1963.*

Rechtsanwälte

Ordonnance [VO] sur l'exercise et la discipline de la profession d'avocat vom 9. 12. 1913, *zuletzt geändert am 12. 7. 1963.*

2. Strafprozeßrecht

Code de procédure pénale (loi Nr. 747) vom 2. April 1963 (5. 7. 1963).

Es handelt sich um eine Neubearbeitung der Strafprozeßordnung von 1904 (1905). Dem Text vorangestellt ist das Exposé des motifs *der* Commission de mise à jour des codes, *erstattet von* L. DUCOM.

Änderungen der Strafprozeßordnung

Ordonnance [VO] Nr. 3996 relative à l'exécution fractionnée de certaines peines d'emprisonnement vom 22. 3. 1968.

Ordonnance [VO] Nr. 4035 sur la libération conditionnelle vom 17. 5. 1968.

III. Strafvollstreckungsrecht – Texte –

Strafvollzug

Ordonnance [VO] portant règlement de la maison d'arrêt vom 29. 11. 1955.

Ordonnance [VO] sur le reclassement social des délinquants vom 12. 2. 1968.

Das Strafregister ist in der StPO (Art. 650 ff.) geregelt.

VI. Literatur

1. Allgemeines

GALLOIS, J. P.: Le régime international de la Principauté de Monaco. Paris: Pedone 1964.

3. Materielles Strafrecht

FRANÇOIS, N. P.: Nouveau Code pénal monégasque. *In:* REV. SC. CRIM., *N. S. 23 (1968), S. 275–300.*

5. Gerichtsverfassungsrecht

AMELUNXEN, C.: Die Kleinstaaten Europas. Rechtsleben und Polizei der kleinsten Länder Europas. Hamburg: Verl. Kriminalistik 1964. *Darin S. 79–92: Monaco.*

MÉDECIN, R.-F.: L'organisation judiciaire de la Principauté de Monaco. Evolution – état actuel. Diss., Paris 1938.

6. Strafprozeßrecht

FRANÇOIS, N. P.: Réflexions sur le nouveau Code de procédure pénale monégasque. *In:* REV. SC. CRIM., *N. S. 19 (1964), S. 317–323.*

NIEDERLANDE

Bearbeitet von Assessor DIETER SCHAFFMEISTER,
Referent am Max-Planck-Institut für ausländisches und internationales Strafrecht,
Freiburg i. Br.

Gesamtausgaben der Gesetze

NEDERLANDSE WETBOEKEN EN AANVERWANTE WETTEN. Hrsg. von H. F. A. VÖLLMAR u. A. VERMAAS, 1967 ff. von P. A. N. HOUWING, J. R. STELLINGA u. M. C. HOFMAN. Bd. 1. 2. Deventer: Kluwer 1953 ff. [Losebl. Ausg.] (Nederlandse wetgeving. Teil B.)

DE NEDERLANDSE WETBOEKEN. Hrsg. von J. A. FRUIN, bearb. von N. J. BINK. 's-Gravenhage: Nijhoff 1967; Erg. 1968, 1969, 1971.

I. Materielles Strafrecht – Texte –

1. Strafgesetzbuch

Wetboek van strafrecht [Strafgesetzbuch] vom 3. März 1881 (1. Sept. 1886), (StBl. 35). *Bisher etwa 100 Novellen, letzte Änderung mit* Gesetz vom 23. April 1971 (StBl. 448).

Wichtigste Novellen der letzten 15 Jahre

Wet op de dierenbescherming [Tierschutzgesetz] vom 25. Januar 1961 (1. März 1961), (StBl. 19).

Wet tot herziening van het kinderstrafrecht en het kinderstrafprocesrecht [Gesetz zur Reform des Jugendstrafrechts und des Jugendstrafverfahrensrechts] vom 9. November 1961 (1. Juli 1965), (StBl. 402).

Wet tot vaststelling van algemene bepalingen omtrent de bestraffing van schending van geheimen [Gesetz zur Feststellung allgemeiner Bestimmungen über die Bestrafung von Geheimnisverletzungen] vom 30. Juni 1967 (9. August 1967), (StBl. 377).

Wet houdende strafbaarstelling van omkoping van anderen dan ambtenaren [Gesetz über die Strafbarkeit der Bestechung von Nichtbeamten] vom 23. November 1967 (25. Dezember 1967), (StBl. 565).

Wet tot uitvoering van het Internationaal Verdrag van New York inzake de uitbanning van rassendiscriminatie vom 7. März 1966 [Ausführungsgesetz zum Internationalen Vertrag von New York über die Verbannung der Rassendiskrimination] vom 18. Februar 1971 (29. März 1971), (StBl. 96).

Wet houdende strafbaarstelling van het gewelddadig in zijn macht brengen of houden van luchtvaartuigen en van enkele andere gedragingen die de veiligheid en de ongestoorde voortgang van het luchtverkeer in gevaar kunnen brengen [Gesetz über die Strafbarkeit des in seine Verfügungsgewalt Bringens oder Haltens von Luftfahrzeugen und einiger anderer Handlungen, die die Sicherheit und den ungestörten Fortgang des Luftverkehrs in Gefahr bringen können] vom 31. März 1971 (3. Mai 1971), (StBl. 166).

Wet houdende enige strafbepalingen tot bescherming van de persoonlijke levenssfeer [Gesetz über einige Strafbestimmungen zum Schutz des persönlichen Lebensbereichs] vom 7. April 1971 (23. April 1971), (StBl. 180).

Textausgaben

WETBOEK VAN STRAFRECHT. 19. Aufl. Hrsg. von C. FASSEUR. Zwolle: Tjeenk Willink 1969. [Nederlandse wetboeken. Ausg. Schuurman & Jordens.]

WETBOEK VAN STRAFRECHT EN WETBOEK VAN STRAFVORDERING MET ... ARRESTEN. Bearb. von W. A. M. CREMERS, fortges. von J. J. M. VAN BENTHEM u. J. C. J. VAN VUCHT. Arnhem: Gouda Quint & Brouwer [um 1963 ff.; Losebl. Ausg.].

Deutsche Übersetzung

DAS NIEDERLÄNDISCHE STRAFGESETZBUCH VOM 3. MÄRZ 1881. Übers. von K. TOEBELMANN. Berlin: de Gruyter 1959. (Slg. außerdt. StGB. 76.)

Französische Übersetzung

CODE PÉNAL NÉERLANDAIS. Übers. von M. LAMBERT. *In:* CODES PÉN. EUR., *Bd. 3, S. 1371–1468.*

Lateinische Übersetzung

CODEX POENALIS NEERLANDICUS. Textus latine redditus et principia generalia collata cum aliis legislationibus. Übers. von P. A. H. PIJNAPPELS. Leiden: Brill 1937.

Staatsschutzdelikte

KÜHLER, H.-D. SCHAFFMEISTER: Niederlande. *In:* STRAFR. STAATSSCHUTZBEST., *S. 209 ff.*

2. Wichtige Nebengesetze

a) Das StGB ergänzende Gesetze

Wet bescherming staatsgeheimen [Gesetz über den Schutz von Staatsgeheimnissen] vom 5. April 1951 (StBl. 92), *i. d. F. des* Gesetzes vom 30. Juni 1967 (StBl. 377).

Wet op de kansspelen [Gesetz über die Glücksspiele] vom 10. Dezember 1964, *i. d. F. der letzten Änderung durch* Gesetz vom 3. Mai 1971 (StBl. 287).

Opiumwet [Opiumgesetz] vom 12. Mai 1928 (StBl. 167) *i. d. F. der letzten Änderung durch* Gesetz vom 5. Mai 1966 (StBl. 246).

b) Jugendstrafrecht

Das Jugendstrafrecht ist durch Gesetz vom 9. November 1961 (1. Juli 1965), (StBl. 402), *in* Art. 77a–77 kk Wetboek van strafrecht *geregelt.*

c) Militärstrafrecht

Wetboek van militair strafrecht [Militärstrafgesetzbuch] vom 27. April 1903 (StBl. 111), *Text i. d. F. der letzten Änderung durch* Gesetz vom 4. Juli 1963 (StBl. 295) *im* StBl. 1964, 9.

Wet op de krijgstucht [Gesetz über die Kriegszucht] vom 27. April 1903 (StBl. 112), *Text i. d. F. der letzten Änderung durch* Gesetz vom 4. Juli 1963 (StBl. 295) *im* StBl. 1964, 9.

Wet tot invoering van het wetboek van militair strafrecht en van de wet op de krijgstucht [Einführungsgesetz zum Militärstrafgesetzbuch und Gesetz über die Kriegszucht] vom 5. Juli 1921 (StBl. 841), *i. d. F. der letzten Änderung durch* Gesetz vom 4. Juli 1963 (StBl. 294).

Gesamtausgabe

WETTEN EN BESLUITEN BETREFFENDE HET MILITAIRE STRAFEN TUCHTRECHT. 's-Gravenhage 1964. (Verzameling van gemeenschappelijke verordeningen voor de krijgsmacht. 10.)

Kriegsstrafrecht

Wet oorlogstrafrecht [Kriegsstrafgesetz] vom 10. Juli 1952 (StBl. 408), *i. d. F. der letzten Änderung durch* Gesetz vom 8. April 1971 (StBl. 210). *Die Anwendbarkeit des niederländischen Strafgesetzes ist erweitert, eine Anzahl von Kriegsverbrechen des Landes- (Art. 4–7) und Völkerrechts (Art. 8 bis 10) aufgenommen und die Todesstrafe in vier Fällen vorgesehen.*

Wet overlevering inzake oorlogsmisdrijven [Gesetz über die Auslieferung in Kriegsstrafsachen] vom 19. Mai 1954 (StBl. 215), *i. d. F. der Änderung durch* Gesetz vom 9. März 1967 (StBl. 139).

d) Verwaltungsstrafrecht, allgemeines

Ein allgemeines Verwaltungsstrafgesetz gibt es nicht. Die Befugnisse der Verwaltung in steuer- und zollstrafrechtlichen Angelegenheiten sind geregelt in:

Algemene wet inzake rijksbelastingen *(Fundstelle s. unter Buchstabe h), Art. 76;* Algemene wet inzake de douane en de accijnzen *(Fundstelle s. unter Buchstabe i), Art. 197.*

e) Wirtschaftsstrafrecht

Wet op de economische delicten [Gesetz über Wirtschaftsstraftaten] vom 22. Juni 1950 (1. Mai 1951), (StBl. K 258), *i. d. F. der letzten Änderung durch* Gesetz vom 15. Dezember 1971 (StBl. 748).

f) Straßenverkehrsstrafrecht

Wegenverkeerswet [Straßenverkehrsgesetz] vom 13. September 1935, *nach einigen Änderungen erst seit 1. Januar 1951 in Kraft,* (StBl. 554), *i. d. F. der letzten Änderung durch* Gesetz vom 3. Mai 1971 (StBl. 287).

Das Straßenverkehrsgesetz enthält u. a. die Strafbestimmung über unbefugten Gebrauch von Fahrzeugen (Art. 37); fahrlässige Tötung oder schwere Körperverletzung im Verkehr (Art. 36); Fahren unter Alkoholeinfluß (Art. 26) und Fahrerflucht (Art. 30).

Am 3. März 1969 wurde ein Gesetzentwurf zur Änderung des Straßenverkehrsgesetzes eingebracht (Handelingen der Staten-Generaal, Beilage 10038), der Verschärfungen in Bezug auf die Alkoholdelikte vorsieht.

Wegenverkeersreglement [Straßenverkehrsordnung], Beschluß vom 28. August 1950 (StBl. K 377), *i. d. F. der letzten Änderung durch* Beschluß vom 19. Oktober 1971 (StBl. 638). *Strafbestimmungen in Art. 124/125.*

Reglement verkeersregels en verkeerstekens [Verordnung über Verkehrsregeln und Verkehrszeichen], Beschluß vom 4. Mai 1966, *i. d. F. der letzten Änderung durch* Beschluß vom 28. Juli 1971 (StBl. 492). *Die Verordnung über die Verkehrsregeln und Verkehrszeichen berücksichtigt die Ergebnisse internationaler Vereinbarungen.*

g) Pressestrafrecht

Das Pressestrafrecht ist in Wetboek van strafrecht, Art. 53 ff., 418 ff. *geregelt.*

h) Steuerstrafrecht

Algemene wet inzake rijksbelastingen [Allgemeines Gesetz über die Reichssteuern] vom 2. Juli 1959 (StBl. 301), *i. d. F. der letzten Änderung durch* Gesetz vom 8. Mai 1969 (StBl. 191). *Unterschiedliches Inkrafttreten für die einzelnen Steuern. Strafbestimmungen in Art. 68 ff.*

i) Zollstrafrecht

Algemene wet inzake de douane en de accijnzen [Allgemeines Gesetz über den Zoll und die Abgaben] vom 26. Januar 1961 (1. Oktober 1962), (StBl. 31), *i. d. F. der letzten Änderung durch* Gesetz vom 18. Dezember 1969 (StBl. 589).

Niederlande II 1

II. Strafverfahrensrecht – Texte –

1. Gerichtsverfassungsrecht

Wet op de rechterlijke organisatie en het beleid der justitie [Gesetz über die richterliche Organisation und Führung der Justiz] vom 18. April 1827, *bekanntgemacht durch* königlichen Beschluß vom 14. Juni 1911 (StBl. 146), *i. d. F. der letzten Änderung durch* Gesetz vom 28. Januar 1971 (StBl. 44).

2. Strafprozeßrecht

Wetboek van strafvordering [Strafverfahrensgesetzbuch] vom 15. Januar 1921 (1. Januar 1926), (StBl. 14), *bekanntgemacht durch* königlichen Beschluß vom 30. Juli 1925 (StBl. 343). *Bisher etwa 50 Novellen, letzte Änderung mit* Gesetz vom 8. April 1971 (StBl. 212).

Textausgaben

WETBOEK VAN STRAFVORDERING. 6. Aufl. Hrsg. von C. J. L. SEESINK u. A. MULDER. Zwolle: Tjeenk Willink 1960. (Nederlandse wetboeken, Ausg. Schuurman & Jordens.)

WETBOEK VAN STRAFRECHT EN WETBOEK VAN STRAFVORDERING MET ... ARRESTEN ... *(s. I. 1)*.

Ontwerp van wet tot herziening van de bepalingen van het wetboek van strafvordering betreffende de toepassing van voorlopige hechtenis en... [Gesetzentwurf zur Reform der Bestimmungen des Strafverfahrensgesetzbuches über die Anwendung der Untersuchungshaft und ...] vom 14. Januar 1969 (Handelingen der Staten-Generaal, Beilage 9994).

3. Wichtige Nebengesetze

a) Jugendstrafverfahren

Das Jugendstrafverfahrensrecht ist durch Gesetz vom 9. November 1961 (1. Juli 1965), (StBl. 402) *in* Art. 486–509 Wetboek van strafvordering *geregelt*.

b) Militärstrafverfahren

Gesamtausgabe *s. I. 2c*.

Das Militärstrafverfahrensrecht ist in drei Gesetzen aus dem Jahre 1814 geregelt und seither wiederholt – grundlegend durch Gesetz vom 31. Oktober 1912 (StBl. 337) – *geändert:*

Rechtspleging bij de land- en luchtmacht [Rechtspflege bei den Land- und Luftstreitkräften] vom 20. Juli 1814 (StBl. 85), *i. d. F. der letzten Änderung durch* Gesetz vom 4. Juli 1963 (StBl. 294), *veröffentlicht im* StBl. 1964, 9.

Rechtspleging bij de zeemacht [Rechtspflege bei den Seestreitkräften] vom 20. Juli 1814 (StBl. 85), *i. d. F. der letzten Änderung durch* Gesetz vom 4. Juli 1963 (StBl. 294), *veröffentlicht im* StBl. 1964, 9.

Provisionele instructie voor het Hoog Militair-Gerechtshof [Einstweilige Instruktion für den Hohen Militärgerichtshof] vom 20. Juli 1814 (StBl. 85), *i. d. F. der letzten Änderung durch* Gesetz vom 4. Juli 1963 (StBl. 294), *veröffentlicht im* StBl. 1964, 9.

Die Reform des Militärstrafverfahrensrechts wird vorbereitet:

Nota over een nieuw militair strafprocesrecht [Note über ein neues Militärstrafprozeßrecht] vom 16. August 1966 (Handelingen der Staten-Generaal, Beilage 8706).

Rechtspflege im Krieg

Noodwet rechtspleging [Gesetz zur Aufrechterhaltung der Rechtspflege im Krieg, bei Kriegsgefahr oder verwandten oder damit zusammenhängenden außergewöhnlichen Umständen] vom 23. September 1964 (StBl. 375).

c) Sonstige Verfahrensvorschriften

Wichtige Verfahrensvorschriften sind enthalten im Wet op de economische delicten *(s. I. 2e)*, Algemene wet inzake rijksbelastingen *und* Algemene wet inzake de douane en de accijnzen *(s. I. 2h, i)*.

Auslieferungsrecht

Uitleveringswet [Auslieferungsgesetz] vom 9. März 1967 (StBl. 139), *i. d. F. der letzten Änderung durch* Gesetz vom 16. Mai 1969 (StBl. 224). *Nach diesem Gesetz erhält die Aburteilung im Heimatland des Delinquenten den Vorzug.*

III. Strafvollstreckungsrecht – Texte –

Beginselenwet gevangeniswezen [Gesetz über die Grundsätze des Gefängniswesens] vom 21. Dezember 1951 (1. Juni 1953), (StBl. 596), *i. d. F. der letzten Änderung durch* Gesetz vom 2. Juni 1965 (StBl. 238).

Gevangenismaatregel [Gefängnisordnung], Beschluß vom 23. Mai 1953 (1. Juni 1953), (StBl. 237), *i. d. F. der letzten Änderung durch* Beschluß vom 16. Juli 1971 (StBl. 447).

Psychopathenreglement [Psychopathenvollzugsordnung], Beschluß vom 28. September 1928 (1. November 1928), (StBl. 386), *i. d. F. der letzten Änderung durch* Beschluß vom 18. März 1955 (StBl. 129).

Reclasseringsregeling [Reklassierungsregelung], Beschluß vom 9. Dezember 1969 (StBl. 598).

VI 1 Niederlande

Jugendschutz

Beginselenwet voor de kinderbescherming [Gesetz über die Grundsätze des Jugendschutzes] vom 9. November 1961 (1. Juli 1965), (StBl. 403), *i. d. F. der letzten Änderung durch* Gesetz vom 3. April 1969 (StBl. 167).

Uitvoeringsbesluit kinderbescherming [Ausführungsbeschluß Jugendschutz] vom 25. Juli 1964 (1. Juli 1965), (StBl. 327), *i. d. F. der letzten Änderung durch* Beschluß vom 8. November 1971 (StBl. 658).

Strafregister

Wet op de justitiële documentatie en op de verklaringen omtrent het gedrag [Gesetz über die Justizdokumentation und Führungszeugnisse] vom 15. August 1955 (1. Januar 1959), (StBl. 395), *i. d. F. der letzten Änderung durch* Gesetz vom 8. Mai 1969 (StBl. 191).

IV. Entscheidungssammlungen

1. Strafrechtliche

Es existiert keine periodische Sammlung nur strafrechtlicher Entscheidungen.

BEMMELEN, J. M. VAN – H. BURGERSDIJK: Arresten over strafrecht. 6. Aufl. Haarlem: Tjeenk Willink 1966.

BEMMELEN, J. M. VAN – H. BURGERSDIJK – C. P. C. M. OOMEN: Arresten over strafvordering. 3. Aufl. Haarlem: Tjeenk Willink 1970.

2. Wichtige allgemeine

NEDERLANDSE JURISPRUDENTIE. 1913 ff. *Seit 1. Januar 1936 mit dem* Weekblad van het recht *(1. 1839 ff.) vereinigt. Enth. eine nach Paragraphen geordnete Leitsatz- und Literaturkartei.*

V. Zeitschriften

1. Strafrechtliche und kriminologische

BALANS. 1. 1970 ff. *(Fortsetzung von:* Maandschrift voor het gevangeniswezen. 1. 1949/50 – 21. 1969/70.)

DELIKT EN DELINKWENT. 1. 1970/71 ff. *(Fortsetzung von:* Tijdschrift voor strafrecht. 1. 1886/87 – 79. 1970.)

MILITAIR-RECHTELIJK TIJDSCHRIFT. 1. 1905 ff.

NEDERLANDSE TIJDSCHRIFT VOOR CRIMINOLOGIE. 1. 1959 ff.

PROCES. 1972 ff. *(Fortsetzung von:* Maandblad voor berechting en reclassering. 1922–1971. *Hervorgegangen aus:* Het Genootschap. Orgaan van het Nederlands genootschap tot zedelijke verbetering der gevangenen. 1913–1921.)

2. Wichtige allgemeine

ARS AEQUI. 1. 1951/1952 ff.

NEDERLANDS JURISTENBLAD. 1. 1926 ff.

RECHTSGELEERD MAGAZIJN THEMIS. 1970 ff. *(Fortsetzung von* Themis, 1. 1839 ff. *und* Rechtsgeleerd Magazijn, 1882–1969.)

SOCIAAL-ECONOMISCHE WETGEVING. 1952/53 ff.

VERKEERSRECHT. 1953 ff.

VI. Literatur

1. Allgemeines

ALGRA, N. E. – H. C. J. G. JANSSEN: Elementair strafrecht. Groningen: Walters-Noordhoff [usw.] 1970.

BEMMELEN, J. M. VAN: Ons strafrecht. Teil 1–3. Haarlem [usw.]: Tjeenk Willink 1968–1971.
1. Het materiële strafrecht. Algemeen deel. 4. Aufl. 1970. Nachdr. 1971.
2. Het formele strafrecht. 4. Aufl. 1971.
3. Bijzondere delicten. 3. Aufl. 1969.

3a. Het penitentiaire recht. Bearb. von D. E. KRANTZ. 4. Aufl. (Vorabdruck). 1971.

3b. De wegenverkeerswet. 4. Aufl. (Vorabdruck). 1971.

BINSBERGEN, W. C. VAN – F. KUITENBROUWER: Neue Entwicklungen im holländischen Strafrecht seit dem Zweiten Weltkrieg. *In:* SCHWZST, *Bd. 85 (1969), S. 1 ff.*

ENSCHEDÉ, C. J.: Beginselen van strafrecht. Deventer: Kluwer 1969.

ENSCHEDÉ, C. J.: Strafrecht en strafvordering. In: NEDERLANDS RECHT IN KORT BESTEK. Deventer: Kluwer 1968, S. 103 ff.

RÜTER, C. F.: Literaturbericht Niederlande. In: ZStW Bd. 80 (1968), S. 971 (455) ff.

2. Strafrechtsgeschichte

BOSCH, A. G.: Het ontstaan van het wetboek van strafrecht. Zwolle: Tjeenk Willink 1965.

POMPE, W. P. J.: Geschiedenis der Nederlandse strafrechts-wetenschap sinds de codificatie-beweging. Amsterdam: Noord-Hollandsche Uitgevers Mij 1956.
Anschluß an:

MONTÉ VERLOREN, P. DE: Geschiedenis van de wetenschap van het strafrecht en strafprocesrecht in de Noordelijke Nederlanden vóór de codificatie. Amsterdam: Noord-Hollandsche Uitgevers Mij 1942. (Geschiedenis der Nederlandsche rechtswetenschap. T. 2, 2.3.)

3. Materielles Strafrecht

BEMMELEN, J. M. VAN – W. F. C. VAN HATTUM: Hand- en leerboek van het Nederlandse strafrecht. Teil 1. 2. Arnhem: Gouda Quint & Brouwer [usw.] 1953–1954.

BINSBERGEN, W. VAN: Inleiding strafrecht. Zwolle: Tjeenk Willink 1967.

BRONGERSMA, E.: Die Entwicklung des Strafrechts der Niederlande. In: ZStW Bd. 78 (1966), S. 560 (180) ff.

HAMEL, G. A. VAN: Inleiding tot de studie van het Nederlandsche strafrecht. 4. Aufl. (J. F. VAN DIJCK). Haarlem: Bohn [usw.] 1927.

HAZEWINKEL-SURINGA, D.: Inleiding tot de studie van het Nederlandse strafrecht. 5. Aufl. Bearb. von J. REMMELINK. Haarlem: Tjeenk Willink 1971.

NOYON, T. J.: Het wetboek van strafrecht. 7. Aufl. Bearb. von J. REMMELINK. Arnhem: Gouda Quint & Brouwer 1972 ff. [Losebl.-Ausg., *1972 in 1 Ordner*].

POMPE, W. P. J.: Handboek van het Nederlandse strafrecht. 5. Aufl. Zwolle: Tjeenk Willink 1959.

SIMONS, D.: Leerboek van het Nederlandsche strafrecht. 6. Aufl. (W. P. J. POMPE). Teil 1. 2. Groningen/Batavia: Noordhoff 1937–1941.

VOS, H. B.: Leerboek van Nederlands strafrecht. 3. Aufl. Haarlem: Tjeenk Willink 1950.

ZEVENBERGEN, W.: Leerboek van het Nederlandsche strafrecht. Teil 1: Algemeene Leerstukken. Groningen, 's-Gravenhage: Wolters 1924.

4. Nebenstrafrecht

b) Jugendstrafrecht

JONKERS, W. H. A.: Het nieuwe kinderrecht. Deventer: Kluwer 1965.

PRINS, P. G. – A. SLUITER – J. G. ZEYLSTRA VAN LOGHEM: Inleiding in het kinderrecht en de kinderbescherming. 8. Aufl. Alphen: Samson 1967.

c) Militärstrafrecht

FRANKEN, D. B. A. – R. J. BRUNNER: Het wetboek van militair strafrecht. 's-Gravenhage: Mouton 1948.

STEFFEN, A. F.: De partiële wijziging van de militaire straf- en tuchtrechtwetgeving bij de Rijkswetten van 4 Juli 1963. 's-Gravenhage: Staatsuitgeverij 1971. *Kommentierte Zusammenstellung.*

e) Wirtschaftsstrafrecht

HOLLANDER, F.: Wet op de economische delicten. Arnhem: Gouda Quint & Brouwer 1952.

MULDER, A.: Wet op de economische delicten. 2. Aufl. Zwolle: Tjeenk Willink 1970.

f) Verkehrsstrafrecht

BELINFANTE, A. D.: Wegenverkeerswetgeving. Unter Mitw. von J. C. HOOFTMAN. Bd. 1. 2. Arnhem: Gouda Quint & Brouwer [usw.] 1970 ff. [Losebl. Ausg.]

REGELEN verkeersrecht. Mit Komm. von P. G. HOOGHOUDT und T. VAN VEEN. Alphen: Samson 1954 ff. [Losebl. Ausg.]

6. Strafprozeßrecht

BEMMELEN, J. M. VAN: Strafvordering. Leerboek van het Nederlandse strafprocesrecht. 6. Aufl. 's-Gravenhage: Nijhoff 1957.

BLOK, A. J. – L. C. BESIER: Het Nederlandsche strafproces. Teil 1–3. Haarlem: Tjeenk Willink 1925–1926.

MINKENHOF, A.: De Nederlandse strafvordering. 3. Aufl. Haarlem: Tjeenk Willink 1967.

NOYON, T. J.: Het wetboek van strafvordering. Arnhem: Gouda Quint 1926.

HET WETBOEK VAN STRAFVORDERING. Hrsg. von G. DUISTERWINKEL u. A. L. MELAI. Arnhem: Gouda Quint & Brouwer 1969 ff. [Losebl. Ausg., *1971 in 1 Ordner*]. *Kommentar; im Januar 1972 bis einschl. Art. 138 a.*

7. Strafvollstreckungsrecht

EGGINK, J. W.: De geschiedenis van het Nederlandse gevangeniswezen. Assen: van Gorcum 1958.

GEURTS, A. C.: De rechtspositie van de gevangene. Assen: van Gorcum 1962. (Criminologische studien. N.R. 6.)

HALLEMA, A.: Geschiedenis van het gevangeniswezen, hoofdzakelijk in Nederland. 's-Gravenhage: Staatsdrukkerij 1958.

Reklassierung

BEMMELEN, J. M. VAN: Van zedelijke verbetering tot reclassering. 's-Gravenhage: Nijhoff 1923.

CIRPKA, E.: Das System der Strafen und Maßregeln und der Reclassering in den Niederlanden. Bonn: Röhrscheid 1962. (Rechtsvergleichende Untersuchungen zur gesamten Strafrechtswissenschaft. N. F. 29.)

KEMPE, G. T.: Reclassering in onze samenleving. Arnhem: Loghum Slaterus 1958.

8. Kriminologie und Statistik

Kriminologie

BEMMELEN, J. M. VAN: Criminologie. Leerboek der misdaadkunde. 4. Aufl. Zwolle: Tjeenk Willink 1958.

HOEFNAGELS, G. P.: Beginselen van criminologie. Deventer: Kluwer 1969.

KEMPE, G. T.: Inleiding tot de criminologie. Haarlem: Bohn 1967. (Volksuniversiteitsbibliotheek. R. 2, 73.)

NAGEL, W. H.: De Utrechtse school. *In:* TIJDSCHRIFT VOOR STRAFRECHT, *1963, S. 322ff.* Und in Sonderdruck: RECHTVAARDIGHEID EN MENSELIJKHEID. Leiden: Brill 1963, *S. 322ff.*

NOACH, W. M. E.: Criminologie. 's-Gravenhage: van Hoeve 1954.

UNE NOUVELLE ÉCOLE DE SCIENCE CRIMINELLE: L'ÉCOLE D'UTRECHT. Vorw. von J. LÉAUTÉ. Paris: Cujas 1959.

Statistiken*

CRIMINELE STATISTIEK. 1900. 1902 ff.

Sie enthält Angaben über den Stand und die Bewegung der Verbrechenskriminalität anhand der Verurteilungen und der Einstellungen (seit 1957) in Strafsachen. Es werden u. a. aufgeschlüsselt: die Straftaten nach Art, Geschlecht des Täters, Gebiet u. a.; die auferlegten Strafen nach Straftat, früheren Verurteilungen; Rückfall nach Straftat sowie Geschlecht und Lebensalter des Täters.

GEVANGENISSTATISTIEK. 1900. 1901 ff.

Sie enthält einen Überblick über Insassen und Personal der Strafanstalten nach Geschlecht, Lebensalter, auferlegte Strafe; außerdem Angaben über Unterricht, Disziplinarmaßnahmen, Krankheits- und Arbeitstage, sowie über Arbeitslohn der Inhaftierten.

JUSTITIËLE STATISTIEK. 1900. 1901 ff.

Sie gibt einen Überblick über Umfang und Art der Tätigkeiten der Gerichtsbarkeit und die Anwendung einiger prozeßrechtlicher Normen (Anzahl der Strafsachen der einzelnen Instanzen, Art der Erledigung, gerichtliche Voruntersuchung, Untersuchungshaft und Berichterstattung).

MAANDSTATISTIEK POLITIE EN JUSTITIE (1957–1965 u. d. T.: Maandstatistiek van rechtswezen, politie en branden). 1. 1957 ff.

Sie enthält Angaben über die der Polizei bekanntgewordene Kriminalität, Erledigung von Strafsachen durch die ordentliche und die Militärgerichtsbarkeit, sowie über die Besetzung der Strafeinrichtungen.

TOEPASSING DER KINDERWETTEN. 1912. 1914 ff.

Vor 1914 war sie Bestandteil der Criminele Statistiek. Sie berichtet u. a. über die Anwendung der Bestimmungen des Jugendstrafrechts, die Jugendkriminalität und die Verhältnisse in den Anstalten für Jugendliche.

TOEPASSING DER WEGENVERKEERSWET. 1950/51. 1953 ff.

Vor 1953 war sie Bestandteil der Criminele Statistiek. Diese Statistik gibt einen Überblick über die Art der Verkehrsdelikte und ihre Streuung, die verurteilten Personen und die auferlegten Sanktionen.

9. Literatur in fremden Sprachen

GUIDE TO FOREIGN LEGAL MATERIALS: Belgium, Luxembourg, Netherlands. Hrsg. von P. GRAULICH [u. a.]. Dobbs Ferry, N. Y.: Oceana Publ. 1968. *S. 125–229: Netherlands Law.*

Ferner s. unter VI. 1, 3, 7 und 8.

---

* Die gerichtlichen Statistiken wurden in den Niederlanden seit 1850 jährlich vom Justizministerium, ab 1900 vom Centraal Bureau voor de Statistiek herausgegeben. Die nachfolgenden Angaben über Erscheinungsjahr und Inhalt der einzelnen Statistiken beruhen auf ENSCHEDÉ, C. J.: Beginselen van strafrecht (Deventer: Kluwer 1969, S. 114) und einer Auskunft des Niederländischen Centraal Bureau voor de Statistiek, die uns freundlicherweise auf Anfrage erteilt wurde.

NORWEGEN

Bearbeitet von Erster Staatsanwalt Dr. RUDOLF LEIBINGER,
Freiburg i. Br.

Gesamtausgabe der Gesetze

NORGES LOVER 1682–1969. Hrsg. von der Juristischen Fakultät. Ausgearb. von H. BAHR u. C. J. ARNHOLM. Oslo: Grøndahl 1970. *In zweijährigen Abständen erscheinende Gesetzessammlung.*

I. Materielles Strafrecht – Texte –

1. Strafgesetzbuch

Almindelig borgerlig straffelov [Strafgesetzbuch] vom 22. Mai 1902, Nr. 10, *mehrfach geändert, zuletzt durch Gesetz vom 18. Juni 1971, Nr. 81.*

Lov om den almindelige borgerlige straffelovs ikrafttræden [Einführungsgesetz zum Strafgesetzbuch] vom 22. Mai 1902, Nr. 11, *mehrfach geändert.*

Textausgabe erscheint als Sonderdruck aus Norges Lover.

Übersetzungen

ALLGEMEINES BÜRGERLICHES STRAFGESETZ FÜR DAS KÖNIGREICH NORWEGEN vom 22. Mai 1902. Übers. von E. H. ROSENFELD u. A. URBYE. Berlin: Guttentag 1904. (Slg. außerdt. StGB. 20.)

THE NORWEGIAN PENAL CODE. Übers. von H. SCHJOLDAGER u. F. BACKER. Eingel. von J. ANDENÆS. South Hackensack, N. J.: Rothman [usw.] 1961. (Am. Ser. For. Pen. Codes. 3.)

CODE PÉNAL NORVÉGIEN. Übers. von H. BOISSIN u. M. LAMBERT. *In:* CODES PÉN. EUR. Bd. 3, S. 1281–1370.

2. Wichtige Nebengesetze

a) Das StGB ergänzende Gesetze

Lov om forsvarshemmeligheter [Gesetz über militärische Geheimnisse] vom 18. August 1914, Nr. 3.

Lov angående forholdsregler for å hindre deltagelse i krig i fremmed land [Gesetz über Maßnahmen zur Verhinderung der Beteiligung an Kriegen in fremden Ländern] vom 19. März 1937, Nr. 1.

Lov om svangerskapsavbrot i visse høve [Gesetz über die Unterbrechung der Schwangerschaft in bestimmten Fällen] vom 11. November 1960, Nr. 2, *zuletzt geändert durch Gesetz vom 19. Juni 1969, Nr. 54.*

Lov om adgang till sterilisering m. v. [Gesetz über Sterilisation u. a.] vom 1. Juni 1934, Nr. 2, *geändert durch Gesetz vom 28. April 1961, Nr. 2.*

Lov om løsgjængeri, betleri og drukkenskab [Gesetz über Arbeitsscheu, Bettelei und Trunksucht] vom 31. Mai 1900, Nr. 5, *zuletzt geändert und zum großen Teil aufgehoben durch Gesetz vom 6. Mai 1970, Nr. 27.*

b) Jugendstrafrecht

Lov om strafferettslege åtgjerder mot unge lovbrytarar [Gesetz über Maßnahmen gegen jugendliche Rechtsbrecher] vom 9. April 1965, Nr. 3, *geändert durch Gesetz vom 7. Juli 1967, Nr. 3.*

Lov om barnevern [Kinderschutzgesetz] vom 17. Juli 1953, Nr. 14, *zuletzt geändert durch Gesetz vom 5. Juni 1964, Nr. 11.*

c) Militärstrafrecht

Militær straffelov [Militärstrafgesetz] vom 22. Mai 1902, Nr. 13, *zuletzt geändert durch Gesetz vom 12. Dezember 1958, Nr. 7.*

Deutsche Übersetzung

DIE NORWEGISCHE STRAFGESETZGEBUNG DES JAHRES 1902. Übers. von A. TEICHMANN. Berlin: Guttentag 1903. (Slg. außerdt. StGB. 18.)

d) Verwaltungsstrafrecht, allgemeines

Ein allgemeines Verwaltungsstrafrecht gibt es nicht.

e) Wirtschaftsstrafrecht

Lov om utilbørlig konkurranse [Gesetz über unlauteren Wettbewerb] vom 7. Juli 1922, Nr. 11, *zuletzt geändert durch Gesetz vom 20. Juni 1964, Nr. 5.*

Lov om kontroll og regulering av priser, utbytte og konkurranseforhold [Gesetz über Kontrolle und Regulierung von Preisen, Gewinnen und Wettbewerbsbedingungen] vom 26. Juni 1953, Nr. 4, *zuletzt geändert durch* Gesetz vom 15. Dezember 1967, Nr. 10.

f) Straßenverkehrsstrafrecht

Vegtrafikklov [Straßenverkehrsgesetz] vom 18. Juni 1965, Nr. 4, *zuletzt geändert durch* Gesetz vom 19. Juni 1970, Nr. 65.

g) Sonstiges Nebenstrafrecht

Lov om innførsel og omsetning av brennevin, vin, fruktvin, mjød og øl [Gesetz über die Einfuhr und den Handel mit Branntwein, Wein, Fruchtwein, Met und Bier] vom 5. April 1927, *zuletzt geändert durch* Gesetz vom 17. Dezember 1971, Nr. 105.

Skattelov for landet [Steuergesetz für die Landbezirke] vom 18. August 1911, Nr. 8, *zuletzt geändert durch* Gesetz vom 10. Dezember 1971, Nr. 97.

Skattelov for byene [Steuergesetz für die Städte] vom 18. August 1911, Nr. 9, *zuletzt geändert durch* Gesetz vom 10. Dezember 1971, Nr. 98.

Lov om toll (tolloven) [Zollgesetz] vom 10. Juni 1966, Nr. 5.

Lov om straff for å delta i og medvirke til smugling på andre land [Gesetz über die Bestrafung des Schmuggels in ein anderes Land oder der Beteiligung daran] vom 25. Juni 1926, Nr. 4.

Lov om legemidler og gifter m. m. [Gesetz über Heilmittel und Gifte u. a.] vom 20. Juni 1964, Nr. 5, *zuletzt geändert durch* Gesetz vom 19. Juni 1969, Nr. 54.

Lov om pliktmessig avhold for personer i visse stillinger fra nytelse av alkohol eller annet berusende eller bedøvende middel [Gesetz über die Verpflichtung von Personen in bestimmten Stellungen, sich des Alkohols oder anderer berauschender oder betäubender Mittel zu enthalten] vom 16. Juli 1936, Nr. 2, *zuletzt geändert durch* Gesetz vom 16. Dezember 1960, Nr. 1.

Lov om viltstellet, jakt og fangst [Jagdgesetz] vom 14. Dezember 1951, Nr. 7, *zuletzt geändert durch* Gesetz vom 19. Juni 1969, Nr. 54.

II. Strafverfahrensrecht – Texte –

1. Gerichtsverfassungsrecht

Lov om domstolene [Gesetz über die Gerichte] vom 13. August 1915, Nr. 5, *zuletzt geändert durch* Gesetz vom 18. Juni 1971, Nr. 82.

2. Strafprozeßrecht

Lov om rettergangsmaaden i straffesager [Strafprozeßordnung] vom 1. Juli 1887, Nr. 5, *zuletzt geändert durch* Gesetz vom 18. Juni 1971, Nr. 82.

Neueste Textfassung in Norges Lover 1682–1969. *Hieraus auch Sonderdruck.*

Deutsche Übersetzungen

In: Die norwegische Strafgesetzgebung ... *(s. I. 2c), S. 76 ff.*

Das norwegische Gesetz über das gerichtliche Verfahren in Strafsachen vom 1. Juli 1887. Übers. von A. Teichmann u. B. Getz. Berlin: Guttentag 1888. (Slg. außerdt. StGB. 5.)

Ein Entwurf für eine neue StPO wurde 1969 vorgelegt.

3. Wichtige Nebengesetze

a) Jugendstrafverfahren

Ein Jugendgerichtsgesetz gibt es nicht.

b) Militärstrafverfahren

Lov om rettergangsmaaden i militære straffesager [Militärrechtspflegegesetz] vom 29. März 1900, Nr. 2, *zuletzt geändert durch* Gesetz vom 4. Dezember 1964, Nr. 2.

Lov om rettergangsmåten i militære straffesaker i fredstid (Militärrechtspflegegesetz für Friedenszeiten) vom 6. Mai 1921, Nr. 1, *geändert durch* Gesetz vom 20. März 1957, Nr. 2.

c) Sonstige Verfahrensvorschriften

Lov om utlevering av forbrydere [Auslieferungsgesetz] vom 13. Juni 1908, *zuletzt geändert durch* Gesetz vom 3. März 1961, Nr. 1.

Deutsche Übersetzung

In: Wolgast, E.: Die Auslieferungsgesetze Norwegens, Schwedens und Finnlands. Berlin [usw.]: de Gruyter 1928, *S. 339 ff.* (Slg. außerdt. StGB. 45.)

Lov om utlevering av lovbrytere til Danmark, Finnland, Island og Sverige [Nordisches Auslieferungsgesetz] vom 3. März 1961, Nr. 3.

III. Strafvollstreckungsrecht – Texte –

Lov om fengselsvesenet [Gesetz über das Gefängniswesen] vom 12. Dezember 1958, Nr. 7, *zuletzt geändert durch* Gesetz vom 3. Mai 1963, Nr. 3. (*Übersetzung in:* MATERIALIEN ZUR STRAFRECHTSREFORM. 1960, *S. 249ff.*)

Lov om fullbyrdelse av straffen tvangsarbeid [Gesetz über die Vollstreckung von Zwangsarbeit] vom 25. April 1947, Nr. 1, *geändert durch* Gesetze vom 12. Dezember 1958, Nr. 1, 7 und 9.

Lov om strafferegistering [Strafregistergesetz] vom 11. Juni 1971, Nr. 52.

IV. Entscheidungssammlungen

Die strafrechtlichen Entscheidungen des Obersten Gerichts sind in der allgemeinen Entscheidungssammlung NORSK RETSTIDENDE. 1. 1836 ff. *veröffentlicht.*

V. Zeitschriften

1. Strafrechtliche und kriminologische

NORDISK KRIMINALISTISK ÅRSBOK (1936–1951/52 *u. d. T.:* De nordiska kriminalistföreningarnas årsbok). Stockholm 1936 ff.

NORDISK TIDSSKRIFT FOR KRIMINALVIDENSKAB (1. 1913–36. 1948 *u. d. T.:* Nordisk tidsskrift for strafferett). København 1. 1913 ff.

2. Wichtige allgemeine

Strafrechtliche Beiträge auch in:

NORSK RETSTIDENDE (*s. IV*).

LOV OG RETT. 1. 1963 ff.

TIDSSKRIFT FOR RETTSVITENSKAP. 1. 1888 ff.

VI. Literatur

1. Allgemeines

HAUKAAS, K.: Norsk juridisk litteratur [Norwegische juristische Literatur]. 1962–1966. Oslo: Univ. forl. 1968. (Norsk bibliografisk bibliotek. 37.)

HAUKAAS, K.: Norwegian legal publications in English, French and German. Oslo: Univ. forl. 1966. (Norsk bibliografisk bibliotek. 33.) (Scandinavian Studies in law. 10.)

KNOPH, R.: Oversikt over Norges rett [Übersicht über das norwegische Recht]. Hrsg. von B. S. LASSEN u. K. S. SELMER. 5. Aufl. Oslo: Univ. forl. 1969.

SCANDINAVIAN LEGAL BIBLIOGRAPHY. Bearb. von S. IUUL, Å. MALMSTRÖM u. J. SØNDERGAARD. Stockholm: Almqvist & Wiksell 1961. (Acta Instituti Upsaliensis Iurisprudentiae Comparativae. 4.)

2. Strafrechtsgeschichte

Darstellung mit weiteren Hinweisen in:

SKEIE, J.: Den norske strafferett. Den alminnelige del [Das norwegische Strafrecht. Der allgemeine Teil]. Oslo: Norli 1937, *S. 39 ff.*

BUGGE, K.: Fullbyrdelsen av frihetsstraff i det 18. århundre [Vollstreckung der Freiheitsstrafe im 18. Jahrhundert]. Oslo: Univ. forl. 1969.

3. Materielles Strafrecht

Kommentare

ALMINDELIG BORGERLIG STRAFFELOV OG LOV OM DENS IKRAFTTRÆDEN. 2. Aufl. Hrsg. von F. HAGERUP. Oslo: Aschehoug 1916.

KJERSCHOW, P.: Almindelig borgerlig straffelov av 22. mai 1902. Oslo: Aschehoug 1930; [Erg. 1935].

Lehrbücher

ANDENÆS, J.: Alminnelig strafferett [Allgemeines Strafrecht]. Oslo: Akad. forl. 1956.

Übersetzung

ANDENÆS, J.: The general part of the criminal law of Norway. Übers. von T. P. OGLE. South Hackensack, N. J.: Rothman 1965. (Publications of the Comparative Criminal Law Project New York University. 3.)

ANDENÆS, J.: Av strafferettens spesielle del [Aus dem besonderen Teil des Strafrechts]. Referat av Professor Andenæs' forelesninger ... 1964. Von M. Andenæs. Oslo: Univ. forl. 1964.

ANDENÆS, J.: Formuesforbrytelsene [Vermögensdelikte]. 2. Aufl. Oslo: Univ. forl. 1967. (Univ. i Oslo. Inst. for kriminologi og strafferett. Skrifter. 11.)

HAGERUP, F.: Strafferettens almindelige del [Der allgemeine Teil des Strafrechts]. 3. Aufl. Oslo: Norsk Bok-Duplicering 1930.

SKEIE, M.: Den norske strafferett [Das norwegische Strafrecht]. Bd. 1. 2. 2. Aufl. Oslo: Norli 1946.

URBYE, A.: Norsk strafferett [Norwegisches Strafrecht]. Strafbare handlinger mod liv, legeme og helbred. Kristiania: Aschehoug 1909.

Einzelschriften

ANDENÆS, J.: Determinisme og strafferett [Determinismus und Strafrecht]. Oslo: Norli 1955.

ANDENÆS, J.: Straffbar unnlatelse [Strafbare Unterlassung]. Oslo: Tanum 1942.

LE DROIT PÉNAL DES PAYS SCANDINAVES. Hrsg. von M. ANCEL u. I. STRAHL unter Mitarb. von J. ANDENÆS u. K. WAABEN. Paris: Ed. de l'Epargne 1969. (Les grands systèmes de droit pénal contemporains. 4.)

ENGER, E.: Transplantasjoner. Medisinske, etiske og juridiske problemer [Transplantationen. Medizinische, ethische und juristische Probleme]. Oslo: Univ. forl. 1971.

HARBOE, N.: Les conditions subjectives de la culpabilité. Bd. 1–3. Oslo: Dybwad 1930–1934.

HOEL, G. ASTRUP: Delagtighet i forbrydelser [Teilnahme am Verbrechen]. Oslo: Gyldendal 1941.

NÆRSTAD, H.: Om dokumentfalsk efter norsk rett [Über Urkundenfälschung nach norwegischem Recht]. Oslo: Norli 1936.

ØVERGAARD, J.: Det straffbare bedrageri etter norsk rett [Die strafbare Betrügerei nach norwegischem Recht]. Oslo: Norli 1941.

SKEIE, J.: Om ærekrænkelser efter norsk ret [Über Ehrverletzung nach norwegischem Recht]. Kristiania: Norli 1910.

4. Nebenstrafrecht

b) Jugendstrafrecht

BENNECHE, G.: Rettssikkerheten i barnevernet [Rechtssicherheit im Kinderschutzwesen]. Oslo: Univ. forl. 1967.

SVERI, K.: Barnevernsloven [Kinderschutzgesetz]. Lov om barnevern av 17. juli 1953. Oslo: Univ. forl. 1957. (Univ. i Oslo. Inst. for kriminologi og strafferett. Skrifter. 2.)

c) Militärstrafrecht

FLEISCHER, C. J.: Militær straffelov [Militärstrafgesetz] av 22. mai 1902. Oslo: Grundt 1956. *Mit Kommentar.*

f) Straßenverkehrsstrafrecht

MÜLLER, S.: Høyesteretts-avgjørelser i promillesaker [Entscheidungen des Obersten Gerichtshofes in Blutalkoholsachen]. Oslo: Grundt 1958.

MÜLLER, S.: Høyesteretts-avgjørelser i trafikksaker [Entscheidungen des Obersten Gerichtshofes in Verkehrssachen]. Oslo: Grundt 1960.

g) Sonstiges Nebenstrafrecht

HARTMANN, C.: Løsgjengerloven med kommentar [Landstreichergesetz mit Kommentar]. Oslo: Grøndahl 1934.

SIJTHOFF-STRAY, A. L.: Rettsreportasjen [Die Gerichtsberichterstattung]. Rettigheter og plikter. Oslo: Univ. forl. 1968.

5. Gerichtsverfassungsrecht

ADMINISTRATION OF JUSTICE IN NORWAY. A brief summary. Oslo: The Royal Norwegian Min. of Justice 1957.

ALTEN, E.: Lov om domstolene av 13. aug. 1915. Domstolsloven [Gerichtsverfassungsgesetz]. 3. Aufl. Oslo: Aschehoug 1961. *Mit Kommentar.*

6. Strafprozeßrecht

Kommentar

SALOMONSEN, O.: Den norske straffeproceslov med kommentar [Das norwegische Strafprozeßgesetz mit Kommentar]. 2. Aufl. Bd. 1. 2. Oslo: Aschehoug 1925; [Erg. 1941].

Lehrbücher und systematische Darstellungen

ANDENÆS, J.: Beweisverbote im Strafprozeß nordischer Länder: *In:* VERHANDLUNGEN DES 46. DEUTSCHEN JURISTENTAGES 1966, *Bd. 1: Gutachten, Teil 3A.*

ANDENÆS, J.: Straffeprosessen i første instans [Der Strafprozeß in erster Instanz]. Oslo: Univ. forl. 1962. (Univ. i Oslo. Inst. for kriminologi og strafferett. Skrifter. 7.)

HAGERUP, F.: Lærebog i straffeprocesret [Lehrbuch des Strafprozeßrechts]. 2. Aufl. von P. I. PAULSEN. Oslo: Aschehoug 1930.

SKEIE, J.: Den norske straffeprosess [Der norwegische Strafprozeß]. Bd. 1. 2. Oslo: Norli 1939.

STANG, E.: Rettergangsmåten i straffesaker [Das Verfahren in Strafsachen]. 2. Aufl. Oslo: Tanum 1951.

STANG, E.: Utvalgte emner av rettergangsmåten i straffesaker [Ausgewählte Teile des Verfahrens in Strafsachen]. 3. Aufl. Oslo: Tanum 1961.

Einzelschriften

BRATHOLM, A.: Erstatning til uskyldig fengslede [Ersatz für unschuldig erlittene Haft]. Oslo: Univ. forl. 1962. (Univ. i Oslo. Inst. for kriminologi og strafferett. Skrifter. 6.)

BRATHOLM, A.: Pågripelse og varetektsfengsel [Festnahme und Verhaftung]. Oslo: Univ. forl. 1957. (Univ. i Oslo. Inst. for kriminologi og strafferett. Skrifter. 1.) *Mit einer Zsfassung in dt. u. engl. Sprache.*

HJORT, J. B.: Prosedyreteknikk [Technik der Verfahrensführung]. Oslo: Norske Sakførerforening 1956.

ØVERGAARD, J.: Lagrettens oppgave etter norsk straffeprosessrett [Die Aufgabe des Lagretts im norwegischen Strafverfahren]. Oslo: Dybwad 1942.

7. Strafvollstreckungsrecht

BESTEMMELSER OM FENGSELVESENET 1970 [Vorschriften über das Gefängniswesen 1970]. Hrsg.: Fengselsstyret. Oslo 1971.

BØDAL, K.: Fra arbeidsskole til ungdomsfengsel [Von der Arbeitsschule zum Jugendgefängnis]. Oslo: Univ. forl. 1969.

8. Kriminologie und Statistik

ANDENÆS, J.: General prevention – illusion or reality? *In:* JOURNAL OF CRIMINAL LAW, CRIMINOLOGY AND POLICE SCIENCE, *Bd. 43 (1952), S. 176–198.*

ANDENÆS, J.: The general preventive effects of punishment. *In:* UNIVERSITY OF PENNSYLVANIA LAW REVIEW, *Bd. 114 (1966), S. 949–983.*

ANDENÆS, J. – A. BRATHOLM – N. CHRISTIE: Kriminalitet og samfunn [Kriminalität und Gesellschaft]. Oslo: Pax 1966.

BACKER MIDBØE, F.: Bøtestraff og subsidiær fengselsstraff [Geldstrafe und Ersatzfreiheitsstrafe]. Oslo: Univ. forl. 1960. (Univ. i Oslo. Inst. for kriminologi og strafferett. Skrifter. 3.)

BØDAL, K.: Arbeidsskolen og dens behandlingsresultater [Arbeitsschulen und ihre Behandlungsergebnisse]. Oslo: Univ. forl. 1962. (Univ. i Oslo. Inst. for kriminologi og strafferett. Skrifter. 8.)

CHRISTIE, N.: Kriminalsosiologi. Oslo: Univ. forl. 1965.

CHRISTIE, N.: Unge norske lovovertredere [Junge norwegische Rechtsbrecher]. Oslo: Univ. forl. 1960. (Univ. i Oslo. Inst. for kriminologi og strafferett. Skrifter. 4.) *Mit engl. Zsfassung.*

DALGARD, O. S.: Abnorme lovovertredere [Abnorme Rechtsbrecher]. Oslo: Univ. forl. 1966.

DALGARD, O. S. – A. WELHAVEN: Unge lovovertredere og deres senere utvikling [Junge Rechtsbrecher und deren spätere Entwicklung]. Oslo: Univ. forl. 1965. (Univ. i Oslo. Inst. for kriminologi og strafferett. Skrifter. 9.) *Mit engl. Zsfassung.*

EITINGER, L. – N. RETTERSTØL: Rettspsykiatri. Oslo: Univ. forl. 1971.

EVENSEN, A.: Social defence in Norway. Oslo 1965.

GALTUNG, J.: Fengselssamfunnet [Gefängnisgesellschaft]. Oslo: Univ. forl. 1959. (Univ. i Oslo. Inst. for sosiologi. Sosiologisk forskning. 2.)

HAUGE, R.: Gjengkriminalitet og ungdomskulturer [Bandenkriminalität und Jugendkultur]. 2. Aufl. Oslo: Univ. forl. 1970. (Univ. i Oslo. Inst. for kriminologi og strafferett. Skrifter. 13.)

HAUGE, R.: Kriminalitet som ungdomsfenomen [Kriminalität als Jugendphänomen]. Oslo: Univ. forl. 1970. (Univ. i Oslo. Inst. for kriminologi og strafferett. Skrifter. 14.)

LUNDEVALL, J.: Rettsmedisin. Oslo: Univ. forl. 1967.

MATHIESEN, T.: The defences of the weak. A sociological study of a Norwegian correctional institution. London: Tavistock 1965. (International Library of criminology, delinquency and deviant social behaviour. 15.)

MØGLESTUE, I.: Kriminalitet og sosial bakgrunn [Kriminalität und sozialer Hintergrund]. Oslo: Statistik Sentralbyra 1962. (Samfunnsøkonomiske studier. 11.) *Mit engl. Zsfassung.*

SCANDINAVIAN STUDIES IN CRIMINOLOGY. Hrsg. von K. O. CHRISTIANSEN (2. 3: N. CHRISTIE). Bd. 1–3. Oslo: Univ. forl. 1965–1971.

Bd. 1. 1965. Bd. 2: Aspects of social control in welfare states. 1968. 3. 1971.

Kriminalstatistik

Norges offisielle statistikk. KRIMINALSTATISTIKK. 1860ff. *Seit 1955 jährlich.*

ÖSTERREICH

Bearbeitet von Professor Dr. REINHARD MOOS, Graz

Gesamtausgaben der Gesetze

DAS ÖSTERREICHISCHE RECHT. Hrsg. von A. HEINL, E. LOEBENSTEIN u. S. VEROSTA. [Abt.] 1–11. Wien: Österreichischer Gewerbeverl. [usw.] 1948 ff. [Losebl. Ausg. bis Ende 1971 409 Lieferungen in 49 Ordnern.] Bd. V J 1 Strafrecht. *Die Gesetze sind mit Einf., kurzen Erl., Verw. u. Literaturhinw. versehen.*

ÖSTERREICHISCHES RECHT. Textausg. österreichischer Gesetze u. Verordnungen. Mit verweisenden Anm., einer chronologisch geordneten Übersicht, einer Übersicht nach Sachgruppen sowie einem ausführlichen Sachwortregister. Hrsg. von W. SCHUPPICH u. W. SPORN. 6. Aufl. Bd. 1–3. Salzburg: Andreas-Verl. 1968–1971.

Vorbemerkung zu den Einzelausgaben

Einzelausgaben der nach dem 2. Weltkrieg wiederverlautbarten Gesetze sind in der Reihe AMTLICHE SAMMLUNG WIEDERVERLAUTBARTER ÖSTERREICHISCHER RECHTSVORSCHRIFTEN *(Verlag der Österreichischen Staatsdruckerei, Wien, 1945 ff.) erschienen, sie werden hier nicht gesondert angeführt.*

I. Materielles Strafrecht – Texte –

1. Strafgesetzbuch (StG)

Strafgesetz über Verbrechen, Vergehen und Übertretungen vom 27. Mai 1852, RGBl. Nr. 117. *Wiederverlautbart durch* Kundmachung des Staatsamtes für Justiz vom 3. November 1945 (Österreichisches Strafgesetz 1945, A. Slg. Nr. 2). *Zahlreiche Änderungen, zuletzt durch das* Strafrechtsänderungsgesetz 1968, BGBl. Nr. 74 (*berichtigt durch* BGBl. Nr. 168/1968), das Einführungsgesetz zum Strafvollzugsgesetz, BGBl. Nr. 145/1969, das Militärstrafgesetz, BGBl. Nr. 344/1970 und das Strafrechtsänderungsgesetz 1971, BGBl. Nr. 273. *Zur Strafrechtsreform s. unten VI. 3.*

Reine Textausgaben

ÖSTERREICHISCHES STRAFGESETZ 1945. A. Slg. Nr. 2. Auf Grund des Strafrechtsänderungsgesetzes 1971, BGBl. Nr. 273/1971, erstellte Textausg. nach dem Stande vom 17. 8. 1971. Hrsg. von A. POSCH. Eisenstadt: Prugg o. J. [1971].

DAS ÖSTERREICHISCHE STRAFGESETZ i. d. F. des Strafrechtsänderungsgesetzes 1971 samt den wichtigsten Novellen zum Strafgesetz, dem neuen Militärstrafgesetz und den strafprozessualen Bestimmungen des Strafrechtsänderungsgesetzes 1971. Hrsg. von G. REISSIG. Wien: Juridica-Verl. 1971.

STRAFRECHT. 1. 2. Hrsg. von H. SPEHAR. München: Goldmann 1967. (Österreichisches Recht. Goldmanns gelbe Taschenbücher. 1871/72. 1873/74.) 1. Strafgesetz. 2. Strafrechtliche Nebengesetze.

Erläuterte Textausgaben

DAS ÖSTERREICHISCHE STRAFGESETZ samt einschlägigen strafrechtlichen Nebengesetzen. Mit verweisenden u. erläuternden Anm. u. einer systematischen Darstellung der Rechtsprechung. Hrsg. von G. KANIAK. 6. Aufl. Wien: Manz 1969. Nachtr. Hrsg. von E. FOREGGER und E. SERINI. 1971. (Manzsche Gr. Ausg. 4.) *Diese Gesetzesausgabe enthält die Rechtsprechung in kurzen Leitsätzen sowie erschöpfende Hinweise auf andere Gesetzesbestimmungen und Erlasse; fast keine Literaturhinweise.*
Zitiertitel: KANIAK

DAS ÖSTERREICHISCHE STRAFGESETZ samt den wichtigsten Novellen und Nebengesetzen. Mit einer Einf. u. Erl. unter Verwertung u. Zitierung des Schrifttums u. der Rechtsprechung sowie mit Verweisen auf die einschlägigen Gesetzesstellen. Hrsg. von E. FOREGGER und E. SERINI. 3. Aufl. Wien: Manz 1968; Nachtr. 1970; 1972. (Manzsche Taschenausg. 6.) *Gesetzesausgabe mit kurzen Erläuterungen der wichtigsten Vorschriften anhand der Rechtsprechung u. der Literatur.*
Zitiertitel: FOREGGER-SERINI

Übersetzungen

THE AUSTRIAN PENAL ACT. Mit einer Einl. von R. GRASSBERGER und H. NOWOTNY. Übers. von N. D. WEST und S. J. SHUMAN. South Hackensack, N. J.: Rothman [usw.] 1966. (Am. Ser. For. Pen. Codes. 12.)

CODE PÉNAL AUTRICHIEN. [Übers. von] P. HINSCHBERGER. *In:* CODES PÉN. EUR., Bd. 1, S. 93 ff.

Österreich I 2

2. Wichtige Nebengesetze

Gesamtausgaben

ÖSTERREICHISCHE STRAFRECHTLICHE NEBENGESETZE. Hrsg. von J. KIMMEL. 3. Aufl. Wien: Hollinek 1963.

STRAFRECHT 2. Hrsg. von H. SPEHAR ... (s. I. 1).

DAS ÖSTERREICHISCHE POLIZEIRECHT. Mit Erl., einschlägigen Erlässen u. Entscheidungen. Hrsg. von H. AMBROSI u. R. SZIRBA. Bd. 1. 2. Wien: Österreichische Staatsdr. 1965–1968. (Handausgabe österreichischer Gesetze und Verordnungen. N. F. Gr. 3, 1. 2.)

Die Texte der Novellen zum StG und der strafrechtlichen Nebengesetze finden sich außerdem in der Großen Ausgabe des StG von KANIAK (s. I. 1), die wichtigsten davon auch in der Taschenausgabe des StG von FOREGGER - SERINI (s. I. 1). Die Ausgaben der StPO von GEBERT-PALLIN-PFEIFFER (s. II: Gesamtausgabe) und von TLAPEK-SERINI, mit Nachtr. 1970 (s. II. 2) geben ebenfalls zahlreiche Nebengesetze wieder, die zugleich materielles Strafrecht betreffen.

a) Das StG ergänzende Gesetze

Staatsschutz

Gesamtausgabe

MOOS, R.: Österreich. In: STRAFR. STAATSSCHUTZBEST., *S. 249 ff. Reine Textausg.*

Gesetz vom 17. Dezember 1862, RGBl. Nr. 8/1863, betr. einige Ergänzungen des allgemeinen (und des Militär-) Strafgesetzes. (Strafgesetz-Novelle 1862.) *Die Novelle wurde in das Strafgesetz nicht eingearbeitet.*

Gesetz vom 26. Januar 1907, BGBl. Nr. 18, betr. strafrechtliche Bestimmungen zum Schutze der Wahl- und Versammlungsfreiheit (Wahlschutzgesetz).

Bundesgesetz vom 31. Januar 1935, BGBl. Nr. 33, zur Bekämpfung staatsfeindlicher Druckwerke, i. d. F. des Staatsschutzgesetzes, BGBl. Nr. 223/1936, und der Verordnung [D]RGBl. 1938 I S. 1173. *Dieses Gesetz erhöht die Strafe für Vergehen nach §§ 300, 305, 308 StG, wenn sie durch Veröffentlichungen begangen werden.*

Bundesgesetz vom 11. Juli 1936, BGBl. Nr. 223, zum Schutz des Staates (Staatsschutzgesetz), i. d. F. des Bundesgesetzes BGBl. Nr. 240/1950.

Verfassungsgesetz vom 8. Mai 1945, StGBl. Nr. 13, über das Verbot der NSDAP (Verbotsgesetz), *mit verschiedenen Änderungen,* i. d. F. des Bundesverfassungsgesetzes vom 6. Februar 1947, BGBl. Nr. 25, über die Behandlung der Nationalsozialisten (Nationalsozialistengesetz) und des Bundesgesetzes BGBl. Nr. 285/1955 sowie des Strafrechtsänderungsgesetzes, BGBl. Nr. 74/1968.

Bundesgesetz vom 7. September 1955, BGBl. Nr. 181, womit Bestimmungen über das Wehrwesen erlassen werden (Wehrgesetz), i. d. F. der Bundesgesetze BGBl. Nr. 310/1960, Nr. 221/1962, Nr. 185/1966, Nr. 96, 272/1969, Nr. 184, 344/1970 und Nr. 272/1971. *Die §§ 42, 43, 45 enthalten Strafbestimmungen zum Schutz des Staates und der Wehrkraft; die §§ 44, 46 wurden 1970 aufgehoben.*

Textausgaben

WEHRRECHTLICHE VORSCHRIFTEN. Teil 1. Hrsg. von der Arbeitsgemeinschaft Truppendienst durch J. ELLINGER. Wien: Ueberreuter 1969. (Truppendienst-Taschenbücher. 8.) *S. 54 ff. Strafbestimmungen des Wehrgesetzes.*

DAS ÖSTERREICHISCHE WEHRRECHT, mit Erläuterungen und der einschlägigen Rechtsprechung der Gerichtshöfe öffentlichen Rechtes ... Hrsg. von F. ERMACORA unter Mitw. von E. LOEBENSTEIN. Wien: Manz 1958; Erg. Bd. [1961]. (Manzsche Gr. Ausg. 44. 44a.) *S. 136 ff. Strafbestimmungen des Wehrgesetzes (ohne Erläuterungen).*

Schutz vor staatlichen Eingriffen

Gesetz vom 27. Oktober 1862, RGBl. Nr. 87, zum Schutze der persönlichen Freiheit. *Strafbestimmung in § 6. Das Gesetz gilt gemäß Art. 149 B-VG als Verfassungsgesetz.*

Gesetz vom 27. Oktober 1862, RGBl. Nr. 88, zum Schutze des Hausrechtes. *Strafbestimmung in § 4. Das Gesetz gilt gemäß Art. 149 B-VG als Verfassungsgesetz.*

Textausgabe

DIE ÖSTERREICHISCHEN BUNDESVERFASSUNGSGESETZE ... Hrsg. und mit Anm. versehen von L. WERNER. 2. Aufl. Wien: Manz 1963; Erg. 1964. (Manzsche Sonderausg. 4.)

Schutz der Rechtspflege

Gesetz vom 17. Dezember 1862, RGBl. Nr. 8/1863, betr. einige Ergänzungen des allgemeinen (und des Militär-) Strafgesetzes (Strafgesetz-Novelle 1862). *Die Art. VII, VIII (sog. Lassersche Artikel) enthalten Strafbestimmungen gegen vorzeitige Druckveröffentlichungen über ein Strafverfahren.*

Urkundenschutz

Der Urkundenschutz fällt unter den Betrugstatbestand des Strafgesetzes und wird durch verschiedene Nebengesetze ergänzt wie z. B.:

Gesetz vom 6. April 1870, RGBl. Nr. 42, zum Schutze des Brief- und Schriftgeheimnisses, *ergänzt durch Gesetz RGBl. Nr. 79/1879.*

Bundesgesetz vom 22. Oktober 1969, BGBl. Nr. 422, betr. das Paßwesen (Paßgesetz 1969).

Bundesgesetz vom 8. September 1955, BGBl. Nr. 184, zur Neuordnung der Rechtsverhältnisse der Österreichischen Nationalbank (Nationalbankgesetz 1955), i. d. F. der Bundesgesetze BGBl. Nr. 200/1967 und BGBl. Nr. 276/1969. *Die §§ 79 ff. enthalten Strafbestimmungen zum Schutze der österreichischen Banknoten vor Fälschung.*

Bundesgesetz vom 15. Juli 1965, BGBl. Nr. 250, über die österreichische Staatsbürgerschaft (Staatsbürgerschaftsgesetz 1965). *Nach dem Paßgesetz (§ 39) u. dem Staatsbürgerschaftsgesetz (§ 64) ist die Fälschung der dort genannten Urkunden u. das unbefugte Gebrauchmachen strafbar.*

Textausgaben

SEELER, H.-J.: Das Staatsangehörigkeitsrecht Österreichs. Frankfurt a. M. [usw.]: Metzner 1957; Nachtr. zur 1. Aufl. 1966. (Slg. geltender Staatsangehörigkeitsgesetze. 20.)

STAATSBÜRGERSCHAFTSGESETZ 1965. Hrsg. u. mit Erl. u. Entscheidungen versehen von E. FEIL. Eisenstadt: Prugg 1965.

Weitere Urkundendelikte enthalten das Wahlschutzgesetz (s. unter I. 2a: Staatsschutz), das Finanzstrafgesetz, das Fernmeldegesetz und das Suchtgiftgesetz (s. I. 2g, n, o).

Schutz vor Bestechungen

Bundesgesetz vom 29. April 1964, BGBl. Nr. 116, über Strafbestimmungen zur Bekämpfung der Untreue und der Bestechlichkeit (Antikorruptionsgesetz). *Das Gesetz enthält Strafbestimmungen über die aktive u. passive Bestechung leitender Angestellter von Unternehmen, die durch Gebietskörperschaften betrieben oder kontrolliert werden.*

Pornographie, Prostitution, Zuhälterei

Bundesgesetz vom 31. März 1950, BGBl. Nr. 97, über die Bekämpfung unzüchtiger Veröffentlichungen und den Schutz der Jugend gegen sittliche Gefährdung (sog. Pornographiegesetz oder Schund- und Schmutzgesetz), i. d. F. der Bundesgesetze BGBl. Nr. 158/1952, Nr. 175/1963 und der Kundmachungen BGBl. Nr. 81/1952 und BGBl. Nr. 46/1972.

Textausgabe

SEXUALITÄT UND RECHT. Mit Pornographie-, Geschlechtskrankheiten-, Suchtgiftgesetz u. a. Hrsg. von K. LUGGAUER. Wien: Juridica-Verl. 1970. (Rechtsfragen des Alltags. 2.)

Gesetz vom 24. Mai 1885, RGBl. Nr. 89, womit strafrechtliche Bestimmungen in betreff der Zulässigkeit der Anhaltung in Zwangsarbeits- oder Besserungsanstalten getroffen werden (Landstreichergesetz), i. d. F. des Bundesgesetzes BGBl. Nr. 167/1932. *§ 5 enthält Strafbestimmungen gegen Prostitution und Zuhälterei.*

Bundesgesetz vom 20. Dezember 1929, BGBl. Nr. 440, womit einige Bestimmungen des Strafgesetzes, des Preßgesetzes und des Einführungsgesetzes zur Strafprozeßordnung abgeändert werden (Strafgesetz-Novelle 1929), i. d. F. der Pressegesetz-Novelle 1952, BGBl. Nr. 118, und der StG-Novelle 1963, BGBl. Nr. 175. *Art. VII dieser nicht in das StG aufgenommenen Novelle enthält eine Strafbestimmung gegen die öffentliche Ankündigung zur Herbeiführung unzüchtigen Verkehrs.*

I 2 b Österreich

Unterhaltsschutz

Bundesgesetz vom 17. Februar 1960, BGBl. Nr. 59, über den Schutz der gesetzlichen Ansprüche auf Unterhalt, Pflege, Erziehung und Beaufsichtigung (Unterhaltsschutzgesetz 1960).

Vollstreckungsvereitelung

Gesetz vom 25. Mai 1883, RGBl. Nr. 78, über strafrechtliche Bestimmungen gegen Vereitelung von Zwangsvollstreckungen (Exekutionsvereitelungsgesetz).

Textausgabe

EXEKUTIONSORDNUNG mit wichtigen Bestimmungen aus den Nebengesetzen. Hrsg. von L. V. HELLER u. L. STIX. 6. Aufl. Wien: Manz 1968. (Manzsche Taschenausg. 4.)

Strafen, Maßnahmen und Nebenstrafen

Gesetz vom 15. November 1867, RGBl. Nr. 131, wodurch mehrere Bestimmungen des allgemeinen Strafgesetzes und anderer damit im Zusammenhange stehenden Anordnungen abgeändert werden (Strafgesetz-Novelle 1867), i. d. F. der 2. StG-Novelle 1920, StGBl. Nr. 323, des Einführungsgesetzes zum Strafvollzugsgesetz 1969, BGBl. Nr. 145, und des Militärstrafgesetzes, BGBl. Nr. 344/1970. *Dieses Gesetz ist bes. für den Eintritt zusätzlicher Ehrenstrafen (Verlust von Ämtern, Titeln u. Ehrenzeichen) von Bedeutung.*

Gesetz vom 23. Juli 1920, StGBl. Nr. 373, über die bedingte Verurteilung, *wiederverlautbart durch* Kundmachung der Bundesregierung vom 10. November 1949, BGBl. Nr. 277 (Gesetz über die bedingte Verurteilung 1949), *zuletzt geändert durch das* Strafrechtsänderungsgesetz 1960, BGBl. Nr. 152, das Bewährungshilfegesetz, BGBl. Nr. 146/1969 und das Strafrechtsänderungsgesetz 1971, BGBl. Nr. 273. *Das Gesetz ermöglicht die Strafaussetzung zur Bewährung (bedingter Strafnachlaß), die bedingte Entlassung u. die Schutzaufsicht.*

Bundesgesetz vom 10. Juni 1932, BGBl. Nr. 167, über die Unterbringung von Rechtsbrechern in Arbeitshäusern, *wiederverlautbart durch* Kundmachung der Bundesregierung vom 24. Juli 1951, BGBl. Nr. 211 (Arbeitshausgesetz 1951), i. d. F. des Strafrechtsänderungsgesetzes 1960, BGBl. Nr. 152, und des Einführungsgesetzes zum Strafvollzugsgesetz, BGBl. Nr. 145/1969.

b) Jugendstrafrecht

Bundesgesetz vom 26. Oktober 1961, BGBl. Nr. 278, über die Behandlung junger Rechtsbrecher (Jugendgerichtsgesetz 1961), i. d. F. des Einführungsgesetzes zum Strafvollzugsgesetz, BGBl. Nr. 145/1969, des Bewährungshilfegesetzes, BGBl. Nr. 146/1969 und des Tilgungsgesetzes 1972, BGBl. Nr. 68/1972.

Österreich I 2 c

Textausgabe
JUGENDGERICHTSGESETZ (JGG 1961) ... Textausg. Wien: Manz 1970. *Das Gesetz wird außerdem in den Nachträgen zu den Taschenausgaben des StG von* FOREGGER-SERINI *(s. I. 1) und der StPO von* TLAPEK-SERINI *(s. II. 2) in der neuesten Fassung wiedergegeben.*

Bundesgesetz vom 7. Juli 1922, BGBl. Nr. 448, betr. die Einschränkung der Verabreichung geistiger Getränke an Jugendliche.

Bundesgesetz vom 9. April 1954, BGBl. Nr. 99, womit Grundsätze über die Mutterschafts-, Säuglings- und Jugendfürsorge aufgestellt und unmittelbar anzuwendende Vorschriften über die Jugendwohlfahrt erlassen werden (Jugendwohlfahrtsgesetz), i. d. F. des Bundesgesetzes BGBl. Nr. 342/1970. *Strafbestimmung in § 36.*

Bundesgesetz vom 27. März 1969, BGBl. Nr. 146, über die Bewährungshilfe (Bewährungshilfegesetz).

Textausgabe
TLAPEK-SERINI: Die österreichische Strafprozeßordnung ... Nachtrag 1970 *(s. II. 2).* Siehe auch das *Pornographiegesetz unter I. 2a.*

c) Militärstrafrecht

Bundesgesetz vom 30. Oktober 1970, BGBl. Nr. 344, über besondere strafrechtliche Bestimmungen für Soldaten (Militärstrafgesetz).

Textausgabe
DAS ÖSTERREICHISCHE MILITÄRSTRAFGESETZ ... *(s. VI. 4c).*
Das Gesetz ist auch in der Textausg. des StG von REISSIG *und in den Nachträgen zu* KANIAK *und zu* FOREGGER-SERINI *enthalten (s. I. 1).*

Gesetz vom 15. Juli 1920, StGBl. Nr. 323, über die Unterstellung der aktiven Heeresangehörigen unter die allgemeinen Strafgesetze. Anhang zum allgemeinen Strafgesetz vom 27. Mai 1852, RGBl. Nr. 117. Sonderbestimmungen für aktive Heeresangehörige, i. d. F. der StG-Novellen BGBl. Nr. 30/1957 und Nr. 74/1968. *Diese das Militärstrafrecht bisher enthaltenden §§ 533–684 StG sind am 1. Januar 1971 durch das MilStGB ersetzt worden. Lediglich § 577 StG (Waffengebrauch der Wachen) gilt bis auf weiteres als Teil des MilStGB fort.*

Textausgabe
WEHRRECHTLICHE VORSCHRIFTEN. Teil 1. Hrsg. von der Arbeitsgemeinschaft Truppendienst durch J. ELLINGER. Wien: Ueberreuter 1969. (Truppendienst-Taschenbücher. 8.) *Soldatenstrafrecht, S. 124 ff.*

d) Verwaltungsstrafrecht, allgemeines

Bundesgesetz vom 21. Juli 1925, BGBl. Nr. 275, über die allgemeinen Bestimmungen des Verwaltungsstrafrechtes und des Verwaltungsstrafverfahrens, *wiederverlautbart durch* Kundmachung der Bundesregierung vom 23. Mai 1950, BGBl. Nr. 172 (Verwaltungsstrafgesetz 1950), i. d. F. der Bundesgesetze BGBl. Nr. 129/1958, Nr. 231/1959, Nr. 218/1960, Nr. 275/1964 und Nr. 275/1971.

Textausgabe
VERWALTUNGSVERFAHRENSGESETZE. Textausg. nach dem Stande vom 1. 4. 1968. Eisenstadt: Prugg 1968.

Verordnung der Bundesregierung vom 24. August 1971, BGBl. Nr. 349, über Organstrafverfügungen.

e) Wirtschaftsstrafrecht

Gesamtausgabe
GÖSSWEINER-SAIKO, T.: Wirtschaftsstrafrecht. Eine Übersicht für die Praxis. Eisenstadt: Prugg 1970. *Eine Textsammlung aller Bestimmungen des Wirtschaftsstrafrechts mit Verweisungen und Erläuterungen.*

Ein allgemeines Wirtschaftsstrafgesetz gibt es nicht. Aus den zahlreichen Einzelgesetzen mit wichtigen Strafbestimmungen seien herausgegriffen:

Gesetz vom 7. April 1870, RGBl. Nr. 43, wodurch unter Aufhebung der §§ 479, 480 und 481 des allgemeinen Strafgesetzes in betreff der Verabredungen von Arbeitgebern oder Arbeitnehmern zur Erzwingung von Arbeitsbedingungen, und von Gewerbsleuten zur Erhöhung des Preises einer Ware zum Nachteile des Publikums besondere Bestimmungen erlassen werden (sog. Koalitionsgesetz).

Verordnung vom 12. Oktober 1914, RGBl. Nr. 275, über den Wucher, *wiederverlautbart durch* Kundmachung der Bundesregierung vom 10. November 1949, BGBl. Nr. 271 (Wuchergesetz 1949).

Bundesgesetz vom 26. September 1923, BGBl. Nr. 531, gegen den unlauteren Wettbewerb, *zuletzt geändert durch* Bundesgesetze BGBl. Nr. 11/1969 und BGBl. Nr. 74/1970.

Textausgabe
WETTBEWERBSRECHT. 2. Aufl. Eisenstadt: Prugg 1971.

Bundesgesetz vom 5. April 1930, BGBl. Nr. 113, zum Schutze der Arbeits- und Versammlungsfreiheit (sog. Anti-Terrorgesetz), i. d. F. des Bundesgesetzes BGBl. Nr. 196/1954.

Bundesgesetz vom 16. Juni 1948, BGBl. Nr. 130, betreffend die Wiederherstellung der durch Kriegseinwirkung beschädigten oder zerstörten Wohnbauten und den Ersatz des zerstörten Hausrates (Wohnhaus-Wiederaufbaugesetz), *zahlreiche Änderungen, zuletzt durch* Bundesgesetze BGBl. Nr. 280 und 281/1967. *Strafbestimmungen in §§ 24 ff. Zur strafrechtlichen Bedeutung s.* SEILER *unter VI. 4e.*

Bundesgesetz vom 31. März 1950, BGBl. Nr. 92, über die Bestrafung der Preistreiberei, *wieder in Kraft gesetzt durch*

Bundesgesetz vom 18. Februar 1959, BGBl. Nr. 49 (Preistreibereigesetz 1959). *Zahlreiche Änderungen, zuletzt durch* Bundesgesetze BGBl. Nr. 173, 408/1970 und Nr. 489/1971.

Textausgabe

KARTELL- UND PREISRECHT ... *(s. VI. 4e).*

Bundesgesetz vom 4. Juli 1951, BGBl. Nr. 173, über die Regelung des Kartellwesens, *wiederverlautbart durch* Kundmachung der Bundesregierung vom 10. November 1959, BGBl. Nr. 272 (Kartellgesetz 1959), i. d. F. der Bundesgesetze BGBl. Nr. 174/1962, Nr. 175/1963 und Nr. 241/1968.

Textausgabe

KARTELL- UND PREISRECHT ... *(s. VI. 4e).*

f) Straßenverkehrsstrafrecht

Bundesgesetz vom 13. Februar 1957, BGBl. Nr. 60, über das Eisenbahnwesen (Eisenbahngesetz 1957), i. d. F. der Bundesgesetze BGBl. Nr. 113/1963, Nr. 20/1970 und Nr. 274/1971. *Strafbestimmungen in § 54 auch in Verbindung mit der Eisenbahn-Kreuzungsverordnung wegen verbotenen Verhaltens an Schienenübergängen.*

Verordnung des Bundesministeriums für Verkehr und Elektrizitätswirtschaft vom 21. Dezember 1960, BGBl. Nr. 2/1961, über die Sicherung und Benützung schienengleicher Eisenbahnübergänge (Eisenbahn-Kreuzungsverordnung 1961), i. d. F. der Verordnungen BGBl. Nr. 333/1963 und Nr. 288/1964.

Bundesgesetz vom 6. Juli 1960, BGBl. Nr. 159, mit dem Vorschriften über die Straßenpolizei erlassen werden (Straßenverkehrsordnung 1960), i. d. F. der Kundmachung BGBl. Nr. 228/1963, der Straßenverkehrsordnungs-Novellen BGBl. Nr. 204/1964, Nr. 229/1965, Nr. 209/1969, der Kundmachungen BGBl. Nr. 228/1963, Nr. 163/1968 und des Verkehrsrecht-Anpassungsgesetzes 1971, BGBl. Nr. 274.

Textausgaben

STRASSENVERKEHRSRECHT. 1. 2. Mit einer Einf. u. ausführlichem Reg. Hrsg. von H. SPEHAR. München: Goldmann 1971. (Österreichisches Recht. Goldmanns gelbe Taschenbücher. 2882. 2884.)
1. Das Recht der Straßenverkehrsteilnehmer. 2. Das Recht der Kraftfahrzeughalter.

DIE NEUE STRASSENVERKEHRSORDNUNG NACH DER NOVELLE 1971 samt den wesentlichsten Verordnungen u. erl. Anm. Hrsg. von P. SOCHE. 8. Aufl. Wien: ÖAMTC 1971.

Bundesgesetz vom 23. Juni 1967, BGBl. Nr. 267, über das Kraftfahrwesen (Kraftfahrgesetz 1967), i. d. F. der Kundmachung BGBl. Nr. 240/1970 und der Kraftfahrgesetz-Novelle 1971, BGBl. Nr. 285.

Verordnung des Bundesministeriums für Handel, Gewerbe und Industrie vom 30. November 1967, BGBl. Nr. 399, über die Durchführung des Kraftfahrgesetzes 1967 (Kraftfahrgesetz-Durchführungsverordnung 1967), i. d. F. der Verordnungen BGBl. Nr. 77, 204/1968, Nr. 376, 476/1971 und Nr. 177, 356/1972 sowie der Kundmachungen BGBl. Nr. 256, 257/1970 und Nr. 201/1971.

Allgemeiner Durchführungserlaß zum Kraftfahrgesetz 1967, Erlaß des Bundesministeriums für Handel, Gewerbe und Industrie vom 17. Mai 1968, Zl. 186.000-III/18-1968, i. d. F. des Erlasses vom 13. Dezember 1968, Zl. 194.500-III/18-1968.

Textausgaben

DAS ÖSTERREICHISCHE KRAFTFAHRRECHT. Hrsg. von P. SOCHE. 4. Aufl. Bd. 1. Wien: ÖAMTC 1971. *Mit kurzen Erläuterungen.*

STRASSENVERKEHRSRECHT. 2. Hrsg. von SPEHAR ... *(s. o.)*

Bundesgesetz vom 16. Juli 1971, BGBl. Nr. 286, betreffend die Bundesstraßen (Bundesstraßengesetz 1971). *Strafbestimmung in § 30.*

g) Finanzstrafrecht

Bundesgesetz vom 26. Juni 1958, BGBl. Nr. 129, betr. das Finanzstrafrecht und das Finanzstrafverfahrensrecht (Finanzstrafgesetz), *zuletzt geändert durch* Bundesgesetz BGBl. Nr. 145/1969.

Textausgabe

FINANZSTRAFGESETZ nach dem Stande vom 1. 9. 1964. Textausg. mit erl. Anm., Entscheidungen u. Hinweisen. Eisenstadt: Prugg 1964. (Textausg. österreichischer Gesetze und Verordnungen. Abgabengesetze. 1, 3.)

h) Pressestrafrecht

Gesetz vom 17. Dezember 1862, RGBl. Nr. 8/1863, betr. einige Änderungen des allgemeinen (und des Militär-) Strafgesetzes (Strafgesetz-Novelle 1862). *(Siehe I. 2a).*

Bundesgesetz vom 7. April 1922, BGBl. Nr. 218, über die Presse (Pressegesetz), *zahlreiche Änderungen, zuletzt durch die* Pressegesetz-Novellen BGBl. Nr. 118/1952 und Nr. 104/1966. *Die Regierungsvorlage vom 1. November 1971 einer Pressegesetznovelle 1972 (Nr. 91 der Beilagen zu den sten. Prot. NR. XIII. GP.) befindet sich in parlamentarischer Beratung.*

Bundesgesetz vom 20. Dezember 1929, BGBl. Nr. 440, womit einige Bestimmungen des Strafgesetzes, des Preßgesetzes und des Einführungsgesetzes zur Strafprozeßordnung abgeändert werden (Strafgesetz-Novelle 1929), i. d. F. der StG-Novelle 1963, BGBl. Nr. 175. *Dieses Gesetz enthält mehrere Pressedelikte, die nicht in andere Gesetze aufgenommen worden sind.*

Österreich I 2i

Bundesgesetz zur Bekämpfung staatsfeindlicher Druckwerke vom 31. Januar 1935, BGBl. Nr. 33. *Siehe unter I. 2a: Staatsschutz.*

i) Waffen, Sprengstoffe

Bundesgesetz vom 1. März 1967, BGBl. Nr. 121, mit dem waffenpolizeiliche Bestimmungen getroffen werden (Waffengesetz 1967), i. d. F. der Waffengesetz-Novelle 1971, BGBl. Nr. 109.

Bundesgesetz vom 27. März 1969, BGBl. Nr. 149, über den Waffengebrauch von Organen der Bundespolizei, der Bundesgendarmerie und der Gemeindewachkörper (Waffengebrauchsgesetz 1969).

Textausgabe

(s. VI. 4i).

Gesetz vom 27. Mai 1885, RGBl. Nr. 134, betr. Anordnungen gegen den gemeingefährlichen Gebrauch von Sprengstoffen und die gemeingefährliche Gebarung mit denselben (Sprengstoffgesetz), i. d. F. des Strafrechtsänderungsgesetzes 1934, BGBl. II Nr. 77, der Sprengstoffgesetz-Novelle 1935, BGBl. Nr. 197, und des Bundesgesetzes BGBl. Nr. 74/1968.

Bundesgesetz vom 1. Juni 1935, BGBl. Nr. 196, über Schieß- und Sprengmittel (Schieß- und Sprengmittelgesetz), i. d. F. der Verordnungen GBlÖ Nr. 482, 483/1938, Nr. 227/1939, [D]RGBl. I 1942, S. 37, und des Bundesgesetzes BGBl. Nr. 232/1959.

Verordnung des Bundesministeriums für soziale Verwaltung vom 7. Januar 1954, BGBl. Nr. 77, über den Schutz des Lebens und der Gesundheit von Dienstnehmern bei der Ausführung von Sprengarbeiten (Sprengarbeitenverordnungen), i. d. F. der VO BGBl. 1965, Nr. 77. *Strafbestimmung in § 34 in Verbindung mit den Strafbestimmungen der Gewerbeordnung (§§ 131ff.), RGBl. Nr. 227/1859 (mit zahlreichen Änderungen).*

Textausgabe

Verordnung über den Schutz von Dienstnehmern bei Ausführung von Sprengarbeiten. Wien: Österreichische Staatsdr. 1970.

k) Sicherung der Luftfahrt

Bundesgesetz vom 13. Juli 1971, BGBl. Nr. 294, betreffend das Verbot des Einbringens von gefährlichen Gegenständen in Zivilluftfahrzeuge.

l) Schiffahrt

Bundesgesetz vom 17. Februar 1971, BGBl. Nr. 91, über die Regelung der Schiffahrt (Schiffahrtspolizeigesetz). *Strafbestimmungen in § 36.*

m) Vereins- und Versammlungsrecht

Gesetz vom 15. November 1867, RGBl. Nr. 134, über das Vereinsrecht, *wiederverlautbart durch* Kundmachung der Bundesregierung vom 28. August 1951, BGBl. Nr. 233 (Vereinsgesetz 1951), i. d. F. der Bundesgesetze BGBl. Nr. 141/1954 und Nr. 102/1962. *Strafbestimmungen in § 29.*

Textausgaben

(s. VI. 4m).

Gesetz vom 15. November 1867, RGBl. Nr. 135, über das Versammlungsrecht, *wiederverlautbart durch* Kundmachung der Bundesregierung vom 19. Mai 1953, BGBl. Nr. 98 (Versammlungsgesetz 1953), i. d. F. der Kundmachung über die Aufhebung des § 3 durch den Verfassungsgerichtshof, BGBl. Nr. 69/1965, und des Bundesgesetzes BGBl. Nr. 392/1968. *Strafbestimmungen in § 19.*

Textausgaben

(s. VI. 4m).

Siehe auch das Wahlschutzgesetz (unter I. 2a: Staatsschutz).

n) Fernmeldewesen

Bundesgesetz vom 13. Juli 1949, BGBl. Nr. 170, betr. das Fernmeldewesen (Fernmeldegesetz), i. d. F. der Bundesgesetze BGBl. Nr. 283/1969 und Nr. 170/1970 sowie der Kundmachung BGBl. Nr. 49/1972. *Strafbestimmungen in §§ 23ff. wegen Geheimnismißbrauchs u. Verletzung des Fernmeldegeheimnisses (Telegrammfälschung usw.).*

o) Lebensmittel, Wein, Suchtgifte

Gesetz vom 16. Januar 1896, RGBl. Nr. 89/1897, betr. den Verkehr mit Lebensmitteln und einigen Gebrauchsgegenständen, *wiederverlautbart durch* Kundmachung der Bundesregierung vom 2. Oktober 1951, BGBl. Nr. 239 (Lebensmittelgesetz 1951), *zuletzt geändert durch* Bundesgesetz BGBl. Nr. 268/1968. *Die Regierungsvorlage vom 9. Dezember 1971 eines Lebensmittelgesetzes (Nr. 4 u. 202 der Beilagen zu den sten. Prot. NR. XII GP.) befindet sich in parlamentarischer Beratung.*

Textausgabe

Braun, K. - E. Feil: Das österreichische Lebensmittelrecht ... *(s. VI. 4o).*

Bundesgesetz vom 6. Juli 1961, BGBl. Nr. 187, über den Verkehr mit Wein und Obstwein (Weingesetz 1961), i. d. F. des Bundesgesetzes BGBl. Nr. 198/1964 und der Weingesetz-Novellen BGBl. Nr. 334/1971 und Nr. 60/1972. *Strafbestimmungen in §§ 45ff.*

Textausgabe

Das österreichische Weingesetz 1961. Wien: Österreichischer Agrarverl. 1962.

Bundesgesetz vom 29. Oktober 1946, BGBl. Nr. 207, über den Verkehr und die Gebarung mit Suchtgiften, *wiederverlautbart durch* Kundmachung der Bundesregierung vom 18. September 1951, BGBl. Nr. 234 (Suchtgiftgesetz 1951), i. d. F. der Bundesgesetze BGBl. Nr. 160/

1952, Nr. 175/1963 und der Suchtgiftgesetz-Novelle 1971, BGBl. Nr. 271.

Verordnung des Bundesministeriums für soziale Verwaltung vom 20. Dezember 1946, BGBl. Nr. 19/1947, im Einvernehmen mit dem Bundesministerium für Handel und Wiederaufbau und Land- und Forstwirtschaft über den Verkehr und über die Gebarung mit Suchtgiften (Suchtgiftverordnung). *Mehrfache Änderungen, zuletzt durch die 8. Suchtgiftverordnungs-Novelle, BGBl. Nr. 379/1971.*

Textausgabe
SUCHTGIFT UND KRIMINALITÄT. Hrsg. vom BMfI, Generaldirektion für die öffentliche Sicherheit. Teil 1. 2. Wien: BMfI 1969. (Kriminalpolizeiliche Schriftenreihe. 2, 1. 2.) *Für den Dienstgebrauch. Teil 1 enthält u. a. die Texte des Suchtgiftgesetzes, der Suchtgiftverordnung u. aller Erlasse sowie internationaler Abkommen.*

p) Strahlenschutz

Bundesgesetz vom 11. Juni 1969, BGBl. Nr. 227, über Maßnahmen zum Schutz des Lebens oder der Gesundheit von Menschen einschließlich ihrer Nachkommenschaft vor Schäden durch ionisierende Strahlen (Strahlenschutzgesetz). *Strafbestimmungen in § 39.*

Textausgabe
DAS STRAHLENSCHUTZGESETZ ... *(s. VI. 4p).*

Verordnung des Bundesministers für soziale Verwaltung ... vom 12. Januar 1972, BGBl. Nr. 47, über Maßnahmen zum Schutz des Lebens oder der Gesundheit von Menschen einschließlich ihrer Nachkommenschaft vor Schäden durch ionisierende Strahlen (Strahlenschutzverordnung). *Strafbestimmung i. V. m. § 39 Strahlenschutzgesetz.*

q) Landstreicherei, Fremdenpolizei

Gesetz vom 10. Mai 1873, RGBl. Nr. 108, womit polizeistrafrechtliche Bestimmungen wider Arbeitsscheue und Landstreicher erlassen werden (Polizeiaufsichtsgesetz).

Gesetz vom 24. Mai 1885, RGBl. Nr. 89, womit strafrechtliche Bestimmungen in betreff der Zulässigkeit der Anhaltung in Zwangsarbeits- oder Besserungsanstalten getroffen werden (sog. Landstreichergesetz oder Vagabundengesetz), i. d. F. des Bundesgesetzes BGBl. Nr. 167/1932.

Bundesgesetz vom 17. März 1954, BGBl. Nr. 75, betr. die Ausübung der Fremdenpolizei (Fremdenpolizeigesetz). *Das Gesetz regelt u. a. die Anordnung von Aufenthaltsverboten für Ausländer wegen strafbaren Verhaltens.*

Textausgabe
DAS ÖSTERREICHISCHE FREMDENPOLIZEIRECHT mit Einschluß des österreichischen Paßrechtes ... Mit erl. Anm. Hrsg. von W. SAUER. Wien: Manz 1955.

r) Mädchenhandel

Gesetz über das Auswanderungswesen vom 9. Juni 1897, [D]RGBl. S. 463, *in Österreich eingeführt durch* VO vom 17. Dezember 1939, [D]RGBl. I S. 2442, *in Geltung belassen durch das Rechtsüberleitungsgesetz 1945,* StGBl. Nr. 6, *u. ergänzt durch das* Strafanwendungsgesetz, StGBl. Nr. 148/1945. *§ 48 betrifft die Verleitung zur Auswanderung.*

s) Glücksspiele

Bundesgesetz vom 27. Juni 1962, BGBl. Nr. 169, zur Regelung des Glücksspielwesens (Glücksspielgesetz), i. d. F. der Bundesgesetze BGBl. Nr. 288/1963, Nr. 171/1965, Nr. 58/1969 und Nr. 226/1972.

Verordnung des Bundeskanzleramtes vom 30. April 1923, BGBl. Nr. 253, über die verbotenen Spiele (Glücksspielverordnung), i. d. F. der VO vom 2. Januar 1933, BGBl. Nr. 6. *Die Glücksspielverordnung ist durch Erkenntnis des Verfassungsgerichtshofes (Kundmachung BGBl. Nr. 201/1957) und die VO des BMfJ, BGBl. Nr. 87/1961, aufgehoben worden. Die Gerichte können die VO aber nach h. M. zur Auslegung des § 522 StG wie ein Sachverständigengutachten heranziehen.*

II. Strafverfahrensrecht – Texte –

Gesamtausgabe
DAS ÖSTERREICHISCHE STRAFVERFAHRENSRECHT. Mit den Nebengesetzen, den Durchführungsvorschriften u. einer systematischen Übersicht über die Rechtsprechung der Höchstgerichte. Bd. 1–3. Hrsg. von P. GEBERT, F. PALLIN u. H. PFEIFFER. [Fortgef. von C. MAYERHOFER, F. PALLIN u. S. RIEDER.] Wien: Österreichische Staatsdr. 1962ff. [Losebl. Ausg.] (Handausg. österreichischer Gesetze u. Verordnungen. N. F. Gr. 2, 12.)

Bd. 1, Teil 1.2. [1971 in 3 Tln.] [Gesetze und Nebengesetze.] Hrsg. von J. GEBERT u. M. PFEIFFER. 1962. Mit Nachlfg. 1. 1965.

Erg.Lfg. 1, 1–3. Fortgef. von C. MAYERHOFER, F. PALLIN u. S. RIEDER. 1971.

Bd. 2, Teil 1. [Erlässe.] Hrsg. von J. GEBERT u. M. PFEIFFER. 1964.

Erg.Lfg. 2, 1. Hrsg. von C. MAYERHOFER, F. PALLIN u. S. RIEDER. 1971.

Österreich II 1

Bd. 3, Teil 1. 2. [Entscheidungen zur Strafprozeßordnung.]
T. 1. Hrsg. von J. Gebert, F. Pallin u. M. Pfeiffer. 1964 bis 1966. Fortgef. von F. Pallin unter Mitw. von C. Mayerhofer. 1966–1967.

T. 2. Hrsg. von F. Pallin unter Mitw. von C. Mayerhofer. 1967.

Teil 3. [Entscheidungen zu den Nebengesetzen einschließlich der MRK.] Hrsg. von C. Mayerhofer. 1968.

Zitiertitel: Gebert-Pallin-Pfeiffer

1. Gerichtsverfassungsrecht

Gesamtausgaben

Das österreichische Justizverwaltungsrecht. Verfassungsrechtliche Grundlagen, Gerichtsorganisation, Dienst- und Pensionsrecht, sonstiges Justizverwaltungsrecht und Strafvollzugsrecht. Mit erl. Anm. u. Verw. sowie einer Übersicht der Rechtsprechung. Hrsg. von V. Heller, H. Kocian u. G. Schubert. Wien: Manz 1969. (Manzsche Gr. Ausg. 8.)

Gerichtsorganisationsgesetze. Unter Aufnahme einschlägiger Rechtsnormen u. der im Gegenstande ergangenen Entscheidungen mit erl. Bemerkungen. Hrsg. von O. Wentzel. Wien: Österreichische Staatsdr. 1956. (Handausg. österreichischer Gesetze u. Verordnungen. N. F. Gr. 2, 10.)

Gesetz vom 27. November 1896, RGBl. Nr. 217, womit Vorschriften über die Besetzung, innere Einrichtung und Geschäftsordnung der Gerichte erlassen werden (Gerichtsorganisationsgesetz 1896), *wieder in Kraft gesetzt durch das Gerichtsorganisationsgesetz 1945, StGBl. Nr. 47. Zahlreiche Änderungen, zuletzt durch* Bundesgesetz BGBl. Nr. 197/1965.

Gesetz vom 27. Februar 1907, RGBl. Nr. 59, womit die Bestimmungen des Gesetzes vom 21. September 1869, RGBl. Nr. 150 (über die Erfordernisse der Exekutionsfähigkeit der vor Vertrauensmännern aus der Gemeinde abgeschlossenen Vergleiche und über die von denselben zu entrichtenden Gebühren), abgeändert und ergänzt werden (Gemeindevermittlungsämter-Gesetz). *Dieses Gesetz regelt die Einrichtung von Gemeindevermittlungsämtern für Sühneverhandlungen in Ehrbeleidigungssachen (§§ 487 ff. StG). Die hierzu berechtigten Gemeinden werden in JABl. 1970, S. 152 ff. mitgeteilt (JMZ 18. 798 – 9b/70).*

Bundesgesetz vom 13. Juni 1946, BGBl. Nr. 135, über die Bildung der Geschworenen- und Schöffenlisten (Geschworenen- und Schöffenlistengesetz), *zuletzt geändert durch* Bundesgesetz BGBl. Nr. 175/1963.

Bundesgesetz vom 14. Dezember 1961, BGBl. Nr. 305, über das Dienstverhältnis der Richter und Richteramtsanwärter (Richterdienstgesetz), i. d. F. der Richterdienstgesetz-Novellen, BGBl. Nr. 68/1968 und Nr. 283/1971.

Bundesgesetz vom 19. Juni 1968, BGBl. Nr. 328, über den Obersten Gerichtshof (OGH-Gesetz).

Bundesgesetz vom 15. Februar 1972, BGBl. Nr. 67, über den Übergang der Zivil- und Strafsachen und die Änderung der Zuständigkeit bei der Auflassung von Bezirksgerichten.

Verordnung des BMfJ vom 1. März 1930, BGBl. Nr. 74, womit die Geschäftsordnung für die Gerichte I. und II. Instanz (Geo.) erlassen wird, *neu verlautbart durch* VO des BMfJ vom 9. Mai 1951, BGBl. Nr. 264. *Zahlreiche Änderungen, zuletzt durch* Kundmachungen des BMfJ. BGBl. Nr. 135/1970 und Nr. 122/1972.

Textausgabe

Die Geschäftsordnung für die Gerichte I. und II. Instanz. Dienstbuch der Geo. Hrsg. vom BMfJ. 3. Aufl. Wien: Manz 1952. *Textausgabe mit amtlichen Erl.*

Verordnung des BMfJ vom 22. Oktober 1951, BGBl. Nr. 267, über die innere Einrichtung und Geschäftsordnung der Oberstaatsanwaltschaften und Staatsanwaltschaften und über die Besorgung des staatsanwaltschaftlichen Dienstes bei den Bezirksgerichten (StA-Geo), i. d. F. der VO BGBl. Nr. 157/1957 und des Bundesgesetzes BGBl. Nr. 148/1969.

Textausgabe

Die StA-Geo ist nur bei Gebert-Pallin-Pfeiffer. Bd. 1, T. 2 *(s. II: Gesamtausgabe) abgedruckt.*

Rundschreiben über die Verständigungspflichten in gerichtlichen Strafverfahren. [Hrsg. vom BMfJ.] Wien 1968.

Dazu: Erlaß des BMfJ vom 13. April 1970, JABl., Nr. 80: *Änderung und Ergänzung des Rundschreibens ...*

2. Strafprozeßrecht

Strafprozeßordnung

Gesetz betr. die Einführung einer Strafprozeßordnung vom 23. Mai 1873, RGBl. Nr. 119, *wiederverlautbart durch* Kundmachung der Bundesregierung vom 20. April 1960, BGBl. Nr. 98, über die Wiederverlautbarung der österreichischen Strafprozeßordnung 1945 (Strafprozeßordnung 1960). *Zahlreiche Änderungen, zuletzt durch das* Einführungsgesetz zum Strafvollzugsgesetz, BGBl. Nr. 145/1969, das Militärstrafgesetz, BGBl. Nr. 344/1970, das Strafrechtsänderungsgesetz 1971, BGBl. Nr. 273, und die Strafprozeßnovelle 1972, BGBl. Nr. 143.

Textausgaben

Gebert-Pallin-Pfeiffer Bd. 1, T. 1 (*s. II: Gesamtausgabe*).

Die österreichische Strafprozessordnung samt den wichtigsten Nebengesetzen. Hrsg. von L. F. Tlapek und

E. SERINI. 6. Aufl. Wien: Manz 1968; Nachtr. 1970. (Manzsche Taschenausg. 5.) *Kurze Kommentierung der wichtigsten Bestimmungen unter Berücksichtigung der Rechtsprechung u. des Schrifttums u. mit Verw. auf andere Gesetze.*

Eine Neubearbeitung, hrsg. von E. FOREGGER u. E. SERINI wird demnächst bei Manz in Wien erscheinen (Manzsche Taschenausg. Neue Reihe. 4).

Zitiertitel: TLAPEK-SERINI

STRAFPROZESSORDNUNG 1960 nach dem Stande vom 1. 1. 1972. Hrsg. von A. POSCH. Eisenstadt: Prugg 1972. *Reine Textausg.*

Übersetzungen

CODE D'INSTRUCTION CRIMINELLE AUTRICHIEN. Übers. und mit Anm. von E. BERTRAND u. C. LYON-CAEN. Paris: Impr. nationale 1875.

Haut Commissariat de la République Française en Autriche. CODE DE PROCÉDURE PÉNALE AUTRICHIEN. Übers. von P. HINSCHBERGER. Vorw. von G. DE SAINT-VÉRAN und Einl. von T. RITTLER. Vienne: Impr. nationale de France 1950.

YÜ, Shu-p'ing [*auch* JÜ, Schobern]: Hsing-shih-su-sung-fa-hsüeh [Die Strafprozeßrechtswissenschaft]. 3. Aufl. Taipei, Taiwan: Chung-kuo-fa-hsüeh-pien-i-she [Verlag für die Herausgabe u. Übersetzung der chinesischen Rechtswissenschaft] 1961. *Ein Lehrbuch des Strafprozeßrechts, das Teile der österreichischen und deutschen StPO in chinesischer Übersetzung enthält.*

Ergänzungsgesetze

Verfassungsrechtliche Vorschriften für das Strafverfahren sind enthalten im Bundesverfassungsgesetz i. d. F. von 1929, BGBl. Nr. 1/1930, *(Art. 82–94), im* Gesetz vom 27. Oktober 1862, RGBl. Nr. 87, zum Schutze der persönlichen Freiheit *(betr. die Verhaftung), im* Gesetz vom 27. Oktober 1862, RGBl. Nr. 88, zum Schutze des Hausrechtes *(betr. Hausdurchsuchung) und in der* Europäischen Menschenrechtskonvention, BGBl. Nr. 210/1958, *die kraft Verfassungsgesetz BGBl. Nr. 59/1964 Verfassungsrang besitzt.*

Textausgaben

DIE ÖSTERREICHISCHE BUNDESVERFASSUNG samt den Staatsgrundgesetzen und dem Österreichischen Staatsvertrag. Hrsg. u. erl. von E. MACHEK. 9. Aufl. Nach dem Stand vom 1. Jänner 1968. Wien [usw.]: Cura-Verl. 1968.

ÖSTERREICHISCHE BUNDESVERFASSUNGSGESETZE. Mit einer Einl. u. Anm. Hrsg. von F. ERMACORA. Stuttgart: Reclam 1971.

DIE ÖSTERREICHISCHEN BUNDESVERFASSUNGSGESETZE ... Hrsg. u. mit Anm. versehen von L. WERNER. 2. Aufl. Wien: Manz 1963; Erg. 1964. (Manzsche Sonderausg. 4.)

Gesetz vom 3. Mai 1868, RGBl. Nr. 33, zur Regelung des Verfahrens bei den Eidablegungen vor Gericht.

Gesetz vom 23. Juli 1920, StGB Nr. 373, über die bedingte Verurteilung, *wiederverlautbart durch* Kundmachung der Bundesregierung vom 10. November 1949, BGBl. Nr. 277 (Gesetz über die bedingte Verurteilung 1949), *zuletzt geändert durch* Bundesgesetze BGBl. Nr. 152/1960, Nr. 146/1969 und Nr. 273/1971.

Gesetz vom 10. Juni 1932, BGBl. Nr. 167, über die Unterbringung von Rechtsbrechern in Arbeitshäusern, *wiederverlautbart durch* Kundmachung der Bundesregierung vom 24. Juli 1951, BGBl. Nr. 211 (Arbeitshausgesetz 1951), i. d. F. der Bundesgesetze BGBl. Nr. 152/1960, Nr. 145/1969.

Textausgaben

GEBERT-PALLIN-PFEIFFER *(s. II: Gesamtausgabe).*

TLAPEK-SERINI: Die österreichische Strafprozeßordnung ... *(s. II. 2).*

3. Wichtige Nebengesetze

a) Jugendstrafverfahren

Bundesgesetz vom 26. Oktober 1961, BGBl. Nr. 278, über die Behandlung junger Rechtsbrecher (Jugendgerichtsgesetz 1961), i. d. F. der Bundesgesetze, BGBl. Nr. 145, 146/1969.

Textausgabe

JUGENDGERICHTSGESETZ (JGG 1961) ... *(s. I. 2b).*

b) Militärstrafverfahren

Militärstrafsachen unterliegen im Frieden dem ordentlichen Strafverfahren nach der StPO (gemäß Art. 84 B-VG und §§ 492ff. StPO). Eine für Kriegszeiten vorgesehene Feldgerichtsordnung wurde bisher nicht erlassen.

c) Sonstige Verfahrensvorschriften

Verwaltungsstrafverfahren

Bundesgesetz vom 21. Juli 1925, BGBl. Nr. 275, über das allgemeine Verwaltungsverfahren, *wiederverlautbart durch* Kundmachung der Bundesregierung vom 23. Mai 1950, BGBl. Nr. 172 (Allgemeines Verwaltungsverfahrensgesetz 1950), i. d. F. der Bundesgesetze Nr. 275/1964, Nr. 45/1968. *Dieses Gesetz gilt auch im Verwaltungsstrafverfahren, soweit im Verwaltungsstrafgesetz (s. I. 2d) nichts anderes bestimmt wird (§§ 24 VStG und Art. V EGVG).*

Textausgabe

VERWALTUNGSVERFAHRENSGESETZE ... *(s. I. 2d).*

Finanzstrafverfahren

Bundesgesetz vom 26. Juni 1958, BGBl. Nr. 129, betr. das Finanzstrafrecht und das Finanzstrafverfahrensrecht

Österreich III

(Finanzstrafgesetz), *zuletzt geändert durch* Bundesgesetz BGBl. Nr. 145/1969.

Textausgabe
FINANZSTRAFGESETZ ... *(s. I. 2g)*.

Pressestrafverfahren

Bundesgesetz vom 7. April 1922, BGBl. Nr. 218, über die Presse (Pressegesetz) i. d. F. der Pressegesetz-Novellen, BGBl. Nr. 118/1952, Nr. 104/1966. *§§ 37ff. Sonderbestimmungen für das Strafverfahren in Pressesachen.*

Bundesgesetz vom 20. Dezember 1929, BGBl. Nr. 440, womit einige Bestimmungen des Strafgesetzes, des Preßgesetzes und des Einführungsgesetzes zur Strafprozeßordnung abgeändert werden (Strafgesetz-Novelle 1929), i. d. F. der Pressegesetz-Novelle 1952, BGBl. Nr. 118, und der StG-Novelle 1963, BGBl. Nr. 175. *Art. II enthält Verfahrensvorschriften für die Verfolgung von Ehrbeleidigungen (§§ 487ff. StG), die durch Druckschriften begangen wurden.*

Rechtshilfe und Auslieferung

Erlaß des BMfJ vom 13. Juli 1959, JABl. Nr. 16 (Rechtshilfeerlaß für Strafsachen).

Textausgabe
RECHTSHILFEVERKEHR MIT DEM AUSLAND IN STRAFSACHEN. Rechtshilfeerlaß für Strafsachen ... mit Rechtsquellen, Anm. Entscheidungen sowie Erlässen u. Mitteilungen des BMfJ. Hrsg. von H. DRECHSLER u. R. LINKE. Wien: Österreichische Staatsdr. 1961. (Handausg. österreichischer Gesetze u. Verordnungen. N. F. Gr. 2, 15.) *Im Anschluß an den Erlaß werden die Texte der internationalen Abkommen zur strafrechtlichen Verfolgung wiedergegeben, an denen Österreich teilhat. Zu den Europäischen Abkommen s. unter VI. 6: Rechtshilfe und Auslieferung.*

Europäisches Übereinkommen über die Rechtshilfe in Strafsachen vom 20. April 1959, BGBl. Nr. 41/1969.

Europäisches Auslieferungsübereinkommen vom 13. Dezember 1957, BGBl. Nr. 320/1969.

Weitere verfahrensrechtliche Vorschriften sind insbes. im Kartellgesetz, Lebensmittelgesetz u. Pornographiegesetz enthalten (s. I. 2e, o, a).

Zum Sühneverfahren in Ehrbeleidigungssachen vor den Gemeindevermittlungsämtern s. II. 1.

III. Strafvollstreckungsrecht – Texte –

Strafvollstreckung (Geldstrafen)

Gerichtliches Strafverfahren

Die Eintreibung von Geldstrafen ist in § 409 StPO und in folgenden Gesetzen geregelt:

Bundesgesetz vom 22. April 1948, BGBl. Nr. 109, über die Einbringung der gerichtlichen Gebühren, Kosten und Geldstrafen, *wiederverlautbart durch* Kundmachung der Bundesregierung vom 18. September 1962, BGBl. Nr. 288 (Gerichtliches Einbringungsgesetz 1962), i. d. F. der Bundesgesetze Nr. 118/1963, Nr. 155/1965, Nr. 46/1968.

Textausgabe
GERICHTS- UND JUSTIZVERWALTUNGSGEBÜHRENGESETZ 1962 (GJGebGes. 1962) und Gerichtliches Einbringungsgesetz 1962 (GEG 1962). Eisenstadt: Prugg [1968].

Verordnung des BMfJ vom 9. Mai 1951, BGBl. Nr. 264, womit die Geschäftsordnung für die Gerichte I. und II. Instanz (Geo) teilweise geändert und neu verlautbart wird. *Zahlreiche Änderungen, zuletzt durch* Kundmachung des BMfJ, BGBl. Nr. 135/1970 und Nr. 122/1972.

Textausgabe
DIE GESCHÄFTSORDNUNG FÜR DIE GERICHTE I. UND II. INSTANZ ... *(s. II. 1)*.

Verwaltungsstrafverfahren

Geldstrafen werden nach dem Verwaltungsstrafgesetz 1950 (s. I. 2d) (§§ 14, 15, 53) u. nach folgendem Gesetz (§ 3) eingetrieben:

Bundesgesetz vom 21. Juli 1925, BGBl. Nr. 276, über das Vollstreckungsverfahren in der Verwaltung, *wiederverlautbart durch* Kundmachung der Bundesregierung vom 23. Mai 1950, BGBl. Nr. 172 (Verwaltungsvollstreckungsgesetz 1950), i. d. F. des Bundesgesetzes BGBl. Nr. 275/1964.

Textausgabe
VERWALTUNGSVERFAHRENSGESETZE ... *(s. I. 2d)*.

Strafvollzug (Freiheitsstrafen)

Gerichtliches Strafverfahren

Allgemeine Vollzugsbestimmungen sind im StG (§§ 12–23, 244–257) enthalten. Vorschriften für den Jugendstrafvollzug finden sich im Jugendgerichtsgesetz 1961 (§§ 54–62). Die Behandlung der Untersuchungsgefangenen wird durch die §§ 183–189 StPO geregelt, die durch die Strafprozeßnovelle 1972 neu gefaßt worden sind.

Im übrigen wird der Vollzug durch die folgenden Vorschriften normiert:

Bundesgesetz vom 26. März 1969, BGBl. Nr. 144, über den Vollzug der Freiheitsstrafen (Strafvollzugsgesetz), i. d. F. der Strafvollzugsgesetz-Novelle 1971, BGBl. Nr. 480. *Art. VII des Einführungsgesetzes zum Strafvollzugsgesetz, BGBl. Nr. 145/1969, enthält eine selbständige Strafbestimmung über unerlaubten Verkehr mit Gefangenen.*

Textausgaben

FOREGGER-KUNST: Das österreichische Strafvollzugsgesetz ... *(s. VI. 7).*

STRAFVOLLZUGSGESETZ nach dem Stande vom 1. 1. 1972. Hrsg. von A. POSCH. Eisenstadt: Prugg 1972. *Reine Textausg.*

Gesetz vom 10. Juni 1932, BGBl. Nr. 167, über die Unterbringung von Rechtsbrechern in Arbeitshäusern, *wiederverlautbart durch* Kundmachung der Bundesregierung vom 24. Juli 1951, BGBl. Nr. 211 (Arbeitshausgesetz 1951), i. d. F. der Bundesgesetze BGBl. Nr. 152/1960, Nr. 145/1969.

Verordnung des BMfJ vom 14. Juni 1933, BGBl. Nr. 232, zur Durchführung des Bundesgesetzes vom 10. Juni 1932, BGBl. Nr. 167, über die Unterbringung von Rechtsbrechern in Arbeitshäusern (Durchführungsverordnung zum Arbeitshausgesetz), i. d. F. des Erlasses JABl. Nr. 9/1934, der VO BGBl. Nr. 173/1960 und des Strafregistergesetzes 1968, BGBl. Nr. 277.

Gesetz vom 23. Juli 1920, StGBl. Nr. 373, über die bedingte Verurteilung, *wiederverlautbart durch* Kundmachung der Bundesregierung vom 10. November 1949, BGBl. Nr. 277 (Gesetz über die bedingte Verurteilung 1949), *zuletzt geändert durch* Bundesgesetze BGBl. Nr. 152/1960, Nr. 146/1969 und Nr. 273/1971 *(s. I. 2a).*

Vollzugsanweisung der Staatsämter für Justiz, für Inneres und Unterricht und für soziale Verwaltung im Einvernehmen mit dem Staatsamte für Finanzen vom 23. September 1920, StGBl. Nr. 438, zur Durchführung des Gesetzes über die bedingte Verurteilung i. d. F. des Strafregistergesetzes, BGBl. Nr. 277/1968. *In dieser Vollzugsanweisung wird vor allem die Schutzaufsicht näher geregelt.*

Verordnung der Bundesministerien für Justiz, für Inneres und für soziale Verwaltung vom 4. August 1960, BGBl. Nr. 172, über die bedingte Entlassung, i. d. F. des Strafregistergesetzes 1968, BGBl. Nr. 277.

Bundesgesetz vom 27. März 1969, BGBl. Nr. 146, über die Bewährungshilfe (Bewährungshilfegesetz).

Textausgaben

Die Texte der vorstehenden Gesetze und Verordnungen finden sich bei TLAPEK-SERINI: Die österreichische Strafprozeßordnung ... *(s. II. 2), das Bewährungshilfegesetz im Nachtrag dazu.*

III Österreich

Verordnung des BMfJ vom 26. Februar 1970, BGBl. Nr. 92, über die Zuständigkeit der Anstalten zum Vollzug von Freiheitsstrafen (Sprengelverordnung für den Strafvollzug), i. d. F. der VO BGBl. Nr. 444/1971.

Verordnung des BMfJ vom 26. Februar 1970, BGBl. Nr. 93, über die Zuständigkeit der Anstalten zum Vollzug von Freiheitsstrafen an Jugendlichen (Sprengelverordnung für den Jugendstrafvollzug), i. d. F. der Verordnungen, BGBl. Nr. 48, 504/1971.

Verwaltungsstrafverfahren

Freiheitsstrafen (Arrest und Hausarrest) werden nach dem Verwaltungsstrafgesetz 1950 (§§ 11ff., 53, 54) *vollzogen (s. I. 2d).*

Strafregister, Tilgung

Bundesgesetz vom 3. Juli 1968, BGBl. Nr. 277, über die Evidenthaltung strafgerichtlicher Verurteilungen (Strafregistergesetz 1968), i. d. F. der Strafregistergesetz-Novelle 1972, BGBl. Nr. 101/1972.

Textausgaben

TLAPEK-SERINI: Die österreichische Strafprozeßordnung ... Nachtrag 1970 *(s. II. 2).*

STRAFREGISTERGESETZ 1968 ... *(s. VI. 7: Strafregister).*

Bundesgesetz vom 4. Juli 1951, BGBl. Nr. 155, über die Tilgung von Verurteilungen (Tilgungsgesetz 1951).

Textausgabe

TLAPEK-SERINI: Die österreichische Strafprozeßordnung ... *(s. II. 2).*

Bundesgesetz vom 15. Februar 1972, BGBl. Nr. 68, über die Tilgung von Verurteilungen und die Beschränkung der Auskunft (Tilgungsgesetz 1972). *Das neue Tilgungsgesetz tritt am 1. Januar 1974 in Kraft. Ein Kurzkommentar von* G. KUNST u. J. PETRIK *wird demnächst bei Juridica in Wien erscheinen.*

Gnadenrecht

Das Gnadenrecht in gerichtlichen Strafsachen ist geregelt in §§ 2 Abs. 4, 411; 482 Abs. 2 StPO; Art. 65 Abs. 2 lit. c, Art. 93 B-VG und in folgendem Erlaß:

Erlaß des BMfJ vom 13. November 1920, JABl. Nr. 34, über die bedingte Begnadigung.

Textausgabe

TLAPEK-SERINI: Die österreichische Strafprozeßordnung ... *(s. II. 2).*

Amnestie

Bundesgesetz vom 30. Oktober 1968, BGBl. Nr. 385, über eine Amnestie aus Anlaß des fünfzigjährigen Bestandes der Republik Österreich (Amnestie 1968). *Strafnachsicht der noch nicht vollstreckten Freiheitsstrafen bis zu Verurteilungen von drei Monaten.*

165

Österreich IV

Entschädigung

Bundesgesetz vom 8. Juli 1969, BGBl. Nr. 270, über die Entschädigung für strafgerichtliche Anhaltung und Verurteilung (Strafrechtliches Entschädigungsgesetz).

Textausgabe

TLAPEK-SERINI: Die österreichische Strafprozeßordnung ... Nachtrag 1970 *(s. II. 2).*

Bundesgesetz vom 9. Juli 1972, BGBl. Nr. 288, über die Gewährung von Hilfeleistungen an Opfer von Verbrechen, i. V. m. der Kundmachung des Bundesministeriums für soziale Verwaltung vom 1. September 1972, BGBl. Nr. 350.

IV. Entscheidungssammlungen

1. Strafrechtliche

PLENARBESCHLÜSSE UND ENTSCHEIDUNGEN DES K. K. CASSATIONSHOFES, veröffentlicht im Auftrage des k. k. Obersten Gerichts- als Cassationshofes von der Redaction der allgemeinen österreichischen Gerichtszeitung (Bd. 8 ff.: veröffentlicht von R. NOWAK). Bd. 1–17; 18. Generalreg. [Berichtszeit: 1874–1899.] Wien: Manz 1876–1899.

Neue Folge u. d. T.:

ENTSCHEIDUNGEN DES K. K. OBERSTEN GERICHTS- ALS CASSATIONSHOFES, veröffentlicht von der Generalprokuratur. N. F. Bd. 1–20. [Berichtszeit: 1900–1919.] Wien: Manz 1900–1919; Generalreg. zu Bd. 1–10. 1909.

Diese Entscheidungen werden zitiert KH (Kassationshof) oder Slg. (Sammlung) mit dem Zusatz ihrer Nummer (1–4584).

ENTSCHEIDUNGEN DES ÖSTERREICHISCHEN OBERSTEN GERICHTSHOFES IN STRAFSACHEN, veröffentlicht von der Generalstaatsanwaltschaft. Jg. 1920. Wien: Manz 1921. *Enthält die Entscheidungen 1918–1920. Zitierweise: SSt.*

Fortgesetzt als:

ENTSCHEIDUNGEN DES ÖSTERREICHISCHEN OBERSTEN GERICHTSHOFES IN STRAFSACHEN UND DISZIPLINARANGELEGENHEITEN. Veröffentlicht von seinen Mitgliedern unter Mitw. der Generalstaatsanwaltschaft (Bd. 6 ff.: der Generalprokuratur). Bd. 1. 1920/21 – 18. 1938; 19. 1946/48 ff. Wien: Österreichische Staatsdr. (Nachdr.) 1925 ff. *Zitierweise: SSt. (Sammlung Strafsachen) unter Zusatz der Bandzahl (römische Ziffern, nach Zitierregeln 1970 arabische Ziffern) und Entscheidungsnummer.*

GENERALINDEX zu Bd. 1–30 (Jg. 1919–1959). Zsgest. von G. FRIEDL [u. a.] 1965. *Das Generalregister gibt alle Entscheidungen zum Strafgesetz u. der Strafprozeßordnung sowie ihren Nebengesetzen in der Reihenfolge ihrer Bestimmungen in kurzen Leitsätzen wieder u. weist sie in einem nach Sachbegriffen geordneten Schlagwortregister nach.*

EVIDENZBLATT DER RECHTSMITTELENTSCHEIDUNGEN. Bearb. von G. FRIEDL [u. a.] (6. 1939 – 13. 1945 als Beil. zu „Deutsches Recht"; 14. 1946 ff. in: Österreichische Juristenzeitung). 1. 1934/35 ff. *Zitierweise: EvBl. mit Jahreszahl u. Entscheidungsnr. der Zeitschrift.*

V. Zeitschriften

1. Strafrechtliche und kriminologische

ÖFFENTLICHE SICHERHEIT. 1. 1921 – 18. 1938. 19. 1954 ff. *Mit Beiträgen für die Sicherheitsbehörden und Gendarmerie.*

2. Wichtige allgemeine

JURISTISCHE BLÄTTER. 1. 1872 ff.

ÖSTERREICHISCHE JURISTEN-ZEITUNG. 1. 1946 ff.

ÖSTERREICHISCHE RICHTERZEITUNG (1.1908–6.1913 u. d. T.: Mitteilungen der Vereinigung der österreichischen Richter). 1. 1908 ff.

ÖSTERREICHISCHE ZEITSCHRIFT FÜR ÖFFENTLICHES RECHT. N. F. 1. 1946/48 ff. *Mit rechtstheoretischen Beiträgen.*

ÖSTERREICHISCHES ANWALTSBLATT ([1. 1928]–10. 1937 u. d. T.: Nachrichtenblatt mit den amtlichen Mitteilungen der Rechtsanwaltskammer Österreichs; 11. 1938; 12. 1950 – 31. 1969 u. d. T.: Nachrichtenblatt der Österreichischen Rechtsanwaltschaft. Mit den amtlichen Mitteilungen der Rechtsanwaltskammern ...) 1. 1928 ff.

ZEITSCHRIFT FÜR RECHTSVERGLEICHUNG. 1. 1960 ff.

ZEITSCHRIFT FÜR VERKEHRSRECHT. 1. 1956 ff. *Dazu:* GESAMTREGISTER mit den Rechtssätzen und Fundstellen der Entscheidungen der Zeitschrift für Verkehrsrecht 1956–1967. Wien 1968.

VI. Literatur

1. Allgemeines

Allgemeine Bibliographien

INDEX DER RECHTSMITTELENTSCHEIDUNGEN UND DES SCHRIFTTUMS. Jahresübersicht. Hrsg. von F. HOHENECKER (Bd. 13 ff. hrsg. von R. STOHANZL [u. a.]). Bd. 1 (1946–1948) ff. Wien: Manz 1949 ff. *Der Index verzeichnet zu den einzelnen Gesetzen die gesamte Rechtsprechung in Leitsätzen sowie die Zeitschriftenaufsätze u. die selbständigen Veröffentlichungen eines Jahres. Stichwort- und Quellenverzeichnis.*

ÖSTERREICHISCHE RECHTSDOKUMENTATION. Offizielles Dokumentationsorgan für österreichisches Recht. Hrsg. von der Republik Österreich. (Administrative Bibliothek und Österreichische Rechtsdokumentation im Bundeskanzleramt) Red: O. SIMMLER. Jg. 1 (1969) ff. Wien: Hollinek 1969 ff. *Erscheint zehnmal im Jahr und erfaßt das gesamte österreichische Schrifttum rechtlichen Inhalts (Bücher und Aufsätze) sowie die Gesetzentwürfe und neu erlassenen Rechtsvorschriften.*

Indices zum Bundesgesetzblatt

HANS, J.: Wegweiser durch Österreichs Bundesgesetzgebung 1945–1971. 22. Aufl. Bearb. von H. NEUHOFER. Ried im Innkreis: Oberösterreichischer Landesverl. 1971. *Erscheint jährlich in neuer Aufl.*

INDEX ZUM ÖSTERREICHISCHEN REICHS-, STAATS- UND BUNDESGESETZBLATT 1849 BIS 1969 sowie zu den Verlautbarungen im „Gesetzblatt für das Land Österreich" und im Deutschen Reichsgesetzblatt in den Jahren 1938 bis 1945. Hrsg. u. bearb. von der Administrativen Bibliothek und Österreichischen Rechtsdokumentation im Bundeskanzleramt 6. Aufl. Wien: Österreichische Staatsdr. 1971. *Der Index enthält ein erschöpfendes Schlagwortregister und im Anhang Verzeichnisse der aufgehobenen oder abgeänderten Vorschriften.*

WEGWEISER DURCH DIE ÖSTERREICHISCHEN STAATS- UND BUNDESGESETZBLÄTTER vom 1. Mai 1945 bis 1. Juli 1970. Beil. zum Österreichischen Juristen-Kalender. Wels: Verl. Welsermühl [1970].

Abkürzungsregeln

ABKÜRZUNGS- UND ZITIERREGELN DER ÖSTERREICHISCHEN RECHTSSPRACHE SAMT ABKÜRZUNGSVERZEICHNIS. Hrsg. von G. FRIEDL im Auftrag des Österreichischen Juristentages. Wien: Manz 1970.

Siehe auch die teilweise hiervon abweichenden Zitierregeln des Bundeskanzleramts vom 14. Oktober 1970, auszugsweise veröffentlicht in: Erlaß des BMfJ vom 16. April 1971, JABl., S. 49 ff., über Zitier- und Abkürzungsregeln.

Bibliographie des Strafrechts

MIYAZAWA, K.: Ein Ausschnitt aus dem gegenwärtigen Stand der österreichischen Strafrechtswissenschaft. Zeitschriftenaufsätze der Strafrechtslehrer und -praktiker in Österreich. *In:* HOGAKU KENKYU [Rechtswissenschaftliche Forschung]. *Bd. 41 (1968), H. 12, S. 51–82. Bibliographie der österreichischen Zeitschriftenaufsätze seit 1947 in japanischer Sprache in der Fakultätszeitschrift der Keio-Universität, Japan.*

Literaturberichte zum Strafrecht

NOWAKOWSKI, F.: Gesetzgebung und Schrifttum zum Strafrecht Österreichs. *In:* ZStW *Bd. 64 (1952), S. 224 ff.*

NOWAKOWSKI, F.: Die Strafgesetzgebung Österreichs. *In:* ZStW *Bd. 65 (1953), S. 131 ff.*

MOOS, R.: Literaturbericht Österreich. *In:* ZStW *Bd. 78 (1966), S. 569 ff. Der Bericht geht bis 1963 zurück.*

Rechtslexika

KUNST, G. – A. MATOUSCHEK: Strafrecht in Stichworten. Wien: Hollinek 1968. *Kurze Darstellungen des Allg. Teils des materiellen Strafrechts u. erl. Wiedergaben der wichtigsten Tatbestände des Strafgesetzes u. der strafrechtlichen Nebengesetze, alphabetisch nach Stichworten geordnet; keine Literatur- und Rechtsprechungsangaben.*

RECHTSLEXIKON. Handbuch des österreichischen Rechtes für die Praxis. Hrsg. von F. MAULTASCHL, W. SCHUPPICH u. F. STAGEL. Wien: Hollinek 1956 ff. [Losebl. Ausg. *in bisher 15 Ordnern.*] *Das Rechtslexikon enthält in über 60 Lieferungen unter den Stichworten, die das Strafrecht betreffen, ausführliche Darstellungen der jeweiligen Rechtsgebiete mit Literaturhinweisen.*

Festschriften, Sammelwerke

FESTSCHRIFT THEODOR RITTLER. Zum 70. Geburtstage gewidmet u. überreicht von Freunden, Fachgenossen u. Schülern. Innsbruck: Rauch 1946. (Zeitschrift für österreichisches Recht u. vergleichende Rechtswissenschaft. Jg. 1: 1946, Nr. 3/4.)

FESTSCHRIFT FÜR THEODOR RITTLER. Zu seinem 80. Geburtstag hrsg. von S. HOHENLEITNER [u. a.] Aalen: Scientia 1957.

KADEČKA, F.: Gesammelte Aufsätze. Zu seinem 85. Geburtstag ausgewählt u. hrsg. von T. RITTLER u. F. NOWAKOWSKI. Innsbruck: Wagner 1959.

VERHANDLUNGEN DES ÖSTERREICHISCHEN JURISTENTAGES. Bd. 1. 2. Hrsg. von dem Vorstand des Österreichischen Juristentages. Wien: Manz 1961 ff. 1. 1961, 2. 1964, 3. 1967, 4. 1970.

Die strafrechtlichen Gutachten, Referate und Diskussionsbeiträge werden in den letzten Teilen dieser alle drei Jahre erscheinenden Veröffentlichung wiedergegeben.

2. Strafrechtsgeschichte

HOEGEL, H.: Geschichte des österreichischen Strafrechtes, in Verbindung mit einer Erl. seiner grundsätzlichen Bestimmungen. H. 1. 2. Wien: Manz 1904–1905.

Österreich VI 3

1. Übersicht der Geschichte des österreichischen Strafrechtes. Die allgemeinen Schuldformen. 1904. 2. Die vorsätzlichen Straftaten gegen Leib und Leben. 1905.

JESCHECK, H.-H.: Die Entwicklung des Verbrechensbegriffs in Deutschland seit Beling im Vergleich mit der österreichischen Lehre. *In: ZStW Bd. 73 (1961), S. 179 ff.*

MOOS, R.: Der Verbrechensbegriff in Österreich im 18. und 19. Jahrhundert. Sinn- und Strukturwandel. Bonn: Röhrscheid 1968. (Rechtsvergleichende Untersuchungen zur gesamten Strafrechtswissenschaft. N. F. 39.)

3. Materielles Strafrecht

Lehrbücher und Grundrisse

HORROW, M.: Grundriß des österreichischen Strafrechts mit besonderer Berücksichtigung der historischen Entwicklung. Bd. 1, 1. 2. Graz [usw.]: Leykam 1947–1952.
1, 1. Allg. Teil. 1947. 1, 2. Strafe und Sicherung. 1950–1952.

MALANIUK, W.: Lehrbuch des Strafrechts, Bd. 1. 2, 1. 2. Wien: Manz 1947–1949.
1. Allg. Lehren. 1947. 2, 1. Strafrechtliche Tatbestände. Delikte gegen den Einzelnen. 1948. 2, 2. Strafrechtliche Tatbestände. Delikte gegen die Gesamtheit. 1949.

NOWAKOWSKI, F.: Das österreichische Strafrecht. *In: AUSL. STRAFR. GGW. Bd. 3 (1959), S. 415 ff. Eine Einführung in den Allg. und Bes. Teil des österreichischen Strafrechts, die auch Geschichte und Quellen, Militärstrafrecht und Strafvollzug berücksichtigt.*

NOWAKOWSKI, F.: Das österreichische Strafrecht in seinen Grundzügen. Graz [usw.]: Styria 1955. *Eine gedrängte u. inhaltsreiche Darstellung des Allg. u. Bes. Teils unter Berücksichtigung der Rechtsprechung und des Schrifttums.*

RITTLER, T.: Lehrbuch des österreichischen Strafrechts. 2. Aufl. Bd. 1. 2. Wien: Springer 1954–1962. (Rechts- u. Staatswissenschaften. 12, 1. 2.)
1. Allg. Teil. 1954. 2. Bes. Teil. 1962.

Eine Gesamtdarstellung des österreichischen materiellen Strafrechts u. des Nebenstrafrechts mit Einarbeitung der Rechtsprechung u. des Schrifttums sowie zahlreichen Literaturhinweisen. Das führende Werk.

ROEDER, H.: Die Erscheinungsformen des Verbrechens im Spiegel der subjektiven und objektiven Strafrechtstheorie. Wien: Hollinek 1953.

Hinweise auf noch wichtige ältere Werke finden sich in den hier angegebenen Schriften. Spezielle Monographien zum materiellen Strafrecht sind nach den Redaktionsrichtlinien nicht Gegenstand dieser Zusammenstellung, s. dazu unter VI. 1: Bibliographien.

Kommentare

KOMMENTAR ZUM ÖSTERREICHISCHEN STRAFRECHT. Hrsg. von L. ALTMANN u. S. JACOB. Bd. 1. 2. Wien: Manz 1928–1930.
1. Strafgesetz. 1928. 2. Militärstrafrecht u. Nebengesetze. 1930.

Einziger neuerer Kommentar zum österreichischen Strafgesetz.

Die bei den Textausgaben des Strafgesetzes (s. I. 1) verzeichneten Werke von KANIAK und FOREGGER-SERINI erfüllen die Aufgabe von Kurzkommentaren. Ferner ist auf die kurzen Erläuterungen in: DAS ÖSTERREICHISCHE RECHT, *hrsg. von* A. HEINL, E. LOEBENSTEIN u. S. VEROSTA *(s. Gesamtausgaben vor I), und das* RECHTSLEXIKON, *hrsg. von* MAULTASCHL-SCHUPPICH-STAGEL *(s. VI. 1), hinzuweisen.*

Strafrechtsreform

Amtliche Gesetzentwürfe

ENTWURF EINES STRAFGESETZBUCHES SAMT ERLÄUTERUNGEN. Allg. Teil. Bes. Teil. Hrsg. vom BMfJ. Wien: Österr. Staatsdr. 1964.

Der ENTWURF EINES STRAFGESETZBUCHES SAMT ERLÄUTERNDEN BEMERKUNGEN *des BMfJ Wien von 1966 wurde nicht veröffentlicht.*

Regierungsvorlage eines Strafgesetzbuches samt Erläuternden Bemerkungen. Wien 1968. (Nr. 706 der Beilagen zu den sten. Prot. NR. XI. GP.)

Regierungsvorlage vom 16. November 1971 eines Bundesgesetzes über die mit gerichtlicher Strafe bedrohten Handlungen (Strafgesetzbuch – StGB). (Nr. 30 der Beilagen zu den sten. Prot. NR. XIII. GP.) *Dieser Gesetzentwurf befindet sich in parlamentarischer Beratung.*

Allgemeine Veröffentlichungen

BRODA, C.: Die österreichische Strafrechtsreform. Wien: Verl. des Österreichischen Gewerkschaftsbundes 1965. *Vorträge des Justizministers.*

BRODA, C.: Dreimal österreichische Strafrechtsreform. *In: DIE ZUKUNFT 1971, H. 6, S. 12 ff.*

BRODA, C.: Der „Strafgesetzentwurf 1971". *Vortragsbericht von G. ANDERLUH. In: ÖJZ 1972, S. 153 f.*

ENTIDEOLOGISIERUNG DES STRAFRECHTS. Linz: Sozialreferat der Diözese 1971. (Aktuell. Beiträge des Politischen Arbeitskreises des Sozialreferates der Diözese Linz. 29.) [Masch. verv.] *Zur Strafrechtsreform erschienen in dieser Reihe bereits Nr. 14 (1965) und Nr. 27 (1969).*

FEIER DES SECHZIGJÄHRIGEN BESTANDES DER VEREINIGUNG ÖSTERREICHISCHER RICHTER. *In: RZ 1968, S. 1 ff. Wiedergabe der Referate auf der Tagung der Richtervereinigung über die Strafgesetzreform, S. 10–35.*

FISCHLSCHWEIGER, H.: Einige Worte zur Strafrechtsreform. *In: RZ 1969, S. 19 ff., 73 ff.*

GESELLSCHAFT UND STRAFRECHT. Wien: Sozialwissenschaftliche Arbeitsgemeinschaft 1968. *Darstellung der jüngeren Reformgeschichte und kritische Kommentierung aller Bestimmungen der Regierungsvorlage 1968 unter Berücksichtigung der Wünsche der Bischofskonferenz.*

DER MODERNEN GESELLSCHAFT EIN MODERNES STRAFRECHT! Wien [usw.]: Europa-Verl. 1968. *Referate hervorragender österreichischer Juristen aufgrund einer Enquête der Vereinigung Sozialistischer Juristen Österreichs.*

NOWAKOWSKI, F.: Probleme der österreichischen Strafrechtsreform. Opladen: Westdeutscher Verl. 1972. (Rheinisch-Westfälische Akad. der Wissenschaften. G 179.)

NOWAKOWSKI, F.: Zur Strafrechtsreform in Österreich. *In: RZ 1969, S. 139 ff.*

ÖSTERREICHS STRAFRECHT AUF NEUEN WEGEN. *In: DAS RECHT DER ARBEIT, Jg. 17 (1967), S. 113 ff. Mit verschiedenen Abhandlungen und Stellungnahmen auch zu anderen strafrechtlichen Reformgesetzen.*

PALLIN, F.: Lage und Zukunftsaussichten der Strafrechtsreform in Österreich im Vergleich mit der deutschen Reform. *In: ZStW Bd. 84 (1972), S. 198 ff.*

PLATZGUMMER, W.: Die „Allgemeinen Bestimmungen" des Strafgesetzentwurfes im Licht der neueren Strafrechtsdogmatik. *In: JBl. 1971, S. 236 ff.*

ROEDER, H.: Der Allgemeine Teil des österreichischen Strafgesetzentwurfes in der Fassung des Ministerialentwurfes von 1964. Kritische Bemerkungen. Wien: Hollinek 1965. *Eine ausführliche kritische Kommentierung.*

SEILER, R.: Neue Wege in der Strafrechtsreform. *In: JBl. 1969, S. 113 ff.*

Österreichischer Anwaltstag 1960. 9. bis 12. November 1960. DIE STRAFGESETZREFORM. Wien: Rechtsanwaltskammer für Wien [usw.] 1960.

STRAFRECHTSREFORM KONKRET. Wien: BMfJ 1971. *Informationsschrift über die wichtigsten Neuerungen.*

ZUR ÖSTERREICHISCHEN STRAFRECHTSREFORM. Bericht über die Herbstakademie 1964 der Vereinigung Vorarlberger Akademiker. Mit Beitr. von F. NOWAKOWSKI, R. GRASSBERGER [u. a.]. Bregenz: Ruß [in Komm.] 1965. (Schriftenreihe der Vereinigung Vorarlberger Akademiker. 7.) *Der Band enthält vor allem Erörterungen der geistigen Grundlagen des Entwurfs (Schuld, Strafe, Willensfreiheit).*

Zahlreiche weitere Beiträge zur Strafrechtsreform sind außer in den juristischen Zeitschriften (s. V.) zu finden in: DER STAATSBÜRGER. Beilage der Salzburger Nachrichten, und in: DIE ZUKUNFT. Sozialistische Zeitschrift für Politik, Wirtschaft und Kultur.

4. Nebenstrafrecht

Das Nebenstrafrecht wird in den Lehrbüchern des Strafrechts und in Bd. 2 des Kommentars zum Strafrecht von ALTMANN-JACOB (s. VI. 3) berücksichtigt, dort finden sich auch weitere Literaturhinweise. In den Gesetzesausgaben des StG von KANIAK und FOREGGER - SERINI (s. I. 1) werden teilweise besonders wichtige Bestimmungen des Nebenstrafrechts erläutert. C. MAYERHOFER gibt in Bd. 3, T. 3 (1968) von GEBERT-PALLIN-PFEIFFER (s. II: Gesamtausgabe) die höchstrichterliche Rechtsprechung zu verschiedenen Gesetzen, die auch materielles Strafrecht betreffen, in Leitsätzen wieder (z. B. Arbeitshausgesetz, Gesetz über die bedingte Verurteilung, Jugendgerichtsgesetz, Pressegesetz und Strafgesetznovellen). Beachtenswert sind ferner die Erläuterungen zu verschiedenen Nebengesetzen in DAS ÖSTERREICHISCHE RECHT, hrsg. von A. HEINL, E. LOEBENSTEIN u. S. VEROSTA (s. Gesamtausgabe vor I.). Schließlich sind die bei den einzelnen Gesetzen (s. I. 2a-s) als Textausg. angeführten Werke in der Regel mit erl. Anm. versehen.

Das RECHTSLEXIKON, hrsg. von MAULTASCHL-SCHUPPICH-STAGEL (s. VI. 1), enthält zu verschiedenen Gebieten des Nebenstrafrechts teilweise umfangreiche Darstellungen oder Kommentare, die mit Quellen- u. Literaturverzeichnissen versehen und unter den Namen der jeweiligen Verfasser erschienen sind. Hieraus sind u. a. folgende Gebiete zu nennen:

Jugendstraftaten, Jugendstrafsachen, Jugendschutzsachen (G. REISSIG, 1962),

Jugendwohlfahrtspflege (K. OUREDNIK, 1961),

Koalitionsrecht (F. MAULTASCHL, 1956),

Kartelle (S. SCHÖNHERR, 1966),

Landstreicherei (G. GAISBAUER, 1958),

Öffentliche Ankündigungen zur Herbeiführung unzüchtigen Verkehrs (StG-Novelle 1929, *Art. VII*) (G. GAISBAUER, 1959),

Öffentliche Sittlichkeitsverletzung (G. GAISBAUER, 1959),

Politische Delikte (GALLENT, 1970),

Preistreiberei (G. GAISBAUER, 1961),

Prostitution (G. GAISBAUER, 1958),

Sprengstoffdelikte (G. GAISBAUER, 1961),

Staatsschutz (J. WARBINEK, 1961),

Strafverfügung (Verwaltungsstrafverfahren), Verwarnung (Verwaltungsstrafrecht) (G. GAISBAUER, 1968),

Suchtgift (G. GAISBAUER, 1959),

Tilgung der Verurteilung (E. LOEBENSTEIN, 1960),

Unlauterer Wettbewerb (F. MAULTASCHL, 1969),

Untreue und Korruption (GALLENT, 1970),

Unzüchtige Veröffentlichungen (Pornographiegesetz) (F. ERHART, 1961),

Österreich VI 4 a

Versammlungsrecht (G. GAISBAUER, 1958),
Waffenwesen (G. GAISBAUER, 1967).

a) Das StG ergänzende Gesetze

Staatsschutz

HELLER, L. V. – E. LOEBENSTEIN – L. WERNER: Das Nationalsozialistengesetz. Das Verbotsgesetz 1947. Die damit zusammenhängenden Spezialgesetze. Komm. u. hrsg. Wien: Manz 1948. *Ein umfassender Kommentar der gesamten Materie.*

Schutz vor staatlichen Eingriffen

ERMACORA, F.: Handbuch der Grundfreiheiten und der Menschenrechte. Ein Kommentar zu den österreichischen Grundrechtsbestimmungen. Wien: Manz 1963. *Großkommentar. Mit Literaturnachweisen.*

DAS ÖSTERREICHISCHE BUNDESVERFASSUNGSRECHT, samt ... Ausführungs- u. Nebenvorschriften, verweisenden u. erl. Anm. u. einer Übersicht der Rechtsprechung des Verfassungs- u. des Verwaltungsgerichtshofes. Hrsg. von L. WERNER u. H. KLECATSKY. Wien: Manz 1961; Erg.Bd. 1962. (Manzsche Gr. Ausg. 1.)

WALTER, R.: Österreichisches Bundesverfassungsrecht. System. Wien: Manz 1971 ff. [In Lfg.]

Schutz der Rechtspflege

PALLIN, F.: Reform der Lasserschen Artikel? *In:* RICHTER UND JOURNALISTEN. Über das Verhältnis von Recht und Presse. Hrsg. von G. NENNING. Wien [usw.]: Europa Verl. 1965, *S. 245 ff.*

Siehe auch unter VI. 4h: Pressestrafrecht.

Urkundenschutz

Zum Gesetz zum Schutze des Brief- und Schriftengeheimnisses von 1870 s. die vorstehend genannten Werke.

DAS ÖSTERREICHISCHE STAATSBÜRGERSCHAFTSRECHT, mit erl. Anm., einschlägigen Nebengesetzen u. der Rechtsprechung der höchsten Gerichtshöfe. Hrsg. von I. GOLDEMUND, K. RINGHOFER u. K. THEUER. Wien: Manz 1969. (Manzsche Gr. Ausg. 19.)

STAATSBÜRGERSCHAFTSGESETZ 1965... Kurzkommentar mit erl. Bemerkungen zur Regierungsvorlage u. Bericht des Verfassungsausschusses. Hrsg. von H.G. ZEDTWITZ. Teil 1. 2. Wien: Juridica-Verl. 1966; Nachtr. 1968.

Schutz vor Bestechungen

MATOUSCHEK, A.: Das Antikorruptionsgesetz. *In:* ÖJZ *1964, S. 477 ff.*

Pornographie

ENQUÊTE ÜBER DIE ANWENDUNG UND GESTALTUNG DES PORNOGRAPHIEGESETZES, veranstaltet vom BMfJ am 18. u. 19. November 1970 in Wien. Wien: BMfJ o. J. [1971]. *Mit einem strafrechtlichen Grundsatzreferat von* NOWAKOWSKI *und zahlreichen weiteren Beiträgen.*

ERHART, F.: Das Schmutz- und Schundgesetz. Graz [usw.]: Styria 1955. *Ausführlicher Kommentar des Gesetzes.*

GRUNDFRAGEN DER „SITTLICHKEIT IN DER ÖFFENTLICHKEIT". Hrsg. von H. KNÖTIG. Wien: Verlag der Wiener Medizinischen Akademie [usw.] 1970. (Die geistige Umwelt der Jugend. 3.) *Referate und Diskussionsbeiträge einer Tagung in St. Pölten vom 29. u. 30. Mai 1970, veranstaltet von der Katholischen Aktion Österreichs und der Evangelischen Akademie Wien.*

NOWAKOWSKI, F.: Schmutz- und Schundgesetz heute. *In:* DIE ZUKUNFT *1971, H. 1/2, S. 15 ff. u. H. 3, S. 12 ff.*

Unterhaltsschutz

JANN, P.: Das Unterhaltsschutzgesetz 1960. *In:* JBL. *1960, S. 588 ff.*

LUSTIG, J.: Die strafbare Unterhaltsgefährdung. *In:* RZ *1965, S. 133 ff.*

REISSIG, G.: Die Strafbestimmungen des Unterhaltsschutzgesetzes 1960. *In:* ÖJZ *1960, S. 231 ff.*

TSCHULIK, O.: Der strafrechtliche Unterhaltsschutz. *In:* ÖJZ *1965, S. 541 ff.*

Vollstreckungsvereitelung

KRIDA-DELIKTE UND IHRE KRIMINALPOLIZEILICHE BEHANDLUNG... Hrsg. vom BMfI, Generaldirektion für die öffentliche Sicherheit. Wien: BMfI 1965. (Kriminalpolizeiliche Schriftenreihe. 1.) *Für den Dienstgebrauch. Eine ausführliche Darstellung der sich in verschiedenen Gesetzen befindlichen Delikte der Gläubigerbenachteiligung u. der Herbeiführung der Zahlungsunfähigkeit.*

Strafen und Maßnahmen

GRASSBERGER, R.: Die Strafe. *In:* ÖJZ *1961, S. 169 ff.*

KUNST, G.: Strafen und Strafvollzug. *In:* RECHTSLEXIKON *(s. VI. 1), 60. Lfg. 1970.*

NOWAKOWSKI, F.: Vom Schuld- zum Maßnahmenrecht? *In:* KRIMINOLOGISCHE GEGENWARTSFRAGEN. H. 10. Stuttgart: Enke 1972, *S. 1 ff.*

SEELIG, E.: Das Arbeitshaus im Land Österreich. Graz: Moser 1938.

b) Jugendstrafrecht

FOREGGER, E.: Einführungsvorträge zum Jugendgerichtsgesetz 1961. Wien: Präsident des Jugendgerichtshofes 1962. [Masch. verv.]

DAS JUGENDGERICHTSGESETZ 1961... Mit Anm. u. erl. Hinweisen... Hrsg. von G. REISSIG. Wien: Hollinek 1961.

JUGENDGERICHTSGESETZ (JGG 1961) mit ausführlichen Erklärungen samt einschlägigen Gesetzen ... und einer Übersicht über die Rechtsprechung. Hrsg. von K. HEIDRICH u. F. ZASTIERA. Wien: Manz 1962. (Manzsche Gr. Ausg. 48.) *Mit kurzen Erklärungen u. Schrifttumsnachweisen auch zum Jugendwohlfahrtsgesetz.*

NOWAKOWSKI, F.: Zu den strafrechtlichen Bestimmungen des Jugendgerichtsgesetzes 1961. In: JBL. *1962, S. 469 ff.*

SCHINDLER, S.: Jugendkriminalität ... *(s. VI. 8).*

DIE VORTRÄGE BEI DER ... ÖSTERREICHISCHEN JUGENDRICHTERTAGUNG IN ... Wien: Selbstverl. des Jugendgerichtshofes 1957 ff.
1. 1956 in Wien. 1957. 2. 1958 in Graz: Die Bewährungshilfe. 1959. 3. 1960 in Innsbruck: Der Erziehungsgedanke im modernen Jugendrecht. 1961. 4. 1962 in Linz a. d. Donau: Fortschrittliches Jugendrecht. 1963. 5. 1964 in Eisenstadt (Burgenland): Nach der Rechtskraft des Urteils. 1965. 6. 1966 in Unterburg am Klopeinersee: Das Jugendgerichtsgesetz 1961 in der richterlichen Praxis. 1967. 7. 1968 in Bregenz: Das Jugendrecht in Europäischer Sicht. 1969. 8. 1970 in Salzburg: Die Altersgrenzen des geltenden Rechtes und ihre Reform. 1971.

Zur Bewährungshilfe s. VI. 7.

c) Militärstrafrecht

KOMMENTAR ZUM ÖSTERREICHISCHEN STRAFRECHT. Hrsg. von L. ALTMANN u. S. JACOB. Bd. 2. Wien: Manz 1930. *§§ 533–684 StG, bearb. von E. LOHSING.*

LELEWER, G.: Grundriß des Militärstrafrechts. 2. Aufl. Wien: Österreichische Staatsdr. 1927. (Grundriß des österreichischen Rechts in systematischer Bearbeitung. 2, 7.)

DAS ÖSTERREICHISCHE MILITÄRSTRAFGESETZ ... mit einer Einf., Verw. auf zusammenhängende Bestimmungen u. Erl. Hrsg. von E. FOREGGER unter Mitw. von E. SERINI. Wien: Manz 1971. (Manzsche Sonderausg. 26.) *Ein ausführlicher Kommentar.*

SALOMON, F.: Zum neuen Militärstrafgesetz. In: ÖJZ *1971, S. 426 ff.*

d) Verwaltungsstrafrecht, allgemeines

HANDBUCH DES VERWALTUNGSVERFAHRENS. Die Verwaltungsverfahrensgesetze mit Anm. u. Hinw. auf die Rechtsprechung. Hrsg. von A. SCHMELZ, Wien: Cura-Verl. 1967. *Textausg. mit kurzen Anm.*

HELLBLING, E. C.: Kommentar zu den Verwaltungsverfahrensgesetzen. Bd. 1. 2. Wien: Manz 1953–1954. (Manzsche Handkomm. 5.)
1. Einführungsgesetz zu den Verwaltungsverfahrensgesetzen und Allgemeines Verwaltungsverfahrensgesetz. 1953. 2. Verwaltungsstrafgesetz u. Verwaltungsvollstreckungsgesetz. 1954.
Bd. 2 enthält einen ausführlichen Kommentar des VStG mit Verwertung der Rechtsprechung und des Schrifttums und besonderer Berücksichtigung der allgemeinen Strafrechtslehren.

KIMMEL, J.: Österreichisches Verwaltungsstrafrecht. 6. Aufl. Wien: Hollinek 1952. *Teilweise veraltete Ausg. mit kurzen Erl.*

DIE ÖSTERREICHISCHEN VERWALTUNGSVERFAHRENSGESETZE... Mit Erl. u. Verw. Hrsg. von K. RINGHOFER. 6. Aufl. Wien: Manz 1966. (Manzsche Sonderausg. 12.) *Textausg. mit kurzen Anm.*

DAS VERWALTUNGSVERFAHREN. Mit eingehender Erl. u. Verarbeitung der Rechtsprechung. 7. Aufl. Hrsg. von E. MANNLICHER. Wien: Österreichische Staatsdr. 1964; Erg. 1965. (Handausgabe österreichischer Gesetze u. Verordnungen. N.F.Gr. 1, 6.) *Ausführliche Erl. auch des materiell-rechtlichen Teils des Verwaltungsstrafgesetzes. Keine Literaturhinweise. Im Anhang wird die Rechtsprechung wiedergegeben.*

e) Wirtschaftsstrafrecht

GÖSSWEINER, T.: Wesen und Probleme der Bilanzdelikte. Neuwied [usw.]: Luchterhand 1970. (Strafrecht, Strafverfahren, Kriminologie. 31.)

GÖSSWEINER-SAIKO, T.: Wirtschaftsstrafrecht ... *(s. I. 2e).*

GROSS, A.: Der strafrechtliche Schutz gegen den unlauteren Wettbewerb. Innsbruck: Pohlschröder 1926.

DAS KARTELLGESETZ mit ausführlichen Erläuterungen samt Durchführungsverordnungen, Entscheidungen und einschlägigen Steuervorschriften... Hrsg. von F. SCHÖNHERR u. R. DITTRICH. Wien: Manz 1958. (Manzsche Gr. Ausg. 45.)

KARTELL- UND PREISRECHT. Das Kartellgesetz i.d.F. der 5. Kartellgesetznovelle samt Materialien, Durchführungsverordnung u. der gesamten Judikatur. Hrsg. von F. SCHÖNHERR u. R. DITTRICH. 2. Aufl. Wien: Manz 1968. (Manzsche Sonderausg. 21.) *Mit Literaturübersicht.*

KRIDA-DELIKTE UND IHRE KRIMINALPOLIZEILICHE BEHANDLUNG ... *(s. VI. 4a: Vollstreckungsvereitelung).*

SCHÖNHERR, F.: Das Kartellgesetz in der Praxis. Wien: Manz 1965. *(Auch in: ÖJZ 1965, S. 85 ff. u. 116 ff.)*

SCHÖNHERR, F.: Die Begriffe „Kartell" und „Kartelldurchführung" in der österreichischen Judikatur. In: JBL. *1969, S. 297 ff.*

SEILER, R.: Interpretationsfragen und Reichweite des § 25 Wohnhaus-Wiederaufbaugesetz. In: ÖJZ *1970, S. 29 ff. Mit weiteren Literaturnachweisen* (NOWAKOWSKI, PALLIN).

Österreich VI 4 f

WETTBEWERBSRECHT. Gesetz gegen den unlauteren Wettbewerb samt Durchführungsverordnungen... mit Anm. u. Entscheidungen. Hrsg. von F. SCHÖNHERR u. Mitarbeit von F. IRO. 4. Aufl. Wien: Manz 1971. (Manzsche Gr. Ausg. 46.)

Streikrecht (Koalitionsgesetz, Antiterrorgesetz)

FLEISCH, H.: Zur Frage der Geltung der Kaiserlichen Verordnung vom 25. Juli 1914 (Streikverordnung). *In:* ÖJZ *1962, S. 591ff.*

KALTENBRUNNER, F.: Dürfen öffentlich-rechtliche Angestellte streiken? *In:* ÖJZ *1962, S. 589ff.*

NOWAKOWSKI, F.: Der Streik öffentlicher Bediensteter in strafrechtlicher Sicht. *In:* SozSi *1967, S. 75ff.*

SEILER, R.: Der strafrechtliche Anwendungsbereich des Koalitionsgesetzes. *In:* ÖJZ *1965, S. 478ff.*

SEILER, R. – T. RITTLER – W. PLATZGUMMER: Die strafrechtlichen Grenzen des Streiks im öffentlichen Dienst. 3 Rechtsgutachten. Hrsg. von der Wissenschaftlichen Abt. der Bundeswirtschaftskammer. Wien: Österreichischer Wirtschaftsverl. [1967]. (Schriftenreihe der Bundeskammer. 5.)

TOMANDL, T.: Streik und Aussperrung als Mittel des Arbeitskampfes. Wien [usw.]: Springer 1965.

f) Straßenverkehrsstrafrecht

DITTRICH, R.: Die neue österreichische Straßenverkehrsordnung. 2. Aufl. München: ADAC o.J. [um 1966]. (ADAC-Schriftenreihe. 6.) *Erläuterung des allgemeinen Teils und der Fahrregeln der StVO.*

DITTRICH, R. – R. E. VEIT – W. SCHUCHLENZ (T. 2: E. RASSL): Österreichisches Straßenverkehrsrecht. Mit ausführlichen Erl. u. einer Übersicht der gesamten Rechtsprechung. Teil 1. 2. Wien: Orac 1965 ff. [Losebl. Ausg.] 1. Straßenverkehrsordnung 1960. 3. Aufl. 6. Erg.-Lfg. vom Januar 1972. 2. Kraftfahrrecht. 2. Aufl. 3. Erg.-Lfg. vom Oktober 1971. Von R. DITTRICH, R.E. VEIT und E. VEIT. 1971. *Ein ausführlicher Kommentar zum Straßenverkehrsrecht mit vollständiger Einarbeitung der amtlichen Erl., der Rechtsprechung u. des Schrifttums.*

DAS KRAFTFAHRGESETZ 1967. Bundesgesetz vom 23. Juni 1967, BGBl. Nr. 267, ... mit erl. Anm. unter Berücksichtigung der Regierungsvorlage u. des Berichtes des Handelsausschusses sowie einer Übersicht der Rechtsprechung. Hrsg. von F. GRUBMANN. Wien: Manz 1968; Erg.-Bd. 1969. (Manzsche Gr. Ausg. 24d.)

DIE KRAFTFAHRRECHTLICHEN VORSCHRIFTEN IN ÖSTERREICH mit ... einer systematischen Darstellung der einschlägigen Rechtsprechung der Höchstgerichte und der Gesetzesmaterialien, einer systematischen Erläuterung, einer einführenden Einleitung und einem umfassenden Sachregister. Hrsg. von F. STEINHART. Wien: Österreichische Staatsdr. 1969 ff. [Losebl. Ausg.] Nachtr. 1. 1971. (Handausg. österreichischer Gesetze u. Verordnungen. N.F. Gr. 2, 14.)

DIE STRASSENVERKEHRSORDNUNG IN DER FASSUNG DER 3. StVO-NOVELLE. Mit erl. Anm. unter Berücksichtigung der Regierungsvorlagen u. der Berichte des Handelsausschusses sowie einer Übersicht der Rechtsprechung u. einem Anhang der einschlägigen Vorschriften. Hrsg. von O. KAMMERHOFER. 5. Aufl. Wien: Manz 1969. (Manzsche Gr. Ausg. 24b.)

STRASSENVERKEHRSUNFÄLLE im Jahre 1961ff. Bearb. im Österreichischen Statistischen Zentralamt. Wien: Uebereuter [in Komm.] 1962 ff. *Erscheint in der Reihe* Beitr. zur österreichischen Statistik.

10-JAHRESBILANZ DER STRASSENVERKEHRSUNFÄLLE. Bearb. im Österreichischen Statistischen Zentralamt. Wien: Uebereuter [in Komm.] 1972. (Beiträge zur österreichischen Statistik. 285.)

g) Finanzstrafrecht

FELLNER, K.: Finanzstrafgesetz. Gesetz, Kommentar mit Entscheidungen. Linz: Selbstverl. 1966 ff. [Losebl. Ausg. Erg.-Lfg. F 1971.] *Ein ausführlicher Komm. mit einem allg. Teil zur Einf. in das Strafrecht u. einem bes. Teil mit der Erl. aller Gesetzesbestimmungen.*

5. [FÜNFTE] FACHTAGUNG für Richter beim Oberlandesgericht Graz: [Finanzdelikte]. *In:* RZ *1969, S. 59ff. Bericht über Referate zu dem Thema: „Die Finanzdelikte in der Rechtspraxis der Gerichte".*

LAGER, A. – R. KOMAREK – W. WAIS: Finanzstrafgesetz. Gesetzestext, Motivenbericht, Anmerkungen, Entscheidungen und Sachregister. Wien: Kristallverl. Odelga 1963; Nachtr. 1970.

LAGER, A.: Das Finanzstrafrecht (FinStrG) nach dem Stande vom 1. 7. 1971. Eisenstadt: Prugg o.J. [1971]. (Steuerrechtliche Schriftenreihe des Inst. für Finanzrecht an der Hochschule für Welthandel in Wien. 2.) *Ein Kommentar für Lehrzwecke.*

h) Pressestrafrecht

Bericht der Bundesregierung vom 28. Oktober 1966 betreffend die Reform des österreichischen Presserechtes. (Nr. 36 der Beilagen zu den sten. Prot. NR. XI. GP.)

KADEČKA, F.: Das österreichische Preßrecht. Berlin: Stilke 1931. (Die Preßgesetze des Erdballs. 7.) *Eingehende systematische Darstellung.*

KELLER, H.: Mehr Transparenz im Pressewesen. Schwerpunkte der Pressegesetznovelle 1971. *In:* DER STAATSBÜRGER. Beilage der Salzburger Nachrichten, *1971. Folge 16, S. 1, 2.*

KIENAPFEL, D.: Privatsphäre und Strafrecht. Frankfurt a. M.: Klostermann 1969. (Wissenschaft u. Gegenwart. 43/44.)

RICHTER UND JOURNALISTEN. Über das Verhältnis von Recht u. Presse. Hrsg. von G. NENNING. Wien [usw.]: Europa-Verl. 1965. *Eine Sammlung von Vorträgen, von denen verschiedene auch das Pressestrafrecht betreffen.*

PALLIN, F.: Persönlichkeitsschutz und Massenmedien. *In:* JBL. *1972, S. 393 ff.*

SWOBODA, E. – R. HARTMANN: Kommentar zum Pressegesetz. 2. Aufl. Wien: Manz 1953. (Manzsche Handkomm. 4.)

VEITER, T.: Zur Reform des österreichischen Pressegesetzes. *In:* BERICHTE UND INFORMATIONEN, *H. 1285/86 (April 1971), S. 12 f.*

VERHANDLUNGEN DES DRITTEN ÖSTERREICHISCHEN JURISTENTAGES, Wien 1967. Bd. 1, T. 5: Ehrenschutz unter Hinblick auf die Massenmedien. Gutachten von M. LÖFFLER. Bd. 2, T. 5: Ehrenschutz... Referate von E. FOREGGER und W. PLATZGUMMER. Wien: Manz 1967–1969.

Siehe zum Schutz der Meinungsfreiheit auch ERMACORA, F.: Handbuch... *(unter VI. 4 a).*

i) Waffen

GAISBAUER, G.: Das Waffengesetz 1967. Eine kurzgefaßte systematische Darstellung unter bes. Berücksichtigung der Gesetzesmaterialien u. des Durchführungserlasses sowie der Literatur mit dem Wortlaut der einschlägigen Gesetzestexte. Wien: Hollinek [um 1968].

DAS ÖSTERREICHISCHE WAFFENGEBRAUCHSRECHT. Waffengebrauchsgesetz 1969 und andere Waffengebrauchsbestimmungen... Hrsg. von E. ERBEN u. H. WAGNER. Wien: Juridica-Verl. 1969.

WAFFENGESETZ 1967. Bundesgesetz vom 1. März 1967. BGBl. Nr. 121, mit ausführl. Erl.... Hrsg. von K. CZEPPAN u. R. SZIRBA. Wien: Juridica-Verl. 1967.

m) Vereins- und Versammlungsrecht

BRINDELMAYER, S. – A. MARKOVICS: Vereins- und Versammlungsrecht. Wien: Österreichische Staatsdr. 1951. (Volksausg. österreichischer Gesetze. 10.)

FEIL, E.: Vereinsgesetz 1951. Mit Erl. u. Entscheidungen versehen. Eisenstadt: Prugg 1965.

FESSLER, P.: Österreichisches Vereinsrecht. Wien: Hollinek 1968. *Eine umfassende Darstellung.*

FESSLER, P.: Österreichisches Versammlungsrecht... mit ausführlichen Erl.... Wien: Juridica-Verl. 1970.

Siehe auch ERMACORA, F.: Handbuch... *(s. VI. 4 a).*

o) Lebensmittel, Wein, Suchtgifte

BARFUSS, W.: Der neue § 30 Lebensmittelgesetz. *In:* ÖJZ *1969, S. 482 ff.*

BARFUSS, W.: Probleme des Lebensmittelrechts. *In:* ANWBL. *1970, S. 97 ff.*

BARFUSS, W.: Soll das Lebensmittelstrafrecht in Zukunft von den Gerichten oder von Verwaltungsbehörden vollzogen werden? Zugleich eine Untersuchung über die Rechtsnatur des Codex Alimentarius Austriacus. *In:* JBL. *1965, S. 129 ff.*

BARFUSS, W.: Sind die Strafbestimmungen des Lebensmittelgesetzes 1951 reformbedürftig? *In:* JBL. *1972, S. 185 ff.*

BRAUN, K. – E. FEIL: Das österreichische Lebensmittelrecht. Bd. 1. 2. Eisenstadt: Prugg 1966 ff. [Losebl. Ausg.] Nachtr. 5. 1972. *Ausführlicher Komm. zum Lebensmittelgesetz mit Schrifttumsverzeichnis. Wiedergabe aller Nebengesetze.*

FRENZEL, H.: Das novellierte österreichische Lebensmittelgesetz 1950. Wien: Österreichische Staatsdr. 1951. (Volksausg. österreichischer Gesetze. 12.) *Ausführliche Gesamtdarstellung des Lebensmittelrechts.*

KUNST, G.: Die strafrechtlichen Bestimmungen des neuen Weingesetzes. *In:* ÖJZ *1961, S. 589 ff.*

LUSTIG, J.: Die Reformbedürftigkeit des Lebensmittelgesetzes 1951. *In:* JBL. *1967, S. 187 ff.*

ÖSTERREICHISCHES LEBENSMITTELBUCH (Codex Alimentarius Austriacus). Hrsg. vom Bundesministerium für Soziale Verwaltung... 3. Aufl. Wien: Hollinek 1954 ff. [Losebl. Ausg.] *Der allg. Teil enthält auch die Judikatur zum Lebensmittelstrafrecht.*

SUCHTGIFT UND KRIMINALITÄT. Teil 2 *(s. I. 2 o). Enthält Vorträge verschiedener österreichischer Autoren über das Rauschgiftproblem aus kriminologischer Sicht.*

WRABETZ, K.: Sind die Strafbestimmungen des Lebensmittelgesetzes 1951 reformbedürftig? *In:* JBL. *1971, S. 554 ff.*

p) Strahlenschutz

DAS STRAHLENSCHUTZGESETZ. Bundesgesetz vom 11. Juni 1969, BGBl. Nr. 227/1969... mit erl. Anm. enthaltend Hinweise auf die amtlichen Erläuternden Bemerkungen zur Regierungsvorlage u. einen Komm. des Hrsg. sowie mit einer Einf. u. einem Anhang mit einschlägigen Vorschriften. Hrsg. von B. MOSER. Wien: Manz 1970. (Manzsche Sonderausg. 27.)

ZUR RECHTLICHEN ORDNUNG DES „STRAHLENSCHUTZES". Wien: Sozialwissenschaftliche Arbeitsgemeinschaft 1960. (Rechtsgutachten. 13.)

q) Landstreicherei, Fremdenpolizei

DAS ÖSTERREICHISCHE PASS- UND FREMDENPOLIZEIRECHT einschließlich der Konvention über die Rechtsstellung der Flüchtlinge, mit Erl. unter Berücksichtigung der einschlägigen Ministerialerlässe sowie der Rechtsprechung... Hrsg. von A. HERMANN. Wien: Hollinek 1962.

s) Glücksspielwesen

GASS, E.: Roulette und Spielbankbetrieb in rechtlicher Betrachtung. *In:* JBL. *1960, S. 173 ff.*

DAS GLÜCKSSPIELWESEN UND DAS GLÜCKSSPIELMONOPOL IN ÖSTERREICH. Wien: Sozialwissenschaftliche Arbeitsgemeinschaft 1961.

SEELIG, E.: Glücksspielstrafrecht. Graz: Moser 1923.

SPRUNG, E: Würfeln. Spiel und Betrug. Wien: Vereinigung der Bundeskriminalbeamten Österreichs 1972. *Eine kriminalistische Darstellung.*

5. Gerichtsverfassungsrecht

SPEHAR, H. [u. a.]: Kommentar zum Richterdienstgesetz. Wien: Bondi 1965 ff. *Erscheint seit 1965 in Lieferungen als Teil der Österreichischen Richterzeitung. Bis Ende 1971 in 74 Lieferungen.*

WALTER, R.: Das Bundesgesetz über den Obersten Gerichtshof. *In:* JBL. *1969, S. 173 ff.*

WALTER, R.: Verfassung und Gerichtsbarkeit. Wien: Manz 1960.

Siehe ferner die erläuterten Textausgaben unter II. 1 und verschiedene Beiträge im RECHTSLEXIKON. *Handbuch des österreichischen Rechtes ... (s. VI. 1).*

Statistik

STATISTIK DER RECHTSPFLEGE (1947–1955 *u.d.T.:* Zahlenmäßige Darstellung der Rechtspflege, Justizstatistik.) Bearb. vom Österreichischen Statistischen Zentralamt. 1947. 1950 ff. *Erscheint in der Reihe* Beiträge zur Österreichischen Statistik.

Reform

GESAMTREFORM DER JUSTIZ. Plan einer Neugestaltung der Organisation der Gerichtsbarkeit und ihrer Stellung im Verfassungsgefüge. Hrsg. vom BMfJ. Wien: Manz [1970]. *Eine umfassende wissenschaftliche Studie mit Literaturnachweisen über die tatsächlichen u. rechtlichen Grundlagen, Möglichkeiten u. Auswirkungen von Reformen.*

KLECATSKY, H.: Für eine moderne Gerichtsorganisation. *In:* JBL. *1969, S. 31 f.; (auch in:* ÖJZ *1968, S. 435 f.) Vortrag des damaligen Justizministers.*

KLECATSKY, H.: Über die Notwendigkeit und das Ziel einer umfassenden Reform der österreichischen Gerichtsorganisation. *In:* FESTSCHRIFT FÜR HANS SCHIMA ZUM 75. GEBURTSTAG. Hrsg. von H. W. FASCHING u. W. KRALIK. Wien: Manz 1969, *S. 17 ff.*

TSCHULIK, O.: Strafrechtsreform und Gerichtsorganisation. *In:* RZ *1966, S. 133 ff.*

6. Strafprozeßrecht

Lehrbücher und Grundrisse

GLEISPACH, W.: Das österreichische Strafverfahren. Systematisch dargestellt. 2. Aufl. Wien: Hölder [usw.] 1924.

GRASSBERGER, R.: Psychologie des Strafverfahrens. 2. Aufl. Wien: Springer 1968. *Umfassendes Werk über die Praxis des Verfahrens unter dem Gesichtspunkt der Psychologie der daran beteiligten Personen.*

KIMMEL, J.: Lehrbuch des österreichischen Strafprozesses. Wien: Hollinek 1961. *Kurze Erl. des Gesetzesinhalts ohne Hinweise auf Rechtsprechung und Schrifttum mit anschließendem Abdruck des Gesetzestextes.*

LOHSING, E.: Österreichisches Strafprozeßrecht. 4. Aufl. Bearb. von E. SERINI. Wien: Österreichische Staatsdr. 1952. *Umfassendes Werk mit Einarbeitung der Rechtsprechung u. des Schrifttums.*

MITTERMAIER, W.: Das österreichische Strafverfahren. Leipzig: Noske 1933. (Untersuchungen zur deutsch-österreichischen Rechtsangleichung. 14.) *Eine auf die wesentlichsten Punkte u. Eigenheiten des österreichischen Strafverfahrens beschränkte Studie, die auch das deutsche Recht vergleichend berücksichtigt.*

ROEDER, H.: Lehrbuch des österreichischen Strafverfahrensrechtes. Wien: Springer 1963. (Rechts- u. Staatswissenschaften. 18.) *Gedrängte systematische Darstellung unter Berücksichtigung der Rechtsprechung u. mit Hinweisen auf das Schrifttum.*

Hinweise auf zum Teil noch wichtige ältere Literatur finden sich in den angegebenen Werken. Spezielle Monographien zum Strafverfahrensrecht sind nach den Redaktionsrichtlinien nicht Gegenstand dieser Zusammenstellung, s. dazu unter VI. 1: Bibliographien.

Kommentare

Die Textausgabe der Strafprozeßordnung von TLAPEK-SERINI *(s. II. 2) erfüllt die Aufgabe eines Kurzkommentars. Dem großen Sammelwerk von* GEBERT-PALLIN-PFEIFFER *(s. II.: Gesamtausgabe) kommt die Bedeutung eines auf die Wiedergabe der Rechtsprechung und der Erlasse beschränkten Kommentars zu. Kurze Erläuterungen, auch zu den verfahrensrechtlichen Nebengesetzen, finden sich in:* DAS ÖSTERREICHISCHE RECHT, *hrsg. von* A. HEINL, E. LOEBENSTEIN *u.* S. VEROSTA *(s. Gesamtausgabe vor 1). Siehe ferner das* RECHTSLEXIKON, *hrsg. von* MAULTASCHL-SCHUPPICH-STAGEL *(unter VI. 1).*

MAYER, S.: Handbuch des österreichischen Strafprozeßrechtes. Bd. 1–4. Wien: Hölder (Bd. 2 ff.: Manz) 1876–1884.

1. Entstehungsgeschichte der österreichischen StPO vom 23. Mai 1873. 1876. 2–4. Kommentar. T. 1–3. 1881–1884.
Das Werk ist als einziger Großkomm. zur österreichischen StPO von bleibender Bedeutung.

Nebengesetze

Siehe neben der Literatur zur StPO die bei VI. 4 a, b, d, g, h, o) angegebenen Werke. Zur Erläuterung der Strafverfahrensvorschriften in den Verfassungsgesetzen siehe insbesondere unter VI. 4a: Schutz vor staatlichen Eingriffen und:

DRAXLER, J.-R. – H. WEILER: Freiheit und Recht. Eine Einf. in den Text u. das Gedankengut der österreichischen Bundesverfassung. Wien: Österreichischer Bundesverl. 1964.

LAGER, A.: Verfahrensrechtliche Grundsätze des Finanzstrafverfahrens, Besonderheiten und Wechselbeziehungen zu anderen Verfahrensarten. *In: ÖStZ 1968, S. 279 ff.*

ROEDER, H.: Zum Sachverständigenbeweis im Lebensmittelstrafprozeß. *In: JBl. 1972, S. 76 ff.*

Rechtshilfe und Auslieferung

BURGSTALLER, M.: Das europäische Auslieferungsübereinkommen und seine Anwendung in Österreich. Wien: Manz 1970. (Zeitschrift für Rechtsvergleichung. Beih. 1970). *Mit weiteren Literaturnachweisen.*

LIEBSCHER, V.: Kraftfahrwesen und internationales Strafrecht. *In: ZVR 1972, S. 1 ff.*

LINKE, R.: Wechselseitige Anerkennung und Vollstreckung europäischer Strafurteile. *In: ÖJZ 1971, S. 29 ff.*

Statistik

STATISTIK DER RECHTSPFLEGE ... *(s. VI. 5).*

Strafprozeßreform

Allgemeine Veröffentlichungen

BRODA, C.: Die Ausgangslage bei der Reform des Strafprozeßrechtes. *In:* BRODA, C.: Die österreichische Strafrechtsreform. Wien: Verl. des österreichischen Gewerkschaftsbundes 1965, S. 23 ff. *(Zugl. in: ÖJZ 1962, S. 197 ff.)*

BRÖLL, H.: Grundsätze und Einzelfragen der Strafprozeßreform. *In: RZ 1967, S. 135 ff.*

KOHLEGGER, K.: Die besondere Problematik des Rechtsschutzes im österreichischen Strafverfahren. *In: NZ 1971, S. 146 ff.*

OBENDORF, R.: Der Entwurf eines Strafprozeßänderungsgesetzes 1965 und die Praxis. *In: JBl. 1966, S. 22 ff.*

ÖSTERREICHISCHER ANWALTSTAG 1958. 3. u. 4. Arbeitssitzung: Mängel bei der Anwendung der StPO und Reformvorschläge. Wien: Rechtsanwaltskammer für Wien [usw.] 1959.

VERHANDLUNGEN DES ERSTEN ÖSTERREICHISCHEN JURISTENTAGES, Wien 1961. Bd. 2, T. 6: Reform des Vorverfahrens im österreichischen Strafprozeß. Referate von H. ROEDER und W. LOTHEISSEN. Wien: Manz 1962.

VERHANDLUNGEN DES ZWEITEN ÖSTERREICHISCHEN JURISTENTAGES, Wien 1964. Bd. 1, T. 6: Reform der Rechtsmittel im Strafverfahren. Gutachten von F. NOWAKOWSKI. Bd. 2, T. 6: Reform ... Referate von O. ESTL und O. TSCHADEK. Wien: Manz 1964.

VERHANDLUNGEN DES VIERTEN ÖSTERREICHISCHEN JURISTENTAGES, Wien 1970. Bd. 1, T. 5: Reform der Laiengerichtsbarkeit. Gutachten von F. NOWAKOWSKI. Wien: Manz 1970.

7. Strafvollstreckungsrecht

Geldstrafen

DIE GERICHTSGEBÜHREN ... IV. Gerichtliches Einbringungsgesetz 1962 ... Mit erl. Bemerkungen, Verweisungen u. Entscheidungen sowie einem ausführlichen Register. Hrsg. von K. MAYERHOFER. 2. Aufl. Wien: Manz 1965; Erg. H. 1965. (Manzsche Gr. Ausg. 34.)

Zum Verwaltungsvollstreckungsgesetz s. VI. 4d.

Freiheitsstrafen

BERTEL, C.: Der Strafvollzug in Stufen und in gelockerter Form im Strafvollzugsgesetz. *In: JBl. 1971, S. 493 ff.*

DOLEISCH, W.: Die Möglichkeit der Resozialisierung von Strafgefangenen in der Praxis des Strafvollzugs. *In: JBl. 1971, S. 502 ff.*

FOREGGER, E. – G. KUNST: Das österreichische Strafvollzugsgesetz und die den Strafvollzug betreffenden Bestimmungen des Strafgesetzes, des Gesetzes über die bedingte Verurteilung 1949 und des Jugendgerichtsgesetzes 1961 sowie das Arbeitshausgesetz 1951 samt einschlägigen Verordnungen. Mit einer Einf., Verweisungen auf zusammenhängende Bestimmungen u. Erl. Wien: Manz 1970. (Manzsche Gr. Ausg. 5a.) *Ein Kommentar der Referenten des BMfJ. Mit weiteren Literaturnachweisen.*

HOEGEL, H.: Freiheitsstrafe und Gefängniswesen in Österreich von der Theresiana bis zur Gegenwart. Graz: Moser 1916.

KODEK, G.: Zur Reform des Strafvollzugs. *In: ÖJZ 1970, S. 505 ff.*

SLUGA, W. – J. GRÜNBERGER: Sozialtherapeutische Erfahrungen im österreichischen Strafvollzug. *In: ÖJZ 1971, S. 388 ff.*

Siehe auch unter VI. 4a: Strafen und Maßnahmen.
Zum Verwaltungsstrafgesetz s. VI. 4d.

Bewährungshilfe

BEWÄHRUNGSHILFE. Neue Wege der Rehabilitation junger Rechtsbrecher. Hrsg. von E. SCHILDER [u. a.] Wien: Österreichischer Bundesverl. 1966.

Gefährdung und Resozialisierung Jugendlicher. Vorträge über Bewährungshilfe. Hrsg. von L. Rosenmayr [u. a.]. Wien: Europa-Verl. 1968.

Strafregister

Keller, H.: Zwei Gesichtspunkte des Tilgungsgesetzes. Automatische Straftilgung und Beschränkung der Auskunft. *In:* Der Staatsbürger. Beilage der Salzburger Nachrichten, *1971, Folge 12, S. 1 f. Zum Entwurf des neuen Tilgungsgesetzes.*

Korn, I.: Strafregister. Strafregisterauskunft. Strafregisterbescheinigung. Strafregisterverkehr mit dem Ausland. *In:* Rechtslexikon *(s. VI. 1), 56. Lfg. 1968. Mit Literaturnachweisen.*

Serini, E. – J. Gebert: Kommentar zum Tilgungsgesetz 1951. Wien: Manz 1952 (Manzsche Handkomm. 3.)

Strafregistergesetz 1968. Bundesgesetz vom 3. Juli 1968 ... BGBl. Nr. 277, mit ausführlichen Erläuterungen. Hrsg. von I. Korn u. G. Kunst. Wien: Juridica-Verl. 1968.

Gnadenrecht

Ent, H.: Ein Beitrag zum österreichischen Gnadenrecht. *In:* ÖJZ *1956, S. 356 ff.*

Gesamtreform der Justiz. Plan einer Neugestaltung der Organisation der Gerichtsbarkeit und ihrer Stellung im Verfassungsgefüge. Hrsg. von BMfJ. Wien: Manz [1970]. *S. 109–117: Das Gnadenrecht und das Abolitionsrecht.*

Tilgungs- u. Gnadenrecht (Stand vom 1. 3. 1961). Zsgest. von W. Heincz. Graz [1961]. [Masch. verv.] *Eine Zusammenstellung der Vorschriften und Amnestien mit Erl. u. Beisp.*

Klecatsky, H.: Gedanken zu einer Neugestaltung des Gnadenrechts. *In:* JBl. *1968, S. 225 ff.*

Klecatsky, H.: Die staatsrechtlichen Wurzeln des Gnadenrechts. *In:* JBl. *1967, S. 445 ff.*

Pfeifer, H.: Das Gnadenrecht des Bundespräsidenten. *In:* JBl. *1952, S. 256 ff.*

Entschädigung

Matouschek, A.: Zur Regierungsvorlage eines strafrechtlichen Entschädigungsgesetzes. *In:* ÖJZ *1969, S. 347 f.*

Rieder, S.: Entschädigung, strafrechtliche. *In:* Rechtslexikon *(s. VI. 1), 58. Lfg. 1969.*

8. Kriminologie und Statistik

Allgemeine Werke zur Kriminologie

Grassberger, R.: Die Kriminalität des Wohlstandes. Inaugurationsrede ... 14. 11. 1962. Wien 1962.

Gross, H.: Gesammelte kriminalistische Aufsätze. Bd. 1. 2. Leipzig: Vogel 1902–1908.

Gross, H.: Kriminalpsychologie. 2. Aufl. Leipzig: Vogel 1905.

Gross, H. – E. Seelig: Handbuch der Kriminalistik. 8. Aufl. des Handbuchs für den Untersuchungsrichter als System der Kriminalistik. Bd. 1. 2. Berlin [usw.]: Schweitzer 1942–1954.

Hacker, F.: Aggressionen. Die Brutalisierung der modernen Welt. Mit einem Vorwort von K. Lorenz. Wien [usw.]: Molden 1971.

Hacker, F.: Versagt der Mensch oder die Gesellschaft? Probleme der modernen Kriminalpsychologie. Wien [usw.]: Europa-Verl. 1964.

Lenz, A.: Grundriß der Kriminalbiologie. Werden und Wesen der Persönlichkeit des Täters nach Untersuchungen an Sträflingen. Wien: Springer 1927.

Seelig, E.: Schuld, Lüge, Sexualität. Festausgabe ausgewählter Schriften zum 60. Geburtstag des Verfassers. Stuttgart: Enke 1955. *Der 1. Teil befaßt sich mit strafrechtsdogmatischen Problemen.*

Seelig, E. – H. Bellavič: Lehrbuch der Kriminologie. 3. Aufl. Darmstadt: Stoytscheff 1963. *„Das erste zusammenfassende, bahnbrechende Lehrbuch der Kriminologie"* (Rittler).

Seelig, E. – K. Weindler: Die Typen der Kriminellen. Berlin: Schweitzer 1949.

Stumpfl, F.: Motiv und Schuld. Eine psychiatrische Studie über den Handlungsaufbau bei kriminellem Verhalten. Wien: Deuticke 1961. (Psychiatrie u. Recht. 1.)

Tschadek, O.: Eine Justizreform geht jeden an. Wien: Verl. für Jugend u. Volk 1962. *Eine Abhandlung über Ursachen und Arten der Kriminalität.*

Jugendkriminologie

Dyk, R.: Jugendkriminalität und Resozialisierung in Österreich. Linz 1970. [Masch. verv.]

Gundolf, H.: Phänomen Waffe. Phänomen Rauschgift. Beiträge zur Psychologie der Aggression und der Sucht. Hamburg: Kriminalistik-Verl. 1971.

Jugendkriminalität in Europa. Wien: Österreichisches Inst. für Jugendkunde 1962.

Löschenkohl, E.: Jugendliche und Rauschmittel. Künstliche Umwelt- und Persönlichkeitsveränderung bei Jugendlichen durch Rauschmittel. Wien: Österreichischer Bundesverl. 1971. (Wiener Studien zur pädagogischen Psychologie. 3.)

Schindler, S.: Aggressionshandlungen Jugendlicher. Ein Beitr. zur Psychologie vorsätzlicher Körperverletzungen. Hrsg. vom Österreichischen Inst. für Jugendkunde. Wien:

Österreichischer Bundesverl. für Unterricht, Wissenschaft u. Kunst [usw.] 1969. (Beitr. zur Jugendkunde. 14.)

SCHINDLER, S.: Jugendkriminalität. Struktur u. Trend in Österreich, 1946–1965. Hrsg. vom Österreichischen Inst. für Jugendkunde. Wien: Österreichischer Bundesverl. für Unterricht, Wissenschaft u. Kunst [usw.] 1968. (Beitr. zur Jugendkunde.13.)

SUCHTGIFT UND KRIMINALITÄT ... (s. I. 2o).

TUMLIRZ, O.: Die Jugendverwahrlosung. Ihre psychologischen, pädagogischen u. sozialen Probleme. Graz [usw.]: Leykam 1952.

WILFERT, O.: Gefährdete Jugend. Die Sozialarbeit im Wandel der Sozialbeziehungen u. Erlebnisinhalte der letzten Generation. Wien: Springer 1962. (Kriminologische Abh. N. F. 6.)

WILFERT, O.: Jugend – „Gangs". Entstehung, Struktur u. Behandlungsmöglichkeit der Komplizengemeinschaft Jugendlicher. Wien: Springer 1959. (Kriminologische Abh. N. F. 4.)

Statistik

KRIMINALSTATISTIK (1947–1950 *u. d. T.:* Zahlenmäßige Darstellung der Rechtspflege, Kriminalstatistik). Hrsg. vom BMfJ. Bearb. vom Österreichischen Statistischen Zentralamt. 1947. 1949 ff. *Erscheint in der Reihe* Beiträge zur Österreichischen Statistik. *Verurteiltenstatistik, im Anhang Anzeigenstatistik.*

STATISTIK DER RECHTSPFLEGE ... *(s. VI. 5).*

STRASSENVERKEHRSUNFÄLLE ... *(s. VI. 4f).*

CSÁSZÁR, F.: Die Entwicklung der Kriminalität in Österreich von 1953 bis 1964. Wien: [usw.] Springer 1967. (Kriminologische Abh. N. F. 7.)

GRASSBERGER, R.: Die Lösung kriminalpolitischer Probleme durch die mechanische Statistik. Wien: Springer 1946. (Kriminologische Abh. N.F. 1.)

POLEN

Bearbeitet von Professor Dr. GEORG GEILKE,
Seminarabteilung für Ostrechtsforschung der Universität Hamburg

I. Materielles Strafrecht – Texte –

1. Strafgesetzbuch

Kodeks karny. Ustawa z dnia 19 kwietnia 1969 r. [Strafkodex. Gesetz vom 19. April 1969]. *Datum der Verkündung:* 14. Mai 1969. *Datum des Inkrafttretens:* 1. Januar 1970 (DzU 1969 Nr. 13, Pos. 94).

Przepisy wprowadzające kodeks karny. Ustawa z dnia 19 kwietnia 1969 r. [Einführungsbestimmungen zum Strafkodex. Gesetz vom 19. April 1969]. *Datum der Verkündung:* 14. Mai 1969. *Datum des Inkrafttretens:* 1. Januar 1970 (DzU 1969 Nr. 13, Pos. 95).

Das Gesetz enthält außer Überleitungsbestimmungen auch materielle Straftatbestände betr. Versklavung und Sklavenhandel (Art. VIII), Verführung zur gewerbsmäßigen Unzucht; Frauen- und Kinderhandel (Art. IX), Beschädigung und Gefährdung von Unterseekabeln; Verpestung von Seegewässern durch verbotene Leichterung von bestimmten Substanzen (Art. X), Seepiraterie (Art. XI), zu deren Verfolgung Polen aufgrund von internationalen Abkommen verpflichtet ist.

Textausgabe

KODEKS KARNY ORAZ PRZEPISY WPROWADZAJĄCE [Strafkodex nebst Einführungsbestimmungen]. Warszawa: Wydawn. prawn. 1969.

Deutsche Übersetzung

DER POLNISCHE STRAFKODEX (kodeks karny). Gesetz vom 19. April 1969. Übers. u. mit einer Einleitung versehen von G. GEILKE. Berlin: de Gruyter 1970. (Slg. außerdt. StGB. 92.)

Französische Übersetzung

CODE PÉNAL DE LA RÉPUBLIQUE POPULAIRE DE POLOGNE. Übers. von K. POKLEWSKI-KOZIEŁŁ. Einl. von J. BAFIA. Varsovie: Wydawn. prawn. 1970.

2. Wichtige Nebengesetze

a) Das StGB ergänzende Gesetze

O wymiarze kary dla faszystowsko-hitlerowskich zbrodniarzy winnych zabójstw i znęcania się nad ludnością cywilną i jeńcami oraz dla zdrajców Narodu Polskiego. Dekret z dnia 31 sierpnia 1944 r. [Über die Strafzumessung für faschistisch-hitlerische Verbrecher, die der Tötung und Mißhandlung von Zivilpersonen und Gefangenen schuldig sind, sowie für Verräter des Polnischen Volkes. Dekret vom 31. August 1944]. *Verkündung:* 13. September 1944. *Inkrafttreten:* Rückwirkend für alle nach dem 31. August 1939 begangenen einschlägigen Straftaten. (*Bereinigter Wortlaut:* DzU vom 15. Dezember 1946 Nr. 69, Pos. 377.) *Weitere Änderungen:* DzU 1947 Nr. 65 Pos. 390; 1948 Nr. 18, Pos. 124; 1949 Nr. 32, Pos. 238. *Fällt unter die Abolition des Gesetzes vom 27. April 1956 (DzU 1956 Nr. 11, Pos. 57) mit Ausnahme des Art. 1 Ziff. 1.*

Textausgabe

In: KODEKS KARNY ORAZ PRZEPISY WPROWADZAJĄCE [Strafkodex nebst Einführungsbestimmungen]. Warszawa: Wydawn. prawn. 1969, *S. 230 ff.*

Übersetzung

In: GEILKE, G.: Die polnische Strafgesetzgebung seit 1944. Berlin: de Gruyter 1955. (Slg. außerdt. StGB. 70.) *S. 85 ff.*

Wstrzymanie biegu przedawnienia w stosunku do sprawców najcięższych zbrodni hitlerowskich popełnionych w okresie drugiej wojny światowej. Ustawa z dnia 22 kwietnia 1964 r. [Hemmung des Laufs der Verjährung gegenüber Tätern der schwersten Hitlerverbrechen, begangen während des Zweiten Weltkrieges. Gesetz vom 22. April 1964]. *Verkündung:* 27. April 1964 (DzU 1964 Nr. 15, Pos. 86).

Übersetzung

In: WGO Jg. 6 (1964), S. 166.

Die Amnestien

Gesetz vom 4. Januar 1920 (DzU 1920 Nr. 20, Pos. 230).

Dekret vom 2. September 1939 (DzU 1939 Nr. 87, Pos. 553).

Dekret vom 2. August 1945 (DzU 1945 Nr. 28, Pos. 172; *Änderung:* DzU 1945 Nr. 39, Pos. 221).

Dekret vom 22. Februar 1947 (DzU 1947 Nr. 20, Pos. 78).

Gesetz vom 22. November 1952 (DzU 1952 Nr. 46, Pos. 309).

Gesetz vom 27. April 1956 (DzU 1956 Nr. 11, Pos. 57).

Dekret vom 20. Juli 1964 (DzU 1964 Nr. 27, Pos. 174).

Gesetz vom 21. Juli 1969 (DzU 1969 Nr. 21, Pos. 151).

b) Jugendstrafrecht

Die Verantwortlichkeit von Jugendlichen ist in den Art. 9, 74, 91, 93, 120 und 292 StK 1969 geregelt. Ein Gesetz über die Vorbeugung und Bekämpfung der Minderjährigenkriminalität ist in Vorbereitung. Bis zu seinem Inkrafttreten bleiben die Art. 69–78 (Behandlung von Minderjährigen) des Strafkodex 1932[1] mit den sich aus Art. 9 StK 1969 ergebenden Änderungen wirksam, und zwar gemäß Art. 1 § 1 des Gesetzes vom 22. Dezember 1969 über die vorübergehende Beibehaltung der Rechtskraft einiger bisheriger strafrechtlicher Vorschriften (DzU 1969 Nr. 37, Pos. 311).

Deutsche Übersetzung
In: StK/GEILKE, *S. 89.*

In Übertretungssachen von Jugendlichen gilt vorläufig weiterhin Art. 6 der VO des Staatspräsidenten über das Recht der Übertretungen vom 11. Juli 1932 (DzU 1932 Nr. 60, Pos. 572 – letzte Änderung DzU 1960 Nr. 54, Pos. 311), und zwar nach Art. V § 1 Ziff. 1 Gesetz über die Einführungsbestimmungen zum Übertretungs-Kodex vom 20. Mai 1971 (s. I. 2d).

In Schatz-Strafsachen von Jugendlichen gilt vorläufig weiterhin das Schatz-Strafgesetz vom 13. April 1960 (DzU 1960 Nr. 21, Pos. 123), und zwar gemäß Art. 288 §§ 2 u. 3 Schatz-Strafgesetz vom 26. Oktober 1971 (s. I. 2g).

c) Militärstrafrecht

Das Militärstrafrecht ist gegenwärtig in dem besonderen Militärischen Teil (Art. 289–331) des StK geregelt. Der frühere Strafkodex des Polnischen Militärs, Dekret vom 23. September 1944 (DzU 1957 Nr. 22, Pos. 107) ist mit Wirkung vom 1. Januar 1970 außer Kraft getreten. Strafrechtliche Tatbestände militärischer Natur regelt ferner:

Ustawa o powszechnym obowiązku obrony Polskiej Rzeczypospolitej Ludowej z dnia 21 listopada 1967 r. [Gesetz über die allgemeine Pflicht zur Verteidigung der Polnischen Volksrepublik vom 21. November 1967]. *Datum der Verkündung und des Inkrafttretens:* 29. November 1967. *Straftatbestände: Art. 181–201* (DzU 1967 Nr. 44, Pos. 220).

Dyscyplina wojskowa oraz odpowiedzialność żołnierzy za przewinienia dyscyplinarne i za naruszenia honoru i godności żołnierskiej. Ustawa z dnia 21 maja 1963 r. [Militärdisziplin sowie Verantwortlichkeit von Soldaten für Disziplinarvergehen und Verletzungen der soldatischen Ehre und Würde. Gesetz vom 21. Mai 1963]. *Datum der Verkündung:* 28. Mai 1963. *Datum des Inkrafttretens:* 28. August 1963 (DzU 1963 Nr. 22, Pos. 113; *bereinigter Wortlaut:* DzU 1970 Nr. 25, Pos. 203).

d) Verwaltungsstrafrecht, allgemeines

Kodeks wykroczeń. Ustawa z dnia 20 maja 1971 r. [Übertretungs-Kodex. Gesetz vom 20. Mai 1971]. *Datum der Verkündung:* 31. Mai 1971. *Datum des Inkrafttretens:* 1. Januar 1972 (DzU 1971 Nr. 12, Pos. 114). „Einer Übertretung macht sich nur derjenige schuldig, der eine gesellschaftlich gefährliche Tat begeht, die durch ein im Zeitpunkt seiner Begehung geltendes Gesetz mit einer Hauptstrafe bis zu 3 Monaten Haft, Freiheitsbeschränkung bis zu 3 Monaten, Geldstrafe bis zu 5.000 Złoty oder mit Verwarnung bedroht ist" (Art. 1).

Przepisy wprowadzające Kodeks wykroczeń. Ustawa z dnia 20 maja 1971 r. [Einführungsbestimmungen zum Übertretungs-Kodex. Gesetz vom 20. Mai 1971]. *Datum der Verkündung:* 31. Mai 1971. *Datum des Inkrafttretens:* 1. Januar 1972 (DzU 1971 Nr. 12, Pos. 114).

e) Wirtschaftsstrafrecht

Die Tatbestände sind gegenwärtig in den Strafkodex einbezogen (Art. 217–226).

f) Straßenverkehrsstrafrecht

Die Tatbestände sind überwiegend in den Strafkodex (Art. 136–147) und in das Übertretungsrecht (s. I. 2d) (Art. 84–103) einbezogen.

Ustawa o zwalczaniu alkoholizmu z dnia 10 grudnia 1959 r. [Gesetz zur Bekämpfung des Alkoholismus vom 10. Dezember 1959] (DzU 1959 Nr. 69, Pos. 434).

Die verkehrsrechtlichen Straftatbestände sind mit Wirkung vom 1. Januar 1970 aufgehoben mit Ausnahme von Art. 28 betr. die Trunkenheit am Steuer.

g) Sonstiges Nebenstrafrecht

Ustawa z dnia 31 maja 1962 r.: Prawo lotnicze [Gesetz vom 31. Mai 1962: Luftfahrtrecht] (DzU 1962 Nr. 32, Pos. 153).

Ustawa karna skarbowa z dnia 26 października 1971 r. [Schatz[2]-Strafgesetz vom 26. Oktober 1971]. *Datum der Verkündung:* 6. November 1971. *Datum des Inkrafttretens:* 1. Januar 1972 (DzU 1971 Nr. 28, Pos. 260). *Das Gesetz behandelt Vergehen und Übertretungen gegen den Fiskus aus folgenden Bereichen: Devisen, Zölle, Warenverkehr mit dem Ausland, Steuern, Verrechnungen vergesellschafteter Wirtschaftseinheiten mit dem Staatshaushalt, Staatsschatz- und*

---

[1] Kodeks karny. Rozporządzenie Prezydenta Rzeczypospolitej z dnia 11. lipca 1932 r. [Strafkodex. Verordnung des Präsidenten der Republik vom 11. Juli 1932] (DzU vom 15. 7. 1932 Nr. 60, Pos. 571); *Änderungen:* DzU 1949 Nr. 45, Pos. 334 u. Nr. 55, Pos. 437; 1950 Nr. 6, Pos. 46 u. Nr. 50, Pos. 459; 1951 Nr. 58 Nr. 51, Pos. 399; 1955 Nr. 15, Pos. 83; 1956 Nr. 12, Pos. 61; 1958 Nr. 34, Pos. 152; 1959 Nr. 36, Pos. 226; 1960 Nr. 51, Pos. 299.

[2] Der Bearbeiter übersetzt den polnischen Terminus wörtlich, zumal das Gesetz über das „Finanz-Strafrecht" i. e. S. hinaus neben Steuer- und Zolldelikten weitere Straftatbestände umfaßt, die den Staats-Schatz oder lokale Fiskalinteressen schädigen, und der Gesetzgeber darin die Begriffe „Schatz-" und „Finanz-"alternativ verwendet.

Polen II 1

Territorialabgaben. Es regelt ferner das Verfahren vor den Finanzorganen und den Gerichtsweg.

Andere wichtige Nebengesetze

Verordnung des Staatspräsidenten vom 22. März 1928: Aufsicht über Lebensmittel und Gebrauchsgegenstände (DzU 1928 Nr. 36, Pos. 343).

Verordnung des Staatspräsidenten vom 27. Juni 1934: Handelsgesetzbuch (DzU 1934 Nr. 57, Pos. 502).

Gesetz vom 28. April 1936: Scheckrecht (DzU 1936 Nr. 37, Pos. 283).

Gesetz vom 20. Juli 1950: Feldscherberuf (DzU 1950 Nr. 36, Pos. 336; *Änderung:* DzU 1954 Nr. 57, Pos. 284).

Gesetz vom 28. Oktober 1950: Arztberuf (DzU 1950 Nr. 50, Pos. 458; *Berichtigung:* DzU 1950 Nr. 53, Pos. 489; *Änderung:* DzU 1956 Nr. 12, Pos. 61).

Gesetz vom 29. Dezember 1950: Schutz des Friedens (DzU 1950 Nr. 58, Pos. 521).

Dekret vom 22. Oktober 1951: Personalausweise (*bereinigter Wortlaut:* DzU 1962 Nr. 2, Pos. 5).

Dekret vom 10. Juli 1952: Urheberrecht (DzU 1952 Nr. 34, Pos. 234).

Dekret vom 7. Dezember 1955: Wappen und Farben der Polnischen Volksrepublik sowie Staatssiegel (DzU 1955 Nr. 47, Pos. 314; *Berichtigung:* DzU 1956 Nr. 7, Pos. 43; *Änderung:* DzU 1957 Nr. 10, Pos. 42).

Gesetz vom 31. Januar 1961: Waffen, Munition und Sprengstoffe (DzU 1961 Nr. 6, Pos. 43).

Gesetz vom 15. Februar 1962: Schutz von Kulturgütern und über Museen (DzU 1962 Nr. 10, Pos. 48).

Gesetz vom 31. Mai 1962: Erfinderrecht (DzU 1962, Nr. 33, Pos. 156).

Gesetz vom 28. März 1963: Warenzeichen (DzU 1963 Nr. 14, Pos. 73).

II. Strafverfahrensrecht – Texte –

1. Gerichtsverfassungsrecht

Prawo o ustroju sądów powszechnych. Ustawa z dnia 6 lutego 1928 r. [Das Recht der Verfassung der ordentlichen Gerichte. Gesetz vom 6. Februar 1928]. *Datum der Verkündung:* 7. Februar 1928. *Datum des Inkrafttretens:* 1. Januar 1929 (DzU 1928 Nr. 12, Pos. 93; *Änderungen:* DzU 1932 Nr. 102, Pos. 863 u. Nr. 93, Pos. 804; 1937 Nr. 30, Pos. 220; 1938 Nr. 24, Pos. 213 u. Nr. 89, Pos. 609; 1944 Nr. 2, Pos. 7; Nr. 9, Pos. 47; Nr. 11, Pos. 56 u. Pos. 58; Nr. 15, Pos. 84; 1945 Nr. 9, Pos. 46 u. Nr. 11 Pos. 54; 1947 Nr. 65, Pos. 386; 1949 Nr. 32, Pos. 237; 1950 Nr. 38, Pos. 346 u. Pos. 347; *bereinigter Wortlaut:* DzU 1950 Nr. 39, Pos. 360; *Änderungen:* DzU 1957 Nr. 31, Pos. 133; 1960 Nr. 54, Pos. 309; 1963 Nr. 57, Pos. 308; *bereinigter Wortlaut:* DzU 1964 Nr. 5, Pos. 40).

Sąd Najwyższy. Ustawa z dnia 15 lutego 1962 r. [Das Oberste Gericht. Gesetz vom 15. Februar 1962]. *Datum der Verkündung und des Inkrafttretens:* 22. Februar 1962 (DzU 1962 Nr. 11, Pos. 54).

Najwyższy Trybunał Narodowy. Dekret z dnia 22 stycznia 1946 r. [Das Oberste Nationaltribunal. Dekret vom 22. Januar 1946]. *Datum der Verkündung und des Inkrafttretens:* 18. Februar 1946 (DzU 1946 Nr. 5, Pos. 44; *Änderung:* DzU 1946 Nr. 59, Pos. 325; *bereinigter Wortlaut:* DzU 1946 Nr. 59, Pos. 327; *Änderungen:* DzU 1947 Nr. 32, Pos. 143; 1949 Nr. 32, Pos. 238; 1959 Nr. 38, Pos. 346). *Das Oberste Nationaltribunal übt derzeit keinerlei Funktionen aus.*

Prawo o ustroju sądów wojskowych i prokuratury wojskowej. Dekret z dnia 23 września 1944 r. [Das Recht der Verfassung der Militärgerichte und der Militärprokuratur. Dekret vom 23. September 1944]. *Datum der Verkündung und des Inkrafttretens:* 30. September 1944 (DzU 1944 Nr. 6, Pos. 27; 1950 Nr. 38, Pos. 346; 1967 Nr. 13, Pos. 55; 1969 Nr. 13, Pos. 97).

Der Militärgerichtsbarkeit sind folgende Straftaten von Zivilpersonen unterworfen:

wenn es sich um Personen handelt, die in einem zivilen Arbeitsverhältnis zu militärischen Einheiten und ihre Straftaten in Verbindung hiermit stehen;

bei Anstiftung und Beihilfe zur Begehung der in den Kapiteln XXXVIII–XLIII Strafkodex bezeichneten Militärstraftaten;

bei Straftaten aus Art. 124 sowie Art. 122, 128 und 129 Strafkodex, soweit der Täter zugunsten eines fremden Nachrichtendienstes gehandelt oder hierzu Vorbereitungshandlungen vorgenommen hat (Art. 564 u. 565 Strafverfahrenskodex).

Prawo o sądach obywatelskich. Dekret z dnia 22 lutego 1946 r. [Das Recht der Bürgergerichte. Dekret vom 22. Februar 1946]. *Datum der Verkündung und des Inkrafttretens:* 22. März 1946 (DzU 1946 Nr. 8, Pos. 64; 1948 Nr. 23, Pos. 153; 1949 Nr. 32, Pos. 238; 1950 Nr. 38; Pos. 349; Nr. 53, Pos. 489; 1951 Nr. 66, Pos. 453). *Die für Bagatellstrafsachen zuständigen Bürgergerichte üben gegenwärtig keine Rechtsprechung mehr aus, obwohl die Rechtsgrundlage noch fortbesteht.*

III Polen

Sądy społeczne. Ustawa z dnia 30 marca 1965 r. [Gesellschaftsgerichte. Gesetz vom 30. März 1965]. *Datum der Verkündung:* 6. April 1965. *Datum des Inkrafttretens:* 7. Juli 1965 (DzU 1965 Nr. 13, Pos. 92).

Ustawa z dnia 20 maja 1971 r. o ustroju kolegiów do spraw wykroczeń [Gesetz vom 20. Mai 1971 über die Kollegien für Übertretungssachen]. *Datum der Verkündung:* 31. Mai 1971. *Datum des Inkrafttretens:* 1. Januar 1972.

2. Strafprozeßrecht

Kodeks postępowania karnego. Ustawa z dnia 19 kwietnia 1969 r. [Strafverfahrenskodex. Gesetz vom 19. April 1969]. *Datum der Verkündung:* 14. Mai 1969. *Datum des Inkrafttretens:* 1. Januar 1970 (DzU 1969 Nr. 13, Pos. 96).

Przepisy wprowadzające Kodeks postępowania karnego. Ustawa z dnia 19 kwietnia 1969 r. [Einführungsbestimmungen zum Strafverfahrenskodex. Gesetz vom 19. April 1969]. *Datum der Verkündung:* 14. Mai 1969. *Datum des Inkrafttretens:* 1. Januar 1970 (DzU 1969 Nr. 13, Pos. 97).

Textausgabe
KODEKS POSTĘPOWANIA KARNEGO ORAZ PRZEPISY WPROWADZAJĄCE [Strafverfahrenskodex nebst Einführungsbestimmungen]. Warszawa: Wydawn. prawn. 1969.

3. Wichtige Nebengesetze

a) Jugendstrafverfahren

Bis zum Erlaß des in Vorbereitung befindlichen Gesetzes über die Vorbeugung und Bekämpfung der Minderjährigenkriminalität finden vorläufig weiterhin Anwendung:

gemäß Art. III Ziff. 1 Einführungsbestimmungen zum Strafverfahrenskodex 1969: Art. 474–495 des Strafverfahrenskodex vom 19. März 1928 (DzU 1950 Nr. 40, Pos. 364);

gemäß Art. 1 § 2 des Gesetzes vom 22. Dezember 1969 über die vorübergehende Beibehaltung der Rechtskraft einiger bisheriger strafrechtlicher Vorschriften (DzU 1969 Nr. 37, Pos. 311; deutsche Übersetzung in: StK/GEILKE, S. 89) bleiben alle das Verfahren gegen Minderjährige regelnden Vorschriften des Strafverfahrenskodex von 1928 in Kraft. Nach den §§ 2 und 3 des vorgenannten Gesetzes finden in Minderjährigensachen weder das vereinfachte Verfahren, noch das beschleunigte Verfahren sowie die bedingte Verfahrenseinstellung und die Vorschriften über den Nebenkläger Anwendung. Erziehungsmaßregeln gegenüber Minderjährigen kann das Gericht in einer Besetzung mit einem Richter verhängen.

b) Militärstrafverfahren

Es ist gegenwärtig vorwiegend in einem besonderen Teil des Strafverfahrenskodex 1969 geregelt (Art. 563–592). Gemäß Art. III Ziff. 1 Einführungsbestimmungen zum Strafverfahrenskodex 1969 sind aber in Kraft geblieben die Art. 32–35 und 50–52 des Strafverfahrenskodex vom 19. März 1928 (DzU 1950 Nr. 40, Pos. 364).

c) Sonstige Verfahrensvorschriften

Verwaltungsstrafverfahren

Kodeks postępowania w sprawach o wykroczenia. Ustawa z dnia 20 maja 1971 r. [Kodex des Verfahrens in Übertretungssachen. Gesetz vom 20. Mai 1971]. *Datum der Verkündung:* 31. Mai 1971. *Datum des Inkrafttretens:* 1. Januar 1972.

Przepisy wprowadzające Kodeks postępowania w sprawach o wykroczenia. Ustawa z dnia 20 maja 1971 r. [Einführungsbestimmungen zum Kodex des Verfahrens in Übertretungssachen. Gesetz vom 20. Mai 1971]. *Datum der Verkündung:* 31. Mai 1971. *Datum des Inkrafttretens:* 1. Januar 1972.

Schatzstrafverfahren

Geregelt in Teil II (Art. 122–278) des Schatz-Strafgesetzes vom 26. Oktober 1971 (s. I. 2g). Umfaßt sowohl das Verfahren vor den Finanzorganen als auch das Gerichtsverfahren, dem der Strafverfahrenskodex vom 19. April 1969 (s. II. 2) mit den gesetzlich bezeichneten Abweichungen zugrunde liegt.

III. Strafvollstreckungsrecht – Texte –

Kodeks karny wykonawczy. Ustawa z dnia 19 kwietnia 1969 r. [Strafvollstreckungskodex. Gesetz vom 19. April 1969]. *Datum der Verkündung:* 14. Mai 1969. *Datum des Inkrafttretens:* 1. Januar 1970 (DzU 1969 Nr. 13, Pos. 98).

Textausgabe
KODEKS KARNY WYKONAWCZY [Strafvollstreckungskodex]. Warszawa: Wydawn. prawn. 1969.

Der Kodex regelt den Vollzug der Freiheitsentziehungsstrafe, der Untersuchungshaft, der Schutzaufsicht, der Unterbringung in einem Zentrum für gesellschaftliche Anpassung, der Todesstrafe, ferner der Durchführung der Freiheitsbeschränkungsstrafe und der Vollstreckung von Vermögensstrafen, Auflagen und Gerichtskosten.

Durchführungsverordnungen
Verordnung des Ministerrates vom 28. September 1970 zur Bestimmung der mit dem Arbeitsverhältnis zusammenhängenden Rechte von Personen, die in einem Zentrum für gesellschaftliche Anpassung untergebracht sind (DzU 1970 Nr. 24, Pos. 196).

Polen IV

Deutsche Übersetzung
In: WGO Jg. 12 (1970), S. 368–372.

Verordnung des Justizministers vom 16. Juni 1971 über Waffengebrauch und Anwendung des körperlichen Zwanges sowie besonderer Sicherheitsmaßregeln durch Funktionäre des Gefängnisdienstes (DzU 1971 Nr. 18, Pos. 182).

Strafregister
Die Führung des Strafregisters beruht auf der Verordnung des Justizministers vom 10. September 1952 *i. d. F. vom* 24. Juli 1961 (DzU 1961 Nr. 36, Pos. 186), *die des besonderen Übertretungsstrafregisters auf einer weiteren* Verordnung vom 7. November 1966 (DzU 1966 Nr. 50, Pos. 306).

Verordnung des Justizministers vom 22. Dezember 1971 über die Registrierung von bestrafenden Urteilen und Strafbefehlen für einige Übertretungen (DzU 1971 Nr. 37, Pos. 343).

IV. Entscheidungssammlungen

Amtliche Ausgaben (periodisch)
ZBIÓR ORZECZEŃ SĄDU NAJWYŻSZEGO. Orzeczenia Izby Karnej [Sammlung der Entscheidungen des Obersten Gerichtes. Entscheidungen der Strafkammer]. 1917–1939; 1945/46 (1947)–1952.

Forts. u. d. T.:
ORZECZNICTWO SĄDU NAJWYŻSZEGO. Izby Cywilnej i Izby Karnej [Rechtsprechung des Obersten Gerichtes, der Strafkammer und der Zivilkammer]. 1953–1961.

Forts. u. d. T.:
ORZECZNICTWO IZBY KARNEJ SĄDU NAJWYŻSZEGO [Rechtsprechung der Strafkammer des Obersten Gerichtes]. 1962.

Forts. u. d. T.:
ORZECZNICTWO SĄDU NAJWYŻSZEGO. Izba Karna i Izba Wojskowa [Rechtsprechung des Obersten Gerichtes. Strafkammer und Militärkammer]. 1963 ff.

Hierzu sind bisher 2 Generalregister von M. DEMBICKA erschienen, und zwar für die Jahre 1945–1958 sowie 1959–1962:
SKOROWIDZ ORZECZEŃ IZBY KARNEJ SĄDU NAJWYŻSZEGO opublikowanych w zbiorze urzędowym w latach [Register der Entscheidungen der Strafkammer des Obersten Gerichts, veröffentlicht in der amtlichen Sammlung für die Jahre] 1945–1958. 1959–1962. Bearb.: M. DEMBICKA. Warszawa: Wydawn. prawn. 1959–1963.

Nichtamtliche Ausgaben (periodisch)
ORZECZNICTWO SĄDÓW POLSKICH [Rechtsprechung polnischer Gerichte]. 1921–1939.

ORZECZNICTWO SĄDÓW POLSKICH I KOMISJI ARBITRAŻOWYCH [Rechtsprechung polnischer Gerichte und Arbitragekommissionen]. Hrsg. vom Rechtswissenschaftlichen Institut der Polnischen Akademie der Wissenschaften. 1. 1957 ff.

Nichtperiodische Sammlungen
ORZECZNICTWO SĄDU NAJWYŻSZEGO Z ZAKRESU MATERIALNEGO PRAWA KARNEGO (1945–1957). Zbiór analityczny w ujęciu przedmiotowym i artykułowym. Według stanu na dzień 30. 6. 1957 r. [Rechtsprechung des Obersten Gerichtes aus dem Bereiche des Strafrechts (1945–1957). Analytische Sammlung in gegenständlicher und artikulierter Fassung. Nach dem Stande vom 30. 6. 1957]. Zsgest. und bearb. von G. AUSCALER. Warszawa: Wydawn. prawn. 1958.

ORZECZNICTWO NAJWYŻSZEGO SĄDU WOJSKOWEGO [Rechtsprechung des Obersten Militärgerichts]. Bearb.: K. MIODUSKI, W. SIERACKI, Z. WIZELBERG. [Bd. 1. 2.] Warszawa: Wydawn. Min. Obrony Narod. 1960–1964. [Bd. 1.] 1944–1959. 1960. [Bd. 2.] 1959–1962. 1964.

ORZECZNICTWO IZBY WOJSKOWEJ SĄDU NAJWYŻSZEGO za lata 1962–1967 [Rechtsprechung der Militärkammer des Obersten Gerichtes für die Jahre 1962–1967]. Bearb.: T. NIZIELSKI, J. DROHOMIRECKI u. A. KRUSZKA. Warszawa: Wydawn. Min. Obrony Narod. 1968.

Weitere Übersichten der Rechtsprechung des Obersten Gerichtes erschienen im BIULETYN GENERALNEJ PROKURATURY [Bulletin der Generalprokuratur] *und in* PROBLEMY PRAWORZĄDNOŚCI [Probleme der Rechtsstaatlichkeit] *für den Dienstgebrauch der Generalprokuratur und sind im Handel nicht erhältlich.*

V. Zeitschriften

1. Strafrechtliche und kriminologische

ARCHIWUM KRYMINOLOGII [Kriminologisches Archiv]. 1. 1960 ff.

ARCHIWUM MEDYCYNY SĄDOWEJ, PSYCHIATRII SĄDOWEJ I KRYMINALISTYKI [Archiv für Gerichtsmedizin, Gerichtspsychiatrie und Kriminalistik]. 1. 1951 ff.

BIULETYN GŁÓWNEJ KOMISJI BADANIA ZBRODNI HITLEROWSKICH (*ggf.*: NIEMIECKICH) W POLSCE [Bulletin der Hauptkommission zur Erforschung der Hitlerverbrechen (*ggf.*: der deutschen Verbrechen) in Polen]. 1. 1946 – 14. 1964. *Weiteres nicht ermittelt; ersch. unregelmäßig.*

GAZETA SĄDOWA I PENITENCJARNA [Gerichts- u. Vollzugsblatt]. 1. 1966ff. *Nicht im Buchhandel.*

PRZEGLĄD PENITENCJARNY [Vollzugs-Rundschau]. 1. 1963ff.

Z ZAGADNIEŃ KRYMINALISTYKI [Aus Problemen der Kriminalistik. Hrsg. vom Institut für Gerichtsexpertisen in Krakau]. 1. 1960ff. *Ersch. unregelmäßig.*

ZAGADNIENIA KARNO-ADMINISTRACYJNE [Administrativstrafrechtliche Probleme] (1946–1961 *u. d. T.*: Poradnik dla Kolegiów Orzekających). 1. 1946ff.

2. Wichtige allgemeine

ACTA UNIVERSITATIS WRATISLAVIENSIS. 1. 1962ff. *Ersch. unregelmäßig.*

ANNALES UNIVERSITATIS MARIAE CURIE-SKŁODOWSKA. Sectio G: Ius. 1. 1954ff.

CZASOPISMO PRAWNO-HISTORYCZNE (1. 1948–2. 1949 mit Nebent.: Annales d'histoire du droit) [Zeitschrift für Rechtsgeschichte]. 1. 1948ff.

KRAKOWSKIE STUDIA PRAWNICZE [Krakauer Juristische Studien. Hrsg. von der Polnischen Akademie der Wissenschaften – Abteilung Krakau, Rechtswissenschaftliche Kommission]. 1. 1968ff.

ŁAWNIK LUDOWY [Der Volks-Schöffe] (1951–1952 *u.d.T.*: Głos ławnika [Die Stimme des Schöffen]). 1951ff.

NOWE PRAWO [Neues Recht] (1945–1949 *u.d.T.*: Demokratyczny przegląd prawniczy [Demokratische Rundschau des Rechts]). 1. 1945ff.

PALESTRA. Organ Naczelnej Rady Adwokackiej. [Palestra. Organ des Leitenden Advokaturrates.] 1. 1924 – 6. 1929. 1930ff.

PAŃSTWO I PRAWO [Staat und Recht]. 1. 1946ff.

PRAWO I ŻYCIE [Recht und Leben]. 1. 1956ff.

ROCZNIKI NAUK SPOŁECZNYCH, PRAWO-EKONOMIA-SOCJOLOGIA [Jahrbücher für Sozialwissenschaften, Recht-Wirtschaft–Soziologie]. 1949ff.

RUCH PRAWNICZY, EKONOMICZNY I SOCJOLOGICZNY [Juristisches, ökonomisches und soziologisches Leben] (1958–1960, 2 *u.d.T.*: Ruch prawniczy i ekonomiczny). 1. 1921 – 19. 1939, 3; 28. 1958ff.

Instytut Nauk Prawnych Polskiej Akademii Nauk. STUDIA PRAWNICZE (1. 1960 *u. d. T.*: Zeszyty Prawnicze) [Juristische Studien (Juristische Hefte)]. 1. 1960ff. *Ersch. unregelmäßig.*

WALKA Z ALKOHOLIZMEN [Bekämpfung des Alkoholismus]. 1. 1953ff.

WOJSKOWY PRZEGLĄD PRAWNICZY [Militärrechtliche Rundschau] (*1958* u. d. T.: Biuletyn Wojskowej Służby Sprawiedliwości). 1. 1945ff.

ZESZYTY NAUKOWE UNIWERSYTETU JAGIELLOŃSKIEGO. Seria nauk społecznych. Prawo (6. 1959ff.: Prace prawnicze. *Nebent.*: Universitas Iagellonica Cracoviensis. Acta Scientiarium Litterarumque. Schedae juridicae) [Wissenschaftliche Hefte der Jagellonischen Universität Krakau. Serie Sozialwissenschaften. Recht]. 1. 1955ff. *Ersch. unregelmäßig.*

ZESZYTY NAUKOWE UNIWERSYTETU ŁÓDZKIEGO. Seria 1. Nauki humanistyczno-społeczne. Prawo [Wissenschaftliche Hefte der Universität Łódź. Serie I. Humanistischsoziale Wissenschaften. Recht]. 1. 1955ff. *Ersch. unregelmäßig.*

ZESZYTY NAUKOWE UNIWERSYTETU IMIENIA ADAMA MICKIEWICZA W POZNANIU. Seria Prawo [Wissenschaftliche Hefte der A. Mickiewicz-Universität zu Posen. Serie Recht]. 1. 1956ff. *Ersch. unregelmäßig.*

ZESZYTY NAUKOWE UNIWERSYTETU MIKOŁAJA KOPERNIKA W TORUNIU. Nauki humanistyczno-społeczne. Prawo [Wissenschaftliche Hefte der N. Copernicus-Universität zu Thorn. Humanistisch-soziologische Wissenschaften. Recht (Jahrbuch)]. 1. 1957ff.

ZESZYTY NAUKOWE UNIWERSYTETU WROCŁAWSKIEGO IMIENA BOLESŁAW BIERUTA. Seria A. Nauki społeczne. Prawo [Wissenschaftliche Hefte der Bolesław-Bierut-Universität zu Breslau. Serie A. Gesellschaftswissenschaften. Recht]. 1. 1956 – 8. 1961. *Fortgeführt als:* ACTA UNIVERSITATIS WRATISLAVIENSIS *(s. oben).*

VI. Literatur

1. Allgemeines

Gesamtdarstellungen

GEILKE, G.: Einführung in das Recht der Polnischen Volksrepublik. Darmstadt: Wissenschaftliche Buchgesellschaft 1971.

GEILKE, G.: Zur polnischen Rechtsgeographie. *In:* JOR Bd. 4, 2 (1963), S. 105–176.

Comité des sciences juridiques de l'Académie polonaise des sciences. INTRODUCTION À L'ÉTUDE DU DROIT POLONAIS. Unter der Leitung von S. ROZMARYN. Varsovie: PWN – Ed. scientifiques de Pologne 1967.

SIEKANOWICZ, P.: Legal sources and bibliography of Poland. Hrsg. von V. GSOVSKI. New York: Praeger 1964. (Praeger Publications in Russian History and World Communism. 22.)

Bibliographien

BUSSMANN, C. – W. DURCHLAUB: Bibliographie des deutschsprachigen Schrifttums zum Ostrecht (1945–1964). Trittau/Holst.: Scherbarth 1969. (Hilfsmittel zum Ostrecht. 2.) *Darin S. 103–134: Polen.*

Institut für Strafrechtspflege und Kriminalitätsbekämpfung an der Deutschen Akademie für Staats- und Rechtswissenschaft „Walter Ulbricht". JANISZEWSKA-TALAGO, E.: Die Jugendkriminalität in den Jahren 1945–1965 [Bibliografia przestępczości młodocianych za okres 1945–1965, deutsch]. Übers. von G. SCHÄLICKE. Potsdam-Babelsberg: Dt. Akad. für Staats- und Rechtswissenschaft „Walter Ulbricht" 1967. (Spezialbibliographie zu Fragen des Staates und des Rechts. 5.)

JANISZEWSKA-TALAGO, E.: Mała bibliografia przestępczości nieletnich 1945–1966 [Kleine Bibliographie zur Jugendkriminalität]. Warszawa: Wydawn. prawn. 1968.

JANISZEWSKA-TALAGO, E.: Polska bibliografia penitencjarna [Polnische Bibliographie des Strafvollzugs]. 1795–1962. Warszawa: Wydawn. prawn. 1963.

Polska Akademia Nauk. Instytut Nauk Prawnych. POLSKA BIBLIOGRAFIA PRAWNICZA [Polnische juristische Bibliographie]. Bd. 1–6. Warszawa: Państw. wydawn. nauk. 1962–1967. *Nebent.:* Académie Polonaise des Sciences. Institut des Sciences Juridiques. Bibliographie juridique polonaise.
1–3: 1944–1959. 1 (4)–2 (5): 1960–1964. 6. (Suppl.): 1944–1964.

Enzyklopädien

MAŁA ENCYKLOPEDIA PRAWA [Kleine Rechtsenzyklopädie]. Red.: L. KUROWSKI. Warszawa: Państw. wydawn. nauk. 1959.

PRAWO NA CO DZIEŃ. Encyklopedia podręczna [Recht für den Alltag. Handenzyklopädie]. Red.: M. GRUDZIŃSKI. Warszawa: Wiedza powszechna 1961.

Gesetzgebungsregister

BIEŻĄCY SKOROWIDZ PRZEPISÓW PRAWNYCH. Zrzeszenie prawników polskich. Zarząd okręgu w Katowicach [Loseblattverzeichnis der Rechtsvorschriften. Verband polnischer Juristen. Bezirksverwaltung Kattowitz]. 1966 ff. [Losebl. Ausg. *in 3 Ordnern.*]

KECK, Z.: Skorowidz przepisów prawnych ogłoszonych w Dzienniku Ustaw i Monitorze Polskim w latach 1918–1939 i 1944–1969. Stan prawny na dzień 31. 12. 1969 [Verzeichnis der im Gesetz- und im Amtsblatt in den Jahren 1918–1939 und 1944–1969 veröffentlichten Rechtsvorschriften. Stand vom 31. 12. 1969]. Warszawa: Wydawn. prawn. 1970. *Neuauflagen erfolgen alle 2 Jahre.*

2. Strafrechtsgeschichte

HISTORIA PAŃSTWA I PRAWA POLSKI [Geschichte des Staates und des Rechts Polens]. Red.: J. BARDACH. Bd. 1. 2. Warszawa: Państw. wydawn. nauk. 1965–1966.

Bd. 1. Do połowy 15 wieku [Bis Mitte des 15. Jahrh.]. Von J. BARDACH. 3. Aufl. 1965. Bd. 2. Od połowy 15 wieku do r. 1795 [Von der Mitte des 15. Jahrh. bis zum Jahre 1795]. Von Z. KACZMARCZYK u. B. LEŚNODORSKI. 2. Aufl. 1966.

HISTORIA PAŃSTWA I PRAWA POLSKI 1918–1939 [Geschichte des Staates und des Rechts Polens 1918–1939]. Red.: J. BARDACH, F. RYSZKA. T. 1. 2. Warszawa: Państw. wydawn. nauk. 1962–1968.

T. 1. Mitarb.: A. AJNENKIEL [u. a.] 1962.
T. 2. Mitarb.: J. JOŃCZYK [u. a.] 1968.

ŚLIWOWSKI, J. W.: Kodeks karzący Królestwa Polskiego z 1818 r. Historia jego powstania i próba krytycznej analizy [Der Kriminalkodex des Königreichs Polen von 1818. Seine Vorgeschichte und Versuch einer kritischen Untersuchung]. Warszawa: Wydawn. prawn. 1958.

3. Materielles Strafrecht

ANDREJEW, I.: Polskie prawo karne w zarysie [Grundriß des polnischen Strafrechts]. Warszawa: Państw. wydawn. nauk. 1970.

BAFIA, J. – K. MIODUSKI – M. SIEWIERSKI: Kodeks karny. Komentarz [Strafkodex. Kommentar]. Warszawa: Wydawn. prawn. 1971.

CHYBIŃSKY, O. – W. GUTEKUNST – W. ŚWIDA: Prawo karne. Część szczególna. Wydanie zmienione według ustawodawstwa w dniu 1 IV 1971 r. [Strafrecht. Besonderer Teil. Geänderte Ausgabe nach dem Stand der Gesetzgebung vom 1. IV. 1971]. Wrocław/Warszawa: Państw. wydawn. nauk. 1971.

LERNELL, L.: Wykład prawa karnego. Część ogólna [Vorlesung über Strafrecht. Allg. Teil]. Bd. 1. Warszawa: Uniwersytet 1969.

ŁOJEWSKI, K. – E. MAZUR: Kodeks karny (zestawienie porównawcze przepisów nowego i dawnego kodeksu karnego oraz ustaw szczególnych) [Strafkodex (synoptische Gegenüberstellung der Vorschriften des alten und des neuen Strafkodexes nebst den Sondergesetzen)]. *In:* PALESTRA, *Jg. 13 (1969), Nr. 10/11, S. 5–112.*

PRAWO KARNE. Część szczególna. Wybrane zagadnienia [Strafrecht. Besonderer Teil. Ausgewählte Probleme]. Red.: L. LERNELL, A. KRUKOWSKI. Warszawa: Uniwersytet 1969.

Uniwersytet imienia Adama Mickiewicza w Poznaniu.
RATAJCZAK, A.: Stan nietrzeźwości w polskim prawie karnym [Der Zustand der Trunkenheit im polnischen Strafrecht]. Poznań: Uniwersytet 1969. (Prace wydziału prawa. 39.)

ŚWIDA, W.: Prawo karne. Część ogólna [Strafrecht. Allg. Teil]. Neuausg. Warszawa: Państw. wydawn. nauk. 1970.

4. Nebenstrafrecht

a) Das StGB ergänzende Gesetze
BAFIA, J. – L. HOCHBERG – M. SIEWIERSKI: Ustawy karne PRL. Komentarz [Die Strafgesetze der PVR. Kommentar]. Warszawa: Wydawn. prawn. 1965.

b) Jugendstrafrecht
SZYMANOWSKI, T.: Młodociani w polskim prawie karnym i penitencjarnym. Warszawa: Wydawn. prawn. 1967. *Mit russ. Zsfassung; engl. Zsfassung u.d.T.:* Young adults in Polish penal and penitentiary law.

c) Militärstrafrecht
LEŚKO, T.: System kar sądowych w prawie karnym wojskowym [Das System der Gerichtsstrafen im Militärstrafrecht]. Warszawa: Wydawn. Min. Obrony Narod. 1968.

MUSZYŃSKI, J.: Przestępstwo wojskowe a przewinienie dyscyplinarne w polskim prawie wojskowym [Die Militärstraftat und das Disziplinardelikt im polnischen Militärstrafrecht]. Warszawa: Wydawn. Min. Obrony Narod. 1967.

PODSTAWOWE WIADOMOŚCI O PRAWIE WOJSKOWYM. Według stanu prawnego na dzień 30 czerwca 1969 r. [Grundkenntnisse des Militärrechts. Nach dem Rechtszustand vom 30. Juni 1969]. 2. Aufl. Red.: E. MICHLEWSKA. Warszawa: Wydawn. Min. Obrony Narod. 1969.

d) Verwaltungsstrafrecht, allgemeines
GUBIŃSKI, A.: Prawo karno-administracyjne. Wykroczenie [Verwaltungsstrafrecht. Die Übertretung]. Warszawa: Państw. wydawn. nauk. 1967.

MIROŃCZUK, A.: Odpowiedzialność karno-administracyjna za wykroczenia przeciwko przepisom prawa pracy [Die verwaltungsstrafrechtliche Verantwortlichkeit für Übertretungen gegen Vorschriften des Arbeitsrechts]. Według stanu prawnego na dzień 15 listopada 1966 r. [Nach dem Stand der Gesetzgebung vom 15. November 1966.] Warszawa: Wydawn. związkowe CRZZ 1967.

e) Wirtschaftsstrafrecht
LERNELL, L.: Przestępczość gospodarcza. Zagadnienia społeczno-ekonomiczne [Die Wirtschaftskriminalität. Soziologisch-ökonomische Probleme]. Warszawa: Wydawn. prawn. 1965. *Mit russ. Zsfassung; engl. Zsfassung u. d. T.:* Economic crime.

f) Straßenverkehrsstrafrecht
BACHRACH, A.: Przestępstwa drogowe w świetle orzecznictwa Sądu Najwyższego (1945–1962) [Verkehrsdelikte im Lichte der Rechtsprechung des Obersten Gerichtes 1945–1962]. Warszawa: Wydawn. prawn. 1963.

Instytut Nauk Prawnych Polskiej Akademii Nauk. BACHRACH, A.: Ryzyko i nieostrożność w komunikacji drogowej a oceny prawnokarne [Risiko und Fahrlässigkeit im Straßenverkehr und ihre strafrechtliche Bewertung]. Wrocław [usw.]: Zakład Narodowy imienia Ossolińskich 1965.

CYPRIAN, T.: Wypadki drogowe w świetle prawa karnego [Verkehrsunfälle im Lichte des Strafrechts]. Warszawa: Państw. wydawn. nauk. 1963.

g) Sonstiges Nebenstrafrecht
KOMENTARZ DO USTAWY KARNEJ SKARBOWEJ. Stan prawny na 1 stycznia 1965 r. [Kommentar zum Schatz-Strafgesetz. Rechtsstand am 1. Januar 1965]. Von J. BAFIA [u. a.] Warszawa: Wydawn. prawn. 1965.

5. Gerichtsverfassungsrecht

KEMPISTY, H.: Ustrój sądów. Ustawa o Sądzie Najwyższym, prawo o ustroju sądów powszechnych, ustawa o ławnikach ludowych. Komentarz [Die Gerichtsverfassung. Gesetz über das Oberste Gericht, das Verfassungsrecht der ordentlichen Gerichte, das Gesetz über die Volksschöffen. Kommentar]. Warszawa: Wydawn. prawn. 1966.

PUSYLEWITSCH, T.: Die Gerichtsorganisation in der Volksrepublik Polen. *In:* MACHT UND RECHT IM KOMMUNISTISCHEN HERRSCHAFTSSYSTEM. Köln: Verl. Wissenschaft u. Politik 1965, *S. 161–181.*

USTRÓJ ADWOKATURY. Komentarz [Verfassung der Advokatur. Kommentar]. Von S. JANCZEWSKI [u. a.] Warszawa: Wydawn. prawn. 1960.

WŁODYKA, S.: Funkcje Sądu Najwyższego [Funktionen des Obersten Gerichtes]. *Nebent.:* De summo iudicio eiusque potestate. Kraków: Nakładem Uniwersytetu Jagiellońskiego 1965. (Zeszyty naukowe Uniwersytetu Jagiellońskiego. 111. Prace Prawnicze. 20.)

WŁODYKA, S.: Ustrój organów ochrony prawnej [Die Verfassung der Organe des Rechtsschutzes]. Warszawa: Państw. wydawn. nauk. 1968.

6. Strafprozeßrecht

CIEŚLAK, M.: Nowe prawo karne procesowe Polski Ludowej (charakterystyka ogólna) [Das neue Strafprozeßrecht Volkspolens (allgemeine Charakteristik)]. *In:* PALESTRA, *Jg. 14 (1970), Nr. 3, S. 24–35.*

SIEWIERSKI, M.: Kodyfikacja prawa karnego procesowego [Die Kodifikation des Strafprozeßrechts]. *In:* „PIP" *23 (1968), H. 7, S. 3–16.*

7. Strafvollstreckungsrecht

BAFIA, J. – S. PAWEŁA: Amnestia. Komentarz do ustawy z dnia 21 lipca 1969 [Amnestie. Kommentar zum Gesetz vom 21. Juli 1969]. Warszawa: Wydawn. prawn. 1969.

GEILKE, G.: Freiheitsstrafvollzug in Polen. *In:* ZStW *Bd. 78 (1966), S. 262–271.*

MURZYNOWSKI, A.: Areszt tymczasowy oraz inne środki zapobiegające uchylaniu się od sądu [Die vorläufige Haft sowie sonstige Maßregeln zur Verhinderung des Nichterscheinens vor Gericht]. Warszawa: Państw. wydawn. nauk. 1963.

MURZYNOWSKI, A.: Ułaskawienie w Polsce Ludowej [Die Begnadigung in Volkspolen]. Warszawa: Wydawn. prawn. 1965.

WALCZAK, S.: Prawo penitencjarne PRL [Das Pönitentiarrecht der PVR]. Warszawa: Uniwersytet 1968.

8. Kriminologie

Instytut Nauk Prawnych Polskiej Akademii Nauk. BATAWIA, S.: Proces społecznego wykolejania się nieletnich przestępców [Der Vorgang der gesellschaftlichen Entgleisung minderjähriger Krimineller]. Unter Mitarb. von J. SOCHOŃ u. H. KOŁAKOWSKA. Warszawa: Państw. wydawn. nauk. 1958.

BOŻYCZKO, Z.: Kradzież kieszonkowa i jej sprawcy [Der Taschendiebstahl und seine Täter]. Warszawa: Państw. wydawn. nauk. 1962.

CYPRIAN, T.: Chuligaństwo wśród młodzieży. Problem społeczny i prawny [Hooliganismus der Jugend. Ein gesellschaftliches und rechtliches Problem]. Poznań: Państw. wydawn. nauk. 1956.

JASIŃSKA, M.: Proces społecznego wykolejenia młodocianych dziewcząt [Der Vorgang der gesellschaftlichen Entgleisung jugendlicher Mädchen]. Warszawa: Wydawn. prawn. 1967.

LERNELL, L.: Podstawy nauki polityki kryminalnej. Studia z zagadnień przestępstwa, odpowiedzialności i kary [Grundlagen der Wissenschaft der Kriminalpolitik. Studien über Probleme der Straftat, der Verantwortlichkeit und der Strafe]. Warszawa: Wydawn. prawn. 1967.

SAWICKI, J. – A. FLATAU-KOWALSKA: Alkohol w prawie karnym [Der Alkohol im Strafrecht]. Warszawa: Wydawn. prawn. 1958.

SOLARZ, A.: Zagadnienie przestępczości zawodowej w Polsce [Probleme der Berufskriminalität in Polen]. Warszawa: Państw. wydawn. nauk. 1967.

ŚWIDA, W.: Wpływ zmiany ustroju na przestępczość (w świetle przestępczości w Kaliszu i powiecie kaliskim) [Der Einfluß der Verfassungsänderung auf die Kriminalität (im Lichte der Kriminalität in Kalisch und im Kalischer Kreis)]. Bd. 1. 2. Wrocław: Zakład Narodowy imienia Ossolińskich 1960. (Prace Wrocławskiego Towarzystwa Naukowego. Ser. A. 67.) *Bd. 2 enth. Materialsammlung.*

Anmerkung

In der polnischen juristischen Literatur sind folgende Abkürzungen üblich:

Gesetzgebungsakte

art.	Gesetzesartikel
k. c.	kodeks cywilny 1964 [Zivilkodex von 1964]
k. k.	kodeks karny 1969 [Strafkodex von 1969]
k. k. 1932	kodeks karny 1932 [Strafkodex von 1932]
k. k. w.	kodeks karny wykonawczy 1969 [Strafvollstreckungskodex von 1969]
k. k. W. P.	kodeks karny Wojska Polskiego 1944 [Strafkodex des polnischen Militärs von 1944 in bereinigter Fassung von 1957]
k. p. c.	kodeks postępowania cywilnego 1964 [Zivilprozeßkodex von 1964]
k. p. k.	kodeks postępowania karnego 1969 [Strafprozeßkodex von 1969]
m. k. k.	mały kodeks karny [Kleiner Strafkodex, Dekret vom 13. 6. 1946 über die im Stadium des Wiederaufbaus des Staates besonders gefährlichen Straftaten]
p. o. w.	prawo o wykroczeniach [Übertretungsrecht]
u. k. s.	ustawa karna skarbowa 1960 [Schatzstrafgesetz von 1960]

Gesetzblätter und Periodika

DPP	Demokratyczny Przegląd Prawniczy
DzU	Dziennik Ustaw [Gesetzblatt]
DzUrz	Dziennik Urzędowy [Amtsblatt mit zusätzlicher Angabe der herausgebenden Behörde]
GSiP	Gazeta Sądowa i Penitencjarna *(s. V. 1)*
Mon. Pol.	Monitor Polski, dziennik urzędowy Polskiej Rzeczypospolitej Ludowej [Amtsblatt der Polnischen Volksrepublik]
NP	Nowe Prawo *(s. V. 2)*

Polen

OSN	Orzecznictwo Sądu Najwyższego, Izba Karna i Izba Wojskowa [Rechtsprechungssammlung]	
OSP	Orzecznictwo Sądów Polskich i Komisji Arbitrażowych [Rechtsprechungssammlung]	
PiP	Państwo i Prawo *(s. V. 2)*	
PiŻ	Prawo i Życie *(s. V. 2)*	
Prz. Pen.	Przegląd Penitencjarny *(s. V. 1)*	
RPES	Ruch Prawniczy, Ekonomiczny i Socjologiczny *(s. V. 2)*	
WPP	Wojskowy Przegląd Prawniczy *(s. V. 2)*	

Zitierweise

Aufsätze: nach Zeitschrift, Jahrgang, Heft u. Seite.

Normativakte: nach Gesetz- bzw. Amtsblatt, Jahrgang, Heft und Positionsnummer.

Rechtsprechung des Obersten Gerichtes: *entweder* nach Rechtsprechungssammlung (OSN oder OSP), Positionsnummer und Jahrgang *oder* bei unveröffentlichen Entscheidungen aufgrund des Bulletins des Obersten Gerichtes mit SN (Sąd Najwyższy = Oberstes Gericht), Signatur der Verfahrensakte, Jahrgang.

PORTUGAL

Bearbeitet von Dr. Peter Hünerfeld,
Referent am Max-Planck-Institut für ausländisches und internationales Strafrecht,
Freiburg i. Br.

Vorbemerkung

Die nachfolgende Übersicht ist auf das europäische Portugal beschränkt. Angaben zu den außereuropäischen Provinzen Portugals (Ultramar) finden sich im zweiten Band.

Gesamtausgaben der Gesetze

Eine Sammlung der Gesetzgebung zum materiellen und formellen Strafrecht findet sich für den Zeitraum der beiden letzten Drittel des 19. Jahrhunderts in:

Collecção completa de legislação criminal. Bd. 1–3. Coimbra: França Amado 1915–1916.

Für die Strafgesetzgebung dieses Jahrhunderts findet sich als speziell strafrechtliche Sammlung lediglich die unvollständige und teilweise inzwischen schon wieder überholte Zusammenstellung des Nebenstrafrechts von Pereira Leitão, A. - M. B. Lopes *(s. I. 2). Im übrigen sind allgemeine Gesetzessammlungen heranzuziehen, vor allem die beiden amtlichen Veröffentlichungen:*

Col(l)ecção Oficial de Legislação Portuguesa. 1. 1821 ff. *Gliederung in Jahres- oder Halbjahresbände.*

Diário do Governo. Ser. 1. 1914 ff. *Erscheinungsweise: werktäglich.*

Als Hilfsmittel zum Auffinden von Gesetzen dient die Kartei der Gesetzgebung und Rechtsprechung von Correia, A. Simões *(s. VI. 1).*

I. Materielles Strafrecht – Texte –

1. Strafgesetzbuch

Código Penal, *in der Bekanntmachung der VO (Decreto) vom 16. September 1886 (Col. Of. 1887, S. 653 ff.).*

Das portugiesische Strafgesetzbuch vom 16. September 1886 geht auf seinen Vorgänger, das Strafgesetzbuch vom 10. Dezember 1852, sowie die in der Zeit nach Inkrafttreten dieses Gesetzbuches ergangenen Reformen (Gesetz vom 1. Juli 1867, sogenannte Nova Reforma Penal vom 14. Juni 1884) zurück.

Auch in der Folgezeit hat sich die Gesetzgebung weiterentwickelt, ohne daß Eingriffe in den Regelungsbereich des portugiesischen Strafgesetzbuches stets unmittelbar in entsprechender Umgestaltung seines Gesetzestextes Ausdruck fanden. Im Bereich des Allgemeinen Teils des Código Penal *wurden im Zuge der* Strafrechtsreform vom 5. Juni 1954 *bis dahin außerhalb des Gesetzbuches in verschiedenen Einzelgesetzen (unter anderem in der sogenannten* Reforma Prisional vom 26. Mai 1936) *durchgeführte Reformen in den Text des Strafgesetzbuches selbst eingegliedert. Der neueste Stand des Allgemeinen Teils wurde schließlich durch die* Strafrechtsreform vom 31. Mai 1972 (Decreto-Lei Nr. 184/72) *erreicht. Im Bereich des Besonderen Teils ist es vielfach bei gesetzlichen Neuregelungen außerhalb des* Código Penal *geblieben, so daß im Hinblick auf verschiedene Straftatbestände nicht mehr die Regelungen des Strafgesetzbuches, sondern an deren Stelle maßgebliche Einzelgesetze den gültigen Stand der Gesetzgebung zum Ausdruck bringen.*

Letzte Abänderung: Decreto-Lei Nr. 184 vom 31. Mai 1972.

Textausgaben

Eine amtliche Textausgabe fehlt. Am häufigsten herangezogen werden die auch die außerhalb des Código Penal ergangenen Abänderungen und Ergänzungen weitgehend berücksichtigenden und dem aktuellen Stand der Gesetzgebung am nächsten kommenden kommentierten Ausgaben:

Gonçalves, M. Lopes Maia: Código Penal Português. Na doutrina e na jurisprudência. 2. Aufl. Coimbra: Almedina 1972.

Duarte Faveiro, V. A. - L. da Silva Araújo: Código Penal Português. 7. Aufl. Coimbra: Coimbra Ed. 1971.

Textausgaben ohne Kommentierung sind:

Correia, E. - A. Furtado dos Santos: Código Penal Português. Coimbra 1954: Soc. Industrial de Impr.; Nachtr. Janeiro 1960: Tip. da E. N. P.

Dias, J. de Figueiredo: Código Penal Português. Coimbra: Atlântida 1972. (Biblioteca jurídica. 61.)

Übersetzungen

DAS PORTUGIESISCHE STRAFGESETZBUCH vom 16. September 1886. Übers. u. mit Anm. versehen von D. BASEDAU. Berlin: de Gruyter 1962. (Slg. außerdt. StGB. 79.)

CODE PÉNAL PORTUGAIS. Übers. von J. B. HERZOG. In: CODES PÉN. EUR., Bd. 3, S. 1515 ff.

Reform

In Erfüllung eines ihm vom portugiesischen Justizminister erteilten Auftrags hat der Strafrechtslehrer EDUARDO CORREIA *im Jahre 1963 den Entwurf des Allgemeinen Teils und im Jahre 1966 den Entwurf des Besonderen Teils eines neuen portugiesischen Strafgesetzbuches vorgelegt.*

Veröffentlichung der Entwürfe:

CORREIA, E.: Código Penal. Projecto da parte geral. In: BOL. MIN. JUSTIÇA, Nr. 127 (1963), S. 17 ff.

CORREIA, E.: Código Penal. Projecto da parte especial. In: BOL. MIN. JUSTIÇA, Nr. 158 (1966), S. 35 ff.

Veröffentlichung der Verhandlungen der zur Beratung des Allgemeinen Teils des Entwurfs eingesetzten Kommission:

Ministério da Justiça. ACTAS DAS SESSÕES DA COMISSAÕ REVISORA DO CÓDIGO PENAL. Parte geral. Bd. 1. 2. Lisboa 1965–1966.

Veröffentlichung einer ministeriellen Revision des Entwurfs:
CÓDIGO PENAL. Projecto da parte geral. In: BOL. MIN. JUSTIÇA, Nr. 157 [1966], S. 23 ff.

Nach der Verfassungsänderung vom 16. August 1971 geht es nunmehr vorweg gesondert um die der Nationalversammlung vorbehaltene Festlegung der Strafen und Maßregeln. Der aus der bisherigen Reformarbeit hervorgegangene amtliche Entwurf hierfür ist veröffentlicht in: ACTAS DA CÃMARA CORPORATIVA, *Nr. 101 vom 5. April 1972.*

2. Wichtige Nebengesetze

Ein Teil der außerhalb des Strafgesetzbuchs ergangenen wichtigen Nebengesetze findet sich in den oben angeführten kommentierten Ausgaben des Código Penal *mitaufgenommen.*

Eine eigene, jedoch lückenhafte und schon nicht mehr dem gegenwärtigen Stande entsprechende Sammlung von Nebengesetzen bietet die Veröffentlichung:

PEREIRA LEITÃO, A.-M. B. LOPES: Legislação penal e disciplinar. 1. 2. Coimbra: Coimbra Ed. 1961.

Orientierung bieten weiter ein bei DUARTE FAVEIRO, V. A. - L. DA SILVA ARAÚJO – (s. I. 1), S. 831 ff. – *aufgenommenes alphabetisches Register der in Nebengesetzen geregelten Materien sowie die Kartei der Gesetzgebung und Rechtsprechung von* CORREIA, A. SIMÕES *(s. VI. 1).*

a) Das StGB ergänzende Gesetze

Angesichts der Fülle gesetzlicher Einzelregelungen als Ersatz oder Ergänzung von Bestimmungen des portugiesischen Strafgesetzbuches muß die nachfolgende Übersicht auf eine Auswahl beschränkt werden. Soweit eigene Textnachweise nicht möglich sind, kann überwiegend mit einem Abdruck der fraglichen Bestimmungen in den oben angeführten kommentierten Ausgaben des Código Penal *gerechnet werden.*

Zu nennen sind Korrekturen und Ergänzungen im Bereich des Besonderen Teils:

Religionsdelikte

An die Stelle der fast ausnahmslos aufgehobenen Vorschriften der Art. 130 bis 140 des portugiesischen Strafgesetzbuches sind Strafbestimmungen eines Decreto vom 20. April 1911 getreten.

Staatsschutzdelikte

Decreto-Lei Nr. 32.832 vom 7. Juni 1943. *Regelungsbereich: neben der Neufassung verschiedener Tatbestände des portugiesischen Strafgesetzbuches – in geringem Umfang – auch deren Ergänzung durch zusätzliche Bestimmungen.*

Decreto-Lei Nr. 450/72 vom 14. November 1972. *Regelungsbereich: Pönalisierung bestimmter, Staatsschutzdelikte vorbereitender Tätigkeiten.*

Decreto-Lei Nr. 43.440 vom 27. Dezember 1960 (*Einbeziehung alliierter Länder Portugals in den strafrechtlichen Schutz vor Spionage und Geheimnisverrat*).

Von Bedeutung sind ferner Tatbestände des Código de Justiça Militar *sowie der* Lei do Serviço Militar *(s. I. 2c).*

Illegale Auswanderung

Nach einer bedeutenden Abmilderung der vormaligen Gesetzgebung gilt nunmehr das Decreto-Lei Nr. 49.400 vom 24. November 1969 *(abgedruckt in* BOL. MIN. JUSTIÇA, *Nr. 191 [1969], S. 383 ff.).*

Für den Fall der Absicht, sich durch illegalen Grenzübertritt der Wehrdienstpflicht zu entziehen, ist auf Art. 64 des Wehrdienstgesetzes *(s. I. 2c) verwiesen.*

Nahrungsmittelfälschung

Art. 17 und 18 des Decreto-Lei Nr. 41.204 vom 24. Juli 1957 (*Straftaten gegen die Wirtschaft und die Volksgesundheit*).

Textausgabe
s. I. 2e.

Jagddelikte

An Stelle des ehemaligen Art. 254 des portugiesischen Strafgesetzbuches sind gegenwärtig maßgeblich die Bestimmungen der Lei Nr. 2.132 vom 26. Mai 1967 *und* des Decreto Nr. 47.847 vom 14. August 1967, *zuletzt geändert durch* Decreto Nr. 328/71 vom 28. Juli 1971.

Textausgabe
MANSO-PRETO, J. A. SOARES: Código da Caça. Anotado. Coimbra: Atlântida 1967. (Biblioteca jurídica. 19.)

Im Hinblick auf die Ausübung der Fischerei sind verschiedene Regelungen von Belang. Hinzuweisen ist vor allem auf die Bestimmungen der Lei Nr. 2.097 vom 6. Juni 1959 mit Decreto Nr. 44.623 vom 10. Oktober 1962. *Bedeutung hat auch* Decreto Nr. 45.116 vom 6. Juli 1963.

Textausgabe
CALEJO, J.: Código da Pesca. Coimbra: Coimbra Ed. 1968.

Wirtschaftsdelikte

An die Stelle der Tatbestände der Art. 275 (açambarcamento = Horten) und 267 (especulação) des portugiesischen Strafgesetzbuches sind Strafvorschriften eines besonderen Wirtschaftsstrafgesetzes (s. I. 2e) getreten.

Zolldelikte

An die Stelle der Tatbestände der Art. 279 (contrabando) und 280 (descaminho = Zollhinterziehung) des portugiesischen Strafgesetzbuches sind Strafvorschriften des Decreto Nr. 31.664 vom 22. November 1941 *getreten.*

Delikte gegen Ehe und Familie

Art. 61, §§ 1–3 *und* 5–7 des Decreto vom 3. November 1910. *Regelungsbereich: Ehebruch, Abänderung der Regelungen des Strafgesetzbuches.*

Art. 21, 24 *und* 25 des Decreto Nr. 20.431 vom 24. Oktober 1931. *Regelungsbereich: Korruption Minderjähriger.*

Lei Nr. 2.053 vom 22. März 1952 *(abandono de familia).*

Fahrzeugdiebstahl und „furtum usus"

Decreto-Lei Nr. 44.939 vom 27. März 1963.

Strafbarer Bankrott

Maßgeblich sind die Art. 1276 ff. der portugiesischen Zivilprozeßordnung (Decreto-Lei Nr. 44.129) vom 28. Dezember 1961, *von den Bestimmungen im portugiesischen Strafgesetzbuch dagegen nurmehr* Art. 448.

Textausgabe
LOPES-CARDOSO, E.: Código de Processo Civil ... *(s. II. 2).*

Urheberrechte, gewerbliche Schutzrechte

An Stelle der Art. 457 ff. *des portugiesischen Strafgesetzbuches sind maßgeblich nunmehr Bestimmungen des* Decreto Nr. 30.679 vom 24. August 1940 (Código da Propriedade Industrial), *zuletzt geändert durch* Decreto-Lei Nr. 96/72 vom 20. März 1972 *sowie des* Decreto-Lei Nr. 46.980 vom 27. April 1966 (Código do Direito de Autor).

Textausgaben
CORTE-REAL, R. DE MATOS: Código da Propriedade Industrial. 2. Aufl. Coimbra: Coimbra Ed. 1970.

CÓDIGO DO DIREITO DE AUTOR. Coimbra: Almedina 1966.

b) Jugendstrafrecht

Das Alter der Strafmündigkeit ist im geltenden portugiesischen Recht auf das sechzehnte Lebensjahr festgesetzt. Jugendliche Rechtsbrecher, die noch nicht das sechzehnte Lebensjahr vollendet haben, unterliegen den ausschließlich am Gedanken der Erziehung und Fürsorge orientierten Bestimmungen des Jugendschutzgesetzes (Organização Tutelar de Menores) vom 20. April 1962 (Decreto-Lei Nr. 44.288), *teilweise abgeändert durch* Decreto-Lei Nr. 47.727 vom 23. Mai 1967.

Textausgabe
der Bestimmungen des Jugendschutzrechtes
DA VEIGA, V. SOARES: Reforma dos serviços tutelares de menores. 2. Aufl. Coimbra: Coimbra Ed. 1967.

Übersetzung
Ministère de la Justice. LÉGISLATION DES SERVICES TUTÉLAIRES DES MINEURS DU PORTUGAL. Caxias 1962: Inst. de reeducação Padre António de Oliveira. *Beschränkt auf den Gesetzgebungsstand von 1962.*

Jugendliche über sechzehn Jahren unterliegen grundsätzlich den Bestimmungen des Erwachsenenstrafrechts, doch sind sie allgemein milder zu bestrafen (Reduktion der im Strafgesetzbuch vorgesehenen Höchststrafen und entsprechende Milderung in jedem Einzelfall). Außerdem kommt für minderjährige Straffällige, die zu einer Freiheitsstrafe von mehr als einem halben Jahr Gefängnis verurteilt worden sind, ein besonders gestalteter Strafvollzug in einer sogenannten Gefängnisschule (prisão-escola) in Betracht (vgl. Art. 69 *des portugiesischen Strafgesetzbuches sowie die* Art. 74 ff. *der Reforma Prisional vom 26. Mai 1936).*

Reform

In den Vorarbeiten zur portugiesischen Strafrechtsreform ist zum Ausdruck gebracht, daß die bisherige Festsetzung der Strafmündigkeitsgrenze auf das sechzehnte Lebensjahr beibehalten, dagegen für Jugendliche zwischen sechzehn und einundzwanzig Jahren nunmehr ein eigenes Jugendstrafrecht geschaffen werden soll (vgl. Art. 16 *des Strafgesetzentwurfes* E. CORREIA *unter I. 1).*

c) Militärstrafrecht

CÓDIGO DE JUSTIÇA MILITAR, Decreto Nr. 11.292 vom 26. November 1925.

Der Código de Justiça Militar regelt sowohl das materielle Militärstrafrecht als auch das Verfahren und die Organisation

der Militärgerichtsbarkeit. Er ist wiederholt abgeändert und durch Einzelgesetze ergänzt worden.
Letzte Änderungen durch Decreto-Lei Nr. 370/70 vom 10. August 1970 und Decreto-Lei Nr. 523/70 vom 6. November 1970.

Textausgabe
VIEIRA, A. X. LOPES: Notas ao Código de Justiça Militar. Lisboa 1965. *Mit kurzen Anmerkungen u. der Wiedergabe ergänzender Regelungen.*

Zu nennen ist ferner:
Lei Nr. 2.135 (Lei do Serviço Militar = Wehrdienstgesetz) vom 11. Juli 1968, *zuletzt geändert durch* Lei Nr. 2/70 vom 19. März 1970.

d) Verwaltungsstrafrecht, allgemeines

In gewissem Umfang haben in Portugal auch Verwaltungsbehörden Strafgewalt. Ein die Verwaltungsstrafgewalt umfassend regelndes Gesetz gibt es jedoch nicht.

Reform
In den Vorarbeiten zur portugiesischen Strafrechtsreform ist zum Ausdruck gebracht, daß an die Kodifikation eines eigenen Ordnungswidrigkeitenrechts gedacht wird (vgl. E. CORREIA: Código Penal. Projecto da parte geral... unter I. 1).

e) Wirtschaftsstrafrecht

Decreto-Lei Nr. 41.204 vom 24. Juli 1957, *zuletzt geändert durch* Decreto-Lei Nr. 45.279 vom 30. September 1963 *sowie durch* Decreto-Lei Nr. 308 vom 16. Juli 1971. *Regelungsbereich: Straftaten gegen die Volksgesundheit und die Wirtschaftsordnung.*

Textausgabe
MILLER, R. VIEIRA: Infracções antieconómicas. Neuaufl. Coimbra: Almedina 1965. *Mit weiteren Hinweisen.*

f) Straßenverkehrsstrafrecht

Código da Estrada, Decreto-Lei Nr. 39.672 vom 20. Mai 1954, *wiederholt abgeändert, zuletzt durch* Decreto Nr. 424/70 vom 4. September 1970

nebst

Regulamento do Códiga da Estrada [Durchführungsverordnung zum Straßenverkehrsgesetz], Decreto-Lei Nr. 39.987 vom 20. Dezember 1954, *wiederholt abgeändert, zuletzt durch* Erlaß Nr. 483/71 vom 3. September 1971.

Textausgabe
MATOS, M. DE OLIVEIRA: Código da Estrada e seu Regulamento. 2. Aufl. Coimbra: Atlântida 1972. (Biblioteca jurídica. 56.)

g) Pressestrafrecht

Maßgeblich sind die materiell- u. prozeßrechtlichen Bestimmungen der Lei Nr. 5/71 vom 5. November 1971 (Pressegesetz) sowie des im Anschluß an dieses Gesetz ergangenen Decreto-Lei Nr. 150/72 vom 5. Mai 1972.

Textausgabe
ESTATUTO DA IMPRENSA. Herausgegeben u. angemerkt von der Secretaria de Estado da Informação e Turismo. Lisboa: Impr. Nacional 1972.

h) Straf- und Disziplinargesetz der Handelsmarine

Maßgeblich ist der Código Penal e Disciplinar da Marinha Mercante vom 20. November 1943, *zuletzt geändert durch* Decreto-Lei Nr. 307/70 vom 2. Juli 1970.

Textausgabe
RODRIGUES, J. DO NASCIMENTO M.: Código Penal e Disciplinar da Marinha Mercante. Coimbra 1964: Gráfica de Coimbra.

i) Strafrechtliche Verfolgung der Prostitution

Decreto-Lei Nr. 44.579 vom 19. September 1962.

k) Sondernormen betreffend die Entnahme menschlicher Organe und Gewebe

Decreto-Lei Nr. 45.683 vom 26. April 1964.

l) Strafrechtliche Verfolgung des Umgangs mit Rauschgiften

Decreto-Lei Nr. 420/70 vom 3. September 1970.

m) Fiskalstrafrecht

Ein einheitlich geregeltes Fiskalstrafrecht gibt es in Portugal nicht. Soweit die einzelnen Steuergesetze steuerrechtliche Verstöße (infracções fiscais) *unter Strafe (im wesentlichen eine Geldstrafe) stellen, ist umstritten, ob Kriminalstrafen oder Verwaltungsstrafen angedroht sind (vgl. zum Meinungsstand in dieser Frage:* DA COSTA, J. M. M. CARDOSO: Curso de direito fiscal. Coimbra: Almedina 1970, S. 82ff.). *Die Ahndung dieser Verstöße obliegt den Steuergerichten. Neben den genannten* infracções fiscais *sind in gewissem Umfang auch Strafvorschriften in Geltung, die unumstritten kriminalrechtlichen Charakter tragen. Dies ist zum einen der Fall auf dem Gebiet des Zollstrafrechts (s. unter I. 2a), aber auch im sonstigen Fiskalrecht, so im Hinblick auf Steuerhinterziehungen, die im Zusammenhang mit Verstößen gegen die kaufmännische Buchführungspflicht begangen worden sind (vgl. die von der Rechtsprechung noch als gültig angesehenen Bestimmungen des Art. 10 des Decreto-Lei Nr. 27.153 vom 21. Oktober 1936 und des Art. 4 des Decreto-Lei Nr. 28.221 vom 24. November 1937).*

II. Strafverfahrensrecht – Texte –

1. Gerichtsverfassungsrecht

(ordentliche Gerichtsbarkeit)

Estatuto Judiciário, Decreto-Lei Nr. 44.278 vom 14. April 1962, *zuletzt abgeändert durch* Decreto-Lei Nr. 281/71 vom 24. Juni 1971. *Grundsätze einer neuerlichen Reform ergeben sich aus der Lei Nr. 2/72 vom 10. Mai 1972.*

Geregelt ist hier die gesamte Organisation der Rechtspflege im Bereich der ordentlichen Gerichtsbarkeit. Hierzu rechnet auch die den Jugendschutzgerichten und den Strafvollstreckungsgerichten anvertraute Rechtspflege (siehe im einzelnen hierzu II. 3a sowie II. 3c: Strafvollstreckungsgerichte). Seit neuestem ist in diesem Zusammenhang auch eine eigene, noch im Aufbau befindliche „Familiengerichtsbarkeit" zu nennen (vgl. unter II. 3c).

Textausgaben
República Portuguesa. Estatuto judiciário. Lisboa: Impr. Nacional 1962; Erg. 1963.

Auf neuerem Stand ist der Text der Veröffentlichung:
Sampaio, R. Polónio de: Estatuto judiciário. Coimbra: Almedina 1972.

2. Strafprozeßrecht

Código de Processo Penal, Decreto Nr. 16.489 vom 15. Februar 1929, *in Kraft seit dem 1. März 1929* (Col. Of. 1929, 1, S. 380 ff.).

Vor Inkrafttreten der Strafprozeßordnung vom 15. Februar 1929 richtete sich das portugiesische Strafverfahren nach den Bestimmungen der sogenannten Novíssima Reforma Judiciária von 1841 und einer kaum noch überschaubaren Vielzahl korrigierender und ergänzender Regelungen in Nebengesetzen. Weniger die Absicht einer rechtlichen Erneuerung als vielmehr das unabweisliche Bedürfnis einer Klärung und Bereinigung des gewordenen Rechtes drängte den Gesetzgeber zur Kodifikation einer übersichtlich gestalteten Strafprozeßordnung, deren Ausarbeitung dem Strafrechtslehrer José Beleza dos Santos *anvertraut wurde. Leitbild waren vor allem die verfahrensrechtliche Tradition des Landes sowie die Praxis der portugiesischen Gerichte.*
Das portugiesische Strafverfahrensrecht ist auch nach dem Inkrafttreten des Código de Processo Penal *wiederholt abgeändert und ergänzt worden, doch ist dies oftmals wiederum außerhalb der Strafprozeßordnung selbst geschehen, so daß deren Gesetzestext teilweise gegenstandslos geworden ist. Dies gilt etwa im Hinblick auf die Regelung eines Verfahrens vor Geschworenengerichten (Art. 474 ff.), da schon seit Jahrzehnten in Portugal Schwurgerichte gerichtsverfassungsgesetzlich nicht mehr vorgesehen sind. Einige diesbezügliche Bestimmungen haben nur noch insofern Bedeutung, als andernorts auf sie verwiesen wird.*

Unter den die Strafprozeßordnung korrigierenden oder ergänzenden gesetzlichen Regelungen seien eigens hervorgehoben:

Decreto-Lei Nr. 35.007 vom 13. Oktober 1945 *(vor allem Reformierung des Vorverfahrens im Sinne des Akkusationsprinzips),*

Decreto-Lei Nr. 35.042 vom 20. Oktober 1945 *(Policia Judiciária), teilweise abgeändert durch* Decreto-Lei Nr. 39.351 vom 7. September 1953,

Decreto-Lei Nr. 49.401 vom 24. November 1969 *(Direcção-Geral de Segurança, Sonderbehörde, der die Ermittlung von Staatsschutzdelikten obliegt; Regelungen hierzu in verschiedenen Gesetzen; Neuregelung in Vorb.),*

Decreto-Lei Nr. 44.129 vom 28. Dezember 1961 *(Código de Processo Civil, im Bereich des Strafverfahrens teilweise unmittelbar – vgl. Art. 649 der portugiesischen Strafprozeßordnung – teilweise subsidiär – vgl. Art. 1, einziger Paragraph, der portugiesischen Strafprozeßordnung – anwendbar).*

Letzte Abänderung der Strafprozeßordnung: Decreto-Lei Nr. 185 vom 31. Mai 1972 *(weitreichende Teilreform in verschiedenen Regelungsbereichen der Strafprozeßordnung).*

Textausgaben
Correia, E. – A. Furtado dos Santos: Código de Processo Penal. Actualizado. 2. Aufl. Coimbra: Atlântida 1959; Nachtr. 1. 2. 1959–1960. *Enthält den Text der Strafprozeßordnung und einer Vielzahl ergänzender gesetzlicher Regelungen.*

Santos, A. Furtado dos: Código de Processo Penal. Actualizado ... Coimbra: Atlântida 1972. (Biblioteca jurídica. 59.)

Textausgabe der Zivilprozeßordnung (mit einigen Verweisen):
Lopes-Cardoso, E.: Código de Processo Civil. 3. Aufl. Coimbra: Almedina 1967.

3. Wichtige Nebengesetze

(Gerichtsverfassungsrecht und Verfahrensrecht)

a) Jugendstrafverfahren

Das geltende portugiesische Recht kennt kein eigenes Jugendstrafrecht und Jugendstrafverfahren. Es kennt jedoch ein ausschließlich auf dem Erziehungsgedanken gegründetes Jugendschutzrecht, das an Stelle des Strafrechts gegenüber allen jugendlichen Rechtsbrechern unter 16 Jahren maßgeblich ist und durch die Jugendschutzgerichte (Tribunais Tutelares de Menores) angewandt wird.

Verfassung und Verfahren der Jugendschutzgerichte ergeben sich aus der:

Organização Tutelar de Menores, Decreto-Lei Nr. 44.288 vom 20. April 1962, *abgeändert durch* Decreto-Lei Nr. 47.727 vom 23. Mai 1967.

Textausgabe
s. I. 2 b.

b) Militärstrafverfahren (Gerichtsverfassung und Verfahren)

Código de Justiça Militar. Decreto Nr. 11.292 vom 26. November 1925, *zuletzt abgeändert durch* Decreto-Lei Nr. 370/70 vom 10. August 1970 *und* Decreto-Lei Nr. 523/70 vom 6. November 1970.

Textausgabe
s. I. 2 c.

c) Sonstige Verfahrensvorschriften

Strafvollstreckungsgerichte

Die gesetzlichen Grundlagen der Konstituierung, des Auftrags und des Verfahrens der Strafvollstreckungsgerichte ergeben sich aus der Lei Nr. 2000 vom 16. Mai 1944 *sowie dem in Anschluß an dieses Gesetz verfügten* Decreto-Lei Nr. 34.553 vom 30. April 1945. *Durch die Strafprozeßreform vom 31. Mai 1972 (Decreto-Lei Nr. 185/72) ist der Aufgabenbereich dieser Gerichte nunmehr in Art. 629 des* Código de Processo Penal *festgelegt.*

Die portugiesischen Strafvollstreckungsgerichte dienen nicht der gerichtlichen Überwachung der eigenverantwortlichen administrativen Leitung des Strafvollzugs, sondern im wesentlichen der Entscheidung über die Auferlegung bestimmter Maßregeln, über nachträgliche Änderungen der Einstufung eines Gefangenen im Straf- oder Maßregelvollzug, über die im portugiesischen Recht vorgesehenen Verlängerungen von Strafen und Maßregeln, die Gewährung bedingter Entlassung sowie die Rehabilitation ehemaliger Verurteilter.

Die angeführten gesetzlichen Bestimmungen finden sich in der von Correia, E. – A. Furtado dos Santos *besorgten Ausgabe der portugiesischen Strafprozeßordnung (s. II. 2) abgedruckt.*

Familiengerichte

Grundlage für den geplanten Aufbau einer eigenen, auch die Ahndung bestimmter Straftaten (abandono de familia) *erfassenden Gerichtsbarkeit durch Familiengerichte ist die* Lei Nr. 4/70 vom 29. April 1970.

Sondergericht zur Aburteilung bestimmter Straftaten gegen die Volksgesundheit

Gerichtsverfassung und Verfahren des Tribunal Colectivo dos Géneros Alimentícios *ergeben sich aus den Bestimmungen des* Decreto Nr. 20.282 vom 31. August 1931 *sowie des* Decreto-Lei Nr. 27.485 vom 15. Januar 1937.

Zoll- und Steuergerichte

Maßgeblich für die eigenen Gerichten vorbehaltene Ahndung von Zolldelikten sind die Regelungen im Contencioso Aduaneiro vom 22. November 1941.

Maßgeblich für die Ahndung von Verstößen gegen die Steuergesetze (infracções fiscais) *sind die Regelungen der* Organização dos Serviços de Justiça Fiscal (Gerichtsverfassung der Steuergerichte) *sowie des* Código de Processo das Contribuições e Impostos (Verfahren vor den Steuergerichten), *beide vom* 27. April 1963.

Gerichtsbarkeit der Handelsmarine

Maßgeblich ist der Código Penal e Disciplinar da Marinha Mercante vom 20. November 1943.

Vgl. hinsichtlich prozessualer Sondernormen beim Presserecht I. 2 g.

III. Strafvollstreckungsrecht – Texte –

Strafvollstreckung und Strafvollzug

Regelungen finden sich im Strafgesetzbuch, in der Strafprozeßordnung und in Einzelgesetzen. Im Código Penal *ist auf die Art. 58f. und 113ff., im* Código de Processo Penal *auf die Art. 625 ff. (Rechtserneuerung in diesem Bereich durch die Straf- u. Strafprozeßreform vom 31. Mai 1972) zu verweisen. Grundlegend für den Vollzug freiheitsentziehender Strafen und Maßregeln ist noch die* Reforma Prisional, Decreto-Lei Nr. 26.643 vom 28. Mai 1936, *doch ist in den letzten Jahren eine Reform in Gang geraten, die zu einer weitgehenden Neuregelung der Materie führen soll. Auf dem Weg dieser Reform liegt bereits das* Decreto-Lei Nr. 49.040 vom 12. Mai 1969, *mit dem die Konzentration des Vollzugs kurzfristiger Freiheitsstrafen in Regionalgefängnissen organisiert wurde Ferner ist bislang die oben schon erwähnte Straf- u. Strafprozeßrechtsreform vom 31. Mai 1972 (Decreto-Leis Nr. 184/72 u. 185/72) zu nennen.*

Als Ergänzung der Reforma Prisional *hat noch das* Decreto Nr. 34.674 vom 18. Juni 1945 *(Gefangenenarbeit außerhalb der Vollzugsanstalten) Bedeutung.*

Textausgabe

Pinto, J. R. – A. A. Ferreira: Organização prisional. Coimbra: Coimbra Ed. 1955. *Textausg. der* Reforma Prisional *mit Anmerkungen u. ergänzenden Bestimmungen.*

Portugal IV

Strafvollstreckungsgerichte

s. unter II. 3c.

Strafregister

Grundlegend ist das Decreto Nr. 251/71 vom 11. Juni 1971. *Bedeutung daneben haben auch noch Bestimmungen des* Decreto-Lei Nr. 41.077 vom 19. April 1957, *des* Decreto-Lei Nr. 41.078 vom 19. April 1957 *sowie des* Decreto-Lei Nr. 49.055 vom 12. Juni 1969.

Textausgabe

SIMÃO, J.: Assistência Judiciária – Registo criminal. Coimbra: Almedina 1972, S. 47 ff.

Rehabilitation

Lei Nr. 2000 vom 16. Mai 1944 (Grundsätze V ff.).

Decreto Nr. 34.540 vom 27. April 1945.

Seit der Strafrechtsreform vom 31. Mai 1972 (Decreto-Lei Nr. 184/72) enthält auch der Código Penal *(Art. 127) eine Regelung der Materie.*

Das den Strafvollstreckungsgerichten übertragene Verfahren der Rehabilitation ergibt sich aus den Art. 58 ff. des Decreto Nr. 34.553 vom 30. April 1945.

Textausgabe

Die Bestimmungen des angeführten Dekrets vom 30. April 1945 sind in der Textausgabe der portugiesischen Strafprozeßordnung von CORREIA, E. – A. FURTADO DOS SANTOS *(s. II. 2) mitaufgenommen.*

Gnadenrecht

Das Gnadenrecht steht dem Staatsoberhaupt zu (Art. 81 Ziff. 8 der portugiesischen Verfassung vom 11. April 1933 i. d. F. des verfassungsändernden Gesetzes Nr. 3/71 vom 16. August 1971) *und ist in* Art. 126 § 1 *des* Código Penal *näher bestimmt. Seine Ausübung unterliegt den besonderen Vorschriften der* Art. 403 ff. des Decreto-Lei Nr. 26.643 vom 28. Mai 1936 *("Reforma Prisional", s. unter III: Strafvollstreckung u. Strafvollzug). Vgl. ferner die* Art. 52 ff. des Decreto Nr. 34.553 vom 30. April 1945 *(s. II. 3c: Strafvollstreckungsgerichte).*

IV. Entscheidungssammlungen

Ausschließlich strafrechtliche Entscheidungssammlungen werden in Portugal nicht veröffentlicht.

Die Rechtsprechung des Obersten Gerichtshofes (Supremo Tribunal de Justiça) *erscheint in der Zeitschrift:* BOLETIM DO MINISTÉRIO DA JUSTIÇA. N. S. 1. 1947 ff.

Rechtsprechung der Gerichte der Mittelinstanz veröffentlicht die von ALBANO CUNHA *begr., ab* 15. Jg. *von* R. CARVALHEIRO *u.* D. MARQUES LOPES *fortgef. Reihe:*

JURISPRUDÊNCIA DAS RELAÇÕES. 1955 ff.

V. Zeitschriften

1. Strafrechtliche und kriminologische

Eine einzige portugiesische Zeitschrift ist ausschließlich strafrechtlichen und kriminologischen Themen gewidmet:

BOLETIM DA ADMINISTRAÇÃO PENITENCIÁRIA E DOS INSTITUTOS DE CRIMINOLOGIA. 1. 1957 ff. *Erscheinungsweise halbjährlich. Vorläufer dieser Zeitschrift war* Boletim do(s) Instituto(s) de criminologia. (1922–1949 mit Lücken.)

2. Wichtige allgemeine

Universidade de Coimbra. BOLETIM DA FACULDADE DE DIREITO. 1. 1914/15 ff.

BOLETIM DO MINISTÉRIO DA JUSTIÇA. N. S. 1. 1947 ff.

O DIREITO. 1. 1868 ff.

JORNAL DO FÔRO. 1. 1937 ff.

REVISTA DE DIREITO E DE ESTUDOS SOCIAIS. 1. 1945/46 ff.

REVISTA DE LEGISLAÇÃO E DE JURISPRUDÊNCIA. 1. 1868/69 ff.

SCIENTIA JURIDICA. 1. 1951/52 ff. *Zeitschrift für portugiesisches und brasilianisches Recht.*

VI. Literatur

1. Allgemeines

Eine Gesamtdarstellung des portugiesischen Rechts fehlt. Die reichhaltigsten Informationen über das Strafrecht Portugals bietet das bislang zweibändige strafrechtliche Lehrbuch von EDUARDO CORREIA *(s. VI. 3).*

Die unvollendet gebliebene Publikation

BELEZA DOS SANTOS, J.: Ensaio sobre a introdução ao direito criminal. Coimbra: Atlântida 1968.

ist die nachträgliche Veröffentlichung einer 1947 abgebrochenen Arbeit an einer allgemeinen Einführung in das Studium der Strafrechtswissenschaft.

Einen gewissen Überblick über Strafrecht, Strafvollzug und Gerichtsorganisation vermittelt die Veröffentlichung:

Ministère de la Justice. ASPECTS FONDAMENTAUX DES SYSTÈMES PÉNAL ET PÉNITENTIAIRE ET DE L'ORGANISATION JUDICIAIRE AU PORTUGAL. [Lisbonne:] Min. de la Justice 1966.

Eine wichtige Information über Gesetzgebung, Rechtsprechung und Aufsatzliteratur bietet die in monatlichen Lieferungen veröffentlichte Kartei:

CORREIA, A. SIMÕES (*bis Juni 1969 gemeinsam mit* A. DE OLIVEIRA RAMOS): Dicionário de legislação e de jurisprudência. Lisboa: Ed. Império 1929 ff.

Literaturberichte

Für den Zeitraum von den Anfängen des portugiesischen Strafrechts bis zum Eindringen des Strafrechtspositivismus im letzten Viertel des vergangenen Jahrhunderts:

THÓT, L. V.: Die Entwicklung der portugiesischen Strafrechtsliteratur (Kap. 5 der „Geschichte der außerdeutschen Strafrechtsliteratur"). *In:* DER GERICHTSSAAL, *Bd. 79 (1912), S. 350 ff.*

Für die strafrechtliche Literatur seit Beginn der zwanziger Jahre:

HÜNERFELD, P.: Literaturbericht Portugal. *In:* ZSTW Bd. 80 (1968), S. 237 ff.

2. Strafrechtsgeschichte

Eine Gesamtdarstellung der portugiesischen Strafrechtsgeschichte ist bislang nicht veröffentlicht worden.

Beiträge zur geschichtlichen Entwicklung der Strafe finden sich in der Veröffentlichung:

CORREIA, E.: Apontamentos sobre as penas e a sua graduação no direito criminal português. (Evolução e estado actual.) Coimbra: Almedina 1953.

Zu bemerken ist ferner, daß in der Zeitschrift BOLETIM DA ADMINISTRAÇÃO PENITENCIÁRIA E DOS INSTITUTOS DE CRIMINOLOGIA *(s. V. 1) eine eigene historische Abteilung eingerichtet worden ist.*

3. Materielles Strafrecht

Kommentare

Als Kommentare zum portugiesischen Strafgesetzbuch vom 10. Dezember 1852 sind heute noch von Bedeutung:

JORDÃO, L. M.: Commentário ao Código Penal Português. Bd. 1–4. Lisboa 1853–1854.

FERRÃO, F. A. F. DA SILVA: Theoria do direito penal, applicada ao Código Penal Portuguêz. Bd. 1–8. Lisboa 1856–1857: Typogr. universal [usw.].

Als ausführlichster Kommentar zum portugiesischen Strafgesetzbuch vom 16. September 1886 ist zu nennen:

OSÓRIO (DA GAMA E CASTRO DE OLIVEIRA BATISTA), L.: Notas ao Código Penal Português. 2. Aufl. Bd. 1–4. Coimbra: Coimbra Ed. 1923–1926.

Die neueste Kommentierung des portugiesischen Strafgesetzbuchs bieten:

GONÇALVES, M. LOPES MAIA: Código Penal Português. 2. Aufl. Coimbra: Almedina 1972.

DUARTE FAVEIRO, V. A. – L. DA SILVA ARAÚJO: Código Penal Português. Anotado. 7. Aufl. Coimbra: Coimbra Ed. 1971.

Lehrbücher

Lehrbücher des portugiesischen Strafrechts gibt es nur über den Allgemeinen Teil. Die Auseinandersetzung der Probleme des Besonderen Teils findet vor allem in Zeitschriften statt (zahlreiche Beiträge finden sich in der Revista de Legislação e de Jurisprudência). *Die in Portugal teilweise noch üblichen Vorlesungsniederschriften, die von Hörern angefertigt und hauptsächlich für den akademischen Gebrauch vervielfältigt werden, sind in der nachfolgenden Übersicht nicht mitaufgenommen. Zu nennen sind:*

CORREIA, E.: Direito criminal. Unter Mitarb. von J. DE FIGUEIREDO DIAS. 1. 2. Coimbra: Almedina 1963–1965; *Wiederholte Nachdrucke, zuletzt 1971.*

CAVALEIRO DE FERREIRA, M.: Direito penal. 2. Lisboa 1961: Gomes & Rodrigues.

Wichtige Monographien

CORREIA, E.: A teoria do concurso em direito criminal. Unidade e pluralidade de infracções. Coimbra: Atlântida 1945. (*Unveränd. Nachdr., zusammen mit der strafprozessualen Abhandlung* Caso julgado e poderes de cognição do juiz. Coimbra: Almedina 1963.)

DIAS, J. DE FIGUEIREDO: O problema da consciência da ilicitude em direito penal. Coimbra: Almedina 1969.

4. Nebenstrafrecht

Die Literatur zum portugiesischen Nebenstrafrecht ist nicht reichhaltig. Die nachfolgende Übersicht kann daher nur einige Titel vermerken.

Portugal VI 4a

a) Das StGB ergänzende Gesetze

Die unter dieser Rubrik genannten Gesetze werden überwiegend von den Kommentaren zum Strafgesetzbuch berücksichtigt, wo sich auch weiterführende Hinweise finden.

b) Jugendstrafrecht

Bedeutung für die historische Entwicklung des portugiesischen Rechts hat noch die Veröffentlichung:

BELEZA DOS SANTOS, J.: Regime jurídico dos menores delinquentes em Portugal. *In:* BOLETIM DA FACULDADE DE DIREITO DA UNIV. DE COIMBRA, Bd. 8 (1923–1925), S. 142 ff.

Eine rechtsvergleichende Arbeit, die außer dem portugiesischen das belgische, französische, deutsche und italienische Recht berücksichtigt, ist die Veröffentlichung:

Centro de direito comparado da Faculdade de Direito de Coimbra. GERSÃO, E.: Tratamento criminal de jovens delinquentes. Coimbra 1968. (Estudos e monografias. Secção de ciências criminais. 2.)

COSTA, A. DE CAMPOS: Notas à organização tutelar de menores. Coimbra: Atlântida. 1967. (Biblioteca jurídica. 17.) *Kommentierte Ausg. der Bestimmungen des portugiesischen Jugendschutzrechtes.*

c) Militärstrafrecht

VIEIRA, A. X. LOPES: Notas ao Código de Justiça Militar. Lisboa 1965.

d) Verwaltungsstrafrecht, allgemeines

Zu verweisen ist auf

CORREIA, E.: Direito criminal. 1. *(s. VI. 3)*, S. 20 ff.

BELEZA DOS SANTOS, J.: Ensaio ... *(s. VI. 1)*, S. 84 ff.

e) Wirtschaftsstrafrecht

CHAVES, E. ARALA: Delitos contra a saúde pública e contra a economia nacional. (Legislação, trabalhos preparatórios, anotações e comentários.) Coimbra: Coimbra Ed. 1961.

PINTO, F. BRANDÃO FERREIRA: Infracções contra a saúde pública e a economia da nação. Coimbra: Almedina 1969.

f) Straßenverkehrsstrafrecht

FARINHA, J. DE DEUS PINHEIRO: Código da Estrada. Anotado. 2. Aufl. Lisboa: Morais 1961.

LOPES, M. BAPTISTA – H. R. AYRES PEREIRA: Código da Estrada e legislação complementar. 3. Aufl. Coimbra: Almedina 1971.

PRAZERES, M. A. GAMA: Código da Estrada. Braga: Cruz 1966.

5. Gerichtsverfassungsrecht

PEDROSA, A. FERREIRA – A. RODRIGUES LUFINHA: Estatuto judiciário. 2. Aufl. Coimbra: Coimbra Ed. 1967.

6. Strafprozeßrecht

Kommentare

Als umfassendster Kommentar zur portugiesischen Strafprozeßordnung ist noch heute unverzichtbar:

OSORIA (DA GAMA E CASTRO DE OLIVEIRA BATISTA), L.: Commentário ao Código de Processo Português. Bd. 1–6. Coimbra: Coimbra Ed. 1932–1934.

In der gegenwärtigen Literatur führt das Werk:

GONÇALVES, M. LOPES MAIA: Código de Processo Penal. Coimbra: Almedina 1972.

Ferner sind zu nennen:

DA SILVA ARAÚJO, L.: Código de Processo Penal. Actualizado e anotado. Coimbra: Coimbra Ed. 1960.

FARINHA, J. DE DEUS PINHEIRO: Código de Processo Penal Português. 2. Aufl. Lisboa: Morais 1966.

Studienbücher

CAVALEIRO DE FERREIRA, M.: Curso de processo penal. Bd. 1–3. Lisboa 1955–1958.

CORREIA, E.: Processo criminal. Coimbra 1954; Erg.Bd. 1956.

Wichtige Monographien

BELEZA DOS SANTOS, J.: Os tribunais de execução das penas em Portugal. Coimbra: Coimbra Ed. 1953.

CORREIA, E.: Caso julgado e poderes de cognição do juiz. Coimbra: Atlântida 1948; Nachdr. Coimbra: Almedina 1963 *(s. VI. 3)*.

DIAS, J. DE FIGUEIREDO: Sobre a reparação de perdas e danos arbitrada em processo penal. Coimbra: Coimbra Ed. 1963.

FABIÃO, F.: A prisão preventiva. Braga: Cruz 1964.

7. Strafvollstreckungsrecht

BELEZA DOS SANTOS, J.: Nova organização prisional portuguesa. Coimbra: Coimbra Ed. 1946.

PINTO, J. R. – A. A. FERREIRA: Organização prisional *(s. III)*.

Vgl. zu den Strafvollstreckungsgerichten *Monographine unter VI. 6.*

8. Kriminologie und Statistik

Kriminologie

In den beiden letzten Jahrzehnten des vergangenen und den beiden ersten Jahrzehnten dieses Jahrhunderts hat die portugiesische Wissenschaft eine reichhaltige kriminologische Literatur hervorgebracht, deren bedeutendste Titel EDUARDO CORREIA *in* Direito Criminal *(s. VI. 3), Bd. 1, S. 124 ff. zusammengestellt hat.*

Die Ergebnisse der gegenwärtigen kriminologischen Forschung, deren Schwerpunkt im Bereich der kriminologischen und gerichtsmedizinischen Institute liegt, hat in verschiedenen Einzelbeiträgen Niederschlag gefunden. Als wichtigstes Publikationsorgan kriminologischer Beiträge ist das BOLETIM DA ADMINISTRAÇÃO PENITENCIÁRIA E DOS INSTITUTOS DE CRIMINOLOGIA *(s. V. 1) zu nennen. Eine lehrbuchartige Darstellung fehlt. Vgl. zur Geschichte der Kriminologie in Portugal:*

MALDONADO, M.: Alguns aspectos da história da criminologia em Portugal. Diss. Coimbra 1960; *später veröffentlicht in:* BOL. ADM. PEN., *22 (1968), S. 17 ff.*

Statistik

Instituto Nacional de Estatística. ESTATÍSTICAS DA JUSTIÇA. 1. 1936 ff. *Anfänglich jährliche Veröffentlichung, später teilweise Unterbrechungen, seit 1954 regelmäßige Veröffentlichung im Abstand von jeweils zwei Jahren.*

CRUCHO DE ALMEIDA, M. R. DE LEMOS: Notas estatísticas sobre condenados 1962, 1964 e 1966. *In:* BOL. ADM. PEN., *21 (1967), S. 11 ff.*

9. Literatur in fremden Sprachen

CANNAT, P.: Droit pénal et politique pénitentiaire au Portugal. Paris: Sirey 1946.

CORREIA, E.: Grundgedanken der portugiesischen Strafrechtsreform. *In:* ZSTW, *Bd. 76 (1964), S. 323 ff.*

CORREIA, E.: La prison, les mesures non-institutionnelles et le projet du Code pénal portugais. *In:* ESTUDOS „IN MEMORIAM" DO PROF. DOUTOR JOSÉ BELEZA DOS SANTOS. 1. Coimbra: Coimbra Ed. 1966, *S. 229 ff.*

CORREIA, E.: Der Einfluß Franz v. Liszts auf die portugiesische Strafrechtsreform. *In:* ZSTW, *Bd. 81 (1969), S. 723 ff.*

HÜNERFELD, P.: Die Entwicklung der Kriminalpolitik in Portugal. Bonn: Röhrscheid 1971. (Rechtsvergleichende Untersuchungen zur gesamten Strafrechtswissenschaft. N. F. 43.)

JESCHECK, H.-H.: Principes et solutions de la politique criminelle dans la réforme pénale allemande et portugaise. *In:* ESTUDOS „IN MEMORIAM" DO PROF. DOUTOR JOSÉ BELEZA DOS SANTOS. 1. Coimbra: Coimbra Ed. 1966, *S. 433 ff.*

RUMÄNIEN

Bearbeitet von Dr. Ernst-Uwe Barten,
Assistent am Institut für Recht, Politik und Geschichte der sozialistischen Staaten der Universität Kiel

I. Materielles Strafrecht – Texte –

1. Strafgesetzbuch

Gesetz Nr. 15 vom 21. 6. 1968: Codul penal [StGB] (Bul. Of. I, Nr. 79–79 bis, vom 21. 6. 68), *in Kraft getreten am 1. 1. 1969.*

Textausgabe
Codul penal al Republicii Socialiste România [Strafgesetzbuch der Sozialistischen Republik Rumänien]. București: Ed. politică 1968.

Deutsche Übersetzung in Vorbereitung (Slg. außerdt. StGB).

Gesetz Nr. 30 vom 12. 11. 1968: Pentru punerea în aplicare a Codului penal al Republicii Socialiste România vom 21. 6. 1968 [Einführungsgesetz zum Strafgesetzbuch der SRR] (Bul. Of. I, Nr. 147 vom 13. 11. 1968).

2. Wichtige Nebengesetze

b) Jugendstrafrecht

Jugendstrafrecht ist im 5. Titel des StGB geregelt. Daneben existiert ein besonderes Gesetz zum Minderjährigenschutz.

Gesetz Nr. 3 vom 28. 3. 1970: Privind regimul ocrotirii unor categorii de minori [Minderjährigenschutz] (Bul. Of. I, Nr. 28 vom 28. 3. 1970).

c) Militärstrafrecht

Die besondere Militärstrafgerichtsbarkeit ist mit dem Inkrafttreten des neuen StGB aufgehoben; Militärangehörige unterliegen jetzt auch der allgemeinen Strafgewalt nach StGB und StPO.

d) Verwaltungsstrafrecht, allgemeines

Gesetz Nr. 32 vom 12. 11. 1968: Privind stabilirea și sancționarea contravențiilor [Bestimmung und Ahndung der Ordnungswidrigkeiten] (Bul. Of. I, Nr. 148 vom 14. 11. 1968).

Verordnung Nr. 68 des Ministerrats vom 5. 2. 1970: Pentru stabilirea și sancționarea contravențiilor la normele legale privind disciplina financiară, impozitele, taxele și primele de asigurare prin efectul legii [Bestimmung und Ahndung der Ordnungswidrigkeiten auf dem Gebiet der Finanzdisziplin, Steuern, Gebühren und gesetzlichen Versicherungsprämien] (Bul. Of. I, Nr. 6 vom 13. 2. 1970).

Dekret Nr. 153 des Staatsrats vom 24. 3. 1970: Pentru stabilirea și sancționarea unor contravenții privind regulile de conviețuire socială, ordinea și liniștea publică [Bestimmung und Ahndung der Ordnungswidrigkeiten auf dem Gebiet der Regeln des sozialistischen Gemeinschaftslebens und der öffentlichen Ruhe und Ordnung] (Bul. Of. I, Nr. 33 vom 13. 4. 1970).

f) Straßenverkehrsstrafrecht

Dekret Nr. 328 vom 29. 4. 1966: Privind circulația pe drumurile publice [Straßenverkehrsordnung] (Bul. Of. I, Nr. 28–29 vom 31. 5. 1966; *Neuveröffentlichung in* Bul. Of. I, Nr. 46–47 vom 15. 5. 1970).

Verordnung Nr. 772 vom 3. 5. 1966: Privind aprobarea Regulamentului pentru aplicarea Decretului Nr. 328/1966, privind circulația pe drumurile publice și pentru stabilirea și sancționarea contravențiilor in acest sector [Reglement zur Anwendung des Dekrets Nr. 328/1966 über den Straßenverkehr und zur Bestimmung und Ahndung der Ordnungswidrigkeiten auf diesem Gebiet] (Bul. Of. I, Nr. 28–29 vom 31. 5. 1966; *Neuveröffentlichung in* Bul. Of. I, Nr. 46–47 vom 15. 5. 1970).

g) Sonstiges Nebenstrafrecht

Dekret Nr. 45 vom 29. 1. 1969: Pentru modificarea codului silvic [Änderung des Forstgesetzbuchs] (Bul. Of. I, Nr. 15 vom 30. 1. 1969; *Neuveröffentlichung in* Bul. Of. I, Nr. 22 vom 8. 2. 1969). *Betr. Änderung und Ergänzung von Strafvorschriften.*

Dekret Nr. 46 vom 29. 1. 1969: Pentru modificarea Decretului Nr. 210/1960 privind regimul mijloacelor de plată străine, metalelor prețioase și pietrelor prețioase [Änderung des Dekrets Nr. 210/1960 über die Behandlung von ausländischen Zahlungsmitteln, Edelmetallen und Edelsteinen] (Bul. Of. I, Nr. 15 vom 30. 1. 1969). *Betr. Änderung und Ergänzung von Straf- und Ordnungswidrigkeitsvorschriften.*

Dekret Nr. 47 vom 29. 1. 1969: Privind modificarea articolelor 54 și 55 din Legea Nr. 6/1961 privind reglementarea regimului vamal al Republicii Socialiste România [Änderung von Art. 54 und 55 des Gesetzes Nr. 6/1961 über das Zollwesen in der SRR] (Bul. Of. I, Nr. 15 vom 30. 1. 1969). *Änderung von Strafvorschriften.*

Dekret Nr. 48 vom 21. 1. 1969: Privind modificarea Legii Nr. 5/1965 cu privire la protecţia muncii [Änderung des Gesetzes Nr. 5/1965 über den Arbeitsschutz] (Bul. Of. I, Nr. 15 vom 30. 1. 1969; *Neuveröffentlichung in* Bul. Of. I, Nr. 24 vom 18. 2. 1969). *Änderung und Ergänzung von Strafvorschriften.*

Gesetz Nr. 23 vom 17. 12. 1971: Privind apărarea secretului de stat în Republica Socialistă România [Schutz von Staatsgeheimnissen in der SRR] (Bul. Of. I, Nr. 157 vom 17. 12. 1971). *Art. 59 ff. Strafvorschriften.*

II. Strafverfahrensrecht – Texte –

1. Gerichtsverfassungsrecht

Gesetz Nr. 58 vom 26. 12. 1968: Pentru organizarea judecătorească [Gerichtsverfassungsgesetz] (Bul. Of. I, Nr. 169 vom 27. 12. 1968).

2. Strafprozeßrecht

Gesetz Nr. 29 vom 12. 11. 1968: Codul de procedură penală [Strafprozeßordnung] (Bul. Of. I, Nr. 145–146 vom 12. 11. 1968), *in Kraft getreten am 1. 1. 1969.*

Textausgabe

Codul de procedură penală al Republicii Socialiste România [Strafprozeßordnung der Sozialistischen Republik Rumänien]. Bucureşti: Ed. politică 1968.

Gesetz Nr. 31 vom 12. 11. 1968: Pentru punerea în aplicare a Codului de procedură penală al Republicii Socialiste România vom 12. 11. 1968 [Einführungsgesetz zur Strafprozeßordnung der SRR] (Bul. Of. I, Nr. 147 vom 13. 11. 1968).

3. Wichtige Nebengesetze

Gesetz Nr. 59 vom 26. 12. 1968: Privind comisiile de judecată [Schiedskommissionen] (Bul. Of. I, Nr. 169 vom 27. 12. 1968).

Gesetz Nr. 60 vom 26. 12. 1968: Pentru organizarea şi funcţionarea Procuraturii Republicii Socialiste România [Organisation und Funktionsweise der Staatsanwaltschaft der SRR] (Bul. Of. I, Nr. 169 vom 27. 12. 1968).

Gesetz Nr. 4 vom 18. 3. 1971: Privind extradarea [Auslieferung] (Bul. Of. I, Nr. 35 vom 18. 3. 1971).

Deutsche Übersetzung
In: JOR *Bd. 12, 1 (1971), S. 249–254.*

III. Strafvollstreckungsrecht – Texte –

Gesetz Nr. 23 vom 18. 11. 1969: Privind executarea pedepselor [Strafvollzugsgesetz] (Bul. Of. I, Nr. 132 vom 18. 11. 1969).

Deutsche Übersetzung
In: JOR *Bd. 10, 2 (1969), S. 196–212. Mit kurzer Einleitung.*

Dekret Nr. 24 vom 30. 1. 1970: Privind depunerea unei cauţiuni şi înlocuirea, în anumite cazuri, a executării pedepsei inchisorii prin obligarea la plata unei amenzi [Hinterlegung einer Kaution und Ersetzung des Vollzugs von Freiheitsstrafen durch die Zahlung einer Geldstrafe in bestimmten Fällen] (Bul. Of. I, Nr. 3 vom 31. 1. 1970).

Deutsche Übersetzung
In: WGO *Jg. 12 (1970), S. 318 ff.*

IV. Entscheidungssammlungen

Culegere de decizii ale tribunalului suprem [Entscheidungssammlung des Obersten Gerichts] (1952/1954. 1955 *u. d. T.:* Culegere de decizii ale Plenului ş colegiilor Tribunalului Suprem al R. P. R.; 1956–1964 *u. d. T.:* Culegere de decizii ale Tribunalului Suprem al R.P.R.). 1952/1954 ff. *Allg. Entscheidungssammlung.*

V. Zeitschriften

REVISTA ROMÂNĂ DE DREPT [Rumänische Rundschau des Rechts]. Organ al Asociației juriștilor din Republica Socialistă România (1945–1966 u. d. T.: Justiția nouă). 1. 1945 ff. Monatliches Erscheinen, wichtigste rumänische juristische Zeitschrift mit strafrechtlichen Abhandlungen und strafrechtlichen Gerichtsentscheidungen.

REVUE ROUMAINE DES SCIENCES SOCIALES. Série de sciences juridiques (1. 1956 – 7. 1963 u. d. T.: Revue des sciences sociales). 1. 1956 ff. Erscheint vierteljährlich.

STUDII ȘI CERCETĂRI JURIDICE [Juristische Studien und Forschungen]. 1. 1956 ff. Seit 1960 vierteljährlich.

VI. Literatur

1. Allgemeines

Institut de recherches juridiques de l'Académie de la République Socialiste de Roumanie. BIBLIOGRAPHIE JURIDIQUE ROUMAINE (Bibliografie juridică română) 1944–1968. Bearb. von T. IONAȘCU und D. RUSU. București: Ed. de l'Acad. de la Rép. Soc. de Roumanie 1969. *Seit 1969 erscheinen Nachträge in:* REVUE ROUMAINE DES SCIENCES SOCIALES *(s. V).*

BUSSMANN, C. – W. DURCHLAUB: Bibliographie des deutschsprachigen Schrifttums zum Ostrecht (1945–1964). Trittau/Holst.: Scherbarth 1969. (Hilfsmittel zum Ostrecht. 2.) *Darin S. 135–145: Rumänien.*

GEORGESCU, S.: Transformările in ultimii 25 ani ale normelor de drept penal și procesual penal, reflectate în conținutul revistei [Änderungen des Straf- und Strafprozeßrechts in den letzten 25 Jahren]. *In:* RRD *Jg. 25 (1969), Nr. 12, S. 10–20.*

Ministerul Justiției. REPERTORIUL GENERAL AL LEGISLAȚIEI ÎN VIGOARE, publicată pînă la data de 1. ianuarie 1966 [Allgemeine Sammlung der bis zum 1. 1. 1966 veröffentlichten geltenden Gesetzgebung]. Von C. CAZACU, O. BOIU [u. a.]. București: Ed. științifică 1966.

STOICOIU, V.: Legal sources and bibliography of Romania. New York: Praeger 1964. (Praeger Publications in Russian History and World Communism. 24.)

TEORIA GENERALĂ A STATULUI ȘI DREPTULUI [Allg. Staats- und Rechtstheorie]. Von I. CETERECHI [u. a.]. București: Ed. didactică 1967.

2. Strafrechtsgeschichte

CODUL PENAL PE ÎNȚELESUL TUTUROR [Strafgesetzbuch für jedermann]. Von G. ANTONIU [u. a.]. București: Ed. politică 1970.

Universitatea „Victor Babeș", Cluj, Facultatea de științe juridice. HANGA, V.: Istoria statului și dreptului R. P. R. [Geschichte des Staats und Rechts der Volksrepublik Rumänien]. 3. Aufl. Bd. 1. București: Litografia și topografia învățămîntului 1957.

3. Materielles Strafrecht

COZMA, I. I.: Reabilitarea în dreptul penal al Republicii Socialiste România [Rehabilitierung im Strafrecht der SRR]. București: Ed. științifică 1970.

DANEȘ, S.: Înlocuirea răspunderii penale [Die Ersetzung der strafrechtlichen Verantwortlichkeit]. București: Ed. științifică 1970.

Academia Republicii Socialiste România. Institutul de cercetări juridice. EXPLICAȚII TEORETICE ALE CODULUI PENAL ROMÂN [Theoretische Erläuterungen des rumänischen Strafgesetzbuchs]. Bearb. von V. DONGOROZ [u. a.]. Bd. 1–3. București: Ed. Acad. Rep. Soc. Rom. 1969–1971. Bd. 1. 2: Partea generală [Allg. Teil]. 1969–1970. Bd. 3: Partea specială [Bes. Teil]. 1971.

FODOR, J.: Das neue Strafgesetzbuch der Sozialistischen Republik Rumänien. *In:* JOR *Bd. 10, 1 (1969), S. 21–44.*

FODOR, J.: Principiile, categoriile și instituțiile de bază de noului Cod penal [Die wichtigsten Prinzipien, Kategorien und Institute des neuen Strafgesetzbuchs]. *In:* INSTITUȚII ȘI REGLEMENTĂRI ÎN DREPTUL SOCIALIST ROMÂN. București: Ed. Acad. Rep. Soc. Rom. 1969, S. 201–220.

NOUL COD PENAL ȘI CODUL PENAL ANTERIOR. Prezentare comparativă [Das neue und das frühere Strafgesetzbuch. Vergleichende Darstellung]. București: Ed. politică 1968.

OANCEA, I.: Drept penal. Partea generală [Strafrecht. Allg. Teil]. București: Ed. didactică și pedagogică 1965. *Neuaufl. wird vorbereitet.*

STOICA, O. A.: Dreptul penal. Partea specială [Strafrecht. Bes. Teil]. Cluj: Litografia învățămîntului 1958. *Zum großen Teil wegen des neuen StGB vom 28. 6. 1968 veraltet.*

4. Nebenstrafrecht

b) Jugendstrafrecht

MANOLIU, I. C.: Minoritatea în reglementarea noului Cod penal [Die Minderjährigen im neuen Strafgesetzbuch]. *In:* RRD *Jg. 24 (1968), Nr. 10, S. 3–15.*

d) Verwaltungsstrafrecht, allgemeines

FRUNZĂ, M.: Noul regim al contravențiilor [Neuregelung der Ordnungswidrigkeiten]. *In:* RRD Jg. 25 (1969), Nr. 2, S. 23–39.

5. Gerichtsverfassungsrecht

HILSENRAD, A.: Perfecționarea organizării judecătorești în cadrul noii reglementări [Die Vervollkommnung der Gerichtsorganisation im Rahmen der neuen Vorschriften]. *In:* RRD Jg. 25 (1969), Nr. 3, S. 3–15.

Ministerul învățămîntului. Universitatea București. Facultatea de drept. NEGOIȚĂ, A. – I. MURARU: Organizarea instanțelor judecătorești și a procuraturii [Die Organisation der Gerichts- und Staatsanwaltschaftshierarchie]. București: Ed. didactică și pedagogică 1967. *Zum Teil veraltet aufgrund der neuen Gesetze Nr. 58/1968 über die Gerichtsverfassung und Nr. 60/1968 über die Staatsanwaltschaft.*

VASILIU, T.: Considerații în legătură cu Legea privind comisiile de judecată [Überlegungen zum Gesetz über die Schiedskommissionen]. *In:* RRD Jg. 25 (1969) Nr. 1, S. 3–12.

6. Strafprozeßrecht

KAHANE, S.: Instituții și reglementări în noul Cod de procedură penală al României. *In:* INSTITUȚII ȘI REGLEMENTĂRI ÎN DREPTUL SOCIALIST ROMÂN. București: Ed. Acad. Rep. Soc. Rom. 1969, S. 221–240.

KAHANE, S.: Synthèse du nouveau Code de procédure pénale de la République Socialiste de Roumanie. *In:* REVUE ROUMAINE DES SCIENCES SOCIALES. Série de Sciences juridiques *1969, Nr. 1, S. 19–34.*

NOUL COD DE PROCEDURĂ PENALĂ ȘI CODUL DE PROCEDURĂ PENALĂ ANTERIOR. Prezentare comparativă [Die neue und die frühere Strafprozeßordnung. Vergleichende Darstellung]. Bearb. von V. DONGOROZ [u. a.]. BUCUREȘTI: Ed. politică 1969.

RĂMUREANU, V.: Noul Cod de procedură penală [Die neue Strafprozeßordnung]. *In:* RRD Jg. 24 (1968), Nr. 12, S. 8–23.

STANOIU, R. M.: Das neue rumänische Auslieferungsrecht. *In:* JOR Bd. 12, 1 (1971), S. 215–220.

7. Strafvollstreckungsrecht

POPA, A.: Legea privind executarea pedepselor [Strafvollzugsgesetz]. *In:* RRD Jg. 26 (1970), Nr. 1, S. 52–60.

8. Kriminologie und Statistik

BASARAB, M. – G. INCZE: Unele probleme privind tactica criminalistică [Einige Probleme der Kriminalpolitik]. *In:* STUDIA UNIVERSITATIS BABEȘ-BOLYAI. Series Iurisprudentia. 1968, S. 155–160.

GEORGESCU, S. – L. TAMAȘ: Obiectul, sistemul și metoda de studiu a criminalisticii, locul acesteia în cadrul științelor juridice [Gegenstand, System und Methode des kriminalistischen Studiums und seine Stellung im Rahmen der Rechtswissenschaften]. *In:* JUSTIȚIA NOUĂ Jg. 19 (1963), Nr. 12, S. 34–44.

SAN MARINO

Bearbeitet von JOHANNA BOSCH,
Referentin am Max-Planck-Institut für ausländisches und internationales Strafrecht,
Freiburg i. Br.

I. Materielles Strafrecht – Texte –

1. Strafgesetzbuch

Codice penale [Strafgesetzbuch] vom 15. September 1865.
Wichtiges Änderungsgesetz vom 18. Oktober 1963, Nr. 43.

Textausgabe
CODICE PENALE DELLA REPUBBLICA DI S. MARINO. Pesaro: Nobili 1865.

2. Wichtige Nebengesetze

f) Straßenverkehrsstrafrecht

Legge sulla circolazione stradale [Straßenverkehrsgesetz] vom 6. März 1922, Nr. 13 *und* vom 17. März 1964, Nr. 12.

II. Strafverfahrensrecht – Texte –

2. Strafprozeßrecht

Codice di procedura penale [Strafprozeßgesetz] vom 2. Januar 1878. *Änderungen sind in dem* Gesetz vom 18. Oktober 1963, Nr. 43, *vorgesehen*.

III. Strafvollstreckungsrecht – Texte –

Ordinamento penitenziario [Strafvollzugsgesetz] vom 15. Juni 1889. *Geändert durch* Gesetz vom 18. Oktober 1963, Nr. 43.

Strafregistergesetz vom 13. September 1906.

VI. Literatur

FANTI, I.: De la législation pénale de la République de Saint-Marin. Imola: Galeati 1878.

Repubblica di S. Marino. Commissione di riforma penale. PROGETTO DI NUOVO CODICE PENALE, con relazione illustrativa. Ottobre 1966. Bologna: Pàtron 1967.

ZUPETTA, L.: Testo del progetto del Codice penale della Repubblica di S. Marino. Bd. 1. 2. Napoli: Tipografia dell'Università 1868.

Schweden*

Bearbeitet von Erster Staatsanwalt Dr. RUDOLF LEIBINGER,
Freiburg i. Br.

Gesamtausgabe der Gesetze

SVERIGES RIKES LAG. 93. Aufl. Hrsg. von C. G. HELLQUIST. Stockholm: Norstedt 1972.

Zitiert LAGBOK. *Die Sammlung enthält die Gesetze in der jeweils geltenden Fassung. Als private Edition wird sie in der Praxis wie eine amtliche Gesetzessammlung verwandt, die einen Rückgriff auf das Gesetzblatt nur bezüglich der nicht abgedruckten Texte notwendig macht. Im ersten Teil des Lagboks sind die Reichsgesetze von 1734 und die Gesetze, die an ihre Stelle getreten sind (u. a. auch das Kriminalgesetzbuch und das Prozeßgesetz unter den Abkürzungen Br u. R) sowie ergänzende Gesetze abgedruckt. Der zweite Teil (Bihang) enthält die übrigen Gesetze in chronologischer Anordnung. Erscheint jährlich.*

I. Materielles Strafrecht – Texte –

1. Strafgesetzbuch

Brottsbalk [Kriminalgesetzbuch] vom 21. Dezember 1962, *in Kraft getreten am* 1. Januar 1965 (SFS 1962 Nr. 700).

Lag om införande av brottsbalken [Einführungsgesetz zum Kriminalgesetzbuch] vom 20. März 1964 (SFS Nr. 163).

Änderungen des Kriminalgesetzbuches durch Gesetze vom 3. Juni 1965 (SFS Nr. 280) *Kap. 20 § 4, Kap. 21, § 18: Amtsdelikte und Arbeitskampf;* 3. Dezember 1965 (SFS Nr. 620) *Kap. 26 §§ 6ff.: bedingte Entlassung;* 17. Dezember 1965 (SFS Nr. 726) *Kap. 16 § 13: Tierquälerei;* 3. Juni 1966 (SFS Nr. 188) *Kap. 37 §§ 1 u. 2: Überwachungsbehörde;* 16. Juni 1966 (SFS Nr. 295) *Kap. 30 § 7, Kap. 31 § 3: Überlassung zur geschlossenen psychiatrischen Behandlung;* 15. Dezember 1967 (SFS Nr. 942) *Kap. 30 § 7, Kap. 31 § 3: Behandlung im Spezialkrankenhaus für psychisch Entwicklungsgestörte;* 17. Mai 1968 (SFS Nr. 165) *Kap. 36 § 1ff.: Einziehung;* 23. Mai 1969 (SFS Nr. 162) *Kap. 6 §§ 4, 7 u. 8: Sittlichkeitsdelikte;* 29. Mai 1969 (SFS Nr. 259) *Kap. 38 § 6: Besetzung der Spruchkörper bei Vollstreckungsentscheidungen;* 27. Mai 1970 (SFS Nr. 224) *Kap. 16 §§ 8, 8a: Hetze gegen eine Volksgruppe, Rassendiskriminierung;* 5. Juni 1970 (SFS Nr. 225), *in Kraft getreten am* 17. Februar 1971, *Kap. 5, § 5, Kap. 16 §§ 5ff., Kap. 19 §§ 10, 11, 16: Unzüchtige Schriften, Straftaten gegen die allgemeine Ordnung u. die Sicherheit Schwedens u. a.* 14. Mai 1971 (SFS Nr. 188) *Kap. 2 § 3, Kap. 13 § 5a u. a.: Flugzeugentführung; weitere Änderungen durch* Gesetze vom 30. Juni 1971 (SFS Nr. 570) und 10. Dezember 1971 (SFS Nr. 874 u. 964).

Textausgaben

Sonderdruck aus SVERIGES RIKES LAG *(s. vor I. 1).*

Eine handliche Textausgabe nach dem Stand vom 1. 10. 1969, die auch einige strafrechtliche Nebengesetze enthält, ist:

BROTTSBALKEN OCH ANDRA LAGAR OM BROTT OCH PÅFÖLJDER. 2. Aufl. Hrsg. von A. NELSON. Lund: Elander 1969.

Übersetzungen

CODE PÉNAL SUÉDOIS. Übers. von M. LAMBERT, eingeleitet von I. STRAHL. Stockholm: Ministère de la Justice 1965. *Nicht im Buchhandel.*

THE PENAL CODE OF SWEDEN. Übers. von T. SELLIN, eingeleitet von I. STRAHL. Stockholm: Ministry of Justice 1965. *Nicht im Buchhandel.*

Teilübersetzungen in deutscher Sprache

Staatsschutz

SIMSON, G.: Schweden. In: STRAFR. STAATSSCHUTZBEST., S. 297ff.

Taten gegen die Sittlichkeit

DIE VORSCHRIFTEN DES SCHWEDISCHEN KRIMINALGESETZBUCHS vom 21. 12. 1962 (in Kraft seit dem 1. 1. 1965) über die Strafbarkeit von Sexualdelikten. Übers. von G. SIMSON. In: ZStW Bd. 81 (1969), S. 497–501.

Verbrechensfolgen

WEBSKY, M. VON: Das Deliktsfolgensystem des schwedischen Strafgesetzbuches vom 1. 1. 1965 und das Strafensystem des Deutschen E 62. Diss., Köln 1968. *Im Anh. S. IV–VIII: Kap. 25–33 des Kriminalgesetzbuches.*

---

* Für zahlreiche wertvolle Hinweise ist Herrn Ministerialrat Dr. Dr. h. c. GERHARD SIMSON, Stockholm, zu danken.

Schweden I 2 a

2. Wichtige Nebengesetze

a) Das StGB ergänzende Gesetze

Lag om straff för folkmord [Gesetz über die Bestrafung von Völkermord] vom 20. März 1964 (SFS Nr. 169).

Lag om dödstraff i vissa fall då riket är i krig [Gesetz über die Todesstrafe im Kriegsfall] vom 30. Juni 1948 (SFS Nr. 450), *geändert durch* Gesetz vom 20. März 1964 (SFS Nr. 199).

Lag om avbrytande a havandeskap [Gesetz über die Schwangerschaftsunterbrechung] vom 17. Juni 1938 (SFS Nr. 318), *geändert durch* Gesetz vom 20. März 1964 (SFS Nr. 172).

Lag om sterilisering [Gesetz über Sterilisation] vom 23. Mai 1941 (SFS Nr. 282), *geändert durch* Gesetz vom 30. Juni 1971 (SFS Nr. 587).

Lag om kastrering [Gesetz über Kastration] vom 24. März 1944 (SFS Nr. 133), *zuletzt geändert durch* Gesetz vom 30. Juni 1971 (SFS Nr. 588).

Lag om straff för trafikbrott som begåtts utomlands [Gesetz über die Bestrafung im Ausland begangener Verkehrsdelikte] vom 10. Dezember 1971 (SFS Nr. 965).

b) Jugendstrafrecht

Ein besonderes Jugendgerichtsgesetz gibt es nicht. Die Deliktsfolgen ergeben sich aus dem Kriminalgesetzbuch und dem Lag om samhällets vård av barn och ungdom (barnavårdslag) [Jugendpflegegesetz] vom 29. April 1960 (SFS Nr. 97), *zuletzt geändert durch* Gesetz vom 10. Dezember 1971 (SFS Nr. 885).

Übersetzungen

THE CHILD WELFARE ACT OF SWEDEN. Übers. von T. SELLIN, eingel. von H. ROMANDER. Stockholm: Ministry of Justice 1965. *Nicht im Buchhandel.*

LOI SUÉDOISE SUR LA PROTECTION SOCIALE DE L'ENFANCE. Übers. von M. HÖJER, eingel. von H. ROMANDER. Stockholm: Ministère de la Justice 1965. *Nicht im Buchhandel.*

Die Möglichkeit, bei jugendlichen Tätern von Anklageerhebung abzusehen, eröffnen Kap. 20, § 7 RB und das Gesetz vom 20. März 1964 med särskilda bestämmelser om unga lagöverträdare [mit besonderen Bestimmungen über junge Rechtsbrecher] (SFS Nr. 167), *zuletzt geändert durch* Gesetz vom 27. Mai 1971 (SFS Nr. 241).

c) Militärstrafrecht

Lag om disciplinstraff för krigsmän [Gesetz über Disziplinstrafen für Soldaten] vom 30. Juni 1948 (SFS Nr. 449), *zuletzt geändert durch* Gesetz vom 3. Juni 1966 (SFS Nr. 416).

Reformvorschläge: SOU 1970: 31.

d) Verwaltungsstrafrecht, allgemeines

Ein kodifiziertes allgemeines Verwaltungsstrafrecht gibt es nicht.

e) Wirtschaftsstrafrecht

Lag med vissa bestämmelser mot illojal konkurrens [Gesetz mit Bestimmungen über unlauteren Wettbewerb] vom 29. Mai 1931 (SFS Nr. 152), *zuletzt geändert durch* Gesetz vom 30. Dezember 1960 (SFS Nr. 731).

Lag om otillbörlig marknadsföring [Gesetz über Unlauterkeit auf dem Wirtschaftsmarkt] vom 29. Juni 1970 (SFS Nr. 412).

Mönsterskyddslag [Musterschutzgesetz] vom 29. Juni 1970 (SFS Nr. 485).

f) Straßenverkehrsstrafrecht

Lag om straff för vissa trafikbrott [Gesetz über die Bestrafung bestimmter Verkehrsdelikte] vom 28. September 1951 (SFS Nr. 649), *zuletzt geändert durch* Gesetz vom 3. Juni 1966 (SFS Nr. 252).

Vägtrafikförordning [Straßenverkehrsordnung] vom 28. September 1951 (SFS Nr. 648), *zuletzt geändert durch* VO vom 10. Dezember 1971 (SFS Nr. 1040).

Riksåklagarens beslut om ordningsbot för vissa brott [Beschluß des Reichsanklägers über Ordnungsbußen bei bestimmten Delikten] vom 28. Januar 1970 (SFS Nr. 26).

g) Steuer- und Zollstrafrecht

Skattebrottslag [Gesetz über Steuerdelikte] vom 2. April 1971 (SFS Nr. 69), *geändert durch* Gesetz vom 19. November 1971 (SFS Nr. 800).

Lag om straff för varusmuggling [Gesetz über die Bestrafung von Warenschmuggel] vom 30. Juni 1960 (SFS Nr. 418), *zuletzt geändert durch* Gesetz vom 7. März 1969 (SFS Nr. 34).

Lag om förbud i vissa fall mot införsel av spritdrycker [Gesetz über Einfuhrverbot von alkoholischen Getränken] vom 30. Juni 1960 (SFS Nr. 419).

h) Pressestrafrecht

Tryckfrihetsförordning [Druckfreiheitsverordnung] vom 5. April 1949, *neu bekanntgemacht* SFS 1971 Nr. 273. *Die Druckfreiheitsverordnung hat Grundgesetzcharakter; sie enthält auch wichtige Verfahrensbestimmungen. Die im Zusammenhang mit dem Strafrechtsänderungsgesetz vom 5. Juni 1970 eingefügten Änderungen sind nach Zustimmung des neuen Reichstages 1971 in Kraft getreten.*

Radioansvarighetslag [Gesetz über die Verantwortlichkeit für Radio- und Fernsehsendungen] vom 30. Dezember 1966 (SFS Nr. 756).

II 3 c Schweden

i) Sonstiges Nebenstrafrecht

Narkotikastrafflag [Rauschgiftstrafgesetz] vom 8. März 1968 (SFS Nr. 64), *geändert durch* Gesetz vom 7. März 1969 (SFS Nr. 33).

Rusdrycksförsäljningsförordningen [Verordnung über den Handel mit alkoholischen Getränken] vom 26. Mai 1954 (SFS Nr. 521), *zuletzt geändert durch* Gesetz vom 4. Juni 1971 (SFS Nr. 404).

Checklag [Scheckgesetz] vom 13. Mai 1932 (SFS Nr. 131), *geändert durch* Gesetz vom 20. März 1964 (SFS Nr. 192).

Lag om hittegods [Gesetz über Fundsachen] vom 22. April 1938 (SFS Nr. 121), *geändert durch* Gesetz vom 20. März 1964 (SFS Nr. 383).

Lag om nykterhetsvård [Gesetz über die Alkoholfürsorge] vom 27. Juli 1954 (SFS Nr. 579), *zuletzt geändert durch* Gesetz vom 4. Juni 1971 (SFS Nr. 307).

Hälsovårdsstadga [VO über die Gesundheitspflege] vom 19. Dezember 1958 (SFS Nr. 663), *zuletzt geändert durch* VO vom 19. Dezember 1971 (SFS Nr. 1141).

Lag om beredande av sluten psykiatrisk vård i vissa fall [Gesetz über die geschlossene psychiatrische Pflege in bestimmten Fällen] vom 16. Juni 1966 (SFS Nr. 293), *zuletzt geändert durch* Gesetz vom 30. Juni 1971 (SFS Nr. 638).

Lag om åtgärder vid samhällsfarlig asocialitet [Gesetz über Maßnahmen gegen gesellschaftsgefährliche Asozialität] vom 4. Juni 1964 (SFS Nr. 450), *zuletzt geändert durch* Gesetz vom 29. Mai 1969 (SFS Nr. 263).

Lag om rätt till fiske [Fischereigesetz] vom 1. Dezember 1950 (SFS Nr. 596), *zuletzt geändert durch* Gesetz vom 3. Dezember 1971 (SFS Nr. 854).

Lag om rätt till jakt [Jagdgesetz] vom 3. Juni 1938 (SFS Nr. 274), *zuletzt geändert durch* Gesetz vom 30. Juni 1971 (SFS Nr. 566).

Naturvårdslag [Naturschutzgesetz] vom 11. Dezember 1964 (SFS Nr. 822), *zuletzt geändert durch* Gesetz vom 10. Dezember 1971 (SFS Nr. 1090).

II. Strafverfahrensrecht – Texte –

1./2. Gerichtsverfassungsrecht / Strafprozeßrecht

Rättegångsbalk [Prozeßgesetz, Zivil- und Strafprozeßgesetz *einschließlich Gerichtsverfassung*] vom 18. Juli 1942 (SFS Nr. 740) *in Kraft seit* 1. 1. 1948, *mit zahlreichen Änderungen, zuletzt durch* Gesetz vom 17. Dezember 1971 (SFS Nr. 1060).

Lag om införande av nya rättegångsbalken [Einführungsgesetz zum neuen Prozeßgesetz] vom 20. Dezember 1946 (SFS Nr. 804), *zuletzt geändert durch* Gesetz vom 29. Mai 1969 (SFS Nr. 245).

Textausgaben

Eine Textausgabe nach jeweils neuestem Stand in: SVERIGES RIKES LAG *(s. vor I. 1); hieraus Sonderdruck 1971.*

Für den Handgebrauch ist eine Textausgabe mit Einleitung und kurzen Erläuterungen erschienen: ELWING, C. M.: Rättegångsbalken och den nya lagen om ordningsbot. Stockholm: Almqvist & Wiksell 1967.

Übersetzungen

DAS ZIVIL- UND STRAFPROZESSGESETZ SCHWEDENS. Übers. und eingel. von G. SIMSON. Berlin: de Gruyter 1953. (Slg. außerdt. StGB. 53.)

THE SWEDISH CODE OF JUDICIAL PROCEDURE. Übers. u. eingel. von A. BRUZELIUS u. R. BADER GINSBURG. South Hackensack, N. J.: Rothman 1968. (Am. Ser. For. Pen. Codes. 15.)

3. Wichtige Nebengesetze

a) Jugendstrafverfahren

Lag med särskilda bestämmelser om unga lagöverträdare [Gesetz mit besonderen Bestimmungen über jugendliche Rechtsbrecher] vom 20. März 1964 (SFS Nr. 167), *geändert durch* Gesetz vom 23. Mai 1969 (SFS Nr. 163).

b) Militärstrafverfahren

Militär rättegångslag [Militärprozeßgesetz] vom 30. Juni 1948 (SFS Nr. 472), *zuletzt geändert durch* Gesetz vom 29. Mai 1969 (SFS Nr. 262).

c) Sonstige Verfahrensvorschriften

Lag om personundersökning i brottmål [Gesetz über die Ermittlung der persönlichen Verhältnisse im Strafverfahren] vom 29. Juni 1964 (SFS Nr. 542), *geändert durch* Gesetz vom 16. Juni 1966 (SFS Nr. 304).

Lag med särskilda bestämmelser om tvångsmedel i vissa brottmål (Gesetz über besondere Zwangsmittel in bestimmten Strafverfahren] vom 21. März 1952 (SFS Nr. 98), *geändert durch* Gesetz vom 20. März 1964 (SFS Nr. 219).

Lag om rättspsykiatrisk undersökning i brottmål [Gesetz über gerichtspsychiatrische Untersuchung im Strafverfahren] vom 16. Juni 1966 (SFS Nr. 301); *geändert durch* Gesetz vom 30. Juni 1971 (SFS Nr. 640).

Schweden III

Lag om telefonavlysning vid förundersökning angående grovt narkotikabrott m. m. [Gesetz über die Telephonüberwachung in Ermittlungsverfahren wegen schwerer Rauschgiftdelikte u. a.] vom 7. März 1969 (SFS Nr. 36).

Strafföreläggandekungörelse [Bekanntmachung über Strafbescheide] vom 27. Februar 1970 (SFS Nr. 60); *zuletzt geändert durch* Bekanntmachung vom 26. November 1971 (SFS Nr. 846).

Lag om parkeringsbot [Gesetz über Parkbußen] vom 9. Dezember 1960 (SFS Nr. 683), *zuletzt geändert durch* Gesetz vom 28. Mai 1968 (SFS Nr. 194).

Ordningsbotskungörelse [Bekanntmachung über Ordnungsbußenbescheide] vom 28. Mai 1968 (SFS Nr. 199).

Lag med vissa bestämmelser om rättegången i tryckfrihetsmål [Gesetz mit bestimmten Vorschriften über das Verfahren in Pressestrafsachen] vom 22. April 1949 (SFS Nr. 164), *zuletzt geändert durch* Gesetz vom 4. Dezember 1964 (SFS Nr. 748).

Lag om utlämning för brott [Auslieferungsgesetz] vom 6. Dezember 1957 (SFS Nr. 668), *zuletzt geändert durch* Gesetz vom 20. März 1964 (SFS Nr. 176).

Lag om utlämning för brott till Danmark, Finland, Island och Norge [Nordisches Auslieferungsgesetz] vom 5. Juni 1959 (SFS Nr. 254).

Lag om utlämning till Danmark, Finland, Island eller Norge för verkställighet av beslut om vård eller behandling [Gesetz über die Auslieferung nach Dänemark, Finnland, Island oder Norwegen zum Vollzug von Beschlüssen über Pflege und Behandlung] vom 5. Juni 1970 (SFS Nr. 375).

III. Strafvollstreckungsrecht – Texte –

Lag om behandling i fångvårdsanstalt [Gesetz über die Behandlung in Vollzugsanstalten, Behandlungsgesetz] vom 6. Mai 1964 (SFS Nr. 541), *geändert durch* Gesetz vom 30. Juni 1971 (SFS Nr. 572).

Lag om behandlingen av häktade och anhållna m. fl. [Gesetz über die Behandlung verhafteter und festgenommener Personen u. a.] vom 25. April 1958 (SFS Nr. 213), *zuletzt geändert durch* Gesetz vom 28. März 1969 (SFS Nr. 41).

Lag om ersättning i vissa fall åt oskyldigt häktade eller dömda m. fl. [Gesetz über Entschädigung für unschuldig erlittene Untersuchungs- oder Strafhaft u. a.] vom 13. April 1945 (SFS Nr. 118), *zuletzt geändert durch* Gesetz vom 29. Mai 1969 (SFS Nr. 261).

Lag om verkställighet av bötesstraff [Gesetz über die Vollstreckung von Geldstrafen] vom 20. März 1964 (SFS Nr. 168), *zuletzt geändert durch* Gesetz vom 29. Mai 1969 (SFS Nr. 260).

Lag om allmänt kriminalregister [Gesetz über das allgemeine Kriminalregister] vom 22. Mai 1963 (SFS Nr. 197), *zuletzt geändert durch* Gesetz vom 17. Juni 1970 (SFS Nr. 421).

Lag om polisregister [Gesetz über das Polizeiregister] vom 9. April 1965 (SFS Nr. 94), *zuletzt geändert durch* Gesetz vom 17. Dezember 1971 (SFS Nr. 1188).

Grundlage für die Begnadigung ist § 26 Regeringsformen. Die Regierungsform ist eines der vier Verfassungsgesetze. Verfahren: Bekanntmachung vom 13. August 1965 (SFS Nr. 503).

IV. Entscheidungssammlungen

Die strafrechtlichen Entscheidungen des Obersten Gerichtshofes sind in der allgemeinen Entscheidungssammlung enthalten:

Nytt Juridiskt Arkiv. Abt. 1. Stockholm: Norstedt 1874 ff. *Zitiert als* NJA *oder* H.

Ausgewählte Entscheidungen der Oberlandesgerichte (hovrätt) *werden in einem Anhang zur* Svensk Juristtidning (s. V) *veröffentlicht.*

V. Zeitschriften

Nordisk kriminalistisk årsbok (1936–1951/52 *u. d. T.:* De nordiska kriminalistföreningarnas årsbok). 1936 ff.

Nordisk Tidsskrift for Kriminalvidenskab (1. 1913 – 36. 1948 *u. d. T.:* Nordisk tidsskrift for strafferet). København 1. 1913 ff.

Svensk Juristtidning. 1. 1916 ff.

Tidsskrift for rettsvitenskap. Oslo 1. 1888 ff.

VI. Literatur

1. Allgemeines

Nachschlagewerke

BACKE, T.: Brottsbalkens termer på 6 språk med rättegångsformulär [Die Terminologie des Kriminalgesetzbuchs in 6 Sprachen mit Prozeßformularen]. Lund: Gleerup 1969.

JURIDIKENS KÄLLMATERIAL [Quellenmaterial des Rechtswesens]. Hrsg. von H. EEK, K. GRÖNFORS, J. HELLNER [u. a.]. 6. Aufl. Stockholm: Norstedt 1970. *Eingehende Einführung in die Quellen von Gesetzgebung, Rechtsprechung und Literatur, Sammlungen, Fundstellen, Zitierweise, Abkürzungen u. a.*

JURIDIKENS TERMER [Juristische Terminologie]. Vorgelegt von H. EEK, S. BERGSTRÖM u. F. ARNHEIM. 3. Aufl. Stockholm: Svenska Bokförlaget 1969.

NORSTEDTS JURIDISKA HANDBOK. Unter der Redaktion von N. ALEXANDERSON, B. PETRI, B. LASSEN. 9. Aufl. von B. LAMBE. Stockholm: Norstedt 1969.
Beiträge von I. AGGE (Allg. Teil des Strafrechts), H. THORNSTEDT (Bes. Teil des Strafrechts) *und* B. LASSEN (Prozeßrecht).

REGNER, N.: Rättspraxis i litteraturen [Rechtsprechung in der Literatur]. Stockholm: Norstedt 1969 (3. Dr.). (Institutet för rättsvetenskaplig forskning. 52.)

Auszüge aus den Gesetzesmotiven werden veröffentlicht in: NYTT JURIDISKT ARKIV. Abt. 2. Stockholm: Norstedt 1. 1876 ff. *Zitiert als* NJA II *oder* H II.

Eine wichtige Quelle sind die im Zusammenhang mit Gesetzgebungsarbeiten erstatteten Berichte und Gutachten von Kommissionen. Sie werden in der seit 1922 herausgegebenen Reihe STATENS OFFENTLIGA UTREDNINGAR *(abgekürzt:* SOU, *zitiert nach Jahr und Nummer) veröffentlicht.*

Bibliographien

Ältere Literatur bis 1960 ist in folgender Bibliographie nachgewiesen:

FRYKHOLM, L.: Översikt över samhällsvetenskapliga bibliografiska hjälpmedel. A survey of the bibliographical aids in the social sciences. Stockholm: Fritze 1960.

FRYKHOLM, L.: Swedish legal publications in English, French and German 1935–1960. *In:* SCANDINAVIAN STUDIES IN LAW. Bd. 5. Stockholm: Almqvist & Wiksell 1961, S. 155 ff.

REGNER, N.: Svensk juridisk litteratur [Schwedische juristische Literatur]. [1.] 2. Stockholm: Norstedt 1957–1971. (Institutet för rättsvetenskaplig forskning. 16.61). 1. 1865–1956. 1957. 2. (1957–1971). 1971.

SCANDINAVIAN LEGAL BIBLIOGRAPHY. Bearb. von S. JUUL, Å. MALMSTRÖM u. J. SØNDERGAARD. Stockholm: Almqvist & Wiksell 1961. (Acta Instituti Upsaliensis Jurisprudentiae Comparativae. 4.)

Sonstiges

FESTSKRIFT TILL IVAR AGGE. Stockholm: Norstedt 1970.

FESTSKRIFT TILLÄGNAD . . . KARL SCHLYTER den 21 december 1949. Hrsg.: Svensk Juristtidning. Stockholm 1949.

2. Strafrechtsgeschichte

ANNERS, E.: Humanitet och rationalism. Studier i upplysningstidens strafflagsreformer – särskilt med hänsyn till Gustav III: reformlagstiftning [Humanität und Rationalismus. Studien über die Strafgesetzreformen der Aufklärungszeit, unter besonderer Berücksichtigung der Reformgesetzgebung Gustav III]. Stockholm: Nordiska Bokh. [in Komm.] 1965. (Skrifter utgivna av Institutet för rättshistorisk forskning. Ser. 1, 10.)

HEMMER, R.: Die Missetat im altschwedischen Recht. Eine entwicklungsgeschichtliche Übersicht. Helsinki 1965: Centraltryckeriet. (Societas scientiarum Fennica. Commentationes humanarum litterarum. 36, 4.)

HEMMER, R.: Studier rörande straffutmätningen i medeltida svensk rätt [Studien über Strafzumessung im mittelalterlichen schwedischen Recht]. Helsingfors: Söderström 1928.

MUNKTELL, H.: Brott och straff i svensk rättsutveckling [Verbrechen und Strafe in der schwedischen Rechtsentwicklung]. Stockholm: Gebers 1943. (Det levande förflutna. 5.)

SCHMIDT, G.: Die Richterregeln des Olavus Petri. Ihre Bedeutung im allgemeinen und für die Entwicklung des schwedischen Strafprozeßrechts vom 14. bis 16. Jahrhundert. Göttingen: Vandenhoeck & Ruprecht; Stockholm: Norstedt 1966. (Jurisprudenz in Einzeldarstellungen. 10.)

3. Materielles Strafrecht

Kommentar

BROTTSBALKEN 1–3. Jämte förklaringar. Hrsg. von N. BECKMAN, C. HOLMBERG, B. HULT u. I. STRAHL. Stockholm: Norstedt 1969–1971. *Umschlagtitel:* Kommentar till brottsbalken.

1. Brotten mot person och förmögenhetsbrotten m. m. 3. Aufl. 1970
2. Brotten mot allmänheten och staten m. m. 2. Aufl. 1969.
3. Påföljder m. m. 2. Aufl. 1971.

Schweden VI 4

Lehrbücher

AGGE, I.: Straffrättens allmänna del [Strafrecht, Allgemeiner Teil]. Föreläsningar. Heft 1–3. Stockholm: Norstedt 1970. *Unveränderte Nachdrucke.*

AGGE, I.: Den svenska straffrättens allmänna del i huvuddrag [Der allgemeine Teil des schwedischen Strafrechts in Grundzügen]. H. 1. 2. Stockholm: Nordiska Bokh. 1944–1948.

NELSON, A.: Brott och påföljd – en orientering om svensk straffrätt enligt Brottsbalken [Verbrechen u. Sanktion – eine Orientierung über das schwedische Strafrecht nach dem Kriminalgesetzbuch]. 4. Aufl. Lund: Elander 1968.

NELSON, A.: Ingripanden vid brott. En första lärobok i straffrätt [Das Einschreiten bei Verbrechen. Ein erstes Lehrbuch im Strafrecht]. 3. Aufl. Stockholm: Prisma 1971.

Übersetzung

NELSON, A.: Responses to crime. An introduction to Swedish criminal law and administration. Mit einer Einf. von W. E. BURGER. South Hackensack, N. J.: Rothman 1972.

STRAHL, I.: Kompendium i straffrättens allmänna del [Kompendium über den Allgemeinen Teil des Strafrechts]. 7. Aufl. Uppsala: Juridiska Föreningen 1969.

Einzelschriften

Allgemeiner Teil des Strafrechts

AGGE, I.: Studier över det straffrättsliga reaktionssystemet [Studien über das strafrechtliche Reaktionssystem]. 1. Stockholm: Nordiska Bokh. 1939.

EKELÖF, P. O.: Straffet, skadeståndet och vitet [Strafe, Schadensersatz und Zwangsstrafe]. En studie över de rättsliga sanktionernas verkningssätt. Uppsala: Lundequist; Leipzig: Harrassowitz 1942. (Uppsala universitets årsskrift. 1942, 8.)

ERENIUS, G.: Oaktsamhet. Studier i straffrätt. With a summary: On criminal negligence. Stockholm: Norstedt 1971.

HOFLUND, O.: Om farebegreppet i straffrätten [Über den Gefahrbegriff im Strafrecht]. Stockholm: Norstedt 1967.

JAREBORG, N.: Handling och uppsåt [Handlung und Vorsatz]. En undersökning rörande dolulärans underlag. With a summary: Action and criminal intent. Stockholm: Norstedt 1969.

NELSON, A.: Brott och nåd [Verbrechen und Gnade]. Studier i svensk statsrätt och straffrätt. Stockholm: Almqvist & Wiksell 1953.

SIMSON, G.: Grundzüge der schwedischen Kriminalrechtsreform. Vortrag. Karlsruhe: C. F. Müller 1966. (Juristische Studiengesellschaft Karlsruhe. Schriftenreihe. 73.)

STRAHL, I.: Brotten och brottspåföljderna [Verbrechen und die Verbrechenssanktion]. En orientering. Stockholm: Norstedt 1952.

OM PÅFÖLJDER FÖR BROTT [Über die Sanktion für Verbrechen]. Von I. STRAHL [u. a.]. 2. Aufl. Stockholm: Wahlström & Widstrand 1955. (Kriminologisk handbok. 3.)

STRAHL I.: Den svenska kriminalpolitiken [Die schwedische Kriminalpolitik]. En presentation av brottsbalken och en översikt över den svenska straffrättens utveckling från 1800-talet till våra dagar. 5. Aufl. Stockholm: Aldus/Bonnier 1970.

STRÖMBERG, T.: Åtalspreskription [Anklageverjährung]. Stockholm: Norstedt 1956. (Institutet för rättsvetenskaplig forskning. 12.)

THORNSTEDT, H.: Förverkande på grund av brott [Einziehung als Verbrechensfolge]. Lund 1960: Berlingska Boktryckeriet. (SOU 1960: 28.)

THORNSTEDT, H.: Om rättsvillfarelse [Über den Rechtsirrtum]. Stockholm: Norstedt 1956. (Institutet för rättsvetenskaplig forskning. 10.)

WEBSKY, M. VON: Das Deliktsfolgensystem des schwedischen Strafgesetzbuches vom 1. 1. 1965 und das Strafensystem des deutschen E 62. Diss., Köln 1968.

Besonderer Teil des Strafrechts

AGGE, I.: Bidrag till läran om förfalskningsbrotten företrädesvis enligt gällande svenske rätt [Beiträge zur Lehre von den Fälschungsdelikten besonders nach geltendem schwedischen Recht]. Stockholm: Nordiska Bokh. 1941.

ELWIN, G.: Häleribrottet. De objektiva rekvisiten i brottsbalken 9 kap., 6 § i komparativ belysning [Das Hehlereidelikt. Die objektiven Tatbestandsmerkmale in Kap. 9, § 6 Kriminalgesetzbuch in rechtsvergleichender Betrachtung]. Mit einer rechtsvergleichenden Zusammenfassung in deutscher Sprache: Hehlerei und Ersatzhehlerei. Stockholm: Norstedt 1969.

LÖFMARCK, M.: Om urkundsförfalskning [Über Urkundenfälschung]. Stockholm: Norstedt 1971. *Mit Zsfassung in deutscher Sprache.*

NELSON, A.: Rätt och ära [Recht und Ehre]. Studier i svensk straffrätt. Akademisk avhandling. Uppsala: Lundequist 1950.

STRAHL, I.: Om rekvisiten skada och vinning vid förmögenhetsbrotten [Über die Tatbestandsmerkmale Schaden und Gewinn bei den Vermögensdelikten]. Stockholm: Norstedt 1948.

4. Nebenstrafrecht

THORNSTEDT, H.: Om företagaransvar. Studier i specialstraffrätt [Über die Unternehmerverantwortung. Studien im Spezialstrafrecht]. Stockholm: Nordiska Bokh. 1948.

THORNSTEDT, H.: Företagarens straffansvar [Strafrechtliche Verantwortung des Unternehmers]. Stockholm: Industriförbundets förlag 1965.

b) Jugendstraf-, Jugendwohlfahrtsrecht

BARNAVÅRDSLAGEN [Jugendpflegegesetz]. 4. Aufl. Hrsg. von H. ROMANDER u. B. GRÖNLUND. Stockholm: Norstedt 1970.

BRÅMSTANG, G.: Förutsättningarna för barnavårdsnämnds ingripande mot asocial ungdom. En studie i socialförvaltningsrättens legalitetsproblem. Mit einer Zusammenfassung in deutscher Sprache: Die Voraussetzungen für ein Eingreifen des Jugendamtes gegen asoziale Jugendliche. Eine Studie zu den Legalitätsproblemen des Sozialverwaltungsrechts. Lund: Gleerup 1964.

HÖJER, K. J.: Samhället och barnen. Svensk lagstiftning till skydd och stöd för barn och familj [Die Gesellschaft und die Jugend. Die Schwedische Gesetzgebung zum Schutz und zur Hilfe für Kinder und Familie]. 10. Aufl. von K. WIDÉN. Stockholm: Norstedt 1970.

f) Straßenverkehrsstrafrecht

COSMO, C. J.: Verkehrsrecht in Schweden. [Übers. von G. SIMSON.] München: ADAC-Verl. 1968. (ADAC-Schriftenreihe. 12.)

FREDRIKSON, G.: Vägtrafikförordningen m. m. [Straßenverkehrsordnung u. a.]. 4. Aufl. Stockholm: Norstedt 1967.

MANNERFELT, N. - C. J. COSMO: Ordningsbot Parkeringsbot [Ordnungsbuße, Parkbuße]. Stockholm: Norstedt 1967.

g) Steuer- und Zollstrafrecht

JUNGEFORS, S. - E. WALBERG: Smugglingslagstiftningen [Schmuggelgesetzgebung]. Stockholm: Norstedt 1961.

SANDSTRÖM, K. G. A.: Skattestrafflagen [Steuerstrafgesetz]. Stockholm: Norstedt 1965.

h) Presserecht

EEK, H.: Nya tryckfrihetsförordningen [Die neue Druckfreiheitsverordnung]. Svensk pressrätt i systematisk framställning. Stockholm: Wahlström & Widstrand 1948.

FAHLBECK, E.: Tryckfrihetsrätt [Druckfreiheitsrecht]. Neuausg. Stockholm: Norstedt 1954.

HOLMBERG, E.: Frihet och ansvar i tryck och i radio [Freiheit und Verantwortung in Presse und Rundfunk]. Stockholm: Norstedt 1968.

STRÖMBERG, H.: Tryckfrihetsrätt [Druckfreiheitsrecht]. 2. Aufl. Lund: Studentlitteratur 1970.

5./6. Gerichtsverfassung/Strafprozeßrecht

Kommentare

NYA RÄTTEGÅNGSBALKEN [Das neue Prozeßgesetz]. Jämte lagen om dess införande. Mit Komm. Hrsg. von N. GÄRDE [u. a.]. Stockholm: Norstedt 1949.

SÖDERLUND, E.: Rättegångsbalken med kommentar. Del 1. Stockholm: Norstedt 1970.

Lehrbücher

DILLÉN, N.: Föreläsningar i straffprocessrätt enligt den nya rättegångsbalken [Vorlesungen über das Strafprozeßrecht nach dem neuen Prozeßgesetz]. Stockholm: Norstedt 1947.

EKELÖF, P. O.: Rättegång [Prozeßrecht]. H. 1–5. Stockholm: Norstedt 1969–1970. (Institutet för rättsvetenskaplig forskning. 15. 19. 27. 38. 46.)

H. 1–3. 3. Aufl. 1970.   H. 4. 5. 2. Aufl. 1969.

EKELÖF, P. O.: Rättsmedlen [Die Rechtsmittel]. 3. Aufl. Uppsala: Juridiska Föreningen 1969.

OLIVECRONA, K.: Rättegången i brottmål enligt RB [Das Verfahren in Strafsachen nach dem Prozeßgesetz]. 3. Aufl. Stockholm: Norstedt 1968. (Institutet för rättsvetenskaplig forskning. 4.)

Einzelschriften

BACKE, T.: Brottsbalkens termer på 6 språk (s. VI. 1).

CARS, T.: Om resning i rättegångsmål [Über die Wiederaufnahme des Verfahrens in Zivil- und Strafverfahren]. Akademisk avhandling. Mit einer Zusammenfassung in deutscher Sprache: Wiederaufnahmerecht. Stockholm: Nordiska Bokh. 1959.

EKELÖF, P. O.: Das schwedische Untergerichtsverfahren in Zivil- und Strafsachen. Vortrag. Karlsruhe: C. F. Müller 1968. (Juristische Studiengesellschaft Karlsruhe. Schriftenreihe. 82.)

ELWING, C. M.: Tillräckliga skäl. Studier över förutsättningarna för allmänt åtal [Hinreichende Gründe. Studien über die Voraussetzungen der öffentlichen Anklage]. Motifs suffisants. Etudes sur les conditions d'exercice de l'action publique. Resumé en français. Diss., Lund 1960.

LECHE, E. - V. HAGELBERG: Förhör i brottmål [Vernehmung in Strafverfahren]. 5. Aufl. Stockholm: Norstedt 1958.

REGNER, N. - H. HENKOW: Den militära strafflagstiftningen [Die militärische Strafgesetzgebung]. Stockholm: Norstedt 1951.

RYLANDER, G.: Samhället och de psykiskt avvikande [Die Gesellschaft und die psychisch Abartigen]. Stockholm: Aldus/Bonnier 1968.

Schweden VI 7

UNDERRÄTTSFÖRFARANDET ENLIGT NYA RÄTTEGÅNGSBALKEN [Das Verfahren vor den Untergerichten nach dem neuen Prozeßgesetz]. Utgiven av processnämnden. 4. Aufl. Stockholm: Norstedt 1948.

WELAMSON, L.: Om brottmålsdomens rättskraft [Über die Rechtskraft des Strafurteils]. Akademisk avhandling. Stockholm: Nordiska Bokh. 1949.

7. Strafvollstreckungsrecht

Die Gesetze über die Behandlung in Vollzugsanstalten und die Vollstreckung von Geldstrafen sind erläutert in:

BROTTSBALKEN. *Bd. 3 (s. VI. 3), S. 464 ff.*

8. Kriminologie und Statistik

Kriminologie

BÖRJESON, B.: Om påföljders verkningar [Über die Wirkungen der Sanktionen]. Stockholm: Almqvist & Wiksell 1966.

BROTTETS BEIVRANDE [Der Kampf gegen das Verbrechen]. Von M. HEUMAN, B. LASSEN [u. a.]. Stockholm: Wahlström & Widstrand 1952. (Kriminologisk handbok. 4.)

ELWIN, G. – S. HECKSCHER – A. NELSON: Den första stenen [Der erste Stein]. Stockholm: Tiden 1971.

ERIKSSON, T.: Kriminalvård [Kriminalpflege]. Idéer och experiment. Stockholm: Norstedt 1967.

FREDRIKSSON, G.: Kriminalstatistiken och kriminologien [Die Kriminalstatistik und die Kriminologie]. Stockholm [usw.]: Almqvist & Wiksell 1962.

KINBERG, O.: Les problèmes fondamentaux de la criminologie. Version française, établie par l'auteur. Unter Mitarb. von M. LAMBERT u. M. HÖJER. Vorwort von M. ANCEL. Paris: Cujas 1960.

KRIMINOLOGI. Von I. AGGE [u. a.]. Stockholm: Wahlström & Widstrand 1955. (Kriminologisk handbok. 1.)

SCANDINAVIAN STUDIES IN CRIMINOLOGY. Hrsg. von K. O. CHRISTIANSEN (2. 3: N. CHRISTIE). Bd. 1–3. Oslo: Universitetsforl. 1965–1971.

1. 1965. 2: Aspects of social control in welfare states. 1968. 3. 1971.

TÖRNQUIST, K.-E.: Svåra återfallsbrottslingar [Schwere Rückfallstäter]. En rättspsykiatrisk och kriminologisk undersökning. Stockholm: Norstedt 1966.

Statistiken

Sveriges officiella statistik. Rättsväsen. BROTT SOM KOMMIT TILL POLISENS KÄNNEDOM [Polizeistatistik]. 1950ff. *Jährlich.*

Sveriges officiella statistik. Rättsväsen. BROTTSLIGHETEN [Kriminalstatistik]. 1913/14ff. *Jährlich.*

KRIMINALVÅRDEN [Behandlungs- u. Vollzugsstatistik]. 1961 ff. *Jährlich.*

9. Weitere Literatur in fremden Sprachen

AGGE, I.: Die Entwicklung des schwedischen Strafrechts. *In:* ZSTW Bd. 71 (1959), S. 93–113; S. 305–314.

AGGE, I.: Das neue schwedische Strafgesetzbuch. *In:* ZSTW Bd. 76 (1964), S. 107 ff.

AGGE, I.: Die neue Strafgesetzgebung in Schweden. *In:* SCHWZST 1966, S. 1 ff.

COSMO, C. J.: Ordnungsbußen im neuen schwedischen Verkehrsstrafrecht. *In:* DEUTSCHES AUTORECHT 1966, S. 288 ff.

LE DROIT PÉNAL DES PAYS SCANDINAVES. Hrsg. von M. ANCEL u. I. STRAHL unter Mitarb. von J. ANDENÆS u. K. WAABEN. Paris: Ed. de l'Épargne 1969. (Les grands systèmes de droit pénal contemporains. 4.)

EEK, H.: Die Sonderstellung der Presse im Strafverfahren in Schweden. *In:* DAS PROBLEM EINER SONDERSTELLUNG DER PRESSE IM STRAFVERFAHREN. Frankfurt a. M. [usw.]: Metzner 1966, S. 66 ff. (Arbeiten zur Rechtsvergleichung. 29.)

ERIKSSON, T.: Die Erfahrungen mit offenen Anstalten in Schweden. *In:* ERZIEHUNG ZUR FREIHEIT DURCH FREIHEITSENTZUG... Als Festgabe gewidmet Albert Krebs... Neuwied [usw.]: Luchterhand 1969, S. 281–291.

GROßE, H.: Der Kampf gegen die Jugendkriminalität in Schweden. *In:* SCHWEIZERISCHE JURISTENZEITUNG, Jg. 60 (1964), Nr. 7, S. 97–100.

LITHNER, K.: Criminal procedure in Sweden. *In:* JOURNAL OF THE NATIONAL DISTRICT ATTORNEYS ASS. FOUNDATION 1966, S. 59–63.

NELSON, A.: Franz von Liszt und die schwedische Strafrechtswissenschaft. *In:* ZSTW Bd. 81 (1969), S. 825 ff.

NYQUIST, O.: Juvenile justice. A comparative study with special reference to the Swedish Child Welfare Board and the California Juvenile Court System. London: Macmillan 1960. (Cambridge studies in criminology. 12.)

RUDHOLM, S.: Der Entwurf eines schwedischen Kriminalgesetzbuchs. *In:* ZSTW Bd. 66 (1954), S. 304–320.

SCHMIDT, G.: Die Untersuchungshaft im schwedischen Strafprozeßrecht. *In:* ZSTW Bd. 77 (1965), S. 623 ff.

SCREVENS, R.: Le nouveau Code pénal suédois. *In:* REV. DROIT PÉN., Jg. 46 (1965–1966), S. 618–634.

SIMSON, G.: Die Behandlung der Trunkenheit im Strafrecht Schwedens. *In:* DIE BEHANDLUNG DER TRUNKEN-

HEIT IM STRAFRECHT. Frankfurt a. M. [usw.]: Metzner 1960, S. 66ff. (Arbeiten zur Rechtsvergleichung. 8.)

SIMSON, G.: Fragen der Abtreibung und Sterbehilfe in Schweden. In: JZ 1965, S. 636ff.

SIMSON, G.: Franz von Liszt und die schwedische Kriminalpolitik. In: FESTSKRIFT TILLÄGNAD KARL SCHLYTER den 21 december 1949. Stockholm 1949, S. 308ff.
Nachdr. in: ZStW Bd. 63 (1951), S. 274–286.

SIMSON, G.: Grenzen des Sexualstrafrechts in Deutschland und Schweden. In: JZ 1968, S. 481–487.

SIMSON, G.: Internationales Strafrecht und Verbrechen gegen das Völkerrecht in schwedischer Sicht und Gesetzgebung. In: INTERNATIONALES RECHT UND DIPLOMATIE, Bd. 2 (1957), S. 113–129. Zuerst ersch. als: Internationell straffrätt. In: SVENSK JURISTTIDNING, Jg. 41 (1956), S. 309ff.

SIMSON, G.: Die legale Schwangerschaftsunterbrechung in Schweden und ihre Praxis. In: SEXUALITÄT UND VERBRECHEN. Frankfurt a. M.: Fischer-Bücherei 1963, S. 199ff.

SIMSON, G.: Lehren der schwedischen Strafrechtspflege. In: MONATSSCHRIFT FÜR DEUTSCHES RECHT, Jg. 4 (1950), S. 281f.

SIMSON, G.: Das neue schwedische Strafverfahren. In: SCHWZST Bd. 59 (1945), S. 227–263.

SIMSON, G.: Das Nordische Strafvollstreckungsgesetz Schwedens. In: ZStW Bd. 77 (1965), S. 167ff.

SIMSON, G.: Ohne Verlust der bürgerlichen Ehrenrechte. Schwedische Prinzipien u. Erfahrungen. In: NJW Bd. 10 (1957), S. 659f.

SIMSON, G.: Der psychisch gestörte Täter im schwedischen Strafrecht. In: MSchKrim Jg. 52 (1969), S. 49ff.

SIMSON, G.: Die rechtlichen Grundlagen der Sterilisierung und Kastration in Schweden. In: MSchKrim Jg. 47 (1964), S. 97ff.

SIMSON, G.: Die Sexualdelikte im schwedischen Strafrecht. In: MSchKrim Jg. 46 (1963), S. 158ff.

SIMSON, G.: Die strafrechtliche Behandlung von jungen Rechtsbrechern (über 18 Jahre). In: ZStW Bd. 69 (1957), S. 153–158.

SIMSON, G.: Der strafrechtliche Schutz der Persönlichkeitssphäre im technischen Zeitalter. In: ZStW Bd. 74 (1962), S. 480ff.

SIMSON, G.: Straftaten an Bord schwedischer Luftfahrzeuge. In: ZEITSCHRIFT FÜR LUFTRECHT, Bd. 7 (1958), S. 322ff.

SIMSON, G. - F. GEERDS: Straftaten gegen die Person und Sittlichkeitsdelikte in rechtsvergleichender Sicht. München: Beck 1969.

STRAHL, I.: Les anormaux mentaux selon le nouveau Code pénal suédois. In: CHARMOSYNON DIMITRIOS I. KARANIKAS. Tessalonikī: Georgiadis 1966, S. 149–157. (Epistīmonikī epetīris. Bd. 14, 1.)

STRAHL, I.: Condamnation sans débats en Suède. In: REV. INT. DROIT PÉN., Bd. 3 (1962), S. 505–508.

STRAHL, I.: Les grandes lignes du nouveau Code pénal suédois. In: REV. SC. CRIM., N. S. Bd. 19 (1964), S. 527ff.

STRAHL, I.: Quelques aspects du nouveau Code pénal suédois. In: REV. SC. CRIM., N. S. Bd. 22 (1967), S. 411–421.

SVERI, K.: Die Behandlung der gefährlichen Gewohnheitsverbrecher in den nordischen Ländern. In: ZStW Bd. 80 (1968), S. 176ff.

THORNSTEDT, H.: Die Folgen des Verbrechens in Schweden. Strafen und Schutzmaßnahmen. In: SCHLESWIG-HOLSTEINISCHE ANZEIGEN, Teil A, 1, 1960, S. 2–6.

WALBERG, S.: Die neue schwedische Alkoholgesetzgebung. In: JZ 1955, S. 185ff.

SCHWEIZ

A. Bundesrecht. B. Recht der Kantone. C. Interkantonales Recht

Bearbeitet von Professor Dr. Justus Krümpelmann, Mainz

A. Bundesrecht*

Gesamtausgaben der Gesetze

Bereinigte Sammlung der Bundesgesetze und Verordnungen 1848–1947. Bd. 1–15. Bern 1949–1955.

Systematische Sammlung des Bundesrechts. Hrsg.: Schweizerische Bundeskanzlei. Bern: Eidg. Drucksachen- u. Materialzentrale 1970ff. [Losebl. Ausg.]
Abkürzung: SSB

I. Materielles Strafrecht – Texte –

1. Strafgesetzbuch

Schweizerisches Strafgesetzbuch vom 21. Dezember 1937, *in Kraft seit* 1. Januar 1942 (AS Bund 1938, S. 757; SSB 311.0), *wichtige Änderungen durch* Bundesgesetz vom 5. Oktober 1950 (AS Bund 1951, S. 1), *und durch* Bundesgesetz vom 20. Dezember 1968 (AS Bund 1969, S. 319); *letzte Änderung durch* Bundesgesetz vom 18. März 1971 (AS Bund 1971, S. 777).

Mit der Teilrevision vom 18. März 1971 wurde vor allem das Sanktionssystem neugestaltet.

Textausgaben

Schweizerisches Strafgesetzbuch (vom 21. Dezember 1937/5. Oktober 1950). [Nebst] Bundesgesetz vom 6. Oktober 1966. Bern: Bundeskanzlei 1966. *Die amtliche Textausgabe liegt in den drei Amtssprachen vor.*

Germann, O. A.: Schweizerisches Strafgesetzbuch ... ergänzt durch die Bundesgesetze vom 20. Dezember 1968 und vom 18. März 1971. 9. Aufl. Zürich: Schulthess 1972. *Zugl. Kurzkommentar mit der größten Verbreitung.*

Panchaud, A.: Code pénal suisse annoté. 3. Aufl. Lausanne: Payot 1967.

2. Wichtige Nebengesetze

b) Jugendstrafrecht

Art. 82–100ter StGB.

c) Militärstrafrecht

Militärstrafgesetz vom 13. Juni 1927 (AS Bund 1927, S. 359; SSB 321.0), *in Kraft seit* 1. Januar 1928, *wichtige Änderung durch* Bundesgesetz vom 21. Dezember 1950 (AS Bund 1951, S. 437), *letzte Änderung durch* Bundesgesetz vom 5. Oktober 1967 (AS Bund 1968, S. 212).

Bundesgesetz über den Schutz militärischer Anlagen vom 23. Juni 1950 (AS Bund 1950, S. 1474; SSB 510.518).

Verfügung des Eidgenössischen Militärdepartements über klassifizierte militärische Akten vom 24. 12. 1970 (AS Bund 1971, S. 237).

d) Verwaltungsstrafrecht, allgemeines

Ein amtlicher Gesetzentwurf liegt vor, der in den eidgenössischen Räten behandelt wird.

e) Wirtschaftsstrafrecht

Bundesgesetz über die wirtschaftliche Kriegsvorsorge vom 30. September 1955 (AS Bund 1956, S. 85; SSB 531.0).

Bundesbeschluß über wirtschaftliche Maßnahmen gegenüber dem Ausland vom 28. September 1956 (AS Bund 1956, S. 1553; SSB 946.201), *letzte Änderung durch* Bundesbeschluß vom 28. September 1962 (AS Bund 1963, S. 1).

f) Straßenverkehrsstrafrecht

Bundesgesetz über den Straßenverkehr vom 19. Dezember 1958 (AS Bund 1959, S. 679; SSB 741.01) *in Kraft seit* 1. Januar 1963, *letzte Änderung durch* Bundesgesetz vom 16. März 1967 (AS Bund 1967, S. 1114).

---

* Die Veröffentlichungen im Gesetzblatt erfolgen in den drei Amtssprachen der Schweiz: deutsch, französisch, italienisch.

Bundesratsbeschluß über administrative Ausführungsbestimmungen zum Straßenverkehrsgesetz vom 27. August 1969 (AS Bund 1969, S. 793; SSB 741.02).

Verordnung über die Straßenverkehrsregeln vom 13. November 1962 (AS Bund 1962, S. 1364; SSB 741.11), *letzte Änderung durch* Bundesratsbeschluß vom 27. 8. 1969 (AS Bund 1969, S. 793).

Verordnung über Haftpflicht und Versicherungen im Straßenverkehr vom 20. November 1959 (AS Bund 1959, S. 1271; SSB 741.31), *letzte Änderung durch* Bundesratsbeschluß vom 5. September 1967 (AS Bund 1967, S. 1295).

Verordnung über den Bau und die Ausrüstung der Straßenfahrzeuge vom 27. August 1969 (AS Bund 1969, S. 821; SSB 741.41).

Bundesratsbeschluß über die Feststellung der Angetrunkenheit von Straßenbenützern vom 14. Februar 1968 (AS Bund 1968, S. 245; SSB 741.172).

Bundesgesetz über die Ordnungsbußen im Straßenverkehr vom 24. Juni 1970 (AS Bund 1972, S. 734).

g) Fiskalstrafrecht

Bundesgesetz über die Stempelabgaben vom 4. Oktober 1917 (AS Bund 1918, S. 55; SSB 641.101), *letzte Änderung durch* Bundesgesetz vom 13. Oktober 1965 (AS Bund 1966, S. 371).

Bundesgesetz über die gebrannten Wasser (Alkoholgesetz) vom 21. Juni 1932 (AS Bund 1932, S. 425; SSB 680), *letzte Änderung durch* Bundesgesetz vom 19. Dezember 1969 (AS Bund 1970, S. 529).

Bundesgesetz über den Militärpflichtersatz vom 12. Juni 1959 (AS Bund 1959, S. 2035; SSB 661), *letzte Änderung durch* Bundesratsbeschluß vom 17. Juni 1968 (AS Bund 1968, S. 793).

Vollziehungsverordnung zum Bundesgesetz über den Militärpflichtersatz vom 20. Dezember 1971 (AS Bund 1972, S. 6).

Bundesratsbeschluß über die Erhebung einer Wehrsteuer vom 9. Dezember 1940 (AS Bund 1941, S. 509; SSB 642.11), *letzte Änderung durch* Bundesgesetz vom 21. Dezember 1966 (AS Bund 1967, S. 1485).

Bundesratsbeschluß über die Warenumsatzsteuer vom 29. Juli 1941 (AS Bund 1941, S. 793; SSB 641.20), *letzte Änderung durch* Bundesratsbeschluß vom 23. Dezember 1963 (AS Bund 1963, S. 1162).

Bundesgesetz über die Verrechnungssteuer vom 13. Oktober 1965 (AS Bund 1966, S. 371; SSB 642.21).

Bundesgesetz über die Tabakbesteuerung vom 21. März 1969 (AS Bund 1969, S. 645; SSB 641.31).

Vollziehungsverordnung zum Bundesratsbeschluß vom 4. August 1934 über die eidgenössische Getränkesteuer vom 27. November 1934 (AS Bund 1934, S. 1345; AS Bund 1964, S. 508; SSB 641.411.1).

Bundesgesetz vom 15. März 1968 über die Durchführung der allgemeinen Steueramnestie auf 1. Januar 1969 vom 15. März 1968 (AS Bund 1968, S. 1009; SSB 651).

Bundesgesetz über das Zollwesen vom 1. Oktober 1925 (AS Bund 1926, S. 287; SSB 631.0), *letzte Änderung durch* Bundesgesetz vom 19. Juni 1959 (AS Bund 1959, S. 1343).

Vollziehungsverordnung zum Bundesgesetz vom 1. Oktober 1925 über das Zollwesen vom 10. Juli 1926 (AS Bund 1926, S. 339; SSB 631.01), *letzte Änderung durch* Bundesratsbeschluß vom 9. Mai 1967 (AS Bund 1967, S. 774).

h) Unlauterer Wettbewerb und gewerblicher Rechtsschutz

Bundesgesetz über den unlauteren Wettbewerb vom 30. September 1943 (AS Bund 1945, S. 1; SSB 241), *letzte Änderung durch* Bundesgesetz vom 23. März 1962 (AS Bund 1962, S. 1047).

Bundesgesetz betreffend den Schutz der Fabrik- und Handelsmarken, der Herkunftsbezeichnungen von Waren und der gewerblichen Auszeichnungen vom 26. September 1890 (AS Bund 1892, S. 1; SSB 232.11), *letzte Änderung durch* Bundesgesetz vom 13. Juni 1951 (AS Bund 1951, S. 903).

Bundesgesetz betreffend die gewerblichen Muster und Modelle vom 30. März 1900 (AS Bund 1900/1901, S. 126; SSB 232.12), *letzte Änderung durch* Bundesgesetz vom 15. Dezember 1961 (AS Bund 1962, S. 459).

Bundesgesetz betreffend die Erfindungspatente vom 25. Juni 1954 (AS Bund 1955, S. 871; SSB 232.13).

i) Urheberrecht

Bundesgesetz betreffend das Urheberrecht an Werken der Literatur und Kunst vom 7. Dezember 1922 (AS Bund 1923, S. 65; SSB 231.1), *letzte Änderung durch* Bundesgesetz vom 24. Juni 1955 (AS Bund 1955, S. 855).

k) Arbeiterschutz

Bundesgesetz betreffend Arbeit in den Fabriken vom 18. Juni 1914 (AS Bund 1914, S. 535; SSB 822.10), *letzte Änderung durch* Bundesgesetz vom 13. März 1964 (AS Bund 1966, S. 57).

Bundesgesetz über die Arbeit in Industrie, Gewerbe und Handel (Arbeitsgesetz) vom 13. März 1964 (AS Bund 1966, S. 57; SSB 822.11).

Schweiz A. I 21

l) Gesundheitsschutz

Bundesgesetz betreffend den Verkehr mit Lebensmitteln und Gebrauchsgegenständen vom 8. Dezember 1905 (AS Bund 1906, S. 337; SSB 817.0), *letzte Änderung durch* Bundesgesetz vom 19. Juni 1959 (AS Bund 1959, S. 931).

Bundesgesetz betreffend das Absinthverbot vom 24. Juni 1910 (AS Bund 1910, S. 1059; SSB 817.451).

Bundesgesetz betreffend Betäubungsmittel vom 3. Oktober 1951 (AS Bund 1952, S. 241; SSB 812.121), *geändert durch* Bundesgesetz vom 18. Dezember 1968 (AS Bund 1970, S. 9).

m) Sonstiges Nebenstrafrecht

Bundesgesetz betreffend Strafbestimmungen zum Handelsregister und Firmenrecht vom 6. Oktober 1923 (AS Bund 1924, S. 37; SSB 221.414).

Bundesgesetz über die Banken und Sparkassen vom 8. November 1934 (AS Bund 1935, S. 117; SSB 952.0).

Bundesgesetz über die Kontrolle des Verkehrs mit Edelmetallen und Edelmetallwaren vom 20. Juni 1933 (AS Bund 1934, S. 345; SSB 941.31).

Bundesratsbeschluß über das Kriegsmaterial vom 28. März 1949 (AS Bund 1949, S. 315; SSB 514.51), *letzte Änderung durch* Bundesratsbeschluß vom 27. Dezember 1967 (AS Bund 1967, S. 2028). *Enthält Strafvorschriften gegen Verletzung eines Waffenhandelsembargos.*

Bundesgesetz über die Alters- und Hinterlassenenversicherung vom 30. Dezember 1946 (AS Bund 1947, S. 837; SSB 831.10), *letzte Änderung durch* Bundesgesetz vom 21. März 1969 (AS Bund 1969, S. 645). *Enthält steuerrechtliche Tatbestände, die im Zusammenhang mit der Finanzierung der Rentenfonds stehen und durch Strafdrohungen sanktioniert sind.*

Bundesgesetz über den Schutz der Gewässer gegen Verunreinigung vom 16. März 1955 (AS Bund 1956, S. 1533; SSB 813.11), *letzte Änderung durch* Bundesgesetz vom 4. Oktober 1963 (AS Bund 1964, S. 99).

Bundesgesetz über Jagd- und Vogelschutz vom 10. Juni 1925 (AS Bund 1925, S. 727; SSB 922.0), *letzte Änderung durch* Bundesgesetz vom 23. März 1962 (AS Bund 1962, S. 794).

II. Strafverfahrensrecht – Texte –

1. Gerichtsverfassungsrecht

Bundesgesetz über die Organisation der Bundesrechtspflege vom 16. Dezember 1943 (AS Bund 1944, S. 271; SSB 173.110), *letzte Änderung durch* Bundesgesetz vom 27. Juni 1969 (AS Bund 1969, S. 1046).

2. Strafprozeßrecht

Bundesgesetz über die Bundesstrafrechtspflege vom 15. Juni 1934 (AS Bund 1934, S. 685; SSB 312.0), *letzte Änderung durch* Bundesgesetz vom 25. Juni 1965 (AS Bund 1965, S. 905). *Betrifft nur die Tatbestände, die nach Art. 340 ff. StGB und Sondergesetzen in die Kompetenz des Bundes gestellt sind. Im übrigen wird das eidgenössische materielle Strafrecht nach den Strafverfahrensordnungen der Kantone angewendet.*

3. Wichtige Nebengesetze

a) Jugendstrafverfahren

Im wesentlichen kantonal geregelt. Siehe aber auch Art. 82 bis 100ter StGB.

b) Militärstrafverfahren

Militärstrafgerichtsordnung vom 28. Juni 1889 (AS Bund 1891, S. 273; SSB 322.1), *letzte Änderung durch* Bundesgesetz vom 5. Oktober 1967 (AS Bund 1968, S. 212).

Verordnung über die Militärstrafrechtspflege vom 29. Januar 1954 (AS Bund 1954, S. 299; SSB 322.2), *letzte Änderung durch* Bundesratsbeschluß vom 14. August 1968 (AS Bund 1968, S. 1016).

III. Strafvollstreckungsrecht – Texte –

Ordentlicher Strafvollzug

Einige Vollzugsvorschriften enthält das Strafgesetzbuch. In der Hauptsache ist das Strafvollzugsrecht kantonal geregelt.

Verordnung über die Leistung von Bundesbeiträgen an Strafvollzugs- und Erziehungsanstalten vom 6. November 1968 (AS Bund 1968, S. 1455; SSB 341.1), *letzte Änderung durch* Bundesratsbeschluß vom 15. Juli 1970 (AS Bund 1970, S. 913). *Regelung der Kostenverteilung.*

Konkordat über die Kosten des Strafvollzuges vom 23. Juni 1944 (AS Bund 1944, S. 431; SSB 342), *letzte Änderung vgl.* AS Bund 1948, S. 192, *letzter Beitritt vgl.* AS Bund 1966, S. 1288. *Konkordat zwischen Bund und Kantonen. Dem Konkordat sind mit Ausnahme der Kantone*

Appenzell - A. Rh., Freiburg, Genf, Glarus, Neuenburg und Zürich sämtliche Kantone beigetreten.

Militärischer Strafvollzug

Verordnung über den militärischen Vollzug der Gefängnisstrafe vom 24. 2. 1971 (AS Bund 1971, S. 273; SSB 345.2).

Bundesratsbeschluß über den Vollzug der Haftstrafe an Dienstverweigerern aus Gewissensgründen vom 14. Februar 1968 (AS Bund 1968, S. 223; SSB 345.3).

Strafregister

Verordnung über das Strafregister vom 14. November 1941 (AS Bund 1946, S. 1297; SSB 331), *letzte Änderung durch* Bundesratsbeschluß vom 18. Februar 1966 (AS Bund 1966, S. 486).

Bundesratsbeschluß über die Mitteilung kantonaler Strafentscheide gemäß schweizerischem Strafgesetzbuch und anderen Bundesvorschriften vom 9. Januar 1970 (AS Bund 1970, S. 61; SSB 312.3).

IV. Entscheidungssammlungen

ENTSCHEIDUNGEN DES SCHWEIZERISCHEN BUNDESGERICHTES. Amtliche Sammlung. (Arrêts du Tribunal fédéral Suisse. Recueil officiel.) 1. 1875 ff.

1. 1875–22. 1896 [in 1 Teil]; 23. 1897–39. 1913 [in 2 Teilen]; 40. 1914–67. 1941 [in 3 Teilen]; 68. 1942 ff. [in 4 Teilen].

Ab Bd. 23 (1897) bis zum Inkrafttreten des Strafgesetzbuches (1942) enthält Teil 1 (Staats- und Verwaltungsrecht) die strafrechtlichen Entscheidungen, die ab Bd. 68 (1942) selbständig in Teil 4 erscheinen.

JOURNAL DES TRIBUNAUX. [Abt.] 1–4. 1853 ff.

1. Droit fédéral [mit den strafrechtlichen Entscheidungen bis 1941]. 4. Droit pénal. 1943 ff.

Das Journal des tribunaux enthält die Entscheidungen in deutscher und italienischer Sprache in französischer Übersetzung u. gelegentlich Aufsätze.

DIE PRAXIS DES BUNDESGERICHTS. Monatliche Berichte über die wichtigsten Entscheide des Bundesgerichts. 1. 1912 ff. *Die Sammlung enthält die wichtigsten Bundesgerichtsentscheidungen in französischer u. italienischer Sprache in deutscher Übersetzung.*

RECHTSPRECHUNG IN STRAFSACHEN (Bulletin de jurisprudence pénale). Hrsg.: Schweizerische Kriminalistische Gesellschaft. [1.] 1943 ff. *Deutsche und französische Inhaltsangaben der wichtigsten Gerichtsentscheidungen des Bundes und der Kantone. Wichtigste Informationsquelle für die kantonale Rechtsprechung zum materiellen Bundesrecht.*

ENTSCHEIDUNGEN DES MILITÄRKASSATIONSGERICHTS (MKGE). Arrêts du Tribunal militaire de cassation/Sentenze del Tribunale militare di cassazione. Hrsg. vom Oberauditor der Armee. 1. 1915/1925 ff. *Die Sammlung erscheint unregelmäßig. Bisher 7 Bde.*

V. Zeitschriften

1. Strafrechtliche und kriminologische

SCHWEIZERISCHE ZEITSCHRIFT FÜR STRAFRECHT. Revue pénale suisse (1. 1888 – 8. 1895 *u. d. T.*: Zeitschrift für Schweizer Strafrecht). 1. 1888 ff.

DER STRAFVOLLZUG IN DER SCHWEIZ. (Informations pénitentiaires suisses). 1. 1953 ff.

Ferner:

KRIMINALISTIK (1. 1947–2. 1948 *u. d. T.*: Kriminalistische Rundschau). Stuttgart (jetzt: Hamburg). 1. 1947 ff. *Bringt laufend kriminologische u. kriminalpolizeiliche Aufsätze von Schweizer Seite.*

REVUE INTERNATIONALE DE CRIMINOLOGIE ET DE POLICE TECHNIQUE (1. 1947–6. 1952 *u. d. T.*: Revue de criminologie et de police technique). 1. 1947 ff.

2. Wichtige allgemeine

SCHWEIZERISCHE JURISTEN-ZEITUNG. Revue suisse de jurisprudence. 1. 1905 ff.

ZEITSCHRIFT DES BERNISCHEN JURISTENVEREINS (35. 1899 – 59. 1924: ... und Monatsblatt für bernische Rechtsprechung). Revue de la Société des juristes bernois. 1. 1864/1865 ff.

ZEITSCHRIFT FÜR SCHWEIZERISCHES RECHT. 1. 1852 – 22. 1882. N. F. 1. 1882 ff.

Andere Zeitschriften mit überwiegend kantonaler Bedeutung vgl. unter B.

Schweiz A. VI 1

VI. Literatur

1. Allgemeines

Bibliographien

ÜBERSICHT DER LITERATUR ÜBER SCHWEIZERISCHES RECHT vom Jahre 1882ff. (1966ff. u. d. T.: BIBLIOGRAPHIE DES SCHWEIZERISCHEN RECHTS). 1933–1964 bearb. von B. RIGGENBACH; 1965ff. bearb. von A. MÜLLER. In: ZSchwR N.F. 2. 1883ff.

Einzelausg.: Basel: Helbing & Lichtenhahn. *Erscheinungsweise jährlich; früher in Zsfassungen.*

CHRISTEN, H.: Schweizer Rechtsbibliographie. Bibliographie juridique suisse. Bd. 1–3. Zürich: Juris-Verl. 1965ff. [Losebl. Ausg.]

Bd. 2 enthält: Gruppe N (Strafrecht); Gruppe O (Strafprozeßrecht, Kriminalistik, Gerichtsmedizin, Strafvollzug).

CLERC, F.: Contribution à la bibliographie des travaux consacrés à la procédure pénale en Suisse. Neuchâtel: Delachaux & Niestlé 1966; Mise à jour zum 1. September 1971. [1972.] (Mémoires de l'Univ. de Neuchâtel. 29.) *Wichtigste bibliographische Informationsquelle für schweizerisches Strafprozeßrecht.*

Berichte

CLERC, F.: Chronique helvétique trimestrielle. *In:* SCHWZST *Bd. 80 (1964) ff.* Berichte über die strafrechtliche Entwicklung im Bund und den Kantonen. *Wichtigste Informationsquelle über den jeweils neuesten Stand.*

PFENNINGER, H. F.: Schweizerisches Strafrecht. *In:* ZSTW *Bd. 77 (1965), S. 85 ff.*

KRÜMPELMANN, J.: Literaturbericht Schweiz. *In:* ZSTW *Bd. 80 (1968), S. 389 ff.*

SCHULTZ, H.: Dreißig Jahre Schweizerisches Strafgesetzbuch. *In:* SCHWZST *Bd. 88 (1972), S. 1 ff.*

SCHULTZ, H.: Schweizer Strafrecht. *In:* ZSTW *Bd. 83 (1971), S. 1045 ff.*

Ergänzungswerke

KARTOTHEK ZUM SCHWEIZERISCHEN STRAFGESETZBUCH. Begr. von F. COMTESSE. Lfg. 1–20/21. Zürich: Schulthess 1942–1963.

KARTOTHEK ZUR STRAFPROZESSORDNUNG. Bearb. von W. BÜRKLI, C. DECURTIUS, R. HAUSER, B. RÜDY. Zürich: Gerichtschreiber-Kollegium 1971 ff. *Das Werk ist nach der Strafprozeßordnung von Zürich gegliedert, bringt aber Literatur und Judikatur aus der gesamten Schweiz.*

SCHWEIZ[ERISCHE] JURISTISCHE KARTOTHEK. Genf 1958ff. *Ständig ergänzte und auf den neuesten Stand gebrachte Gesamtdarstellung des schweizerischen Rechts mit zahlreichen strafrechtlichen Beiträgen.*

Gesamtdarstellung

PFENNINGER, H. F.: Das schweizerische Strafrecht. *In:* AUSL. STRAFR. GGW., *Bd. 2, S. 151 ff.*

2. Strafrechtsgeschichte

FESTSCHRIFT KARL SIEGFRIED BADER. Rechtsgeschichte, Rechtssprache, Rechtsarchäologie, Rechtliche Volkskunde. Hrsg. von F. ELSENER u. W. H. RUOFF. Zürich: Schulthess [usw.] 1965.

PFENNINGER, H.: Das Strafrecht der Schweiz. Berlin: Puttkammer & Mühlbrecht 1890.

STOOSS, C.: Die Grundzüge des schweizerischen Strafrechts. Im Auftrage des Bundesrats vergleichend dargestellt. Bd. 1. 2. Basel, Genf: Georg 1892–1893.

3. Materielles Strafrecht

Lehrbücher und größere systematische Darstellungen

GERMANN, O. A.: Das Verbrechen im neuen Strafrecht. Zürich: Schulthess 1942. *Enthält überwiegend systematische Darstellung, daneben Kommentar zu Art. 9–34, 111–186 StGB.*

HAFTER, E.: Lehrbuch des schweizerischen Strafrechts. Allg. Teil. 2. Aufl. Bern: Stämpfli 1946. Bes. Teil, 1. 2. Berlin: Springer 1937–1943.

SCHWANDER, V.: Das schweizerische Strafgesetzbuch unter besonderer Berücksichtigung der bundesgerichtlichen Praxis. 2. Aufl. Zürich: Polygraphischer Verl. 1964; Anhang: Bibliographie zum schweizerischen Strafrecht.

Kommentare

HÄRDY, O.: Handkommentar zum Schweizerischen Strafgesetzbuch und Bundesgesetz über den unlauteren Wettbewerb unter Berücksichtigung der Nebengesetze. 4. Aufl. Bern: Wyss 1964; Nachtr. 1967.

LOGOZ, P.: Commentaire du Code pénal suisse. [1. 2.] Neuchâtel [usw.]: Delachaux & Niestlé 1939–1956. [1:] Partie générale. 1939–1941. [2:] Partie spéciale. 1. 2. 1955–1956.

THORMANN, P. – A. VON OVERBECK: Das schweizerische Strafgesetzbuch. (Kommentar). Bd. 1–3. Zürich: Schulthess 1940–1943.
1: Allg. Bestimmungen (Art. 1–110). 1940. 2: Bes. Bestimmungen (Art. 111–332); Einführung und Anwendung des Gesetzes (Art. 333–401). 1941. 3: Kantonale Einführungsbestimmungen. 1943.

Kurzkommentare von GERMANN *und* PANCHAUD *s. I. 1.*

Abhandlungen

GRAVEN, J.: Droit pénal et défense sociale. *In:* SCHWZST *Bd. 70 (1955), S. 1–53.*

GRAVEN, P.: Die Zukunft des Freiheitsentzuges im schweizerischen und deutschen Strafrecht. *In:* ZSTW *Bd. 80 (1968), S. 199 ff.*

STRATENWERTH, G.: Zur Rechtsstaatlichkeit der freiheitsentziehenden Maßnahmen im Strafrecht. *In:* SCHWZST *Bd. 82 (1966), S. 338 ff.*

4. Nebenstrafrecht

c) Militärstrafrecht

COMTESSE, F. H.: Das schweizerische Militärstrafgesetz. Kommentar. Zürich: Schulthess 1946.

f) Straßenverkehrsstrafrecht

BADERTSCHER, W. – H. SCHLEGEL: Straßenverkehrsgesetz vom 19. Dezember 1958 mit Ausführungsbestimmungen. Zürich: Orell Füssli 1964.

SCHULTZ, H.: Die Strafbestimmungen des Bundesgesetzes über den Straßenverkehr vom 19. Dezember 1958. Bern: Stämpfli 1964.

SCHULTZ, H.: Die strafrechtliche Rechtsprechung zum neuen Straßenverkehrsrecht. Bern: Stämpfli 1968.

STAUFFER, P.: Der Entzug des Führerausweises (unter besonderer Berücksichtigung der letztinstanzlichen Praxis). Diss., Bern 1966.

g) Fiskalstrafrecht

PFUND, W. R.: Das Steuerdelikt, seine Bedeutung, Erscheinung und Verfolgung. Basel: Verl. für Recht u. Gesellschaft 1959. (Schriften zum schweizerischen Steuerrecht. 4.)

PFUND, W. R.: Das Steuerstrafrecht. Le Droit pénal en matière d'impôts. Basel: Verl. für Recht u. Gesellschaft 1954. (Schweizerische criminalistische Studien. 8.)

h) Sonstiges Nebenstrafrecht

GLETTIG, E. C.: Das schweizerische Clearingstrafrecht. Basel: Verl. für Recht u. Gesellschaft 1952.

LUDWIG, C.: Schweizerisches Presserecht. Basel [usw.]: Helbing & Lichtenhahn 1964.

5. Gerichtsverfassungsrecht

BIRCHMEIER, W.: Handbuch des Bundesgesetzes über die Organisation der Bundesrechtspflege vom 16. Dezember 1943. Zürich: Schulthess 1950.

GRAVEN, J.: L'organisation et la fonction des juridictions sur l'enfance délinquante en Suisse. *In:* ESTUDOS „IN MEMORIAM" DO PROF. DOUTOR JOSÉ BELEZA DOS SANTOS. 1. Coimbra: Coimbra Ed. 1966, *S. 315 ff.*

6. Strafprozeßrecht

CLERC, F.: Contribution à la bibliographie des travaux consacrés à la procédure pénale en Suisse... *(s. VI. 1).*

DEGOUMOIS, V.: Les principes de la procédure pénale applicable aux mineurs en Suisse. Neuchâtel, Diss. 1956.

GRAVEN, J.: La protection des droits de l'accusé dans le procès pénal en Suisse. *In:* REV. INT. DROIT PÉN. *1966, S. 237 ff.*

HAEFLIGER, A.: Kommentar zur Militärstrafgerichtsordnung. 2. Aufl. des von A. Stooss verfaßten Kommentars. Bern: Stämpfli 1959.

PFENNINGER, H. F.: Probleme des schweizerischen Strafprozeßrechtes. Zürich: Schulthess 1966.

STÄMPFLI, F.: Das Bundesgesetz über die Bundesstrafrechtspflege vom 15. Juni 1934. Textausg. mit Einl., Anm. u. Reg. Bern: Stämpfli 1935.

STRAFPROZESS UND RECHTSSTAAT. Festschrift zum 70. Geburtstag von H. F. Pfenninger. Zürich: Schulthess 1956.

8. Kriminologie und Statistik

SCHWEIZERISCHE KRIMINALSTATISTIK (Statistique de la criminalité en Suisse). 1929 (1931) ff.

B. Recht der Kantone

Das kantonale Recht ist vor allem wegen des bisher nicht vereinheitlichten Strafprozeßrechts und Gerichtsverfassungsrechts von Bedeutung. Auch das Strafvollstreckungsrecht liegt bei den Kantonen. In den meisten der im folgenden mitaufgeführten Kantonsverfassungen sind wichtige Bestimmungen zum Strafprozeß und besonders zur Gerichtsorganisation enthalten. Die im folgenden angegebenen Gesetze waren bei Redaktionsschluß in Kraft.* Änderungen konnten nur in besonders wichtigen Fällen berücksichtigt werden. Bezüglich der Methode, den neuesten Stand der dem Strafprozeßrecht zugrundeliegenden Gesetze und Verordnungen zu ermitteln, wird verwiesen auf CLERC, *Contribution à la bibliographie ... (A. VI. 1).*

AARGAU

AARGAUISCHE GESETZESSAMMLUNG (Bereinigte Ausg.). Bd. 1 ff. Aarau: Staatskanzlei 1960 ff. *Abkürzung:* GS.

Verfassung

Staatsverfassung des Kantons Aargau vom 23. April 1885 (GS Bd. 1, S. 1).

I. Materielles Strafrecht – Texte –

1. Strafgesetzbuch

Einführungsgesetz zum Schweizerischen Strafgesetzbuch. *Aufgehoben durch Strafprozeßordnung vom 11. November 1958.*

II. Strafverfahrensrecht – Texte –

1. Gerichtsverfassungsrecht

Gesetz über die Organisation der Bezirksgerichte vom 22. Dezember 1852 (GS Bd. 1, S. 105).

Gesetz über die Organisation des Obergerichts vom 22. Dezember 1852 (GS Bd. 1, S. 94).

Textausgabe zu beiden Gesetzen
GESETZGEBUNG ÜBER DIE ORGANISATION DER BEZIRKSGERICHTE UND DES OBERGERICHTS. [Stand 1961]. Aarau: Drucksachen- u. Materialverwaltung [um 1962].

2. Strafprozeßrecht

Gesetz über die Strafrechtspflege (Strafprozeßordnung) vom 11. November 1958 (GS Bd. 4, S. 642).

3. Wichtige Nebengesetze

Verordnung über die Jugendstrafrechtspflege vom 27. Oktober 1959 (GS Bd. 4, S. 758).

III. Strafvollstreckungsrecht – Texte –

Verordnung über den Vollzug der Zuchthaus- und Gefängnisstrafen in der kantonalen Strafanstalt Lenzburg (Strafvollzugsordnung) vom 30. Januar 1942 (GS Bd. 3, S. 173).

Dekret über den Vollzug von Strafen und Maßnahmen (Strafvollzugsdekret) vom 27. Oktober 1959 (GS Bd. 4, S. 767).

Verordnung über den Vollzug von Strafen und Maßnahmen (Strafvollzugsordnung) vom 23. Januar 1964 (GS Bd. 6, S. 6).

Verordnung über das kantonale Strafregister und die Strafkontrolle vom 7. April 1961 (GS Bd. 5, S. 125).

IV. Entscheidungssammlungen

VIERTELJAHR(E)SSCHRIFT FÜR AARGAUISCHE RECHTSPRECHUNG. 1. 1901 – 46. 1946.

Fortsetzung:

AARGAUISCHE GERICHTS- UND VERWALTUNGSENTSCHEIDE 1947. 1948 ff.

VI. Literatur

AARGAUISCHE RECHTSPFLEGE IM GANG DER ZEIT. Festschrift des Aargauischen Juristenvereins. Aarau: Keller 1969. (Veröff. zum aargauischen Recht. 21.)

AARGAUISCHES STRAFPROZESSRECHT. Festschrift zum 25-jährigen Bestehen des Aargauischen Juristenvereins. Aarau: Keller 1961. (Veröff. zum aargauischen Recht. 15.)

---

* Der Verfasser ist Herrn DICK F. MARTY, Neuchâtel/Lugano, für die Überprüfung der kantonalen Quellen auf ihren neuesten Stand und zahlreiche wichtige Hinweise zu Dank verpflichtet.

BRÜHLMEIER, B.: Aargauische Strafprozeßordnung. (Gesetz über die Strafrechtspflege vom 11. November 1958.) Textausg. mit Erl. Aarau: Keller 1960.

MEIER, E.: Die Verfahrensgrundsätze der aargauischen Strafprozeßordnung (§§ 24-30) vom 11. November 1958. Aarau: Keller 1965.

APPENZELL-INNERRHODEN

Verfassung

Verfassung für den Eidgenössischen Stand Appenzell I.-Rh. vom 24. November 1872.

I. Materielles Strafrecht – Texte –

Verordnung über das kantonale Übertretungsstrafrecht (Übertretungen - Verordnung) vom 24. November 1941.

II. Strafverfahrensrecht – Texte –

1. Gerichtsverfassungsrecht

Die Organisationsvorschriften finden sich in der Strafprozeßordnung.

2. Strafprozeßrecht

Strafprozeßordnung für den Kanton Appenzell I.-Rh. vom 27. 4. 1941. *Enthält auch die Einführungsbestimmungen zum Schweizerischen Strafgesetzbuch.*

Verordnung über das Jugendstrafrecht vom 24. November 1941.

III. Strafvollstreckungsrecht – Texte –

Standeskommissionsbeschluß über das Strafregister und die Strafkontrolle vom 25. September 1943.

APPENZELL-AUSSERRHODEN

Kanton Appenzell A.-Rh. BEREINIGTE GESETZESSAMMLUNG. Bd. 1. 2. [Stand:] 15. November 1956. Herisau: Kantonskanzlei 1957. *Abkürzung:* BGS.

Ab Bd. 3 u. d. T.: AMTLICHE GESETZESSAMMLUNG. *Abkürzung:* AS.

Verfassung

Verfassung für den Kanton Appenzell A.-Rh. vom 26. April 1908 (BGS Bd. 1, S. 43).

I. Materielles Strafrecht – Texte –

Gesetz über die Einführung und Anwendung des Schweizerischen Strafgesetzbuches und über das kantonale Strafrecht (EG zum StGB) für den Kanton Appenzell A.-Rh. vom 27. April 1941 (BGS Bd. 1, S. 452).

II. Strafverfahrensrecht – Texte –

2. Strafprozeßrecht

Strafprozeßordnung (StPO) für den Kanton Appenzell A.-Rh. vom 26. April 1914 (BGS Bd. 1, S. 386).

Reglement über die Aufgaben des Verhöramtes und des Kantonspolizeiamtes von Appenzell A.-Rh. vom 17. Februar 1953 (BGS Bd. 1, S. 488).

3. Wichtige Nebengesetze

Reglement für die strafrechtliche Behandlung von Jugendlichen (Reglement für das Jugendstrafverfahren) vom 27. Oktober 1942 (BGS Bd. 1, S. 452).

Reglement für die strafrechtliche Behandlung von Kindern vom 27. Oktober 1942 (BGS Bd. 1, S. 480).

III. Strafvollstreckungsrecht – Texte –

Reglement über die kantonale Kontrolle von Strafen und Maßnahmen sowie über das Strafregister vom 13. Oktober 1943 (BGS Bd. 1, S. 492).

Reglement für die Schutzaufsicht über entlassene Sträflinge und die Entlassenenfürsorge im Kanton Appenzell A.-Rh. vom 27. April 1970 (AS 1970, Nr. 532).

BASEL-LANDSCHAFT

Kanton Basel-Landschaft. BEREINIGTE SAMMLUNG DER GESETZE, VERORDNUNGEN, REGLEMENTE UND ALLGEMEIN VERBINDLICHEN BESCHLÜSSE. Liestal: Landeskanzlei 1962 ff. [Losebl. Ausg. *in 7 Ordnern*] *Abkürzung:* BS.

Verfassung

Staatsverfassung des Kantons Basel-Landschaft vom 4. April 1892 (BS Bd. 1, Nr. 1).

Schweiz B (BL, BS, BE)

I. Materielles Strafrecht – Texte –

Gesetz betreffend die Einführung des Schweizerischen Strafgesetzbuches vom 30. Oktober 1941 (BS Bd. 6, Nr. 1040). *Mit kantonalen Übertretungstatbeständen.*

II. Strafverfahrensrecht – Texte –

1. Gerichtsverfassungsrecht

Gesetz betreffend die Organisation der richterlichen Behörden (Gerichtsverfassungsgesetz) vom 30. Oktober 1941 (BS Bd. 6, Nr. 1048).

2. Strafprozeßrecht

Gesetz betreffend die Strafprozeßordnung vom 30. Oktober 1941 (BS Bd. 6, Nr. 1050).

IV./V. Entscheidungssammlungen/Zeitschriften

BASLER JURISTISCHE MITTEILUNGEN. 1954 ff. *Enthält neben einem Aufsatzteil mit gelegentlichen strafrechtlichen Beiträgen Gerichtsentscheidungen der Basler Halbkantone.*

BASEL-STADT

SAMMLUNG DER GESETZE UND BESCHLÜSSE WIE AUCH DER POLIZEIVERORDNUNGEN DES KANTONS BASEL ... 1. 1803 ff. [Bd. 1–45 in bereinigter Ausg. u. d. T.:]
GESAMTAUSGABE DER BASLER GESETZESSAMMLUNG. Hrsg. vom Justizdepartement Basel-Stadt. [Stand:] 31. Januar 1959. Bd. 1–4. Basel: Schwabe 1961. *Abkürzung:* Slg. der Gesetze; GS.

Verfassung

Verfassung des Kantons Basel-Stadt vom 2. Dezember 1889 (GS Bd. 1, S. 1).

I. Materielles Strafrecht – Texte –

Gesetz über die Einführung des Schweizerischen Strafgesetzbuchs vom 30. Oktober 1941 (GS Bd. 2, S. 1244).

Polizeistrafgesetz für den Kanton Basel-Stadt vom 23. September 1872 i. d. F. vom 12. Dezember 1941 nebst späteren Änderungen (GS Bd. 2, S. 1247).

II. Strafverfahrensrecht – Texte –

1. Gerichtsverfassungsrecht

Gesetz betreffend Wahl und Organisation der Gerichte und der richterlichen Beamtungen vom 27. Juni 1895, i. d. F. der Bekanntmachung vom 25. Januar 1966 (Slg. der Gesetze, Bd. 48, S. 10).

2. Strafprozeßrecht

Strafprozeßordnung vom 15. Oktober 1931 (GS Bd. 2, S. 1284), *neue Fassung laut* Bekanntmachung vom 25. Januar 1966 (Slg. der Gesetze, Bd. 48, S. 59).

3. Wichtige Nebengesetze

Gesetz über die Jugendstrafrechtspflege vom 30. Oktober 1941 (GS Bd. 2, S. 1366) i. d. F. des Gesetzes vom 15. Juni 1967 (Slg. der Gesetze, Bd. 48, S. 549).

III. Strafvollstreckungsrecht – Texte –

Gesetz über Strafvollzug und Begnadigung vom 30. Oktober 1941 (GS Bd. 2, S. 1381).

Verordnung über die kantonale Kontrolle von Strafen und Maßnahmen und über das Strafregister vom 19. Dezember 1941 (GS Bd. 2, S. 1391).

IV./V. Entscheidungssammlungen/Zeitschriften

BASLER JURISTISCHE MITTEILUNGEN. 1954 ff. (s. Basel-Landschaft, IV/V).

BERN (BERNE)*

AMTLICHE SAMMLUNG DER GESETZE, DEKRETE UND VERORDNUNGEN DES KANTONS BERN. Bd. 1–5. Bern: Benteli 1943–1947; Reg. 1949.
1. 1815–1900. 1943.   2. 1901–1916. 1943.   3. 1917–1925. 1945.   4. 1926–1935. 1946.   5. 1936–1940. 1947.
Abkürzung: AS.

Verfassung

Staatsverfassung des Kantons Bern vom 4. Juni 1893 (AS Bd. 1, S. 619).

---

* Die Veröffentlichungen im Gesetzblatt erfolgen in den 2 Amtssprachen des Kantons: deutsch und französisch.

I. Materielles Strafrecht – Texte –

Gesetz betreffend die Einführung des Schweizerischen Strafgesetzbuches vom 6. Oktober 1940 (AS Bd. 5, S. 618). *Enthält auch kantonale Übertretungen.*

II. Strafverfahrensrecht – Texte –

1. Gerichtsverfassungsrecht

Gesetz über die Organisation der Gerichtsbehörden vom 31. Januar 1909 (AS Bd. 2, S. 277). *Wichtige Änderung durch:* Gesetz über den Ausbau der Rechtspflege vom 10. Februar 1952 (Ges. BE 1952, S. 30).

2. Strafprozeßrecht

Strafverfahren des Kantons Bern vom 20. Mai 1928 (AS Bd. 4, S. 150). *Wichtige Änderung durch:* Gesetz über den Ausbau der Rechtspflege vom 10. Februar 1952 (Ges. BE 1952, S. 30).

3. Wichtige Nebengesetze

Gesetz über die Jugendstrafrechtspflege vom 18. Mai 1972.

III. Strafvollstreckungsrecht – Texte –

Verordnung über den Vollzug der Freiheitsstrafe und Maßnahmen, die bedingte Entlassung und die Schutzaufsicht gegenüber Erwachsenen vom 12. Dezember 1941 (Ges. BE 1941, S. 118).

Verordnung über den Vollzug der Maßnahmen und Strafen gegen Kinder und Jugendliche, die bedingte Entlassung und die Schutzaufsicht über Jugendliche vom 12. Dezember 1941 (Ges. BE 1941, S. 124).

Verordnung über das Strafregister vom 9. Januar 1942 (Ges. BE 1942, S. 1).

V. Zeitschriften

ZEITSCHRIFT DES BERNISCHEN JURISTENVEREINS *(s. unter A. Bundesrecht V. 2).*
Die Zeitschrift hat überregionale Bedeutung.

VI. Literatur

WAIBLINGER, M.: Das Strafverfahren für den Kanton Bern. Langenthal: Merkur 1937.

FREIBURG (FRIBOURG)*

Verfassung
Staatsverfassung des Kantons Freiburg vom 7. Mai 1857.

I. Materielles Strafrecht – Texte –

Einführungsgesetz zum Schweizerischen Strafgesetzbuch vom 7. Februar 1940 i. d. F. des Änderungsgesetzes vom 25. November 1952 (AS FR 1952, S. 94). *Vorwiegend kantonales Übertretungsstrafrecht.*

II. Strafverfahrensrecht – Texte –

1. Gerichtsverfassungsrecht

Gesetz über die Gerichtsorganisation vom 22. November 1949 i. d. F. des Änderungsgesetzes vom 13. Mai 1965 (AS FR 1965, S. 159).

2. Strafprozeßrecht

Strafprozeßordnung für den Kanton Freiburg vom 27. Mai 1927 i. d. F. des Änderungsgesetzes vom 15. November 1968 (AS FR 1968, S. 175).

3. Wichtige Nebengesetze

Gesetz über die Jugendstrafrechtspflege vom 28. April 1950 (AS FR 1950, S. 108).

III. Strafvollstreckungsrecht – Texte –

Beschluß vom 24. April 1942 betreffend das Strafregister (AS FR 1942, S. 34).

IV. Entscheidungssammlungen

EXTRAITS DES PRINCIPAUX ARRÊTS . . . rendus par les diverses sections du tribunal cantonal de l'État de Fribourg. 1882 ff.

GENF (GENÈVE)

(Législation genevoise) – RECUEIL OFFICIEL SYSTÉMATIQUE DE LA LÉGISLATION GENEVOISE EN VIGUEUR. T. 1–10. Ge-

---

* Die Veröffentlichungen im Gesetzblatt erfolgen in den 2 Amtssprachen des Kantons: deutsch und französisch.

nève: Chancellerie d'État [1960 ff.] [Losebl. Ausg.] *Abkürzung* Lég. gen.

Verfassung

Constitution de la République et Canton de Genève vom 24. Mai 1847 (Lég. gen. T. 1, Sect. A 2/1).

I. Materielles Strafrecht – Texte –

Loi d'application du Code pénal vom 7. Dezember 1940 (Lég. gen. T. 4a, Sect. E 3/3).

Règlement d'exécution de l'article 33 de la loi d'application du Code pénal vom 7. Dezember 1940, vom 12. Dezember 1953 (Lég. gen. T. 4a, Sect. E 3/4). *Ausführungsbestimmungen zur medizinischen Indikation nach Art. 120 StGB.*

Loi pénale genevoise vom 20. September 1941 (Lég. gen. T. 4a, Sect. E 3/1).

II. Strafverfahrensrecht – Texte –

1. Gerichtsverfassungsrecht

Loi sur l'organisation judiciaire vom 22. November 1941 (Lég. gen. T. 4, Sect. E 2/1).

2. Strafprozeßrecht

Code de procédure pénale vom 7. Dezember 1940 (Lég. gen. T. 4a, Sect. E 3/5).

3. Wichtige Nebengesetze

Loi sur la chambre pénale de l'enfance vom 7. Dezember 1940 (Lég. gen. T. 4a, Sect. E 3/7).

III. Strafvollstreckungsrecht – Texte –

Loi sur l'exécution des peines, la libération conditionnelle et le patronage des détenus libérés vom 22. November 1941 (Lég. gen. T. 4a, Sect. E 3/9).

Règlement désignant les autorités compétentes en matière d'application du Code pénal vom 10. März 1942 (Lég. gen. T. 4a, Sect. E 3/10).

Règlement sur la libération, la réintégration et le patronage des condamnés et des internés vom 10. März 1942 (Lég. gen. T. 4a, Sect. E 3/13).

Règlement du service du patronage vom 13. März 1964 (Lég. gen. T. 4a, Sect. E 3/14).

Règlement de l'office cantonal du casier judiciaire vom 19. Dezember 1941 (Lég. gen. T. 4a, Sect. E 3/16).

IV./V. Entscheidungssammlungen/Zeitschriften

LA SEMAINE JUDICIAIRE. 1. 1879 ff. *Enthält vor allem bundesrechtliche Entscheide von besonderer Bedeutung für den Kanton und kantonale Entscheide; gelegentlich Abhandlungen.*

VI. Literatur

PONCET, D.: L'instruction contradictoire dans le système de la procédure pénale genevoise et en droit français. Vorw. von J. GRAVEN. Genève: Georg 1967.

GLARUS

Verfassung

Verfassung des Kantons Glarus vom 22. Mai 1887.

I. Materielles Strafrecht – Texte –

Gesetz über die Einführung des Schweizerischen Strafgesetzbuches vom 2. Mai 1965. *Bes. kantonales Übertretungsstrafrecht.*

II. Strafverfahrensrecht – Texte –

1. Gerichtsverfassungsrecht

Gesetz über die Gerichtsorganisation des Kantons Glarus vom 2. Mai 1965.

2. Strafprozeßrecht

Strafprozeßordnung des Kantons Glarus vom 2. Mai 1965.

GRAUBÜNDEN

BÜNDNER RECHTSBUCH. Bereinigte Gesetzessammlung des Kantons Graubünden. [Stand:] 1. Juli 1957. Chur: Staatskanzlei 1959. *Abkürzung:* Rechtsbuch.

Verfassung

Verfassung für den Kanton Graubünden vom 2. Oktober 1882 (Rechtsbuch, S. 1).

I. Materielles Strafrecht – Texte –

Gesetz über die Einführung des Schweizerischen Strafgesetzbuches und das Strafverfahren im Kanton Graubünden vom 2. März 1941 (Rechtsbuch, S. 425). *Aufgehoben durch* Gesetz über die Strafrechtspflege (StPO) vom 8. Juni 1958.

II. Strafverfahrensrecht – Texte –

1. Gerichtsverfassungsrecht

Verordnung über die Organisation und Geschäftsführung der Staatsanwaltschaft vom 29. Mai 1958 (AGS GR 1958, S. 88).

Verordnung über die Organisation und Geschäftsführung des Kantonsgerichtes vom 2. Juni 1961 (AGS GR 1961, S. 249).

Gesetz über die Organisation der Bezirksgerichte vom 26. Juni 1848 (Rechtsbuch, S. 209).

2. Strafprozeßrecht

Gesetz über die Strafrechtspflege (StPO) vom 8. Juni 1958 (AGS GR 1958, S. 91).

Verordnung über das Strafmandatsverfahren der kantonalen Verwaltung vom 25. November 1958 (AGS GR 1958, S. 194).

III. Strafvollstreckungsrecht – Texte –

Kleinrätliche Verordnung über Schutzaufsicht und Entlassenenfürsorge vom 9. Oktober 1961 (AGS GR 1961, S. 285).

Verordnung über das kantonale Strafregister vom 30. Dezember 1941 (Rechtsbuch, S. 498).

IV./V. Entscheidungssammlungen/Zeitschriften

Die Praxis des Kantonsgerichtes von Graubünden (PKG). 1942 ff. *Erscheint jährlich; Abt. Ib bringt die strafrechtlichen Entscheide.*

LUZERN

Verfassung

Staatsverfassung des Kantons Luzern vom 18. Februar 1875 (GS LU Bd. 6, S. 79).

I. Materielles Strafrecht – Texte –

Gesetz über die Einführung des Schweizerischen Strafgesetzbuches (StGB) vom 21. Dezember 1937 im Kanton Luzern vom 18. Dezember 1940 (GS LU Bd. 12, S. 290).

II. Strafverfahrensrecht – Texte –

1. Gerichtsverfassungsrecht

Gesetz über die Gerichtsorganisation und die Zivilprozeßordnung vom 28. Januar 1913. *Wichtige Änderung durch Gesetz vom 26. Januar 1965 (GS LU Bd. 16, S. 618).*

Textausgabe
Die luzernische Gerichtsorganisation und Zivilprozessordnung vom 28. Januar 1913 mit sämtlichen Abänderungen bis 1. Januar 1971. Textausg. mit Anm. u. Sachreg. versehen von A. Zgraggen. Luzern: Justizdepartement 1971.

2. Strafprozeßrecht

Gesetz über die Strafprozeßordnung vom 3. Juni 1957 (GS LU Bd. 15, S. 224).

NEUENBURG (NEUCHÂTEL)

Verfassung

Constitution de la République et Canton de Neuchâtel vom 21. November 1858.

I. Materielles Strafrecht – Texte –

Loi concernant l'introduction du Code pénal suisse vom 20. November 1940. *Enthält auch die wichtigsten Bestimmungen zur Jugendstrafrechtspflege.*

Code pénal neuchâtelois vom 20. November 1940. *Kantonales Übertretungsstrafrecht.*

II. Strafverfahrensrecht – Texte –

1. Gerichtsverfassungsrecht

Loi sur l'organisation judiciaire vom 22. März 1910. *Vielfach geändert.*

Schweiz B (NE, SG, SH)

2. Strafprozeßrecht

Code de procédure pénale neuchâtelois vom 19. April 1945. *Jugendstrafrechtspflege: Die Vorschriften befinden sich im Einführungsgesetz zum schweizerischen Strafgesetzbuch (s. I).*

III. Strafvollstreckungsrecht – Texte –

Règlement général des prisons vom 9. November 1945.

IV./V. Entscheidungssammlungen/Zeitschriften

RECUEIL DE JURISPRUDENCE NEUCHÂTELOISE. Publication officielle. 1. 1953/57 ff.

ST. GALLEN

Kanton St. Gallen. BEREINIGTE GESETZESSAMMLUNG. [Stand:] 1.1.1956. Bd. 1–5; Reg. St. Gallen: Staatskanzlei 1956–1957. *Abkürzung:* BGS.

Verfassung

Verfassung des Kantons St. Gallen vom 16. November 1890 (BGS Bd. 1, S. 9).

I. Materielles Strafrecht – Texte –

Einführungsgesetz zum Schweizerischen Strafgesetzbuch vom 24. März 1941 (BGS Bd. 5, S. 235). *Enthält das kantonale Übertretungsstrafrecht.*

II. Strafverfahrensrecht – Texte –

1. Gerichtsverfassungsrecht

Gerichtsordnung vom 24. August 1954 (BGS Bd. 5, S. 523).

2. Strafprozeßrecht

Gesetz über die Strafrechtspflege vom 9. August 1954 (BGS Bd. 5, S. 405).

Vollzugsverordnung zum Gesetz über die Strafrechtspflege vom 29. Dezember 1954 (BGS Bd. 5, S. 494).

III. Strafvollstreckungsrecht – Texte –

Verordnung über den Strafvollzug vom 31. Juli 1967 (Gesetzessammlung, N. R. Bd. 5 [1967–68], S. 184).

Verordnung über die Bezirksgefängnisse und das kantonale Untersuchungsgefängnis vom 12. Dezember 1955 (BGS Bd. 5, S. 505).

Verordnung über Organisation und Ausübung der Schutzaufsicht vom 29. Dezember 1954 (BGS Bd. 5, S. 517).

IV./V. Entscheidungssammlungen/Zeitschriften

ST. GALLISCHE GERICHTS- UND VERWALTUNGSPRAXIS. 1951 ff. *Jährlich.*

SCHAFFHAUSEN

SCHAFFHAUSER RECHTSBUCH. Amtliche, laufend ergänzte Sammlung der bestehenden Rechtserlasse für den Kanton Schaffhausen. Bd. 1–4. Schaffhausen: Staatskanzlei 1964 ff. [Losebl. Ausg.] *Abkürzung:* Rechtsbuch.

Verfassung

Verfassung des Kantons Schaffhausen vom 24. März 1876 (Rechtsbuch Bd. 1, Nr. 1).

I. Materielles Strafrecht – Texte –

Gesetz über die Einführung des Schweizerischen Strafgesetzbuches (StGB) vom 22. September 1941 (Rechtsbuch Bd. 4, Nr. 370). *Kantonales Übertretungsstrafrecht; Jugendstrafrechtspflege.*

II. Strafverfahrensrecht – Texte –

1. Gerichtsverfassungsrecht

Die wichtigsten Vorschriften zur Gerichtsorganisation sind in Art. 71 ff. der Kantonsverfassung enthalten.

Dekret des Großen Rates des Kantons Schaffhausen über die Organisation des Kantonsgerichtes vom 4. Mai 1964 (Rechtsbuch Bd. 4, Nr. 340).

2. Strafprozeßrecht

Strafprozeßordnung für den Kanton Schaffhausen vom 3. März 1909 (Rechtsbuch Bd. 4, Nr. 373).

Jugendstrafrechtspflege vgl. unter I.

Verordnung des Obergerichts des Kantons Schaffhausen zur Einführung der Strafprozeßordnung des Kantons Schaffhausen vom 21. Januar 1910 (Rechtsbuch Bd. 4, Nr. 374).

III. Strafvollstreckungsrecht – Texte –

Verordnung des Regierungsrates des Kantons Schaffhausen betreffend das kantonale Gefängnis vom 13. April 1966 (Rechtsbuch Bd. 4, Nr. 377).

Verordnung des Regierungsrats des Kantons Schaffhausen über das kantonale Strafregister, die Gemeindestrafregister, die Strafkontrolle und die Ausstellung von Leumundszeugnissen vom 9. April 1968 (Rechtsbuch Bd. 4, Nr. 372).

VI. Literatur

FISCHER, H. P.: Das Jugendstrafrecht im Kanton Schaffhausen. Zürich: Juris-Verl. 1950.

SCHWYZ

SCHWYZER GESETZSAMMLUNG. Bd. 1–7; Reg. [Schwyz: Staatskanzlei 1971–1972.] [Losebl. Ausg. *in 8 Ordnern*] *Abkürzung:* GS.

Verfassung

Verfassung des Eidgenössischen Standes Schwyz vom 23. Oktober 1898 (GS Bd. 1, Nr. 1).

I. Materielles Strafrecht – Texte –

Gesetz über die Einführung des Schweizerischen Strafgesetzbuches im Kanton Schwyz vom 21. Juli 1941 (GS Bd. 2, Nr. 151). *Kantonales Übertretungsstrafrecht.*

Regierungsratsbeschluß über den Vollzug des Art. 120 des Schweizerischen Strafgesetzbuches vom 13. Dezember 1941 (GS Bd. 2, Nr. 152).

II. Strafverfahrensrecht – Texte –

1. Gerichtsverfassungsrecht

Der Kanton besitzt kein Gerichtsverfassungsgesetz. Die Organisation der Gerichte ist in der Strafprozeßordnung und in Art. 60–69, 83–89 der Kantonsverfassung geregelt.

2. Strafprozeßrecht

Gesetz über die Strafprozeßordnung im Kanton Schwyz vom 10. Dezember 1956 (GS Bd. 2, Nr. 156). *Enthält auch die Vorschrift über das Jugendstrafverfahren.*

III. Strafvollstreckungsrecht – Texte –

Verordnung über die bedingte Entlassung, Schutzaufsicht und Entlassenenfürsorge vom 31. März 1959 (GS Bd. 2, Nr. 169).

Verordnung über die Führung der Strafregister und die Ausstellung von Leumundszeugnissen vom 23. Februar 1942 (GS Bd. 2, Nr. 167).

VI. Literatur

FLEISCHMANN, W.: Das Nebenstrafrecht des Kantons Schwyz. Zürich: Juris-Verl. 1969.

HAUG, J.: Das Jugendstrafverfahren im Kanton Schwyz. Winterthur: Keller 1963.

HUSI, F.: Das Strafverfahren vor Kriminalgericht und vor Bezirksgericht nach der Strafprozeßordnung des Kantons Schwyz von 1956. Winterthur: Keller 1960.

SOLOTHURN

BEREINIGTE SAMMLUNG DER SOLOTHURNISCHEN ERLASSE. Solothurnische Gesetzessammlung. [Bd.] 1, 1 ff. Solothurn: Staatskanzlei 1971 ff. [Losebl. Ausg.] *Abkürzung:* BS.

Verfassung

Verfassung des Kantons Solothurn vom 23. Oktober 1887 (BS Bd. 1, Nr. 111.1).

I. Materielles Strafrecht – Texte –

Gesetz über das kantonale Strafrecht und die Einführung des Schweizerischen Strafgesetzbuches vom 14. September 1941 (BS Bd. 3, Nr. 311.1). *Enthält auch Vorschriften über die Jugendstrafrechtspflege.*

Verordnung über die straflose Unterbrechung der Schwangerschaft gemäß Art. 120 des schweizerischen Strafgesetzbuches vom 1. Mai 1942 (BS Bd. 3, Nr. 311.3).

Schweiz B (SO, TI, TG)

II. Strafverfahrensrecht – Texte –

1. Gerichtsverfassungsrecht

Gesetz über die Gerichtsorganisation vom 5. März 1961 (BS Bd. 1, Nr. 125).

2. Strafprozeßrecht

Strafprozeßordnung für den Kanton Solothurn vom 7. Juni 1970 (BS Bd. 3, Nr. 321.1).

3. Wichtige Nebengesetze

Verordnung über die Jugendrechtspflege vom 27. Januar 1942 (BS Bd. 3, Nr. 322.1).

III. Strafvollstreckungsrecht – Texte –

Verordnung über die Zuständigkeit und das Verfahren beim Vollzug der Strafen und strafrechtlichen Maßnahmen vom 29. Dezember 1942 (BS Bd. 3, Nr. 331.1).

Verordnung über die Schutzaufsicht vom 29. Dezember 1942 (BS Bd. 3, Nr. 326.1).

Verordnung über das kantonale Strafregister und die Strafkontrolle vom 13. Juni 1969 (BS Bd. 3, Nr. 325.1).

TESSIN (TICINO)

Raccolta delle leggi vigenti del Cantone Ticino. Bd. 1–10. Bellinzona: Cancelleria dello Stato 1957 ff. [Losebl. Ausg.] *Abkürzung:* Raccolta.

Verfassung

Costituzione della Repubblica e Cantone del Ticino vom 4. Juli 1830 (Raccolta. Bd. 1, Nr. 1).

I. Materielles Strafrecht – Texte –

Legge di applicazione del Codice penale svizzero vom 28. Mai 1941 (Raccolta. Bd. 3, Nr. 128). *Enthält vor allem Organisationsvorschriften.*

Regolamento di esecuzione dell'art. 17, legge 28 maggio 1941, riveduto il 2 febbraio 1945 [Ausführungsverordnung zu Art. 17 des Gesetzes vom 28. Mai 1941 mit Änderung vom 2. Februar 1945] circa la designazione del medico specialista giusta l'art. 120 CPS per l'interruzione della gravidanza vom 1. Juni 1945 (Raccolta. Bd. 3, Nr. 131).

II. Strafverfahrensrecht – Texte –

1. Gerichtsverfassungsrecht

Legge organica giudiziaria civile e penale vom 24. November 1910 (Raccolta. Bd. 2, Nr. 65).

2. Strafprozeßrecht

Codice di procedura penale vom 10. Juli 1941 (Raccolta. Bd. 2, Nr. 85).

Legge di procedura per i delitti di competenza del Pretore e per le Contravvenzioni vom 29. Mai 1941/27. Juni 1960 (Raccolta. Bd. 2, Nr. 86).

3. Wichtige Nebengesetze

Legge sulla magistratura dei minorenni vom 9. Juni 1941 (Raccolta. Bd. 3, Nr. 135).

III. Strafvollstreckungsrecht – Texte –

Legge sull'esecuzione delle pene e delle misure di sicurezza vom 10. Juni 1941 (Raccolta. Bd. 3, Nr. 129).

Regolamento concernente l'esecuzione delle pene e delle misure di sicurezza durante il periodo transitorio vom 30. Dezember 1941 (Raccolta. Bd. 3, Nr. 130).

Regolamento sul patronato penale vom 27. Februar 1942 (Raccolta. Bd. 3, Nr. 134).

Regolamento cantonale sul casellario giudiziale vom 23. Dezember 1941 (Raccolta. Bd. 3, Nr. 133).

IV./V. Entscheidungssammlungen/Zeitschriften

Repertorio di giurisprudenza patria. 1. 1866 ff. *Abhandlungen und Entscheidungssammlung aus allen Rechtsgebieten.*

THURGAU

Thurgauer Rechtsbuch, 1948. Sammlung des geltenden kantonalen Rechts in bereinigten Texten mit Hinweisen auf Verwaltungs- u. Gerichtsentscheide. Bd. 1. 2. Frauenfeld 1948: Huber; Nachtr. 1951. 1958. 1963. 1967. *Abkürzung:* Rechtsbuch.

Verfassung

Verfassung des Eidgenössischen Standes Thurgau vom 29. Mai 1874 (Rechtsbuch, Nr. 1).

I. Materielles Strafrecht – Texte –

Gesetz betreffend die Einführung des Schweizerischen Strafgesetzbuches vom 21. Dezember 1940 (Rechtsbuch, Nr. 168). *Mit Ausnahme der §§ 27–52, die kantonales Übertretungsstrafrecht enthalten, aufgehoben durch* Strafprozeßordnung vom 30. Juni 1970.

II. Strafverfahrensrecht – Texte –

1. Gerichtsverfassungsrecht

Gesetz betreffend die Organisation des Gerichtswesens vom 22. März 1850 (Rechtsbuch, Nr. 63).

2. Strafprozeßrecht

Gesetz über die Strafrechtspflege (Strafprozeßordnung) vom 30. Juni 1970.

Verordnung des Obergerichts über die gerichtliche Beurteilung von Übertretungen fiskalischer und anderer Bundesgesetze im Sinne des IV. und V. Teils des Bundesgesetzes über die Bundesstrafrechtspflege vom 15. Juni 1934, vom 16. März 1948 (Rechtsbuch, Nr. 78).

Gesetz betreffend die Abwandlung der Polizeistraffälle vom 6. Juni 1865 (Rechtsbuch, Nr. 79).

III. Strafvollstreckungsrecht – Texte –

Regierungsrats-Verordnung über den Vollzug der Strafen und Maßnahmen des schweizerischen Strafgesetzbuches vom 23. Dezember 1941 (Rechtsbuch, Nr. 169).

Weisungen über den Vollzug von Strafen und Maßnahmen vom 1. Juli 1942 (Rechtsbuch, Nr. 170).

Dekret betreffend die Gefangenschaften und die in denselben zu handhabende Polizei vom 26. November 1867 (Rechtsbuch, Nr. 177).

Regierungsratsbeschluß über die Durchsicht der Schutzaufsicht nach Strafgesetzbuch vom 20. Juli 1942 (Rechtsbuch, Nr. 179).

Dazu:
Statuten des Thurgauischen Schutzaufsichtsvereins vom 30. Juli 1942 (Rechtsbuch, Nr. 180).

Strafregister-Verordnung für den Kanton Thurgau vom 16. August 1943 (Rechtsbuch, Nr. 171).

UNTERWALDEN NID DEM WALD (NIDWALDEN)

Verfassung

Verfassung des Kantons Unterwalden nid dem Wald vom 10. Oktober 1965.

I. Materielles Strafrecht – Texte –

Gesetz betreffend die Einführung des Schweizerischen Strafgesetzbuches vom 27. April 1941. *Organisationsvorschriften, Jugendstrafrechtspflege.*

Polizei-Strafgesetz vom 27. April 1942. *Kantonales Übertretungsstrafrecht.*

II. Strafverfahrensrecht – Texte –

1. Gerichtsverfassungsrecht

Gesetz über die Organisation und das Verfahren der Gerichte (Gerichtsgesetz) vom 28. April 1968.

2. Strafprozeßrecht

Strafprozeßordnung vom 30. Januar 1943.

UNTERWALDEN OB DEM WALD (OBWALDEN)

Verfassung

Verfassung des Kantons Unterwalden ob dem Wald vom 18. Mai 1968.

I. Materielles Strafrecht – Texte –

Einführungsbestimmungen zum Schweizerischen Strafgesetzbuch vom 29. September 1941. *Weitgehend durch Neuregelungen zur Gerichtsorganisation und zur Jugendstrafrechtspflege überholt.*

Gesetz über das kantonale Strafrecht vom 11. Mai 1958.

II. Strafverfahrensrecht – Texte –

1. Gerichtsverfassungsrecht

Der Entwurf eines Gesetzes über die Gerichtsorganisation liegt vor. Wichtige Vorschriften in der Kantonsverfassung.

Schweiz B (OW, UR, VD)

2. Strafprozeßrecht

Gesetz über das Strafverfahren vom 11. März 1869.

Der Entwurf einer neuen Strafprozeßordnung wird ausgearbeitet.

3. Wichtige Nebengesetze

Verordnung über die Jugendstrafrechtspflege vom 27. Februar 1964.

III. Strafvollstreckungsrecht – Texte –

Verordnung betreffend die Fürsorge für Strafentlassene vom 3. März 1928.

URI

Verfassung

Verfassung des Kantons Uri vom 6. Mai 1888.

I. Materielles Strafrecht – Texte –

Einführungsgesetz zum Schweizerischen Strafgesetzbuch für den Kanton Uri vom 4. Mai 1941. *Kantonales Übertretungsstrafrecht.*

Beschluß des Regierungsrates (betreffend Art. 120 StGB) vom 24. Januar 1942.

II. Strafverfahrensrecht – Texte –

1. Gerichtsverfassungsrecht

Organisationsgesetz für die urnerischen Gerichtsbehörden vom 26. Januar 1958.

2. Strafprozeßrecht

Strafprozeßordnung für den Kanton Uri vom 8. Juni 1959. *Enthält auch die wichtigsten Vorschriften zur Organisation der Strafgerichte und zur Jugendstrafrechtspflege.*

VI. Literatur

REGLI, R.: Das urnerische Strafverfahren. Diss., Fribourg 1968.

WAADT (VAUD)

NOUVEAU RECUEIL DE LA LÉGISLATION VAUDOISE. Bd. 1: 1803–1900 ff. Lausanne 1952 ff.: Impr. Centrale. Bd. 5: 1936–1945. Stand: 31. Dezember 1965.

Abkürzung: N. Rec.

Verfassung

Constitution du Canton de Vaud vom 1. März 1885 (N. Rec. Bd. 1, S. 134).

I. Materielles Strafrecht – Texte –

Loi d'application du Code pénal suisse vom 19. November 1940 (N. Rec. Bd. 5, S. 153).

Loi pénale vaudoise vom 19. November 1940 (N. Rec. Bd. 5, S. 157).

Loi sur la répression des contraventions vom 4. Februar 1941 (N. Rec. Bd. 5, S. 164).

II. Strafverfahrensrecht – Texte –

1. Gerichtsverfassungsrecht

Loi d'organisation judiciaire vom 16. Dezember 1947.

Loi sur l'organisation du ministère publique (Rec. VD 1954, S. 344).

2. Strafprozeßrecht

Code de procédure pénale vom 12. September 1967 (Rec. VD 1967, S. 183).

Code de procédure pénale vom 3. September 1940 (N. Rec. Bd. 5, S. 14). *Im Hinblick auf die bei Bearbeitung des Nouveau Recueil bereits bevorstehende Totalrevision nicht aufgenommen. Die Art. 483–529 über die Gemeindegerichtsbarkeit in Übertretungssachen sind jedoch in Kraft geblieben, vgl. Art. 511 CPP vom 12. 9. 1967 i. d. F. des Änderungsgesetzes vom 11. 12. 1967 (Rec. VD 1967, S. 353).*

3. Wichtige Nebengesetze

Loi sur la juridiction pénale des mineurs vom 5. September 1956.

III. Strafvollstreckungsrecht – Texte –

Loi sur l'exécution des peines vom 5. Februar 1941 (N. Rec. Bd. 5, S. 206).

IV./V. Entscheidungssammlungen/Zeitschriften

Journal des tribunaux. [Abt.] 3: Droit cantonal. 1853 ff. *Der 3. Teil der bereits unter A. IV genannten Zeitschrift enthält neben gelegentlichen Abhandlungen zu allen Rechtsgebieten die Rechtsprechung der Gerichte des Waadtlandes und erscheint jährlich in 5 Heften.*

VI. Literatur

Procédure pénale vaudoise. Code annoté. Von P. R. Gilliéron [u. a.] Lausanne: Thonney-Dupraz 1969.

Soutter, G.: Die Gerichtsorganisation des Kantons Waadt. Winterthur: Keller 1957.

Zweifel, P.: La procédure et le droit applicables aux mineurs dans le Canton de Vaud. Lausanne: Nouvelle Bibliothèque de droit et de jurisprudence 1960.

WALLIS (VALAIS)*

Gesetzessammlung der Republik und des Kantons Wallis. Bd. 1–5. Sitten: Staatskanzlei 1952 ff. [Losebl. Ausg.] *Abkürzung:* GS.

Verfassung

Verfassung des Kantons Wallis vom 8. März 1907 (GS Bd. 1, Nr. 1).

I. Materielles Strafrecht – Texte –

Einführungsgesetz zum Schweizerischen Strafgesetzbuch vom 25. November 1940 (GS Bd. 2, Nr. 301), Änderungsgesetz vom 13. November 1952 (GS Bd. 2, Nr. 301 a). *Gerichtsorganisationsvorschriften.*

Gesetz betreffend die Übertretungen von Polizeivorschriften vom 8. Februar 1944, (GS Bd. 2, Nr. 313).

II. Strafverfahrensrecht – Texte –

1. Gerichtsverfassungsrecht

Gesetz über die Gerichtsbehörden vom 13. Mai 1960 (GS Bd. 1, Nr. 165).

Ausführungsdekret zum Gesetz über die Gerichtsorganisation vom 13. Mai 1960 (GS Bd. 1, Nr. 166).

2. Strafprozeßrecht

Strafprozeßordnung des Kantons Wallis vom 22. Februar 1962 (GS Bd. 2, Nr. 302).

Reglement über die Organisation und das Verfahren betreffend die gerichtliche Verfolgung der Zuwiderhandlungen in Sachen Lebensmittel vom 27. Februar 1948 (GS Bd. 2, Nr. 304).

III. Strafvollstreckungsrecht – Texte –

Reglement der Strafanstalten des Kantons Wallis vom 16. November 1950 (GS Bd. 2, Nr. 310).

Beschluß über die Schutzaufsicht vom 20. Dezember 1951 (GS Bd. 2, Nr. 309).

Ausführungsreglement zur Verordnung des Bundesrats über das Strafregister vom 19. Januar 1960 (GS Bd. 2, Nr. 307).

IV./V. Entscheidungssammlungen/Zeitschriften

Revue valaisanne de jurisprudence. Zeitschrift für Walliser Rechtsprechung. 1. 1967 ff. *Jährlich.*

ZUG

Verfassung

Verfassung des Kantons Zug vom 31. Januar 1894.

I. Materielles Strafrecht – Texte –

Als einziger Kanton hat Zug kein Einführungsgesetz zum schweizerischen Strafgesetzbuch erlassen.

Polizeistrafgesetz für den Kanton Zug vom 7. November 1940 (AS ZG Bd. 14, S. 337), *ergänzt durch* Gesetz vom 23. Dezember 1957 (AS ZG Bd. 17, S. 447).

Vollzugsverordnung zu Art. 120 StGB betreffend Unterbrechung der Schwangerschaft vom 6. Dezember 1941 (AS ZG Bd. 14, S. 463).

II. Strafverfahrensrecht – Texte –

1. Gerichtsverfassungsrecht

Gesetz über die Organisation der Gerichtsbehörden vom 3. Oktober 1940 (AS ZG Bd. 14, S. 187).

---

* Die Veröffentlichungen im Gesetzblatt erfolgen in den 2 Amtssprachen des Kantons: deutsch und französisch.

Schweiz B (ZG, ZH)

2. Strafprozeßrecht

Strafprozeßordnung für den Kanton Zug vom 3. Oktober 1940 (AS ZG Bd. 14, S. 297), *ergänzt durch* Gesetz vom 23. Dezember 1957 (AS ZG Bd. 17, S. 445). *Art. 62 und 63 regeln die Jugendstrafrechtspflege.*

Verordnung über die Amtsführung der Staatsanwaltschaft vom 3. Juni 1942 (AS ZG Bd. 14, S. 519), *geändert durch* Regierungsratsbeschluß vom 20. Mai 1944 (AS ZG Bd. 15, S. 181).

Verordnung des Obergerichts über die Untersuchungskompetenzen des Polizeirichters vom 3. September 1946 (AS ZG Bd. 15, S. 399).

III. Strafvollstreckungsrecht – Texte –

Verordnung über Betrieb und Leitung der Strafanstalt und des Untersuchungsgefängnisses vom 2. April 1963 (AS ZG Bd. 18, S. 443).

Verordnung über die Schutzaufsicht vom 29. März 1943 (AS ZG Bd. 15, S. 41).

Verordnung über das Strafregister und die Strafkontrolle vom 24. Januar 1942 (AS ZG Bd. 14, S. 465).

VI. Literatur

ANDERMATT, A.: Die Gerichtsorganisation im Kanton Zug. Diss., Zürich 1967.

ZÜRICH

ZÜRCHER GESETZESSAMMLUNG. Am 1. Januar 1961 in Kraft stehende Erlasse des Kantons Zürich. Bd. 1–6. Zürich: Staatskanzlei 1961–1962. *Abkürzung:* GS.

Verfassung

Staatsverfassung des Kantons Zürich vom 18. April 1869 (GS Bd. 1, S. 3).

I. Materielles Strafrecht – Texte –

Einführungsgesetz zum Schweizerischen Strafgesetzbuch (EG zum StGB) vom 6. Juli 1941 (GS Bd. 6, S. 87). *Kantonales Übertretungsstrafrecht und Jugendstrafrechtspflege.*

II. Strafverfahrensrecht – Texte –

1. Gerichtsverfassungsrecht

Gerichtsverfassungsgesetz vom 29. Januar 1911 (GS Bd. 6, S. 117), *geändert durch* Gesetz vom 6. Dezember 1941 (OS ZH Bd. 41, S. 937).

Verordnung über die Organisation des Obergerichts vom 21. November 1962 (OS ZH Bd. 41, S. 377).

Verordnung über die Bezirksanwaltschaften vom 17. Mai 1956 (GS Bd. 6, S. 254), *abgeändert durch* Verordnung vom 12. Oktober 1961 (OS ZH Bd. 41, S. 75).

Verordnung über die Staatsanwaltschaften vom 13. Oktober 1960 (GS Bd. 6, S. 259).

2. Strafprozeßrecht

Gesetz betreffend den Strafprozeß (Strafprozeßordnung) (GS Bd. 6, S. 395), *wichtige Änderung durch* Gesetz vom 2. Juli 1967 (OS ZH Bd. 42, S. 728).

Verordnung über die Zuständigkeit im Übertretungsstrafrecht des Bundes vom 7. Juli 1960 (GS Bd. 6, S. 493), *abgeändert durch* Verordnung vom 13. Februar 1964 (OS ZH Bd. 41, S. 660).

3. Wichtige Nebengesetze

Verordnung über das Jugendstrafverfahren vom 10. November 1960 (GS Bd. 6, S. 489).

III. Strafvollstreckungsrecht – Texte –

Verordnung über die Bezirksgefängnisse vom 7. Februar 1963 (OS ZH Bd. 41, S. 355), *geändert durch* Verordnung vom 22. März 1963 (OS ZH Bd. 41, S. 509).

Verordnung über die kantonale Strafanstalt vom 29. Januar 1942 (GS Bd. 6, S. 524).

Verordnung über die Schutzaufsicht vom 16. September 1948 (GS Bd. 6, S. 578).

Verordnung über die Strafregister vom 28. April 1960 (GS Bd. 6, S. 500), *geändert durch* Verordnung vom 22. August 1968 (ABl. ZH 1968, S. 641).

Reglement für das kriminalistische Institut des Kantons Zürich vom 16. März 1961 (OS ZH Bd. 41, S. 14).

IV./V. Entscheidungssammlungen/Zeitschriften

BLÄTTER FÜR ZÜRCHERISCHE RECHTSPRECHUNG. 1. 1902 ff. *Jährlich.*

VI. Literatur

ALBERTINI, A. VON: Der Steuerbetrug im System der Steuerstrafnormen. Behandelt am Beispiel der Zürcher Steuergesetzgebung. Bern: Stämpfli 1967. (Abh. zum schweizerischen Recht. N. F. 373.)

HAUSER, W.-R. HAUSER: Gerichtsverfassungsgesetz vom 29. Januar 1911 mit den seitherigen Änderungen. 3. Aufl. Zürich: Schulthess 1960 ff. [1.–5. Lieferung].

STRÄULI, H.: Gesetze betreffend die zürcherische Rechtspflege, mit Anmerkungen. Teil 3: Gesetz betreffend den Strafprozeß (Strafprozeßordnung). Zürich: Schulthess 1924.

C. Interkantonales Recht

III. Strafvollstreckungsrecht – Texte –

Konkordat über den Vollzug von Strafen und Maßnahmen nach dem Schweizerischen Strafgesetzbuch und dem Recht der Kantone der Nordwest- und Innerschweiz vom 4. März 1959 (*Fundstelle u. a.:* Kanton Basel-Landschaft, BS Bd. 5, Nr. 811). *Das Konkordat wurde unter folgenden Kantonen geschlossen: Uri, Schwyz, Obwalden, Nidwalden, Luzern, Zug, Bern, Solothurn, Basel-Stadt, Basel-Landschaft.*

Concordat sur l'exécution des peines et mesures concernant les adultes dans les cantons romands, entrée en vigueur 1er janvier 1969 (*Fundstelle u. a.:* Kanton Genf, Lég. gen. T. 4a, Sect. E/9, 5). *Betrifft die Kantone Freiburg, Waadt, Wallis, Neuenburg, Genf und – in Form eines Teilanschlusses – den Tessin.*

Vereinbarung der Kantone Zürich, Glarus, Schaffhausen, Appenzell I.-Rh., Appenzell A.-Rh., St. Gallen, Graubünden und Thurgau betreffend den Vollzug der Zuchthaus- und Gefängnisstrafen, der Maßnahmen gemäß Schweizerischem Strafgesetzbuch und der Versorgung gemäß kantonalem Recht vom 27. Januar 1956, *in Kraft seit* 1. Januar 1965 (*Fundstelle u. a.:* Bündner Rechtsbuch, S. 482).

VI. Literatur

1. Materielles Strafrecht

SCHREIBER, H.: Das materielle Strafrecht der kantonalen Einführungsgesetze zum schweizerischen StGB. Diss., Zürich 1945.

2. Strafverfahrensrecht

CLERC, F.: Contribution à la bibliographie des travaux consacrés à la procédure pénale en Suisse... *(s. A: Bundesrecht VI. 1).*

CLERC, F.: Le procès pénal en Suisse romande. Paris: Ed. de l'Épargne 1955. (Inst. de droit comparé de l'Univ. de Paris. Travaux de la Sec. de droit pénal et de science criminelle. 1.)

3. Strafvollzug

DÜBI, W.: Handbuch über den Straf- und Maßnahmenvollzug. Bern: Schweizerischer Verein für Straf-, Gefängniswesen u. Schutzaufsicht 1971.

Sowjetunion*

Bearbeitet von Dr. THEA LYON,
Referentin am Max-Planck-Institut für ausländisches und internationales Strafrecht,
Freiburg i. Br.

Vorbemerkung

Die Gesetzgebungskompetenz ist zwischen der Union und den Einzelrepubliken aufgeteilt. Die Allunionsgesetze bestimmen die Grundsätze der Strafgesetzgebung sowie die Verantwortlichkeit für bestimmte Straftaten. Die auf dieser Grundlage erlassenen Gesetze der Einzelrepubliken sind unmittelbar geltendes Recht. Da die Gesetze der Einzelrepubliken nur unwesentlich voneinander abweichen, beschränkt sich die Darstellung auf die Gesetze der Union und der RSFSR als wichtigster Republik. Auf Sammelbände, in denen auch das Recht der anderen Unionsrepubliken enthalten ist, wird bei den einzelnen Sachgebieten hingewiesen.

Umfassende Textausgaben

UNION

OSNOVY ZAKONODATEL'STVA SOJUZA SSR I SOJUZNYCH RESPUBLIK [Grundlagen der Gesetzgebung der UdSSR und der Unionsrepubliken]. Red.: J. G. Meškov. Moskva: „Jurid. lit." 1971.

SBORNIK ZAKONOV SSSR I UKAZOV PREZIDIUMA VERCHOVNOGO SOVETA SSSR [Sammlung der Gesetze der UdSSR und der Erlasse des Präsidiums des Obersten Sowjets der UdSSR]. Bd. 1-3. Moskva: „Izvestija sovetov deputatov trudjaščichsja SSSR" 1968-1971.
1.2: 1938-1967. 1968.
3: 1968-1970. 1971.

RSFSR

Juridičeskaja kommissija pri sovete ministrov RSFSR. SISTEMATIČESKOE SOBRANIE ZAKONOV RSFSR, UKAZOV PREZIDIUMA VERCHOVNOGO SOVETA RSFRS I REŠENIJ PRAVITEL'STVA RSFSR [Systematische Sammlung der Gesetze der RSFSR, der Erlasse des Präsidiums des Obersten Sowjets der RSFSR und der Beschlüsse der Regierung der RSFSR]. Bd. 1 ff. Moskva: „Jurid. lit." 1967 ff. *Strafrecht ist hauptsächlich in Bd. 14 enthalten.*

I. Materielles Strafrecht – Texte –

1. Strafgesetzbuch

Sammelband

UGOLOVNOE ZAKONODATEL'STVO SOJUZA SSR I SOJUZNYCH RESPUBLIK [Die Strafgesetzgebung der UdSSR und der Unionsrepubliken]. Bd. 1. 2. Moskva: Gosjurizdat 1963.

UNION

Wichtigste und für den Inhalt der Strafgesetzbücher der Einzelrepubliken maßgebliche Gesetze:

Osnovy ugolovnogo zakonodatel'stva Sojuza SSR i sojuznych respublik [Grundlagen der Strafgesetzgebung der Union und der Unionsrepubliken]. Vom 25. Dezember 1958. (VVS SSSR 1959 Art. 6). *Mehrfach geändert u. ergänzt, zuletzt umfänglich durch* Gesetz vom 11. Juli 1969 (VVS SSSR Art. 249).

Textausgaben

OSNOVY UGOLOVNOGO ZAKONODATEL'STVA SOJUZA SSR I SOJUZNYCH RESPUBLIK / OSNOVY UGOLOVNOGO SUDOPROIZVODSTVA SOJUZA SSR I SOJUZNYCH RESPUBLIK [Grundlagen der Strafgesetzgebung der UdSSR und der Unionsrepubliken / Grundlagen des Strafverfahrens der UdSSR und der Unionsrepubliken]. Moskva: „Jurid. lit." 1969.

OSNOVY ZAKONODATEL'STVA ... *(s. unter UNION vor I).*

Zakon ob ugolovnoj otvetstvennosti za gosudarstvennye prestuplenija [Gesetz über die strafrechtliche Verantwortlichkeit für Staatsverbrechen]. Vom 25. Dezember 1958. (VVS SSSR 1959 Art. 8). *Mehrfach geändert u. ergänzt.*

Zakon ob ugolovnoj otvetstvennosti za voinskie prestuplenija [Gesetz über die strafrechtliche Verantwortlichkeit für Militärverbrechen]. Vom 25. Dezember 1958 (VVS SSSR 1959 Art. 10). *Mehrfach geändert u. ergänzt.*

Zahlreiche weitere Einzelgesetze, zuletzt Erlaß vom 12. Juni 1970 betreffend die bedingte Verurteilung zu Freiheitsentziehung bei zwangsweiser Heranziehung des Verurteilten zur Arbeit (VVS SSSR Art. 204).

---

* Zur Transliteration s. Duden: Rechtschreibung (16. Aufl. Mannheim 1968) S. 798.

Textausgabe

SBORNIK ... *(s. unter UNION vor I). Grundlagengesetze und 15 weitere Einzelgesetze.*

Übersetzungen
der drei Grundlagengesetze vom 25. Dezember 1958:

DIE NEUEN JUSTIZGESETZE DER UdSSR. Dt. Übers. von T. PUSYLEWITSCH u. W. ZÜLCH. Berlin: Osteuropa-Inst. an der FU 1959. (Berichte des Osteuropa-Instituts an der Freien Universität Berlin. 41 = Rechtswissenschaftliche Folge. 14.)

THE FEDERAL CRIMINAL LAW OF THE SOVIET UNION. Russischer Text mit engl. Übers. von F. FELDBRUGGE. Leyden: Sythoff 1959. (Law in Eastern Europe. 3.)

Centre National pour l'étude des pays à régime communiste. DEKKERS, R.: Principes nouveaux de droit soviétique. Bruxelles: Centre National pour l'étude des pays à régime communiste 1961.

der Änderungs- und Ergänzungsgesetze sowie weiterer Einzelgesetze z. T. in:

SOWJETISCHE JUSTIZGESETZE. [Dt. Übers. von] T. PUSYLEWITSCH. Berlin: Osteuropa-Inst. an der FU 1961. (Berichte des Osteuropa-Instituts an der Freien Universität Berlin. Reihe Wirtschaft u. Recht. 48 = Rechtswissenschaftliche Folge. 16.)

sowie in den Zeitschriften WGO und JOR.

RSFSR

Ugolovnyj kodeks RSFSR [Strafgesetzbuch der RSFSR]. Vom 27. Oktober 1960 (VVS RSFSR Art. 591). *In Kraft getreten am 1. Januar 1961. Mehrfach geändert und ergänzt, zuletzt durch* Erlaß vom 20. Oktober 1971 (VVS RSFSR Art. 881).

Textausgabe

UGOLOVNYJ KODEKS RSFSR. Oficial'nyj tekst s izmenenijami i dop. na 21 maja 1970 g. s priloženiem postatejno-sistematizirovannych materialov [Amtlicher Text nach dem Stand vom 21. Mai 1970]. Moskva: „Jurid. lit." 1970.

Übersetzungen

STRAFGESETZBUCH, STRAFPROZESSORDNUNG, GERICHTSVERFASSUNGSGESETZ DER RSFSR. Dt. Übers. von W. ZÜLCH, T. PUSYLEWITSCH, H. J. ARNOLD. Berlin: Osteuropa-Inst. an der FU 1961. (Berichte des Osteuropa-Instituts an der Freien Univ. Berlin. 46 = Rechtswissenschaftliche Folge. 15.)

STRAFGESETZBUCH DER RUSSISCHEN SOZIALISTISCHEN FÖDERATIVEN SOWJET-REPUBLIK vom 27. Oktober 1960 in der Fassung vom 6. Mai 1963. In dt. Übertr. mit einer Einf. von T. PUSYLEWITSCH. Berlin: de Gruyter 1964. (Slg. außerdt. StGB. 82.)

GERICHTSVERFASSUNG, STRAFGESETZBUCH UND STRAFPROZESSORDNUNG DER RSFSR. Bearb. von H. FRITZSCHE. Übers. von einem Kollektiv ... Berlin: Dt. Zentralverl. 1962.

LA RÉFORME PÉNALE SOVIÉTIQUE. Code pénal, Code de procédure pénale et Loi d'organisation judiciaire de la R.S.F.S.R. du 27 octobre 1960. Hrsg. von M. ANCEL, übers. von J. BELLON [u. a.]. Paris: Centre français de droit comparé 1962.

SOVIET CRIMINAL LAW AND PROCEDURE. The RSFSR Codes. Einf. u. Analyse: H. J. BERMAN. Übers.: H. J. BERMAN u. J. W. SPINDLER. Cambridge, Mass.: Harvard Univ. Pr. 1966. (Russian Research Center Studies. 50.)

NAPOLITANO, T.: Il nuovo Codice penale sovietico. [Mit Anhang: Il Codice penale della RSFSR.] Milano: Giuffrè 1963.

2. Wichtige Nebengesetze

a) Das StGB ergänzende Gesetze

Einzelgesetze der Union, die den Inhalt der Strafgesetzbücher der Unionsrepubliken bestimmen s. I. 1: UNION.

b) Jugendstrafrecht

Das materielle Jugendstrafrecht ist in den Grundlagen der Strafgesetzgebung der UdSSR und der Unionsrepubliken und in den Strafgesetzbüchern der Einzelrepubliken geregelt. Maßnahmen gegen Minderjährige sind ferner vorgesehen in:

RSFSR

Položenie o komissijach po delam nesoveršennoletnich [Ordnung der Minderjährigenkommissionen]. Vom 3. Juni 1967 (VVS RSFSR Art. 536). *Zuletzt geändert u. ergänzt durch* Erlaß vom 28. Mai 1971 (VVS RSFSR Art. 433).

Übersetzung
In: WGO Jg. 9 (1967), S. 358 ff.
In: JOR Bd. 8, 2 (1967), S. 237 ff.

Položenie ob obščestvennych vospitateljach nesoveršennoletnich [Ordnung der gesellschaftlichen Erzieher Minderjähriger]. Vom 13. Dezember 1967 (VVS RSFSR Art. 1239).

Übersetzung
In: JOR Bd. 8, 2 (1967), S. 255 ff.

c) Militärstrafrecht

Auf der Grundlage eines Unionsgesetzes in den Strafgesetzbüchern der Einzelrepubliken geregelt (s. I. 1: UNION).

Sowjetunion I 2 d

d) Verwaltungsstrafrecht, allgemeines

UNION

Ukaz o dal'nejšem ograničenii primenenija štrafov, nalagaemych v administrativnom porjadke [Erlaß über die weitere Einschränkung der Anwendung von Geldstrafen im Verwaltungsverfahren]. Vom 21. Juni 1961 (VVS SSSR Art. 368). *Mehrfach geändert u. ergänzt, zuletzt durch* Erlaß vom 18. September 1969 (VVS SSSR Art. 353).

Weitere Gesetze in: SBORNIK ... *(s. unter UNION vor I).*

RSFSR

Ukaz o dal'nejšem ograničenii primenenija štrafov, nalagaemych v administrativnom porjadke [Erlaß über die weitere Einschränkung der Anwendung von Geldstrafen im Verwaltungsverfahren]. Vom 3. März 1962 (VVS RSFSR Art. 121). *Mehrfach geändert u. ergänzt, zuletzt durch* Erlaß vom 26. September 1969 (VVS RSFSR Art. 1232).

f) Straßenverkehrsstrafrecht

UNION

Pravila dviženija po ulicam gorodov, naselennych punktov i dorogam SSSR [Straßenverkehrsvorschriften in Städten und Ortschaften und auf Landstraßen der UdSSR]. Vom 11. Januar 1960.

Textausgabe

PRAVILA DVIŽENIJA PO ULICAM GORODOV, NASELENNYCH PUNKTOV I DOROGAM SSSR [Straßenverkehrsvorschriften in Städten und Ortschaften und auf den Landstraßen der UdSSR]. Moskva: „Transport" 1969.

Übersetzung

In: EBELT, E.: Die Verhaltensvorschriften im Straßenverkehrsrecht der UdSSR. Mit einer Übers. der „Vorschriften für den Straßenverkehr in der UdSSR (amtliche Ausg. 1961)". München: ADAC-Verl. Gesellschaft [um 1961]. (ADAC-Schriftenreihe. 8.)

RSFSR

Ukaz ob usilenii administrativnoj otvetstvennosti za narušenie pravil dviženija po ulicam gorodov, naselennych punktov i dorogam i pravil pol'zovanija transportnymi sredstvami [Erlaß über die Verschärfung der administrativen Verantwortlichkeit für die Verletzung der Straßenverkehrsvorschriften in Städten und Ortschaften und auf Landstraßen sowie der Benutzungsvorschriften für Transportmittel]. Vom 19. Juni 1968. (VVS RSFSR 1968 Art. 1009).

Weitere Ordnungsvorschriften in: SISTEM. SOBRANIE ... *(s. unter RSFSR vor I), Bd. 9.*

g) Parasitengesetzgebung

RSFSR

Ukaz ob usilenii bor'by s licami, uklonjajuščimisja ot obščestvenno poleznogo truda i veduščimi antiobščestvennyj parasitičeskij obraz žizni [Erlaß über die erhöhte Bekämpfung von Personen, die sich einer gesellschaftlich nützlichen Arbeit entziehen und ein gesellschaftsfeindliches parasitäres Leben führen]. Vom 4. Mai 1961 (VVS RSFSR Art. 273). *Geändert u. ergänzt durch* Erlaß vom 20. September 1965 (VVS RSFSR Art. 932) *u.* Erlaß vom 25. Februar 1970 (VVS RSFSR Art. 255).

Übersetzungen

Ursprünglicher Text
In: WGO Jg. 3. (1961), S. 78 ff.
In: JOR Bd. 2, 2 (1961), S. 218 ff.

I.d.F. des Erlasses vom 20. September 1965
In: WGO Jg. 7 (1965), S. 301 ff.
In: JOR Bd. 6, 2 (1965), S. 221 ff.

Text des Erlasses vom 20. September 1965
In: JOR Bd. 6, 2 (1965), S. 225 ff.

I.d.F. des Erlasses vom 25. Februar 1970
In: WGO Jg. 12 (1970), S. 52 ff.

h) Bekämpfung des Alkoholismus

RSFSR

Ukaz o prinuditel'nom lečenii i trudovom perevospitanii zlostnych p'janic (alkogolikov) [Erlaß über Zwangsheilbehandlung und Arbeitsumerziehung von Alkoholikern]. Vom 8. April 1967 (VVS RSFSR Art. 333).

II. Strafverfahrensrecht – Texte –

1. Gerichtsverfassungsrecht

Sammelband

ZAKONODATEL'STVO O SUDOUSTROJSTVE SOJUZA SSR I SOJUZNYCH RESPUBLIK [Die Gesetzgebung über die Gerichtsverfassung der UdSSR und der Unionsrepubliken]. Moskva: Gosjurizdat 1961.

UNION

Osnovy zakonodatel'stva o sudoustrojstve Sojuza SSR, sojuznych i avtonomnych respublik [Grundlagen der Gesetzgebung über die Gerichtsverfassung der UdSSR, der Unionsrepubliken und der Autonomen Republiken]. Vom 25. Dezember 1958 (VVS SSSR 1959 Art. 12). *Zu-*

letzt geändert u. ergänzt durch Erlaß vom 12. August 1971 (VVS SSSR Art. 332).

Textausgabe

Osnovy zakonodatel'stva ... *(s. unter UNION vor I)*.

Übersetzungen

Vgl. die unter I. 1: UNION aufgeführten Übersetzungen.

Položenie o Verchovnom Sude SSSR [Ordnung des Obersten Gerichts der UdSSR]. Vom 12. Februar 1957, (VVS SSSR Art. 85). *Abgeändert u. ergänzt durch* Erlaß vom 30. September 1967 (VVS SSSR Art. 526), *zuletzt durch* Erlaß vom 12. August 1971 (VVS SSSR Art. 332).

Übersetzungen

Sowjetische Justizgesetze *(s. I. 1: UNION)*.

Basic laws on the structure of the Soviet State. Übers. u. hrsg. von H. J. Berman u. J. B. Quigley. Cambridge, Mass.: Harvard Univ. Pr. 1969.

Položenie o voennych tribunalach [Militärgerichtsordnung]. Vom 25. Dezember 1958 (VVS SSSR 1959 Art. 14). *Mehrfach geändert u. ergänzt, zuletzt durch* Erlaß vom 12. August 1971 (VVS SSSR Art. 332).

Übersetzungen

Die neuen Justizgesetze der UdSSR *(s. I. 1: UNION)*.

The federal criminal law ... *(s. I. 1: UNION)*.

Basic laws ... *(s. oben)*.

Položenie o prokurorskom nadzore v SSSR [Ordnung der staatsanwaltschaftlichen Aufsicht in der UdSSR]. Vom 24. Mai 1955 (VVS SSSR Art. 222). *Mehrfach geändert u. ergänzt.*

Übersetzungen

Sowjetische Justizgesetze *(s. I. 1: UNION)*.

Basic laws ... *(s. oben)*.

Položenie o voennoj prokurature [Ordnung der Militärstaatsanwaltschaft]. Vom 14. Dezember 1966 (VVS SSSR Art. 1021).

Weitere Unionsgesetze in Sbornik ... *(s. unter UNION vor I).*

Übersetzungen einiger dieser Gesetze

Sowjetische Justizgesetze *(s. I. 1: UNION)*.

RSFSR

Zakon o sudoustrojstve RSFSR [Gerichtsverfassungsgesetz der RSFSR]. Vom 27. Oktober 1960 (VVS RSFSR Art. 589). *Zuletzt geändert u. ergänzt durch* Erlaß vom 9. September 1968 (VVS RSFSR Art. 1349).

Textausgabe

Zakon Rossijskoj Sovetskoj Federativnoj Socialističeskoj Respubliki o sudoustrojstve RSFSR [Gesetz der RSFSR über die Gerichtsverfassung der RSFSR]. Moskva: „Jurid. lit." 1965.

Übersetzungen

Strafgesetzbuch, Strafprozessordnung und Gerichtsverfassungsgesetz der RSFSR ... *(s. I. 1: RSFSR)*.

Gerichtsverfassung, Strafgesetzbuch und Strafprozessordnung der RSFSR ... *(s. I. 1: RSFSR)*.

La réforme pénale soviétique ... *(s. I. 1: RSFSR)*.

Soviet criminal law and procedure ... *(s. I. 1: RSFSR)*.

Basic laws ... *(s. unter Union)*.

Gesellschaftsgerichtsbarkeit

Položenie o tovariščeskich sudach [Ordnung der Kameradengerichte]. Vom 3. Juli 1961 (VVS RSFSR Art. 371). *Zuletzt geändert u. ergänzt durch* Erlaß vom 16. Januar 1965 (VVS RSFSR Art. 83).

Textausgabe

Položenie o tovariščeskich sudach [Ordnung der Kameradengerichte]. Moskva: „Jurid. lit." 1970.

Übersetzungen

In: JOR *Bd. 2, 2 (1961), S. 209 ff.*
In: WGO *Jg. 3 (1961), S. 166 ff.*
In: O-R *Jg. 7 (1961), S. 214 ff.*

Basic laws ... *(s. unter Union)*.

In: Bellon, J.: La prévention des infractions en U.R.S.S. Paris: La Documentation française 1962. (Travaux et recherches. 16.)

Text des Erlasses über Ergänzungen und Änderungen vom 23. Oktober 1963
In: WGO *Jg. 5 (1963), S. 247 ff.*

Položenie o dobrovol'nych narodnych družinach RSFSR po ochrane obščestvennogo porjadka [Ordnung der freiwilligen Volksmiliz zum Schutz der gesellschaftlichen Ordnung]. Vom 30. März 1960 (Sov. Just. 1960, Nr. 5, S. 30).

Übersetzungen

In: WGO *Jg. 2 (1960), S. 78 ff.*
In: Bellon, J.: La prévention ... *(s. o.)*.

2. Strafprozeßrecht

Sammelband

Zakonodatel'stvo ob ugolovnom sudoproizvodstve Sojuza SSR i sojuznych respublik [Die Strafverfahrensgesetzgebung der UdSSR und der Unionsrepubliken]. Bd. 1. 2. Moskva: Gosjurizdat 1963.

UNION

Osnovy ugolovnogo sudoproizvodstva Sojuza SSR i sojuznych respublik [Grundlagen des Strafverfahrens der UdSSR und der Unionsrepubliken]. Vom 25. Dezember 1958 (VVS SSSR 1959 Art. 15). *Zuletzt geändert durch* Erlaß vom 31. August 1970 (VVS SSSR Art. 362).

Textausgabe
OSNOVY UGOLOVNOGO ZAKONODATEL'STVA SOJUZA SSR I SOJUZNYCH RESPUBLIK / OSNOVY UGOLOVNOGO SUDOPROIZVODSTVA SOJUZA SSR I SOJUZNYCH RESPUBLIK ... *(s. I. 1: UNION).*

Übersetzungen
Siehe die unter I. 1: UNION aufgeführten Übersetzungen.

Weitere für die Strafprozeßordnungen der Einzelrepubliken maßgebliche Gesetze in: SBORNIK ... *(s. unter UNION vor I).*

Letztes wichtiges Unionsgesetz:
Položenie o predvaritel'nom zaključenii pod stražu [Ordnung der Untersuchungshaft]. Vom 11. Juli 1969 (VVS SSSR Art. 248).

Übersetzung
In: ANDERSEN, W.: Das Unrecht und seine Bekämpfung in der Sowjetunion. H. 1. Trittau: Scherbarth 1969. (Hefte zum Ostrecht. 1.) S. 66 *ff.*

RSFSR

Ugolovno-processual'nyj kodeks RSFSR [Strafprozeßordnung der RSFSR]. Vom 27. Oktober 1960 (VVS RSFSR Art. 592). *Mehrfach geändert u. ergänzt. Zuletzt durch* Erlaß vom 20. Oktober 1971 (VVS RSFSR Art. 881).

Textausgabe
UGOLOVNO-PROCESSUAL'NYJ KODEKS RSFSR. Oficial'nyj tekst s izmenenijami na 23 ijunja 1967 g. s priloženijami postatejno-sistematizirovannych materialov. [Strafprozeßordnung der RSFSR. Amtlicher Text nach dem Stand vom 23. Juni 1967.] Moskva: „Jurid. lit." 1967.

Übersetzungen
STRAFGESETZBUCH, STRAFPROZESSORDNUNG UND GERICHTSVERFASSUNGSGESETZ DER RSFSR ... *(s. I. 1: RSFSR).*

GERICHTSVERFASSUNG, STRAFGESETZBUCH UND STRAFPROZESSORDNUNG DER RSFSR ... *(s. I. 1: RSFSR).*

LA RÉFORME PÉNALE SOVIÉTIQUE ... *(s. I. 1: RSFSR).*

SOVIET CRIMINAL LAW AND PROCEDURE ... *(s. I. 1: RSFSR).*

3. Wichtige Nebengesetze

a) Jugendstrafverfahren

Das Verfahren in Jugendstrafsachen ist in den Strafprozeßordnungen geregelt. Vgl. ferner die oben unter I. 2b aufgeführten Gesetze.

c) Verwaltungsstrafverfahren

Položenie ob administrativnych komissijach pri ispolnitel'nych komitetach rajonnych, gorodskich Sovetov deputatov trudjaščichsja RSFSR i o porjadke proizvodstva po delam ob administrativnych narušenijach [Ordnung der Verwaltungskommissionen bei den Exekutivkomitees der Rayon- und Stadtsowjets der Deputierten der Werktätigen der RSFSR und über die Verwaltungsstrafverfahrensordnung]. Vom 30. März 1962. *Mehrfach geändert u. ergänzt, zuletzt durch* Erlaß vom 28. April 1969 (VVS RSFSR Art. 575).

Übersetzungen
In: WGO Jg. 4 (1962), S. 148 *ff.*

BASIC LAWS ... *(s. II. 1: UNION).*

III. Strafvollstreckungsrecht – Texte –

UNION

Osnovy ispravitel'no-trudovogo zakonodatel'stva Sojuza SSR i sojuznych respublik [Grundlagen der Besserungsarbeitsgesetzgebung der UdSSR und der Unionsrepubliken]. Vom 11. Juli 1969 (VVS SSSR 1969 Art. 247).

Textausgabe
OSNOVY ISPRAVITEL'NO-TRUDOVOGO ZAKONODATEL'STVA SOJUZA SSR I SOJUZNYCH RESPUBLIK [Grundlagen der Besserungsarbeitsgesetzgebung der UdSSR und der Unionsrepubliken]. Moskva: „Jurid. lit." 1970.

Übersetzung
In: ANDERSEN, W.: Das Unrecht und seine Bekämpfung ... *(s. II. 2: UNION), S. 8 ff.*

Položenie ob administrativnom nadzore organov milicii za licami, osvoboždennych iz mest lišenija svobody [Ordnung der Verwaltungsaufsicht der Milizorgane über aus dem Freiheitsentzug entlassene Personen]. Vom 26. Juli 1966 (VVS SSSR Art. 597). *Abgeändert durch* Erlaß vom 12. Juni 1970 (VVS SSSR Art. 206).

V 2 Sowjetunion

Položenie o predvaritel'nom zaključenii pod stražu [Ordnung der Untersuchungshaft]. Vom 11. Juli 1969 (VVS SSSR Art. 248).

Übersetzung

In: ANDERSEN, W.: Das Unrecht und seine Bekämpfung ... (s. II. 2: UNION), S. 66 ff.

RSFSR

Ispravitel'no-trudovoj kodeks RSFSR [Besserungsarbeitsgesetzbuch der RSFSR]. Vom 18. Dezember 1970 (VVS RSFSR Art. 1220).

Textausgabe

ISPRAVITEL'NO-TRUDOVOJ KODEKS RSFSR. Moskva: „Izvestija sovetov deputatov trudjaščichsja SSSR" 1971.

Übersetzung

In: WGO Jg. 13 (1971), S. 173 ff.

Položenie o nabljudatel'nych komissijach pri ispol'nitel'nych komitetach rajonnych, gorodskich Sovetov deputatov trudjaščichsja RSFSR [Ordnung der Beobachtungskommissionen bei den Exekutivkomitees der Rayon- und Stadtsowjets der Deputierten der Werktätigen der RSFSR]. Vom 30. September 1965 (VVS RSFSR Art. 990). Geändert u. ergänzt zuletzt durch Erlaß vom 28. Mai 1971 (VVS RSFSR Art. 433).

IV. Entscheidungssammlungen

1. Strafrechtliche (soweit erfaßbar):

VOPROSY UGOLOVNOGO PRAVA I PROCESSA V SUDEBNOJ PRAKTIKE VERCHOVNYCH SUDOV SSSR I RSFSR 1938–1969 gg. [Fragen des Straf- und Strafprozeßrechts in der Rechtsprechung der Obersten Gerichte der UdSSR und der RSFSR 1938–1969]. 2. Aufl. Red.: S. V. BORODIN. Moskva: „Jurid. lit." 1971.

Darin Nachweis von Fundstellen und Entscheidungssammlungen, die auch in der SU zu den bibliographischen Raritäten zählen.

SBORNIK POSTANOVLENIJ PLENUMA I OPREDELENIJ KOLLEGIJ VERCHOVNOGO SUDA SSSR PO VOPROSAM UGOLOVNOGO PROCESSA 1946–1962 gg. [Sammlung der Beschlüsse des Plenums und der Beschlüsse der Kollegien des Obersten Gerichts der UdSSR in Fragen des Strafprozesses 1946–1962]. Red.: L. N. SMIRNOV. Moskva: „Jurid. lit." 1964.

Verchovnyj Sud RSFSR. SBORNIK POSTANOVLENIJ (1961–1963: plenuma,) PREZIDIUMA I OPREDELENIJ SUDEBNOJ KOLLEGII PO UGOLOVNYM DELAM VERCHOVNOGO SUDA RSFSR [Sammlung der Beschlüsse (1961–1963: des Plenums,) des Präsidiums und der Beschlüsse des Kollegiums für Strafsachen des Obersten Gerichts der RSFSR]. 1957–1959. 1961–1963. Moskva: Gosjurizdat 1960–1964.

2. Wichtige allgemeine

SUDEBNAJA PRAKTIKA VERCHOVNOGO SUDA SSSR [Die Rechtsprechung des Obersten Gerichts der UdSSR]. 1942/43–1956.

Forts. u. d. T.:

BJULLETEŃ VERCHOVNOGO SUDA SSSR [Bulletin des Obersten Gerichts der UdSSR]. 1957 ff.

BJULLETEŃ VERCHOVNOGO SUDA RSFSR [Bulletin des Obersten Gerichts der RSFSR]. 1961 ff.

In beiden Zeitschriften werden lediglich die wichtigsten Entscheidungen veröffentlicht.

POSTANOVLENIJA PLENUMA VERCHOVNOGO SUDA RSFSR (1. marta 1961–1966) [Beschlüsse des Plenums des Obersten Gerichts der RSFSR (1. März 1961–1966)]. Moskva: „Jurid. lit." 1967.

SBORNIK POSTANOVLENIJ PLENUMA VERCHOVNOGO SUDA SSSR 1924–1970 [Sammlung der Anordnungen des Plenums des Obersten Gerichts der UdSSR 1924–1970]. Moskva: „Izvestija sovetov deputatov trudjaščichsja SSSR" 1970.

V. Zeitschriften

1. Strafrechtliche und kriminologische

Es gibt keine strafrechtliche Zeitschrift.

Kriminologische Reihe:

Vsesojuznyj institut po izučeniju pričin i razrabotke mer preduprežnenija prestupnosti. VOPROSY BOŔBY S PRESTUPNOSTŃU [Fragen der Kriminalitätsbekämpfung] (1. 1965–4. 1966 u. d. T.: Voprosy preduprežnenija prestupnosti). Moskva: „Jurid. lit." 1. 1965 ff.

2. Wichtige allgemeine

Izvestija vysšich učebnych zavedenij: PRAVOVEDENIE [Nachrichten der höheren Lehranstalten: Rechtswissenschaft]. 1. 1957 ff.

Sowjetunion VI 1

SOVETSKAJA JUSTICIJA [Sowjetische Justiz] (1. 1922–8. 1929 u. d. T.: Eženedel'nik sovetskoj justicii; *von 1941 bis 1956 aufgegangen in:* Socialističeskaja zakonnost'). 1. 1922 ff.

SOVETSKOE GOSUDARSTVO I PRAVO [Sowjetstaat und Recht] (1927 *begonnen u. d. T.:* Revoljucija prava; *mehrere Titeländerungen bis 1938*). 1939–1941. 1946 ff. *Von Mai 1941 bis Dezember 1945 nicht ersch.*

VI. Literatur

Bei der Auswahl der Literatur werden in Anbetracht der Entwicklung der Gesetzgebung in erster Linie Werke aus der jüngsten Zeit genannt. Das außerhalb des Ostblocks erschienene Schrifttum ist unter VI. 9 aufgeführt.

1. Allgemeines

Academie des sciences de l' U. R. S. S. Institut de Droit et de l'État. PRINCIPES DU DROIT SOVIÉTIQUE. Zsgest. unter der Leitung von P. ROMACHKINE [ROMAŠKIN]. Aus dem Russ. übers. von L. PIATIGORSKI [PJATIGORSKIJ]. Moscou: Ed. en langues étrangères [um 1964].

ĖNCIKLOPEDIČESKIJ SLOVAŔ PRAVOVYCH ZNANIJ. – Sovetskoe pravo – [Enzyklopädisches Wörterbuch der Rechtswissenschaft. – Sowjetisches Recht –]. Red.: S. N. BRATUŚ [u. a.] Gesamtred.: V. M. ČCHIKVADZE. Moskva: „Sov. ėnciklopedija" 1965.

SOVETSKOE UGOLOVNOE PRAVO. Bibliografija 1917–1960. Zsgest. von F. M. ASKANAZIJ, N. V. MARSALOVA. [Sowjetisches Strafrecht. Bibliographie 1917–1960.] Moskva: Gosjurizdat 1961.

2. Strafrechtsgeschichte

LGU. SOROK LET SOVETSKOGO PRAVA. 1917–1957. [40 Jahre sowjetisches Recht. 1917–1957.] Bd. 1. 2. Leningrad: Izd. Univ. 1957.
1. Period stroitel'stva socializma [Die Periode des Aufbaus des Sozialismus]. 2. Period socializma [Die Periode des Sozialismus].

SBORNIK DOKUMENTOV PO ISTORII UGOLOVNOGO ZAKONODATEL'STVA SSSR I RSFSR 1917–1952 gg. [Sammlung von Dokumenten zur Geschichte der Strafgesetzgebung der UdSSR und der RSFSR.] Red.: I. T. GOLJAKOV. Moskva: Gosjurizdat 1953.

ISTORIJA ZAKONODATEL'STVA SSSR I RSFSR po ugolovnomu processu i organizacii suda i prokuratury 1917–1954 gg. Sbornik dokumentov [Die Geschichte der Gesetzgebung der UdSSR und der RSFSR auf dem Gebiet des Strafprozesses, der Gerichtsverfassung und der Staatsanwaltschaft 1917–1954. Sammlung von Dokumenten]. RED.: S. A. GOLUNSKIJ. Moskva: Gosjurizdat 1955.

3. Materielles Strafrecht

Kommentare

Prokuratura Sojuza SSR. . . . NAUČNO-PRAKTIČESKIJ KOMMENTARIJ UGOLOVNOGO KODEKSA RSFSR [Wissenschaftlich-praktischer Kommentar zum Strafgesetzbuch der RSFSR]. 2. Aufl. Red.: B. S. NIKIFOROV. Moskva: „Jurid. lit." 1964.

LGU. KOMMENTARIJ K UGOLOVNOMU KODEKSU RSFSR 1960 G. [Kommentar zum Strafgesetzbuch der RSFSR von 1960]. Red.: M. D. ŠARGORODSKIJ, N. A. BELJAEV. Leningrad: Izd. Univ. 1962.

Vsesojuznyj institut po izučeniju pričin i razrabotke mer predupreždenija prestupnosti. KOMMENTARIJ K UGOLOVNOMU KODEKSU RSFSR [Kommentar zum Strafgesetzbuch der RSFSR]. Red.: G. Z. ANAŠKIN. Moskva: „Jurid. lit." 1971.

Lehrbücher

AN SSSR. Inst. Gosudarstva i Prava. KURS SOVETSKOGO UGOLOVNOGO PRAVA v šesti tomach [Kurs des sowjetischen Strafrechts in 6 Bänden]. Red. Kollegium: A. A. PIONTKOVSKIJ, P. S. ROMAŠKIN, V. M. ČCHIKVADZE. Bd. 1–6. Moskva: „Nauka" 1970–1971.

Čast' obščaja [Allg. Teil]: Bd. 1. Ugolovnyj zakon [Das Strafgesetz]. 1970. Bd. 2. Prestuplenie [Die Straftat]. 1970. Bd. 3. Nakazanie [Die Strafe]. 1970.

Čast' osobennaja [Bes. Teil]: Bd. 4. Gosudarstvennye prestuplenija i prestuplenija protiv socialističeskoj sobstvennosti [Staatsverbrechen und Straftaten gegen das sozialistische Eigentum]. 1970. Bd. 5. Prestuplenija protiv ličnosti, ee prav. Chozjajstvennye prestuplenija [Straftaten gegen die Person und ihre Rechte. Wirtschaftsstraftaten]. 1971. Bd. 6. Prestuplenija protiv gosudarstvennogo apparata i obščestvennogo porjadka. Voinskie prestuplenija [Straftaten gegen den Staatsapparat und die öffentliche Ordnung. Militärstraftaten]. 1971.

Allgemeiner Teil

LGU. KURS SOVETSKOGO UGOLOVNOGO PRAVA (Čast' obščaja) [Kurs des sowjetischen Strafrechts. Allg. Teil]. Red.: N. A. BELJAEV, M. D. ŠARGORODSKIJ. Bd. 1. 2. Leningrad: Izd. Univ. 1968–1970.

SOVETSKOE UGOLOVNOE PRAVO. Obščaja čast' [Sowjetisches Strafrecht. Allg. Teil]. Red.: V. D. MEŃŠAGIN, N. D. DURMANOV, G. A. KRIGER. Moskva: Izd. Univ. 1969.

Besonderer Teil
Sovetskoe ugolovnoe pravo. Čast' osobennaja [Sowjetisches Strafrecht. Bes. Teil]. Red.: V. D. Meńšagin. Moskva: Izd. Univ. 1971.

Sverdlovskij Juridičeskij Institut. Ugolovnoe pravo. Čast' osobennaja [Strafrecht. Bes. Teil]. Red.: M. I. Kovalev [u. a.]. Moskva: „Jurid. lit." 1969.

Vysšaja škola MOOP SSSR. Ugolovnoe pravo. Čast' osobennaja [Strafrecht. Bes. Teil]. Red.: N. I. Zagorodnikov, V. F. Kiričenko. Moskva: „Jurid. lit." 1968.

4. Nebenstrafrecht

a) Das StGB ergänzende Gesetze

Meńšagin, V. D. - B. A. Kurinov: Naučno-praktičeskij kommentarij k zakonu ob ugolovnoj otvetstvennosti za gosudarstvennye prestuplenija [Wissenschaftlich-praktischer Kommentar zum Gesetz über die strafrechtliche Verantwortlichkeit für Staatsverbrechen]. 2. Aufl. Moskva: Gosjurizdat 1961.

Tureckij, M. V.: Osobo opasnye gosudarstvennye prestuplenija [Die besonders gefährlichen Staatsverbrechen]. Moskva: Izd. Univ. 1965.

b) Jugendstrafrecht

Boldyrev, E. V.: Mery preduprežděnija pravonarušenij nesoveršennoletnich v SSSR [Vorbeugungsmaßnahmen gegen Rechtsverletzungen Minderjähriger in der UdSSR]. Moskva: „Nauka" 1964.

Evteev, M. P. - V. A. Kirin: Zakonodatel'stvo ob otvetstvennosti nesoveršennoletnich [Die Gesetzgebung über die Verantwortlichkeit Minderjähriger]. Moskva: „Jurid. lit." 1970.

Klujučinskaja, L. A.: Komissii po delam nesoveršennoletnich. Naučno-praktičeskij kommentarij k položeniju o komissijach po delam nesoveršennoletnich i opyt ich raboty [Die Minderjährigen-Kommissionen. Wissenschaftlich-praktischer Kommentar zur Verordnung über die Minderjährigen-Kommissionen und die Erfahrung aus ihrer Tätigkeit]. Riga: „Zinatne" 1970.

Vsesojuznyj naučno-issledovatel'skij Institut sovetskogo zakonodatel'stva. Pronina, V. S.: Kommentarij k položenijam o komissijach po delam nesoveršennoletnich [Kommentar zu den Ordnungen der Minderjährigenkommissionen]. Moskva: „Jurid. lit." 1968.

c) Militärstrafrecht

Metodičeskij Sovet Prokuratury Sojuza SSR. Juridičeskij Fakultet VPA im. V. I. Lenina. Naučno-praktičeskij kommentarij k zakonu ob ugolovnoj otvetstvennosti za voinskie prestuplenija [Wissenschaftlich-praktischer Kommentar zum Gesetz über die strafrechtliche Verantwortlichkeit für Militärverbrechen]. Red.: A. G. Gornyj. 2. Aufl. Moskva: Gosjurizdat 1961.

Osnovy sovetskogo voennogo zakonodatel'stva [Grundlagen der sowjetischen Militärgesetzgebung]. Moskva: Voennoe izd. Ministerstva Oborony SSSR 1966.

d) Verwaltungsstrafrecht, allgemeines

Vsesojuznyj naučno-issledovatel'skij Institut sovetskogo zakonodatel'stva. Kommentarij k zakonodatel'stvu o štrafach, nalagaemych v administrativnom porjadke [Kommentar zu der Gesetzgebung über Geldstrafen, die im Verwaltungsweg verhängt werden]. Moskva: „Jurid. lit." 1968.

Ministerstvo Vysšego i Srednego Special'nogo Obrazovanija SSSR. Vsesojuznyj Juridičeskij Zaočnyj Institut. Šišov, O. F.: Prestuplenie i administrativnyj prostupok [Straftat und Verwaltungsvergehen]. Učebnoe posobie. Moskva: Tip. Choz. Upr. Sov. Min. RSFSR. 1967.

Vlasov, V. A.: Novoe zakonodatel'stvo ob administrativnych štrafach [Die neue Gesetzgebung über Verwaltungsstrafen]. Moskva: Gosjurizdat 1963.

f) Straßenverkehrsstrafrecht

Alechin, A. P.: Administrativnaja otvetstvennost' za pravonarušenija na transporte [Die administrative Verantwortlichkeit für Rechtsverletzungen im Transportwesen]. Moskva: „Jurid. lit." 1967.

Kurinov, B. A.: Avtotransportnye prestuplenija (Kvalifikacija i nakazanie) [Autotransportstraftaten (Qualifikation und Strafe)]. Moskva: „Jurid. lit." 1970.

Manzon, A. I. - G. E. Nagula: Posobie po pravilam dviženija po ulicam gorodov, naselennych punktov i dorogam SSSR [Hilfsbuch zu den Straßenverkehrsvorschriften in Städten und Ortschaften und auf den Landstraßen der UdSSR]. 4. Aufl. Kiev: „Technika" 1967.

5. Gerichtsverfassungsrecht

Kommentare

Naučno-praktičeskij kommentarij k osnovam zakonodatel'stva o sudoustrojstve Sojuza SSR sojuznych i avtonomnych respublik [Wissenschaftlich-praktischer Kommentar zu den Grundlagen der Gesetzgebung über die Gerichtsverfassung der UdSSR, der Unions- und der Autonomen Republiken]. Von S. V. Borodin, T. N. Dobrovol'skaja, M. A. Kopylovskaja. Red. u. Vorw.: J. A. Kalenov. Moskva: Gosjurizdat 1961.

Naučno-praktičeskij kommentarij k zakonu o sudoustrojstve RSFSR [Wissenschaftlich-praktischer Kommentar zum Gerichtsverfassungsgesetz der RSFSR]. Von

S. V. Borodin, T. N. Dobrovol'skaja, M. A. Kopylovskaja. Red. u. Vorw.: J. A. Kalenov. Moskva: Gosjurizdat 1962.

Koblikov, A. S. – A. G. Mazalov – V. E. Smol'nikov: Naučno praktičeskij kommentarij k položeniju o voennych tribunalach [Wissenschaftlich-praktischer Kommentar zur Militärgerichtsordnung]. 2. Aufl. Moskva: Gosjurizdat 1961.

Vsesojuznyi Institut po izučeniju pričin i razrabotke mer preduprežděnija prestupnosti. Michajlovksja, I. B.: Kommentarij k položeniju o tovariščeskich sudach RSFSR [Kommentar zur Ordnung der Kameradengerichte]. Moskva: „Jurid. lit." 1968.

Lehrbücher

MGU. Organizacija suda i prokuratury v SSSR [Organisation von Gericht und Staatsanwaltschaft in der UdSSR]. Red.: D. S. Karev. Moskva: Gosjurizdat 1961.

MGU. Organizacija suda i prokuratury v SSSR [Organisation von Gericht und Staatsanwaltschaft in der UdSSR]. Red.: B. A. Galkin. Moskva: „Jurid. lit." 1967.

Rivlin, A. L.: Organizacija suda i prokuratury v SSSR [Organisation von Gericht und Staatsanwaltschaft in der UdSSR]. 2. Aufl. Char'kov: Izd. Univ. 1968.

Tovariščeskie sudy [Die Kameradengerichte]. (Učebnoe posobie dlja slušatelej fakul'tetov tovariščeskich sudov narodnych universitetov pravovych znanij). Bearb. von A. B. Sacharov. Moskva: „Znanie" 1966.

6. Strafprozeßrecht

Kommentare

VIJUN. Naučno-praktičeskij kommentarij k osnovam ugolovnogo sudoproizvodstva Sojuza SSR i Sojuznych Respublik [Wissenschaftlich-praktischer Kommentar zu den Grundlagen des Strafverfahrens der UdSSR und der Unionsrepubliken]. Red. u. Vorw.: V. A. Boldyrev. Moskva: Gosjurizdat 1960.

Naučno-praktičeskij kommentarij ugolovno-processual'nogo kodeksa RSFSR [Wissenschaftlich-praktischer Kommentar zur Strafprozeßordnung der RSFSR]. 3. Aufl. Red.: L. N. Smirnov. Moskva: „Jurid. lit." 1970.

Lehrbücher

AN SSSR. Inst. Gosudarstva i Prava. Strogovič, M. S.: Kurs sovetskogo ugolovnogo processa [Kurs des sowjetischen Strafprozesses]. Bd. 1ff. Moskva: „Nauka" 1968ff.

Bd. 1. Osnovnye položenija nauki sovetskogo ugolovnogo processa [Die Grundsätze der sowjetischen Strafprozeßlehre].

Sovetskij ugolovnyj process [Der sowjetische Strafprozeß]. B. A. Galkin [u. a.]. Red.: L. S. Karev. Moskva: Izd. „Vysšaja Škola" 1968.

VJUZI. Ugolovnyj process [Der Strafprozeß]. Red.: M. A. Čel'cov. Moskva: „Jurid. lit." 1969.

7. Strafvollstreckungsrecht

Bušuev, J. A.: Novoe v ispravitel'no-trudovom zakonodatel'stve [Neues in der Besserungsarbeitsgesetzgebung]. Moskva: „Jurid. lit." 1970.

Eleonskij, V. A.: Nabljudatel'nye komissii [Die Beobachtungskommissionen]. Moskva: „Jurid. lit." 1966.

Vysšaja Škola MOOP RSFSR. Ispravitel'no-trudovoe pravo [Das Besserungsarbeitsrecht]. Red.: V. S. Tikunov. Moskva: „Jurid. lit." 1966.

Kommentarij k položeniju o predvaritel'nom zaključenii pod stražu [Kommentar zur Ordnung der Untersuchungshaft]. Red. V. A. Kirin. Moskva: „Jurid. lit." 1971.

Natašev, A. E. – N. A. Stručkov: Osnovy teorii ispravitel'no-trudovogo prava [Grundlagen der Theorie des Besserungsarbeitsrechts]. Moskva: „Jurid. lit." 1967.

Tkačevskij, J. M.: Sovetskoe ispravitel'no-trudovoe pravo [Sowjetisches Arbeitsbesserungsrecht]. Moskva: Jzd. Univ. 1971.

8. Kriminologie

Gercenzon, A. A.: Vvedenie v sovetskuju kriminologiju [Einführung in die sowjetische Kriminologie]. Moskva: „Jurid. lit." 1965.

Kuznecova, N. F.: Prestuplenie i prestupnost' [Verbrechen und Kriminalität]. Moskva: Izd. Univ. 1969.

Ostroumov, S. S.: Sovetskaja sudebnaja statistika (čast' obščaja i special'naja) [Die sowjetische Gerichtsstatistik (Allgemeiner und Besonderer Teil)]. Neuaufl. Moskva: Izd. Univ. 1970.

Vsesojuznyj Institut po izučeniju pričin i razrabotke mer peduprežděnija prestupnosti. Sovetskaja kriminologija. (2. Aufl. u. d. T.: Kriminologija.) Autorenkollektiv: A. A. Gercenzon [u. a.]. Moskva: „Jurid. lit." 1966; 2. Aufl. 1968.

Übersetzung

Institut für Strafrechtspflege u. Kriminalitätsbekämpfung an der Deutschen Akademie für Staats- und Rechtswissenschaft „Walter Ulbricht". Institut für Strafrecht der Juristischen Fakultät der Humboldt-Universität zu Berlin. Kriminologie. – Lehrbuch – ... dt. Übers.: H. Kerst. Bd. 1. 2. Potsdam-Babelsberg:

Dt. Akad. für Staats- und Rechtswissenschaft „Walter Ulbricht" 1967. (Aktuelle Beiträge der Staats- und Rechtswissenschaft. 20).

9. Literatur in fremden Sprachen
(außerhalb des Ostblocks erschienene Literatur)

Die nachstehende Auswahl aus der sehr reichen Ostrechtsliteratur beschränkt sich auf einige jüngere Arbeiten zum geltenden Recht.

Allgemeines

HAZARD, J. N. – J. SHAPIRO – P. B. MAGGS: The Soviet legal system. Contemporary documentation and historical commentary. Rev. Ausg. Dobbs Ferry, N. Y.: Oceana Publ. 1969.

MEDER, W.: Das Sowjetrecht. Grundzüge der Entwicklung 1917–1970. Frankfurt a. M. [usw.]: Metzner 1971.

Einführungen in das Recht

DAVID, R.: Les grands systèmes de droit contemporains (droit comparé). 4. Aufl. Paris: Dalloz 1971. *Darin S. 161 ff.: Le Droit russe.*

Übersetzung

DAVID, R.: Einführung in die großen Rechtssysteme der Gegenwart. Rechtsvergleichung. Übers. u. bearb. von G. GRASMANN. München [usw.]: Beck 1966. *Darin S. 159 ff.: Sowjetisches Recht.*

GEILKE, G.: Einführung in das Sowjetrecht (Stand vom 1. Mai 1966). Darmstadt: Wissenschaftliche Buchgesellschaft 1966.

JOHNSON, E. L.: An introduction to the Soviet legal system. London: Methuen 1969.

Gesamtdarstellung von Straf- und Prozeßrecht

JUSTICE AND THE LEGAL SYSTEM IN THE USSR. Hrsg.: R. CONQUEST. London [usw.]: The Bodley Head 1968.

Bibliographien

BUSSMANN, C. – W. DURCHLAUB: Bibliographie des deutschsprachigen Schrifttums zum Ostrecht (1945–1964). Trittau/Holst.: Scherbarth 1969. (Hilfsmittel zum Ostrecht. 2.) *Darin S. 147–248: UdSSR.*

NÖKEL, H.: Soviet Codes and statutes in German and French. A bibliography. Chicago: The Univ. of Chicago Law School Library 1970. (The University of Chicago Law School Library publications. Bibliographies and guides to research. 7.)

University of Cambridge. Institute of criminology. SOLOMON, P. H.: Soviet Criminology. A selective bibliography. Cambridge: Univ., Institute of criminology 1969. (Univ. of Cambridge. Institute of criminology. Bibliographical ser. 4.)

Erschien auch u. d. T.: SOLOMON: A selected bibliography of Soviet criminology. *In:* THE JOURNAL OF CRIMINAL LAW, CRIMINOLOGY AND POLICE SCIENCE, *Bd. 61 (1970), S. 393 ff.*

Harvard Law School Library. SOVIET LEGAL BIBLIOGRAPHY. A classified and annotated listing of books and serials published in the Soviet Union since 1917 ... as of January 1, 1965. Hrsg. von V. MOSTECKY u. W. BUTLER. Cambridge, Mass.: Harvard Law School Library 1965.

Harvard Law School Library. WRITINGS ON SOVIET LAW AND SOVIET INTERNATIONAL LAW. A bibliography of books and articles published since 1917 in languages other than East European. Zsgest. u. hrsg. von W. E. BUTLER. Cambridge, Mass.: Harvard Law School Library 1966.

Zum Schrifttum außerhalb des Ostblocks zum Recht der Sowjetunion vgl. ferner die fortgesetzte Bibliographie in der Zeitschrift Osteuropa-Recht (O-R).

Strafrechtsgeschichte

Zur Rechtsgeschichte allgemein vgl. die oben genannten Einführungen.

BELLON, J.: Droit pénal soviétique et droit pénal occidental. Paris: Ed. de Navarre 1961.

DIE ENTWICKLUNG DES SOWJETISCHEN STRAFRECHTS und sein Einfluß auf die Rechtsprechung in der Sowjetzone. Verhandlungen der 10. Tagung des Königsteiner Kreises... Göttingen: Schwartz 1956. *Hauptreferat von R. MAURACH.*

MAURACH, R.: Neuere kriminalpolitische Tendenzen im sowjetischen Strafrecht. *In:* ZStW *Bd. 82 (1970), S. 239 (41) ff.*

SCHROEDER, F. C.: Die neuere Entwicklung der sowjetischen Kriminalpolitik. *In:* JOR *Bd. 4, 2 (1963), S. 69 ff.*

Materielles Strafrecht

Kommentar

SCHROEDER, F. C.: Die Grundsätze der Strafgesetzgebung der UdSSR und der Unionsrepubliken mit Einf. und Erl. Vorw.: R. MAURACH. Herrenalb/Schwzw.: Ikulta 1960. (Studien des Instituts für Ostrecht, München. 10.)

Gesamtdarstellungen

FELDBRUGGE, F. J.: Soviet Criminal Law. General Part. Status juris: 1. 1. 1964. Leyden: Sijthoff 1964. (Law in Eastern Europe. 9.)

LAPENNA, J.: Soviet penal policy. Chester Springs, Pa.: Defour 1968.

NAPOLITANO, T.: Il nuovo Codice penale sovietico. I principii e le innovazioni. Milano: Giuffrè 1963.

Vgl. auch die Einleitungen zu den unter I. aufgeführten Übersetzungen.

Nebenstrafrecht

Staatsschutz

DER STRAFRECHTLICHE STAATSSCHUTZ IN DER SOWJETUNION, der Tschechoslowakei, Ungarn und Polen. Mit Beitr. von R. MAURACH [u. a.]. Herrenalb/Schwzw.: Ikulta 1963. (Studien des Instituts für Ostrecht, München. 15.)

Jugendstrafrecht

BILINSKY, A.: Neue Formen der Vorbeugung der Kriminalität der Minderjährigen in der UdSSR. *In:* JOR *Jg. 6, 1 (1965), S. 151 ff.*

MAURACH, R.: Das neue sowjetische Jugendstrafrecht. *In:* ROW *Jg. 7 (1963), S. 137 ff.*

WAEHLER, J. P.: Zum Jugendstrafrecht der UdSSR. *In:* WGO *Jg. 6 (1964), S. 174 ff.*

Militärstrafrecht

CSIZMAS, M.: Die sowjetische Militärjustiz. *In:* ALLGEMEINE SCHWEIZERISCHE MILITÄRZEITSCHRIFT, *1965, S. 533 ff.*

Straßenverkehrsstrafrecht

BARRY, D. B.: The motorcar in the Soviet criminal and civil law. *In:* THE INTERNATIONAL AND COMPARATIVE LAW QUARTERLY, *16 (1967), S. 56 ff.*

EBELT, E.: Die Verhaltensvorschriften im Straßenverkehrsrecht der UdSSR *(s. I. 2f: UNION).*

SCHMIDT, H. T.: Die sowjetischen Straßenverkehrstatbestände. *In:* JOR *Bd. 12, 2 (1971), S. 101 ff.*

Parasitengesetzgebung

BILINSKY, A.: Novellierung der Parasitengesetze in der UdSSR. *In:* JOR *Bd. 6, 2 (1965), S. 201 ff.*

SCHROEDER, F. C.: Die Abschaffung der Gesellschaftsgerichte in der Sowjetunion und die Periodisierung der sowjetischen Rechtsentwicklung. *In:* O-R *Jg. 13 (1967), S. 89 ff.*

Gerichtsverfassungsrecht

HASTRICH, A.: Volksrichter und Volksgerichte in der UdSSR. *In:* O-R *Jg. 15 (1969), S. 121 ff.*

KUCHEROV, S.: The organs of soviet administration of justice: their history and operation. Leiden: Brill 1970. (Studien zur Geschichte Osteuropas. 13.)

RÉVÉSZ, L.: Justiz im Ostblock. Richter und Strafrecht. Köln: Verl. Wissenschaft und Politik 1967. (Abhandlungen des Bundesinstituts für ostwissenschaftliche u. internationale Studien. 15.)

Militärgerichtsbarkeit

CSIZMAS, M.: Die sowjetische Militärjustiz. *In:* ALLGEMEINE SCHWEIZERISCHE MILITÄRZEITSCHRIFT, *1965, S. 533 ff.*

Gesellschaftsgerichtsbarkeit

HASTRICH, A.: Die freiwillige Volkswacht in der UdSSR. *In:* O-R *Jg. 10 (1964), S. 95 ff.*

SCHMIDT, H. T.: Die sowjetischen Gesellschaftsgerichte am Beispiel der RSFSR. Köln: Verl. Wissenschaft u. Politik 1969. (Abhandlungen des Bundesinstituts für ostwissenschaftliche u. internationale Studien. 21.)

Strafprozeßrecht

BILINSKY, A.: Die Frage der prozessualen Garantien im sowjetischen Strafprozeß. *In:* ROW *Jg. 9 (1965), S. 9 ff.*

BILINSKY, A.: Kontradiktorisches Verhandeln und Parteiprinzip im sowjetischen Strafprozeß. *In:* ROW *Jg. 7 (1963), S. 190 ff.*

BILINSKY, A.: Das Prinzip der materiellen Wahrheit im sowjetischen Strafprozeß. *In:* ROW *Jg. 6 (1962), S. 232 ff.*

FINCKE, M.: Die aufsichtliche Überprüfung rechtskräftiger Strafurteile im Sovjetrecht. Herrenalb/Schwzw: Erdmann 1966. (Studien des Instituts für Ostrecht, München. 17.)

Strafvollzug

MAURACH, R.: Der sowjetische Freiheitsstrafvollzug – Fakten, Experimente, Probleme –. *In:* ROW *Jg. 10 (1966), S. 189 ff.*

SCHMIDT, H. T.: Voraussetzungen und Vollzug der Untersuchungshaft in der Sowjetunion. Köln 1970. (Berichte des Bundesinstituts für ostwissenschaftliche und internationale Studien. 1970/13.)

Kriminologie

BELLON, J.: La prévention des infractions en U. R. S. S. Paris: La Documentation française 1962. (Travaux et recherches. 16.)

SPANIEN

Bearbeitet von Heinz Mattes,
Referent am Max-Planck-Institut für ausländisches und internationales Strafrecht,
Freiburg i. Br.

Vorbemerkung

Bei den Gesetzen werden neben den Fundstellen im Boletín Oficial bzw. (bei den bis 1936 erlassenen Gesetzen) in der Gaceta de Madrid noch die in der Gesetzessammlung von Aranzadi (Repertorio cronológico de legislación) sowie bei den älteren Gesetzen die Fundstellen in der Colección Legislativa de España bzw. im Boletín Legislativo vermerkt.

Übersetzungen

Erlaß	– Orden
Gesetz	– Ley
Gesetzesverordnung	– Decreto – ley
Kgl. Erlaß	– Real orden
Kgl. Gesetzesverordnung	– Real decreto – ley
Kgl. VO	– Real decreto
VO	– Decreto

Gesamtausgaben der Gesetze

Aranzadi. Repertorio cronológico de legislación. 1930 ff. Pamplona: Aranzadi 1930 ff.; Ind. 1930–1969. Bd. 1. 2. 1970–1971; Erg. (Berichtszeit 1970–1971). 1972. *Chronologische Sammlung aller irgendwie bedeutsamen Rechtsvorschriften mit ausführlichen Registern.*

Aranzadi. Diccionario de legislación ... *(s. unter VI. 1: Allgemeine Nachschlagewerke).*

Einzelausgaben der wichtigsten Gesetze erscheinen in der Reihe Colección de textos legales [Sammlung von Gesetzestexten], *die vom Boletín Oficial del Estado herausgegeben wird.*

I. Materielles Strafrecht – Texte –

Gesamtausgaben

Aranzadi. Legislación penal [Strafgesetzgebung]. Pamplona: Aranzadi 1968. *Die Sammlung enthält das Strafgesetzbuch, das Kriminalverfahrensgesetz (Strafprozeßordnung) und materielle sowie verfahrensrechtliche Nebengesetze. Sie wird durch Nachträge von Zeit zu Zeit ergänzt.*

Legislación española. Leyes penales. Von G. Peces-Barba, A. Ferrer Sama, C. Viada López-Puigcerver [u. a.]. 2. Aufl. Madrid: Lex 1963. (Códigos y Leyes españolas. C.Y.L.E.) *Die Sammlung enthält das Strafgesetzbuch, das Kriminalverfahrensgesetz, das Militärjustizgesetzbuch sowie straf- und strafverfahrensrechtliche Nebengesetze.*

Medina, L. – M. Marañon: Leyes penales de España [Strafgesetze Spaniens]. 10. Aufl. von F. Castejón [u.a.]. Madrid: Reus 1947; Nachtr. 1961. *Umfassende Sammlung strafrechtlicher, strafverfahrensrechtlicher und gerichtsverfassungsrechtlicher Vorschriften, die vor allem im Bereich des Nebenstrafrechts und des Gerichtsverfassungsrechts noch heute wichtig ist.*

1. Strafgesetzbuch

„Código Penal, texto revisado de 1963" [Strafgesetzbuch i. d. F. von 1963]. *Verkündet durch VO vom 28. März 1963, Nr. 691/63 (B. O. 8. 4. – Berichtigung 18. 5. 1963; A. 759, 900, 1009). Änderungen: Gesetz Nr. 104/65 vom 21. Dezember 1965 (B. O. 23. 12. 1965; A. 2175), Gesetz Nr. 3/1967 vom 8. April 1967 (B. O. 11. 4. 1967; A. 700), Gesetz Nr. 44/1971 vom 15. November 1971 (B. O. 16. 11. – Berichtigung 26. 11. 1971; A. 2050, 2108). Das Gesetz ist eine vor allem durch die Teilreform vom 24. Januar 1963 (VO Nr. 168/63; B. O. 2. 2. u. 5. 3. 1963; A. 241, 489) bedingte Neufassung des Código Penal, texto refundido de 1944* [Strafgesetzbuch in der umgearbeiteten Fassung von 1944], *verkündet durch VO vom 23. Dezember 1944 (B. O. 13. 1. 1945; A. 88, 953), der seinerseits über den mit Gesetz vom 27. Oktober 1932 verkündeten Código Penal reformado de 1932* [Verbessertes Strafgesetzbuch von 1932] *(G. 5. u. 24. 11. 1932; B. L. Bd. 235, S. 595, Nr. 1614 – mit Begründung –; A. 1408, 1499) auf den Código Penal vom 17. Juni 1870 (Gesetz vom 17./18. Juni 1870; G. 31. 8. 1870 – Suplemento –; C. L. Bd. 103, S. 905, Nr. 370; dazu VO vom 1. Januar 1871, G. 21. 1. 1871, C. L. Bd. 106, S. 4, Nr. 2) zurückgeht, der lediglich eine Änderung seines Vorgängers, des Código Penal vom 19. März 1848 (Gesetz und Kgl. VO vom 19. März 1848, C. L. Bd. 43, S. 205, Nr. 162; S. 206, Nr. 163) i. d. F. der Kgl. VO vom 30. Juni 1850 (C. L. Bd. 50, S. 366, N. 593) darstellte.*

Spanien I 2

Außerhalb dieser Kette bleibt nur der Código Penal vom 8. September 1928 (erlassen durch Kgl. Gesetzesverordnung vom 8. September 1928 – G. 13. 9. 1928; B. L. Bd. 215, S. 21, Nr. 12), der am 1. Januar 1929 in Kraft trat und durch die VO vom 15. April 1931 (G. 16. 4. 1931; A. 6; sie erhielt Gesetzeskraft durch Gesetz vom 30. Dezember 1931, G. 8. 1. 1932; A. 22) für ungültig erklärt wurde.

Eine Neuverkündung des Strafgesetzbuches auf Grund der Teilreform vom 15. November 1971 ist vorgesehen.

Textausgaben

Código Penal. Texto revisado 1963. Edición oficial. 4. Aufl. Madrid: Min. de Justicia y Boletín Oficial del Estado 1970. (Col. de textos legales. 24.) *Amtliche Ausgabe, die auch alle Fassungen geänderter Artikel sowie die Änderungs- und Reformgesetze seit 1944 wiedergibt.*

Einzelausgaben des Strafgesetzbuches werden außer im Rahmen der Reihe Colección de textos legales, *in der die vorgenannte amtliche Ausgabe erschienen ist, auch von mehreren privaten Verlagen in von Zeit zu Zeit erneuerten Auflagen veranstaltet, z. B. von Reus (Madrid), Bosch (Barcelona), Aguilar (Madrid; mit Fußnoten), u. a.*

Unter den Textausgaben mit Fußnoten (meist einschlägigen Äußerungen der Rechtsprechung) sind besonders zu nennen:

Código penal, con jurisprudencia, concordancias y comentarios. [Von] J. Del Rosal, M. Cobo, G. Rodríguez Mourullo, B. V. Castro. Madrid: Impr. Aguirre Torre 1964.

Cuello Calón, E.: Código penal. Texto revisado 1963 y leyes penales especiales. Barcelona: Bosch 1963.

Quintano Ripollés, A.: Código penal. Texto revisado de 1963. Madrid: Revista de derecho privado 1963. (Códigos de audiencia. 1.)

Übersetzungen

Das spanische Strafgesetzbuch vom 23. Dezember 1944. Übers. von A. Quintano-Ripollés u. J. Heilpern de Quintano unter Mitw. von H. Scharff. Berlin: De Gruyter 1955. (Slg. außerdt. StGB. 69.)

Code pénal espagnol. Übers. von J. B. Herzog. In: Codes pén. eur., Bd. 2, S. 423–532.

2. Nebengesetze

Textausgaben

Die vor I sowie unter I: ‚Gesamtausgaben' genannten Gesetzessammlungen enthalten auch strafrechtliche Nebengesetze. Daneben gibt es Einzelausgaben vieler Gesetze in verschiedenen Verlagen, die hier nicht aufgezählt werden können.

a) Das StGB ergänzende Gesetze

Recht der Sicherungsmaßnahmen gegen Sozialgefährliche

Ley de peligrosidad y rehabilitación social [Gesetz über Sozialgefährlichkeit und Resozialisierung]. Vom 4. August 1970, Nr. 16/70 (B. O. 6. 8. 1970; A. 1289). *Das Gesetz trat nach seiner 1. Zusatzbestimmung und der Gesetzesverordnung Nr. 2/71 vom 4. Februar 1971 (B. O. 6. 2. 1971; A. 216) am 6. Juni 1971 in Kraft. Es wird ergänzt durch seine Durchführungsverordnung:*

Reglamento de la ley 16/1970, de 4 de agosto, sobre peligrosidad y rehabilitación social [Ordnung zur Anwendung des Gesetzes Nr. 16/1970 vom 4. August 1970 über Sozialgefährlichkeit und Resozialisierung]. *Erlassen durch* VO Nr. 1144/71 vom 13. Mai 1971 (B. O. 3. 6. 1971; A. 1067). *Die VO trat mit dem Gesetz in Kraft.*

Vgl. auch den Erlaß vom 1. Juni 1971 (B. O. 3. 6. 1971; A. 1068. Berichtigung durch Erlaß vom 3. Juni 1971, B. O. 9. 6. 1971; A. 1100).

Textausgabe

Peligrosidad y rehabilitación social. Edición oficial. Madrid: Min. de Justicia y Boletín Oficial del Estado 1971. (Col. de textos legales. 60.)

Bis zum Inkrafttreten des Gesetzes vom 4. August 1970 und seiner Ausführungsverordnung galten:

Ley de vagos y maleantes [Gesetz über Landstreicher und Übeltäter]. Vom 4. August 1933 (G. 5. 8. 1933; B.L. Bd. 239, S. 385, Nr. 1147; A. 1137). *Letzte Änderung durch* VO vom 24. Januar 1963, Nr. 168 *(s. I. 1).* Reglamento para la aplicación de la ley de vagos y maleantes [Ordnung zur Anwendung des Gesetzes über Landstreicher und Übeltäter]. *Erlassen durch* VO vom 3. Mai 1935 (G. 5. 5. 1935; B.L. Bd. 247, S. 464, Nr. 253; A. 819).

Strafvollzug. Begnadigung

Über Begnadigung und Strafvollzug, die in der spanischen Literatur häufig als das Strafgesetzbuch ergänzende Materien angegeben werden, vgl. III.

Staatsschutz

Die strafrechtlichen Staatsschutzbestimmungen sind heute im wesentlichen nur noch im Strafgesetzbuch (s. I. 1) und im Militärjustizgesetzbuch (s. I. 2c) enthalten. Vor Inkrafttreten des Gesetzes Nr. 44/1971 über die Änderung des Strafgesetzbuches vom 15. November 1971 (s. I. 1) waren außerdem folgende, durch dieses Gesetz aufgehobene Gesetze und Verordnungen zu beachten:

Decreto 1794/60. Rebelión militar y bandidaje y terrorismo. Texto refundido regulador de la Ley 2. 3. 43 y Decreto-Ley 18. 4. 47 [Verordnung über militärischen Aufstand sowie Räuber, Bandenunwesen und Terrorismus; Neufassung der Vorschriften des Gesetzes vom 2. 3. 1943 (B. O. 16. 3. 1943; A. 423) und der Gesetzesverordnung vom 18. 4. 1947 (B. O. 3. 5. 1947; A. 568)]. Vom 21. September 1960 (B. O. 26. 9. 1960; A. 1314). *Änderungen durch Gesetz Nr. 154/63 vom 2. Dezember 1963 (B. O. 5. 12. 1963; A. 2261 – s. unter II. 1: Besondere Gerichte . . .) und Gesetzesverordnung Nr. 9/68 vom 16. August 1968 (Normas sobre represión de delitos de bandidaje y terrorismo [Vorschriften über die Ahndung von Verbrechen der Räuberei, des Bandenunwesens und des Terrorismus]) (B. O. 17. 8. 1968; A. 1496).*

Ley de masonería y comunismo [Gesetz über Freimaurerei und Kommunismus]. Vom 1. März 1940 (B. O. 2. 3. 1940; A. 366). *Letzte Änderung durch Gesetz Nr. 154/63 vom 2. Dezember 1963 (4. Schlußbestimmung).*

Ausführungsvorschriften zum Gesetz über Freimaurerei und Kommunismus: Erlasse (Ordenes) vom 30. März, 14. Juni und 22. Oktober 1940 (B. O. 3. 4., 15. 6. u. 28. 10. 1940; A. 552, 1045 u. 1779), Rundschreiben (Circular) vom 7. Januar 1941 (B. O. 29. 1. 1941; A. 163).

Zusammenstellung der strafrechtlichen Staatsschutzbestimmungen in deutscher Übersetzung in: STRAFR. STAATSSCHUTZBEST., *S. 328 ff. (jetzt z. T. überholt).*

b) Jugendstrafrecht

Textausgabe

Consejo Superior de Protección de Menores. COMPENDIO DE LEGISLACIÓN [Leitfaden der Gesetzgebung]. Madrid 1969: Gráficas Uguina. *Ausführliche Sammlung von Vorschriften des Jugendpflegerechts.*

Ley de Tribunales tutelares de menores [Gesetz über Jugendpflegegerichte]. Vom 13. Dezember 1940 (B. O. 23. 12. 1940; A. 2105); Neufassung (Texto refundido) *durch* VO vom 11. Juni 1948 (B. O. 19. 7. 1948; A. 932).

Reglamento para la ejecución de la Ley de Tribunales tutelares de menores [Ordnung zur Durchführung des Gesetzes über die Jugendpflegegerichte]. *Erlassen durch* VO vom 22. Juli 1942 (B. O. 10. 8. 1942; A. 1316); Neufassung (Texto refundido) *durch* VO vom 11. Juni 1948 (B. O. 19. 7. 1948; A. 932).

Estatuto de la Union Nacional de Tribunales tutelares de menores [Satzung der Nationalen Vereinigung der Jugendpflegegerichte]. *Erlassen durch* VO vom 11. Juni 1948 (B. O. 19. 7. 1948; A. 932). *Geändert durch* VO vom 19. Dezember 1969, Nr. 3457/69 (B. O. 2. 2. 1970; A. 182).

Das Rechtsgebiet ist gänzlich aus dem Strafrecht herausgenommen und als reines Maßregelrecht ausgestaltet; in der Übersetzung ist es deswegen mit „Jugendstrafrecht" heute nicht mehr richtig bezeichnet. Das Strafmündigkeitsalter beträgt 16 Jahre (Art. 8 Nr. 2 StGB). Kinder und Jugendliche unter 16 Jahren, die eine mit Strafe bedrohte Handlung begehen, unterliegen ausschließlich den Maßregeln des Jugendpflegerechts, für deren Anwendung allein die Jugendpflegegerichte zuständig sind. Straffällige Jugendliche über 16 Jahren werden nur nach Erwachsenenstrafrecht beurteilt, wobei für die noch nicht Achtzehnjährigen eine Strafmilderung vorgesehen ist (Art. 9 Nr. 3 StGB).

Jugendschutz

s. I. 2i.

c) Militärstrafrecht

Código de Justicia Militar [Militärjustizgesetzbuch]. *Erlassen durch* Gesetz vom 17. Juli 1945 (B. O. 20. 7. 1945; A. 1945, Nr. 1010, 1946 Nr. 1232). *Letzte Änderungen durch Gesetz vom 30. März 1954 sowie die Gesetze Nr. 42 und 43/71 vom 15. November 1971 (B. O. 16. 11. 1971; A. 2048, 2049).*

Textausgabe

DÍAZ-LLANOS LECUONA, R.: Leyes penales militares. 9. Aufl. Unter Mitarb. von R. DÍAZ-LLANOS SAINZ-CALLEJA. Madrid: Compañía Bibliográfica Española 1968.

Ley general del servicio militar [Allgemeines Wehrdienstgesetz]. Vom 27. Juli 1968, Nr. 55/68 (B. O. 29. 7. 1968; A. 1333).

Durchführungsvorschriften: Reglamento de la ley general del servicio militar [Ausführungsbestimmungen zum allgemeinen Wehrdienstgesetz]. *Erlassen durch* VO vom 6. November 1969, Nr. 3087/69 (B. O. 10.–19. 12. 1969; A. 2271). *Geändert durch* VO vom 13. Mai 1971, Nr. 1104/71 (B. O. 1. 6. 1971; A. 1060).

Gesetz und Reglamento sind am 1. Januar 1970 in Kraft getreten (VO Nr. 1590/69 vom 24. Juli 1969 – B. O. 25. 7. 1969; A. 1403 – Art. 1).

Textausgabe

SERVICIO MILITAR. Ley y reglamento [Wehrdienst. Gesetz und Durchführungsverordnung]. Madrid: Boletín Oficial del Estado 1970. (Col. de textos legales. 54.)

d) Verwaltungsstrafrecht

Eine Befugnis, Geldstrafen und andere Sanktionen zu verhängen, wird verschiedenen Verwaltungsbehörden in einem seit einiger Zeit stark wachsenden Ausmaß durch die Gesetzgebung zuerkannt. Nach Art. 26 Nr. 3 StGB gelten diese „Geldstrafen und sonstigen Abrügungen" nicht als „Strafen" (i. S. des StGB). Ein die Verwaltungsstrafgewalt umfassend regelndes Gesetz besteht nicht. Zum Verfahren s. unter II. 3c: Strafgewalt von Verwaltungsbehörden.

e) Wirtschaftsstrafrecht

Ley 26. 10. 1939. Acaparamiento. Definiendo y penando el delito y estableciendo sanciones para la elevación

Spanien I 2 f

abusiva de precios [Gesetz über den Vorratskauf, welches das Verbrechen beschreibt und mit Strafe bedroht und Sanktionen für die mißbräuchliche Erhöhung von Preisen aufstellt] (B. O. 3. 11. 1939; A. 1566). *Erhöhung der Geldstrafen durch* VO vom 24. Januar 1963, Nr. 168/63 (B. O. 2. 2. 1963; A. 241, 489). *Letzte Änderung des Gesetzes durch* VO vom 17. November 1966, Nr. 3052/66 (B. O. 15. 12. 1966; A. 2231).

Decreto-Ley 30. 8. 1946. Delitos de abastecimiento. Normas legales y procesales para su represión [Gesetzesverordnung über Verbrechen gegen die Versorgung. Gesetzliche und verfahrensrechtliche Vorschriften zu ihrer Ahndung] (B. O. 21. 9. 1946; A. 1434). *Änderung durch Gesetzesverordnung vom* 25. Mai 1951 (B. O. 13. 6. 1951; A. 687).

Beide Gesetze enthalten Bewirtschaftungs- und Preisstrafrecht (das letzte mit Zuständigkeits- und Verfahrensvorschriften); sie werden durch zahlreiche andere Bestimmungen ergänzt oder in ihrer Wirksamkeit eingeengt. – Für die verwaltungsmäßig zu ahndenden Verstöße in diesem Bereich gilt:

Decreto 3052/66. Disciplina del mercado. Infracciones y sanciones [VO über die Aufrechterhaltung der Ordnung des Marktes. Zuwiderhandlungen und Sanktionen]. Vom 17. November 1966 (B. O. 15. 12. 1966; A. 2231). *Vgl. dazu die* VO vom 15. September 1972, Nr. 2563/72 (B. O. 29. 9. 1972; A. 1776).

Kartellverstöße

Sie unterliegen folgendem Gesetz:

Ley sobre represión de practicas restrictivas de la competencia [Gesetz zur Ahndung von Wettbewerbsbeschränkungen]. Vom 20. Juli 1963, Nr. 110/63 (B. O. 23. 7. 1963; A. 1423). *Auf eigentliche Wettbewerbsverstöße sind nur Verwaltungsgeldstrafen angedroht, die von dem unter II. 3 c: ‚Besondere Gerichtsbarkeiten' genannten Gericht zum Schutze des Wettbewerbs oder vom Ministerrat verhängt werden.*

Unlauterer Wettbewerb

Siehe dazu das unter I. 21 genannte Gesetz über gewerbliche Schutzrechte vom 16. Mai 1902.

f) Straßenverkehrsstrafrecht

Gesamtausgabe

LA GUARDIA GARCIA, J. DE: Normas legales de la circulación (En relación con todos sus factores: hombre, vía y vehículo) [Gesetzliche Vorschriften über den Verkehr (in bezug auf alle seine Faktoren: Mensch, Straße und Fahrzeug)]. Pamplona: Aranzadi 1970.

Ley sobre uso y circulación de vehículos de motor [Gesetz über den Gebrauch von Motorfahrzeugen und den Verkehr mit ihnen]. Vom 24. Dezember 1962, Nr. 122/62 (B. O. 27. 12. 1962; A. 2345). *In Kraft getreten am 1. Juni 1965* (Gesetzesverordnung Nr. 4/65 vom 22. März 1965 –

B. O. 23. 3. 1965; A. 577 –). *Neufassung durch* VO Nr. 632/68 vom 21. März 1968 (B. O. 8. 4. 1968; A. 690). *Das Gesetz ist bekannt unter der Bezeichnung „Ley del automóvil" [Automobilgesetz]. Die straf- und strafverfahrensrechtlichen Vorschriften des Gesetzes wurden durch Gesetz Nr. 3/67 vom 8. April 1967 (B.O. 11. 4. 1967; A. 700) aufgehoben, das zugleich an deren Stelle andere Bestimmungen in das Strafgesetzbuch und das Kriminalverfahrensgesetz einführte.*

Textausgabe

LEGISLACIÓN SOBRE USO Y CIRCULACIÓN DE VEHÍCULOS DE MOTOR Y SEGURO OBLIGATORIO DE RESPONSABILIDAD CIVIL. Ed. oficial. Madrid: Min. de Justicia 1971. (Col. de textos legales. 22.)

Código de la circulación [Straßenverkehrsgesetzbuch]. *Erlassen durch* VO vom 25. September 1934 (G. 26., 27. u. 28. 9. 1934; A. 1688). *Letzte umfangreiche Änderung durch* VO vom 26. Dezember 1968, Nr. 3268/68 (B. O. 16. 1. u. 1. 2. 1969; A. 71 u. 198). *Fortwährende Änderungen, zuletzt durch* VOen vom 2. Oktober 1969, Nr. 2324/69 (B. O. 13. 10. 1969; A. 1861), 21. März 1970, Nr. 858/70 (B. O. 7. 4. 1970; A. 593), 14. Mai 1971, Nr. 1180/71 (B. O. 7. 6. 1971; A. 1083) *und* 13. August 1971, Nr. 2046 und 2047/71 (B. O. 7. 9. und 17. 11. 1971; A. 1652 und 2066, 1653).

Das Straßenverkehrsgesetzbuch enthält die Straßenverkehrsvorschriften. Die vorgesehenen Sanktionen werden von Verwaltungsbehörden verhängt.

Textausgabe

CÓDIGO DE LA CIRCULACIÓN. 12. Aufl. Madrid: Boletín Oficial del Estado 1971. (Col. de textos legales. 14.)

Bei der nachfolgenden Auswahl aus dem sonstigen Nebenstrafrecht werden im allgemeinen spätere Änderungen der Vorschriften nicht vermerkt.

g) Fiskalstrafrecht

Auf die Verstöße gegen Abgabenvorschriften, selbst solche schwererer Art, werden regelmäßig nur Verwaltungsgeldstrafen angedroht, die die zuständigen Verwaltungsbehörden verhängen. In verschiedenen Einzelsteuergesetzen kommen auch von den Gerichten auszusprechende geringere Freiheitsstrafen vor. Einige Vorschriften von allgemeiner Bedeutung über Tatbestände und Strafen enthält die

Ley general tributaria [Allgemeines Abgabengesetz]. Vom 28. Dezember 1963, Nr. 230/63 (B. O. 31. 12. 1963; A. 2490. *Geändert durch* Gesetz vom 30. Juni 1969, Nr. 60/69 – B. O. 1. 7. 1969; A. 1220 –, Art. 11, 12). Art. 77–89.

Textausgabe

Im Rahmen der Reihe „Colección de textos legales" (s. vor I). Das Gesetz ist ferner mit ergänzenden Vorschriften enthalten in der Sammlung:

Aranzadi. REFORMA TRIBUTARIA. Textos refundidos de los tributos. Pamplona: Aranzadi 1968.

Zoll- und Monopolsteuervergehen

Das Recht der Zoll- und Monopolsteuervergehen und anderer Verstöße gegen Vorschriften über Bannware ist in folgendem Gesetz geregelt, das außerdem besondere Gerichte zur Ahndung der fraglichen Handlungen vorsieht und Verfahrensvorschriften enthält:

Ley de contrabando [Gesetz über Konterbande]. *Neufassung durch* VO vom 16. Juli 1964, Nr. 2166/64 (B. O. 24. 7. u. 31. 8. 1964; A. 1599 u. 1905).

Es handelt sich um eine durch das vorgenannte Allgemeine Abgabengesetz bedingte Neufassung der Ley de contrabando y defraudación [Gesetz über Konterbande und Hinterziehung], die mit VO vom 11. September 1953 (B.O. 7. 11. u. 4. 12. 1953; A. 1451 u. 1601) erlassen worden war und sich ihrerseits als Neufassung der durch Gesetzesverordnung verkündeten Ley penal y procesal en materia de contrabando y defraudación [Straf- und Verfahrensgesetz über Konterbande und Hinterziehung] vom 14. Januar 1929 (G. 16. u. 31. 1. 1929) verstand. Vgl. auch unter II. 3c: Tribunales de contrabando.

Devisenvergehen

Ley penal y procesal para delitos monetarios [Straf- und Verfahrensgesetz für Währungsverbrechen]. Vom 24. November 1938 (B. O. 30. 11. 1938; A. 1362). *Ergänzt durch* Circular des Finanzministeriums vom 9. Mai 1939 (B.O. 24. 5. 1939; A. 589).

Das Gesetz begründet ein besonderes Gericht und gibt einige Verfahrensvorschriften, s. auch unter II. 3c: Besondere Gerichtsbarkeiten. Für die Tatbestände des Gesetzes ist die spätere Gesetzgebung über den Geldverkehr wichtig. Eine Reform des Gesetzes ist vorgesehen (Art. 59 des Gesetzes über den Plan für die wirtschaftliche und soziale Entwicklung i. d. F. der VO vom 15. Juni 1972, Nr. 1541/72 – B. O. 16. 6. u. 29. 7. 1972; A. 1122, 1405 – ebenso schon Art. 59 des 2. Plangesetzes i. d. F. der VO vom 9. Mai 1969, Nr. 902/69 – B.O. 24. 5. 1969; A. 944).

Textausgabe zum Fiskalstrafrecht

Aranzadi. LEGISLACIÓN DE CONTRABANDO. Pamplona: Aranzadi 1965 (mit erg. Nachtr.). *Aus dem allgemeinen Abgabengesetz vom 28. Dezember 1963 enthält die Sammlung nur einige wenige Vorschriften.*

h) Verkehrs- und Beförderungswesen

Eisenbahnen

Ley, aplicando a los ferrocarriles las disposiciones de la Administración para la conservación de las vías públicas [Gesetz über die Anwendung der Verwaltungsvorschriften zur Erhaltung der öffentlichen Wege auf die Eisenbahnen]. Vom 23. November 1877 (G. 24. 11. 1877; C.L. Bd. 119, S. 1044, Nr. 666). *Das Gesetz wird genannt Ley de policía de ferrocarriles [Eisenbahnpolizeigesetz].*

Handelsschiffahrt

Ley penal y disciplinaria de la marina mercante [Straf- und Disziplinargesetz der Handelsmarine]. Vom 22. Dezember 1955 (B. O. 25. 12. 1955; A. 1741).

Luftverkehr

Ley penal y procesal de navegación aérea [Straf- und Verfahrensgesetz für die Luftfahrt]. Vom 24. Dezember 1964, Nr. 209/64 (B. O. 28. 12. 1964; A. 2849). *Geändert durch* Gesetz vom 26. Februar 1972, Nr. 6/72 (B. O. 29. 2. 1972; A. 367).

Siehe auch I. 2f.

i) Jugendschutz

Texto refundido de la legislación sobre protección de menores [Neufassung der Gesetzgebung über den Schutz Minderjähriger]. *Erlassen durch* VO vom 2. Juli 1948 (B. O. 24. 7. u. 30. 9. 1948; A. 944 u. 1196). *Letzte Änderung durch* VO Nr. 1480/68 vom 11. Juli 1968 (B. O. 11. 7. 1968; A. 1216).

Textausgabe

Vgl. unter I 2b.

Ley sobre prohibición de ejercicios peligrosos ejecutados por menores [Gesetz über das Verbot der Ausübung gefährlicher Verrichtungen durch Minderjährige]. Vom 26. Juli 1878 (G. 28. 7. 1878; C. L. Bd. 121, S. 171, Nr. 404). *Letzte Änderung durch* VO Nr. 168/63 vom 24. Januar 1963 (Art. 3) (B. O. 2. 2. u. 5. 3. 1963; A. 241 u. 489).

Ley sobre represión de la mendicidad y vagancia de los menores [Gesetz über die Ahndung der Bettelei und Landstreicherei von Minderjährigen]. Vom 23. Juli 1903 (G. 2. 8. 1903; C. L., 1. Ser. Bd. 15, S. 594, Nr. 180).

k) Pressestrafrecht

Ley de prensa e imprenta [Presse- und Druckgesetz]. Vom 18. März 1966, Nr. 14/66 (B. O. 19. 3. 1966; A. 519).

Im Gesetz sind gegen die Zuwiderhandlungen nur Verwaltungssanktionen angedroht. Im übrigen enthält das Strafgesetzbuch Pressedelikte.

Textausgabe

PRENSA E IMPRENTA. 3. Aufl. Madrid: Boletín Oficial del Estado 1969. (Col. de textos legales. 41.)

l) Strafbare Handlungen im Bereich des Urheberrechts und der gewerblichen Schutzrechte; unlauterer Wettbewerb

Ley sobre propiedad intelectual o literaria [Urheberrechtsgesetz]. Vom 10. Januar 1879 (G. 12. 1. 1879; C.L. Bd. 122, S. 69, Nr. 25).

Textausgabe

im Rahmen der Reihe „Colección de textos legales" (s. vor I).

Spanien I 2 m

Ley sobre la propiedad industrial [Gesetz über gewerbliche Schutzrechte]. Vom 16. Mai 1902 (G. 18. 5. 1902; C. L. 1. Ser., Bd. 12, S. 88, Nr. 46). Art. 131–144. *Dazu:*

Estatuto sobre propiedad industrial [Statut über gewerbliche Schutzrechte]. *Erlassen durch* Kgl. Gesetzesverordnung vom 26. Juli 1929 (G. 30. 7. 1929; B. L. Bd. 219, S. 708, Nr. 274), *geändert durch* Kgl. Gesetzesverordnung vom 15. März 1930 (G. 16. 3. 1930; B. L. Bd. 222, S. 651, Nr. 366; A. 505), *bestätigt und in geänderter Fassung neu verkündet durch* Kgl. Erlaß vom 30. April 1930 (G. 7. 5. 1930; B. L. Bd. 223, S. 300, Nr. 616; A. 759), *i. V. m. der* VO vom 22. Mai 1931 (G. 26. 5. 1931; B. L. Bd. 228, S. 195, Nr. 745; A. 309) *und dem* Gesetz vom 16. September 1931 (G. 17. 9. 1931; B. L. Bd. 230, S. 149, Nr. 1627; A. 1065).

Das genannte Statut i. d. F. vom 30. April 1930 gilt ohne seine Art. 233–243, an deren Stelle wieder die erwähnten Vorschriften des im übrigen aufgehobenen Gesetzes von 1902 getreten sind.

Textausgabe

im Rahmen der Reihe „Colección de textos legales" (s. vor I).

m) Jagd- und Fischereistrafrecht

Ley de caza [Jagdgesetz]. Vom 4. April 1970, Nr. 1/70 (B. O. 6. 4. 1970; A. 579). *Das Gesetz trat nach der VO Nr. 505/71 vom 25. März 1971 (B. O. 30. 3. 1971; A. 640) i. V. m. der ersten Schlußbestimmung des Gesetzes am 1. April 1971 in Kraft. Seine Durchführungsvorschriften sind enthalten im:*

Reglamento de la Ley de caza [Ordnung zur Ausführung des Jagdgesetzes]. *Erlassen durch* VO Nr. 506/71 vom 25. März 1971 (B. O. 30. 3. 1971; A. 641). *Das Reglamento trat nach seiner ersten Schlußbestimmung am 1. April 1971 in Kraft.*

Textausgabe

LEY Y REGLAMENTO DE CAZA. Madrid: Boletín Oficial del Estado 1971. (Col. de textos legales. 57.)

Bis zum 1. April 1971 haben gegolten:

Ley de caza [Jagdgesetz] vom 16. Mai 1902 (G. 18. 5. 1902; C. L. 1. Ser., Bd. 12, S. 123, Nr. 47) *und* Reglamento para la aplicación de la ley de caza [Ordnung zur Anwendung des Jagdgesetzes] – *genannt* Reglamento de caza [Jagdordnung] – vom 3. Juli 1903 (G. 9. 7. 1903; C. L. 1. Ser., Bd. 15, S. 355, Nr. 132).

Ley de pesca fluvial [Gesetz über die Flußfischerei]. Vom 20. Februar 1942 (B. O. 8. 3. 1942; A. 388). *Dazu:*

Reglamento de la pesca fluvial [Ordnung der Flußfischerei]. *Erlassen durch* VO vom 6. April 1943 (B. O. 2. 5. 1943; A. 647).

Ley 31. 12. 1946. Empleo de explosivos o substancias venenosas y corrosivas en la pesca marítima [Gesetz über die Verwendung von Sprengstoffen, Giften und ätzenden Mitteln in der Meeresfischerei] (B. O. 2. 1. 1947; A. 16).

n) Auswanderungswesen. Heimlicher Grenzübertritt

Ley de emigración [Auswanderungsgesetz]. Vom 21. Juli 1971, Nr. 33/71 (B. O. 23. 7. 1971; A. 1390).

Instrucción sobre infracciones y sanciones en materia de emigración [Anweisung über Zuwiderhandlungen in Auswanderungssachen und deren Ahndung]. *Erlassen durch* VO vom 26. September 1963, Nr. 2616/63 (B. O. 26. 10. 1963; A. 1970).

Siehe auch Juzgado especial de emigración *unter II. 3c: Besondere Gerichtsbarkeiten.*

Ley 22. 12. 1949. Sanción penal por entrada clandestina en territorio español [Gesetz über die Bestrafung wegen heimlichen Betretens spanischen Gebietes] (B. O. 24. 12. 1949; A. 1490).

o) Sonstiges

Ley electoral [Wahlgesetz]. Vom 8. August 1907 (G. 10. 8. 1907; C. L. 1. Ser., Bd. 29, S. 391, Nr. 99).

Ley reguladora de la energía nuclear [Gesetz zur Regelung der Kernenergie]. Vom 29. April 1964, Nr. 25/64 (B. O. 4. u. 6. 5. 1964; A. 988, 1406).

Ley de orden público [Gesetz über die öffentliche Ordnung]. Vom 30. Juli 1959, Nr. 45/59 (B. O. 31. 7. 1959; A. 1055). *Geändert durch* Gesetz vom 21. Juli 1971, Nr. 36/1971. *Das Gesetz enthält keine Kriminalstraftatbestände, regelt aber u. a. die Verhängung von Verwaltungsstrafen bei Verstößen gegen die öffentliche Ordnung.*

Textausgabe

z. B. im Rahmen der Reihe „Colección de textos legales" (s. vor I).

Estatuto del vino, de las viñas y de los alcoholes [Statut über Wein, Weinberge und Alkohole]. *Erlassen durch* Gesetz vom 2. Dezember 1970, Nr. 25/70 (B. O. 5. 12. 1970; A. 2009). *Das Gesetz trat sechs Monate nach seiner Veröffentlichung (5. 12. 1970) in Kraft (1. Schlußbestimmung). Dazu:*

Reglamento [Ausführungsvorschriften]. *Erlassen durch* VO vom 23. März 1972, Nr. 835/72 (B. O. 11. 4. 1972. – Berichtigung 31. 7. 1972; A. 685, 1419).

Die Strafbestimmungen des Gesetzes (Art. 119–132) und der Ausführungsvorschriften (Art. 119–132; s. auch 3. Zusatz- u. 3. Übergangsbestimmung) enthalten nur Vorschriften über von Verwaltungsbehörden zu verhängende Sanktionen.

Decreto 1327/63. Infracciones sanitarias en materia de alimentos [Gesundheitspolizeiliche Zuwiderhandlungen im Bereich der Nahrungsmittel]. Vom 5. Juni 1963 (B. O. 15. 6. 1963; A. 1175).

II 1 Spanien

Reglamento de actividades molestas, insalubres, nocivas y peligrosas [VO über belästigende, ungesunde, schädliche und gefährliche Tätigkeiten]. *Erlassen durch* VO vom 30. November 1961, Nr. 2414 (B. O. 7. 12. 1961 u. 7. 3. 1962; A. 1961, Nr. 1736 u. 1923, 1962, Nr. 418). *Die in der Verordnung angedrohten Rechtsfolgen sind durch Verwaltungsbehörden zu verhängen.*

Textausgabe

ACTIVIDADES MOLESTAS, INSALUBRES, NOCIVAS Y PELIGROSAS. 2. Aufl. Madrid: Boletín Oficial del Estado 1969. (Col. de textos legales. 37.)

II. Strafverfahrensrecht – Texte –

Gesamtausgaben oder Sammlungen von Gesetzen

Vgl. die Angaben vor I sowie unter I: Gesamtausgaben.

1. Gerichtsverfassungsrecht: Verfassung der ordentlichen Strafgerichtsbarkeit

Allgemein und höhere Gerichtsbarkeit

Ley provisional sobre organización del poder judicial [Gesetz über die einstweilige Regelung der Verfassung der richterlichen Gewalt]. Vom 15. September 1870 (G. 15. 9. 1870; C. L. Bd. 104, S. 967, Nr. 625). *Letzte Änderungen durch* Gesetze vom 20. Dezember 1952 (B. O. 22. 12. 1952 u. 2. 1. 1953; A. 1952, Nr. 1716 u. 1953, Nr. 6) *und* 26. Dezember 1957 (B. O. 28. 12. 1957; A. 1799). *Nicht wenige Bestimmungen sind durch spätere Vorschriften überholt oder in ihrer Wirksamkeit eingeschränkt.*

Ley adicional a la orgánica del poder judicial [Zusatzgesetz zum Gesetz über die Verfassung der richterlichen Gewalt]. Vom 14. Oktober 1882 (G. 15. 10. 1882; B. L. Bd. 69, S. 209). *Verschiedene Bestimmungen sind durch spätere Vorschriften überholt, ergänzt oder inhaltlich verändert.*

Textausgabe

Gerichtsverfassungsgesetz und Zusatzgesetz sind wiedergegeben bei L. MEDINA - M. MARAÑON: Leyes penales de España ... *(s. unter I: Gesamtausgaben).*

Reform

ANTEPROYECTO DE BASES PARA LA LEY ORGÁNICA DE LA JUSTICIA [Entwurf von Grundlagen für ein Gerichtsverfassungsgesetz]. *In:* REV. DE DERECHO PROCESAL, *1968, S. 644–680.*

Zu beachten auch:

Ley orgánica del Estado [Staatsorganisationsgesetz]. Vom 10. Januar 1967, Nr. 1/67 (B. O. 11. 1. 1967; A. 50). Art. 29–36.

Ferner:

Ley 10/68. Amplía competencia de Audiencias provinciales en materia civil [Gesetz zur Erweiterung der Zuständigkeit der Provinzialgerichte in Zivilsachen]. Vom 20. Juni 1968 (B. O. 21. 6. 1968; A. 1096).

Das Oberste Gericht

Für das Oberste Gericht (Tribunal Supremo) *sind zusätzlich zu den vorgenannten Gesetzen einige besondere Bestimmungen (vor allem über seine Zusammensetzung, Besetzung der einzelnen Spruchkörper, Besetzung freier Stellen usw.) zu beachten:*

Ley de reorganización del Tribunal Supremo [Gesetz über die Neuordnung des Obersten Gerichts]. Vom 17. Juli 1945 (B. O. 19. 7. 1945; A. 982). *Geändert durch* Gesetz vom 23. Dezember 1948 (B. O. 25. 12. 1948; A. 1544). *Erläuternd:* VO vom 12. September 1945 (B. O. 28. 9. 1945; A. 1285).

Weitere Vorschriften über das Oberste Gericht, die teilweise gegenüber dem Gesetz vom 17. Juli 1945 abweichende Anordnungen treffen:

Gesetz vom 20. Dezember 1952 (s. o.), VO vom 16. Februar 1951 (B. O. 1. 3. 1951; A. 265), Gesetzesverordnung vom 22. April 1955 (B. O. 22. 5. 1955; A. 727), VO vom 14. Juni 1957 (B. O. 29. 6. 1957; A. 890), Erlaß vom 6. September 1957 (B. O. 9. 9. 1957; A. 1238), Gesetz vom 27. Dezember 1956 (B. O. 28. 12. 1956; A. 1890), Gesetzesverordnung vom 25. Januar 1962, Nr. 3/62 (B. O. 27. 1. 1962; A. 160), VO vom 28. Dezember 1967, Nr. 3330/67 (B. O. 22. 1. u. 2. 2. 1968; A. 138 u. 230), *u. a. Vgl. ferner* Ley orgánica del Estado *(s. o.), Art. 58.*

Vgl. auch unter ‚Richterrecht‘.

Schwurgerichte

Vgl. hierzu unter II. 2: Schwurgerichte.

Gerichtsaufsicht

Ley 20. 12. 1952. Reorganiza la inspección de tribunales ... [Gesetz, das die Gerichtsaufsicht neu ordnet ...] (B. O. 22. 12. 1952 u. 2. 1. 1953; A. 1952, Nr. 1716 u. 1953, Nr. 6). *Dazu:*

Reglamento de la Inspección de tribunales [Ordnung der Gerichtsaufsicht]. *Erlassen durch* VO vom 11. Dezember 1953 (B. O. 19. 12. 1953; A. 1679).

Vgl. auch Art. 709–730 *des oben genannten Gesetzes über die einstweilige Regelung der Verfassung der richterlichen Gewalt vom 15. September 1870.*

249

Spanien II 1

Die Gemeindegerichtsbarkeit

Ley reorganizando la administración de justicia en los juzgados municipales [Gesetz zur Neuordnung der Rechtspflege in den Gemeindegerichten]. Vom 5. August 1907 (G. 7. 8. 1907; C. L. 1. Ser., Bd. 29, S. 203, Nr. 87). *Das Gesetz ist durch spätere Vorschriften weitgehend aufgehoben oder außer Kraft gesetzt worden.*

Ley de bases para la reforma de la justicia municipal [Gesetz über Grundlagen zur Reform der Gemeindegerichtsbarkeit]. Vom 19. Juli 1944 (B. O. 21. 7. 1944; A. 1040). *Letzte Änderungen durch Gesetze vom 8. April 1967, Nr. 3/67 (Aufhebungsbestimmung), und 8. April 1967, Nr. 19/67 (1. Schlußbestimmung) (s. u.).*

Decreto 24. 1. 1947. Justicia municipal. Regula su competencia [VO über die Gemeindegerichtsbarkeit, die deren Zuständigkeit regelt] (B. O. 12. 2. 1947; A. 202). *Geändert durch Gesetz vom 23. Juli 1966, Nr. 46/66 (B. O. 25. 7. 1966; A. 1391) (Art. 5) und Gesetz vom 8. April 1967, Nr. 3/67 (Aufhebungsbestimmung).*

Gesetz vom 8. April 1967, Nr. 3/67 (B. O. 11. 4. 1967; A. 700), Art. 4.

Gesetz vom 8. April 1967, Nr. 19/67 (B. O. 11. 4. 1967; A. 708).

Hingewiesen werden kann noch auf die Gesetze vom 17. Juli 1948 (B. O. 18. 7. 1948; A. 914) *und* 23. Juli 1966, Nr. 46/66 (B. O. 25. 7. 1966; A. 1391).

Textausgabe

Die Vorschriften über die Zuständigkeit der Gemeindegerichtsbarkeit in Strafsachen und das Verfahren bei Übertretungen sind enthalten in der unter II. 2: ‚Grundlegendes Gesetz' genannten Amtlichen Ausgabe der Ley de Enjuiciamiento Criminal.

Gerichtsaufsicht in der Gemeindegerichtsbarkeit

Decreto 29. 3. 1946. Justicia municipal. Normas para inspección [VO, enthaltend Vorschriften zur Aufsicht in der Gemeindegerichtsbarkeit] (B. O. 10. 4. 1946; A. 611). *Dazu:* Rundschreiben (Circular) vom 15. Juni 1946 (Boletín Oficial de la Justicia Municipal 11. 9. 1946; A. 1422).

Die Gemeindegerichte sind in Strafsachen zuständig zur Aburteilung der Übertretungen in erster Instanz. Das Übertretungsstrafverfahren ist geregelt in Art. 962–982 des Kriminalverfahrensgesetzes (s. unter II. 2: Grundlegendes Gesetz) und der VO vom 21. November 1952 (s. unter II. 2: Ergänzende Vorschriften).

Besondere Gerichte innerhalb der ordentlichen (Straf-)Gerichtsbarkeit

Juzgados y Salas de apelación de peligrosidad y rehabilitación social [Gerichte und Berufungssenate für Sozialgefährlichkeit und Resozialisierung]

Gerichtsverfassung und Verfahren sind (unter ergänzender Geltung der allgemeinen Vorschriften) geregelt in:

Ley de peligrosidad y rehabilitación social [Gesetz über Sozialgefährlichkeit und Resozialisierung]. Vom 4. August 1970, Nr. 16/70. *Siehe dazu unter I. 2a: Recht der Sicherungsmaßnahmen gegen Sozialgefährliche.*

Reglamento de la ley de peligrosidad y rehabilitación social [Ordnung zur Anwendung des Gesetzes über Sozialgefährlichkeit und Resozialisierung]. *Erlassen durch* VO Nr. 1144/71 vom 13. Mai 1971. *Siehe dazu unter I. 2a: Recht der Sicherungsmaßnahmen gegen Sozialgefährliche.*

Erlaß vom 3. Juni 1971 (B. O. 8. 6. 1971; A. 1091). *Er enthält ergänzende Vorschriften über die in der Überschrift genannten Gerichte.*

Die Gerichte für Sozialgefährlichkeit und Resozialisierung sind an die Stelle der bisherigen Juzgados de vagos y maleantes [Gerichte für Landstreicher und Übeltäter] *getreten. Deren Gerichtsverfassung und Verfahren waren bisher (ebenfalls unter ergänzender Geltung der allgemeinen Vorschriften) geregelt in:*

Ley de vagos y maleantes vom 4. August 1933; Reglamento vom 3. Mai 1935 *(s. unter I. 2a: Recht der Sicherungsmaßnahmen gegen Sozialgefährliche).*

Ley 24. 4. 1958. Vagos y maleantes. Juzgados especiales de Madrid y Barcelona [Gesetz über Besondere Gerichte für Landstreicher und Übeltäter in Madrid und Barcelona] (B. O. 25. 4. 1958; A. 769).

Decreto 1192/66. Competencia territorial de los Juzgados especiales y composición de la Sala especial [VO über die örtliche Zuständigkeit der Besonderen Gerichte und Zusammensetzung des Besonderen Senats]. Vom 5. Mai 1966 (B. O. 14. 5. 1966; A. 898).

Gerichte für Sozialgefährlichkeit und Resozialisierung sind näher bezeichnete „Untersuchungsrichter und Richter erster Instanz" als Einzelrichter, die bei entsprechendem Arbeitsanfall ausschließlich mit dieser Aufgabe betraut werden können. Für Madrid und Barcelona bestehen eigene Gerichte dieser Art, die nur für die Anwendung des Gesetzes über Sozialgefährlichkeit zuständig sind. Berufungsgericht für ganz Spanien ist ein besonderer Senat des Territorialgerichts Madrid; weitere Berufungsgerichte können bei Bedarf eingerichtet werden.

Die genannten Gerichte führen zur Verhängung von Sicherungsmaßnahmen gegen sozialgefährliche Personen selbständige Verfahren durch, die unabhängig von der Aburteilung wegen eines begangenen Verbrechens sind. Die (bisher daneben bestehende) Möglichkeit zur Verhängung dieser Maßnahmen im Rahmen des normalen Strafverfahrens (vgl. unter II. 2: Ergänzende Vorschriften) wurde durch das neue Gesetz vom 4. August 1970 beseitigt.

Tribunal de orden público
[Gericht für die öffentliche Ordnung]

Ley 154/63. Orden público. Crea juzgado y tribunal [Gesetz über die Errichtung des Gerichts und Untersuchungsgerichts für die öffentliche Ordnung]. Vom 2. Dezember 1963 (B. O. 5. 12. 1963; A. 2261). *Änderungen durch Gesetz vom 8. April 1967, Nr. 3/67 (B. O. 11. 4. 1967; A. 700) (Aufhebungsbestimmung, Abs. 2), und durch Gesetzesverordnung vom 16. August 1968, Nr. 9/68 (B. O. 17. 8. 1968; A. 1496 – s. unter I. 2a: Staatsschutz) sowie durch Gesetz vom 15. November 1971, Nr. 44/71 (s. unter I. 1). Siehe auch die VO vom 13. April 1972, Nr. 1314 (B. O. 29. 5. 1972; A. 988).*

Das Gericht ist im Rahmen der ordentlichen Gerichtsbarkeit (d. h. soweit insbesondere nicht die Militärgerichtsbarkeit berufen ist) ausschließlich zuständig zur Aburteilung a) der im Gesetz vom 2. Dezember 1963 näher bezeichneten Staatsschutzsachen und aus politischen oder sozialen Beweggründen begangenen Taten, b) der Zusammenhangstaten. Das Verfahren richtet sich im wesentlichen nach dem Kriminalverfahrensgesetz, Art. 779–789, 793–802 (s. unter II. 2: Grundlegendes Gesetz). Vor Inkrafttreten des Gesetzes Nr. 44/71 vom 15. November 1971 (s. unter I. 1) war das Gericht außerdem zuständig zur Aburteilung der nach der VO Nr. 1794/60 vom 21. September 1960 (s. unter I. 2a: Staatsschutz) strafbaren Handlungen, soweit die Militärgerichtsbarkeit den ordentlichen Gerichten die Verfolgung überließ, und der im Gesetz vom 1. März 1940 (s. unter I. 2a: Staatsschutz) unter Strafe gestellten Taten. Bis zur Änderung des Gesetzes über die öffentliche Ordnung durch das Gesetz vom 21. Juli 1971 (s. unter I. 2o) hatte es ferner nach Erklärung des Ausnahmezustandes alle Verbrechen abzuurteilen, die gemäß Art. 2 des Gesetzes vom 30. Juli 1959 als gegen die öffentliche Ordnung gerichtet zu betrachten sind. Soweit es jetzt noch für diese Taten unter der genannten Voraussetzung zuständig ist, sind als besondere Verfahrensvorschriften zu beachten:

Ley de orden público [Gesetz über die öffentliche Ordnung]. Vom 30. Juli 1959, Nr. 45/59 (B. O. 31. 7. 1959; A. 1055). Art. 43–47. *Vgl. I. 2o.*

Richterrecht

Allgemein

Ley 11/66. Ordenación orgánica de los funcionarios de la administración de justicia [Gesetz über die in der Rechtspflege tätigen Amtsträger]. Vom 18. März 1966 (B. O. 19. 3. 1966; A. 516).

Ley 96/66. Acceso de la mujer a los cargos de magistrado, juez y fiscal [Gesetz über die Zulassung der Frau zu den Ämtern des Richters und des Staatsanwalts]. Vom 28. Dezember 1966 (B. O. 29. 12. 1966; A. 2351). *Das Gesetz hebt das bisherige Verbot (in Art. 3 Nr. 2 Buchst. c des Gesetzes Nr. 55/61 vom 22. Juli 1961 über die Rechte der Frau in Politik, Beruf und Arbeit – B. O. 24. 7. 1961; A. 1041, 1104 –) auf, Richter- und Staatsanwaltsstellen außerhalb der Jugend- und Arbeitsgerichtsbarkeit mit Frauen zu besetzen.*

Reglamento de la Escuela Judicial [Ordnung der Richterschule]. *Erlassen durch* VO vom 27. Januar 1968, Nr. 204/68 (B. O. 12. u. 15. 2. 1968; A. 274). *Geändert durch* VO vom 12. Juni 1969, Nr. 1280/69 (B. O. 30. 6. 1969; A. 1193).

Zu beachten sind auch die einschlägigen Vorschriften der unter II.1: ‚Allgemein' genannten gerichtsverfassungsrechtlichen Gesetze.

Höhere Gerichtsbarkeit

Reglamento orgánico de la carrera judicial y magistrados del Tribunal Supremo [Ordnung der Richterlaufbahn und für die Richter am Obersten Gericht]. *Erlassen durch* VO vom 28. Dezember 1967, Nr. 3330/67 (B. O. 22. 1. u. 2. 2. 1968; A. 138 u. 230).

Decreto 975/71. Plantilla de destinos del personal de la carrera judicial [VO über den Stellenplan für das Personal der Richterlaufbahn]. Vom 22. April 1971 (B. O. 10. u. 14. 5. 1971; A. 918 u. 962).

Gemeindegerichtsbarkeit

Reglamento orgánico del cuerpo de jueces municipales y comarcales y de los jueces de paz [Ordnung der Laufbahn der Gemeinde- und Kreisrichter und für die Friedensrichter]. *Erlassen durch* VO vom 19. Juni 1969, Nr. 1354/69 (B. O. 5. 7. 1969; A. 1261).

Anhang: Staatsanwaltschaft

Siehe zunächst die unter ‚Allgemein' genannten Vorschriften. Sodann sind zu beachten:

Estatuto del Ministerio fiscal [Statut der Staatsanwaltschaft]. *Erlassen durch* Kgl. VO vom 21. Juni 1926 (G. 23. u. 24. 6. 1926; B. L. Bd. 202, S. 889, Nr. 186). *Änderungen durch Gesetz vom 20. Dezember 1952 (s. II. 1), Art. 12, und VO vom 2. Mai 1968, Nr. 1019/68 (B. O. 25. 5. 1968; A. 932), Schlußbestimmung Nr. 19, 20.*

Reglamento orgánico del Estatuto del Ministerio fiscal [Organisationsordnung zum Statut der Staatsanwaltschaft]. *Erlassen durch* VO vom 27. Februar 1969, Nr. 437/69 (B. O. 25. 3. u. 5. 5. 1969; A. 520 u. 840).

Decreto 1647/66. Plantilla de destinos de la carrera fiscal [VO über den Stellenplan für die staatsanwaltschaftliche Laufbahn]. Vom 30. Juni 1966 (B. O. 12. 7. 1966; A. 1290).

Reglamento orgánico del cuerpo de fiscales municipales y comarcales y de los de juzgados de paz [Ordnung der Laufbahn der Gemeinde- und Kreisstaatsanwälte und für die Staatsanwälte bei den Friedensgerichten]. *Erlassen durch* VO vom 23. April 1970, Nr. 1371/70 (B. O. 25. 5. u. 9. 7. 1970; A. 903 u. 1128).

2. Strafverfahrensrecht: Verfahren der ordentlichen Gerichtsbarkeit

Grundlegendes Gesetz

Ley de enjuiciamiento criminal [Kriminalverfahrensgesetz]. Vom 14. September 1882 (G. ab 17. 9. 1882; B. L.

Bd. 69, S. 5). *Letzte Änderung durch Gesetz vom 8. April 1967, Nr. 3/67 (B. O. 11. 4. 1967; A. 700).*

Textausgaben

Das Gesetz ist mit einer Reihe von ergänzenden Vorschriften und Nebengesetzen enthalten in den unter I: ‚Gesamtausgaben' genannten Sammlungen.

Einzelausgaben

Ley de Enjuiciamiento Criminal. Ed. oficial. 3. Aufl. Madrid: Min. de Justicia y Boletín Oficial del Estado 1967. (Col. de textos legales. 40.) *Amtliche Ausgabe, die auch alle Fassungen geänderter Artikel sowie die Änderungsgesetze und einige ergänzende Vorschriften enthält. Weitere Einzelausgaben sind erschienen bei verschiedenen privaten Verlagen wie z. B. Reus (Madrid), Bosch (Barcelona) usw.*

Reform

Anteproyecto de bases para un Código procesal penal [Entwurf von Grundlagen für ein Strafprozeßgesetzbuch]. *In:* Rev. de derecho procesal, *1968, S. 710–727. Zugl. in:* Anuario de derecho penal y ciencias penales, *1969, S. 109–124.*

Ergänzende Vorschriften

Übertretungsstrafverfahren

Für das Verfahren bei Übertretungen ist auch zu beachten:

Decreto 21. 11. 1952. Justicia municipal. Normas procesales [VO über Verfahrensvorschriften für die Gemeindegerichtsbarkeit] (B. O. 2. 12. 1952; A. 1612). Art. 1–18, 65.

Vgl. auch unter II. 1: Gemeindegerichtsbarkeit.

Textausgabe

Der Wortlaut der Art. 1–18 der VO ist enthalten in den unter I: ‚Gesamtausgaben' genannten Sammlungen und in der oben unter ‚Grundlegendes Gesetz' angeführten amtlichen Ausgabe.

Verfahren zur Verhängung von Sicherungsmaßnahmen

Für die Verhängung von Sicherungsmaßnahmen gegen Sozialgefährliche in selbständigen Verfahren durch die Gerichte für Sozialgefährlichkeit und Resozialisierung sind Verfahrensvorschriften enthalten in:

Ley de peligrosidad y rehabilitación social. Vom 4. August 1970.

Reglamento. Vom 13. Mai 1971.

Siehe zu beiden unter I. 2a: Recht der Sicherungsmaßnahmen gegen Sozialgefährliche sowie unter II. 1: Besondere Gerichte innerhalb der ordentlichen (Straf-)Gerichtsbarkeit.

Mit dem Inkrafttreten des neuen Gesetzes über Sozialgefährlichkeit und Resozialisierung vom 4. August 1970 (s. an den zitierten Stellen) können Maßnahmen nach diesem Gesetz (und zwar nicht nur gegen vordeliktisch Gefährliche, sondern auch gegen Personen, die wegen drei oder mehr begangener Verbrechen abgeurteilt worden und als Gewohnheitsverbrecher anzusehen sind) nur noch durch die dafür vorgesehenen besonderen Gerichte in einem selbständigen Verfahren verhängt werden. Nach bisherigem Recht waren Sicherungsmaßnahmen gegen Rückfall- oder Wiederholungstäter sowie gegen sonst gefährliche Täter strafbarer Handlungen (im Unterschied zu den Maßnahmen gegen vordeliktisch gefährliche Personen) innerhalb des ordentlichen Strafverfahrens auszusprechen, wofür die unter II. 1: Besondere Gerichte . . . (unter ‚Juzgado y Salas de apelación de peligrosidad . . .') als aufgehoben genannten Vorschriften ergänzende Bestimmungen enthielten.

Strafverfahren im Ausnahmezustand

Für die nach Erklärung des Ausnahmezustandes wegen Verbrechen gegen die öffentliche Ordnung i. S. des Art. 2 des Gesetzes über die öffentliche Ordnung vom 30. Juli 1959 (s. unter I. 2o) stattfindenden Verfahren sind einige besondere Vorschriften enthalten in:

Ley de orden público *(s. I. 2o)*, Art. 43–47.

Verfahren des Gerichts für die öffentliche Ordnung

s. ‚Tribunal de orden público' unter II. 1: Besondere Gerichte . . .

Weitere ergänzende Vorschriften

Ley sobre abono de tiempo de prisión preventiva en las causas criminales [Gesetz über die Anrechnung der Untersuchungshaft in Strafsachen]. Vom 17. Januar 1901 (G. 18. 1. 1901; C. L., 1. Ser., Bd. 8, S. 133, Nr. 31). Art. 4. 5. *Die übrigen Vorschriften des Gesetzes sind seit 1932 durch Art. 33 StGB überholt. Vgl. zum Gesetz auch den erläuternden Kgl. Erlaß vom 29. Januar 1901 (G. 31. 1. 1901; C. L., 1. Ser., Bd. 8, S. 190, Nr. 64).*

Ley confiriendo a los tribunales ordinarios la atribución de otorgar . . . la condena condicional . . . [Gesetz, das den ordentlichen Gerichten die Befugnis erteilt, . . . die bedingte Verurteilung zu gewähren . . .]. Vom 17. März 1908 (G. 19. 3. 1908; C. L., 1. Ser., Bd. 31, S. 643, Nr. 233). *Genannt* Ley de condena condicional [Gesetz über die bedingte Verurteilung]. *An die Stelle der Art. 1–5 sind die Art. 92–97 StGB getreten; die übrigen Vorschriften gelten weiter. Vgl. zum Gesetz auch die Ausführungsvorschriften der Kgl. VO vom 23. März 1908 (G. 24. 3. 1908; C. L., 1. Ser., Bd. 31, S. 654, Nr. 239).*

Schwurgerichte

Ley estableciendo el juicio por jurados para determinados delitos [Gesetz über die Einrichtung des Geschworenenverfahrens für bestimmte Verbrechen] – *genannt* „Ley del jurado" [Schwurgerichtsgesetz]. Vom 20. April 1888 (G. 25. 4. 1888; B. L. Bd. 82, S. 643). *Erheblich geändert durch VO vom 22. September 1931 (G. 24. u. 30. 9. 1931; B. L.*

Bd. 230, S. 195, Nr. 1654; A. 1101) *und* Gesetz vom 27. Juli 1933 (G. 6. 8. 1931; B. L. Bd. 239, S. 200, Nr. 1117; A. 1145).

Durch VO vom 8. September 1936, Nr. 102 (B. O. 12. 9. 1936; A. 1546) *wurde die Tätigkeit der Schwurgerichte eingestellt* (Art. 1). *Praktisch sind die Schwurgerichte damit aufgehoben.*

Strafverfahren gegen bestimmte Personengruppen

Für Strafverfahren gegen bestimmte Personengruppen gibt es eine Reihe von (die Zuständigkeit oder das Verfahren oder beides betreffenden) besonderen Vorschriften, die größere oder geringere Abweichungen von den allgemeinen Vorschriften enthalten und sich z. T. in den allgemeinen, z. T. in besonderen Gesetzen, aber auch in völkerrechtlichen Verträgen befinden. Von den recht zahlreichen und verstreuten Vorschriften dieser Art seien hier einige genannt. Neben ihnen sind auch die Zuständigkeitsbestimmungen der Art. 272 ff. des Gerichtsverfassungsgesetzes und des Art. 4 des Zusatzgesetzes dazu (zu beiden s. unter II. 1: Allgemein) zu beachten.

Betr. Abgeordnete der Cortes
Ley declarando los tribunales que han de entender en el conocimiento de las causas contra senadores y diputados [Gesetz zur Bezeichnung der Gerichte, die in Verfahren gegen Senatoren und Abgeordnete zu erkennen haben]. Vom 9. Februar 1912 (G. 10. 2. 1912; C. L., 1. Ser., Bd. 44, S. 290, Nr. 95). *Dazu:*

Ley constitutiva de las Cortes [Gesetz über die Errichtung der Cortes], i. d. F. der VO vom 20. April 1967, Nr. 779/1967 (B. O. 21. 4. 1967; A. 767). Art. 5.

Reglamento de las Cortes [Ordnung der Cortes]. *Erlassen durch* Gesetz vom 15. November 1971 (B. O. 16. 11. 1971). Art. 9. 10.

Betr. Würdenträger und sonstige Angehörige der Falange
Ley de fueros especiales de las jerarquías de F. E. T. y de las J. O. N. S.* [Gesetz über besondere Gerichtsstände für die Führer der Falange]. Vom 22. Februar 1941 (B. O. 5. 3. 1941; A. 423).

Vgl. dazu auch die Ley orgánica del Movimiento y de su Consejo Nacional [Gesetz über die Organisation der Bewegung und ihres Nationalrates] vom 28. Juni 1967, Nr. 43/1967 (B. O. 1. 7. 1967; A. 1277), Art. 27, *sowie das durch* VO vom 24. September 1968, Nr. 2416/68 (B. O. 5. 10. 1968; A. 1730) *erlassene* Reglamento del Consejo Nacional del Movimiento [Ordnung des Nationalrats der Bewegung], Art. 12, 13.

Ley sobre actuación en jurisdicciones contra afiliados a F. E. T. y de las J. O. N. S. [Gesetz über das Vorgehen gegen Angehörige der Falange in gerichtlichen Verfahren]. Vom 9. September 1939 (B. O. 11. 9. 1939; A. 1166).

Betr. Mitglieder des Rates des Königreiches
Ley orgánica del Consejo del Reino [Gesetz über die Verfassung des Rates des Königreichs]. Vom 22. Juli 1967, Nr. 48/67 (B. O. 24. 7. 1967; A. 1429). Art. 16.

Betr. Minister, Träger der Hoheitsgewalt und andere Amtsträger in der Staatsverwaltung
Ley orgánica del Estado *(s. unter II. 1: Allgemein)*. Art. 20 Abs. 2.

Ley de régimen jurídico de la Administración del Estado [Gesetz über die rechtliche Ordnung der Staatsverwaltung]. *Neufassung* (Texto refundido) *durch* VO vom 26. Juli 1957 (B. O. 31. 7. u. 22. 8. 1957; A. 1058 u. 1178). Art. 44 ff.

Betr. Vorsitzende und Mitglieder der Vertretungskörperschaften von Gemeinden und Provinzen
Ley de régimen local [Gesetz über die Kommunal- und Provinzialverwaltung]. *Erlassen durch* VO vom 16. Dezember 1950 (B. O. ab 29. 12. 1950; A. 1950, Nr. 1539 und 1951, Nr. 744). *Neufassung* (Texto refundido) *durch* VO vom 24. Juni 1955 (B. O. 10. 7., 16. 7. u. 8. 10. 1955; A. 1955, Nr. 957 u. 1956, Nr. 74, 101). *Letzte Änderung durch* Gesetz vom 5. Dezember 1968, Nr. 82/68 (B. O. 7. 12. 1968; A. 2126). Art. 415–417.

Reglamento de organización, funcionamiento y régimen jurídico de las corporaciones locales [Ordnung der Verfassung, Wirkungsweise und rechtlichen Kontrolle der kommunalen und provinzialen Körperschaften]. *Erlassen durch* VO vom 17. Mai 1952 (B. O. 7. 6. 1952; A. 834 u. 1642). *Letzte Änderung durch* VO vom 22. August 1970, Nr. 2483/70 (B. O. 8. 9. 1970; A. 1477). Art. 385–387.

Betr. Polizeibeamte
Decreto 28. 7. 1944 (B. O. 24. 8. 1944; A. 1227). Normas en procedimiento criminal contra los funcionarios de policía [Vorschriften, die im Strafverfahren gegen Amtsträger der Polizei anzuwenden sind].

Betr. Richter
Gerichtsverfassungsgesetz *(s. unter II.1: Allgemein)*, Art. 8, 245–259, 276 Nr. 3, 281 Nr. 3, 284 Nr. 4, 5.

Zusatzgesetz zum Gerichtsverfassungsgesetz *(s. unter II. 1: Allgemein)*, Art. 4, letzter Absatz.

Kriminalverfahrensgesetz *(s. unter II. 2: Grundlegendes Gesetz)*, Art. 757–758.

Betr. Staatsanwälte
Gerichtsverfassungsgesetz *(s. unter II. 1: Allgemein)*, Art. 276 Nr. 3, 281 Nr. 3, 284 Nr. 4.

Zusatzgesetz zum Gerichtsverfassungsgesetz *(s. unter II. 1: Allgemein)*, Art. 4, letzter Absatz.

---

* Falange Española Tradicionalista y de las Juntas de Ofensiva Nacional Sindicalista (Abkürzung: F. E. T. y de las J. O. N. S.) ist der Name der spanischen Staatspartei.

Spanien II 3 a

Statut der Staatsanwaltschaft *(s. unter II. 1: Richterrecht)*, Art. 33.

Organisationsordnung der Staatsanwaltschaft *(s. unter II. 1: Richterrecht)*, Art. 148–150.

Ordnung der Laufbahn der Gemeindestaatsanwälte und für die Staatsanwälte bei den Friedensgerichten *(s. unter II. 1: Richterrecht)*, Art. 59, 71 Abs. 1.

Betr. Geistliche

Concordato con la Santa Sede [Konkordat mit dem Heiligen Stuhl]. Vom 27. August 1953. *Ratifiziert am 26. Oktober 1953* (B. O. 19. 10., 19. 11. u. 7. 12. 1953; A. 1371, 1515 u. 1617). Art. XVI.

3. Wichtige Nebengesetze zum Gerichtsverfassungs- und Verfahrensrecht

a) Jugendgerichtsbarkeit: Tribunales tutelares de menores [Jugendpflegegerichte]

Ley de tribunales tutelares de menores. Vom 11. Juni 1948.
Reglamento de tribunales tutelares de menores. Vom 11. Juni 1948.

Zu beiden vgl. I. 2b. Sie regeln (neben materiellem Jugendpflegerecht, in dem das frühere Jugendstrafrecht aufgegangen ist) Verfassung und Verfahren der Jugendpflegegerichte.

b) Militärgerichtsbarkeit

Código de justicia militar [Militärjustizgesetzbuch]. Vom 17. Juli 1945 *(s. I. 2c)*.

Das Gesetz enthält Militärgerichtsverfassungsrecht, Militärstrafrecht und Militärstrafverfahrensrecht. Es gilt für die Gerichte aller drei Wehrmachtteile. Die Militärgerichtsbarkeit ist zuständig zur Aburteilung aller nach dem Militärjustizgesetzbuch und anderen Militärstrafgesetzen strafbaren Handlungen; diese können vor allem im Bereiche des Staatsschutzes zu einem großen Teil auch von Zivilpersonen begangen werden. Außerdem sind die Militärgerichte ohne Rücksicht auf die Person des Täters zuständig bei bestimmten, die militärischen Interessen in irgendeiner Weise berührenden oder in militärischen Schutzbereichen begangenen strafbaren Handlungen. Ferner unterliegen ihnen mit gewissen Ausnahmen die von Soldaten und Gleichgestellten begangenen Taten. Darüber hinaus kann ihre Zuständigkeit durch besondere Vorschrift angeordnet werden.

Als besondere Gesetze für die Militärgerichtsbarkeit in Strafsachen können genannt werden:

Ley penal y procesal de la navegación aérea [Straf- und Verfahrensgesetz für die Luftfahrt]. Vom 24. Dezember 1964, Nr. 209/64 *(s. I. 2h). Es schafft das Luftfahrtgericht als besonderes Militärgericht und enthält neben materiellrechtlichen auch strafverfahrensrechtliche Vorschriften.*

Ley penal y disciplinaria de la marina mercante [Straf- und Disziplinargesetz für die Handelsmarine]. Vom 22. Dezember 1955 *(s. I. 2h)*.

Ley de orden público. Vom 30. Juli 1959, Nr. 45/59. Art. 39 Abs. 3 Buchst. d, Abs. 4, 5 *(betr. die der Militärgerichtsbarkeit nach Verkündung des Kriegszustandes zugewiesenen Taten). Zu diesem Gesetz vgl. auch I. 2 o und ‚Tribunal de orden público' unter II. 1: Besondere Gerichte ... sowie II. 2: Ergänzende Vorschriften.*

Im Bereich des Staatsschutzes waren bis zum Gesetz Nr. 44/71 vom 15. November 1971 (s. unter I. 1) auch zu beachten:

Decreto 21. 9. 1960. Rebelión militar y bandidaje y terrorismo.

Decreto-ley 16. 8. 1968. Represión de delitos de bandidaje y terrorismo.

Zu den beiden letztgenannten s. unter I. 2a: ‚Staatsschutz' u. ‚Tribunal de orden público' unter II. 1: Besondere Gerichte ..

c) Sonstige Nebengesetze

Besondere Gerichtsbarkeit
(Verfassung und Verfahren)

Hier sind – außer der Jugend- und der Militärgerichtsbarkeit (s. II. 3a und b) – die folgenden, nicht zur ordentlichen Strafgerichtsbarkeit gehörenden Gerichtsbarkeiten zu nennen (zu den besonderen Gerichten innerhalb der ordentlichen Strafgerichtsbarkeit vgl. II. 1: Besondere Gerichte ...). Bei verschiedenen der als „Gerichte" bezeichneten Organe ist allerdings die staatsrechtliche Gerichtsqualität zumindest zweifelhaft.

Tribunal de defensa de la competencia
[Gericht zum Schutze des Wettbewerbs]

Ley sobre represión de prácticas restrictivas de la competencia. Vom 20. Juli 1963 *(s. I. 2e)*.

Verfassung, Zuständigkeit und Verfahren des Gerichts sind näher geregelt im:

Reglamento del Tribunal de defensa de la competencia [Ordnung des Gerichts zum Schutze des Wettbewerbs]. *Erlassen durch* VO vom 4. März 1965, Nr. 538/65 (B. O. 15. 3. 1965; A. 541).

Zu beachten auch: Gesetzesverordnung vom 8. Oktober 1970, Nr. 12/70 (B. O. 19. 10. 1970; A. 1706).

Zur Verfolgungsbehörde und deren Verfahren vgl.:

Reglamento orgánico funcional y de procedimiento del Servicio de defensa de la competencia [Ordnung über Organisation, Aufgaben und Verfahren des Amtes zum Schutze des Wettbewerbs]. *Erlassen durch* VO vom 5. Februar 1970, Nr. 422/70 (B. O. 24. 2. u. 17. 4. 1970; A. 312 u. 675).

Tribunales de contrabando
[Gerichte für Konterbande]

Ley de contrabando, i. d. F. vom 16. Juli 1964 *(s. I. 2g)*.

Ergänzend sind zu beachten:

Decreto 2764/67. Reorganiza administración civil para reducir el gasto público [VO, welche die Zivilverwaltung zur Verminderung der öffentlichen Ausgaben neu ordnet]. Vom 27. November 1967 (B. O. 28. 11. 1967; A. 2234). Art. 4 Abs. 2.

Decreto 33/68. Reestructura el tribunal económico–administrativo central [VO, welche das Zentrale Wirtschaftsverwaltungsgericht neu gliedert]. Vom 11. Januar 1968 (B. O. 12. u. 23. 1. 1968; A. 57 u. 149).

Juzgado de delitos monetarios
[Gericht für Währungsverbrechen]

Ley penal y procesal para delitos monetarios. Vom 24. November 1938 *(s. I. 2g).*

Ergänzend sind zu beachten:

Gesetz vom 20. Februar 1942; Gesetz über Konterbande vom 16. Juli 1964 *(zuvor genannt)*, Art. 56, 116; VO vom 11. Januar 1968, Nr. 33/68 *(zuvor genannt).*

Juzgado especial de emigración
[Besonderes Gericht für das Auswanderungswesen]

Dieses Gericht war vorgesehen in der Ley de ordenación de la emigración [Gesetz über die Ordnung des Auswanderungswesens] (erlassen durch VO vom 3. Mai 1962, Nr. 100/62, B. O. 15. 5. 1962; A. 842), ist aber offenbar nicht errichtet worden. Im neuen Auswanderungsgesetz vom 21. Juli 1971 (s. unter I. 2 n) wird es nicht mehr erwähnt.

Tribunal de las aguas de Valencia
[Wassergericht von Valencia]

VO vom 5. April 1932 (G. 6. 4. 1932; A. 425).

Strafverfahrensrechtliche Nebengesetze

Die strafrechtlichen Nebengesetze (s. I. 2) enthalten vielfach auch Verfahrensvorschriften, deren Umfang von der Regelung eines eigenen Verfahrens bis zu geringfügigen Änderungen oder auch nur näherer Ausgestaltung der allgemeinen Strafverfahrensgesetze reicht. Soweit diese Verfahrensregelungen in Verbindung mit der Schaffung eigener Gerichtsbarkeiten stehen, sind die einschlägigen verfahrens- und gerichtsverfassungsrechtlichen Vorschriften ihrer systematischen Ordnung entsprechend unter II. 1: ‚Besondere Gerichte' ... sowie II. 3a, b und c: ‚Besondere Gerichtsbarkeiten' zusammengefaßt. Im übrigen finden sich verfahrensrechtliche Vorschriften mehr oder minder großen Umfangs z. B. im Wahlgesetz, Statut über gewerbliche Schutzrechte, Jagdgesetz mit Jagdordnung, Flußfischereigesetz, in der unter I. 2e genannten Gesetzesverordnung vom 30. August 1946 usw.

Strafgewalt von Verwaltungsbehörden

Für die Ausübung der den Verwaltungsbehörden in vielen Einzelgesetzen eingeräumten Ahndungsbefugnis (s. I. 2d) enthalten diese Gesetze häufig auch mehr oder minder ausführliche Zuständigkeits- und Verfahrensvorschriften. Eine umfassende Regelung fehlt. Einige allgemeine Vorschriften lediglich subsidiärer Geltung enthält die

Ley de procedimiento administrativo [Gesetz über das Verwaltungsverfahren]. Vom 17. Juli 1958 (B. O. 18. 7., 2. und 13. 9. 1958, 24. 4. 1959; A. 1958, Nr. 1258, 1469 und 1504 sowie 1959, Nr. 585); geändert durch Gesetz Nr. 164/63 vom 2. Dezember 1963 (B.O. 5. 12. 1963; A. 2271). Art. 133–137.

Textausgabe

PROCEDIMIENTO ADMINISTRATIVO. 13. Aufl. Madrid: Min. de Justicia y Boletín Oficial del Estado 1970. (Col. de textos legales. 2.)

Verschiedene besondere Verfahren werden in Art. 1 der VO vom 10. Oktober 1958 (B. O. 28. und 29. 10. 1958; A. 1695; abgedruckt in der vorgenannten Textausgabe) ausdrücklich als neben dem des Verwaltungsverfahrensgesetzes fortgeltend anerkannt: so die Verwaltungssanktionsverfahren des Steuerrechts (s. I. 2g) und des Gesetzes über die öffentliche Ordnung (s. I 2o) sowie die zur Ahndung von Zuwiderhandlungen gegen sozialrechtliche Gesetze vorgesehenen Verwaltungsverfahren. In letztgenannter Hinsicht vgl.:

Decreto 1137/60. Procedimiento de imposición de sanciones por infracción de leyes sociales y liquidación de cuotas de seguridad social [Verfahren zur Verhängung von Sanktionen wegen Zuwiderhandlung gegen Sozialgesetze und zur Einziehung von Sozialversicherungsbeiträgen]. Vom 2. Juni 1960 (B. O. 21. 6. 1960; A. 891).

Zur Strafgewalt der Verwaltungsbehörden im Arbeits- und Sozialrecht ist ferner zu beachten:

Decreto 799/71. Organización y funciones de las delegaciones de trabajo [Organisation und Aufgaben der Arbeitskommissionen]. Vom 3. April 1971 (B. O. 24. 4. und 26. 5. 1971; A. 830 und 1023). *Vgl. dazu auch die VO vom 12. Dezember 1958 (B. O. 22. 12. 1958; A. 2013).*

Auslieferung

Ley de extradición [Auslieferungsgesetz]. Vom 26. Dezember 1958 (B. O. 29. 12. 1958; A. 2076). *Betr. die passive Auslieferung.*

Kriminalverfahrensgesetz *(s. II. 2)*, Art. 824–833. *Betr. die aktive Auslieferung.*

Spanien III

III. Strafvollstreckungsrecht – Texte –

Strafvollstreckung und Strafvollzug

Einschlägige Vorschriften sind enthalten im Kriminalverfahrensgesetz *(s. II. 2),* Art. 983–998, *vereinzelt auch im* Strafgesetzbuch, *vor allem aber in den nachgenannten Bestimmungen.*

Strafvollzug

Wichtigste und umfassende Rechtsquelle ist das

Reglamento de los servicios de prisiones [Ordnung des Gefängniswesens]. *Erlassen durch* VO vom 2. Februar 1956 (B. O. 15. 3. 1956; A. 459). *Letzte Änderungen durch* VO vom 25. Januar 1968, Nr. 162/68 (B. O. 5. 2. 1968; A. 237) (Teilreform), VO vom 12. Juni 1968, Nr. 1530/68 (B. O. 15. 7. u. 2. 8. 1968; A. 1241 u. 1401) *(enthaltend das* Reglamento orgánico del Ministerio de Justicia [Organisationsordnung des Justizministeriums]), Anexo 2, 54 *(i. V. vor allem mit Art. 72 ff.),* VO vom 30. April 1970, Nr. 1372/70 (B. O. 25. 5. 1970; A. 904) *und* VO vom 13. Mai 1971, Nr. 1144/71 (B. O. 3. 6. 1971; A. 1067), 4. Schlußbestimmung. *Vgl. auch das* Gesetz Nr. 39/70 vom 22. Dezember 1970 (B. O. 31. 12. 1970; A. 2191) *über die Laufbahnen der Strafvollzugsbediensteten. Ferner bestehen zahlreiche die Gefängnisordnung ergänzende und ausführende Vorschriften.*

Zusammenstellung der einschlägigen Rechtsvorschriften im Diccionario de Legislación *mit dazugehörigem* Apéndice *(s. VI. 1: Allgemeine Nachschlagewerke) jeweils unter den Stichworten „Prisiones" und „Sentencias en lo criminal (ejecución de las)".*

Vollstreckung und Vollzug von Maßnahmen gegen Sozialgefährliche

In 1. Linie gelten die einschlägigen Bestimmungen der unter I. 2a: ‚Recht der Sicherungsmaßnahmen' genannten Vorschriften, ergänzend die Gefängnisordnung vom 2. Februar 1956 *(s. o.) und das* Kriminalverfahrensgesetz *(s. II. 2).*

Vgl. bes.:

Art. 861–917 *des* Militärjustizgesetzbuches *(s. I. 2c).*

Strafregister

Gegründet durch Real Decreto [Kgl. VO] vom 2. Oktober 1878 (G. 15. 10. 1878; C. L. Bd. 121, S. 488, Nr. 525).

Grundlegende Regelung

Real orden organizando el Registro central de penados y de procesados en rebeldía [Kgl. Erlaß über die Einrichtung des Zentralregisters für die Bestraften und die in Abwesenheit in Verfolgung gesetzten Personen]. Vom 5. Dezember 1892 (G. 6. 12. 1892; B. L. Bd. 93, S. 344). *Letzte Änderung durch das* Reglamento orgánico del ministerio de justicia [Organisationsordnung des Justizministeriums], *erlassen durch* VO vom 12. Juni 1968, Nr. 1530/68 *(s. unter Strafvollstreckung u. Strafvollzug),* Anexo 2, 3.

Der heutige Name „Registro central de penados y rebeldes" [Zentralregister für Bestrafte und flüchtige Beschuldigte] *stammt aus der* Kgl. VO vom 18. Februar 1901 (G. 19. 2. 1901; C. L. 1. Ser., Bd. 8, S. 327, Nr. 122); *zu beachten dazu:* Kgl. VO vom 1. Februar 1904 (G. 2. 2. 1904; C.L. 1. Ser., Bd. 17, S. 200, Nr. 72).

Ergänzende Vorschriften

Zu beachten u. a.:

Gesetz vom 17. März 1908 *mit* Kgl. VO vom 23. März 1908 *(beide unter II. 2: ‚Weitere ergänzende Vorschriften' genannt); dazu* Kgl. Runderlaß (Real orden circular) vom 8. März 1909 (G. 10. 3. 1909; C. L. 1. Ser., Bd. 34, S. 648, Nr. 199). *Betr. bedingte Verurteilungen;*

Kgl. Erlaß vom 18. November 1926 (G. 19. 11. 1926; B. L. Bd. 205, S. 159, Nr. 63). *Betr. ausländische Verurteilungen;*

VO vom 25. Mai 1972, Nr. 1598/72 (B. O. 26. 6. 1972; A. 1189); *vgl. auch (soweit nicht dazu im Widerspruch)* Erlaß vom 17. September 1945 (B. O. 20. 9. 1945; A. 1269). *Betr. Löschung von Einträgen;*

Gesetz vom 8. Juni 1957 (B. O. 10. 6. 1957; A. 775), Art. 3. *Betr. Auskunft.*

Eintragung von Übertretungsstrafen

Orden 13. 12. 1968. Registro central de penados y rebeldes. Anotación de condenas de faltas [Erlaß über die Eintragung von Verurteilungen wegen Übertretungen in das Zentralregister für Bestrafte und Abwesende] (B. O. 23. 12. 1968; A. 2231). *Neufassung des* Erlasses vom 30. Dezember 1947 (B. O. 6. 1. 1948; A. 21).

Eintragung von Sicherungsmaßnahmen

Das Zentralregister für Sozialgefährliche (Registro central de peligrosos sociales; *bisher* Register für Landstreicher und Übeltäter – Registro central de vagos y maleantes –, *s. zu diesem neben* Art. 20 *des Gesetzes über Landstreicher und Übeltäter und* Art. 119 ff. *des Reglamento, vgl. I. 2a: ‚Recht der Sicherungsmaßnahmen', auch die* Erlasse – Ordenes – vom 24. Februar 1937 und 17. November 1945) *als Abteilung des Zentralregisters für Bestrafte und flüchtige Beschuldigte ist geregelt in der 5. Schlußbestimmung des neuen Gesetzes über Sozialgefährlichkeit (s. I. 2a: Recht der Sicherungsmaßnahmen) sowie in Art. 105 ff. des Reglamento zu diesem Gesetz (a. a. O.). Zu den übrigen in der 5. Schlußbestimmung des Gesetzes vorgesehenen besonderen Registern vgl.* Art. 109, 110 *des Reglamento.*

Eintragung bei Übertretungen gegen die öffentliche Ordnung

Hierfür ist ein besonderes Register vorgesehen im

Rundschreiben [Circular] des Präsidenten des Obersten Gerichts vom 7. März 1934 (G. 9. 10. 1934; B. L. Bd. 241,

S. 600, Nr. 436) *i. V. m.* dem Rundschreiben [Circular] der Staatsanwaltschaft beim Obersten Gericht vom 21. Februar 1957 (B. O. 23. u. 24. 2. 1957; A. 246).

Eintragung wegen Schiffahrtsdelikten

Für die Verurteilungen nach dem Straf- und Disziplinargesetz der Handelsmarine *(s. I. 2h) besteht ein eigenes Strafregister, über das Vorschriften enthalten sind im*

Kgl. Erlaß vom 11. Februar 1924 (G. 19. 2. 1924; B. L. Bd. 187, S. 520, Nr. 209). *Vgl. auch* Art. 8 *des vorgen. Gesetzes.*

Verkehrszentralregister

Ein Registro central de conductores e infractores [Zentralregister für Fahrzeugführer und Zuwiderhandelnde] *wurde geschaffen durch die von der* VO vom 20. Mai 1965, Nr. 1393/65 (B. O. 31. 5. u. 13. 7. 1965; A. 995 u. 1253) *vorgenommene Neufassung des Art. 281 (jetzt Art. 274) des* Código de la circulación *(s. I. 2f). Vgl. auch* Art. 110 der Ordnung zur Anwendung des Gesetzes über Sozialgefährlichkeit und Resozialisierung *(s. I 2a: Recht der Sicherungsmaßnahmen).*

Begnadigung

Ley provisional estableciendo reglas para el ejercicio de la gracia de indulto [Gesetz über die einstweilige Regelung der Ausübung des Gnadenrechts]. Vom 18. Juni 1870 (G. 24. 6. 1870; C. L. Bd. 103, S. 901, Nr. 369; A. 1938, bei Nr. 401). *Dazu:*

VO vom 22. April 1938 (B. O. 24. 4. 1938; A. 401) *(betr. Weitergeltung des Gesetzes vom 18. Juni 1870 und Zuständigkeit zur Ausübung des Begnadigungsrechtes). Vgl. ferner:* Staatsorganisationsgesetz *(s. unter II. 1: Allgemein),* Art. 6; Kriminalverfahrensgesetz *(s. unter II. 2: Grundlegendes Gesetz),* Art. 953; Militärjustizgesetzbuch *(s. unter I. 2c),* Art. 284 Nr. 3, 989 ff.

IV. Entscheidungssammlungen

1. Strafrechtliche

JURISPRUDENCIA CRIMINAL. Colección completa de las sentencias dictadas por el Tribunal Supremo... Publicada por la Dirección de la Revista general de legislación y jurisprudencia [Strafrechtsprechung. Vollständige Sammlung der vom Obersten Gericht erlassenen Urteile... Veröffentlicht von der Direktion der Allgemeinen Zeitschrift für Gesetzgebung und Rechtsprechung]. Bd. 1–131. Madrid 1871–1917: Impr. de la Rev. de legislación (1917–1935: Reus). *Vollständige Sammlung der strafrechtlichen Entscheidungen des Obersten Gerichts von 1871 bis 1935.*

Ministerio de Justicia. JURISPRUDENCIA CRIMINAL. Edición oficial [Justizministerium. Strafrechtsprechung. Amtliche Ausgabe].1.1947 ff.; Ind. 1947–1951. 1953. Diccionario Ind. 1952–1956. 1958. (Col. legislativa de España. Ser. 1.) *Amtliche Sammlung der strafrechtlichen Entscheidungen des Obersten Gerichts im vollen Wortlaut; die Bände erscheinen mit z. T. erheblichem zeitlichem Rückstand.*

RODRÍGUEZ NAVARRO, M.: Doctrina penal del Tribunal Supremo [Die strafrechtlichen Auffassungen des Obersten Gerichts]. Bd. 1–4. Madrid: Aguilar 1959–1966. 1–3: 2. Aufl. 1959–1960. 4: 1966. *Zusammenstellung von Leitsätzen und Auszügen aus Urteilen des Obersten Gerichts, geordnet nach den Artikeln des StGB.*

Vgl. auch:

LUZÓN DOMINGO, M.: Derecho penal del Tribunal Supremo... *(s. unter VI. 3: Zum StGB 1944/1963).*

Aranzadi. DICCIONARIO DE JURISPRUDENCIA PENAL ... *(s. unter VI. 1: Allgemeine Nachschlagewerke).*

2. Wichtige allgemeine

Aranzadi. REPERTORIO DE JURISPRUDENCIA [Rechtsprechungssammlung]. 1. 1930/31 ff. Pamplona: Aranzadi 1930 ff. Reg. (Berichtszeit: 1930–59). 1960; Erg. (Berichtszeit: 1960–64; 1965–69; 1970–71). 1965 ff. *Viel benutzte Sammlung von Entscheidungen des Obersten Gerichts (darunter auch der strafrechtlichen), die in gekürzter Form abgedruckt sind. Die Entscheidungen werden hier sehr schnell veröffentlicht.*

Ministerio de Justicia y Boletín oficial del Estado. SENTENCIAS EN APELACIÓN DE LAS AUDIENCIAS PROVINCIALES EN MATERIA CIVIL Y PENAL. 1968 ff. Madrid 1969 ff. *Sammlung von Berufungsurteilen der Provinzialgerichte in Zivil- und Strafsachen in geringeren Fällen (in Strafsachen: geringere Verbrechensfälle, über die in erster Instanz der Untersuchungsrichter erkannt hat).*

V. Zeitschriften

1. Strafrechtliche und kriminologische

ANUARIO DE DERECHO PENAL Y CIENCIAS PENALES [Jahrbuch für Strafrecht und Strafrechtswissenschaften]. 1. 1948 ff. *Strafrechtliche Fachzeitschrift.*

REVISTA (2–17: de la Escuela) DE ESTUDIOS PENITENCIARIOS [Zeitschrift (der Schule) für Gefängniskunde]. 1. 1945 ff. *Vornehmlich dem Strafvollzug gewidmet, behandelt aber auch Themen aus dem Strafrecht.*

Spanien V 2

2. Wichtige andere

REVISTA DE DERECHO DE LA CIRCULACIÓN [Zeitschrift für Verkehrsrecht]. 1. 1964 ff. *Fragen des Verkehrsstrafrechts nehmen breiten Raum ein.*

REVISTA DE DERECHO JUDICIAL [Zeitschrift für Justizrecht*] 1. 1960 ff.

REVISTA DE DERECHO PROCESAL IBEROAMERICANA [Iberoamerikanische Zeitschrift für Prozeßrecht] *(1. 1945 ff. als:* Revista de Derecho Procesal. *Von 1956 an:* Revista de Derecho Procesal. Publicación Iberoamericana. *1964 Spaltung in zwei Zeitschriften:* Revista de Derecho Procesal *und* Revista Iberoamericana de Derecho Procesal. *Ab 1969 erscheint wiederum nur noch eine Zeitschrift).* 1. 1945 ff.

REVISTA ESPAÑOLA DE DERECHO MILITAR [Spanische Zeitschrift für Militärrecht]. 1. 1956 ff.

REVISTA GENERAL DE LEGISLACIÓN Y JURISPRUDENCIA [Allgemeine Zeitschrift für Gesetzgebung und Rechtsprechung]. 1. 1853 ff. *Enthält auch Aufsätze, Berichte usw. zum Straf- und Strafprozeßrecht.*

Nützliche Informationen enthalten auch die beiden folgenden Veröffentlichungen des Justizministeriums:

Ministerio de Justicia. BOLETÍN DE INFORMACIÓN [Mitteilungsblatt des Justizministeriums]. 1. 1946 ff.

Ministerio de Justicia. INFORMACIÓN JURÍDICA [Berichte aus dem Rechtsleben]. 1940 ff.

VI. Literatur

1. Allgemeines

Bibliographien

Allgemeine rechtswissenschaftliche Bibliographien

Consejo superior de investigaciones científicas. BIBLIOGRAFÍA JURÍDICA ESPAÑOLA [Spanische rechtswissenschaftliche Bibliographie]. Barcelona: Inst. de derecho comparado 1954. (Col. del Inst. de derecho comparado. Ser. F. 1.)

Universidad de Madrid. BIBLIOGRAFÍA JURÍDICA ESPAÑOLA [Spanische rechtswissenschaftliche Bibliographie] (1956 ff.). Madrid 1958 ff.

PALMER, T. W.: Guide to the law and legal literature of Spain. Washington: Gov. Print. Off. 1915.

TORRES CAMPOS, M.: Bibliografía española contemporánea del Derecho y de la Política [Zeitgenössische spanische Bibliographie für Recht und Politik]. T. 1. 2. Madrid: Fé 1883–98.

1. 1800–1880. 1883. 2. 1881–1896. 1898.

TORRES CAMPOS, M.: Nociones de bibliografía y literatura jurídicas de España [Grundbegriffe der rechtswissenschaftlichen Bibliographie und Literatur Spaniens]. Madrid 1884: Góngora.

Strafrechtliche Bibliographien

AMOR Y NEVEIRO, C.: Bibliografía crítica de estudios penales por orden alfabético de autores, seguida de varias clasificaciones que facilitan el uso de la misma [Kritische Bibliographie strafrechtlicher Untersuchungen, nach den Namen ihrer Verfasser alphabetisch geordnet und mit verschiedenen nachfolgenden Einteilungen versehen, die ihren Gebrauch erleichtern]. Madrid: Reus 1909 [Umschlag: 1918].

DÍAZ PALOS, F.: Bibliografía española de derecho penal [Spanische strafrechtliche Bibliographie]. Barcelona: Inst. de derecho comparado 1954. (Col. del Inst. de derecho comparado. Ser. F. 2.)

JIMÉNEZ DE ASÚA, L.: Bibliografía crítica de estudios penales y revista de las leyes y de los proyectos más importantes en materia penal (ojeada de conjunto desde 1915 a 1922 y notas bibliográficas desde 1919 a 1922) [Kritische Bibliographie strafrechtlicher Untersuchungen und Übersicht über die wichtigsten Gesetze und Entwürfe im Strafrecht (Gesamtschau von 1915 bis 1922 und bibliographische Bemerkungen von 1919 bis 1922)]. Madrid: Rev. de Archivos, Bibliotecas y Muséos 1924.

Ministerio de Justicia. INDICE SISTEMÁTICO DE DERECHO PENAL [Systematisches Verzeichnis von Veröffentlichungen aus dem Strafrecht]. Bd. 1. 2. Madrid 1970. [Masch. verv.] (Boletín de información documental y bibliográfica. 3.) *Es handelt sich um eine vom spanischen Justizministerium herausgegebene Zusammenstellung bibliographischer Angaben aus den Bereichen des materiellen Strafrechts, der Kriminologie und des Strafvollzugsrechts.*

Literaturberichte

CUELLO CALÓN, E.: Espagne. *In:* CINQUANTE ANS DE DROIT PÉNAL ET DE CRIMINOLOGIE. Publication jubilaire (1907–1957). Bruxelles: Rev. de droit pénal et de criminologie 1957, S. 399–409.

DEL ROSAL, J.: Gli orientamenti delle dottrine penalistiche spagnole negli ultimi cinquant' anni. *In:* RIVISTA ITALIANA DI DIRITTO PENALE, *1954, S. 466–478.*

DEL ROSAL, J.: Überblick über die Entwicklung der Strafrechtswissenschaft in Spanien während der letzten fünfzig Jahre. *In:* ZSTW *67 (1955), S. 145–162.*

---

* = Recht der Ausübung der richterlichen Gewalt (Gerichtsrecht).

Allgemeine Nachschlagewerke

Aranzadi. Diccionario de Jurisprudencia Penal [Lexikon der Strafrechtsprechung]. Bd. 1. 2. Pamplona: Aranzadi 1972. *Auszüge aus Entscheidungen des Obersten Gerichts von 1870 bis 1971 unter alphabetisch geordneten Stichworten. 4 Bände geplant.*

Aranzadi. Diccionario de Legislación. Toda la Legislación española en vigencia al 31 de diciembre de 1950. [Lexikon der Gesetzgebung. Die gesamte, am 31. 12. 1950 in Kraft befindliche spanische Gesetzgebung.] Bd. 1–15. Pamplona: Aranzadi 1951–52; Ind. (Registerbd.) 1952. *Umfassende Sammlung der am Stichtag geltenden Rechtsvorschriften, die nach alphabetisch geordneten Stichworten aufgegliedert sind.*

Apéndice [Ergänzung] 1951–66. Bd. 1–12. Pamplona: Aranzadi 1967, 1968. *Fortführung des Hauptwerkes (mit derselben Anlage wie dieses) für den Zeitraum von 1951 bis 1966.*

Enciclopedia Jurídica Española [Spanische Rechtsenzyklopädie]. Bd. 1–30. Barcelona: Seix 1910 [1911]–1931; Nachtr. 1911 ff.

Nueva Enciclopedia Jurídica [Neue Rechtsenzyklopädie]. Bd. 1 ff. Barcelona: Seix 1950 ff. *Bis Ende 1971 sind 14 Bände erschienen, die Stichworte mit den Anfangsbuchstaben A–J sowie mit dem Anfangsbuchstaben L bis Legislador umfassen.*

Einführung in die Strafrechtswissenschaft

Camargo Hernández, C.: Introducción al estudio del derecho penal [Einführung in das Studium des Strafrechts]. Barcelona: Bosch 1964.

Jiménez de Asúa, L.: Manual de derecho penal [Kompendium des Strafrechts]. Bd. 1: Introducción [Einführung]. Madrid: Reus 1933.

Sáinz Cantero, J. A.: La ciencia del derecho penal y su evolución [Die Wissenschaft vom Strafrecht und ihre Entwicklung]. Barcelona: Bosch 1970.

Stampa Braun, J. M.: Introducción a la ciencia del derecho penal [Einführung in die Wissenschaft vom Strafrecht]. Valladolid: Miñón 1953.

Sonstiges

Der Leiter der Staatsanwaltschaft beim Obersten Gericht veröffentlicht jährlich einen Bericht über „die Wirksamkeit und die Ergebnisse der Rechtspflege" (Art. 47 des Statuts und Art. 96 der Organisationsordnung der Staatsanwaltschaft; s. unter II. 1: Richterrecht, Anhang Staatsanwaltschaft), insbesondere die Entwicklung der Strafrechtspflege und die damit zusammenhängenden Probleme:

Memoria, elevada al Gobierno Nacional en la solemne apertura de los tribunales ... por el Fiscal del Tribunal Supremo [Bericht, welcher in der feierlichen Eröffnung der Gerichte ... der Staatsregierung vom Staatsanwalt des Obersten Gerichts vorgelegt worden ist]. Madrid: Reus 1883 ff.

Zu den in diesen Memorias enthaltenen Stellungnahmen der Staatsanwaltschaft beim Obersten Gericht bezüglich strafrechtlicher, strafprozessualer und gerichtsverfassungsrechtlicher Probleme vgl.:

Carrasco Maldonado, C.: Compendio de las Memorias anuales de la Fiscalía del Tribunal Supremo desde 1883 a 1934 (Circulares, instrucciones, consultas y cuestiones) [Leitfaden zu den Jahresberichten der Staatsanwaltschaft beim Obersten Gericht von 1883–1934 (Rundschreiben, Anweisungen, Auskünfte und Anfragen)]. Madrid: Góngora 1935.

Ruiz Vadillo, E.: Memorias de la Fiscalía del Tribunal Supremo (Desde 1940 a 1952 ambos inclusive) Extractadas [Auszüge aus den Berichten der Staatsanwaltschaft beim Obersten Gericht (Von 1940 bis 1952 einschließlich)]. Madrid 1955: Menor.

Viada y López-Puigcerver, C.: Doctrina penal de la Fiscalía del Tribunal Supremo [Die strafrechtlichen Auffassungen der Staatsanwaltschaft beim Obersten Gericht]. Madrid: Aguilar 1961. *Betr. nur materielles Strafrecht.*

2. Strafrechtsgeschichte

Gutiérrez Fernández, B.: Examen histórico del derecho penal [Untersuchung der Geschichte des Strafrechts]. Madrid 1866.

Hinojosa, E. de: Influencia que tuvieron en el derecho público de su patria y singularmente en el derecho penal los filósofos y teólogos españoles anteriores a nuestro siglo [Der Einfluß, den die spanischen Philosophen und Theologen aus der Zeit vor diesem Jahrhundert auf das öffentliche Recht ihres Vaterlandes und vor allem das Strafrecht hatten]. Madrid 1890: Tip. de los Huérfanos.

Jiménez de Asúa, L.: Manual ... *(s. unter VI. 1: Einführung ...).*

Montes, J.: Precursores de la ciencia penal en España. Estudios sobre el delincuente y las causas y remedios del delito [Vorläufer der Strafrechtswissenschaft in Spanien. Untersuchungen über den Verbrecher und die Ursachen des Verbrechens sowie die Abhilfe gegen dasselbe]. Madrid: Suárez 1911. (Biblioteca de derecho y de ciencias sociales. 54.) *„Strafrechtswissenschaft" wird hier i. S. der Wissenschaft von den Ursachen des Verbrechens und der Mittel zu seiner Verhütung verstanden.*

Sáinz Cantero, J. A.: La ciencia del derecho penal y su evolución [Die Wissenschaft vom Strafrecht und ihre Entwicklung]. Barcelona: Bosch 1970.

Spanien VI 3

SALDAÑA, Q.: Historia del derecho penal en España [Geschichte des Strafrechts in Spanien]. *In:* LISZT, F. VON: Tratado de derecho penal *(s. unter VI. 3: Übersetzungen...),* Bd. 1, 3. Aufl., *S. 23–78; 87–155; 167–248; 260–307; 321–387; 393–426; 442–483; 492–509; 520–572; 579–586; 606–617. Es handelt sich um eine in Form von Zusätzen (Adiciones) zur Übersetzung des von Lisztschen Lehrbuchs geschriebene Geschichte des spanischen Strafrechts mit reichen Literatur- und Quellennachweisen.*

TOMÁS Y VALIENTE, F.: El derecho penal de la monarquía absoluta (siglos XVI – XVII – XVIII) [Das Strafrecht der absoluten Monarchie (16., 17. und 18. Jahrhundert)]. Madrid: Tecnos 1969.

Angaben zur Geschichte des spanischen Strafrechts finden sich auch u. a. in den unter VI. 3: ‚Zum StGB 1944/63' aufgeführten Lehrbüchern, Allgemeiner und Besonderer Teil, Allgemeiner Teil.

Fremdsprachige Werke

DU BOYS, A.: Histoire du droit criminel de l'Espagne. Paris: Durand 1870.

Spanisch: Historia del derecho penal de España. Übers. von J. VICENTE Y CARAVANTES. Madrid 1872: Perez.

Aus der Literatur zur allgemeinen Gesetzgebungsgeschichte kann hier ein Werk in deutscher Sprache genannt werden:

RAUCHHAUPT, F. W. VON: Geschichte der spanischen Gesetzesquellen von den Anfängen bis zur Gegenwart. Heidelberg: Winter 1923.

3. Materielles Strafrecht

Entsprechend der unter I. 1 angegebenen Gesetzeslage sind in die nachfolgende Zusammenstellung auch wichtige ältere Werke aufgenommen worden, die für die wissenschaftliche Erkenntnis des geltenden Rechts noch heute häufig herangezogen werden. Hinzu kommen einige Werke zum StGB 1928, die unter dem Gesichtspunkt einer Entwicklung der Grundlinien des Spanischen Strafrechts von Interesse sein können.

Zum StGB 1848/50

Kommentare

PACHECO, J. F.: El Código penal concordado y comentado [Das Strafgesetzbuch mit Konkordanzen und Erläuterungen]. Bd. 1–3. Madrid 1848[–1849?]. 6. Aufl. Madrid 1888. *Mit Nachtr. Bd. zur Reform von 1870:*

GONZALEZ Y SERRANO, J.: Apéndice á los comentarios del Código penal de J. F. Pacheco, ó sea El nuevo Código, comentadas las adiciones que contiene [Anhang zum Kommentar über das Strafgesetzbuch von Pacheco oder Das neue Strafgesetzbuch mit Erläuterungen der eingefügten Änderungen]. Madrid 1870; 3. Aufl. 1885: Tello.

Bedeutendes, für die Auslegung des Strafgesetzes noch immer wichtiges Werk, dessen Verfasser an der Ausarbeitung des Strafgesetzbuchs von 1848 beteiligt war. Die „Konkordanzen" lassen Vorbilder einzelner Regelungen erkennen.

Zu erwähnen aus der frühen Literatur ist auch:

VIZMANOS, T. M. DE – C. ALVAREZ MARTÍNEZ: Comentarios al Código penal [Erläuterungen zum Strafgesetzbuch]. Bd. 1. 2. Madrid: Gonzales y Vicente 1848.

Genannt werden kann ferner:

VICENTE Y CARAVANTES, J. DE: Código penal reformado; comentado novisimamente, precedido de una breve reseña histórica del derecho penal en España, y seguido de tablas sinópticas en que ... se exponen todas las diversas aplicaciones de penas, etc. [Reformiertes Strafgesetzbuch mit ganz neuen Erläuterungen, einem einleitenden kurzen Abriß der Geschichte des Strafrechts in Spanien und synoptischen Tafeln im Anhang, in denen ... die zu verhängenden verschiedenen Strafen nach Art und Grad dargestellt werden usw.]. Madrid 1851.

Zum StGB 1870

Kommentare

GROIZARD Y GÓMEZ DE LA SERNA, A.: El Código penal de 1870, concordado y comentado [Das Strafgesetzbuch von 1870 mit Konkordanzen und Erläuterungen]. Bd. 1–8. Burgos (3–8 Salamanca) 1870–1899. 3. Aufl. Bd. 1–7. Madrid: García 1912–1924. *Neben PACHECO bedeutendster älterer Kommentar.*

VIADA Y VILASECA, S.: Código Penal Reformado de 1870 ... concordado y comentado ..., seguido ... de un Apéndice con las leyes penales especiales ... [Das reformierte Strafgesetzbuch von 1870 ... mit Konkordanzen und Erläuterungen ... sowie einem Anhang mit den strafrechtlichen Nebengesetzen ...]. 4. Aufl. Bd. 1–4. Madrid: Fé [usw.] 1890; Erg.Bd. 1–6. 1900–1915.

COMENTARIOS CIENTÍFICO-PRÁCTICOS AL CÓDIGO PENAL DE 1870 [Wissenschaftlicher-praktischer Kommentar zum Strafgesetzbuch von 1870]. Bd. 1. 2. Madrid: Reus 1920 [vielmehr 1922]–1926. (Biblioteca jurídica de autores españoles y extranjeros. 58. 59.)

1. Infracción y responsabilidad [Verletzung des Gesetzes und Verantwortlichkeit]. Von Q. SALDAÑA. 1920 (1922). 2. Tratado de la responsabilidad [Abhandlung über die Verantwortlichkeit]. Von F. CASTEJÓN. 1926.

Bd. 1 kommentiert Art. 1–7, Bd. 2 Art. 8 StGB. Weiteres ist nicht erschienen.

Lehrbücher (Allgemeiner Teil)

SILVELA, L.: El derecho penal estudiado en principios y en la legislación vigente en España [Das Strafrecht nach seinen Grundsätzen und der in Spanien geltenden Gesetzgebung]. P. 1. 2. Madrid 1874–1879. 2. Aufl. unter Mitarb.

von E. SILVELA. Madrid: Fé 1903. *Das Werk gilt als erste systematische Darstellung ("Lehrbuch") des spanischen Strafrechts im modernen Sinne.*

ROVIRA CARRERÓ, P. I.: Curso de Derecho penal [Lehrgang des Strafrechts]. T. 1. 2. Santiago: "El Eco de Santiago" (2. Madrid: Reus) 1912–1916.

MONTES, (Padre) J.: Derecho penal español. Parte general [Spanisches Strafrecht. Allgemeiner Teil]. Bd. 1. 2. Madrid: Samper 1917. 2. Aufl. San Lorenzo de El Escorial 1929: Impr. del Real Monasterio. *2. Aufl. auf der Grundlage des Strafgesetzbuches von 1928. – Wichtigstes Lehrbuch (Hauptwerk) der sog. "klassischen Richtung" in Spanien.*

Zum StGB 1928
Kommentar

JARAMILLO GARCÍA, A.: Novísimo Código penal comentado y cotejado con el de 1870 [Das neueste Strafgesetzbuch, erläutert und mit dem von 1870 verglichen]. Bd. 1. 2. Salamanca 1928[–1929?]: Ferreira.

Lehrbücher

CASTEJÓN, F.: Derecho penal [Strafrecht]. Bd. 1. Criminología general y especial [Allgemeine und besondere Kriminologie]. Madrid: Reus 1931.

CUELLO CALÓN, E.: El nuevo Código penal español (Exposición y comentario) [Das neue spanische Strafgesetzbuch (Darstellung und Kommentar)]. Bd. 1. 2. Barcelona: Bosch 1929–1930.

JIMÉNEZ DE ASÚA, L. – J. ANTÓN ONECA: Derecho penal conforme al Código de 1928 [Das Strafrecht nach dem Gesetzbuch von 1928]. Bd. 1. 2. Madrid: Reus 1929.

Hier zu erwähnen ist auch die 2. Aufl. des zuvor genannten Lehrbuchs von J. MONTES.

Zum StGB 1932
Kommentar

LÓPEZ-REY Y ARROJO, M. – F. ALVAREZ-VALDÉS: El nuevo Código penal. Notas, jurisprudencia, tablas, referencias etc. [Das neue Strafgesetzbuch. Anmerkungen, Rechtsprechung, Tafeln, Hinweise usw.]. Madrid: Rev. de derecho privado 1933.

Zum StGB 1944/1963

Zu den Grundlagen und Zielen der Reform von 1944 und den vorgenommenen Änderungen im einzelnen vgl.:

CASTEJÓN, F.: Génesis y breve comentario del Código penal de 23 de diciembre de 1944 [Entstehung und kurze Erklärung des Strafgesetzbuches vom 23. Dezember 1944]. Madrid: Reus 1946.

Kommentare

COMENTARIOS AL CÓDIGO PENAL [Kommentar zum Strafgesetzbuch]. Von J. CÓRDOBA RODA, G. RODRÍGUEZ MOURULLO [u. a.]. Bd. 1 ff. Barcelona: Ariel 1972 ff.

FERRER SAMA, A.: Comentarios al Código penal [Kommentar zum Strafgesetzbuch]. Bd. 1–4. Murcia: Nogués (4: Madrid: Estades) 1946–1956. *Unvollständig (Erl. der Art. 1–428).*

LUZÓN DOMINGO, M.: Derecho penal del Tribunal Supremo (Síntesis crítica de la moderna jurisprudencia criminal) [Das Strafrecht in der Rechtsprechung des Obersten Gerichts (Kritische Zusammenfassung der modernen Strafrechtsprechung)]. Bd. 1. 2. Barcelona: Hispano Europea 1964. *Kommentarartige Zusammenstellung und Erläuterung von Äußerungen der Rechtsprechung, geordnet nach den Artikeln des Strafgesetzbuches.*

QUINTANO RIPOLLÉS, A.: Comentarios al Código penal [Kommentar zum Strafgesetzbuch]. 2. Aufl. Madrid: Rev. de derecho privado 1966. (Grandes comentarios a la legislación española. 1.)

Lehrbücher
Allgemeiner und Besonderer Teil

ANTÓN ONECA, J. – J. A. RODRÍGUEZ MUÑOZ: Derecho penal [Strafrecht]. Bd. 1. 2. Madrid 1949: Gráfica administrativa.

1. Parte general [Allgemeiner Teil]. Von J. ANTÓN ONECA. *Überragende, gültige Darstellung des Allgemeinen Teils des spanischen Strafrechts; noch heute von besonderem Wert.*

2. Parte especial [Besonderer Teil]. Von J. A. RODRÍGUEZ MUÑOZ, T. JASO ROLDÁN u. J. M. RODRÍGUEZ DEVESA.

CUELLO CALÓN, E.: Derecho penal [Strafrecht]. Bd. 1. 2. Barcelona: Bosch 1926–1968.

1. Parte general [Allgemeiner Teil]. 1926. 14. Aufl. *(letzter Hand)* 1964. 16. Aufl. bearbeitet und auf den neuesten Stand gebracht von C. CAMARGO HERNÁNDEZ. 1971. 2. Parte especial [Besonderer Teil]. 1940(?) 11. Aufl. *(letzter Hand)* 1961. 13. Aufl. bearbeitet und auf den neuesten Stand gebracht von C. CAMARGO HERNÁNDEZ. 1971.

Jahrzehntelang als Standardwerk viel benutzt. Es hatte vor allem großen Informationswert.

PUIG PEÑA, F.: Derecho penal [Strafrecht]. 6. Aufl. Bd. 1–4. Madrid: Rev. de derecho privado 1969. (Grandes tratados generales de derecho privado y público. Ser. C. 50–53.)

QUINTANO RIPOLLÉS, A.: Curso de Derecho penal [Lehrgang des Strafrechts]. Bd. 1. 2. Madrid: Rev. de derecho privado 1963.

RODRÍGUEZ DEVESA, J. M.: Derecho penal español [Spanisches Strafrecht]. [1. 2. Supl.]. Madrid 1971–1972: Gráficas Carasa.

[1.] Parte general [Allgemeiner Teil]. 2. Aufl. 1971 [2.] Parte especial [Besonderer Teil]. 4. Aufl. 1971. Supl.: La reforma de 15 de noviembre de 1971. [Nachtrag: Die Reform vom 15. 11. 1971]. 1972.

Führende moderne Gesamtdarstellung des spanischen Strafrechts auf dogmatischer Grundlage von hohem Rang.

Spanien VI 3

SÁNCHEZ-TEJERINA, I.: Derecho penal español [Spanisches Strafrecht]. 5. Aufl. Bd. 1. 2. Madrid 1950: Bravo.

Allgemeiner Teil

DEL ROSAL, J.: Tratado de derecho penal español (Parte general) [Lehrbuch des spanischen Strafrechts (Allgemeiner Teil)]. Bd. 1. Madrid 1969: Aguirre. *Ziemlich ausführliche Darstellung (bis zu den Rechtfertigungsgründen) ohne wissenschaftlichen Apparat.*

Vorher: DEL ROSAL: Derecho penal español (Lecciones). T. 1. 2. Madrid 1960: Aguirre.
1: 3. Aufl. 1960. 2: 1960.

Das folgende Werk ist, wenn auch nicht in Spanien erschienen, doch für die Beschäftigung mit dem spanischen Strafrecht sehr wichtig:

JIMÉNEZ DE ASÚA, L.: Tratado de Derecho penal [Lehrbuch des Strafrechts]. Bd. 1–7. Buenos Aires: Losada 1950–1970.
1: 1950, 3. Aufl. 1964. 2: 1950, 3. Aufl. 1964. 3: 1951, 3. Aufl. 1965. 4: 1953, 2. Aufl. 1961. 5: 1956, 2. Aufl. 1963. 6: 1962. 7: 1970.

Umfassendstes Lehrbuch eines Allgemeinen Teils überhaupt (unvollendet) in dogmatischer, historischer und rechtsvergleichender Absicht.

Besonderer Teil

DEL ROSAL, J. - M. COBO - F. RODRÍGUEZ MOURULLO: Derecho penal español (Parte Especial). [Bd. 1.] „Delitos contra las personas" [Spanisches Strafrecht (Besonderer Teil). „Verbrechen gegen die Personen"]. Madrid 1962: Aguirre.

QUINTANO RIPOLLÉS, A.: Tratado de la Parte Especial del Derecho penal [Lehrbuch des Besonderen Teils des Strafrechts]. Bd. 1–4 (4. Zsgest. von E. GIMBERNAT ORDEIG). Madrid: Rev. de derecho privado 1962–1967. (Grandes tratados de derecho privado y público. Ser. C. 59. 67. 74. 78.) *Umfangreichste Darstellung des Besonderen Teils in Spanien; unvollendet.*

Zur Teilreform von 1967

ABELLA, R. - E. RUIZ VADILLO: El nuevo proceso penal. La reforma de la Ley del automóvil, del Código penal y de la Ley de enjuiciamiento criminal (Ley 3/1967 de 8 de abril) [Das neue Strafverfahren. Die Reform des Automobilgesetzes, des Strafgesetzbuches und des Kriminalverfahrensgesetzes (Gesetz Nr. 3/1967 vom 8. April 1967)]. Madrid: Abella 1967.

Sonstiges

Unter den allgemeinen Darstellungen ist auch das folgende Werk aufzuführen; es will nicht das geltende Recht beschreiben, sondern tritt für dessen Ersetzung durch ein Schutz- und Fürsorgerecht für Kriminelle ein:

DORADO MONTERO, P.: El derecho protector de los criminales. Nueva edición muy aumentada y rehecha de los Estudios de derecho penal preventivo [Das Schutzrecht für Kriminelle. Stark erweiterte und umgearbeitete Neuauflage der Untersuchungen zum Präventivstrafrecht]. Bd. 1. 2. Madrid: Suárez 1915. (Biblioteca de derecho y de ciencias sociales. 72. 73.)

Kulminationspunkt („Utopie") einer im spanischen Korrektionalismus in Erscheinung getretenen Richtung spanischen Strafrechtsdenkens; von vielen als für dieses typisch angesehen.

Übersetzungen ausländischer Lehrbücher ins Spanische

In der spanischen Strafrechtslehre haben Übersetzungen ausländischer Werke eine nicht unerhebliche Bedeutung. Von diesen Übersetzungen sind wegen der Zusätze zum spanischen Recht hier zu nennen:

LISZT, F. VON: Tratado de derecho penal [Lehrbuch des Strafrechts]. Bd. 1–3. Madrid: Reus 1914–1929. (Biblioteca jurídica de autores españoles y extranjeros. 11. 26. 27.)
Bd. 1. Traducido de la 18.ª edición alemana y adicionado con la Historia del derecho penal en España por [Übersetzt nach der 18. deutschen Auflage und ergänzt durch die Geschichte des Strafrechts in Spanien von] SALDAÑA. 1914; 2. Aufl. 1926; 3. Aufl. o. J. Bd. 2. 3. Traducido de la 20.ª edición alemana por [Übersetzt nach der 20. deutschen Auflage von] JIMÉNEZ DE ASÚA y adicionado con el Derecho penal español por [und ergänzt durch das Spanische Strafrecht von] SALDAÑA. 2: 1916; 2. Aufl. 1927; 3. Aufl. o. J. 3: 1917; 2. Aufl. 1929.

Das Werk enthält nur den Allgemeinen Teil.

MEZGER, E.: Tratado de derecho penal. Traducción (de la 2.ª edición alemana, 1933) y notas de derecho español por [Strafrecht. Ein Lehrbuch. Übersetzung (nach der 2. deutschen Aufl., 1933) und Anmerkungen zum spanischen Recht von] J. A. RODRÍGUEZ MUÑOZ. Bd. 1. 2. Madrid: Rev. de derecho privado 1935. (Grandes tratados generales de derecho privado y público. Ser. C. 12. 13.)
Bd. 1: Neuaufl. (= 3. Aufl.) von J. A. RODRÍGUEZ MUÑOZ. 1955. Bd. 2: 3. Aufl. von A. QUINTANO RIPOLLÉS. 1957.

Die Anmerkungen zum spanischen Recht von RODRÍGUEZ MUÑOZ sind für die Entwicklung der spanischen Strafrechtsdogmatik sehr wichtig und werden dementsprechend auch heute noch häufig herangezogen.

MAURACH, R.: Tratado de derecho penal. Traducción y notas de derecho español por [Lehrbuch des Strafrechts. Übers. u. Anm. zum spanischen Recht von] J. CÓRDOBA RODA. Bd. 1. 2. Barcelona: Ariel 1962.

CARRARA, F.: Programa del curso de derecho criminal [Programm eines Lehrgangs des Kriminalrechts]. [Parte general.] Bd. 1. Übers. von L. JIMÉNEZ DE ASÚA. Darin (in „Adiciones" [Zusätzen]): Derecho penal moderno y español [Modernes und spanisches Strafrecht] von L. Jiménez de Asúa. Madrid: Reus 1922, Nachdruck 1925.

PESSINA, E.: Elementos de derecho penal. Traducción del italiano por [Anfangsgründe des Strafrechts. Übers. aus dem Ital. von] H. GONZÁLEZ DEL CASTILLO. Prologado y adicionado con arreglo al derecho español de entonces por [Mit einem Vorwort und Zusätzen nach Maßgabe des damaligen spanischen Rechts versehen von] F. DE ARAMBURU Y ZULOAGA. 4.ª ed., anotada conforme a la legislación vigente y adicionada con las doctrinas cientificas modernas por (4. Aufl., mit Anm. nach der geltenden Gesetzgebung und Zusätzen über die modernen wissenschaftlichen Lehren versehen von] E. CUELLO CALÓN. Madrid: Reus 1936.

4. Nebenstrafrecht

Darstellungen des Nebenstrafrechts im ganzen

CUELLO CALÓN, E.: Derecho penal especial de España [Das Nebenstrafrecht Spaniens]. Barcelona: Bosch 1946.

GONZÁLEZ POVEDA, A. - V. CHAMORRO: Legislación penal especial [Nebenstrafgesetzgebung]. 1956.

JIMÉNEZ ASENJO, E.: Manual de derecho penal especial [Kompendium des Nebenstrafrechts]. Madrid: Rev. de derecho privado 1950. (Manuales de derecho, economía y hacienda. Ser. G. 22.)

PANDO MANJÓN, J. M.: Compendio de legislación penal especial [Leitfaden des Nebenstrafrechts]. 3. Aufl. Madrid 1960: Menor.

Alle genannten Darstellungen bleiben hinter der Entwicklung der Gesetzgebung zurück. Am ausführlichsten ist die von JIMÉNEZ ASENJO.

Das Nebenstrafrecht oder ein großer Teil daraus wird auch in den unter VI. 3: ‚Zum StGB 1944/1963, Lehrbücher' angegebenen Lehrbüchern von PUIG PEÑA, RODRÍGUEZ DEVESA *und* ANTÓN ONECA-RODRÍGUEZ MUÑOZ *(Bes. Teil) behandelt.*

a) Das StGB ergänzende Gesetze

Recht der Sicherungsmaßnahmen gegen Sozialgefährliche

Das Gesetz über Landstreicher und Übeltäter vom 4. August 1933 ist inzwischen durch das Gesetz über Sozialgefährlichkeit und Resozialisierung vom 4. August 1970 abgelöst worden (vgl. I. 2 a: Recht der Sicherungsmaßnahmen gegen Sozialgefährliche). Zum neuen Gesetz sind noch keine selbständigen Schriften erschienen. Die Literatur zum alten Gesetz behält für das Rechtsgebiet eine gewisse Bedeutung. Grundsätzliche Probleme des Rechtsgebietes werden z. B. auch in den Lehrbüchern über den allgemeinen Teil behandelt.

ALVÁREZ JUSUÉ, A.: Ley de vagos y maleantes. Con precedentes, notas y comentarios. Estudio de la Ley de 4 de agosto de 1933 [Gesetz über Landstreicher und Übeltäter. Mit Vorgeschichte, Anm. u. Erl. Untersuchung zum Gesetz vom 4. August 1933]. Madrid: Góngora 1933.

DEL ROSAL, J.: Das spanische Gesetz betr. sichernde Maßnahmen gegen Landstreicher und verdächtige Personen vom 4. August 1933. In: DER GERICHTSSAAL, Bd. 106 (1935), S. 208–223.

RODRÍGUEZ DRANGUET, A.: Defensa social. Tratamiento de los peligrosos. Legislación de vagos y maleantes [Sozialverteidigung. Die Behandlung der Gefährlichen. Die Gesetzgebung über Landstreicher und Übeltäter]. Madrid: Góngora 1935. (Biblioteca de derecho, sociología y política. 14.)

TERUEL CARRALERO, D.: Comentarios a la ley de vagos y maleantes [Kommentar zum Gesetz über Landstreicher und Übeltäter]. Madrid 1949: Sáez.

Zum neuen Gesetz, vor allem unter prozessualem Gesichtspunkt, vgl.:

FAIRÉN GUILLÉN, V.: Problemas del proceso por peligrosidad sin delito [Probleme des Prozesses wegen Gefährlichkeit ohne Verbrechen]. Madrid: Tecnos 1972.

Staatsschutz

Zum Staatsschutzstrafrecht insgesamt kann nur auf die neueren Lehrbücher hingewiesen werden. Die (jetzt aufgehobene) VO Nr. 1794/60 vom 21. September 1960 (s. I. 2 a: Staatsschutz) behandelt:

BARBERO SANTOS, M.: El bandolerismo en la legislación vigente [Das Banditentum in der geltenden Gesetzgebung]. In: ANUARIO DE DERECHO PENAL Y CIENCIAS PENALES, 23 (1970), S. 253–286.

BARBERO SANTOS, M.: Los delitos de bandolerismo, rebelión militar y terrorismo regulados por el decreto de 21 de setiembre de 1960 [Die in der VO vom 21. September 1960 geregelten Verbrechen des Banditentums, des militärischen Aufstandes und des Terrorismus]. In: PROBLEMAS ACTUALES DE DERECHO PENAL Y PROCESAL. Salamanca: Univ. de Salamanca, Fac. de Derecho 1971, S. 143–160.

b) Jugendstrafrecht

Ein Jugendstrafrecht im wörtlichen Sinne gibt es heute in Spanien nicht; das Rechtsgebiet ist gänzlich aus dem Strafrecht herausgenommen und als reines Maßnahmerecht ausgestaltet. Eine umfassende wissenschaftliche Darstellung des Jugendstrafrechts auf der Grundlage des geltenden Rechts fehlt. Vgl. auch die Bemerkung oben zu I. 2 b.

CUELLO CALÓN, E.: Criminalidad infantil y juvenil [Kinder- und Jugendkriminalität]. Barcelona: Bosch 1934.

CUELLO CALÓN, E.: El tratamiento de la criminalidad infantil y juvenil [Die Behandlung der Kriminalität von Kindern und Jugendlichen]. In: ANUARIO DE DERECHO PENAL Y CIENCIAS PENALES, 5 (1952), S. 244–305.

GARCÍA Y GARCÍA, T. de Aquino: Comentarios a la ley y reglamento de tribunales tutelares de menores [Kommentar zum Gesetz und zur Ausführungsverordnung über die Jugendpflegegerichte]. Madrid 1943: Aguado.

PALACIO Y SÁNCHEZ-IZQUIERDO, J. R.: Edad, derecho penal y derecho tutelar [Lebensalter, Strafrecht und Schutzrecht]. Madrid: Consejo Superior de Protección de Menores y Unión Nacional de Tribunales Tutelares 1969.

PÉREZ VITORIA, O.: La minoría penal [Die Strafunmündigkeit]. Barcelona: Bosch 1940.

YBARRA Y DE LA REVILLA, G. M. DE: Temas del Centro de estudios del Reformatorio de Amurrio ... 1945. Apéndices ... von J. DE YBARRA Y BERGÉ. Bilbao: Consejo Superior de Protección de Menores 1954.

c) Militärstrafrecht

Eine eingehende lehrbuchmäßige Darstellung des geltenden spanischen Militärstrafrechts und eine vollständige Kommentierung des Militärjustizgesetzbuches (s. I. 2c) fehlen. – Vgl. auch oben die unter ‚Darstellungen des Nebenstrafrechts im ganzen' genannten Schriften; ferner RODRÍGUEZ DEVESA: *Derecho penal español. Parte especial (s. VI. 3: Zum StGB 1944/1963, Lehrbücher), S. 1065 ff. (mit Literaturnachweisen).*

LANDÍN CARRASCO, A.: Manual de derecho penal y procedimientos militares [Kompendium des Militärstrafrechts und des Militärstrafverfahrens]. 7. Aufl. Madrid 1967: Min. de Marina. *Sehr knappe, lediglich einführende Darstellung.*

QUEROL Y DURÁN, F. DE: Principios de derecho militar español [Grundsätze des spanischen Militärrechts]. Bd. 1.2. Madrid: Ed. Naval 1948[–1949]. *Kommentarmäßige Behandlung des Militärgerichtsverfassungsrechts und des materiellen Militärstrafrechts an Hand der Vorschriften des Militärjustizgesetzbuches.*

RODRÍGUEZ DEVESA, J. M.: Código de Justicia Militar. *In:* NUEVA ENCICLOPEDIA JURÍDICA, *Bd. 4 (1952), S. 303–313. Kurze Übersicht mit Literaturhinweisen.*

Als kurze Einführung in Probleme des Militärstrafverfahrens in deutscher Sprache kann genannt werden:

MADLENER, K.: Die Verteidigung im Strafverfahren nach dem spanischen Militärjustizgesetzbuch. *In:* ANWALTSBLATT *22 (1972), S. 33–38.*

d) Verwaltungsstrafrecht

BOSCH Y SALOM, B.: La potestad correccional en la administración local [Die Rügegewalt in der örtlichen Verwaltung]. Madrid: Abella 1968.

CASTEJÓN Y MARTÍNEZ DE ARIZALA, F.: Faltas penales, gubernativas y administrativas [Strafrechtliche Übertretungen, Regierungs- und Verwaltungsübertretungen].

Madrid: Inst. de estudios de administración local 1950; Nachtr. 1. 1955.

MONTORO PUERTO, M.: La infracción administrativa [Die Verwaltungswidrigkeit]. Barcelona: Ed. Nauta 1965.

PALOMAR LLOVET, M. - A. DE ROVIRA MOLA: Las multas municipales en el derecho español [Die Gemeindegeldstrafen im spanischen Recht]. Barcelona: Ed. Palestra 1960.

Neuestens, grundsätzlich und kritisch zur Verwaltungsstrafgewalt in Spanien:

PARADA VÁZQUEZ, J. R.: El poder sancionador de la administración y la crisis del sistema judicial penal [Die Sanktionsgewalt der Verwaltung und die Krise der Strafgerichtsbarkeit]. *In:* REVISTA DE ADMINISTRACIÓN PÚBLICA, *Nr. 67 (1972), S. 41–93.*

MARTÍN-RETORTILLO BAQUER, L.: Sanciones penales y sanciones gubernativas [Straf- und Regierungssanktionen]. *In:* PROBLEMAS ACTUALES DE DERECHO PENAL Y PROCESAL. Salamanca: Univ. de Salamanca, Fac. de Derecho 1971, S. 9–18.

Zur Verwaltungssanktionsgewalt im Bereiche des Arbeitsrechts vgl. unter VI. 4 h.

e) Wirtschaftsstrafrecht

COMENTARIO A LA LEY ESPAÑOLA SOBRE REPRESIÓN DE LAS PRÁCTICAS RESTRICTIVAS DE LA COMPETENCIA [Kommentar zum spanischen Gesetz über die Ahndung der Wettbewerbsbeschränkungen]. Dir.: G. SENÉN DE LA FUENTE [u. a.] Madrid 1964: Ograma.

GARRIGUES, J.: La defensa de la competencia mercantil [Der Schutz des kaufmännischen Wettbewerbs]. Madrid: Soc. de estudios y publicaciones 1964.

MENDIZÁBAL ALLENDE, R. DE: El tribunal de defensa de la competencia [Das Gericht zum Schutz des Wettbewerbs]. Madrid: Rev. de derecho judicial 1965.

TAMAMES, R.: La lucha contra los monopolios [Der Kampf gegen die Monopole]. 2. Aufl. Madrid: Ed. Tecnos 1966. (Biblioteca Tecnos de ciencias económicas. 2.)

f) Straßenverkehrsstrafrecht

Die strafrechtlichen und strafverfahrensrechtlichen Vorschriften des Gesetzes über den Gebrauch von Motorfahrzeugen und den Verkehr mit ihnen vom 24. Dezember 1962 wurden durch das Gesetz Nr. 3/1967 vom 8. April 1967 aufgehoben, das zugleich neue, an deren Stelle tretende Bestimmungen in das Strafgesetzbuch und das Kriminalverfahrensgesetz einfügte. Wegen des Zusammenhangs der letztgenannten mit den weitergeltenden verkehrsrechtlichen Bestimmungen wie auch mit aufgehobenen Vorschriften des Gesetzes von 1962 seien nachfolgend – mangels umfassender neuerer Veröffentlichungen –

zwei nach Erlaß des Gesetzes von 1962 erschienene Werke angeführt:

LÓPEZ-MUÑIZ GOÑÍ, M.: Derecho y técnica de la circulación [Recht und Technik des Verkehrs]. Bd. 1. 2. Madrid: Ed. Gesta 1964.

REYES MONTERREAL, J. M.: Comentarios a la ley de uso y circulación de vehículos de motor [Kommentar zum Gesetz über den Gebrauch von Motorfahrzeugen und den Verkehr mit ihnen]. Barcelona: Ed. Nauta 1965; Nachtr. 1965.

Zum geltenden Recht vgl.:

CEREZO MIR, J.: Problemas fundamentales de los delitos contra la seguridad del tráfico [Grundlegende Probleme der Verbrechen gegen die Verkehrssicherheit]. *In:* ANUARIO DE DERECHO PENAL Y CIENCIAS PENALES, *23 (1970),* S. 581-603.

PIQUÉ VIDAL, J.: Todo sobre la circulación rodada. Guía legal práctica civil y penal para todos [Alles über den rollenden Verkehr. Praktischer zivil- und strafrechtlicher Gesetzesführer für alle]. Barcelona: De Vecchi 1970. *Kurzgefaßte, allgemeinverständliche Übersicht.*

g) Fiskalstrafrecht

Zur Einführung in die Problematik des Abgabenstrafrechts in Spanien vgl.:

LANDROVE DÍAZ, G.: Las infracciones tributarias ante el derecho penal español [Die Steuerzuwiderhandlungen im Verhältnis zum spanischen Strafrecht]. *In:* ANUARIO DE DERECHO PENAL Y CIENCIAS PENALES, *24 (1971),* S. *79-102.* *Mit weiteren Literaturangaben.*

GARRIGUES WALKER, A.: La represión del fraude fiscal [Die Ahndung des Steuerbetrugs]. Madrid 1967: Quintana copia a multicopista.

Zum gegenwärtigen Recht fehlen umfassende Darstellungen; begrenzt verwendbar sind noch folgende Veröffentlichungen zum Gesetz über Konterbande und Hinterziehung vom 11. September 1953:

CANDELA MÁS, F.: Comentario y exégesis de la nueva ley de contrabando y defraudación [Kommentar und Exegese des neuen Gesetzes über Konterbande und Hinterziehung]. Bd. 1. Madrid: Ed. de derecho financiero 1954.

RODRÍGUEZ DEVESA, J. M.: Contrabando y defraudación. *In:* NUEVA ENCICLOPEDIA JURÍDICA, *Bd. 5 (1953),* S. *282-308.*

h) Arbeitsstrafrecht, Arbeitsverwaltungsstrafrecht, Betriebsjustiz

CREMADES, B. M.: La sanción disciplinaria en la empresa (Estudio de la responsabilidad disciplinario-laboral del trabajador) [Die disziplinarische Sanktion im Unternehmen (Untersuchung der arbeitsrechtlich-disziplinarischen Verantwortlichkeit des Arbeiters)]. Madrid: Inst. de estudios políticos 1969. (Estudios de trabajo y previsión. 20.)

GARCÍA ABELLÁN, J.: Derecho penal del trabajo [Arbeitsstrafrecht]. Madrid: E. I. S. A. 1955.

LLUÍS Y NAVAS, J.: La responsabilidad laboral penal y civil por faltas de adopción de medidas de prevención de accidentes de trabajo [Die strafrechtliche und zivilrechtliche Verantwortlichkeit im Bereich des Arbeitsrechts wegen Mängeln im Aufstellen von Maßnahmen zur Verhütung von Arbeitsunfällen]. Barcelona: Bosch 1969.

Die erstgenannte Schrift behandelt die Betriebsjustiz, die beiden anderen betreffen alle in der Überschrift genannten Materien.

i) Sonstiges Nebenstrafrecht

DEL ROSAL, J.: Derecho penal de sociedades anónimas [Das Strafrecht der Aktiengesellschaften]. Bd. 1: Doctrina general [Allgemeine Lehren]. Madrid: Univ. de Madrid, Inst. de Criminología 1971. (Col. de criminología y derecho penal. 1.)

GARCÍA LAVERNIA, J. - F. FLORES LÓPEZ: Derecho español de la caza [Spanisches Jagdrecht]. Madrid: Rev. de derecho judicial 1965.

GONZÁLEZ PÉREZ, J.: Comentarios a la ley de orden público [Kommentar zum Gesetz über die öffentliche Ordnung]. Madrid: Abella 1971.

MARTÍNEZ PEREDA, J. M.: Sanciones y responsabilidades en materia de caza [Haftung und Sanktionen in Jagdsachen]. Madrid: Tecnos 1972.

MASCAREÑAS, C. E.: Los delitos contra la propiedad industrial [Die Verbrechen gegen die gewerblichen Schutzrechte]. 2. Aufl. Barcelona: Bosch 1960.

ORCASITAS LLORENTE, L.: Ley penal y disciplinaria de la marina mercante [Straf- und Disziplinargesetz für die Handelsmarine]. Madrid: Min. de Marina 1961. (Col. de estudios de derecho internacional marítimo. Ser. C. 12.)

5. Gerichtsverfassungsrecht

Bei allen nachgenannten Werken über Gerichtsverfassungsrecht (einschl. der Verfassung der Gemeindegerichtsbarkeit) sind spätere Gesetzesänderungen zu berücksichtigen (vgl. II. 1 und II. 3).

AGUILERA DE PAZ, E. - F. DE P. RIVES Y MARTÍ: El derecho judicial español [Das spanische Justizrecht]. Bd. 1. 2. Madrid: Reus 1920-1923. (Biblioteca jurídica de autores españoles y extranjeros. 36. 37.) *Noch heute nützliche ältere Darstellung.*

GALLEGO MARTÍNEZ, A.: Organización de los tribunales [Gerichtsverfassung]. Madrid: Suárez 1944.

JIMÉNEZ ASENJO, E.: Organización judicial española [Spanische Justizverfassung]. Madrid: Rev. de derecho privado 1952; Nachtr. 1954. (Manual de derecho, economía y hacienda. Ser. G. 25.) *Einzige neuere, systematisch-lehrbuchmäßige Darstellung.*

MENÉNDEZ PIDAL Y DE MONTES, F: Derecho judicial español. Organización de los Tribunales [Spanisches Justizrecht. Gerichtsverfassung]. Madrid: Reus 1936.

OLIET GIL, B. - C. SERENA VELLOSO: Apuntes sobre organización de los tribunales españoles [Skizze der Verfassung der spanischen Gerichte]. Zaragoza: [Autores] 1951. 2. Aufl. 1954.

ORTIZ ARCE, D. - F. MENÉNDEZ PIDAL: Organización de tribunales [Gerichtsverfassung]. Madrid: Reus 1927.

RIVES Y MARTÍ, F. DE P. - D. ORTIZ ARCE: Organización de tribunales y leyes de procedimiento [Gerichtsverfassung und Verfahrensgesetze]. 4. Aufl. verbessert u. erweitert von F. MENÉNDEZ PIDAL [Y DE MONTES]. Madrid: Reus 1932.

RODRÍGUEZ DEL BARCO, J.: Compendio de derecho judicial. Organización de Tribunales [Leitfaden des Justizrechts. Gerichtsverfassung]. Madrid: Rev. de derecho privado 1962; Nachtr. 1963, 1968. *Neueste, aber nur auf Prüfungszwecke ausgerichtete Darstellung.*

Zur Entwicklung der Gerichtsverfassung seit 1800 vgl.:

Ministerio de Justicia. Comisión General de Codificación. CRÓNICA DE LA CODIFICACIÓN ESPAÑOLA: I. Organización judicial [Chronik der Kodifizierung in Spanien: I. Justizverfassung]. Madrid 1970.

Zur Reform

FAIRÉN GUILLÉN, V.: Informe sobre el anteproyecto de bases de una „Ley orgánica de la Justicia" [Gutachten über den Vorentwurf von Grundlagen eines „Justizverfassungsgesetzes"]. Valencia: Univ. 1969. (Anales de la Univ. de Valencia. 43, 2.)

Gemeindegerichtsbarkeit

ARCENEGUI, I. DE - E. GARCÍA-GALÁN: La nueva justicia municipal [Die neue Gemeindegerichtsbarkeit]. 2. Aufl. [Bd. 1.] Madrid 1947; Anh. (= Bd. 2.) 1952.

FUENTES LOJO, J. - G. GAMBÓN ALIX: Suma de la Justicia Municipal [Abriß der Gemeindegerichtsbarkeit]. Madrid: Santillana 1960.

FUENTES LOJO, J. V.: La competencia y el procedimiento en la justicia municipal [Die Zuständigkeit und das Verfahren in der Gemeindegerichtsbarkeit]. Unter Mitarb. von J. FUENTES LOJO. Barcelona: Bosch 1953.

Das Wassergericht von Valencia

PERIS GIMENO, B.: El tribunal de las aguas de Valencia. *In:* REV. DE DERECHO ESPAÑOL Y AMERICANO, Jg. 9, Época 2 (1964), Nr. 3, S. 87–94.

6. Strafprozeßrecht

Kommentare

AGUILERA DE PAZ, E.: Comentarios a la Ley de enjuiciamiento criminal [Kommentar zum Kriminalverfahrensgesetz]. 2. Aufl. Bd. 1–6. Madrid: Reus 1923–1925. *Noch heute nützlicher Kommentar.*

GÓMEZ ORBANEJA, E.: Comentarios a la Ley de enjuiciamiento criminal [Kommentar zum Kriminalverfahrensgesetz]. Bd. 1. 2, 1. Barcelona: Bosch 1947–1951. *Unvollständig (enthält Einleitung und Erläuterung der Art. 1–117); sehr gute Kommentierung.*

Lehrbücher

CHAMORRO, J. C. - B. GONZÁLEZ POVEDA: Derecho procesal [Prozeßrecht]. Bd. 4: Derecho procesal penal [Strafprozeßrecht]. 4. Aufl. Madrid o. J. (um 1964/65). *Lernbuch entsprechend dem Unterrichtslehrplan der Richterschule.*

FENECH, M.: Derecho procesal penal [Strafverfahrensrecht]. 3. Aufl. Bd. 1. 2. Barcelona [usw.]: Ed. Labor 1960. *Viel benutzte, ausführlichere Darstellung; teilweise nicht mehr auf dem Stand des geltenden Rechts.*

GÓMEZ ORBANEJA, E. - V. HERCE QUEMADA: Derecho procesal penal [Strafverfahrensrecht]. 6. Aufl. Madrid 1968: A. G. E. S. A. *Knappe, aber recht prägnante Darstellung.*

IBAÑEZ Y GARCÍA-VELASCO, M.: Curso de derecho procesal penal [Lehrgang des Strafverfahrensrechts]. Madrid: Universidad 1969.

JIMÉNEZ ASENJO, E.: Derecho procesal penal [Strafverfahrensrecht]. Bd. 1. 2. Madrid: Rev. de derecho privado o. J. [um 1950].

MIGUEL Y ROMERO, M. - C. DE MIGUEL Y ALONSO: Derecho procesal práctico [Prozeßrecht für die Praxis]. 11. Aufl. Bd. 1. 2. Barcelona: Bosch 1967. *Behandelt auch den Strafprozeß.*

SÁEZ JIMÉNEZ J. - E. LÓPEZ FERNÁNDEZ DE GAMBOA: Compendio de Derecho procesal civil y penal [Kompendium des Zivil- und Strafverfahrensrechts]. *Bisher erschienen:* Bd. 1. 2, 1. 2; 3, 1–4; 4, 1. 2. Madrid: Santillana 1963–1968. *Sehr umfangreiche, häufig auf Probleme der Praxis zugeschnittene Darstellung. Bd. 4, 1. 2. ist ausschließlich dem Strafverfahren gewidmet. Die Reform von 1967 wird in Bd. 4, 2 berücksichtigt.*

VIADA LÓPEZ-PUIGCERVER, C.: Curso de Derecho procesal penal [Lehrgang des Strafverfahrensrechts]. Bd. 1–3. Madrid 1964–1970.
1. 2: 2. Aufl. von C. VIADA LÓPEZ-PUIGCERVER u. P. ARAGONESES ALONSO. 1968–1970. 3. 1964.

Ältere Werke

Als Auswahl aus der älteren Literatur können nachfolgende Titel genannt werden:

AMAT Y FURIÓ, V.: Estudio práctico del enjuiciamiento criminal (Ley de 14 de septiembre de 1882 con observaciones, notas, concordancias y formularios) [Praktische Untersuchung über das Kriminalverfahren (Das Gesetz vom 14. September 1882 mit Bemerkungen, Anmerkungen, Konkordanzen und Formularen)]. Valencia 1883.

ARMAS Y SÁENZ, R. DE - A. DOMÍNGUEZ-ALFONSO: Practica del nuevo enjuiciamiento criminal [Praxis des neuen Kriminalverfahrens]. Madrid 1882: Fortanet.

GARCÍA VALDÉS, R. – N. ALCALÁ-ZAMORA Y CASTILLO: Derecho procesal criminal [Kriminalprozeßrecht]. Madrid: Reus 1940.

LEY DE ENJUICIAMIENTO CRIMINAL de 14 de septiembre de 1882. Anotada y comentada por [Das Kriminalverfahrensgesetz vom 14. September 1882. Mit Anm. u. Erl. von] M. HERRERO MARTÍNEZ. Valladolid 1909: Castellana.

MARTÍNEZ DEL CAMPO, E.: Notas al libro primero de la Ley de enjuiciamiento criminal [Anmerkungen zum ersten Buch des Kriminalverfahrensgesetzes]. Bd. 1–3. Madrid: Núñez 1885.

PINA, R. DE: Manual de derecho procesal penal [Kompendium des Strafprozeßrechts]. Madrid: Reus 1934. (Biblioteca jurídica de autores españoles y extranjeros. 175.)

REUS, E.: Ley de enjuiciamiento criminal de 14 de septiembre de 1882, concordada y anotada [Das Kriminalverfahrensgesetz vom 14. September 1882 mit Konkordanzen und Erläuterungen]. Bd. 1. 2. Madrid 1883: Impr. de la Revista de Legislación y Jurisprudencia.

Schriften zum Verfahren in geringen Verbrechensfällen

Zu dem 1967 eingeführten Verfahren vgl.:

ABELLA, R. - E. RUIZ VADILLO: El nuevo proceso penal. La reforma de la Ley del automóvil, del Código penal y de la Ley de enjuiciamiento criminal (Ley 3/1967 de 8 de abril) [Das neue Strafverfahren. Die Reform des Automobilgesetzes, des Strafgesetzbuches und des Kriminalverfahrensgesetzes (Gesetz Nr. 3/1967 vom 8. April 1967)]. Madrid: Abella 1967.

FERRER MARTÍN, D.: Procedimientos de urgencia [Beschleunigtes Verfahren]. Madrid: Pretor 1968.

LÓPEZ-MUÑIZ GOÑÍ, M.: Doctrina, jurisprudencia y formularios sobre el procedimiento por delitos menos graves [Lehre, Rechtsprechung und Formulare über das Verfahren bei minderschweren Verbrechen]. Madrid: Rev. de derecho judicial 1970.

Sonstiges

Zu vielen Einzelproblemen des Strafverfahrens ist auch nach der Gesetzesänderung von 1967 die folgende Schrift noch nützlich:

SÁEZ JIMÉNEZ, J.: Enjuiciamiento criminal. Comentarios prácticos a la ley de enjuiciamiento criminal referidos a la ley de urgencia [Kriminalverfahren. Praktischer Kommentar zum Kriminalverfahrensgesetz mit Bezug auf das Gesetz über das beschleunigte Verfahren]. Madrid: Santillana 1962.

Als deutschsprachige Schrift, die mit einigen wesentlichen Zügen des spanischen Strafverfahrens vertraut macht, kann angeführt werden:

TACKENBERG, G.: Kreuzverhör und Untersuchungsgrundsatz im spanischen Strafprozeß. Bonn: Röhrscheid 1960. (Rechtsvergleichende Untersuchungen zur gesamten Strafrechtswissenschaft. N. F. 22.)

Zu Besonderheiten der Gerichtsverfassung und des Verfahrens im Bereich des Nebenstrafrechts vgl. auch die unter VI. 4 angegebene Literatur.

Als allgemeines prozeßrechtliches Werk, das auch für die strafprozessualen Lehren Bedeutung haben kann, ist zu nennen:

ARAGONESES ALONSO, P.: Proceso y derecho procesal (Introducción) [Prozeß und Prozeßrecht (Einführung)]. Madrid: Aguilar 1960.

Zur Reform

Facultad de Derecho de la Univ. de Valencia. FAIRÉN GUILLÉN, V.: Presente y futuro del proceso penal español (El „Anteproyecto de Bases para el Código procesal penal" de 1967; la Ley de 8 de abril de 1967) [Gegenwart und Zukunft des spanischen Strafprozesses (Der „Vorentwurf von Grundlagen für das Strafprozeßgesetzbuch" von 1967; das Gesetz vom 8. April 1967)]. Valencia: Universidad 1967.

7. Strafvollstreckungsrecht

Literatur zum gegenwärtigen Strafvollzugsrecht

AYLAGAS, F.: El régimen penitenciario español [Das spanische Strafvollzugswesen]. Madrid 1951.

BUENO ARÚS, F.: El sistema penitenciario español [Das spanische Strafvollzugssystem]. Madrid: Min. de Justicia 1967.

BUENO ARÚS, F.: El sistema penitenciario español [Das spanische Strafvollzugssystem]. Madrid: Publicaciones Españolas 1971. (Temas Españoles. 513.)

Beide vorgenannten, kurzgefaßten Schriften haben informierenden Charakter (nur die erste enthält Literaturnachweise, die zweite berücksichtigt die Änderungen im Vollzugsrecht von 1968).

CUELLO CALÓN, E.: La moderna penología (Represión del delito y tratamiento de los delincuentes. Penas y medidas. Su ejecución) [Die moderne Pönologie (Ahndung der Verbrechen und Behandlung der Verbrecher. Strafen und Maßnahmen. Ihre Vollstreckung)]. Bd. 1. Barcelona: Bosch 1958. *Umfassend angelegte Darstellung; nur Band 1 erschienen.*

DELITOS, PENAS Y PRISIONES EN ESPAÑA [Verbrechen, Strafen und Gefängnisse in Spanien]. Madrid 1963: Reformatorio de jóvenes.

Zur umfangreichen Literatur, auch der älteren, über Strafvollzug und Gefängniswesen vgl. die Angaben bei ANTÓN ONECA: Derecho penal. Parte general, *S. 502ff.;* RODRÍGUEZ DEVESA: Derecho penal. Parte general, *S. 759ff. (VI. 3: Zum StGB 1944/1963, Lehrbücher);* CUELLO CALÓN: La moderna penología, *vor allem S. 374ff.*

Die Generaldirektion für das Strafvollzugswesen im Justizministerium gibt jährliche Berichte über den Strafvollzug unter folgendem Titel heraus:

Dirección General de Instituciones Penitenciarias [bis 1967: Dirección General de Prisiones]. MEMORIA. Madrid 1943 [?] ff.

Begnadigung

BRAVO, E.: La gracia de indulto [Der Gnadenerweis]. Madrid 1889.

8. Kriminologie und Statistik

Neuere Gesamtdarstellungen oder sonstige umfassendere Werke über Kriminologie fehlen.

Statistik

Die ersten zentralen Kriminalstatistiken wurden auf Grund der Kgl. VOen vom 8. Juli 1859 (G. 12. 7. 1859; C. L. Bd. 81 (1859), S. 86, Nr. 355) und 1. Februar 1861 (G. 8. 2. 1861; C. L. Bd. 85 (1861), S. 128, Nr. 47) sowie dem Reglamento vom 6. Februar 1861 (G. 8. 2. 1861; C. L. a.a.O., S. 135, Nr. 51) als ESTADÍSTICA DE LA ADMINISTRACIÓN DE JUSTICIA EN LO CRIMINAL *für die Jahre 1859 bis 1862 vom Justizministerium herausgegeben. Zuvor schon hatten verschiedene Gerichte statistische Angaben über ihren Geschäftsanfall (auch in Strafsachen) veröffentlicht (vgl. z. B. Boletín Semanal de la Revista General de Legislación y Jurisprudencia, Bd. 1 (1854), S. 127f.; Bd. 2 (1854), S. 23f., 348ff).*

Als fortgesetzte Veröffentlichung erschien sodann auf Grund der Kgl. VO vom 18. März 1884 (G. 19. 3. 1884; B. L. Bd. 72 (1884), S. 359) die vom Justizministerium herausgegebene ESTADÍSTICA DE LA ADMINISTRACIÓN DE JUSTICIA EN LO CRIMINAL [Statistik der Rechtspflege in Strafsachen]. 1883 ff.

Für die neuere Zeit können folgende Statistiken genannt werden: ESTADÍSTICA PENAL DE ESPAÑA [Kriminalstatistik von Spanien]. 1953–1958.

Ab 1959 ist die Kriminalstatistik in der allgemeinen Justizstatistik mitenthalten:

ESTADÍSTICAS JUDICIALES DE ESPAÑA [Justizstatistik von Spanien]. 1959 ff.

Statistische Angaben finden sich auch in den Jahresberichten der Staatsanwaltschaft beim Obersten Gericht und der Generaldirektion für den Strafvollzug (s. VI. 1: ‚Sonstiges' und VI. 7).

TSCHECHOSLOWAKEI

Bearbeitet von Dr. THEA LYON,
Referentin am Max-Planck-Institut für ausländisches und internationales Strafrecht,
Freiburg i. Br.

I. Materielles Strafrecht – Texte –

1. Strafgesetzbuch

Trestní zákon ze dne 29. listopadu 1961, č. 140 Sb. (1. leden 1962) [Strafgesetz vom 29. November 1961 (*in Kraft getreten:* 1. Januar 1962)].

Wichtigste Novellen

Zákon ze dne 17. června 1965, č. 56 Sb., kterým se mění a doplňuje trestní zákon č. 140/1961 Sb. [Strafgesetznovelle vom 17. Juni 1965], *die einige Fragen der Verhängung der Freiheitsstrafe, der Geldstrafe und der Schutzerziehung geregelt und einige Änderungen im Besonderen Teil des Strafgesetzes durchgeführt hat.*

Zákon ze dne 18. prosince 1969, č. 148 Sb., kterým se mění a doplňuje trestní zákon č. 140/1961 Sb. [Strafgesetznovelle vom 18. Dezember 1969], *welche insbes. die Strafe des Aufenthaltsverbotes einführt, die Verjährung der Strafbarkeit der Verbrechen gegen die Menschlichkeit und der Kriegsverbrechen ausschließt und die Bestimmungen über die Schutzheilung ergänzt.*

Zákon ze dne 19. prosince 1962, č. 120 Sb., o boji proti alkoholismu [Gesetz vom 19. November 1962 über den Kampf gegen Alkoholismus]. *Nach § 16 des Gesetzes wird das Strafgesetz durch § 194a: Nedovolená výroba lihu [Unerlaubte Spirituosenerzeugung] ergänzt.*

Zákon ze dne 9. července 1963, č. 53 Sb., jímž se mění § 203 toho roku zákon č. 140/1961 Sb. [Gesetz vom 9. Juli 1963, die Novelle des § 203 des Strafgesetzes, Schmarotzertum betreffend].

Zákon ze dne 25. října 1966, č. 81 Sb., O periodickém tisku a o ostatních hromadných informačních prostředcích [Gesetz vom 25. Oktober 1966 über periodische Presse und andere Informationsmassenmittel]. *Nach § 27 des Gesetzes wird das Strafgesetz durch § 170a: Tisková nedbalost [Fahrlässigkeit in der Presse] ergänzt.*

Textausgabe
TRESTNÍ ZÁKON A PŘEDPISY SOUVISÍCÍ [Strafgesetz und zusammenhängende Normen]. Bearb. von J. TOLAR. 2. Aufl. Praha: Orbis 1971. *Eine Textausgabe des Strafgesetzes, in die die Novellen von 1965 und 1969 eingearbeitet wurden.*

Deutsche Übersetzung
DAS TSCHECHOSLOWAKISCHE STRAFGESETZBUCH vom 29. November 1961. Übers. u. mit einer Einleitung versehen von E. SCHMIED. Berlin: de Gruyter 1964. (Slg. außerdt. StGB. 85.) *Zitiert als:* StGB/SCHMIED.

Englische Übersetzung
In: BULLETIN OF CZECHOSLOVAK LAW, *1962, Nr. 1–2.*

Französische Übersetzung
In: BULLETIN DE DROIT TCHÉCOSLOVAQUE, *1962, Nr. 1–2.*

Russische Übersetzung
In: BJULLETEŃ ČECHOSLOVACKOGO PRAVA, *1962, Nr. 1–2.*

2. Wichtige Nebengesetze

a) Das StGB ergänzende Gesetze

Zákon ze dne 20. prosince 1950, č. 165 Sb., na ochranu míru [Gesetz zum Schutze des Friedens vom 20. Dezember 1950].

Textausgabe
s. I. 1.

Deutsche Übersetzung
In: StGB/SCHMIED *(s. I. 1).*

Zákon ze dne 18. prosince 1969, č. 150 Sb., o přečinech (1. leden 1970) [Gesetz vom 18. Dezember 1969 über Vergehen (*in Kraft getreten:* 1. Januar 1970)].

Zákon ze dne 24. září 1964, č. 184 Sb., kterým se vylučuje promlčení trestního stíhání nejzávažnějších trestných činů proti míru, válečných deliktů a trestných činů proti lidskosti spáchaných ve prospěch nebo ve službách okupantů [Gesetz vom 24. September 1964, wodurch die Verjährung der Strafverfolgung der zugunsten oder im Dienste der Okkupanten verübten schwerwiegendsten Straftaten gegen den Frieden, der Kriegsverbrechen und der Straftaten gegen die Menschlichkeit ausgeschlossen wird].

Tschechoslowakei I 2 b

Deutsche Übersetzung
In: WGO *Jg. 6 (1964), S. 273.*

b) Jugendstrafrecht
Im Strafgesetzbuch geregelt.

c) Militärstrafrecht
Im Strafgesetzbuch geregelt.

d) Verwaltungsstrafrecht, allgemeines
Zákon ze dne 26. června 1961, č. 60 Sb., o úkolech národních výborů při zajištování socialistického pořádku (1. červenec 1961) ve znění podle § 16 zákona č. 150/1965 o přečinech [Gesetz vom 26. Juni 1961 (*in Kraft getreten:* 1. Juli 1962) über die Aufgaben der Nationalausschüsse bei der Sicherung der sozialistischen Ordnung i. d. F. des § 16 des Gesetzes über Vergehen].

Deutsche Übersetzung
In: StGB/Schmied *(s. I. 1).*

e) Wirtschaftsstrafrecht
Im Strafgesetzbuch geregelt.

f) Straßenverkehrsstrafrecht
Vyhláška ministerstva vnitra ze dne 20. října 1966, č. 80 Sb., o pravidlech silničního provozu [Bekanntmachung des Innenministeriums vom 20. Oktober 1966 über die Straßenverkehrsordnung]. *Geändert und ergänzt durch* Bekanntmachung des Innenministeriums vom 17. Juni 1971, č. 42 Sb.

II. Strafverfahrensrecht – Texte –

1. Gerichtsverfassungsrecht

Zákon ze dne 26. února 1964, č. 36 Sb., o organizaci soudů a o volbách soudců [Gesetz vom 26. Februar 1964 über die Gerichtsverfassung und über die Wahlen der Richter]. *Mehrfach geändert, zuletzt durch* Gesetz vom 17. Dezember 1969, č. 156 Sb., *Bekanntmachung des bereinigten Wortlauts* č. 19/1970 Sb.

Deutsche Übersetzung
In: Gesetze über Strafverfahren und Gerichtsverfassung der Tschechoslowakischen Sozialistischen Republik. Übers. u. mit einer Einleitung versehen von E. Schmied. Berlin: de Gruyter 1966. (Slg. außerdt. StGB. 88.) *Zitiert als:* Gesetze über Strafverfahren .../Schmied.

Zákon ze dne 17. června 1965, č. 60 Sb., o prokuratuře [Gesetz vom 17. Juni 1965 über die Prokuratur]. *Zuletzt geändert durch* Gesetz vom 18. Dezember 1969, č. 147 Sb., *Bekanntmachung des bereinigten Wortlauts* č. 20/1970 Sb.

Deutsche Übersetzung
In: Gesetze über Strafverfahren .../Schmied *(s. o.).*

2. Strafprozeßrecht

Zákon ze dne 29. listopadu 1961, č. 141 Sb., o trestním řízení soudním (1. leden 1962) [Strafprozeßordnung vom 29. November 1961 (*in Kraft getreten:* 1. Januar 1962)].

Die wichtigsten Novellen

Zákon ze dne 17. června 1965, č. 57 Sb., kterým se mění a doplňuje zákon č. 141/1961 o trestním řízení soudním (trestní řád) [Novelle zur Strafprozeßordnung vom 17. Juni 1965], *die Änderungen namentlich in der Regelung des Vorverfahrens brachte.*

Zákon ze dne 18. prosince 1969, č. 149 Sb., kterým se mění a doplňuje zákon č. 141/1961 Sb., o trestním řízení soudním (trestní řád) [Strafprozeßordnungsnovelle vom 18. Dezember 1969], *die insbes. die Ermittlung der Vergehen, das Verfahren vor dem Einzelrichter und die Zuständigkeit bei Entscheidungen über die Beschwerde gegen die Haftentscheidung des Prokurators regelt.*

Zákon ze dne 5. června 1969, č. 58 Sb., o odpovědnosti za škodu způsobenou rozhodnutím orgánu státu nebo jeho nesprávným úředním postupem (1. červenec 1969) [Gesetz vom 5. Juni 1969 (*in Kraft getreten:* 1. Juli 1969) über die Verantwortlichkeit für den durch die Entscheidung eines Organes oder durch sein unrichtiges Vorgehen verursachten Schaden]. *Durch dieses Gesetz wurden die Vorschriften der Strafprozeßordnung über den Ersatz des durch Untersuchungshaft oder durch Strafvollzug erlittenen Schadens neu geregelt.*

Der vollständige Text der Strafprozeßordnung, wie er sich aus den Änderungen ergibt, wurde am 14. April 1970 in č. 9 Sb. veröffentlicht.

Textausgabe
Trestní řád a předpisy související. (Textové vydání). [Strafprozeßordnung und zusammenhängende Normen.] 2. Aufl. Bearb. von J. Tolar. Praha: Orbis 1971.

Deutsche Übersetzung
In: Gesetze über Strafverfahren .../Schmied *(s. II.1.)*

Englische Übersetzung

In: BULLETIN OF CZECHOSLOVAK LAW, *1962, Nr. 3–4.*

Französische Übersetzung

In: BULLETIN DE DROIT TCHÉCOSLOVAQUE, *1962, Nr. 3–4.*

Russische Übersetzungen

In: BJULLETEŃ ČECHOSLOVACKOGO PRAVA, *1962, Nr. 3–4.*

Ugolovno-processual'noe zakonodatel'stvo zarubežnych socialističeskich gosudarstv. [2:] ČECHOSLOVACKAJA SOCIA- LISTIČESKAJA RESPUBLIKA [Die Strafgesetzgebung ausländischer sozialistischer Staaten. Die Tschechoslowakische Sozialistische Republik]. Moskva: „Jurid. lit." 1966.

3. Wichtige Nebengesetze

a) Jugendstrafverfahren

In der Strafprozeßordnung geregelt.

b) Militärstrafverfahren

In der Strafprozeßordnung geregelt.

III. Strafvollstreckungsrecht – Texte –

Zákon ze dne 17. června 1965, č. 59 Sb., o výkonu trestu odnětí svobody (1. srpen 1965) ve znění zákona ze dne 20. prosince 1968, č. 173 Sb. [Gesetz vom 17. Juni 1965 (*in Kraft getreten:* 1. August 1965) über den Vollzug der Strafe der Freiheitsentziehung i. d. F. der Novelle vom 20. Dezember 1968].

Deutsche Übersetzungen

In: GESETZE ÜBER STRAFVERFAHREN .../SCHMIED *(s. II. 1).*

In: WGO *Jg. 9 (1967), S. 166.*

Strafregister

Nařízení vlády Československé Socialistické Republiky ze dne 16. května 1970, č. 54 Sb., o rejstříku trestů [Verordnung der Regierung der Tschechoslowakischen Sozialistischen Republik vom 16. Mai 1970 über das Strafregister].

IV. Entscheidungssammlungen

2. Wichtige allgemeine

SBÍRKA SOUDNÍCH ROZHODNUTÍ [Sammlung gerichtlicher Entscheidungen] (1. 1949–13. 1961 *u. d. T.*: Sbírka rozhodnutí československých soudů [Sammlung der Entscheidungen der tschechoslowakischen Gerichte]; 14. 1962 – 21.1969 *u. d. T.*: Sbírka rozhodnutí a sdělení soudů ČSSR [Sammlung der Entscheidungen und Mitteilungen der Gerichte der ČSSR]). 1. 1949 ff.

V. Zeitschriften

2. Wichtige allgemeine

BULLETIN DE DROIT TCHÉCOSLOVAQUE. 1. 1925; 5. 1938/47 ff.

Russisch u. d. T.: BJULLETEŃ ČECHOSLOVACKOGO PRAVA. 1 = 9. 1951 ff.

Englisch u. d. T.: BULLETIN OF CZECHOSLOVAK LAW. 1 = 18. 1960 ff.

PRÁVNÍ OBZOR [Juristische Rundschau]. 1. 1918 ff.

PRÁVNÍK [Der Jurist] *(Darin aufgegangen:* Právní prakse [Die Rechtspraxis] 1. 1936 – 12. 1948). 1. 1861 ff.

88 = 13. 1949 – 93 = 18. 1954 mit Doppelzählung.

SOCIALISTICKÁ ZÁKONNOST [Die sozialistische Gesetzlichkeit]. 1. 1953 ff.

Vorläufer u. d. T.: LIDOVÉ SOUDNICTVÍ [Die Volksgerichtspflege]. 1. 1950[?] – 4. 1953.

STÁT A PRÁVO [Staat und Recht]. 1. 1956 ff.

VI. Literatur

1. Allgemeines

Bibliographien

The Institute of law of the Czechoslovak Academy of sciences. BIBLIOGRAPHY OF CZECHOSLOVAK LEGAL LITERATURE. 1945–1958. Prague: Publishing House of the Czechoslovak Academy of Sciences 1959.

BUSSMANN, C. – W. DURCHLAUB: Bibliographie des deutschsprachigen Schrifttums zum Ostrecht (1945–1964). Trittau/Holst.: Scherbarth 1969. (Hilfsmittel zum Ostrecht. 2.) *Darin S. 41–77: ČSSR.*

LEGAL SOURCES AND BIBLIOGRAPHY OF CZECHOSLOVAKIA. Von A. BOHMER [d. i. Böhmer], J. JÍRA [u. a.]. Hrsg.: V. GSOVSKI. New York: Praeger 1959. (Praeger Publications in Russian History and World Communism. 19.)

SCHMIED, E.: Tschechoslowakische Sozialistische Republik (Literaturbericht). *In:* ZSTW *Bd. 79 (1967), S. 399 ff.*

Gesamtdarstellungen
des materiellen und prozessualen Rechts

SBORNÍK PRACÍ Z TRESTNÍHO PRÁVA [Sammlung von Arbeiten über Strafrecht]. K sedmdesátým narozeninám Prof. Dr. Vladimíra Solnaře. Praha: Univ. Karlova 1969. *S. 151–157: Bibliographie.*

SOLNAŘ, V.: La réforme du droit pénal et de la procédure pénale en Tchécoslovaquie. *In:* REV. SC. CRIM., *N. S. Bd. 17 (1962), S. 683 ff.*

SOLNAŘ, V.: Le nouveau Code pénal et le Code de la procédure pénale tchécoslovaques de 1961. *In:* REV. DROIT PÉN., *Jg. 44 (1963/64), S. 757 ff.*

2. Strafrechtsgeschichte

KLABOUCH, J.: Staré české soudnictví [Die alte tschechische Gerichtsbarkeit]. Praha: Orbis 1967.

SOLNAŘ, V.: L'évolution du droit pénal au cours des cent dernières années sur le territoire tchécoslovaque. *In:* COMMÉMORATION DU CENTENAIRE DE CODE PÉNAL BELGE. Liège: Univ. 1968, *S. 261 ff., S. 377 ff.*

3. Materielles Strafrecht

BREIER, Š.: Les principes de l'infliction de peines aux termes du Code pénal tchécoslovaque de 1961. *In:* BULLETIN DE DROIT TCHÉCOSLOVAQUE, *Jg. 20 (1962), S. 31 ff.*

ČESKOSLOVENSKÉ TRESTNÍ PRÁVO [Das tschechoslowakische Strafrecht]. 2. Aufl. Mitarb.: V. SOLNAŘ [u. a.]. Bd. 1. 2. Praha: Orbis 1969. *1. Obecná část [Allg. Teil]. 2. Zvláštní část [Bes. Teil].*

NOVELA TRESTNÍHO ŘÁDU A NOVELA TRESTNÍHO ZÁKONA. Komentář. [Kommentar zur Strafprozeßordnungs- und Strafrechtsnovelle von 1965.] Mitarb.: A. BURDA [u. a.]. Praha: Orbis 1967.

SOLNAŘ, V.: Les conditions de la responsabilité pénal d'après le nouveau Code pénal tchécoslovaque de 1961. *In:* BULLETIN DE DROIT TCHÉCOSLOVAQUE, *Jg. 20 (1962), S. 1 ff.*

SOLNAŘ, V.: Die Grundgedanken des neuen tschechoslowakischen Strafrechts. *In:* ZSTW *Bd. 75 (1963), S. 665 (163) ff.*

SOLNAŘ, V.: Kriminalpolitische Tendenzen des neuen tschechoslowakischen Strafrechts im Vergleich mit dem modernen deutschen Strafrecht. *In:* ZSTW *Bd. 82 (1970), S. 223 ff.*

SOLNAŘ, V.: Základy trestní odpovědnosti [Grundlagen strafrechtlicher Verantwortlichkeit]. Praha: Academia 1972. (Systém československého trestního práva.)

TRESTNÍ ZÁKON. Komentář. [Kommentar zum Strafgesetz.] Mitarb.: Š. BREIER [u. a.]. Praha: Orbis 1964.

4. Nebenstrafrecht

a) Das StGB ergänzende Gesetze

SCHMIED, E.: Der strafrechtliche Staatsschutz in der Tschechoslowakei. *In:* DER STRAFRECHTLICHE STAATSSCHUTZ IN DER SOWJETUNION, DER TSCHECHOSLOWAKEI, UNGARN UND POLEN. Herrenalb/Schwarzwald: Verl. für Internationalen Kulturaustausch 1963. (Studien des Instituts für Ostrecht, München. 15.) *S. 113 ff.*

b) Jugendstrafrecht

ČIČ, M.: Ochranná výchova v československém trestním právu [Schutzerziehung im tschechoslowakischen Strafrecht]. Bratislava: Obzor 1971.

c) Militärstrafrecht

KEMLINK, V.: Trestné činy vojenské [Militärstraftaten]. Praha: Naše Vojsko 1952. (Velká vojenská knihovna. 11.)

d) Verwaltungsstrafrecht, allgemeines

PŘESTUPKY A PROVINĚNÍ. Vysvětlivky k zákonu o úkolech národních výborů při zajišťování socialistického pořádku ... [Übertretungen und Vergehen. Erläuterungen zum Gesetz über die Aufgaben der Nationalausschüsse bei der Sicherung der sozialistischen Ordnung ...]. Mitarb.: L. BYDŽOVSKÝ, Z. LUKEŠ. Praha: Orbis 1962.

e) Wirtschaftsstrafrecht

BREIER, Š. – J. NEZKUSIL: Hospodářské trestné činy [Wirtschaftsstraftaten]. Bratislava: Osvěta 1963.

5. Gerichtsverfassungsrecht

PLUNDR, O.: Organizace justice a prokuratury [Lehrbuch der Gerichtsverfassung und der Organisation der Prokuratur]. 3. Aufl. Praha: Orbis 1971.

6. Strafprozeßrecht

ČESKOSLOVENSKÉ TRESTNÍ ŘÍZENÍ. (Učebnice) [Das tschechoslowakische Strafverfahren. Lehrbuch]. 2. Aufl. Hrsg. von A. RŮŽEK. Praha: Orbis 1971.

PŘICHYSTAL, V.: La nouvelle réglementation de la procédure pénale dans la République socialiste tchécoslovaque. *In:* BULLETIN DE DROIT TCHÉCOSLOVAQUE, *Jg. 20 (1962), S. 157 ff.*

TRESTNÍ ŘÁD. KOMENTÁŘ. [Kommentar zur Strafprozeßordnung.] Mitarb.: J. TOLAR [u. a.]. Praha: Orbis 1963.

NOVELA TRESTNÍHO ŘÁDU A NOVELA TRESTNÍHO ZÁKONA. ... *(s. VI. 3).*

7. Strafvollstreckungsrecht

GEILKE, G.: Der tschechoslowakische Freiheitsstrafvollzug. *In:* WGO *Jg. 9 (1967), S. 159 ff.*

NOVOTNÝ, O.: O trestu a vězeňství [Über die Strafe und das Gefängniswesen]. 2. Aufl. Praha: Academia, nakladelství Československé akad. věd 1969.

REGENT, M.-J. TOLAR: Zákon o výkonu trestu odnětí svobody. Komentář. [Kommentar zum Gesetz über den Vollzug der Freiheitsstrafe.] Praha: Orbis 1966.

TOLAR, J.: La nouvelle réglementation tchécoslovaque de l'exécution de la peine privative de liberté. *In:* BULLETIN DE DROIT TCHÉCOSLOVAQUE, *Jg. 24 (1966), S. 249 ff.*

8. Kriminologie

ČESKOSLOVENSKÁ KRIMINOLOGIE (Aktuální problémy) [Tschechoslowakische Kriminologie. Aktuelle Probleme]. Mitarb.: A. KUDLÍK [u. a.]. Praha: Orbis 1971.

KRIMINALITA MLÁDEŽE [Jugendkriminalität]. Studie o mladistvých delikventech. Praha: Výzkumný ústav kriminologický 1968. *Mit russ. u. engl. Zsfassung.*

NEZKUSIL, J.: Literature on criminology in Czechoslovakia. *In:* EXCERPTA CRIMINOLOGICA, *Bd. 7 (1967), S. 615 ff.*

PROBLEME DER KRIMINALITÄTSFORSCHUNG UND VERBRECHENSVORBEUGUNG IN DER TSCHECHOSLOWAKISCHEN SOZIALISTISCHEN REPUBLIK. Ausgewählt ... unter der Leitung von G. STILLER. Potsdam-Babelsberg: Inst. für staats- u. rechtswissenschaftliche Forschung der Dt. Akad. für Staats- u. Rechtswissenschaft „Walter Ulbricht", Abt. Wissenschaftliche Dokumentation 1963.

9. Literatur in fremden Sprachen

Fremdsprachige Arbeiten sind bei den jeweiligen Sachgebieten aufgeführt.

Zum Schrifttum außerhalb des Ostblocks zum Recht der Tschechoslowakischen Sozialistischen Republik vgl. die fortgesetzte Bibliographie in der Zeitschrift OSTEUROPA-RECHT: *Bd. 11 (1965), S. 217 ff.; Bd. 14 (1968), S. 288 ff.*

TÜRKEI

Bearbeitet von Assessorin JOHANNA BOSCH, Referentin am Max-Planck-Institut für ausländisches und internationales Strafrecht, Freiburg i. Br. und Dr. ERDENER YURTCAN, Wissenschaftlicher Assistent an der juristischen Fakultät der Universität Istanbul

Gesamtausgaben der Gesetze

DÜSTUR [Gesetzessammlung]. Ankara. Ser. 3: 1. 1920–41. 1960. Ser. 4: 1, 1–3. 1960–1961. Ser. 5: 1. 1961 ff.

T. C. RESMÎ GAZETE [Amtsblatt]. Ankara 1. 1919 ff. *Erscheint täglich.*

I. Materielles Strafrecht – Texte –

1. Strafgesetzbuch

Türk Ceza Kanunu [Türkisches Strafgesetz] vom 1. 3. 1926, Nr. 765 (Resmî Gazete Nr. 320, 13. 3. 1926).

Türk Ceza Kanununun Bazı Maddelerini Değiştiren Kanun [Gesetz, das einige Artikel des türkischen Strafgesetzes ändert] vom 11. 6. 1936, Nr. 3038 (Resmî Gazete Nr. 3337 vom 23. 6. 1963).

Zahlreiche weitere Änderungsgesetze. Das jüngste Änderungs- und Ergänzungsgesetz ist: Türk Ceza Kanununun Bazı Maddelerinin Değiştirilmesi ve Bazı Maddelerine Fıkralar İlâve Edilmesi Hakkında Kanun [Gesetz zur Änderung und Ergänzung einiger Artikel des Türkischen Strafgesetzbuches] vom 3. 10. 1971, Nr. 1490 (Resmî Gazete Nr. 13975 vom 3. 10. 1971).

Textausgaben

TÜRK CEZA KANUNU. Hrsg. von A. ÖNDER. 2. Aufl. İstanbul: Arkadaş 1971. *Mit Literaturhinweisen.*

TÜRK CEZA KANUNU, alfabetik ve tahlilî fihrist, ek ve değişiklikleri ile birlikte [Das türkische Strafgesetz mit alphabetischem und analytischem Verzeichnis, Fortsetzungen und Änderungen]. İstanbul 1966.

TÜRK CEZA KANUNU VE İLGİLİ KANUNLAR [Das türkische Strafgesetz mit Nebengesetzen]. Hrsg. von Ş. ALGAN u. İ. BOZKOYUNLU. Bilecik: Güneş 1968.

Übersetzungen

DAS TÜRKISCHE STRAFGESETZBUCH vom 1. März 1926. Übers. u. mit einer Einf. versehen von N. ŞENSOY u. O. TOLUN. Berlin: de Gruyter 1955. (Slg. außerdt. StGB. 67.)

THE TURKISH CRIMINAL CODE. Mit einer Einf. von N. GÜRELLI. South Hackensack, N. J.: Rothman [usw.] 1965. (Am. Ser. For. Pen. Codes. 9.)

LE CODE PÉNAL TURC. Übers. von J. A. RIZZO. Constantinople: Rizzo 1927. (Éditions Rizzo. La Législation Turque. 2: Codes.)

2. Wichtige Nebengesetze

b) Jugendstrafrecht

Es gibt kein besonderes Jugendstrafgesetz. Das Jugendstrafrecht ist teilweise im Strafgesetzbuch enthalten.

c) Militärstrafrecht

Askerî Ceza Kanunu [Militärstrafgesetz] vom 22. 5. 1930, Nr. 1632 (Resmî Gazete Nr. 1520 vom 15. 6. 1930). Ergänzungsgesetze vom 20. 5. 1933, Nr. 2183 und 3. 8. 1942, Nr. 4277, Änderungsgesetze vom 8. 5. 1945, Nr. 4726; 1. 4. 1953, Nr. 6078 (Resmî Gazete Nr. 8374 vom 1. 4. 1953); 25. 1. 1957, Nr. 6889 (Resmî Gazete Nr. 9525 vom 2. 2. 1957).

Textausgabe

Beilage zu ERMAN, S.: Askerî Ceza Hukuku ... *(s. VI. 4c).*

f) Straßenverkehrsstrafrecht

Karayolları Trafik Kanunu [Straßenverkehrsgesetz] vom 11. 5. 1953, Nr. 6085 (Resmî Gazete Nr. 8411 vom 18. 5. 1953).

g) Presserecht

Basın Kanunu [Pressegesetz] vom 15. 7. 1950, Nr. 5680 (Resmî Gazete Nr. 7564 vom 24. 7. 1950).

Neşir Yoliyle veya Radyo ile İşlenecek Bazı Cürümler Hakkında Kanun [Gesetz über einige Straftaten, die im Wege der Veröffentlichung oder durch den Rundfunk begangen werden] vom 9. 3. 1954, Nr. 6334 (Resmî Gazete Nr. 8660 vom 17. 3. 1954).

Basın Kanununun Bazı Maddelerinin Tadiline ve Kanuna Muvakkat Bir Madde İlâvesine Dair Kanun [Gesetz über die Änderung einiger Artikel des Pressegesetzes und der Hinzufügung eines provisorischen (zeitlich begrenzten) Artikels] vom 7. 6. 1956, Nr. 6733 (Resmî Gazete Nr. 9327 vom 8. 6. 1956).

h) **Waffengesetz**

Ateşli Silâhlar ve Bıçaklar Hakkında Kanun [Gesetz über Feuerwaffen und Messer] vom 10. 7. 1953, Nr. 6136 (Resmî Gazete Nr. 8458 vom 15. 7. 1953). Änderungsgesetz vom 30. 6. 1970, Nr. 1308 (Resmî Gazete Nr. 13542 vom 8. 7. 1970).

i) **Finanz- und Zollgesetze**

Kaçakçılığın Men ve Takibine Dair Kanun [Gesetz zur Verhütung und Verfolgung der Zollhinterziehung] vom 7. 1. 1932, Nr. 1918 (Resmî Gazete Nr. 2000 vom 12. 1. 1932).

Türk Parasının Kıymetini Koruma Hakkında Kanun [Das Gesetz über die Wahrung der türkischen Währung] vom 20. 2. 1930, Nr. 1567 (Resmî Gazete Nr. 1433 vom 25. 2. 1930).

II. Strafverfahrensrecht – Texte –

1. Gerichtsverfassungsrecht

Mehakimi Nizamiyenin Teşkilâtına Dair Kanun [Gerichtsverfassungsgesetz] vom 26. 5. 1924, Nr. 469.

Durch Gesetz vom 2. 3. 1927, Nr. 981, wurde das Gerichtsverfassungsgesetz ergänzt; durch Zusatz vom 12. 1. 1959, Nr. 7188, wurde das Ergänzungsgesetz von 1927 geändert. Diese Änderung ist durch die Entscheidung des Verfassungsgerichts vom 28. 9. 1965, Nr. 48, wieder aufgehoben worden.

2. Strafprozeßrecht

Türk Ceza Muhakemeleri Usulü Kanunu [Strafverfahrensgesetz] vom 9. 4. 1929, Nr. 1412 (Resmî Gazete Nr. 1172 vom 20. 4. 1929).

Textausgabe
TÜRK CEZA MUHAKEMELERI USULÜ KANUNU. Hrsg. von A. ÖNDER u. K. İÇEL. 2. Aufl. İstanbul: Filiz Kitabevi 1969.

Meşhut Suçların Muhakeme Usulü Kanunu [Gesetz zur Aburteilung auf frischer Tat] vom 8. 6. 1936, Nr. 3005 (Resmî Gazete Nr. 3329 vom 13. 6. 1936).

Kanun Dışı Yakalanan veya Tutuklanan Kimselere Tazminat Verilmesi Hakkındaki Kanun [Gesetz über die Entschädigung für gesetzwidrige Polizeihaft oder Untersuchungshaft] vom 7. 5. 1964, Nr. 466 (Resmî Gazete Nr. 11704 vom 15. 5. 1964).

Übersetzungen
THE TURKISH CODE OF CRIMINAL PROCEDURE. Mit einer Einf. von F. GÖLCÜKLÜ. South Hackensack, N. J.: Rothman [usw.] 1962. (Am. Ser. For. Pen. Codes. 5.)

CODE DE PROCEDURE PÉNALE. Loi No 1412, du 9 Avril 1929. Stamboul: Rizzo 1930. (Éditions Rizzo. La Législation Turque. 2: Codes.)

3. Wichtige Nebengesetze

a) **Jugendstrafverfahren**
Es gibt kein besonderes Jugendstrafverfahrensgesetz.

b) **Militärstrafverfahren**

Askerî Mahkemeler Kuruluşu ve Yargılama Usulü Kanunu [Militärstrafverfahrens- und Gerichtsverfassungsgesetz] vom 25. 10. 1963, Nr. 353. (Resmî Gazete Nr. 11541 vom 26. 10. 1963).

Textausgabe
Beilage zu ERMAN, S.: Askerî Ceza Hukuku ... *(s. VI. 4c).*

III. Strafvollstreckungsrecht – Texte –

Cezaların İnfazı Hakkında Kanun [Strafvollzugsgesetz] vom 13. 7. 1965, Nr. 647 (Resmî Gazete Nr. 12050 vom 16. 7. 1965).

Übersetzung
In: ÖNDER, A.: Neue Entwicklungen im türkischen Strafrecht. *In: ZStW Bd. 78 (1966), S. 308 ff.*

IV. Entscheidungssammlungen

1. Strafrechtliche

En Son Tadilleriyle Birlikte Gerekçeli, Notlu ve İçtihatlı Türk Ceza Kanunu [Das türkische StGB mit Entscheidungen und Erläuterungen]. Hrsg. von M. Çağlayan. Ankara: Ayyıldız 1962.

Bayraktaroğlu, N.: Yargıtay Ceza Kararları [Strafrechtliche Entscheidungen des Obersten Gerichtshofs]. İstanbul: Akgün 1971.

Türk Ceza Kanunu Şerhi (Bd. 3. 4: Türk Ceza Kanunu Açıklaması) [Erläuterungen zum türkischen Strafgesetz]. Hrsg. von A. P. Gözübüyük. Bd. 1–4. Ankara: Sevinç Matbaası 1967–1972.

Bd. 1: 2. Aufl. 1967. Bd. 2: 1967. Bd. 3: 2. Aufl. 1970. Bd. 4: 1972.

2. Wichtige allgemeine

Temyiz Kararları [Entscheidungen des Kassationsgerichtshofes]. Ankara 1. 1935 ff. *Amtliche Sammlung.*

Saymen, F. – S. Erman – H. K. Elbir: Türk İçtihatlar Külliyatı [Sammlung der türkischen Rechtsprechung]. İstanbul 1. 1950 ff.

Bilgin, I.: İçtihatlar 1960–1968 [Rechtsprechung 1960–1968]. Istanbul: Akgün 1971.

V. Zeitschriften

2. Allgemeine

Adalet Dergisi [Zeitschrift der Gerechtigkeit]. 1. 1909 ff.

Ankara Barosu Dergisi [Zeitschrift der Anwaltskammer von Ankara]. 1. 1944 ff.

Ankara Hukuk Fakültesi Mecmuası [Zeitschrift der juristischen Fakultät der Universität Ankara]. 1. 1943 ff.

Ankara Üniversitesi Yıllığı. (Annales de l'Université d'Ankara.) 1. 1947 ff.

Annales de la Faculté de droit d'Istanbul. 1. 1951/52 ff.

İstanbul Barosu Dergisi [Zeitschrift der Anwaltskammer von İstanbul]. 1. 1927 ff.

İstanbul Hukuk Fakültesi Mecmuası [Zeitschrift der juristischen Fakultät der Universität Istanbul]. 1. 1916 ff.

Mukayeseli Hukuk Araştırmaları Dergisi. (Revue de recherches juridiques comparées.) 1. 1957 (–1967).

VI. Literatur

1. Allgemeines

Erem, F.: Hümanist Doktrin Açısından Türk Ceza Hukuku [Das türkische Strafrecht in humanistischer Sicht]. Ankara 1967.

Tosun, O.: Suç Hukuku Dersleri (Giriş-ceza kaidesi, unsular). Gazetecilik Enstitüsü için [Strafrechtliche Vorlesungen für das zeitungswissenschaftliche Institut]. İstanbul: Sermet Matbaası 1967. (İstanbul Üniversitesi İktisat Fakültesi Gazetecilik Enstitüsü Yayınları. 9.)

Hilfsmittel

Türk Hukuk Bibliyografyası [Türkische Rechtsbibliographie]. 1935–1954 / 1955–1957. Hrsg. von R. B. Erciyeş. Ankara: Güzel [u. a.] 1956–1959. (Müşterek yayınlar serisi. 5./10.)

Türk Hukuk Kroniği [Türkische Rechtschronik]. Hrsg. von F. Saymen. 1943/44–1955/58. İstanbul: Kenan 1945; 1946–1960: Akgün.

3. Materielles Strafrecht

Allgemeiner Teil

Alacakaptan, U.: Suçun Unsurları [Die Tatbestandsmerkmale der Straftat]. Ankara: Sevinç Matbaası 1970. (Ankara Ünv. Huk. Fak. Yay. 263.)

Dönmezer, S.: Cezaî mesuliyetin esası [Grundlagen der strafrechtlichen Verantwortlichkeit]. İstanbul: Akgün 1949.

Dönmezer, S. – S. Erman: Nazarî ve Tatbikî Ceza Hukuku. Umumî Kısım [Theoretisches und angewandtes Strafrecht. Allg. Teil]. Bd. 1–3. İstanbul 1967–1971.

Bd. 1: 4. Aufl. İstanbul: Garan 1967.
Bd. 2: 5. Aufl. İstanbul: Fakülteler Matbaası 1971.
Bd. 3: 5. Aufl. İstanbul: Garan 1971.

Erem, F.: Türk Ceza Hukuku. Genel Hükümler [Türkisches Strafrecht. Allg. Bestimmungen]. 8. Aufl. Bd. 1. 2. Ankara: Sevinç Matbaası 1968–1971. (Ankara Ünv. Huk. Fak. Yay. 285.)

GÖLCÜKLÜ, F.: Türk Ceza Sistemi (Hürriyeti Bağlayıcı Cezalar) [Das türkische Strafensystem (Freiheitsstrafen)]. Ankara: Sevinç Matbaası 1966. (Ankara Ünv. Siyasal Bilgiler Fakültesi Yayınları. 200–182).

İÇEL, K.: Ceza Hukukunda Taksirden Doğan Subjektif Sorumluluk [Die subjektive Verantwortlichkeit der Fahrlässigkeit im Strafrecht]. İstanbul: Cezaevi Matbaası 1967.

KÖSEOĞLU, C.: Haşiyeli Türk Ceza Kanunu [Kommentar zum türkischen Strafrecht]. İstanbul: Akgün 1968.

KUNTER, N.: Suçun Kanunî Unsurları Nazariyesi [Theorie der gesetzlichen Verbrechenselemente]. İstanbul: Akgün 1949.

KUNTER, N.: Suçun Maddî Unsurları Nazariyesi [Theorie der materiellen Verbrechenselemente]. İstanbul: Akgün 1954.

ÖNDER, A.: Ceza Hukukunda Tecil ve Benzeri Müesseseler. Mukayeseli hukukta ve hukukumuzda [Die Strafaussetzung zur Bewährung und ähnliche Einrichtungen im vergleichenden Recht und in unserem Recht]. İstanbul: Fakülteler Matbaası 1963. (İstanbul Ünv. Yay. 1011.) (Huk. Fak. Yay. 209.)

ÖZÜTÜRK, N.: Türk Ceza Kanunu Şerhi ve Tatbikatı [Kommentar zum türkischen Strafgesetz und dessen Anwendung]. 2. Aufl. Bd. 1–3. İstanbul: Garanti Matbaası 1970.

TANER, M.: Ceza Hukuku. Umumî Kısım [Strafrecht. Allg. Teil]. 3. Aufl. [nebst] Anlage. İstanbul: Akgün 1953. (İstanbul Ünv. Yay. 532. 567.) (Huk. Fak. Yay. 117. 122.)

TOROSLU, N.: Cürümlerin Tasnifi Bakımından Suçun Hukukî Konusu [Der rechtliche Inhalt der Straftat im Hinblick auf die Rangordnung der Vergehen]. Ankara: Sevinç Matbaası 1970. (Ankara Ünv. Huk. Fak. Yay. 273.)

Besonderer Teil

BULUTOĞLU, K.: Emniyeti Suistimal Cürümleri [Unterschlagung]. İstanbul: Garan 1935.

DÖNMEZER, S.: Ceza Hukuku Hususî Kısım [Strafrecht, Bes. Teil]. 8. Aufl. Bd. 1: Şahıslara karşı ve mal aleyhinde cürümler [Die Verbrechen gegen die Person und das Vermögen]. İstanbul: Fakülteler Matbaası 1971. (İstanbul Ünv. Yay. 1692.) (Huk. Fak. Yay. 369.)

DÖNMEZER, S.: Umumi Âdap ve Aile Nizamı Aleyhine Cürümler [Straftaten gegen die Sittlichkeit und Familienordnung]. 4. Aufl. İstanbul: Akgün 1957. (İstanbul Ünv. Yay. 258.) (Huk. Fak. Yay. 55.)

EREM, F.: Adam Öldürme ve Müessir Fiil [Tötung und Körperverletzung]. 2. Aufl. Ankara: Güzel 1957.

EREM, F.: Adliye Aleyhinde Cürümler [Vergehen gegen die Justiz]. Ankara: Güzel 1955. (Ankara Ünv. Huk. Fak. Yay. 86.)

EREM, F.: Devlet İdaresi ve Amme Nizamı Aleyhine Cürümler [Verbrechen gegen die Staatsverwaltung und die öffentliche Ordnung]. Ankara: Güzel 1959.

EREM, F.: Hakaret ve Sövme [Üble Nachrede und Beleidigung]. Ankara: Güzel 1958.

EREM, F.: Türk Ceza Hukuku „Hususî Hükümler" [Das Türkische Strafrecht – Besonderer Teil]. Ankara: Ajans Türk 1965.

ERMAN, S.: Hakaret ve Sövme Cürümleri [Verleumdungs- und Beleidigungsdelikte]. İstanbul: Cumhuriyet Matbaası 1950.

ERMAN, S.: Sahtekârlık Cürümleri [Betrugsdelikte]. 3. Aufl. İstanbul: Garan 1970. (İstanbul Ünv. Yay. 1550.) (Huk. Fak. Yay. 336.)

GÜREL, A. B.: Taksirle Adam Öldürme ve Müessir Fiil Suçları [Tötung und Körperverletzung ohne Vorsatz]. İstanbul: Garan 1967.

KIYAK, F.: Türk ve Askerî Ceza Kanunlarında Yağma Cürümleri ve Tatbikatı [Der Raub im türkischen StGB und Militärstrafgesetzbuch und deren Anwendung]. Ankara: Yıldız 1955.

KÖSEOĞLU, C. – K. AKDOĞAN: Devlet ve Şahıs Mallarına Karşı İşlenen Cürümlerle Sahtecilik Suçları [Delikte gegen öffentliches und privates Vermögen und Betrugsdelikte]. Ankara: Ayyıldız 1963.

ÖZEK, Ç.: Devlet Başkanına Karşı Suçlar [Straftaten gegen das Staatsoberhaupt]. İstanbul: Garan 1970. (İstanbul Ünv. Yay. 1589.) (Huk. Fak. Yay. 344.)

ÖZEK, Ç.: Siyasi İktidar Düzeni ve Fonksiyonları Aleyhine Cürümler [Verbrechen gegen die politische Machtordnung u. deren Funktionen]. (T. C. K. 146–151, 168–173). İstanbul: Cezaevi Matbaası 1967. (İstanbul Ünv. Yay. 1251.) (Huk. Fak. Yay. 267.)

ŞENSOY, N.: Basit Hırsızlık ve Çeşitli Mevsuf Hırsızlıklar [Einfacher und schwerer Diebstahl]. 2. Aufl. İstanbul: Nazir Akbasan 1963. (İstanbul Ünv. Yay. 1023.) (Huk. Fak. Yay. 213.)

4. Nebenstrafrecht

b) Jugendstrafrecht

EREM, F.: Ceza Hukuku Önünde Suçlu Çocuklar [Die Behandlung des Jugendlichen im Strafrecht]. İstanbul: Cumhuriyet Matbaası 1940.

ŞENSOY, N.: Çocuk Suçluluğu, Küçüklük, Çocuk mahkemeleri ve İnfaz müesseseleri [Jugendkriminalität, Jugend, Jugendgerichte und deren Vollstreckungsanstalten]. İstanbul: Akgün 1949.

c) Militärstrafrecht

ERMAN, S.: Askerî Ceza Hukuku. Umumî Kısım ve Usul [Militärstrafrecht, Allg. Teil und Militärstrafverfahrensrecht]. İstanbul: Garan 1970. (İstanbul Ünv. Yay. 1522.) (Huk. Fak. Yay. 333.)

KÖSEOĞLU, C.: Ceza Hukuku İle İlgili Askerî Kanunlar [Die mit Strafrecht in Beziehung stehenden Militärgesetze]. İstanbul: Akgün 1971.

f) Straßenverkehrsstrafrecht

ERDİNÇ, A.: İzahlı Karayolları Trafik Kanunu ve İlgili Diğer Kanun, Tüzük ve Yönetmelikler ve Seçilmiş Yargıtay Kararları [Straßenverkehrsgesetz mit Erläuterungen und Nebengesetzen, Ministerialerlassen und Rechtsprechungsnachweisen]. 3. Aufl. Ankara: Balkanoğlu mataacılık 1969.

ÖZDEMİR, H. E.: Trafik Kazâları Taksirle Ölüm ve Yaralamaya Sebebiyet Dâvaları [Von Verkehrsunfällen, Verfahren im Falle bei Tötung oder Körperverletzung ohne Vorsatz]. Ankara: Sark 1969.

g) Presserecht

BALKANLI, R.: Mukayeseli Basın ve Propaganda [Vergleichende Untersuchung von Presse und Werbung]. Ankara: Resimli Posta 1961.

DÖNMEZER, S.: Basın Hukuku [Presserecht] Bd. 1: Umumî prensipler, basın hürriyeti [Allgemeine Grundsätze, Pressefreiheit]. 3. Aufl. İstanbul: Garan 1968.

DÖNMEZER, S.: Matbuat Suçları [Pressevergehen]. İstanbul 1958.

ERMAN, S.: Sistematik İzahlı Basın Kanunu ve İlgili Mevzuata Ek [Pressegesetz mit systematischen Erläuterungen und der einschlägigen Gesetzgebung]. İstanbul: Hok 1954.

ERMAN, S. – Ç. ÖZEK: İzahlı Basın Kanunu ve İlgili Mevzuat [Presserecht mit Erläuterungen und einschlägigen Gesetzen]. 2. Aufl. İstanbul: Akgün 1964. (Huk. Fak. Yay. 229.) (İstanbul Ünv. Yay. 1078.)

i) Finanzstrafrecht

MENTEŞ, C. – Â. SANAL – H. EGESELİ: Kaçakçılık Mevzuatı [Zollhinterziehungsrecht]. İstanbul: Menteş 1970.

SANAL, Â. – H. EGESELİ – E. ŞIMŞEK: Gümrük ve Tekel Kaçakcılığı Mevzuatı ve Tatbikatı [Zoll und Zollhinterziehung. Gesetze und deren Anwendung]. Ankara: Yargiçoğlu 1964.

YALÇIN, L. – N. BAYSOY: Döviz (Kambiyo) Suçları [Devisenstraftaten]. İstanbul: Yeni Matbaa 1965.

5./6. Gerichtsverfassungsrecht, Strafprozeßrecht

ALİCANOĞLU, M.: Ceza Muhakemeleri Usulü Kanunu ve Tatbikatı [Das Strafprozeßrecht und seine Anwendung]. 2. Aufl. İstanbul: Akgün 1971.

ALİCANOĞLU, M.: Türk Ceza Hukukunda Dâva [Die Klage im türkischen Strafrecht]. Istanbul: Kutulmus 1954.

BELGESAY, M. R.: Teorik ve Pratik Adliye Hukuku [Das theoretische und praktische Gerichtsverfassungsrecht]. 2, 1: Hukuk, ceza ve idare usulü muhakemelerinin sentetik izahı [Zusammenfassende Erörterung des Zivil-, Straf- und Verwaltungsverfahrensrechts]. İstanbul: Ünv., Hukuk Fakültesi 1945. (Huk. Fak. Yay. 5.)

BİLECEN, N.: Ceza Dâvalarında Usul ve Tatbikatı [Das Strafverfahren und seine Anwendung]. 2. Aufl. Ankara: Doğuş 1968.

EREM, F.: Ceza Usulü Hukuku [Strafprozeßrecht]. 2. Aufl. Ankara: Ajans Türk Matbaası 1968. (Ankara Ünv. Huk. Fak. Yay. 231.)

GÖLCÜKLÜ, F.: Ceza Dâvasında Şahıs Hürriyeti (Muvakkat yakalama tevkif.) (Türk hukukunda.) [Die persönliche Freiheit im Strafverfahren. (Polizeiliche Festnahme und Untersuchungshaft im türkischen Recht.)] Ankara: Ajans Türk Matbaası 1958. (Ankara Ünv. Siyasal Bilgiler Fakültesi. Yayınlarından. 81 = 63.)

GÜRELLİ, N.: Türk Ceza Muhakemesi Hukukunda Bilirkişilik [Das Sachverständigenwesen im türkischen Strafprozeß]. İstanbul: Cezaevi Matbaası 1967. (İstanbul Ünv. Yay. 1248.) (Huk. Fak. Yay. 264.)

KANTAR, B.: Ceza Muhakemeleri Usulü [Strafprozeßordnung]. Bd. 1. 2. İstanbul 1946–1950.
Bd. 1. Umumî Hükümler [Allg. Grundlagen]. 3. Aufl. İstanbul: Güney Matbaası 1950. Bd. 2. Muhakeme Usulü [Verfahren]. İstanbul: Cumhuriyet Matbaası 1946.

KEYMAN, S.: Ceza Muhakemesinde Savcılık [Die Staatsanwaltschaft im Strafverfahren]. Ankara: Sevinç Matbaası 1970. (Ankara Ünv. Huk. Fak. Yay. 266.)

KUNTER, N.: Ceza Muhakemesi Hukuku [Strafprozeßrecht]. 4. Aufl. İstanbul: Sermet 1970.

ÖNDER, A.: Ceza Muhakemeleri Usulü Hukukunda Sahitlikten Çekinme Hakkı [Das Zeugnisverweigerungsrecht im Strafprozeßrecht]. İstanbul: Sermet 1964. *Aus:* İSTANBUL ÜNİVERSİTESİ HUKUK FAKÜLTESİ MECMUASI [Zeitschrift der juristischen Fakultät der Universität Istanbul], Bd. 29, 4. 1964.

ÖNDER, A.: Sulh Ceza Hâkiminin Ceza Kararnamesi [Der Strafbefehl des Amts-, bzw. Friedensrichters]. İstanbul: Sermet 1966. (İstanbul Ünv. Yay. 1207.) (Huk. Fak. 257.)

ÖNDER, M.: Savcıların Teşkilât İçindeki Yerleri ve Görevleri [Stellung und Aufgaben der Staatsanwaltschaft in der Gerichtsverfassung]. İstanbul: Akgün 1971.

ÖZGEN, E.: Ceza Muhakemesinin Yenilenmesi [Wiederaufnahme des Strafverfahrens]. Ankara: Başnur 1968. (Ankara Ünv. Huk. Fak. Yay. 232.)

TANER, M. T.: Ceza Muhakemeleri Usulü [Strafprozeßordnung]. 3. Aufl. İstanbul: Akgün 1955. (İstanbul Ünv. Yay. 608.) (Huk. Fak. Yay. 128.)

TOSUN, Ö.: Suçluların Gözlemi [Bewährungshilfe für Verurteilte]. İstanbul: Garan 1966. (İstanbul Ünv. Yay. 1177.) (Huk. Fak. Yay. 252.) (Ceza Hukuku ve Kriminoloji Enstitusü Yay. 13.)

TOSUN, Ö.: Türk Suç Muhakemesi Hukuku Dersleri [Vorlesungen über das türkische Straftatsverfahren]. İstanbul: Garan 1971. (İstanbul Ünv. Yay. 1608.) (Huk. Fak. Yay. 353.)

7. Strafvollstreckungsrecht

ÇAĞLAYAN, M. - M.: Gerekçeli, Notlu ve İçtihatlı Cezaların İnfazı Hakkında Kanun [Gesetz über die Strafvollstreckung mit Rechtsprechung, Anmerkungen und Begründungen]. Ankara: San Matbaası 1968.

İPLİKÇİOĞLU, I. H.: Ceza ve Tevkif evleri Mevzuatı [Gesetzgebung über Strafanstalten]. İstanbul: As 1969.

MENGÜÇ, A.: Ceza İnfaz Hukuku ve İnfaz Müesseseleri [Das Strafvollzugsrecht und die Vollzugseinrichtungen]. İstanbul: Cezaevi Matbaası 1968.

TOSUN, Ö.: Suçluların Gözlemi ... (s. VI. 5/6).

8. Kriminologie und Statistik

Kriminologie

DÖNMEZER, S.: Kriminoloji [Kriminologie]. 4. Aufl. İstanbul: Garan 1971. (İstanbul Ünv. Yay. 1695.) (Huk. Fak. Yay. 371.)

EREM, F.: Adalet Psikolojisi. Suçlu Psikolojisi, Usul Psikolojisi, Mahpusun Psikolojisi [Justizpsychologie. Psychologie des Verbrechers, Verfahrenspsychologie, Psychologie des Gefangenen]. 2. Aufl. Ankara 1955: İstiklâl Matbaası ve Gazetesi. (Ankara Ünv. Huk. Fak. Yay. 84.)

Statistik

T. C. Başbakanlık. Unum Müdürlüğü Neşriyat. MAHKÛMLAR İSTATİSTİĞİ [Statistik der Verurteilten]. 1935–1942. 1944 ff. *Offizielle Statistik.*

9. Literatur in fremden Sprachen

DERBOLAR, D.: Richter und Gericht in der Türkei. *In:* ÖRıZ 1971, S. 19 ff.

DOĞAN, H.: Die Erpressung. Ein Vergleich zwischen deutschem und türkischem Recht. Diss., München 1964.

DOĞANAY, Y.: Das türkische Auslieferungsrecht. Diss., Freiburg i. Br. 1956.

ERSOY, Y.: Ignoranza ed errore nel diritto penale. Ankara: Univ. 1968. (Pubblicazione della Facoltà di Scienze politiche dell'Univ. di Ankara. 267.)

GÖLCÜKLÜ, F.: Criminal Law / Criminal Procedure. *In:* INTRODUCTION TO TURKISH LAW. Hrsg.: T. ANSAY u. D. WALLACE jr. Ankara: Soc. of Comparative Law [usw.] 1966, *S. 177–188/S. 213–226.*

HAUSMANN, Hans-Jürgen: Türkisches Jugendkriminalrecht. Diss., Hamburg 1972.

ÖNDER, A.: Neue Entwicklungen im türkischen Strafrecht. *In:* ZStW *Bd. 78 (1966), S. 308 ff.*

ÖNDER, A.: Das türkische Strafrecht. *In:* AUSL. STRAFR. GGW., *Bd. 4, 1962, S. 419 ff.*

VELİDEDEOĞLU, H.: Tötung auf Verlangen, Euthanasie, Selbstmord und Teilnahme am Selbstmord. Diss., Leipzig 1933.

YAZICI, T.: Der Wahrheitsbeweis bei ehrenrührigen Behauptungen im deutschen und türkischen Strafrecht unter besonderer Berücksichtigung der geschichtlichen Entwicklung. Diss., Freiburg 1962.

YÜCE, T.: Die Grundprobleme des türkischen Strafvollzugs im Vergleich mit dem Strafvollzug in Deutschland. Diss., Freiburg i. Br. 1956.

UNGARN

Bearbeitet von Dozent Dr. László Viski, Budapest

I. Materielles Strafrecht – Texte –

1. Strafgesetzbuch

Geltende Rechtsnorm

1961. évi 5. törvény a Magyar Népköztársaság Büntető Törvénykönyvéről [Gesetz Nr. 5 vom Jahre 1961 über das Strafgesetzbuch der Ungarischen Volksrepublik].
Abkürzung: Btk. *Datum der Verkündung:* 22. Dezember 1961. *Inkrafttreten:* 1. Juli 1962. *Fundstelle:* Magyar Közlöny [Ungarisches Gesetzblatt], Nr. 97 (1961), 22. Dezember 1961.

Novellierungen

1962. évi 10. sz. törvényerejű rendelet a Büntető Törvénykönyv hatálybalépéséről, végrehajtásáról és egyes szabálysértésekről [VO mit Gesetzeskraft Nr. 10 vom Jahre 1962 über das Inkrafttreten und über den Vollzug des Strafgesetzbuches sowie über einige Ordnungswidrigkeiten], 27. Mai 1962. *Abkürzung:* Btké.

1966. évi 16. sz. törvényerejű rendelet egyes büntető rendelkezések módosításáról és kiegészítéséről [VO mit Gesetzeskraft Nr. 16 vom Jahre 1966 über die Modififikation und Ergänzung einiger Strafnormen], 30. Juni 1966.

1966. évi 20. sz. törvényerejű rendelet a Büntető Törvénykönyv módosításáról [VO mit Gesetzeskraft Nr. 20 vom Jahre 1966 über die Modifikation des Strafgesetzbuches], 24. August 1966. *Inkrafttreten:* 1. März 1967.

1971. évi 28. sz. törvényerejű rendelet a Büntető Törvénykönyv módosításáról és kiegészítéséről [VO mit Gesetzeskraft Nr. 28 vom Jahre 1971 über die Modifikation und Ergänzung des Strafgesetzbuches], 4. November 1971. *Inkrafttreten:* 1. Januar 1972.

Textausgaben

A Magyar Népköztársaság Büntető Törvénykönyve [Strafgesetzbuch der Ungarischen Volksrepublik]. [Text und Motivenbericht.] 2. Aufl. Budapest: Közgazdasági és Jogi Könyvkiadó 1962.

Büntető jogszabályok [Strafnormen, StGB, StPO und Nebengesetze]. 4. Aufl. Budapest: Közgazdasági és Jogi Könyvkiadó 1971.

Übersetzungen

Strafgesetzbuch der Ungarischen Volksrepublik. Budapest: Corvina-Verl. 1963.

Criminal Code of the Hungarian People's Republic. Budapest: Corvina Pr. 1962.

Loi V de l'an 1961 portant le Code pénal de la République Populaire Hongroise. In: Revue de droit hongrois, Bd. 2 (1962), S. 33–129.

Der Strafkodex der Ungarischen Volksrepublik. Übers. von L. Mezőfy. Berlin: de Gruyter 1964. (Slg. außerdt. StGB. 83.)

Weitere Übersetzungen auch in Russisch und Spanisch.

2. Wichtige Nebengesetze

a) Das StGB ergänzende Gesetze

81/1945. M. E. sz. rendelet a népbíráskodásról. Háborús és népellenes bűntettek [VO Nr. 81/1945. M. E. des Ministerrates über die Volksgerichtsbarkeit. Kriegsverbrechen und volksfeindliche Verbrechen].

1964. évi 27. sz. törvényerejű rendelet a háborús bűntettek és a miattuk kiszabott egyes büntetések elévülésének kizárásáról [VO mit Gesetzeskraft Nr. 27 vom Jahre 1964 über die Ausschließung der Verjährung der Kriegsverbrechen und gewisser wegen dieser verhängten Strafen].

b) Jugendstrafrecht

Im Strafgesetzbuch enthalten.

c) Militärstrafrecht

Im Strafgesetzbuch enthalten.

d) Verwaltungsstrafrecht, allgemeines

1968. évi 1. törvény a szabálysértésekről [Gesetz Nr. 1 vom Jahre 1968 über die Ordnungswidrigkeiten]. *Inkrafttreten:* 1. Oktober 1968.

e) Wirtschaftsstrafrecht

Im Strafgesetzbuch enthalten.

f) Straßenverkehrsstrafrecht

Als Verbrechen im Strafgesetzbuch, als Ordnungswidrigkeiten s. I. 2d.

g) Sonstiges Nebenstrafrecht

1950. évi 30. sz. törvényerejű rendelet. Devizakódex [VO mit Gesetzeskraft Nr. 30 vom Jahre 1950. Devisenkodex].

IV 2 Ungarn

II. Strafverfahrensrecht – Texte –

1. Gerichtsverfassungsrecht

1972. évi 4. törvény a Magyar Népköztársaság birósági szervezetéről [Gesetz Nr. 4 vom Jahre 1972 über die Gerichtsverfassung der Ungarischen Volksrepublik]. *Inkrafttreten:* 1. Januar 1973.

1962. évi 24. sz. törvényerejü rendelet a társadalmi bíróságokról [VO mit Gesetzeskraft Nr. 24 vom Jahre 1962 über die Kameradschaftsgerichte]. *Inkrafttreten:* 1. Januar 1963.

1972. évi 5. sz. törvény a Magyar Népköztársaság ügyészségéről [Gesetz Nr. 5. vom Jahre 1972 über die Staatsanwaltschaft der Ungarischen Volksrepublik]. *Inkrafttreten:* 1. Januar 1973.

2. Strafprozeßrecht

Geltende Rechtsnorm

1962. évi 8. sz. törvényerejű rendelet a büntető eljárásról [VO mit Gesetzeskraft Nr. 8 vom Jahre 1962 über das Strafverfahren]. *Abkürzung:* Be. *Datum der Verkündung:* 13. Mai 1962. *Inkrafttreten:* 1. Juli 1962. *Fundstelle:* MAGYAR KÖZLÖNY [Ungarisches Gesetzblatt], Nr. 33 (1962).

Novellierungen

4/1962. I. M. sz. rendelet a büntető eljárásról szóló törvényerejű rendelet hatálybalépéséről [VO Nr. 4/1962. I. M. des Justizministers über das Inkrafttreten der VO mit Gesetzeskraft über das Strafverfahren]. *Abkürzung:* Beé.

1966. évi 16. sz. törvényerejű rendelet egyes büntető rendelkezések módosításáról és kiegészítéséről [VO mit Gesetzeskraft Nr. 16 vom Jahre 1966 über die Modifikation und Ergänzung gewisser Strafnormen].

Textausgabe

BÜNTETŐ JOGSZABÁLYOK ... *(s. I. 1.)*

Übersetzung

DAS UNGARISCHE STRAFVERFAHREN. Übers. von L. MEZŐFY. Berlin: de Gruyter 1966. (Slg. außerdt. StGB. 87.)

III. Strafvollstreckungsrecht – Texte –

1966. évi 21. sz. törvényerejű rendelet a szabadságvesztésbüntetés végrehajtásáról és az előzetes letartóztatás foganatosításáról [VO mit Gesetzeskraft Nr. 21 vom Jahre 1966 über den Vollzug der Freiheitsstrafe und der Vornahme der Untersuchungshaft]. *Inkrafttreten:* 1. März 1967.

7/1962. I. M. sz. rendelet a javító-nevelő munka alkalmazásáról és végrehajtásáról [VO Nr. 7/1962. I. M. des Justizministers über die Anwendung und über den Vollzug der Erziehungsarbeit].

6/1966. I. M. sz. rendelet a bíróság által elrendelt kényszergyógykezelés végrehajtásának részletes szabályairól [VO Nr. 6/1966. I. M. des Justizministers über die ausführlichen Vollzugsregeln der vom Gericht angeordneten Zwangsheilbehandlung].

IV. Entscheidungssammlungen

1. Strafrechtliche

Periodische Sammlung geltender Entscheidungen (StGB und StPO):

BÜNTETŐJOGI DÖNTVÉNYTÁR. Bírósági Határozatok [Strafrechtliche Dezisionssammlung. Gerichtsentscheidungen]. 1953/1963. Budapest: Közgazdasági és Jogi Könyvkiadó 1964; [Erg.] (1963/65). 1966 ff.

2. Wichtige allgemeine

Entscheidungen zum Strafrecht erscheinen in:

BÍRÓSÁGI HATÁROZATOK [Gerichtsentscheidungen]. Hrsg. vom Obersten Gerichtshof der Ungarischen Volksrepublik. 1. 1953 ff. Monatlich. *Abkürzung:* BH.

V. Zeitschriften

2. Wichtige allgemeine

Állam-és Jogtudomány (1. 1957/58–4. 1961 u. d. T.: Az Állam-és Jogtudományi Intézet Értesítője). 1. 1957/1958 ff.

Jogtudományi közlöny. 1. 1946 ff.

Magyar jog es külföldi jogi szemle (1. 1954–13. 1966 u. d. T.: Magyar Jog). 1. 1954 ff.

In fremden Sprachen erscheinen:

Acta juridica Academiae scientiarum hungaricae. 1. 1959 ff.

Revue de droit hongrois. 1958 ff. (*Parallelausgaben:* Hungarian Law Review. 1961 ff. *und* Obzor Vengerskogo prava. 1959 ff.)

VI. Literatur

1. Allgemeines

Bibliography of Hungarian Legal Literature. 1945–1965. Hrsg. von L. Nagy. Budapest: Akadémiai Kiadó 1966.

Bussmann, C. - W. Durchlaub: Bibliographie des deutschsprachigen Schrifttums zum Ostrecht (1945–1964). Trittau/Holst.: Scherbarth 1969. (Hilfsmittel zum Ostrecht. 2.) Darin S. 249–271: Ungarn.*

Hungarian Legal Bibliography, *erscheint zweimal jährlich in:* Acta juridica ... 1. 1959 ff.

Viski, L.: Literaturbericht Ungarn. *In:* ZStW *Bd. 79 (1967), S. 159–170.*

3. Materielles Strafrecht

Barna, P.: A szocialista állam büntetőjogi védelme [Der strafrechtliche Schutz des sozialistischen Staates]. Budapest: Közgazdasági és Jogi Könyvkiadó 1961.

Barna, P.-T. Horváth: O putjach razvitija vengerskogo ugolovnogo prava [Die Entwicklung des ungarischen Strafrechts]. *In:* Sovetskoe gosudarstvo i pravo *1963, 1, S. 80–85.*

Békés, I.: Quelques questions de principe relatives au rétrécissement du cercle de la responsabilité pénale dans le droit pénal hongrois. *In:* Annales Budapest. *Bd. 3 (1962), S. 91–108.*

Bodgál, Z. - J. Pintér: A közbiztonság és a közrend elleni büntettek [Verbrechen gegen die öffentliche Sicherheit und öffentliche Ordnung]. Budapest: Közgazdasági és Jogi Könyvkiadó 1971.

A Büntető Törvénykönyv kommentárja [Kommentar zum Strafgesetzbuch]. Bd. 1. 2. Budapest: Közgazdasági és Jogi Könyvkiadó 1968.

Földvári, J.: A büntetés tana [Die Lehre über die Strafe]. Budapest: Közgazdasági és Jogi Könyvkiadó 1970.

Földvári, J.: Die deterministische Begründung der strafrechtlichen Verantwortlichkeit. Pécs: Pécsi Szikra ny. 1968 [1969]. (Studia iuridica auctoritate Universitatis Pécs publicata. 62.)

Földvári, J.: Az egység és a halmazat határesetei a büntetőjogban [Grenzfälle von Tateinheit und Tatmehrheit im Strafrecht]. Budapest: Közgazdasági és Jogi Könyvkiadó 1962.

Földvári, J.: Az igazságszolgáltatás elleni büntettek [Delikte gegen die Rechtspflege]. Budapest: Közgazdasági és Jogi Könyvkiadó 1965.

Fonyó, A. - M. Vermes: Népgazdaság és büntetőjog [Volkswirtschaft und Strafrecht]. *In:* Gazdaság- és Jogtudomány, *Bd. 4 (1970), S. 473–486.*

Horváth, T.: Az élet, testi épség és egészség büntetőjogi védelme [Der strafrechtliche Schutz des Lebens, der körperlichen Unversehrtheit und der Gesundheit]. Budapest: Közgazdasági és Jogi Könyvkiadó 1965. (ÁJI tudományos könyvtára. 22.)

Horváth, T.: Suspended sentence under Hungarian criminal law. *In:* Acta juridica ... *Bd. 11 (1969), S. 61 - 80.*

Horváth, T. - L. Viski: Criminal Law and New Developments in Medical Sciences. *In:* Droit hongrois - Droit comparé. Budapest: Akadémiai Kiadó 1970, *S. 313–338.*

Kádár, M.: Les circonstances aggravantes. *In:* Acta juridica ... *Bd. 8 (1966), S. 45–68.*

Kádár, M.: Magyar büntetőjog. Általános rész. Egyetemi tankönyv [Ungarisches Strafrecht. Allgemeiner Teil. Universitätslehrbuch]. 2. Nachdr. Budapest: Tankönyvkiadó 1953.

---

* Ergänzung durch die Redaktion.

KÁDÁR, M.: Mesures de traitement curatif dans le droit pénal hongrois. In: ANNALES BUDAPEST., Bd. 6 (1965 [1966]), S. 41–60.

KÁDÁR, M.–GY. KÁLMÁN: A büntetőjog általános tanai [Allgemeine Lehren des Strafrechts]. Budapest: Közgazdasági és Jogi Könyvkiadó 1966.

LÁZÁR, M.: A közhangulat káros befolyásolásával elkövetett bűntettek [Die Straftaten der schädlichen Beeinflussung der öffentlichen Meinung]. Budapest: Közgazdasági és Jogi Könyvkiadó 1968.

LOSONCZY, I.: L'influence de progrès de la biologie et de la médecine sur le droit pénal. In: DROIT HONGROIS – DROIT COMPARÉ. Budapest: Akadémiai Kiadó 1970, S. 293–311.

LOSONCZY, I.: A tettesség és részesség a büntetőjog rendszerében [Täterschaft und Mittäterschaft im Aufbau des Strafrechts]. Budapest: Közgazdasági és Jogi Könyvkiadó 1966.

LUKÁCS, T.: Bűnözés és társadalom [Kriminalität und Gesellschaft]. Budapest: Kossuth Kiadó 1971.

LUKÁCS, T.–E. TRAYTLER: A nemi erkölcs elleni bűntettek [Sexualdelikte]. Budapest: Közgazdasági és Jogi Könyvkiadó 1963.

MOLNÁR, J.–P. POPPER: Criminal law and criminal psychology. In: ANNALES BUDAPEST., Bd. 4 (1962), S. 35–50.

PINTÉR, J.: A veszély fogalma és jelentősége a büntetőjogban [Begriff und Bedeutung der Gefahr im Strafrecht]. Budapest: Közgazdasági és Jogi Könyvkiadó 1964.

SCHULTHEISZ, E.: A nemi erkölcs elleni bűntettek (de lege lata) [Sexualdelikte]. Budapest: Közgazdasági és Jogi Könyvkiadó 1966.

VISKI, L.: Rechtswidrigkeit bei den Gefährdungsdelikten. In: ACTA JURIDICA ... Bd. 10 (1968), S. 275–299.

VISKI, L.: Szándékosság és társadalomra veszélyesség [Vorsatz und gesellschaftsgefährdendes Verhalten]. Budapest: Közgazdasági és Jogi Könyvkiadó 1959. (ÁJI tudományos könyvtára. 13.)

4. Nebenstrafrecht

b) Jugendstrafrecht

SZABÓ, A.: A fiatalkorúak és a büntetőjog [Die Jugendlichen und das Strafrecht]. Budapest: Közgazdasági és Jogi Könyvkiadó 1961. (ÁJI tudományos könyvtára. 17.)

f) Straßenverkehrsstrafrecht

VISKI, L.–I. IMRE–Z. TERNAI: Közúti közlekedési balesetek elbírálása [Die Beurteilung von Straßenverkehrsunfällen]. Budapest: Közgazdasági és Jogi Könyvkiadó 1963.

6. Strafprozeßrecht

BARNA, P.: A bűnüldözés elvi kérdései [Prinzipielle Fragen der Strafverfolgung]. Budapest: Közgazdasági és Jogi Könyvkiadó 1971.

BOLGÁR, GY.–L. KÁRPÁTI–E. TRAYTLER: A bűnügyi védő munkája [Die Arbeit des Strafverteidigers]. Budapest: Közgazdasági és Jogi Könyvkiadó 1965.

A BÜNTETŐ ELJÁRÁS KOMMENTÁRJA [Kommentar zum Strafverfahren]. Bd. 1. 2. Budapest: Közgazdasági és Jogi Könyvkiadó 1967.

GÖDÖNY, J.: Bizonyítás a nyomozásban [Der Beweis in der Ermittlung]. Budapest: Közgazdasági és Jogi Könyvkiadó 1968.

KATONA, G.: A nyomok azonosítási vizsgálata a büntetőeljárásban [Die Spurenidentifizierung im Strafverfahren]. Budapest: Közgazdasági és Jogi Könyvkiadó 1965.

KERTÉSZ, I.: A kihallgatási taktika lélektani alapjai [Psychologische Grundlagen der Vernehmungsmethoden]. Budapest: Közgazdasági és Jogi Könyvkiadó 1965.

KIRÁLY, T.: Les limites de la cognition judiciaire dans la procédure pénale. In: ACTA JURIDICA ... Bd. 13 (1971), S. 355–384.

KIRÁLY, T.: A védelem és a védő a büntető ügyekben [Die Verteidigung und der Verteidiger in Strafsachen]. Budapest: Közgazdasági és Jogi Könyvkiadó 1962.

NAGY, GY.–B. NEMÉNYI: A büntető tárgyalás előkészítésének rendje. A tárgyalás mellőzése pénzbüntetés kiszabása esetén [Die Vorbereitung des Strafverfahrens. Der Verzicht auf Verhandlung bei Verhängung einer Geldstrafe]. Budapest: Közgazdasági és Jogi Könyvkiadó 1965.

NAGY, L.: Fellebbezés a büntető perben [Rechtsmittel im Strafprozeß]. Budapest: Közgazdasági és Jogi Könyvkiadó 1960. (ÁJI tudományos könyvtára. 16.)

NAGY, L.: Tanúbizonyítás a büntetőperben [Zeugenbeweis im Strafverfahren]. Budapest: Közgazdasági és Jogi Könyvkiadó 1966.

SZABÓ, L. NÉ NAGY, T.: A büntető eljárás egyszerüsítése [Die Vereinfachung des Strafverfahrens]. Budapest: Közgazdasági és Jogi Könyvkiadó 1970.

SZABÓ, L. NÉ NAGY, T.: A büntető eljárási rendszer alapjai [Die Grundlagen des Systems des Strafverfahrens]. Budapest: Közgazdasági és Jogi Könyvkiadó 1966.

SZÉKELY, J.: A szakértő szerepe és felelőssége a büntető eljárásban [Rolle und Verantwortung des Sachverständigen im Strafverfahren]. Budapest: Közgazdasági és Jogi Könyvkiadó 1959.

SZÉKELY, J.: Szakértők az igazságszolgáltatásban [Sachverständige in der Rechtspflege]. Budapest: Közgazdasági és Jogi Könyvkiadó 1966.

VARGHA, L.: Remand or Commitment in Custody for Trial or Sentence. *In:* DROIT HONGROIS – DROIT COMPARÉ. Budapest: Akadémiai Kiadó 1970, *S. 339–357.*

VARGHA, L.: Über die Faktoren, die das Ergebnis einer Handschriftenvergleichung hauptsächlich beeinflussen können. Pécs: Pécsi Szikra ny. 1968 [1969]. (Studia iuridica auctoritate Universitatis Pécs publicata. 61.)

8. Kriminologie

HUSZÁR, T.: Fiatalkorú bűnözők. Adalékok a fiatalkorú bűnözés problematikájához az 1950–1959 évek felmérései alapján [Jugendliche Kriminelle. Beiträge zur Problematik der Jugendkriminalität auf Grund von Erhebungen aus den Jahren 1950–1959]. Budapest: Tankönyvkiadó 1964.

MOLNÁR, J.: Galeribűnözés. Antiszociális fiatalkori csoportok, a fiatalkori csoportos bűnözés [Antisoziale Jugendgruppen, Gruppenkriminalität Jugendlicher]. Budapest: Közgazdasági és Jogi Könyvkiadó 1971.

SZABÓ, A.: Criminologie et pédagogie criminelle. *In:* ACTA JURIDICA ... *Bd. 9 (1967), S. 33–69.*

VERMES, M.: Kriminalpolitik und Kriminologie. *In:* ACTA JURIDICA ... *Bd. 8 (1966), S. 115–143.*

VERMES, M.: A kriminológia alapkérdései [Grundfragen der Kriminologie]. Budapest: Akadémiai Kiadó 1971.

VERMES, M.: Some questions of principle and methodology in criminological research. *In:* ACTA JURIDICA ... *Bd. 5 (1963), S. 369–401.*

VIGH, J.: A fiatalkorú bűnözés és a társadalom [Jugendkriminalität und Gesellschaft]. Budapest: Közgazdasági és Jogi Könyvkiadó 1964.

VATIKANSTADT

Bearbeitet von Assessorin JOHANNA BOSCH,
Referentin am Max-Planck-Institut für ausländisches und internationales Strafrecht,
Freiburg i. Br.

I. Materielles Strafrecht – Texte –

1. Strafgesetzbuch

Durch Gesetz vom 7. Juni 1929, **Nr.** II: Legge sulle fonti del Diritto (AAS Jg. 21 (1929), Suppl. S. 5), *wurde der Codice penale italiano von 1889 einschließlich der Ergänzungs- und Änderungsgesetze und der entsprechenden Verordnungen mit geringen Änderungen als Strafgesetzbuch der Vatikanstadt angenommen.*

Änderungen enthält das Gesetz vom 21. Juni 1969: Legge che modifica la legislazione penale e la legislazione processuale penale (AAS Jg. 40 (1969), Suppl. S. 13).

Textausgaben

CODICE ECCLESIASTICO. Hrsg. von A. BERTOLA u. A. C. JEMOLO. Padova: Cedam 1937.

CODICE DELLE LEGGI ECCLESIASTICHE. Hrsg. von V. DEL GIUDICE. Milano: Giuffrè 1952; Nachtr. 1956.

2. Nebengesetze

f) Straßenverkehrsstrafrecht

Legge sulla disciplina della circolazione stradale [Straßenverkehrsgesetz] vom 22. Juni 1970 (AAS Jg. 58 (1970), Nr. 7, Suppl.).

II. Strafverfahrensrecht – Texte –

1. Gerichtsverfassungsrecht

Ordinamento giudiziario [Gerichtsverfassungsgesetz] vom 1. November 1946.

Textausgabe

ORDINAMENTO GIUDIZIARIO E CODICE DI PROCEDURA CIVILE DELLO STATO DELLA CITTÀ DEL VATICANO. [Roma:] Tipografia poliglotta vaticana 1946.

Das unter I. 2f genannte Gesetz enthält auch eine auf dieses Gesetz beschränkte Strafgerichtsbarkeit.

2. Strafprozeßrecht

Durch das Gesetz vom 7. Juni 1929 *wurde auch der* Codice di procedura penale italiano von 1913 i. d. F. von 1929 *als Strafprozeßgesetz der Vatikanstadt angenommen.*

Das unter I. 1 genannte Gesetz vom 21. Juni 1969 brachte auch Änderungen der Strafprozeßordnung.

VI. Literatur

CAMMEO, F.: Ordinamento giuridico dello Stato della Città del Vaticano. Firenze 1932.

CIPROTTI, P.: Note sull'aggiornamento della legislazione penale vaticana. *In:* RIVISTA DI DIRITTO INTERNAZIONALE 1971, S. 40 ff.

STOCCHIERO, G.: Diritto penale della Chiesa e dello Stato. Vicenza: Soc. anonima tip. 1932.

ZYPERN

Bearbeitet von Bibliotheksoberrat Dr. KLAUS H. A. LÖFFLER, Saarbrücken*

Bisher ist das zyprische Strafrecht noch weitgehend vom englischen Recht geprägt.

Gesamtausgabe der Gesetze

THE STATUTE LAWS OF CYPRUS. Rev. Aufl. London: Roworth 1959 [Losebl. Ausg.; *keine Ergänzungslieferungen erschienen*].

Gesetzblätter

THE STATUTE LAWS OF CYPRUS. 1959. 1960. [Bis 15. August.] *Erscheinen eingestellt. Das zypriotische Justizministerium veröffentlicht hingegen noch laufend englische Übersetzungen der Gesetze als Einzelausgaben (Nikosia: Printing Office of the Republic of Cyprus).*

NOMOTHESIA. Teil 1. 1960 ff.

Türkische Ausgabe: KUNUNLAR 1960 - 21. 12. 1963.

I. Materielles Strafrecht – Texte –

1. Strafgesetzbuch

Criminal Code (Cap. 154) vom 1. 1. 1929.

Änderungen nach Erscheinen der Rev. Aufl. der Statute Laws: Laws 13/1959, 3/1962, 43/1963, 41/1964, 69/1964, 70/1965, 5/1967, 58/1967. *Nr. 6/1960 ist inzwischen wieder aufgehoben.*

2. Wichtige Nebengesetze

a) Das StGB ergänzende Gesetze

Betting Houses, Gaming Houses and Gambling Prevention Law (Cap. 151).

Children Law (Cap. 352) *(§§ 54–62 betreffen mehrere Delikte, die gegen Kinder begangen werden können).*

Cruelty to Animals Law (Cap. 47).

Curfews Law (Cap. 156).

Illicit Acquisition of Property Benefits by Certain Officials of the State Law vom 2. 12. 1965 (Act 65/1965).

Nuisances (Brothels) Law (Cap. 158).

Offensive Weapons (Prohibition) Law (Cap. 159).

Peace and Order (Preservation) Law (Cap. 160).

Prevention of Corruption Law (Cap. 161).

Property of *Her Majesty* (Theft and Possession) Law (Cap. 163).

Unauthorized Uniforms Law (Cap. 165).

b) Jugendstrafrecht

Juvenile Offenders Law (Cap. 157) vom 20. 12. 1946.

d) Verwaltungsrecht, allgemeines

Compounding of Offences Law (Cap. 152) vom 14. 8. 1936, *mehrfach geändert. Betrifft die Zahlung von Bußen bei Verwaltungsübertretungen.*

f) Straßenverkehrsstrafrecht

Compounding of Road Traffic Offences Law, 1963 vom 19. 12. 1963 (Act 84/1963).

Motor Vehicles and Road Traffic Law (Cap. 332) vom 15. 12. 1954, *mit zahlreichen Änderungen.*

Rule of the Road Law (Cap. 334) vom 12. 4. 1899. *Betrifft Linksfahren.*

Vehicles and Traffic Regulation Law (Cap. 335) vom 17. 5. 1907, *mehrfach geändert.*

g) Pressestrafrecht

Press Law (Cap. 79) vom 23. 12. 1947, *zuletzt geändert durch* Press (Amendment) Law, 1965 vom 3. 12. 1965 (Act 69/1965).

Obscene Publications Law, 1963 vom 6. 6. 1963 (Act 35/1963).

Seditious Publications Law (Cap. 164) vom 13. 4. 1921.

h) Rauschgifte

Narcotic Drugs Law vom 31. 1. 1967 (Act. 3/1967).

---

* Der Bearbeiter dankt Herrn Dr. CHRYSOSTOMIDES, Europarat, Straßburg, für freundlicherweise erteilte Auskünfte.

Zypern

II. Strafverfahrensrecht – Texte –

1. Gerichtsverfassungsrecht

Courts of Justice Law vom 17. 12. 1960 (Act 14/1960), *geändert durch* Courts of Justice (Amendment) Law, 1963 vom 28. 2. 1963 (Act 11/1963).

Administration of Justice (Miscellaneous Provisions) Law vom 9. 7. 1964 (Act 33/1964).

2. Strafprozeßrecht

Criminal Procedure Law (Cap. 155) vom 15. 12. 1948.

Evidence Law (Cap. 9) vom 8. 8. 1946.

3. Wichtige Nebengesetze

c) Sonstige Verfahrensvorschriften

Coroners Law (Cap. ?) vom 20. 5. 1953 (Act. 23/1953), *geändert durch* Act 46/1958.

III. Strafvollstreckungsrecht – Texte –

Prison Discipline Law (Cap. 286) vom 4. 2. 1879, *geändert durch* Act 1/1953.

Probation of Offenders Law (Cap. 162) vom 14. 3. 1952.

IV. Entscheidungssammlungen

THE CYPRUS LAW REPORTS. 1. (1883/1890) ff.

Seit 1965 [Berichtsjahr] bzw. 1970 [Erscheinungsjahr] erscheint jährlich ein zweiter Band strafrechtlichen Inhalts. Zitierweise: Cyprus Law Reports (Criminal), ... [*Jahr*].

MONTHLY PUBLICATION OF JUDGMENTS OF THE SUPREME COURT OF CYPRUS ON APPEAL AND ITS ORIGINAL JURISDICTION. 1965? ff.

REPORTS OF CASES DECIDED BY THE SUPREME CONSTITUTIONAL COURT OF CYPRUS. 1. 1960–5. 1963. [Mehr nicht erschienen.]

V. Zeitschriften

CYPRUS LAW TRIBUNE. Organ of the Bar Council. *Anfang nicht ermittelt.*

KYPRIAKON NOMIKON BEMA. *Anfang nicht ermittelt.*

VI. Literatur

1. Allgemeines

MILLER, L. B.: Cyprus. The law and politics of civil strife. Cambridge, Mass: Harvard Univ., Center for International Affairs 1968. (Occasional papers in international affairs. 19.)

TORNARITIS, C. B.: Constitutional and legal problems in the Republic of Cyprus. Nicosia: Information Office 1968.

3. Materielles Strafrecht

THE CRIMINAL LAW SYSTEM OF THE REPUBLIC OF CYPRUS. Washington, D. C.: Department of the Army, Office of the Judge Advocate General 1964. *Die Broschüre beschreibt u. a. S. 27–33 den Criminal Code, S. 18–26 das Criminal Procedure Law.*

GOADBY, F. M.: Commentary on Egyptian criminal law and the related criminal law of Palestine, Cyprus, and Iraq. Teil 1–3. Cairo: Gov. Pr. 1924–1925. *Veraltet.*

4. Nebenstrafrecht

c) Militärstrafrecht

DASKALAKIS, J.: Encheiridion stratiotikou poinikou dikaiou [Handbuch des Militärstrafrechts]. Nikosia 1965.

6. Strafprozeßrecht

THE CRIMINAL LAW SYSTEM ... (s. *VI. 3*).